TEUBNER *kochen | erleben*

TEUBNER
VEGETARISCH

TEUBNER
VEGE TARI SCH

Fotos: Joerg Lehmann, Berlin

INHALT

I WARENKUNDE | 08

1. GEMÜSE, PILZE, ALGEN | 10
Frische und Genuss durch grünes und buntes Gemüse, Hülsenfrüchte und Pilze.

2. OBST UND NÜSSE | 80
Die ganze Vielfalt heimischer und exotischer Früchte sowie gehaltvoller Kerne.

3. GETREIDE UND TEIGWAREN | 120
Alles über Körner, Flocken, Mehle und Teigwaren.

4. MILCH UND MILCHPRODUKTE | 134
Vom weißen Ausgangsprodukt über Joghurt und Sahne bis hin zur Käsevielfalt.

5. SOJA- UND FLEISCHERSATZPRODUKTE | 146
Vielfältige Produkte aus Sojabohnen, Weizenprotein und Lupinen.

6. KRÄUTER, GEWÜRZE, WÜRZZUTATEN | 158
Farbe, Aroma und Schärfe für die vegetarische Küche.

7. EIER, FETTE, ÖLE | 178
Unentbehrlich zum Backen, Braten und Frittieren.

8. WEITERE ZUTATEN | 188
Die kleinen Helfer beim Kochen und Backen.

TEUBNER FEUILLETON
Zwischen Askese und Genuss 34
Regionale Produkte 54
Gewissensfrage – »Bio« oder konventionell? 98
Gemüse ist mein Fleisch 132
Vegetarischer Käse 145
Multitalent Soja 151
Vegetarier – Wer is(s)t was? 183
Saisonale Küche 276
Gut versteckt – tierische Produkte in Lebensmitteln 303

II REZEPTE | 194

VORSPEISEN UND KLEINE GERICHTE | 196
Leichte Kleinigkeiten und feine Entrées zum Auftakt.

SALATE | 244
Blätter, Gemüse und Hülsenfrüchte von ihrer besten Seite.

SUPPEN UND EINTÖPFE | 288
Kalt oder warm, leicht oder herzhaft, ein Hochgenuss.

PASTA- UND GETREIDEGERICHTE | 328
Neues aus der Teigwarenküche und Raffiniertes mit Körnern.

GEMÜSE- UND KARTOFFELGERICHTE | 380
Fein gefüllt, gerollt oder gewickelt und köstlich kombiniert.

GERICHTE MIT TOFU, TEMPEH UND SEITAN | 434
Würzig mariniert und gekonnt in Szene gesetzt.

SÜSSE HAUPTGERICHTE UND DESSERTS | 468
Süßer Höhepunkt oder gelungenes Highlight zum Abschluss.

GRUNDREZEPTE UND GLOSSAR | 518

REGISTER | 522

UNSERE KÖCHE | 532

IMPRESSUM | 540

VEGETARISCHE GAUMENFREUDEN

Vegetarisches vom Feinsten: einzigartig, sinnlich, opulent! Ob Sie Vegetarier sind oder einfach fleischlos essen wollen – dieses Buch bietet fleischfreie Genüsse auf höchstem Niveau.

Intensive Farben, Aromen und Gerüche: Vegetarische Küche ist Genuss für alle Sinne! Das ist einer der Gründe, warum vegetarische Ernährung immer mehr begeisterte Anhänger findet. Pralle Früchte, knackiges Grün und außergewöhnliche Aromen laden ein zu kulinarischen Abenteuern, die viele sinnliche Überraschungen bieten – ganz ohne Verzicht! Die vegetarische Küche ist heute so aufregend und kreativ wie nie zuvor. Kräuter und Gewürze sowie zahlreiche Anleihen aus der internationalen Gourmetküche verleihen den Gerichten das gewisse Etwas und eine unwiderstehlich frische und moderne Note, die am Ende eines köstlichen Mahls auch eingeschworenen Fleischessern ein zufriedenes Seufzen entlocken wird. Vielfalt und Bandbreite der vegetarischen Küche sind sensationell: Egal, ob man sich auf genussvolle Entdeckungsreise mit fast vergessenen Zutaten wie Einkorn, Schwarzwurzeln oder Steckrüben begibt, oder über den kulinarischen Tellerrand blickt und die vegetarische Cross-Over-Küche mit indischem, asiatischem und afrikanischem Einschlag entdeckt. Das Ergebnis ist immer ein Fest für Augen, Gaumen und Geist. Und das Beste daran: unbekannte Zutaten, exotische Gemüse, Früchte und Gewürze, Getreide- und Sojaprodukte wecken die Neugierde und Lust, kulinarische Wege abseits der eingetretenen Pfade zu beschreiten.

DIE PRODUKTE

Anregungen und Inspirationen finden Sie im Warenkundeteil, der einen Überblick über die schier grenzenlose Auswahl an vegetarischen Produkten bereithält – dargestellt in erstklassigen, stimmungsvollen Bildern mit einzigartiger Opulenz. Von grünem Spargel über Okraschoten bis zu Kochbananen, Chili, Thaibasilikum und Ysop finden Sie die einheimischen und exotischen Gemüse ebenso wie Früchte und Kräuter, aber auch Fleischersatzprodukte wie Tofu, Seitan und Tempeh, Getreidesorten und Pasta sowie Milch und Milchprodukte in ausführlichen Portraits. Die Einteilung orientiert sich weniger an botanischen als an küchenpraktischen Gesichtspunkten, um trotz der Fülle den Überblick zu behalten. Hilfreiche Tipps und Kniffe, die es bei der Vor- und Zubereitung der einzelnen Lebensmittel zu beachten gilt, stehen direkt neben den jeweiligen Produktportraits und lassen sich bei Bedarf schnell finden.

INSPIRATION UND GENUSS

Über 180 kulinarische Höhenflüge in Rezeptform, entwickelt von 13 Spitzenköchen und einzigartig in Szene gesetzt, bieten Ihnen Anregungen und Impulse für köstliche Vorspeisen, raffinierte Hauptgerichte und himmlische Desserts, die Sie überraschen und begeistern werden, egal ob Sie Vollzeit- oder Gelegenheitsvegetarier sind. Lassen Sie sich von unseren doppelt erprobten Rezepten von einfach bis anspruchsvoll zu phantastischen Geschmackserlebnissen mit knackig-frischen Salaten, exotischen Suppen, würzigen Gemüsekompositionen und vielen aromatischen Kräutern und Gewürzen verführen. Kurzweilige Hintergrundinfos und feuilletonistische Informationen wie die Geschichte des Vegetarismus, versteckte tierische Produkte in Lebensmitteln oder Vegetarismus in verschiedenen Religionen bieten Ihnen durchs Buch verstreut Unterhaltsames und Wissenswertes zur vegetarischen Küche. Lassen Sie sich begeistern von unseren prächtigen Bildern und den eingestreuten Zitaten und vor allem: Genießen Sie mit allen Sinnen!

WIR WÜNSCHEN IHNEN VIEL FREUDE BEIM LESEN, KOCHEN UND GENIESSEN.

> **HINWEIS**
> Alle Rezepte sind für 4 Portionen berechnet, sofern nichts anderes angegeben ist.
> In den Rezepten werden auch mit Lab hergestellte Käse verwendet. Bitte entscheiden Sie, welche Art von Käse Sie verwenden wollen. Vegane Gerichte sind mit diesem Symbol gekennzeichnet.

WARENKUNDE

Die wichtigsten Zutaten der vegetarischen Küche im Überblick: von Gemüse und Obst über Getreide, Milch- und Sojaprodukte bis hin zu Würz- und Backhilfsmitteln. Mit relevanten Informationen zu Saison, Aroma und Verwendung sowie den wichtigsten Handgriffen zur Vorbereitung der jeweiligen Produkte.

GEMÜSE, PILZE, ALGEN

BLATTSALATE UND SPROSSEN

Mild-süß oder würzig-herb und leicht bitter: Mit ihrer knackigen Frische ergänzen Blattsalate das Angebot an frischem Gemüse rund ums Jahr. Allerdings hat nicht jede Sorte immer Saison, darum empfiehlt es sich, beim Einkauf auf ein paar Dinge zu achten.

Der Handel stellt das ganze Jahr über eine breite Palette an Sorten zur Verfügung, da fällt die Wahl schwer. Allerdings sollte man Salaten der Saison den Vorzug geben, da konventionell angebaute Import-Salate in den Wintermonaten häufig mit Pestiziden und Nitrat belastet sind. Wer sicher gehen will, weitgehend unbelastete Produkte zu erhalten, greift am besten zu Bio-Ware. Nicht empfehlenswert sind verzehrfertige Blattsalate aus der Tüte. Ausgelaugt durch wiederholtes Waschen enthalten sie kaum noch Vitamine und bieten Keimen einen idealen Nährboden. Frische ist daher oberstes Gebot: Welke Blätter, eingetrocknete Schnittflächen und braune Flecken sind deutliche Anzeichen dafür, dass der Salat bereits zu lange im Regal liegt. Zuhause sollten Kopfsalat und Co. möglichst rasch weiterverarbeitet werden, je frischer, desto besser.

Blattsalate benötigen keine aufwendige Vorbereitung, sind rasch zubereitet, lassen sich immer wieder neu kombinieren. Zwar haben sie in Sachen Vitamine (mit Ausnahme der Folsäure) im Vergleich zu anderen Gemüsearten die Nase nicht ganz vorn. Dafür sind die zu 95 Prozent aus Wasser bestehenden Salatblätter aber energiearm und angenehm leicht.

Auf den Tisch kommen die gut gewaschenen und trocken geschleuderten Blätter meist roh als Salatvorspeise oder -beilage. In Kombination mit Gemüse, Pilzen, Früchten, Nüssen, Eiern oder Käse und angemacht mit einem feinen Dressing, eignen sie sich aber auch als leichtes Hauptgericht. Einige Sorten schmecken auch gedünstet, geschmort, kurz gebraten oder vom Grill vorzüglich.

Gartensalat

Die meisten Salatarten lassen sich zwei großen Gruppen zuordnen: Sie zählen entweder zu den milden, knackigen Gartensalaten oder zu den herberen Zichorien. Charakteristisches Merkmal der Gartensalate ist der beim Anschneiden austretende Milchsaft. Sorten aus Freilandanbau haben von Mai bis in den Herbst hinein Saison.

KOPFSALAT

Kopfsalat (1), der bekannteste unter den Blattsalaten, hat zarte, mild-süß schmeckende Blätter, lässt sich jedoch schlecht lagern. Vor der Zubereitung werden Hüllblätter und dicke Blattrippen entfernt. Sie enthalten zwar die meisten Vitamine, aber auch die meisten Schadstoffe. In Kombination mit einer pikanten Vinaigrette schmeckt er roh, etwa aromatisiert mit Zitronensaft und Schnittlauch. Er eignet sich aber auch gut zum Dünsten und Schmoren, etwa mit jungen Erbsen.

EIS- ODER EISBERGSALAT

Eissalat (s. rechts) ist robuster als Kopfsalat. Seine Blätter sind knackig und schmecken angenehm frisch. Er hält sich im Gemüsefach des Kühlschranks gut eine Woche. Roh kommen Aroma und Konsistenz am besten zur Geltung, gelegentlich wird er auch gegart. Der verwandte Batavia-Salat liegt in Form und Konsistenz zwischen Eis- und Kopfsalat.

RÖMER- ODER ROMANA-SALAT

Der längliche Romana-, Römer- oder Bindesalat bildet lockere Köpfe und schmeckt kräftig und leicht bitter. Die großen Hüllblätter sind derber als beim Kopfsalat, bleiben jedoch länger frisch. Das im Handel separat erhältliche zarte gelbe Herz (2) ist saftig und mild. Romana eignet sich sehr gut für pikante Salate mit Parmesan oder Blauschimmelkäse und wird auch gedünstet und geschmort.

PFLÜCK- UND SCHNITTSALATE

Pflück- oder Schnittsalate bilden keinen Kopf, sondern nur eine Blattrosette aus. Sie lassen sich nach Bedarf ernten und werden in der Regel roh verzehrt.

Eissalat bildet dichte Köpfe, hat glänzende, hellgrüne Blätter und ist besonders knackig.

Roter Eichblattsalat hat zarte, gelappte Blätter, ist jedoch nicht lange haltbar und welkt rasch.

Feldsalat ist der typische heimische Wintersalat, erfordert jedoch gründliches Putzen.

BLATTSALATE UND SPROSSEN

1 Friséesalat, auch Krause Endivie genannt. 2 Radicchio di Treviso, eine längliche Radicchio-Varietät. 3 Roter Chicorée, eine Kreuzung aus Chicorée und Radicchio. 4 Grüner Cicorino, eine leicht bittere Rosettenzichorie aus Italien. 5 Catalogna, eine längliche Blattzichorie aus Italien. 6 Kultur-Löwenzahn mit mäßig gezähnten Blättern.

Die stark gekrausten Sorten Lollo bionda und Lollo rossa (s. Seite 12, 3, 4) schmecken angenehm kräftig und eignen sich für Mischsalate. Eichblattsalat (s. Seite 13) ist zarter und hat einen feineren Geschmack, fällt jedoch rasch zusammen.

FELDSALAT

Feldsalat (s. Seite 13) ist ein typischer Wintersalat und von Herbst bis ins Frühjahr hinein aus Freilandbau erhältlich. Das Putzen der empfindlichen Rosetten ist aufwendig (s. rechts), dafür schmecken die zarten Blätter aber angenehm nussig, etwa in Kombination mit Sherryessig und Nussölen.

Catalogna di Galatina ist eine Spezialität aus Italien. Im Laufe des Winters treibt die Pflanze aus dem Innern knackige Sprosse.

Zichorien

Blattsalate aus der großen Familie der Zichorien sind robuster als Gartensalate, enthalten mehr Bitterstoffe und schmecken deutlich herber. Viele Zichorien sind Wintersalate und haben vom Herbst bis ins Frühjahr hinein Saison. Roh eignen sie sich sehr gut als Mischsalate. Die Bitterstoffe stecken vor allem in den Blattrippen und im Wurzelansatz, durch kurzes Einlegen in lauwarmes Wasser oder durch Zugabe einer Prise Zucker lässt sich die bittere Note abmildern. Sehr gut schmecken Kombinationen von Zichorien mit Zitrus- oder anderen Früchten oder mit fruchtigen Dressings. In den letzten Jahrzehnten wurden die Bitterstoffe aus vielen Sorten weitgehend herausgezüchtet, was aus gesundheitlicher Sicht schade ist, denn diese Stoffe regen den Appetit an und fördern die Verdauung. Beim Garen wird die bittere Note zudem oft milder.

ENDIVIEN

Endivien (s. oben, 1) bilden große Rosetten aus, sind recht robust und schmecken etwas bitter. Die festen grünen Blätter der Glatten Endivie, auch Escariol genannt, werden für Salate meist in Streifen geschnitten. Die gelbgrünen, stark gefransten Blätter der Krausen Endivie dagegen aus der flachen Rosette gezupft. Endivie schmeckt roh mit einer pikanten Vinaigrette sowie mit Käse und Walnüssen.

RADICCHIO

Radicchio gibt es rund (s. Seite 12, 5) oder länglich (s. oben, 2), rot oder bunt. Seine geaderten, je nach Sorte mehr oder weniger bitteren Blätter bringen roh Farbe in Salate, schmecken aber auch gedünstet, gebraten oder gegrillt sehr gut, etwa im Risotto oder mit Gorgonzola zu Pasta. Dafür wird er vorbereitet, wie rechts gezeigt.

CHICORÉE

Gelber (s. Seite 12, 6) oder roter Chicorée (s. oben, 3) ist saftig und schwach bitter. Er sollte lichtgeschützt aufbewahrt werden, damit die Blätter nicht vergrünen und noch bitterer werden. Chicorée schmeckt roh, in Kombination mit Äpfeln oder Orangen, als Salat oder auch geschmort, gegrillt oder gratiniert. Wird er im Ganzen verwendet, bereitet man ihn vor, wie rechts gezeigt.

CATALOGNA UND LÖWENZAHN

Die robusten Catalogna- und Löwenzahnblätter (s. oben, 5, 6) sind bitter und schmecken mit einem pikanten Dressing roh als Salat oder auch gedünstet.

BLATTSALATE UND SPROSSEN

Feldsalat vorbereiten

1. Feldsalat verlesen und welke Blattrosetten aussortieren. Dann den Salat gründlich waschen, um allen Sand zwischen den Stängeln zu entfernen.

2. Den Feldsalat abtropfen lassen. Mit den Fingern oder einem kleinen Messer die Wurzeln nur soweit kürzen, dass die Blattrosetten noch zusammenhängen.

Radicchio vorbereiten

1. Vom Radicchio alle welken Hüllblätter entfernen. Anschließend den Radicchio-Kopf bei Bedarf kalt abbrausen und mit einem scharfen Messer in der Mitte durchtrennen.

2. Von beiden Hälften den weißen Strunk kegelförmig herausschneiden und den Radicchio nach Belieben in mundgerechte Stücke zupfen oder in Streifen schneiden.

Chicorée im Ganzen vorbereiten

1. Den Chicorée kalt abbrausen und abtropfen lassen. Mit einem kleinen scharfen Messer die Chicoréestaude am Strunk etwa 5 cm tief kegelförmig einschneiden.

2. Anschließend den Strunk herausziehen. In ihm sitzen die meisten Bitterstoffe. Neuere Züchtungen sind weniger bitter, bei ihnen lässt sich der Strunk nach Belieben mitverwenden.

Catalogna di Galatina (Puntarelle) vorbereiten

1. Die äußeren Blätter entfernen. Aus dem Innern der Catalogna-Staude die knackigen Sprosse herausbrechen. Mit einem kleinen scharfen Messer jeweils den Strunk abtrennen.

2. Die einzelnen Catalogna-Sprosse mitsamt den Blattspitzen gründlich waschen, gut abtropfen lassen und nach Belieben längs in dünne Streifen schneiden oder halbieren.

TEUBNER Vegetarisch 15

Der Klassiker: Mungbohnensprossen werden im Handel oft als Sojasprossen angeboten. Sie keimen jedoch aus den kleineren, grünen Mung- und nicht aus Sojabohnen.

Sprossen

Aus Samen gezogene Sprossen und Jungpflänzchen, diese werden auch als Grünkraut oder Kressen bezeichnet, gehören in Asien zum Küchenalltag. Auch bei uns werden sie immer beliebter und das aus gutem Grund: Sprossen und Kressen sind ganzjährig verfügbar, lassen sich leicht selber ziehen und können mit ihrem Mineralstoff- und Vitamingehalt gerade in den Wintermonaten den vegetarischen Speiseplan enorm bereichern.

VITAMINE SATT

Tatsächlich vervielfacht sich der Wirkstoffgehalt während des Keimens: Nach wenigen Tagen steckt in Sprossen und Grünkraut bereits viermal soviel Vitamin A und B1 und bis zu 35-mal mehr Vitamin C als im Saatkorn. Die unscheinbaren Keime und bunten Blättchen entpuppen sich damit als wahre Vitaminbomben. Zum Selberziehen eignen sich unbehandelte Samen aller Getreide- und Hülsenfruchtarten sowie vieler Gemüse-, Kräuter- und Gewürzpflanzen. Am besten verwendet man dafür Saatgut aus biologischem Anbau (im Bioladen oder Reformhaus erhältlich). Aus Hülsenfrüchten wie Mung- und Adzukibohnen oder Linsen gezogene Sprossen schmecken mild- bis süß-nussig und werden vor dem Verzehr blanchiert, um giftige Stoffe (Phasin) abzubauen. Die übrigen Sprossen sind roh genießbar, unterscheiden sich allerdings im Geschmack. Gekeimtes Getreide wie Weizen oder Gerste schmeckt mild-süß, Alfalfa- und Rucolasprossen (1) nussig-frisch, Bockshornkleesprossen angenehm würzig. Gemüsesprossen erinnnern im Geschmack an die jeweilige Gemüseart, so etwa die schön gefärbten erdigen Rote-Bete-Sprossen (2). Radieschensprossen sind scharf (3), Brokkoli- (4) und Erbsensprossen (5) mild. Daikonsprossen (6) und Sekura cress (7) schmecken kresseähnlich scharf. Rote Shisosprossen (8) erinnern an Kümmel, und Knoblauchsprossen (9) haben ein feinwürziges Knoblaucharoma.

SPROSSEN SELBER ZIEHEN

Wer Sprossen selbst ziehen will, muss neben der Temperatur (18–20 °C) auf ausreichend Feuchtigkeit und Hygiene achten. Für Einsteiger eignet sich die unten gezeigte Methode im Einmachglas, wer tiefer einsteigen will, findet im Handel verschiedene Keimgeräte, wobei sich Keimschalen aus spülmaschinenfestem, UV-beständigen Kunststoff gut bewährt haben (Reformhaus). Dabei sollten die einzelnen Keimschalen täglich zwei- bis dreimal kalt durchgespült werden. Wem dies zu aufwendig ist, der kann Sprossen, Grünkraut oder Kressen auch vorgezogen kaufen. Der Feinkost- und gut sortierte Lebensmittelhandel bieten inzwischen eine große Vielfalt an. Sprossen und Kressen schmecken roh im Salat, als Brotbelag, in Smoothies oder auch kurz sautiert. Bunte Kressen eignen sich zudem als dekorative Garnitur.

Sprossen keimen lassen im Einmachglas

1. Die Samen (hier Kichererbsen) in das Glas geben und mit lauwarmem Wasser bedecken. Das Glas mit Mulltuch und Gummiring verschließen und die Samen mehrere Stunden einweichen.

2. Samen abgießen und mehrmals kalt abspülen. Das Glas mit dem Mulltuch verschließen, umgedreht schräg stellen und die Samen 3 bis 5 Tage keimen lassen, dabei zweimal täglich spülen.

BLATT- UND STIELGEMÜSE

Mit ihren kräftigen Aromen und der unterschiedlichen Textur bringen die zarten Blätter, fleischigen Stiele und knackigen Stängel willkommene Abwechslung in die vegetarische Küche – und das aufgrund der unterschiedlichen Sorten das ganze Jahr über.

Einige Gemüsearten dieser Gruppe sind aus dem Küchenalltag nicht wegzudenken, beispielsweise Spinat oder Staudensellerie. Andere dagegen kennt kaum jemand (mehr), wie etwa die Kardone, die heute fast ganz in Vergessenheit geraten ist, obwohl das Distelgewächs bis ins 19. Jahrhundert bei uns ein gängiges Gemüse war.

Blattgemüse

Bei der Mehrzahl der als Gemüse genutzten Blätter, dazu zählen auch Blattsalate (s. Seite 12–14), Rübstiel oder Schnittkohl (s. Seite 34), werden die Stiele vor der Zubereitung entfernt. Eine Ausnahme macht hier nur der Mangold.

MANGOLD
Mangold ist eine alte Gemüsepflanze, die viel Eiweiß und Mineralstoffe enthält. Sie erinnert in Aussehen, Verwendung und Aroma an Spinat, hat jedoch einen kräftigeren, erdigen Geschmack und ist näher mit den Rüben verwandt. Im Gegensatz zu diesen werden beim Mangold die Wurzeln nicht verzehrt, sondern nur die oberirdischen Teile der Pflanze. Mangold gibt es in zahlreichen Sorten, die sich zwei Gruppen zuordnen lassen: zum einen dem Stiel- und zum andern dem Schnittmangold.

Stiel- oder Rippen-Mangold (1), wie man ihn auch nennt, hat große fächerartige Blätter und fleischige, je nach Sorte weiße (s. rechts) oder bunte (rote, orangefarbene oder gelbe) Stiele und ausgeprägte Mittelrippen. Da beide dicker sind als die Blätter, benötigen sie eine längere Garzeit und werden daher mit einem scharfen Messer (oder einer Küchenschere) vor dem Garen aus den Blättern geschnitten (s. rechts). Mangold ist ein frühes Sommergemüse und bis in den Herbst hinein in guter Qualität erhältlich. Diese erkennt man an den festen Stielen und unversehrten, sattgrünen Blättern. Stielmangold wird in der Regel gegart. Dafür kommen erst die in Stücke geschnittenen Stiele und Mittelrippen für etwa 10 Minuten ins kochende Salzwasser, bevor dann die in Streifen geschnittenen Blätter dazukommen und noch etwa 5 Minuten mitgekocht werden. So gegart schmeckt Mangold mit Butter und Knoblauch. Er kann aber auch kurz in Olivenöl gedünstet, gedämpft oder geschmort werden. Mit Parmesan überbacken kommt sein Aroma ebenfalls ausgezeichnet zur Geltung. Blanchiert eignen sich die großen grünen Blätter gut zum Füllen. Schnitt- oder Blattmangold (s. rechts) ist bereits im Frühjahr erhältlich und hat schmale Stiele und kleine, zarte Blätter. Schnittmangold ist weniger lange haltbar und sollte nach dem Kauf möglichst rasch verarbeitet werden. Die Blätter können wie Spinat zubereitet werden, ganz junge Blätter schmecken auch roh im Salat.

SPINAT
Spinat zählt heute zu den beliebtesten Blattgemüsen und hat einen hohen Gehalt an Vitaminen und Mineralstoffen. Kommt er aus dem Gewächshaus, enthält er jedoch leider oft überdurchschnittlich viel Nitrat. Erhältlich ist Spinat das ganze Jahr über, Geschmack und Textur hängen jedoch stark vom Aussaat- und Erntetermin ab.

Frühlingsspinat (2) ist ab April aus dem Freiland erhältlich und besonders zart. Er schmeckt roh als Salat oder kurz gedünstet. Die Blätter des Sommerspinats sind bereits kräftiger, und Winterspinat (S. 20, 1) hat deutlich robustere, derbere Blätter. Ihn verwendet man daher nur gegart. Spinat schmeckt in Öl sautiert, mit Knoblauch oder Muskat aromatisiert und wird gern mit Eiern und Kartoffeln kombiniert. Er eignet sich zum Färben von Pasta, gehackt und mit Frischkäse oder Ricotta verrührt als Füllung für Ravioli sowie als Belag für Quiches. Und alla parmigiana kann er ebenfalls überzeugen.

Beim Schnittmangold lassen sich die dünn gestielten Blätter nach Bedarf ernten.

Stielmangold hat große grüne Blätter mit starken Mittelrippen und breiten Stielen.

Die Mangoldblätter vom Strunk abtrennen, flach auf der Arbeitsfläche ausbreiten und mit einem scharfen Messer die fleischige Mittelrippe mitsamt dem Stiel keilförmig herausschneiden.

BLATT- UND STIELGEMÜSE

1 Winterspinat hat dunkelgrüne, stark gekrauste Blätter und dicke Blattstiele, die vor der Zubereitung entfernt werden. 2 Wasserspinat weist eiförmig-spitze oder lanzettartige schmale grüne Blätter und – sofern er im Wasser kultiviert wird – lange Triebe auf. 3 Ceylon-Spinat ist eine dekorative Unterart des Malabar-Spinats mit auffälligen, leuchtend grünen, rot geaderten Blättern und roten Stielen.

WASSERSPINAT

Die jungen Blätter des Wasserspinats (s. oben, 2) sind in Ostasien (China) beliebt. Sie schmecken kurz gedünstet und erinnern im Geschmack an Spinat.

CEYLON-SPINAT

Roh bereichern die milden Blätter des Ceylon-Spinats (s. oben, 3) Salate. Gegart werden sie nur ganz kurz, es genügt, die Blätter mit kochendem Wasser zu übergießen.

FENCHEL

Der meist einjährig kultivierte Gemüsefenchel (s. Seite 18, 3) ist ein Sommergemüse. Aus Italien und anderen Mittelmeerländern kommt er jedoch bei uns oft im Herbst und Winter auf den Markt. Fenchel enthält viele Vitamine (C) und Mineralstoffe (Kalium, Kalzium, Eisen), kann jedoch auch Nitrat aufweisen. Als Gemüse finden die gerippten, fleischig verdickten Speicherblätter, die eine zwiebelartige Knolle bilden, sowie die gekürzten dicken Stiele Verwendung. Fenchel ist sehr vielseitig: Mit seiner knackigen Konsistenz und dem süßlich feinen Anisaroma eignet er sich roh ideal für Salate, etwa in Kombination mit Staudensellerie, Äpfeln oder Zitrusfrüchten. Beim Garen tritt die Anisnote etwas zurück, so harmoniert Fenchel mit vielen anderen Aromen. Fenchelhälften oder -viertel (s. unten) schmecken gekocht, geschmort oder mit Parmesan gratiniert. In Scheiben geschnitten lässt er sich braten, panieren oder grillen. Gute Qualität erkennt man beim Einkauf an den festen weißen, runden oder länglichen Knollen. Saftige Schnittstellen an den Stängeln und leuchtend grüne, fedrige Laubblätter sind ein Zeichen für Frische. Das Grün sollten Sie übrigens nicht wegwerfen, es würzt Fonds, Suppen, Saucen und Dips.

MÖNCHSBART

Mönchsbart (s. rechts), in Italien »barba di frate« oder »agretti« genannt, ist säuerlich. Nach dem Abtrennen der Wurzeln und gründlichem Waschen wird er meist 5 Minuten in Olivenöl gedünstet oder kurz in Salzwasser gegart und dann zu Spaghetti mit Tomaten und Knoblauch oder mit Zitronensaft als Salat serviert.

Stielgemüse

Hierzu zählen jene Pflanzen, bei denen vor allem Stängel und Stiele als Gemüse verzehrt werden.

STAUDENSELLERIE

Im Gegensatz zum Knollensellerie bildet Stauden- oder Bleichsellerie (s. Seite 18, 4) nur kleine Wurzelknollen, dafür aber kräftige, fleischige Blattstiele aus. Früher wurden diese künstlich gebleicht, heute kultiviert man überwiegend selbstbleichende Sorten. Aroma und Geschmack erinnern deutlich an Knollensellerie, die Stängel sind aber milder und schmecken frischer. Staudensellerie enthält viele

Fenchel vorbereiten

1. Den Wurzelansatz abtrennen und die äußeren Blätter bei Bedarf entfernen. Blattstiele und das zarte Grün abschneiden und den Fenchel je nach Form zerteilen: länglich-flache Knollen nur halbieren, runde Knollen vierteln.

2. Mit einem kleinen scharfen Messer den größten Teil des Strunks entfernen, so dass die fleischigen Fenchelblätter noch gut zusammenhalten.

BLATT- UND STIELGEMÜSE

Mineralstoffe und Vitamine (C), regt den Stoffwechsel an und entwässert. Erhältlich ist er ganzjährig, aus Freilandbau bekommt man ihn von Frühsommer bis zum Herbst. Die von den harten Fäden befreiten Stängel schmecken roh, Staudensellerie lässt sich aber auch dämpfen, sautieren, schmoren und gratinieren, etwa mit Blauschimmelkäse. Gewürfelt mit Möhren und Zwiebeln ergibt er Mirepoix, das typische Röstgemüse.

KARDONEN
Die Kardone (s. rechts) ist mit der Artischocke verwandt, bei ihr werden jedoch nicht die Knospen, sondern die gebleichten Stiele verzehrt. Das bei uns in Vergessenheit geratene Gemüse ist im Herbst aus dem Mittelmeerraum erhältlich und schmeckt herbwürzig und leicht bitter. In Italien isst man Kardonen auch roh, überwiegend werden die Stängel jedoch in fingerlange Stücke geschnitten (s. unten), in Salzwasser weich gegart und anschließend als Salat zubereitet, mit Käse überbacken oder in Backteig frittiert.

RHABARBER
Rhabarberstauden treiben jedes Jahr im Frühjahr neu aus. Geerntet werden die in Form einer Rosette erscheinenden grünen oder rötlichen Rhabarberstängel (s. Seite 18, 5) bis in den Sommer hinein. Rhabarber zählt zwar zum Gemüse, wird jedoch überwiegend wie Obst genutzt. Zum Rohverzehr eignet sich das kalorienarme Gemüse nicht, sondern muss kurz gegart werden. Zuvor werden die Stiele gehäutet und meist in kleine Stücke geschnitten (s. unten). Mit seinem erfrischend säuerlichen oder sauren Geschmack bildet er einen interessanten Kontrast zu Süßem. Rhabarber wird häufig zu Kompott, Relish, Konfitüre oder Kuchen verarbeitet und harmoniert gut mit Erdbeeren, Ingwer und Vanille.

Die Kardone oder Cardy ist ein distelartiges Gewächs mit festen, fleischigen Blattstielen.

Mönchsbart hat lange, dünne, schnittlauchähnliche, aber fleischige grüne Blätter.

Kardonen oder Cardy vorbereiten

1

2

1. Zuerst den Wurzelansatz abschneiden und die harten äußeren Stängel entfernen. Dann die Blätter sowie die stacheligen Ränder der Stiele mit einem Messer abtrennen.

2. Anschließend die Fäden abziehen (wie beim Staudensellerie), die Stiele in gleich große Stücke schneiden und sofort in Zitronenwasser legen, damit sie sich nicht verfärben.

Rhabarber vorbereiten

1

2

1. Vom Rhabarber die Blattansätze am oberen Ende der Stangen mit einem Messer großzügig abschneiden. Anschließend die Stangen häuten, dabei die harten Fäden mit abziehen.

2. Die Rhabarberstangen mit einem Messer in etwa gleich große Stücke schneiden, dabei alle noch vorhandenen Fäden entfernen.

SPROSS- UND BLÜTENGEMÜSE

Mit ihrem feinen Aroma bereichern Spargel, Artischocken und Seltenes wie Hopfen- oder Bambussprosse die vegetarische Gemüseküche und werden von Köchen und Genießern hoch geschätzt.

Die hier vorgestellten Arten unterscheiden sich in Aussehen, Geschmack und Verwendung, eines aber haben alle gemeinsam: Sie sind relativ teuer. Der Grund liegt in der aufwendigen Ernte, die in Handarbeit erfolgen muss und ein geschultes Auge erfordert, wie beispielsweise das Stechen des weißen Spargels.

Sprossgemüse

Die jungen Sprossen und Triebe von krautigen Pflanzen (Spargel), Stauden (Hopfen) und Gräsern (Bambus) bereichern die vegetarische Küche mit ihrer Zartheit und ihrem speziellen Aroma.

SPARGEL

Jedes Frühjahr treibt der ausdauernde Wurzelstock der Spargelpflanze junge Sprosse hervor – den Spargel. Aus heimischem Anbau ist er von Ende März bis 24. Juni erhältlich. Die von schuppenförmigen Schutzblättern umhüllten Spitzen, die Spargelköpfe, werden besonders geschätzt. Als Frühgemüse kommt Spargel in der vegetarischen Küche eine große Bedeutung zu: Die Stangen sind nämlich nicht nur wohlschmeckend, sondern auch noch gesund: Spargel enthält viele Vitamine und Mineralstoffe, wirkt aufgrund des hohen Kaliumgehalts entwässernd, entsäuernd und stärkt das Immunsystem. Gute Qualitäten erkennt man am geraden Wuchs, 12 bis 16 mm oder noch etwas dickeren Stangen und festen geschlossenen Köpfen. Zeichen für Frische sind ein angenehmer, keinesfalls muffiger Geruch und das »Quietschen« beim Aneinanderreiben der Stangen.

WEISSER SPARGEL

Weißer Spargel (1) hat einen besonders feinen Geschmack und ist daher sehr beliebt. Damit die Stangen schön weiß bleiben, müssen spezielle Erdwälle angelegt werden, die die Stangen vor Licht schützen. Das macht die Ernte aufwendig. Frühmorgens – in der Hochsaison auch abends – müssen die Felder kontrolliert werden. Zeigen sich erste Risse im Boden, legt man den Spargelkopf vorsichtig frei, gräbt dann tiefer, bevor die bleichen Sprosse mit einem Spezialmesser gestochen werden.
Weißvioletter Spargel wächst zum größten Teil unter, kurzzeitig aber auch über der Erde, was zu der violetten Verfärbung führt. Weißer Spargel sollte stets großzügig von den Enden befreit und geschält werden, da übersehene holzige Teile und faserige Schalenstreifen den Genuss erheblich beeinträchtigen. Er lässt sich zwar roh verzehren, wird aber in der Regel in Salzwasser gegart oder schonend gedämpft. Klassisch serviert man weißen Spargel mit einer Sauce hollandaise oder in Kombination mit Eiern oder Pfannkuchen, wie im Badischen üblich. Das feine Gemüse schmeckt aber auch ohne Begleitung, in dünne Streifen geschnitten, nur mit etwas Olivenöl und ein paar Spritzern Zitronensaft beträufelt, ganz ausgezeichnet.

GRÜNER SPARGEL

Grüner Spargel (2) wird auf flachen Feldern kultiviert. Nach dem Durchstoßen des Bodens verfärben sich die Sprosse grün. Geerntet werden die Stangen, sobald sie eine Höhe von etwa 30 cm erreicht haben. Grüner Spargel schmeckt kräftiger als weißer und ist einfacher vorzubereiten, da er nur zum Teil geschält werden muss (siehe rechts). Man kann das untere Ende der Stangen aber auch einfach großzügig abbrechen. Junger grüner Spargel schmeckt roh als Salat oder kurz in Öl gedünstet. Gekocht liebt man ihn als Gemüse, Frittata, im Risotto, zu Pasta oder auf Quiches und Tartes.

WILDSPARGEL

Die dünnen grünen Stangen (3) kommen meist aus Italien zu uns, sie schmecken sehr aromatisch und leicht bitter.

Purpurspargel, auch lila Spargel genannt, ist eine Varietät des grünen Spargels.

Violettgrüner Spargel wird wie grüner Spargel nur zum Teil geschält.

Bei grünem Spargel wird nur das untere Drittel der Stangen geschält. Einfacher geht dies bei dünnem Spargel, wenn man ihn dazu auf eine umgedrehte Schüssel legt.

HOPFENSPROSSE UND -TRIEBE

Die im Boden überwinternden Hopfenwurzeln treiben im Frühjahr neu aus. Damit die Pflanze gut gedeiht, werden überzählige Triebe (bis auf maximal 6) entfernt. Zur Gewinnung von Hopfenspargel (s. links, 1) geschieht dies, bevor die Sprosse ans Licht kommen. Das heißt, jeder einzelne Wurzelstock muss von der Erde befreit werden – ein mühsames Unterfangen! Hopfenspargel ist daher um einiges teurer als sein Namensvetter: Rund 45 Euro kostet das Kilogramm. In den Handel kommt die Rarität aber nur selten. Lediglich in Hopfenanbaugebieten wie der Hallertau sind die bleichen Sprosse gelegentlich auf dem Markt anzutreffen. Zubereitet werden sie ähnlich wie weißer Spargel und erinnern auch im Geschmack an diesen. Hopfenspargel schmeckt gedünstet oder gedämpft, allerdings genügt für ihn eine Garzeit von etwa 5 Minuten. Einfacher zu ernten und daher deutlich preiswerter sind die jungen grünen Triebe der Pflanze (s. links, 2), in Italien »bruscandoli« genannt. In Olivenöl gedünstet oder im Risotto sind sie ein typisches Frühlingsgemüse.

BAMBUSSPROSSE

Junge, noch nicht verholzte Schösslinge verschiedener Bambusgräser sind in Asien begehrt. Sie sind saftig, zart und süß. Gefragt sind vor allem die kleineren, extra zarten Winter-Sprösslinge. »Winter bamboo« kommt bei uns jedoch noch seltener auf den Markt als herkömmliche Bambussprosse (s. links, 3), meist muss man daher auf Konserven (Dose oder Glas) zurückgreifen. Sollten doch einmal frische Bambussprosse erhältlich sein, werden sie vorbereitet, wie rechts gezeigt, und anschließend kurz gegart, um das giftige Blausäureglykosid zu zerstören. Im Ganzen benötigen sie etwa 40 Minuten. Zerkleinert man die Sprosse vor dem Garen, reichen 5 bis 10 Minuten Kochzeit. Die Sprösslinge schmecken gedünstet oder gebraten zu Reis, Nudeln oder im Salat.

PALMHERZEN

Bei Palmherzen oder Palmitos handelt es sich nicht um Sprosse, sondern um das aus dem Stamm gewonnene Mark. Entfernt man den Vegetationskegel oberhalb des Ansatzes der Palmwedel, stirbt der Stamm ab. Heute werden Palmherzen daher entweder von Bäumen gewonnen, die zum Straßenbau gefällt wurden, oder sie stammen aus eigens dafür angelegten Plantagen. Bei uns sind sie nur als Konserve erhältlich. Palmitos sind zart und knackig, schmecken mild-nussig und aus der Dose oft leicht säuerlich, da sie in Essig oder Zitronensaft konserviert wurden. Palmitostangen ähneln weißem Spargel, sind aber dicker. Sie schmecken, sofern man sie erhält, roh im Salat oder kurz gebraten in Wokgerichten.

Blütengemüse

Zu dieser Gruppe zählen jene Gemüsearten, deren Knospen oder Blüten verzehrt werden können. Dazu zählen botanisch auch Blumenkohl und Brokkoli, die hier aber beim Kohl zu finden sind.

ARTISCHOCKEN

Bei den stacheligen Gebilden handelt es sich um die noch geschlossenen Knospen eines frostempfindlichen Distelgewächses aus dem Mittelmeerraum. Bei uns kommen Artischocken (s. Seite 22, 4) vor allem im Frühsommer und Spätherbst auf den Markt. Je nach Sorte können sie groß, rund und grün oder konisch, spitzzulaufend und violett sein. Artischocken schmecken feinherb und sind reich an wertvollen Inhaltsstoffen. Insbesondere der Bitterstoff Cynarin, dem das Gemüse seine leicht bittere Note verdankt, fördert die Funktion von Leber und Galle. Der essbare Anteil ist jedoch gering: Bei großen Artischocken eignen sich nur der Blütenboden und die fleischigen Verdickungen der Hüllblätter zum Verzehr. Sehr junge Exemplare lassen sich – entsprechend vorbereitet (s. rechts) – aber auch komplett genießen. Mit Tomaten geschmort schmecken Artischocken als Ragout, in Olivenöl sautiert als delikate Beilage. Kombiniert mit einer Senf-Vinaigrette sind Hüllblätter und Böden eine typische Vorspeise (Frankreich) und gefüllt und gratiniert liebt man sie in Italien.

1 Hopfensprosse erinnern vom Aussehen her an dünne weiße Spargelstangen. 2 Auch junge grüne Hopfentriebe werden gelegentlich als Hopfenspargel bezeichnet. 3 Junge Bambussprosse sind spitzkegelig und bis zu 30 cm lang. 4 'Camus de Bretagne', eine grüne, große, runde Artischockensorte aus Frankreich. 5 Violette, schmale, spitze Artischocken ohne Heu kommen aus Italien.

SPROSS- UND BLÜTENGEMÜSE

Bambussprosse vorbereiten

1

2

Bambussprosse werden mit der Hacke freigelegt, wie Spargel gestochen und von Wurzeln und äußeren Blättern befreit.

1. Mit einem scharfen Messer die Spitze gerade abschneiden und die Sprosse mit dem Messer längs einritzen.

2. Anschließend die eng anliegenden Hüllblätter ringsum entfernen und den Sprossansatz oben gerade abschneiden.

Junge frische Artischocken vorbereiten

1

2

3

4

5

6

Die stacheligen Distelknospen sind empfindlich. Nach dem Putzen müssen sie sofort weiter verarbeitet oder in Zitronenwasser gelegt werden, da sie sich rasch dunkel verfärben. Große Artischocken lassen sich von Hüllblättern und Stielansätzen befreit im Ganzen garen, oft werden aber auch nur die ausgelösten Artischockenböden verwendet.

1. Die Blätter vom Stiel entfernen und diesen auf 5 bis 7 cm kürzen.

2. Bei stacheligen Sorten die spitzen Blattstacheln mit der Küchenschere und die Spitze mit dem Messer abtrennen.

3. Die äußeren zähen Hüllblätter großzügig entfernen, bis die hellen Innenblätter zum Vorschein kommen.

4. Von der Artischocke das obere Drittel abschneiden, denn diese Blätter sind ebenfalls recht zäh.

5. Den Stiel mit einem scharfen Küchenmesser großzügig schälen, dann ist er zart und aromatisch.

6. Die Artischocken dann je nach Größe 10 bis 15 Minuten in Essig- oder Zitronenwasser garen, kalt abschrecken, halbieren und – sofern vorhanden – das Heu mit einem Löffel entfernen.

FRUCHTGEMÜSE

Sonnengereift und hocharomatisch verwöhnen Tomaten, Paprika und Auberginen den Gaumen im Sommer. Für Erfrischung sorgen saftige Gurken, und im Herbst locken pralle, orangefarbene Kürbisse.

Die essbaren, als Gemüse genutzten Früchte verschiedener Pflanzen bezeichnet man als Fruchtgemüse. Viele gehören wie Auberginen, Tomaten oder Gemüsepaprika zur großen Familie der Nachtschattengewächse. Ihre Saison beginnt im Hochsommer und reicht bis in den Herbst hinein. In dieser Zeit können auch Gurken und Zucchini geerntet werden, die beide zu den Kürbisgewächsen zählen. Kürbisse dagegen haben ihren großen Auftritt erst im Herbst. So bietet Fruchtgemüse den ganzen Sommer über bis in den Winter hinein großen Genuss.

Auberginen

Auberginen (1 und rechts) oder Eierfrüchte gibt es in vielen Formen und Farben. Der Name Eierfrucht erinnert an die weiße Urform der Aubergine, welche die Form eines Hühnereis hatte. Im Innern unterscheiden sie sich jedoch kaum: Alle Auberginen haben ein weißes, von zahlreichen, kleinen essbaren Kernen durchsetztes Fruchtfleisch. Zu uns gelangt das wärmeliebende Fruchtgemüse vornehmlich aus dem Mittelmeerraum auf den Markt. Aufbewahren lässt es sich nur kurz, im Kühlschrank werden Auberginen schon nach wenigen Tagen fleckig und braun. Daher kauft man Auberginen am besten frisch. Gute Qualitäten sind fest, haben einen schönen Glanz und eine unversehrte Schale. Oft werden Auberginen vor dem Zubereiten in Scheiben oder Würfel geschnitten und gesalzen, um ihnen Wasser und Bitterstoffe zu entziehen. Anschließend spült man sie ab und tupft sie mit Küchenpapier trocken. So vorbereitet, saugen sie sich beim Braten oder Frittieren nicht mit Öl voll.

MEDITERRANE AUBERGINEN
Aus dem Mittelmeerraum kommen große, längliche, runde oder rundovale, dunkel- oder hellviolette und weiß gestreifte Sorten (1) zu uns auf den Markt. Von dort stammen ebenfalls viele der bekannten Zubereitungen, aber auch in der orientalischen Küche sind Auberginen ein beliebtes Gemüse. Auberginen eignen sich nicht zum Rohessen, sie müssen immer gegart werden. Gut schmecken die milden bis leicht bitteren Auberginen gebraten und vom Grill, sautiert oder geschmort. Höhlt man die meist längs halbierten Früchte bis auf einen etwa 1 cm breiten Rand aus, ergeben sie ideale Behältnisse für raffinierte vegetarische Füllungen mit Reis oder Bulgur. Mit ihrem zurückhaltenden Eigengeschmack harmonieren sie gut mit kräftigen mediterranen Aromen wie Thymian, Rosmarin, Basilikum und Oliven. Aber auch Zitrone oder Knoblauch passen gut. Letzterer gehört unbedingt in die würzige Auberginenpaste, die bei einer orientalischen Vorspeisentafel nicht fehlen darf. Kombiniert man Auberginen mit anderem Fruchtgemüse (Tomaten, Paprika, Zucchini), ergeben sie geschmackvolle Ragouts (Ratatouille). Sehr gut schmecken auch dünne, in Olivenöl gebratene Scheiben mit einer erfrischenden Joghurtsauce, wie man sie in der Türkei liebt. Und auch mit Mozzarella und Parmesan überbacken, alla parmigiana, sind sie unwiderstehlich.

ASIATISCHE AUBERGINEN
In ihrer asiatischen Heimat sind Auberginen ein wichtiges Gemüse. Dortige Sorten sind kleiner und milder als mediterrane. Sie sind meist länglich oder rund und unterschiedlich gefärbt. Asiatische Auberginen gibt es bei uns in gut sortierten Asialäden. Im Geschmack unterscheiden sich die gelben, weißen, violetten, grünen oder grün-weiß gestreiften Sorten kaum. Einige Sorten lassen sich im Gegensatz zu europäischen jedoch auch roh genießen. In Asien liebt man Auberginen im Wok gebraten, frittiert, gegrillt oder in Currys geschmort. In Japan unterstreicht man ihren Geschmack gerne noch mit etwas milder oder scharfer Misopaste.

Japanische Auberginen (Konasu) werden nur etwa 10 cm lang, haben dicke Kelchblätter und sind milder und süßer als andere Sorten.

Kleine rote und grüne Sorten sind mal rund, mal länglich. In der Verwendung unterscheiden sie sich nicht von großen Auberginen.

FRUCHTGEMÜSE

Tomaten

Aromatische Tomaten (s. Seite 26, 2–5) stehen auch bei Vegetariern ganz oben auf der Beliebtheitsskala. Je nach Sorte – und davon gibt es Tausende –, Boden, Klima und Reifegrad können Geschmack und Zucker-Säure-Verhältnis stark variieren. Am besten schmecken ausgereifte Sommertomaten. Aus dem Mittelmeerraum kommen schon im Frühjahr gute Tomaten zu uns. Und auch die vielgeschmähten Gewächshaustomaten aus den Niederlanden sind inzwischen wieder besser. Leider sieht man einer Tomate äußerlich nicht an, wie sie schmeckt. Darum empfiehlt sich, sie vor dem Kauf zu probieren. Grüne Pflanzenteile (Stielansatz) enthalten wie sehr unreife, harte Früchte das giftige Alkaloid Solanin und sollten nicht gegessen werden. Gesund sind dagegen die Inhaltsstoffe reifer Tomaten, insbesondere der krebshemmende Farbstoff Lykopin, den gekochte Tomaten in hoher Konzentration aufweisen. In der Küche entpuppen sich Tomaten als wahre Alleskönner: Sie schmecken roh als Salat oder nur mit fruchtigem Olivenöl beträufelt. Interessant sind auch Kombinationen von roten, gelben und schwarzen Tomaten, die je nach Sorte ein anderes Aroma beisteuern können. Gekocht sind Tomaten in Kombination mit Knoblauch, Zwiebeln und Kräutern ein idealer Begleiter für Pasta, Reis oder Gemüse. Sie eignen sich aber auch zum Braten, Füllen oder Grillen. Halbiert und im Ofen getrocknet, schmecken sie ebenfalls vorzüglich. Die Samen sollten übrigens nur dort entfernt werden, wo ihre »glibberige« Substanz unerwünscht ist, denn in ihnen steckt viel Aroma.

TOMATENTYPEN

Fleischtomaten (s. Seite 26, 5) sind groß, mehr oder weniger stark gerippt und enthalten viel Fruchtfleisch. Sie sind ideal für Salate und Saucen mit kurzer Garzeit. Mittelgroße Flaschen- und Eiertomaten (s. links, 2) sind länglich oder rund oval, aromatisch, saft- und säurearm. Sie eignen sich für Saucen, Ragouts, zum Trocknen und als Basis für Tomatenprodukte.

1 Costoluto ist eine stark gerippte, süß-aromatische Fleischtomate aus Sizilien, die für den Export halbreif geerntet wird. 2 Länglich ovale Flaschentomaten sind fleischig und enthalten nur wenige Samen. 3 Sardische Tomaten sind rund und sehr aromatisch. 4 Kirschtomaten der Sorte 'Favorita' sind klein, rund, saftig-süß und haben ein gutes Aroma. 5 Roter Spitzpaprika ist angenehm mild und schmeckt süß. 6 Tomatenpaprika aus Ungarn ist rund, gerippt, süß, hat ein ausgeprägtes Aroma und enthält viel Vitamin C. 7 Türkische Dolmas sind hellgrün, dünnwandig und mild. 8 Spanischer Gemüsepaprika ist spitz-verdreht und hat einen milden Geschmack.

Kirschtomaten (s. links, 4) sind aromatisch, klein und rund oder oval. Sie schmecken roh, kurz gebraten oder angetrocknet.

Gemüsepaprika

Im Gegensatz zum scharfen Gewürzpaprika hat der in der vegetarischen Küche beliebte Gemüsepaprika (s. Seite 26, 6) einen frischen bis mild-süßen Geschmack.

PAPRIKATYPEN
Die Form der Paprikaschoten variiert je nach Sorte: Bunte Glocken- oder Blockpaprika sind großfrüchtig. Spitzpaprika haben lange schlanke Schoten und der süße, sehr aromatische ungarische Tomatenpaprika ist rund und stark gerippt. Die Farbe ist dagegen kein Sortenmerkmal, sie verweist vielmehr auf den Reifezustand. Unreif geerntete grüne Schoten schmecken deutlich frischer. Reife rote Schoten weisen oft eine süße Note auf. Roh eignet sich Paprika für Salate und Vorspeisen. Er lässt sich aber auch gut dünsten, braten, sautieren, karamellisieren, rösten oder grillen. Mit Knoblauch, Thymian und Rosmarin verträgt er sich bestens und passt gut zu Pasta, Reis oder Kartoffeln. Ausgehölt und gefüllt, wird er gern in Tomatensauce geschmort.

Tomaten blanchieren und häuten

1. Die Haut der Tomaten nach Belieben unten oder am Stielansatz kreuzförmig einritzen. Die Tomaten kurz in kochendem Wasser blanchieren, dann mit einem Schaumlöffel herausheben.

2. Die Tomaten kalt abschrecken, um den Garprozess zu unterbrechen. Den Stielansatz mit einem kleinen Messer kreisförmig herausschneiden und die Haut in Streifen abziehen.

Paprikaschoten grillen und häuten

1. Die Paprikaschoten grillen oder bei 200 °C im Backofen bräunen. Dann die Schoten herausnehmen, heiß in einen hitzebeständigen Kunststoffbeutel geben und darin kurz »schwitzen« lassen.

2. Die Paprikaschoten aus dem Beutel nehmen und die Haut vom Stielansatz zur Spitze hin in breiten Streifen abziehen, eventuell verbleibende Reste mit einem scharfen Messer abtrennen.

Spitzpaprika zum Füllen aushöhlen

1. Den Stielansatz der Spitzpaprikaschoten mit einem kleinen scharfen Messer dicht entlang des grünen Kelchblattes kreisförmig herausschneiden.

2. Mit einem kleinen Kugelausstecher Samen und Trennwände sorgfältig entfernen. Das geht auch mit einem scharfkantigen Mokka- oder Teelöffel.

FRUCHTGEMÜSE

Bunte Kürbisvielfalt: Links große orangefarbene Riesenkürbisse, daneben ein dunkelgrüner, gerippter Moschuskürbis. Angenehm aromatisch sind auch die kleinen, plattrunden, leuchtend orangen Hokkaido-Kürbisse.

Gurken

Gurken sind weltweit beliebt und zählen zu den meist angebauten Gemüsearten. Mit ihrem saftig-knackigen Fruchtfleisch erfrischen sie den Gaumen das ganze Jahr über, am besten sind sie jedoch im Sommer. Anfangs grün, verfärben sie sich mit zunehmender Reife weißlich oder gelblich. Die stacheligen Warzen sind ein Kennzeichen junger Früchte, später verschwinden sie und die Schale wird glatter. In der vegetarischen Küche werden Gurken sowohl roh als auch gegart verwendet.

GURKENTYPEN

Wasserreiche Salat- oder Schlangengurken werden gern roh, in Scheiben gehobelt oder geraspelt, für kühlende Salate und Joghurtdips (Tsatsiki, Raita) verwendet, gerne in Kombination mit Knoblauch oder Dill. Die kleinen Mini- oder Gartengurken (s. Seite 26, 7) sind fein-aromatisch und schmecken roh und gegart – etwa als Suppe, aromatisiert mit Minze oder Kreuzkümmel. Einlegegurken werden meist jung geerntet, in Essig konserviert und anschließend als pikante Cornichons oder milde Gewürzgurken im Handel vertrieben. Während Salatgurken für manche Zubereitungen durch Einsalzen Wasser entzogen wird, sind Schmorgurken von Haus aus fester und enthalten weniger Wasser. Sie eignen sich darum besonders gut zum Kochen, Schmoren, Sautieren und Füllen.

Zucchini

Sie sind das Gemüse für alle Fälle, zurückhaltend im Geschmack, zart in der Konsistenz – solange sie jung geerntet werden. Lässt man Zucchini ausreifen, werden sie zwar riesig, aber auch faserig, wässrig und fad. Farbe und Form haben keinen Einfluss auf das Aroma. Beste Qualitäten versprechen kleine Früchte mit unversehrter, glatter, glänzender Schale. Sie schmecken roh mild-nussig

1 Große Salatgurken sind saftig, mild im Geschmack und sehr erfrischend. 2 Schmorgurken sind kleiner, fester und enthalten weniger Wasser als Salatgurken. 3 Hellgrüne Zucchini der Sorte 'Long White Bush'. 4 Rundovale grüne Zucchini eignen sich gut zum Füllen. 5 'Butternut'-Kürbisse sind birnenförmig, haben ein buttrig-weiches Fruchtfleisch und ein feines Aroma. 6 Spaghetti-Kürbisse sind rundoval und haben ein langfaseriges, fadenartiges Fruchtfleisch, das in der Küche wie Spaghetti verarbeitet werden kann.

FRUCHTGEMÜSE

und ergeben, würzig angemacht, einen kühlenden Sommersalat. Beim Garen wird das Fruchtfleisch schnell weich, darum sollte es der Hitze nicht zu lange ausgesetzt werden. Zucchini eignen sich für Suppen, zum Dünsten, Braten und Grillen. Ausgehöhlt (s. unten) und gefüllt, schmecken sie mit Feta oder Parmesan überbacken. Gut harmonieren Zucchini mit Knoblauch, Zwiebeln, Tomaten, Paprika, Thymian und Chili. Die gelben Blüten lassen sich, vorbereitet wie unten gezeigt, fein füllen oder in Teig ausbacken.

Kürbisse

Herbstzeit ist Kürbiszeit, bis in den Winter hinein gibt es die gelben, orangefarbenen oder grünen Gemüseriesen. Sie werden vor dem Garen meist vorbereitet, wie unten gezeigt. Mit ihrem milden Aroma verlangen Kürbisse nach kräftiger Würzung, etwa mit Muskat, Piment, Ingwer oder Kreuzkümmel. So schmecken sie gedämpft, gekocht oder im Ofen gebacken. Kürbis kann zudem als Suppe, Gemüse oder eingelegt überzeugen. Kleine Exemplare wie Patissons oder Hokkaido-Kürbisse lassen sich aushöhlen (s. unten), füllen und im Ganzen zubereiten.

Zucchiniblüten vorbereiten

1. Große weibliche Blüten mit anhängenden kleinen Früchten sind zum Füllen ideal. Dafür den Stempel im Innern vorsichtig entfernen, die Füllung in die Blüte spritzen und diese durch Zusammendrehen verschließen.

2. Zum Ausbacken eignen sich die kleineren männlichen Zucchiniblüten gut. Dafür mit einer Schere die Staubgefäße im Innern der Blüte entfernen.

Patissons und Zucchini zum Füllen aushöhlen

1. Von den kleinen runden Patisson-Kürbissen einen Deckel abschneiden. Dann mit einem Kugelausstecher das Fruchtfleisch auslösen, dabei einen etwa 5 mm breiten Rand stehen lassen.

2. Längliche Zucchini halbieren, dann mit einem Kugelausstecher oder mit einem scharfkantigen Löffel das Fruchtfleisch mit den Samen herauslösen, dabei einen 5 mm breiten Rand stehen lassen.

Große Kürbisse vorbereiten

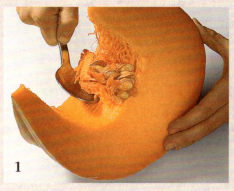

1. Große Kürbisse in Spalten (Segmente) schneiden und mit einem scharfkantigen Löffel das faserige Innere mitsamt den Kernen entfernen.

2. Die Schale mit einem scharfen Messer in Streifen abschneiden. Das Kürbisfruchtfleisch je nach Verwendung ganz lassen oder in Würfel schneiden.

FRUCHTGEMÜSE

1 Frischer Zuckermais hat runde, glatte Körner. 2 Schwarzer oder Blauer Mais kann ebenfalls als Gemüse verzehrt werden. 3 Avocados der Sorte 'Fuerte' sind groß, glattschalig und aromatisch. 4 Avocados der Sorte 'Hass' sind kleinfrüchtig, runzlig und schmecken angenehm nussig.

Mais

Im Gegensatz zu dem seit Jahrtausenden als Futterpflanze bekannten Körnermais wird Zuckermais (s. oben, 1, 2) erst seit Mitte des vorigen Jahrhunderts als Gemüse genutzt. Er reift im Sommer, ist zart, gelb oder blau und schmeckt süß. Um zu verhindern, dass sich der Zucker in den Körnern in Stärke umwandelt, werden die Kolben unreif geerntet und können nur wenige Tage gelagert werden. Ideal sind sie, wenn auf Druck ein milchiger Saft aus den Körnern tritt. Vor der Zubereitung werden die Hüllblätter entfernt (s. unten). Die Körner können dann vor oder nach dem Garen abgelöst werden. Nur sehr jung geerntete Mini-Maiskolben lassen sich komplett verzehren. Im Ganzen gegarte Maiskolben schmecken gekocht oder in Alufolie gegrillt und mit Butter verfeinert. Die gegarten Körner lassen sich als Salat oder Gemüse zubereiten, etwa mit Paprika, Chili und Knoblauch.

Avocados

Die birnenförmigen Früchte, botanisch eigentlich Obst, des wärmeliebenden Avocadobaums kannten schon die Azteken. Im Mittelmeerraum werden Avocados (s. oben, 3, 4) dagegen erst seit gut 100 Jahren kultiviert. Je nach Sorte ist ihre Schale glatt oder rau, dünn oder dick, grün oder schwarz. Avocados reifen nicht am Baum aus, sondern müssen vorher gepflückt werden, da sie sonst herabfallen. Daher sollten sie nach dem Kauf noch 1 bis 3 Tage nachreifen. Ihr Fruchtfleisch ist cremig-mild und fettreich, es enthält jedoch viele ungesättigte Fettsäuren, Mineralstoffe und Vitamine. Vor der Zubereitung werden Kern und Schale entfernt, wie rechts gezeigt. Avocados sind roh am besten und werden nicht gekocht. Sehr gut schmecken sie in Salaten oder als Vorspeise. Mit Zitronen- oder Limettensaft, Salz, Chili, Tomaten und Koriandergrün ergeben sie gute Dips (Guacamole).

Okraschoten

Okraschoten (s. Seite 26, 10) sind die Früchte eines Malvengewächses, das auch Essbarer oder Gemüseeibisch genannt wird. Die fingerdicken, kantigen Schoten enthalten viele weiße Samen, die mitverzehrt werden, und gehören zu den ältesten Gemüsepflanzen. Sie kommen im Sommer und Herbst aus dem Mittelmeerraum auf den Markt und erinnern geschmacklich an grüne Bohnen, lassen sich jedoch im Gegensatz zu diesen auch roh als Salat essen. Meist werden Okraschoten aber gekocht, gebraten, sautiert oder gegrillt. Sie harmonieren mit Chili, Paprika und Tomaten und sind in Afrika, den Südstaaten der USA und der Karibik eine beliebte Zutat für Schmorgerichte. In Asien bereitet man sie gern als Curry zu. Ist dabei keine Bindung erwünscht, werden die Schoten vorbereitet, wie rechts gezeigt (Step 1–3), oder vor dem Garen 5 Minuten in Essigwasser blanchiert.

Maiskörner lösen

1. Die Hüllblätter der frischen Maiskolben von Hand abziehen. Anschließend die dünnen Fäden sorgfältig entfernen und so die Maiskolben freilegen.

2. Den Kolben gut festhalten und die Maiskörner mit einem scharfen Messer zur Spitze hin dicht am Strunk abschneiden, um sie nicht zu verletzen.

FRUCHTGEMÜSE

Avocados vorbereiten

Einmal aufgeschnitten, verfärben sich Avocados rasch. Deshalb vorher schon frisch gepressten Zitronen- oder Limettensaft und einen Pinsel bereitstellen.

1. Die Avocado in die flache Hand legen und mit einem scharfen Messer ringsherum bis auf den Kern einschneiden.

2. Die beiden Avocadohälften gegeneinander drehen, bis sich eine Hälfte abheben lässt. Anschließend den Kern vorsichtig auslösen und entfernen.

3. Die Schnittflächen der Avocados sofort dünn mit Zitronen- oder Limettensaft einpinseln. Das Fruchtfleisch weicher Avocados mit einem Löffel auslösen.

4. Festere Avocados halbieren und entkernen, wie gezeigt. Anschließend die ledrige Haut mit dem Sparschäler oder mit einem Gemüsemesser abschälen.

Okraschoten vorbereiten

Offene Okraschoten sondern beim Garen einen milchigen Schleim ab. Um dies zu verhindern, werden sie geputzt, wie in Step 1 bis 3 gezeigt. Sollen die Okraschoten zur Bindung beitragen, bereitet man sie vor, wie in Step 4 beschrieben.

1. Den Stielansatz der Okraschoten mit einem kleinen scharfen Messer bleistiftartig zuspitzen, ohne die Schoten dabei zu verletzen.

2. Durch diese Art des Putzens bleiben die Schoten unverletzt und es kann beim Garen keine Flüssigkeit austreten.

3. Die vorbereiteten Okraschoten 1 bis 2 Stunden in Zitronenwasser legen, dadurch wird ein Aufplatzen während des Kochens vermieden.

4. Ist eine Bindung erwünscht, den Stielansatz der Okraschoten mit einem kleinen scharfen Messer gerade abtrennen und die Schoten garen.

TEUBNER Vegetarisch

ZWISCHEN ASKESE UND GENUSS
Die Geschichte des freiwilligen Fleischverzichts

Brot soll es geben, dazu Oliven und Käse, Gemüse und Bohnen: Begeistert malt Sokrates sich aus, wie das Leben in einem idealen Gemeinwesen aussähe – bis hin zum Speiseplan. Doch der klingt seinem Schüler Glaukon allzu karg. Auf sein Drängen hin erlaubt Sokrates Fleischspeisen – erweitert seinen Staat infolgedessen aber auch gleich um Ärzte. Der griechische Philosoph Platon, der diesen Dialog im 4. Jahrhundert v. Chr. aufschreibt, lässt keinen Zweifel daran: Fleischgenuss und Luxus sind Ursache für Krankheiten. Die natürliche Lebensweise des Menschen dagegen ist bescheiden – und vegetarisch.

Dass Platon darin irrte, hat die Anthropologie längst bewiesen: Der Homo sapiens war von Anfang an ein Allesfresser. Vermutlich machte ihn gerade das zum Erfolgsmodell der Evolution, denn so konnte er die unterschiedlichsten Lebensräume erobern und sich flexibel auf das jeweilige Nahrungsangebot einstellen. Doch erst als der Mensch sesshaft wurde und Viehzucht betrieb, wurde Fleisch zum Ausdruck von Macht und Reichtum. Es galt als so wertvoll, dass es in erster Linie den Göttern zustand. Im antiken Griechenland wurden Tieropfer und die daran anschließenden Fleischgelage zum gemeinschaftsstiftenden Ritual, an dem alle freien Männer teilnahmen.

DAS TIER, DEIN BRUDER

Doch im 6. Jahrhundert v. Chr. wurde plötzlich eine Stimme laut, die forderte: »Von allem Beseelten enthalte dich!« Sie gehörte dem griechischen Philosophen Pythagoras. Er lehrte, die Seele werde nach dem Tod in anderen Lebewesen wiedergeboren, bis sie sich durch ein Leben in Askese befreien könne. Ein Tier zu töten, um es zu essen, komme daher einem Mord gleich. Pythagoras empfahl, sich auf pflanzliche Kost zu beschränken. Für die nun folgenden 2.400 Jahre sollte fleischlose Ernährung unter dem Namen »pythagoräische Diät« bekannt sein, denn der Begriff »vegetarisch« war noch nicht geboren.

Seelenwanderung, Erlösung durch Askese, Fleischverzicht: Solche Gedanken kommen uns heute aus Hinduismus und Buddhismus vertraut vor. Tatsächlich wendeten sich fast zur selben Zeit wie Pythagoras im fernen Indien und Persien gleich mehrere Religionsstifter gegen das Töten von Tieren, und in Asien leben diese Gedanken bis heute fort. In der westlichen Welt dagegen konnte sich der freiwillige Verzicht auf Fleisch nicht durchsetzen. Im Gegenteil: Antike griechische und römische Komödien verspotteten die Anhänger der pythagoräischen Lehre als Unkrautfresser. Die christlichen Kirchen wiederum verboten zwar an vielen Tagen den Genuss von Fleisch; dafür mussten für die erlaubten Fastenspeisen zahlreiche Fische ihr Leben lassen. Wer beides verweigerte, machte sich höchst verdächtig, einer ketzerischen Sekte anzugehören, und riskierte den Tod auf dem Scheiterhaufen.

PFLANZLICH, NATÜRLICH, POLITISCH

Erst zum Ende des 18. Jahrhunderts gelangte die Idee der vegetarischen Ernährung wieder ins Bewusstsein der europäischen Öffentlichkeit: Der Schriftsteller Jean-Jacques Rousseau plädierte in seinem Erziehungsroman »Emile« (1762) dafür, Kindern kein Fleisch zu geben. Er griff dabei das Argument Platons wieder auf: Pflanzliche Kost sei die natürliche Ernährung des Menschen. Rousseau war Theoretiker, der selbst durchaus Fleisch aß. Dennoch wurden seine Gedanken in ganz Europa begeistert aufgegriffen. Gerade im deutschen Sprachraum versuchten viele Menschen ab Mitte des 19. Jahrhunderts, Rousseaus »Zurück zur Natur« praktisch umzusetzen und damit den Übeln der Industrialisierung entgegenzuwirken.

Eine der treibenden Kräfte dieser sogenannten Lebensreform-Bewegungen war der Vegetarismus, der seine Bezeichnung von der 1847 in England gegründeten Vegetarian Society übernahm. Die deutschen »Vegetarianer«, wie sie sich zunächst nannten, beobachteten sorgenvoll das Aufkommen industrieller Lebensmittel wie Fleischextrakt und Erbswurst, also den aus Erbsenmehl gepressten Vorläufer der Fertigsuppe. In einer »naturfernen« Ernährung mit stark verarbeiteten Produkten sahen sie die Wurzel aller Krankheiten. Daher ging es ihnen auch nicht einfach darum, Fleisch vom Speisezettel zu streichen. »Vegetarisch«, so

---

Früher standen Gesundheit und Askese im Vordergrund der vegetarischen Ernährung, heute liegt der Fokus immer mehr auf dem Genuss.

Pythagoras, ein antiker, griechischer Philosoph und Mathematiker, war überzeugter Vegetarier.

behaupteten sie, käme keineswegs vom englischen »vegetable« (Gemüse, pflanzliche Nahrung). Vielmehr sei es vom lateinischen »vegetabilis« (belebend) abgeleitet. Gemeint sei eine Lebensweise, die den Menschen an Körper, Geist und Seele lebendig und gesund erhalte. Sie verzichteten daher nicht nur auf Fleisch, sondern auch auf Alkohol und Gewürze, und machten sich mit selbst gebackenem Schrotbrot und Rohkost daran, die Gesellschaft zum Besseren zu verändern. Doch ihre Hoffnungen erfüllten sich nicht: Bewusster Fleischverzicht blieb bis weit ins 20. Jahrhundert hinein eine individuelle Entscheidung ohne Breitenwirkung.

FLEISCHLOS IN DIE ZUKUNFT

Nach den Lebensmittelrationierungen des 2. Weltkriegs erfuhr Fleisch im Wirtschaftswunderland noch einmal einen enormen Popularitätsschub: Wer es sich leisten konnte, aß Steak und Kotelett. Ändern sollte sich das erst ab den 1960er Jahren, als die ersten Hippies nach Indien reisten und von dort östliche Weisheitslehren mitsamt ihrer vegetarischen Prinzipien mitbrachten. Die erwachende Friedensbewegung fand ihre Vorbilder in Menschen wie Mahatma Gandhi und Albert Schweitzer, die das Prinzip der Gewaltlosigkeit auch auf Tiere ausgedehnt und daher fleischlos gelebt hatten. Und die Ökoszene probierte Ernährungstrends wie Vollwertkost und Makrobiotik aus, die auf Fleisch weitgehend, wenn auch nicht ganz, verzichteten.

Seit den 1990er Jahren schließlich verdarben BSE und die in regelmäßigen Abständen auftretenden Fleischskandale immer mehr Menschen den Appetit auf Fleisch. Zu dem Wunsch, Tieren ein Schicksal in der Massentierhaltung zu ersparen, und der Angst, sich mit Fleisch womöglich zu vergiften, tritt die zunehmende Sorge um die ökologischen Folgen industrieller Fleischproduktion. Das vorläufige Ergebnis dieser Entwicklung: Der Fleischkonsum in Deutschland stagniert, der Anteil der Vegetarier beläuft sich hierzulande auf inzwischen drei Prozent und viele Fleischesser schränken den Konsum tierischer Produkte bewusst ein – Umwelt und Klima zuliebe. Eine Entscheidung zur Askese bedeutet die Umstellung auf ein vegetarisches Leben zum Glück schon längst nicht mehr. Platons karger Speiseplan und die ungewürzte Gesundheitskost der Lebensreformer sind Vergangenheit.

Längst bieten Spitzenrestaurants ganz selbstverständlich auch vegetarische Menüs an und kreative Köche entdecken die kulinarischen Möglichkeiten einer raffinierten Gemüseküche. Zweieinhalb Jahrtausende nach Pythagoras betritt ein neuer Besser-Esser die Bühne Europas: der vegetarische Genießer.

SABINE SCHLIMM

HÜLSENFRÜCHTE

Die kleinen bunten Samen und grünen Schoten, lange als Arme-Leute-Essen verpönt, erleben derzeit eine Renaissance. Gerade in der vegetarischen Küche sind sie besonders geschätzt.

Der Grund dafür liegt in ihrem hohen Proteingehalt. Kein anderes pflanzliches Lebensmittel kann in Sachen Eiweiß mit den Hülsenfrüchten mithalten. Nicht umsonst sind sie in vielen Teilen der Welt ein wichtiges Grundnahrungsmittel. Wobei genau genommen nur die in den Schoten ausgereiften, getrockneten Samen verschiedener Leguminosen als Hülsenfrüchte bezeichnet werden. Pflückt man die Fruchthülsen, solange sie grün (oder violett) und unreif sind, lassen sie sich als Gemüse zubereiten. Doch so oder so: In der vegetarischen Küche sind Hülsenfrüchte als gesunde Eiweißquelle unverzichtbar. Zwar fehlen bei ihnen einige essenzielle Aminosäuren, doch durch geschickte Kombination mit anderen Eiweißquellen wie etwa Getreide oder Mais lässt sich dies gut ausgleichen. Gerade Klassiker der fleischlosen Küche wie die schwäbischen Linsen und Spätzle oder Bohnen mit Reis in Mexiko oder auf Kuba erweisen sich als ideale Kombinationen. Darüber hinaus sind Hülsenfrüchte reich an Ballaststoffen und enthalten viele Mineralstoffe und Vitamine. Bei einigen der Arten wie Erbsen und Bohnen können sowohl unreife Schoten und Samen als auch getrocknete Samen verwendet werden. Bei anderen Hülsenfrüchtlern wie Linsen und Kichererbsen haben die Hülsen als Nahrungsmittel dagegen keine Bedeutung. Von ihnen gelangen nur die trockenen Samen in den Handel. Wieder andere Leguminosen wie Sojabohnen und Lupinen werden weniger direkt als Hülsenfrüchte zubereitet, sondern vielmehr zu verschiedenen anderen Milch und Fleisch ersetzenden Produkten weiterverarbeitet (s. Seite 146–157).

Erbsen

Erbsen werden seit Jahrtausenden angebaut und sind in Europa schon lange bekannt. Standen früher Trockenerbsen hoch im Kurs, bevorzugt man heute frische grüne Erbsen. Im Gegensatz zu den meisten anderen Hülsenfrüchtlern brauchen Erbsen nicht gegart zu werden, sondern können direkt aus der Schale gepalt und roh verzehrt werden. Als Faustregel gilt: Kleinere Erbsen sind zarter und süßer als große.

GARTENERBSEN
Die Garten- oder Pflückerbse (1) wird in vielen Unterarten und Sorten angebaut. Sehr beliebt sind die zarten süßen Markerbsen, die auch tiefgekühlt erhältlich sind. Diese und andere grüne Erbsen haben im Frühsommer und Sommer Saison. Die ausgepalten Samen sollten möglichst frisch verwendet werden. Sie eignen sich zum Dämpfen, Kochen, Schmoren oder Sautieren. Erbsen harmonieren gut mit jungen Möhren und neuen Kartoffeln, schmecken aber auch aromatisiert mit Minze oder Basilikum oder in einer Sahne-Sauce geschmort. Schal- oder Palerbsen enthalten mehr Stärke, sind darum mehliger und weniger süß. Sie werden bereits als Trockenerbsen (s. oben) geerntet. Diese weicht man dann über Nacht ein und gart sie für Suppen etwa eine Stunde oder lässt sie in Eintöpfen mitköcheln.

ZUCKERSCHOTEN
Die jungen flachen Hülsen der Zuckererbse oder Kefe (s. links) sind knackig-zart, süß und müssen – entsprechend ihrem französischen Name Mange-tout – nur von den Enden befreit werden. Zuckerschoten eignen sich zum Rohessen, werden aber meist kurz blanchiert oder gedämpft. Hierbei genügen wenige Minuten, sie sollten noch bissfest sein. Das knackige Gemüse schmeckt in asiatischen Wokgerichten, in Butter gedünstet oder mit Nussbutter nappiert. Spargel- oder Flügelerbsen (s. links) erinnern im Aroma an Spargel und schmecken als Gemüse sowie in Suppen und Eintöpfen.

Trockenerbsen reifen in den Hülsen an der Pflanze aus und werden trocken geerntet. Es gibt graue, gelbe, weiße und grüne Sorten.

Zuckerschoten können im Ganzen verzehrt werden, da sie im Innern keine harte Pergamentschicht aufweisen wie andere Erbsen.

Spargel- oder Flügelerbsen sind an den geflügelten Hülsen zu erkennen. Sie werden jung geerntet und im Ganzen verzehrt.

HÜLSENFRÜCHTE

1 Violette Bohnen sind eine seltene Sorte, ihre Farbe wechselt beim Garen nach Grün. 2 Gelbe Buschbohnen werden auch Wachs- oder Butterbohnen genannt. 3 Von den Dicken Bohnen, italienisch Fave, werden nur die Kerne verzehrt. 4 Borlotti-Bohnen kommen frisch und getrocknet auf den Markt, auch von ihnen werden nur die Kerne genutzt. 5 Goa- oder Flügelbohnen sind in Asien, Afrika und der Karibik eine wichtige Eiweißquelle. 6 Spargelbohnen sind in Südostasien geschätzt, ihre dünnen Hülsen können bis zu 90 cm lang werden.

Ausgepalte Dicke Bohnen werden kurz in kochendem Salzwasser blanchiert, in Eiswasser abgeschreckt und anschließend aus der weißlich grünen Haut gedrückt.

Bohnen

Als Bohnen werden sowohl die frischen und getrockneten Samen verschiedener Leguminosen als auch die unreif geernteten Hülsen bezeichnet. Beide enthalten viel Eiweiß und sind darum in der vegetarischen Küche besonders begehrt.

GRÜNE BOHNEN

Die bei uns seit etwa 500 Jahren bekannten, aus Mittel- und Südamerika stammenden grünen Bohnen (s. Seite 36, 2) oder Fisolen sind ein typisches Sommergemüse und zählen überwiegend zur Art der Gartenbohne. Dazu gehören zum einen die meterhoch kletternden Stangenbohnen, zum anderen die niedrigen Buschbohnen. Von beiden gibt es zahlreiche Sorten in verschiedenen Formen und Farben von gelb bis violett (s. oben, 1, 2). Der Handel unterscheidet nach Größe und Querschnitt der Hülsen sowie zwischen jung gepflückten, zarten Prinzessbohnen, kleinen dünnen Keniabohnen, Bobbybohnen mit rundem und breite Bohnen mit flachem Querschnitt (s. Seite 36, 3). Prunk- oder Feuerbohnen haben eine raue Schale, sind jung geerntet aber ebenfalls zart. Exotische Arten wie die Goabohne mit ihren geflügelten Hülsen (s. oben, 5) oder die zu Bündeln gerollten Spargelbohnen (s. oben, 6) sind gelegentlich in gut sortierten Asialäden erhältlich. Gemeinsam ist allen grünen Bohnen, dass sie vor dem Verzehr gegart werden müssen, da sie das giftige Phasin enthalten, das beim Erhitzen zerstört wird. Zuvor werden die Bohnen geputzt und von vorhandenen Fäden befreit (s. Seite 41). Nicht zu weich gegart und mit Essig und Zwiebeln sauer angemacht, schmecken grüne Bohnen als erfrischender Salat. Zudem sind sie eine geschätzte Zutat für Gemüsesuppen (Minestrone) und Bohneneintöpfe. Gibt man beim Garen noch etwas Bohnenkraut hinzu, verstärkt sich ihr Aroma noch. Grüne Bohnen harmonieren gut mit Tomaten, schwarzen Oliven, Petersilie und Basilikum. Mit etwas Knoblauch oder Zwiebeln in Butter oder Öl sautiert, ergeben sie eine prima Beilage zu Eiergerichten.

FRISCHE BOHNENKERNE

Von den Dicken Bohnen (s. oben, 3), die eigentlich zur Gattung der Wicken gehören, aber auch von vielen anderen Bohnenarten und -sorten (s. rechts) wie etwa

HÜLSENFRÜCHTE

den Borlotti-Bohnen (s. links, 4) werden nur die Kerne, nicht aber die filzigen oder ledrigen Hülsen gegessen. Manche davon sind etwas in Vergessenheit geraten wie die Dicken Bohnen. Sie waren einst auch bei uns ein wichtiges Nahrungsmittel, bevor sie von der Gartenbohne verdrängt wurden und fortan als Viehfutter (Saubohnen) herhalten mussten. Erst in jüngerer Zeit haben Liebhaber der mediterranen Küche die nussig-aromatischen, hellgrünen flachen Kerne wieder entdeckt. Gut schmecken junge zarte Kerne kurz gegart und enthülst (s. links, unten). In Kombination mit Kräutern und gekochten weißen Bohnen ergeben sie einen feinen Salat. In Öl sautiert und mit Minze oder Petersilie aromatisiert schmecken die Kerne, die manchmal auch eine leicht bittere Note aufweisen können, als Gemüse. In Italien liebt man Dicke Bohnen oder Fave auch pur, nur mit etwas Pecorino als Vorspeise serviert. Und aus den getrockneten Kernen lässt sich ein Püree herstellen, das man in Apulien zu Stängelkohl reicht.

GETROCKNETE BOHNEN

Die Vielfalt an getrockneten Bohnen oder Kernbohnen ist enorm. Es gibt sie bunt oder schwarz-weiß, klein oder groß. Zu den kleinsten zählen die asiatischen Urd-, Motten- oder Mungbohnen (s. rechts, 9–12). Mittelgroß und mild bis leicht süßlich sind Soja- und Adzukibohnen (rechts, 7, 8) sowie Perl- (s. Seite 36, 5) und Augenbohnen (s. Seite 36, 7). Schwarze Bohnen (s. rechts, 6 und Seite 36, 6) gibt es in verschiedenen Größen. Sie sind meist zart und wie die mehligen Kidneybohnen (s. rechts, 4) süß im Geschmack. Herzhafte braune Bohnen (s. Seite 36, 8) eignen sich wie die robusten Borlotti- und Wachtelbohnen (s. rechs, 3) gut für Suppen und Eintöpfe. Milde Cannellini-Bohnen (s. rechts, 2) sind gut zu Pasta, schmecken aber wie die zarten Flageolet- (s. rechts, 1) und die großen weißen Limabohnen (s. Seite 36, 4) auch als Salat oder Vorspeise. Dicht verschlossen halten getrocknete Bohnen etwa ein Jahr, müssen vor dem Garen aber mindestens 6 Stunden, besser noch über Nacht, einweichen.

Kernbohnen-Vielfalt: 1 Flageolet-Bohnen sind in Frankreich beliebt. 2 Cannellini-Bohnen werden in der Toskana/Italien bevorzugt. 3 Gesprenkelte Wachtelbohnen schätzt man in Österreich und Mexiko. 4 Dunkelrote Kidneybohnen sind heute weltweit bekannt. 5 Appaloosa beans aus den USA sind rotbraun-beige gesprenkelt. 6 Schwarze Bohnen liebt man in Mittel- und Südamerika. 7 Adzukibohnen sind klein und bräunlich. 8 Gelbe kugelige Sojabohnen liefern wertvolles Eiweiß. 9 Urdbohnen, hier ungeschält, werden in Indien angebaut. 10 Moong dal sind geschälte und halbierte Mungbohnen. 11 Grüne, ungeschälte Mungbohnen liefern die Basis für »Sojasprossen«. 12 Motten- oder Mückenbohnen sind in Indien beliebt.

HÜLSENFRÜCHTE

Im Mittelmeerraum werden Linsen und andere »Legumi secchi«, wie Hülsenfrüchte in Italien heißen, ganzjährig in guter Qualität angeboten. Vor dem Kochen sollten sie verlesen werden, um Steinchen zu entfernen.

Linsen

Linsen zählen zu den ältesten Kulturpflanzen überhaupt. Es gibt sie in zahlreichen Sorten, die sich in Form, Farbe und Aroma unterscheiden. Angeboten werden die Samen grundsätzlich getrocknet und enthülst. Wählt man Linsen in der Schale, behalten sie beim Garen ihre Form, müssen jedoch zuvor einige Stunden eingeweicht werden. Geschälte Linsen sind schneller gar, zerfallen aber auch rasch. Linsen eignen sich nicht zum Rohverzehr, sondern werden grundsätzlich gegart. Angemacht mit etwas gutem Olivenöl, würzigem Essig, Salz und Pfefffer schmecken sie kalt oder lauwarm als Salat. Gekocht und püriert ergeben sie eine schmackhafte Suppe. Linsen eignen sich aber auch für die Zubereitung von Aufläufen, Pürees, Füllungen oder Bratlingen. Da sie beim Garen zusammen mit der Kochflüssigkeit auch andere Aromen aufnehmen, empfiehlt sich, je nach gewünschtem Geschmacksergebnis, einen Zweig Rosmarin oder Thymian mit in den Topf zu legen oder die Linsen mit Gemüsewürfeln (Fenchel), Gewürzen und etwas Fond zu garen.

GROSSE LINSEN

Die braunen oder grünlichen Tellerlinsen (s. unten, 1) sind die bei uns meistverwendete Sorte und mit 6 bis 7 mm Durchmesser die größten Linsen. Sie sollten über Nacht eingeweicht werden. Die exakte Garzeit lässt sich aber nicht genau angeben, sie hängt davon ab, wie lange die Linsen gelagert wurden und wie trocken sie sind. Tellerlinsen werden gern für Eintöpfe verwendet und sind dann gar, wenn sie noch ihre Form behalten, im Innern aber weich und mehlig sind.

KLEINE LINSEN

Die kleinen grünen oder braun-grün gesprenkelten Puy-Linsen (s. Seite 36, 9) stammen aus der französischen Auvergne, werden heute aber auch andernorts angebaut. Sie schmecken angenehm nussig und behalten beim Garen ihre Form. Schwarze Belugalinsen (s. Seite 36, 10) sind klein, glänzen wie Kaviar und werden überwiegend in den USA angebaut. Sie schmecken etwas milder und müssen nicht oder nur kurz eingeweicht werden. Auch sie zerfallen beim Kochen nicht. Kleine hell oder rötlich braune Champagner- oder Château-Linsen (s. Seite 36, 11) zählen in Frankreich zu den bevorzugten Sorten. Sie haben ein feines Aroma und sind leicht mehlig.
Kleine braune Berglinsen (s. unten, 2) bleiben beim Kochen angenehm fest und haben einen feinen Geschmack. Zu uns kommen sie meist aus Italien oder auch aus der Türkei. Berglinsen eignen sich sehr gut für Salate und Eintopfgerichte. Unter dem Namen Alblinsen (s. unten, 3) werden deutsche, auf der Schwäbischen Alb geerntete Linsen vermarktet. Angebaut werden überwiegend die kleinen

1 Tellerlinsen sind groß und grünlich oder bräunlich. 2 Berglinsen, hier aus Umbrien, sind klein, braun und aromatisch. 3. Alblinsen sind grünlich braun und haben ebenfalls viel Aroma. 4 Gelbe halbierte Linsen, hier geölt, sind in Indien beliebt (Toor dal).

HÜLSENFRÜCHTE

1 Getrocknete große Kichererbsen (Kabuli chana) sind gelblich beige und weit verbreitet. 2 Getrocknete braune Kichererbsen (Kala chana) sind etwas kleiner und seltener im Handel. 3 Indische Chana dal sind getrocknete kleine, geschälte und halbierte Kichererbsen.

grünen französischen Linsen, es gibt aber auch Versuche mit den ursprünglich auf der Alb kultivierten und in St. Petersburg wiederentdeckten Sorten. Alblinsen haben ein kräftiges Aroma, kochen fest und eignen sich für Salate und Eintöpfe oder auch für Bratlinge.

GESCHÄLTE LINSEN

Geschälte Linsen brauchen nicht eingeweicht zu werden und sind für Suppen und Pürees ideal. Es gibt sie in verschiedenen Sorten im Asialaden ganz und halbiert. Rote Linsen (s. Seite 36, 12) sind geschälte Berglinsen und haben ein mildes Aroma. Beim Garen verfärben sie sich leicht gelblich. Bei den gelben Linsen (s. Seite 36, 13) handelt es sich um geschälte, halbierte grüne Linsen. Sie sind sehr mild und kommen ungeölt und geölt (s. links, 4) auf den Markt. Letztere weicht man vor der Zubeitung in heißem Wasser ein und spült sie mehrmals ab, um das Öl zu entfernen. Gelbe und rote Linsen werden in der indischen Küche oft verwendet, etwa für Linsen-Currys oder Dals, und gern mit Reis kombiniert.

Kichererbsen

Kichererbsen werden seit Jahrtausenden kultiviert und haben in den mediterranen, orientalischen, mittelamerikanischen und asiatischen Küchen ihren festen Platz. Ganz besonders schätzt man die eiweißreichen Samen mit dem angenehm nussigen Geschmack auch in der vegetarischen indischen Küche. Kichererbsen enthalten einen hohen Anteil an essenziellen Aminosäuren, Ballast- und Mineralstoffe sowie Vitamine. Getrocknet müssen die Hülsenfrüchte vor dem Kochen 8 bis 24 Stunden einweichen, dabei sollte das Wasser mehrfach gewechselt werden. Je länger die Kichererbsen im Wasser bleiben, desto kürzer ist die Garzeit (40 Minuten bis 3 Stunden). Wer sich diese Prozedur ersparen will, greift zu gegarten Kichererbsen, die in guter Qualität als Konserven erhältlich sind. Kichererbsen werden beim Garen mehlig und lassen sich gut zu Suppen und Pürees (Hummus) verarbeiten. Sie vertragen eine kräftige Würzung, etwa mit Kreuzkümmel, Knoblauch, Koriandergrün, Rosmarin, Pfeffer oder Chili. Aromatisiert mit Olivenöl und Essig oder Zitrone schmecken sie als Salat, ergänzen aber auch Pasta und Eintöpfe. Geröstet lassen sich die Kerne als Snack knabbern. Püriert, zu Bällchen geformt und frittiert liebt man sie als Falafel im Nahen und Mittleren Osten. Kichererbsenmehl dient zum Binden, wird aber auch, etwa in Italien, zu dünnen Fladen (Farinata) ausgebacken. Schwarze Kichererbsen (s. Seite 36, 14) schmecken nussig-fein und eignen sich besonders gut für Salate und Vorspeisen. Chana dal (s. oben, 3) sind in Indien und Pakistan die Favoriten und werden gern in Currys, zu Reis oder als Dal serviert.

Grüne Bohnen vorbereiten

1. Von jungen Bohnen die Enden einzeln mit einem kleinen scharfen Messer abschneiden. Oder mehrere Bohnen so halten, dass Spitzen oder Stielansätze auf derselben Höhe sind, und die Enden gleichzeitig abtrennen.

2. Ältere Bohnen oder Stangenbohnen haben eventuell zähe Fäden, die vor der Zubereitung entfernt werden müssen. Dafür jeweils Stielansatz und Spitze abtrennen und den Faden mit abziehen.

KOHL

Bunte Vielfalt! Die Mitglieder der Kohlfamilie unterscheiden sich nicht allein in Form und Farbe – sie kommen in der vegetarischen Küche auch ganz unterschiedlich zum Einsatz.

Beim Stichwort Kohl fallen den meisten wohl zuerst die festen runden, roten oder weißen Köpfe ein, die sich in herzhafte Wintergerichte wie Bayerisch Kraut oder Rotkohl verwandeln lassen. Manch einer denkt auch noch an Sauerkraut und Grünkohl, auch dies typische Gerichte für die kalte Jahreszeit. Betrachtet man die einzelnen Kohlverwandten jedoch näher, haben sie viel mehr zu bieten. Kohl muss keinesfalls immer winterlich-deftig sein, er kann sich durchaus auch sommerlich leicht und elegant präsentieren.

Gemüsekohl

Zur großen Kohlfamilie zählen Gewürz- und Ölpflanzen wie Senf oder Raps. Für die vegetarische Küche interessant sind jedoch vor allem die zum Gemüsekohl zählenden Varietäten. Sie liefern das ganze Jahr über schmackhaftes Gemüse.

BLUMENKOHL
Blumenkohl (1) oder Karfiol ist das ganze Jahr über erhältlich. Von Juni bis in den Herbst hinein gibt es ihn auch aus Freilandbau. Große grüne, nach innen gedrehte oder geknickte Hüllblätter, die vor dem Verkauf gestutzt werden, schützen die fleischig verdickte Knospe vor dem Sonnenlicht. Rechtzeitig geerntet, ist der Blumenkohl schön weiß, fest und mild aromatisch, wie er bei uns bevorzugt wird. In Frankreich und Italien sind auch farbige Sorten (s. rechts) gefragt, die ihre Färbung der Sonne verdanken, ein kräftigeres Aroma haben und mehr Inhaltsstoffe aufweisen können. Aber auch zarter weißer Blumenkohl enthält einiges an Vitamin C und Mineralstoffen. Aufgrund seines hohen Wassergehaltes ist Blumenkohl nicht lange haltbar, deshalb empfiehlt es sich, beim Einkauf auf Frische zu achten. Gute Qualitäten sind weiß und kompakt und weisen keine gelblichen Flecken, Druckstellen oder vergilbte Hüllblätter auf. Blumenkohl schmeckt als Rohkost und gegart. Kleine Köpfe eignen sich zum Kochen oder Dämpfen im Ganzen. Dafür werden die Hüllblätter entfernt und der Strunk kreuzweise eingeschnitten. Anschließend kommt der Blumenkohl kopfüber 15 Minuten in kaltes Essigwasser, um Käfer und andere Insekten zu entfernen. Größere, in Röschen geteilte Köpfe müssen nur kalt abgebraust werden. Als Basis für Pürees und Cremesuppen gart man Blumenkohl sehr weich. Interessanter schmeckt er aber, wenn er noch etwas Biss hat. So lässt er sich kalt als Salat und warm als Gemüse zubereiten oder »polnisch« servieren, bestreut mit gehacktem, hart gekochten Ei und in Butter gebräunten Semmelbröseln. Blumenkohl eignet sich gut für Aufläufe und schmeckt mit Parmesan, Blauschimmel- oder anderem Käse gratiniert. Und auch gebraten, paniert oder in einer dünnen Teighülle ausgebacken kann er überzeugen, ebenso als würziges Curry oder Pickles.

ROMANESCO
Der hellgrüne Romanesco (2) oder Türmchenkohl ist eine bereits im 16. Jahrhundert gezüchtete italienische Varietät des Blumenkohls. Seine spitz zulaufenden Röschen haben ein kräftigeres Aroma als Blumenkohl, sind aber milder als Brokkoli. Er schmeckt roh und gegart wie Blumenkohl zubereitet.

BROKKOLI
Der mit dem Blumenkohl verwandte Brokkoli (3), auch Broccoli geschrieben, bildet keine geschlossenen Köpfe aus, sondern einzelne, dunkel- oder blaugrüne Blütenknospen (Röschen) auf fleischigen Stielen, die neben den Knospen und zarten Blättern als Gemüse genutzt werden. Brokkoli hat einen feinen, ausgeprägten Geschmack und enthält besonders viele Vitamine und Mineralstoffe. Er ist ganzjährig erhältlich, im Sommer und Herbst kommt er aus Freilandbau auf den Markt.

Gelbgrüner oder grüner Blumenkohl ist wie alle bunten Sorten kurz der Sonne ausgesetzt.

Violetter Blumenkohl kommt aus Süditalien und kann rötlich grün bis dunkelviolett sein.

Violetter Brokkoli ist in Italien beliebt, es gibt außerdem auch gelbe und weiße Sorten.

KOHL

1 Plattrunder Weißkohl ist eine spezielle Weißkohlsorte. 2 Spitzkohl bildet lockere Köpfe aus. 3 Sommerwirsing hat große zarte, nur mäßig krause Blätter. 4 Grünvioletter Wirsing ist eine vorwiegend in Italien angebaute Frühsorte. 5 Violette Kohlrabi unterscheiden sich nur äußerlich von grünen Sorten. 6 Rosenkohl hat hellgrüne, kleine, feste, glatte Köpfchen.

WEISSKOHL

Weißkohl oder -kraut (s. links, 1) gibt es in vielen Variationen. Je nach Sorte sind die Köpfe plattrund, rund oder spitz zulaufend. Weißkohl ist kalorienarm, enthält viel Vitamin C und Mineralstoffe. Das ganzjährig erhältliche Gemüse ist in Deutschland sehr beliebt. In dünne Streifen geschnitten oder gehobelt, wie rechts beim Rotkohl gezeigt, schmeckt Weißkohl roh als Krautsalat, vor allem wird er aber für deftige Eintöpfe und als Sauerkraut geschätzt. Im Frühjahr und Sommer geernteter Weißkohl ist zarter und milder. Spitzkohl (s. links, 2) hat das feinste Aroma. Er schmeckt roh oder grob gewürfelt und kurz in Olivenöl sautiert. Weißkohl eignet sich zudem zum Dämpfen, Dünsten, Kochen oder Braten im Wok. Auf ungarische Art mit Paprikapulver geschmort oder als Curry zubereitet, ist er auch sehr gut. Es gibt viele regionale Spezialitäten wie Krautstrudel oder -fleckerl. Auch gefüllt und als Rouladen geschmort sind die Blätter beliebt. Dafür werden sie vorbereitet, wie rechts gezeigt.

ROTKOHL

Rotkohl (s. Seite 42, 4) oder Blaukraut hat mittelgroße, feste Köpfe und schmeckt feiner und süßer als Weißkohl. Roh ist er eher violett und eignet sich so für Salate, etwa in Kombination mit Äpfeln. Wird Rotkohl mit Essig oder Wein gegart, erhält er eine rötliche Farbe. Kommt stattdessen Zucker oder Natron in den Topf, bleibt er violett oder verfärbt sich bläulich – so wird der Rotkohl zum Blaukraut. Klassisch serviert man das Gemüse, vorbereitet wie links gezeigt und langsam geschmort, zu Semmel- oder Kartoffelknödeln. Fein geschnitten schmeckt Rotkohl aber auch kurz gedämpft oder gebraten und mit Früchten (Orangen, Mangos, Cranberrys), Johannisbeergelee oder Preiselbeerkonfitüre verfeinert.

WIRSING

Je nach Sorte und Saison hat Wirsing (s. Seite 42, 5) mehr oder weniger krause, gewellte Blätter und festere oder lockere Köpfe. Seine äußeren Blätter sind dunkel-, die inneren hellgrün.

Brokkoli sollte frisch verbraucht und nur kurz gegart werden, um möglichst viele der wertvollen Inhaltsstoffe zu erhalten. Leuchtend grün bleibt er – wie alle Kohlarten –, wenn man ihn in reichlich Salzwasser ohne Deckel kocht und anschließend kalt abschreckt.
Als Rohkost eignet sich Brokkoli weniger, dafür schmeckt er gegart kalt als Salat, in Suppen, Eintöpfen, zu Nudeln, als Auflauf oder mit Käse überbacken umso besser. Gut ist er auch orientalisch gewürzt und mit Mandeln oder Pinienkernen bestreut.

Rot- und Weißkohl vorbereiten

1. Den Kohl von den Hüllblättern befreien und vierteln, anschließend jeweils den Strunk mit einem scharfen Messer keilförmig herausschneiden.

2. Die Kohlviertel quer in feine Scheiben schneiden, die dann zu Streifen zerfallen, oder die Viertel auf einem großen Küchenhobel in Streifen hobeln.

Weißkohlblätter zum Füllen vorbereiten

1. Die Hüllblätter entfernen und die schönen Weißkohlblätter dann einzeln am Strunk abschneiden und vorsichtig vom Kopf lösen.

2. Die Blätter in kochendem Salzwasser blanchieren, kalt abschrecken und kurz abtropfen lassen. Die Weißkohlblätter dann auf der Arbeitsfläche ausbreiten und die dicke Mittelrippe mit einem Messer etwas flacher schneiden.

Grün- und Schwarzkohl vorbereiten

1. Die Kohlblätter mit einem scharfen Messer einzeln vom Strunk schneiden. Die Blätter auf einer Arbeitsfläche flach ausbreiten, jeweils die dicke Mittelrippe herausschneiden und wegwerfen.

2. Die Kohlblätter gründlich waschen und kurz abtropfen lassen, dann quer in Streifen schneiden und je nach Rezept weiterverarbeiten.

Rosenkohl vorbereiten

1. Den Rosenkohl von den dunklen Hüllblättern befreien und den Strunk mit einem kleinen scharfen Messer kürzen.

2. Wird der Rosenkohl im Ganzen gegart, den Strunk kreuzweise etwa 3 mm tief einschneiden. Sollen die Blätter einzeln zubereitet werden, den Strunk großzügig abtrennen und die Blätter vorsichtig von den Rosenkohlröschen lösen.

KOHL

1 Cima di Rapa heißt der Stängelkohl in Italien. 2 Als Stielmus bezeichnet man die Blätter verschiedener Kohl- und Rübenarten. 3 Schnittkohl hat ovale, gelappte Blätter und wird vor der Blüte geerntet. 4 Die gebleichten Sprosse des Meer- oder Seekohls gelangen nur aus Kultur in den Handel.

Es gibt aber Sorten mit violetten Blättern (s. Seite 44, 4). Angenehm mild und zart ist der ab Mai erhältliche Früh-Wirsing, der wie Sommer-Wirsing (s. Seite 44, 3) geringere Garzeiten benötigt. Zum Rohessen ist Wirsing weniger geeignet als Weiß- und Rotkohl, denen er an Inhaltsstoffen ebenbürtig ist. Gegart gilt er jedoch als der feinere – solange man ihn nicht zerkocht. Zarter Wirsing schmeckt geviertelt und kurz gedünstet. Herbstwirsing eignet sich mit seinem kräftig ausgeprägten Kohlaroma für Suppen und Eintöpfe. Blanchiert eignen sich seine großen Blätter auch für Kohlrouladen.

GRÜNKOHL

Grünkohl (s. Seite 42, 6) zählt zu den ältesten Kohlarten. Er bildet keine Köpfe aus und hat stark gekrauste, dunkelgrüne Blätter, es gibt aber auch violette Sorten (s. Seite 42, 7). Dank seines sehr hohen Gehalts an Vitaminen, Mineralstoffen und Eiweiß ist er sehr gesund. Als typisches Wintergemüse kommt Grünkohl meist nach den ersten Nachtfrösten in den Handel. Er schmeckt herbwürzig süßlich. Seine Blätter eignen sich blanchiert als Salat, werden aber meist gedünstet oder in Suppen und Eintöpfen serviert. Der verwandte Schwarz- oder Palmkohl (s. Seite 42, 8) schmeckt ähnlich und wird wie Grünkohl verwendet.

ROSENKOHL

Die an hohen Strünken wachsenden hellgrünen, runden Rosenkohlröschen (s. Seite 44, 6) wurden früher nach dem ersten Frost geerntet, heutige Sorten kommen jedoch schon ab September auf den Markt. Rosenkohl enthält viele Vitamine und Mineralstoffe. Vorbereitet wie auf Seite 45 gezeigt, eignen sich die Röschen zum Rohessen. Gegart kommt ihr herzhaftes Kohlaroma aber besser zur Geltung. Rosenkohl wird in Suppen, Eintöpfen, Aufläufen und Gratins serviert und oft mit Muskat gewürzt.

KOHLRABI

Die beliebten grünen (s. Seite 42, 9) und violetten Kohlrabi (s. Seite 44, 5) gelten als typisch deutsches Gemüse. Im Geschmack unterscheiden sich die verschiedenen Sorten nicht. Junge Kohlrabi haben ein helles, knackig zartes, saftiges Fruchtfleisch, sind mild und liegen im Aroma zwischen Rüben und Blumenkohl. Ältere oder zu trocken angebaute Knollen können holzig sein. In der Küche erweisen sich Kohlrabi als sehr vielseitig. Sie schmecken roh in Salaten und Vorspeisen (Carpaccio), gedämpft, in Butter gedünstet oder sautiert. Sie lassen sich aber auch gut braten oder frittieren.

STÄNGELKOHL

Stängelkohl (s. links, 1) hat lange fleischige Stiele, große grüne Blätter und viele kleine, brokkoliähnliche Einzelblütenstände. Der Stängelkohl gilt als Wintergemüse, wird jedoch ganzjährig (vornehmlich in Italien) angebaut. Bei uns ist er nur gelegentlich anzutreffen. Mit seinem intensiven Kohlaroma und dem leicht bitteren Geschmack wird er selten roh verzehrt, sondern mit Pasta (Orecchiette), in Suppen, Eintöpfen oder Gratins serviert.

STIELMUS

Als Stielmus oder Rübstiel (s. links, 2) bezeichnet man abgeschnittene Blätter und Stängel verschiedener Kohl- und Rübenarten. Klein geschnitten schmeckt das fein-säuerliche Stielmus roh als Salat, kurz gedünstet als Gemüse. Es wird aber auch unter Kartoffelstampf und -püree gemengt oder in Eintöpfen mitgegart.

SCHNITTKOHL

Schnitt- oder Scherkohl (s. links, 3) wird heute kaum mehr angebaut. Jung geerntet sind seine Blätter und Stängel zart und haben einen mild-nussigen, an Wirsing erinnernden Geschmack. Vorbereitet und gegart werden sie wie Spinat.

MEERKOHL

Meerkohl (s. links, 4) kommt in Europa an Nord- und Ostsee, am Atlantik und an der Schwarzmeerküste wild vor, steht jedoch unter Naturschutz. Im Frühjahr gelangt er gelegentlich aus Kultur in den Handel. Die ungeschälten, Vitamin-C-reichen, salzigen Sprosse werden wie Spargel, junge Blätter wie Kohl zubereitet.

1 Senfkohl ist vor allem in Südostasien beliebt. 2 Pak choi bildet keinen Kopf aus und hat große grüne Blätter mit dicken Blattrippen. 3 Chinesischer Brokkoli hat feste, flache, blaugrüne Blätter und kräftige Stängel. 4 Choisum hat hellgrüne Stiele und ovale Blätter.

Asiatische Kohlarten

Auch in der asiatischen Küche ist Kohl ein beliebtes Gemüse. Es gibt verschiedene Arten und Varietäten, die jedoch meist keine oder nur kleine Köpfe ausbilden.

CHINAKOHL

Eine Ausnahme bilden hier China- oder Japankohl (s. Seite 42, 10) mit ihren großen, länglich ovalen, festen Köpfen. Der Handel vermarktet beide ganzjährig als Chinakohl. Von August bis Dezember gibt es das Gemüse, das im Gegensatz zu anderen Kohlarten keinen Strunk ausbildet, aus dem Freiland. Die hellgrünen oder gelblich weißen, gekräuselten Blätter haben dicke, zarte Rippen und schmecken frisch und mild. Chinakohl eignet sich roh für pikante und süße Salate, etwa mit einem fruchtigen Orangensaft-Dressing und Granatapfelkernen. Er lässt sich aber auch gut dünsten, kurz im Wok braten, sautieren oder grillen. Fein gefüllt eignen sich die Blätter für Rouladen.

SENFKOHL

Senfkohl (s. oben, 1) oder Blattsenf, ein Verwandter des Braunen oder Sareptasenfs, gibt es als Blattkohl, manche Sorten bilden aber auch kleine Köpfe aus. Senfkohl ist zart, schmeckt herb-würzig bis bitter und ist gelegentlich in Asialäden erhältlich. Er kann roh gegessen werden, wird aber überwiegend milchsauer eingelegt, so liebt man ihn in China, oder auch kurz gedünstet oder gekocht. Dafür bereitet man ihn vor, wie unten gezeigt, da die dicken Stiele eine längere Garzeit haben.

PAK CHOI

Pak choi (s. oben, 2) oder Chinesischer Senfkohl wird vor allem in China, Korea und Japan kultiviert. Bei uns gibt es die optisch an Mangold erinnernde Kohlart mit den großen grünen Blättern und dicken weißen Stielen regelmäßig in Asialäden und zunehmend auch im Gemüsehandel. Sein Geschmack ähnelt dem des Chinakohls, Pak choi ist jedoch feiner und saftiger und die Blätter schmecken leicht bitter. Vorbereiten lässt er sich denkbar einfach. Gewaschen und vom Strunk befreit wird er roh verzehrt oder kurz gegart. So schmeckt er als Salat oder Gemüse. In Streifen geschnitten passt er in viele Wokgerichte und wird gern mit Ingwer, Knoblauch und Sojasauce gewürzt. Pak choi schmeckt aber auch zu Pilzen (Shiitake) und Reis.

WEITERE ARTEN

Chinesischer Brokkoli (s. oben, 3) erinnert im Aroma an Brokkoli. Im Gegensatz zu diesem wird das bei uns selten erhältliche, in Asien aber alltägliche Gemüse mitsamt den Blättern und Stängeln gekocht oder mit Ingwer und Knoblauch gebraten.

Choisum (s. oben, 4) ist in Südost- und Ostasien beliebt. Sein Aroma erinnert an Spinat, der Geschmack ist würzig und leicht scharf. Junge Blätter eignen sich roh für Mischsalate. Ältere werden besser kurz gedünstet oder in Stücke geschnitten und sautiert oder im Wok gebraten.

Senfkohl vorbereiten

1. Den Senfkohl waschen und mit einem Messer die dunkelgrünen Blätter von den hellgrünen fleischigen Stielen trennen, da Letztere länger garen müssen.

2. Den Senfkohl halbieren und jeweils den Strunk kegelförmig herausschneiden. Anschließend beide Hälften nach Belieben zerkleinern und je nach Rezept weiterverarbeiten. Die dunkelgrünen Blätter am besten separat garen.

RÜBEN, WURZELN, KNOLLEN

Die unter der Erde im Verborgenen heranwachsenden Gemüsearten sind ganz unterschiedlich in Form und Farbe, schmecken mal süß, mal scharf, mal erdig und sorgen rund ums Jahr für Abwechslung.

Zu dieser großen Gruppe gehören zarte Frühlingsgemüse wie junge Möhren und Mairüben, aber auch Herbstgewächse wie die robuste Steckrübe oder die langen dünnen Schwarzwurzeln. Rund und kugelig sind Rote Bete, Radieschen und mancher Rettich. Andere Knollen wiederum sind dick und spindelförmig oder ganz und gar unregelmäßig geformt wie Süßkartoffeln und Topinambur. Jede dieser Gemüsearten hat ihre eigenen Vorzüge, die es (wieder) zu entdecken lohnt. Denn während Rüben, Wurzeln und Knollen ansonsten eher ein Schattendasein führen, kommen sie in der vegetarischen Küche groß raus.

Rüben

Gelbe, rote und weiße Rüben sind zwar botanisch weniger eng verwandt, als man meinen möchte, haben aber alle in Sachen Geschmack viel zu bieten.

MÖHREN

Möhren (1) oder Karotten, wie sie auch heißen, sind die bekanntesten Rüben und werden heute weltweit angebaut. Ist von Karotten die Rede, sind meist spezielle Sorten mit kurzen runden Rübchen (Pariser Karotten) gemeint. Lange Sorten sind zylindrisch oder kegelförmig, spitzzulaufend oder stumpf. Auch die Farbe kann variieren, neben den bekannten orangefarbenen gibt es weiße, gelbe, rote und violette Möhren. So oder so zählen sie heute zu den beliebtesten Gemüsearten und sind ganzjährig im Angebot. Im Frühsommer gibt es die jungen, nur etwa fingerdicken, saftig-knackigen Bundmöhren aus Freilandbau. Sie sind jedoch weniger süß und aromatisch als später geerntete, größere Möhren. Dafür sind diese dann wiederum weniger zart. Dank ihres hohen Gehalts an Betakarotin sind Möhren sehr gesund und bereichern roh und gegart den vegetarischen Speisezettel. Fein geraspelt liebt man ihre Süße im Salat. Kurz gedünstet oder gedämpft schmecken sie mit Dill oder Petersilie. Orientalisch mit Kreuzkümmel, Koriander, Zimt, Piment oder Nelken gewürzt, ergeben sie feine Vorspeisen. Aber auch glasiert, als Suppe, Eintopf oder Auflauf machen sie eine gute Figur. Möhren harmonieren mit Ingwer und Orangen und lassen sich sogar zu Desserts und Kuchen (Rüblitorte) verarbeiten.

ROTE BETEN

Die außen unscheinbaren, innen intensiv dunkelroten Knollen (2) gelten als typisches Wintergemüse. Doch schon im Frühsommer erscheinen die ersten kleinen Beten auf dem Markt, deren zartes Grün zum Wegwerfen zu schade ist. Am bekanntesten sind rote runde Sorten. Es gibt aber auch lange zylindrische Formen und bunte Beten. Alte Varietäten liefern goldgelbe, cremefarbene und rot-weiß geringelte Rüben, die sich auf dem Teller gut als Carpaccio machen. Rote Beten enthalten B-Vitamine und Mineralstoffe (Kalium, Eisen und Folsäure) und sind sehr gesund, können aber leider auch viel Nitrat aufweisen, weshalb man Bioware den Vorzug geben sollte. Traditionell werden Rote Beten sauer eingelegt, in Suppen und Eintöpfen mitgegart und mit Dill gewürzt. Ihr erdig-süßes Aroma kommt aber auch roh in Salaten, mit pikantem Käse oder Äpfeln kombiniert, gut zur Geltung. Und im Ofen gebacken oder als Chips frittiert schmecken sie ebenfalls.

SPEISERÜBEN

Speiserüben sind seit dem Altertum als wertvolles Nahrungsmittel bekannt, werden heute aber nicht mehr viel verwendet, was schade ist. Kenner bevorzugen die zarten Mai- und Teltower Rüben (s. rechts). Sie sind gekocht, gedünstet oder glasiert am besten. Herbstrüben sind zum Rohessen ungeeignet und werden besser gekocht und püriert oder in Aufläufen und Eintöpfen mitgegart.

Mairüben oder Navets sind weiß oder weißviolett, klein und kugelig. Diese feine Speiserüben-Varietät kommt im Mai und Juni auf den Markt und schmeckt auch roh.

Teltower Rüben sind eine kleine, gelblich weiße Varietät der Speiserübe mit feinem Aroma. Die süßlich milden Rüben gibt es regional von Mai bis August und im Winter.

RÜBEN, WURZELN, KNOLLEN

1 Herbstrüben der Sorte 'Runde Weiße Rotköpfige' sind lila-weiß gefärbt. 2 Kabu, wie diese weiße japanische Rübe genannt wird, ist äußerlich kaum von der Mairübe zu unterscheiden, aber deutlich schärfer. 3 Steck- oder Kohlrüben sind grünlich oder rötlich gelb, groß und rundlich geformt und kommen im Winter mit Gewichten von bis zu 1,5 Kilogramm in den Handel.

STECKRÜBEN

Als Gemüse genutzte Steckrüben oder Wruken (s. oben, 3) haben ein gelbliches Fleisch. Sicherten sie einst in Notzeiten das Überleben, haben die süßlich herben, an Kohl erinnernden, gesunden Rüben heute keine große Bedeutung mehr. Geschält, gewürfelt oder gestiftelt und gedünstet schmecken sie gut, lassen sich mit anderen Gemüsearten kombinieren und können auch roh verzehrt werden.

Wurzelgemüse

Die hier vorgestellten Knollen und Wurzeln sind typische Wintergemüse und lassen sich gut miteinander kombinieren.

PETERSILIENWURZELN

Die Wurzelpetersilie (s. rechts, 1) ist eine Unterart der Petersilie. Werden die gelblich weißen Wurzeln mit frischem Laub angeboten, kann dies wie Petersilie verwendet werden. Petersilienwurzeln schmecken roh, mit Nussölen verfeinert, als Salat. Meist werden sie aber geschält und in Suppen oder Eintöpfen mitgegart oder in Butter angeschwitzt, mit Gemüsefond abgelöscht und kurz gedünstet.

PASTINAKEN

Pastinaken (s. rechts, 2) sind ein altes Herbst- und Wintergemüse und waren bei uns einst beinahe ein Grundnah-

Rote Beten vorbereiten, garen und schälen

Um ein Ausbluten der Roten Beten zu verhindern, werden sie meist nach dem Garen geschält. Dabei eventuell Einmalhandschuhe tragen, da sie stark färben.

1. Die Knollen vorsichtig waschen. Dann mit einem scharfen Messer die Blattstängel abschneiden, dabei die Roten Beten aber nicht verletzen.

2. Die Roten Beten anschließend in kochendem Salzwasser je nach Größe 30 bis 60 Minuten garen. Das Dämpfen im Siebeinsatz dauert etwas länger.

3. Die Roten Beten abgießen und etwas ausdampfen lassen. Dann den Stängelansatz mit einem kleinen scharfen Messer abtrennen.

4. Ausgehend von der Schnittstelle lässt sich jetzt die dünne Haut der Rote-Bete-Knollen mithilfe des Messers ganz leicht abziehen.

RÜBEN, WURZELN, KNOLLEN

rungsmittel, bevor sie dann im Lauf der Zeit von Möhren und Kartoffeln verdrängt wurden. Heute sind die dicken weißen, süßlich milden Wurzeln wieder öfter erhältlich. Sie werden grundsätzlich gegart und passen in Suppen und Eintöpfe. Pastinaken schmecken aber auch mit Möhren gedämpft und mit einer Prise Muskatnuss gewürzt, geschmort, geröstet, püriert oder in dicke Stifte geschnitten und frittiert.

HAFERWURZELN
Die einst auch hierzulande als Gemüse geschätzte Haferwurzel (s. Seite 48, 4) wird heute kaum noch kultiviert. Nur in England kommen die nussig-süßlich schmeckenden, entfernt an Austern erinnernden, weißen Wurzeln noch gelegentlich auf den Tisch. Vorbereitet und verwendet werden Hafer- oder Weißwurzeln wie Schwarzwurzeln (s. unten).

KNOLLENSELLERIE
Die runden, bräunlich beigen Knollen sind seit Jahrtausenden als Gemüse bekannt. Aufgrund seines Gehalts an ätherischen Ölen und Vitamin E gilt Knollensellerie (s. Seite 48, 3) als sehr gesund. In der vegetarischen Küche kommen die geschälten Knollen mit dem kräftigen, würzig-erdigen Aroma ganzjährig zum Einsatz. In dünne Streifen geschnitten schmeckt Sellerie roh als Salat, etwa in Kombination mit Äpfeln wie beim klassischen Waldorfsalat, und auch gekocht lässt er sich als Salatvorspeise servieren. Essigsauer ein-

gelegt schmeckt er zur Brotzeit. Klein gewürfelt dient Sellerie als Röstgemüse und gibt zusammen mit Möhren und Zwiebeln Fonds, Suppen und Ragouts Geschmack. Pur oder in Kombination mit Kartoffeln kommt sein Aroma in Suppen und Pürees gut zur Geltung. In dicke Scheiben geschnitten und paniert, kann er als vegetarisches Schnitzel überzeugen.

SCHWARZWURZELN
Die langen dünnen Schwarzwurzeln (s. Seite 48, 5) sind ein wertvolles Wintergemüse mit vielen Mineralstoffen und Vitaminen. Ihre Form erinnert an Spargel, weshalb man sie auch Winterspargel nennt, in der Konsistenz sind die leicht süßlichen Wurzeln jedoch deutlich fester. Schwarzwurzeln sind vom Herbst bis ins Frühjahr hinein erhältlich, werden vorbereitet, wie unten gezeigt, und anschließend gekocht oder gedünstet. Mit einem würzigen Zitrus-Dressing vermengt, ergeben sie einen guten Salat. Schwarzwurzeln schmecken aber auch als Zutat von Cremesuppen und Eintöpfen oder durch Backteig gezogen und frittiert.

WURZELZICHORIEN
Die bitteren Wurzeln (s. rechts, 3, 4) sind bei uns weitgehend unbekannt. In Italien wird das Wintergemüse geschält, in Stücke geschnitten, vom Mark befreit und in Zitronen-Salzwasser gekocht. Vermischt mit einer pikanten Knoblauch-Kapern-Kräutersauce auf Olivenölbasis ergeben die Zichorien eine aparte Vorspeise.

1 Petersilienwurzeln sind außen gelblich weiß, innen weiß und haben ab Oktober Saison. 2 Pastinaken sind weiß oder leicht gelblich und erinnern in der Form an dicke Möhren. 3 Di Soncino nennt man diese Varietät der Wurzelzichorie in Italien. 4 Radice amare, wie Wurzelzichorien in Italien auch heißen, können 60 cm lang werden.

Schwarzwurzeln vorbereiten

Schwarzwurzeln sondern beim Schälen einen braun färbenden Milchsaft ab, daher empfiehlt es sich, dabei Einmalhandschuhe zu tragen.

1. Die Schwarzwurzeln gründlich waschen, dann mit dem Spar- oder Gemüseschäler dünn zur Spitze hin schälen.

2. Die Schwarzwurzeln in Stücke schneiden und sofort in mit etwas Mehl und Essig versetztes Wasser legen.

TEUBNER Vegetarisch 51

RÜBEN, WURZELN, KNOLLEN

Rettiche

Die aus Vorderasien stammenden, mehr oder weniger scharfen Rettiche sind alte Kulturpflanzen und bei uns seit Hunderten von Jahren als Genüse und Heilpflanze bekannt. Wie Zwiebeln wirken auch Rettiche roh antibakteriell und blutreinigend. Zudem enthalten sie viel Vitamin C, B-Vitamine und wertvolle Mineralstoffe (Kalium). Rettiche regen den Appetit an, unterstützen die Funktion von Leber und Galle und haben zudem eine krampf- und schleimlösende Wirkung. Mit Zucker verrührter Rettichsaft ist nicht von ungefähr seit langem ein bewährtes Hausmittel gegen Husten. Angebaut wird der Garten-Rettich, von dem es verschiedene Unterarten gibt, vor allem in Süddeutschland und in Rheinland-Pfalz (Radieschen).

RADIESCHEN

Die kleinen runden oder länglichen Radieschen (s. links, 1–3) sind im Frühjahr und Sommer in verschiedenen Sorten erhältlich. Am häufigsten werden rote runde Sorten angeboten. In den Handel kommen sie grundsätzlich frisch, mit Grün zu Bündeln geschnürt oder ohne Blätter in Kunststoffbeutel verpackt. Radieschen aus dem Freiland sind schärfer (und gesünder) als Treibhausware und bei uns etwa ab Mitte April erhältlich. Gute Qualitäten haben frisches, grünes Laub, sind unverletzt, prall, saftig und angenehm knackig im Biss. Stecken sie zu lange im Boden oder bleiben im Kühlschrank liegen, büßen sie ihre geschmacklichen Vorzüge ein und werden holzig und pelzig. Radieschen schmecken am besten roh, in Salaten und kalten Vorspeisen, in dünnen Scheiben auf dem Butterbrot oder klein geschnitten und mit Joghurt, Frischkäse und Schnittlauch zu einem erfrischenden Dip verrührt.

WEISSE UND ROTE RETTICHE

Die Saison der weißen und roten Rettiche (s. links 4–8 und rechts) beginnt im ausgehenden Frühjahr und reicht bis in den Herbst hinein. Der Handel unterscheidet dabei weniger nach Sorten als vielmehr zwischen Sommer-, Herbst- und Winter-

1 Runde Radieschen gibt es in weiß und rot. 2 Weißpunktradieschen sind rundoval, rot und haben eine weiße Spitze. 3 Weiße Eiszapfen sehen aus wie Rettiche, sind aber eine länglichspitze Radieschensorte. 4 Weiße Rettiche der Sorte 'Münchner Treib und Setz' sind walzenförmig und kurz. 5 Weiße Rettiche werden gern zur Brotzeit gegessen. 6 Rote Rettiche gibt es in mittellang und lang. 7 Chinesische weiße Rettiche sind stumpf und verjüngen sich in Richtung Blattansatz. 8 Daikon werden die milden großen weißen Rettiche in Japan genannt, in Indien kennt man sie als Mooli.

RÜBEN, WURZELN, KNOLLEN

rettichen. Große Exemplare werden stückweise, kleinere halblange Rettiche auch bündelweise mit Grün verkauft. Hierzulande isst man Rettich überwiegend roh, so kommen seine gesundheitsfördernden Eigenschaften am besten zum Tragen. Gründlich gewaschen und geputzt (s. unten), wird er für Salate in feine Stifte oder Scheiben gehobelt. Dünn aufgeschnitten oder zu Spiralen gedreht (s. unten) und kräftig eingesalzen schmecken Rettiche zur Brotzeit und zum Bier. In Bayern bevorzugt man dafür weiße längliche oder walzenförmige Sorten wie den 'Münchner Treib und Setz' (s. links, 4). Gegart verlieren Rettiche ihre beißende Schärfe und schmecken milder. Grob gewürfelt oder in dicken Scheiben lassen sie sich in Gemüsefond dünsten, in Butter anschwitzen, schmoren oder auch mit etwas braunem Zucker karamellisieren und mit Balsamico ablöschen.

SCHWARZE RETTICHE

Unter allen Rettichen sind die dunkelbraunen oder schwarzen Winterrettiche (s. Seite 50, 7) die schärfsten. Sie sind meist rund, es gibt aber auch längliche Sorten mit weißer oder violetter Schale, ihr Fruchtfleisch ist aber bei allen weiß und fest. Winterrettiche werden von September bis November geerntet und lassen sich gut einlagern, bis zu sechs Monate halten sie im Keller. Früher als Vitaminlieferanten im Winter geschätzt,

Halblange rote und weiße Rettiche aus heimischem Anbau kommen bereits ab Mai auf den Markt. Sie brauchen nicht geschält zu werden und schmecken roh am besten.

sind diese Rettiche dann etwas in Vergessenheit geraten. Erst seit kurzem wird das Gemüse wieder neu entdeckt. Winterrettiche haben eine dicke feste Schale, die nicht mitverzehrt werden kann. Die geschälten Rettiche schmecken roh zur Brotzeit oder im Salat, lassen sich aber wie die Sommerrettiche auch gut garen.

ASIATISCHE RETTICHE

In Asien sind Rettiche (s. links, 7, 8) als Gemüse weitaus wichtiger als bei uns, werden jedoch weniger roh verzehrt, sondern überwiegend gegart oder milchsauer eingelegt. In China, Korea, Thailand und Indien sind milde weiße Sorten beliebt. Ganz undenkbar wäre jedoch die japanische Küche ohne Daikon-Rettich, der in vielen Varianten angebaut wird. Er ist der mildeste aller Rettiche, kann je nach Sorte bis zu 50 cm lang und mehr als zwei Kilogramm schwer werden. Zu kaufen gibt es ihn in Asialäden und im Gemüsefachhandel. Daikon sollte weiß und fest sein und frische grüne Blätter haben. In Japan sind die geschälten milden Riesenrettiche Bestandteil von Suppen und Eintöpfen. In Stifte geschnitten brät man sie im Wok, gerieben werden sie als Garnitur verwendet. In Scheiben geschnitten und eingelegt (Takuan) isst man die Rettiche zu Sushi.

Rettiche vorbereiten und zerkleinern

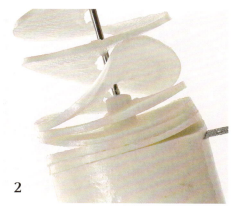

1. Den Rettich zuerst vom Grün und allen feinen Wurzeln befreien und gründlich waschen oder dünn schälen. Dann den Rettich für Salat auf dem Gemüsehobel in feine Stifte hobeln.

2. Oder den Rettich mit einem Spezialschneider in dünne Spiralen schneiden und gut einsalzen, um ihm die Schärfe zu entziehen. Den Rettich dann kurz ziehen lassen und gut ausdrücken.

REGIONALE PRODUKTE –
was heißt das eigentlich?

Viele Menschen achten heute stärker auf die Herkunft ihrer Lebensmittel und bevorzugen Produkte aus der Region, wobei in der Regel dafür sogar ein etwas höherer Preis akzeptiert wird.

Dabei stellt sich jedoch die Frage: Was bedeutet eigentlich regional? Geht es dabei um Produkte, die aus dem eigenen Land stammen und nicht aus den europäischen Nachbarländern oder gar aus Übersee? Gelten Äpfel aus dem Alten Land oder vom Bodensee noch als regional, auch wenn sie Hunderte von Kilometern mit dem LKW transportiert wurden?

Oder sind nur Erzeugnisse aus dem Landkreis oder vom selben Ort tatsächlich regional?

Die Frage klingt einfach, ist aber schwer zu beantworten, denn »Region« ist ein geschmeidiger, beliebig dehnbarer Begriff. Er kann eine Gegend oder Landschaft meinen, ein politisches Gebilde oder auch länderübergreifend gebraucht werden. Und ebenso wenig wie für den Begriff der Region selbst, gibt es bislang für Produkte aus der Region eine allgemeingültige Definition. Eingebürgert haben sich aber gewisse Vorstellungen: »Regionale Produkte« können beispielsweise aus demselben Bundesland stammen. Im Idealfall werden sie im direkten Umland erzeugt, bis zu einer Entfernung von maximal 50 km.

Für den Kunden ist es nicht immer leicht, in der Umgebung produzierte Waren als solche zu erkennen. Weder ist der Herstellungsort auf der Verpackung groß aufgedruckt, noch existiert ein einheitliches Symbol für regionale Produkte. Und auch die Werbung hilft nicht unbedingt weiter. Wo »ein gutes Stück Heimat« scheinbar Regionales anpreist – so bewirbt ein großer Discounter »heimische Erzeugnisse aus deutschen Regionen« – muss keinesfalls Regionales drin sein. Das hört sich gut an, die Lebensmittel sind aber nicht wirklich im näheren Umland produziert. Eine geschickte Marketing-Strategie.

Wie schwer es sein kann, sich komplett regional zu ernähren, hat eine Aktion der Stadt Freiburg deutlich gemacht. Bei der 50-km-Diät haben sich 10 Familien verpflichtet, eine Woche lang nur Produkte einzukaufen, zu kochen und zu essen, die im Umkreis von 50 km hergestellt worden sind. Für Eltern und Kinder hieß das dann: Kein Schwarztee, keine Ananas mehr, kein Pfeffer ans Fleisch und auch Schokolade war tabu. Erstaunlich, wie vieles aus Vorratsschränken und Gewürzregalen ausgeräumt werden musste. Für Teilnehmer wie Veranstalter dieses Experiments, das im Rahmen des Projekts »200 Familien aktiv fürs Klima« durchgeführt wurde, war dies eine überaus interessante Erfahrung. Allen wurde bewusst, wie selbstverständlich heute Lebensmittel aus Übersee geworden sind und wie wenig man darüber nachdenkt, wo sie eigentlich herkommen. Dennoch waren die Familien froh, als die Woche um war und Reis, Bananen und Schokoladenkuchen wieder auf den Tisch kamen. Auf importierte Lebensmittel ganz zu verzichten, ist sehr viel verlangt und muss auch nicht sein. Doch statt gedankenlos nach der billigsten Milchpackung zu greifen, die bereits 700 km oder mehr hinter sich hat, kann eine bewusste Entscheidung für Produkte »von hier« helfen, das Klima zu schonen und Erzeuger aus der Region zu unterstützen. Und auch der Verbraucher profitiert: Dank kürzerer Transportwege sind die Produkte schneller am Ziel, frischer und daher qualitativ oft besser. Beim Einkauf auf dem Wochenmarkt lohnt es daher, nach Obst, Gemüse, Eiern oder Käse aus der Region zu fragen oder bei Erzeugergemeinschaften, Direktvermarktern oder Bio-Bauernhöfen vor Ort einzukaufen. So kann man sicher sein, dass die Produkte wirklich aus der unmittelbaren Umgebung stammen.

Im Supermarkt können verschiedene Regionalsiegel, wie beispielsweise das bayerische Siegel »Geprüfte Qualität Bayern Altmühltal« oder auch die EU-Siegel für Lebensmittel mit geschützter geographischer Herkunft helfen, etwas mehr über die Herkunft der Lebensmittel zu erfahren. Hilfreich kann hierbei auch das 2013 als Pilotprojekt gestartete »Regionalfenster« sein, bei dem ein Produzent freiwillig auf einem zusätzlichen Etikett Auskunft über die Herkunft der Hauptzutaten und den Ort ihrer Verarbeitung gibt, mehr Infos unter www.reginet.de oder auch unter www.bmelv.de/DE/Ernaehrung/Wert-Lebensmittel/RegionaleVielfalt/node.html. Bei der aktuellen Unübersichtlichkeit kann das Worldwideweb tatsächlich am besten helfen, regionale Produkte vor Ort zu entdecken.

Regionale Produkte stammen im besten Fall direkt aus dem Umland bis zu einer Entfernung von maximal 50 Kilometern.

KATRIN WITTMANN

RÜBEN, WURZELN, KNOLLEN

Nahrhafte Knollen

Auf den ersten Blick sehen sie aus wie etwas unförmige Kartoffeln, doch sind weder Süßkartoffeln noch Topinambur mit ihnen verwandt. Dennoch werden die beiden Gemüse-Exoten in der Küche ganz ähnlich verwendet.

SÜSSKARTOFFELN

Die aus Südamerika stammende Süßkartoffel (s. unten, 1–3), ein wärmeliebendes Windengewächs, wird heute vor allem in Asien und Afrika angebaut und zählt dort zu den Grundnahrungsmitteln. Bei uns kommen die spindel- oder walzenförmig-spitzen, bis zu 30 cm langen und mehrere Kilo schweren Knollen eher selten auf den Tisch. Süßkartoffeln oder Bataten, wie man sie auch nennt, haben je nach Sorte eine rote, bräunliche oder rötlich gelbe Schale und ein weißlich gelbes bis orangefarbenes Fruchtfleisch. Die Knollen enthalten viel Stärke und schmecken mal mehr, mal weniger süß. Zu kaufen gibt es sie frisch, in den Sommermonaten kommen sie meist aus Israel oder Brasilien bei uns auf den Markt. Aufgrund ihres hohen Wassergehaltes lassen sich Süßkartoffeln nicht lange lagern. Kühl, dunkel und trocken kann man sie aber ein paar Tage aufbewahren. Sie werden grundsätzlich gegart verzehrt, entweder gedämpft, gekocht, gebraten, geröstet oder auch im Ofen gebacken. Gut schmeckt ein aus gekochten Süßkartoffeln hergestelltes, mit Muskat gewürztes Püree. In den USA liebt man sie mit Ahornsirup und Pekannüssen.

TOPINAMBUR

Wie kleine Sonnenblumen sehen die Blüten der aus Mittel- und Nordamerika stammenden Topinamburpflanze aus. Ihre unregelmäßig geformten, runden oder länglichen Knollen (s. Seite 48, 8; unten 4, 5) waren früher auch bei uns als Gemüse geschätzt, bevor sie von der Kartoffel verdrängt wurden. Heute sind Topinambur, Erdbirnen oder -artischocken als Gemüse etwas in Vergessenheit geraten und werden nur noch regional angebaut. Topinambur haben eine dünne, hellbraune oder bräunlich violette Schale und ein gelblich weißes Fruchtfleisch. Sie schmecken süßlich und haben ein feines, an Artischocken erinnerndes Aroma. Anders als Kartoffeln kann man sie auch roh als Salat essen. Meist werden die Knollen jedoch in Salzwasser gekocht und anschließend geschält (s. oben), in Butter angebraten, püriert oder frittiert.

Nach dem Kochen lässt sich die Haut der Topinambur mithilfe eines kleinen Küchenmessers gut abziehen. Die Knollen können jetzt nach Rezept weiterverarbeitet werden.

1 Rotschalige, weißfleischige Süßkartoffeln werden weltweit am häufigsten angebaut. 2 Braunschalige, weißfleischige Süßkartoffeln sind in Italien beliebt. 3 Rotschalige Süßkartoffeln mit orangefarbenem Fruchtfleisch enthalten viel Karotin. 4 Topinambur der Sorte 'Violettes Rennes' haben eine rosa Schale. 5 Die Topinambur-Knollen der Sorte 'Rote Zonenkugel' sind bräunlich violett.

TEUBNER Vegetarisch

KARTOFFELN

Mehr als ein Grundnahrungsmittel: Die unglaublich vielseitigen gelben, roten oder blauen Knollen sind bei Groß und Klein beliebt und zählen in der vegetarischen Küche zu den Grundzutaten.

In ihrer südamerikanischen Heimat schätzt man Kartoffeln schon seit über 10.000 Jahren, hierzulande kennt man die stärkereichen Knollen dagegen erst gut 400 Jahre. Die ersten Kartoffeln gelangten im 16. Jahrhundert mit den Spaniern und Engländern nach Europa, konnten anfangs aber nur als Zierpflanze punkten. Als ihre Vorzüge dann gut 200 Jahre später allgemein bekannt wurden, war die Karriere der Knollen nicht mehr aufzuhalten. Kartoffeln sind heute das viertwichtigste Nahrungsmittel weltweit. Mehr als 50 kg verzehren die Deutschen davon pro Jahr im Schnitt.
Gerade Vegetariern haben die Knollen einiges zu bieten: Kartoffeln sind ballaststoffreich, enthalten viel Stärke, aber so gut wie kein Fett. Zudem liefern sie Vitamin C, B-Vitamine und Mineralstoffe (Kalium). Ihr Proteingehalt von 2 Prozent ist zwar – absolut gesehen – nicht sehr hoch, dafür handelt es sich dabei aber um besonders hochwertiges Eiweiß. Von allen pflanzlichen Proteinlieferanten kann der Mensch das Eiweiß der Kartoffel am besten verwerten. Und in Kombination mit Eiern wird es sogar noch hochwertiger. Manches Gericht der Alltagsküche wie Bratkartoffeln mit Spiegelei oder die spanische Tortilla erweist sich so als besonders glückliche Kombination.
Je nach Sorte sind die Knollen braun, rot oder violett und haben ein weißlich bis hell- oder dunkelgelbes Fruchtfleisch, manche Rarität überrascht auch mit ihrem bunten Innenleben (9 und rechts). In der Küche erfordern Kartoffeln nicht viel Vorbereitung: Sie werden lediglich gründlich gewaschen, mit dem Kartoffel- oder Sparschäler dünn geschält und von sämtlichen Augen und braunen Flecken befreit. Auch grüne, zumeist durch falsche Lagerung (im Licht) hervorgerufene Stellen sollten großzügig entfernt werden, da sie giftiges Solanin enthalten. Vollkommen grüne oder Kartoffeln mit großen grünen Stellen sind nicht mehr genießbar und müssen weggeworfen werden. Beim Kochen sollte dann möglichst wenig Wasser verwendet werden, um den Verlust an Mineralien und Vitaminen gering zu halten. Aus diesem Grund empfiehlt es sich auch, die Knollen in der Schale zu garen und erst nach dem Kochen zu pellen.

Kartoffeltypen

Der Handel bietet sehr frühe, frühe, mittelfrühe und mittelspäte bis sehr späte Kartoffeln an. Deutsche Frühkartoffeln sind ab Ende Mai/Anfang Juni erhältlich, vorher kommen sie oft aus Sizilien auf den Markt. Frühe Sorten sollten rasch verbraucht werden, sie eignen sich nicht zum längeren Aufbewahren. Sie werden oft als neue Kartoffeln angeboten und brauchen nicht geschält zu werden. Es genügt, sie sehr gründlich zu waschen. Ihre papierdünne Schale lässt sich gut mitverzehren. Frühe oder neue Kartoffeln passen mit ihrem milden Geschmack gekocht ausgezeichnet zu Frühjahrsgemüse wie Spargel. Sehr gut schmecken kleine neue Kartoffeln wie etwa Drillinge, (s. Seite 59, 7) auch zusammen mit dem ersten Sommergemüse (Möhren, Bohnen, Erbsen) gedämpft und anschließend mit ein paar Schalottenwürfeln und Petersilie in Butter geschwenkt.
Mittelfrühe Sorten werden bei uns ab Ende August geerntet, haben ein ausgeprägteres Aroma und eignen sich, dunkel, kühl und trocken aufbewahrt, für eine längere Lagerung. Spätkartoffeln werden bis Mitte Oktober geerntet und sind die richtigen Kartoffeln zum Einkellern. Kartoffeln werden zudem in mehligkochende, vorwiegend festkochende und festkochende Sorten unterschieden. Jeder Typ hat seine Vorzüge und weist andere Gareigenschaften auf. Welche Kartoffelsorte also wann zum Einsatz kommt, hängt neben dem Geschmack in erster Linie von der geplanten Verwendung ab.

Die Spätsorte 'Ackersegen' liefert mittelgroße, mehligkochende Kartoffeln mit hellem Fleisch und kräftigem Aroma.

'Adretta' ist eine mittelfrühe, mehligkochende Kartoffelsorte mit gelbem Fleisch und kräftigem Aroma.

'Rote Emmalie' ist eine mittelfrühe, länglich ovale, vorwiegend festkochende Speisekartoffel mit rotem Fleisch und gutem Geschmack.

KARTOFFELN

Chuños sind gefriergetrocknete, jahrelang haltbare Kartoffeln aus Peru oder anderen Andenländern. Vor dem Kochen müssen die weißen oder braunen Knollen aber mehrere Tage in Wasser eingeweicht werden.

MEHLIGKOCHENDE KARTOFFELN

Mehligkochende Sorten wie 'Ackersegen' oder 'Adretta' (s. Seite 57) sind im Handel grundsätzlich blau gekennzeichnet. Sie enthalten viel Stärke und ihr Fruchtfleisch ist nach dem Garen locker, trocken und grobkörnig. Kartoffeln diesen Typs haben meist ein kräftiges Aroma und platzen beim Kochen oder Backen stark auf. Große Exemplare eignen sich – mit und ohne Folie – bestens für Ofenkartoffeln. Mehligkochend müssen aber auch Kartoffeln für Kroketten, Puffer, Knödel, Gnocchi oder andere aus Kartoffelteig hergestellte Teigwaren sein. Dafür werden die gewaschenen, ungeschälten Kartoffeln in leicht gesalzenem Wasser oder im Backofen gegart, anschließend gepellt und durch die Presse gedrückt. Vermengt man den Kartoffelschnee mit Mehl oder, seltener, mit rohen geriebenen Kartoffeln, ergibt sich ein Teig, der zu Klößen oder Knödeln gedreht oder zu länglichen Rollen für Schupfnudeln und Gnocchi geformt werden kann. Flach ausgerollt lässt er sich in Kreise oder Ecken schneiden und in Öl frittieren oder in Butterschmalz ausbacken. Derartige Spezialitäten aus Kartoffelteig (Paunzen oder Erdäpfelblattln) kennt man vor allem im Alpenraum. Einfacher lassen sich Pürees und Stampfkartoffeln herstellen: Dafür werden die gepellten heißen Kartoffeln mit dem Kartoffelstampfer mehr oder weniger fein zerdrückt. Die lockere Kartoffelmasse schmeckt mit Milch, Sahne oder Olivenöl verrührt.

VORWIEGEND FESTKOCHENDE KARTOFFELN

Vorwiegend festkochende Kartoffeln wie die rotschalige 'Laura' (s. Seite 56, 1), 'Solist' (s. Seite 56, 2), die rotschalige 'Rosara' (s. Seite 56, 3), 'Bintje' (s. Seite 59, 1), 'Quarta' (s. Seite 59, 2) oder 'Granola' (s. Seite 59, 3) sind im Handel an ihrem roten Etikett oder der roten Banderole zu erkennen. Sie weisen einen mittleren Stärkegehalt auf, sind mäßig feucht, feinkörnig und springen beim Kochen oder Backen nur leicht auf. Vorwiegend festkochende Sorten können schwach mehlig sein und eignen sich mit ihrem milden bis kräftigen Geschmack für die meisten Kartoffelgerichte außer Kartoffelsalat. So sind sie etwa für die Zubereitung von Rösti, Bratkartoffeln, Pommes frites oder im Ofen gebackene Kartoffelspalten (Wedges) die richtige Wahl, schmecken aber auch als Salz- und Pellkartoffeln. In dünne Scheiben geschnitten, dachziegelartig in ofenfeste Formen geschichtet und mit Milch oder Sahne aufgefüllt, ergeben sie cremige Gratins oder – mit bissfest gegartem Gemüse kombiniert – schmackhafte Aufläufe. Vorwiegend festkochende Sorten eignen sich aber auch gut zum Mitgaren in Gemüse- und

---

KARTOFFELN – IMMENSE SORTENVIELFALT

Wer Kartoffeln kaufen will, trifft meist auf eine Auswahl von gerade mal ein Dutzend Sorten, oft sind es auch weniger. Das ist schade, denn die Kartoffel ist überaus vielfältig. Es gibt Tausende verschiedener Sorten mit großen oder kleinen, gelben, roten, blauen oder violetten Knollen, die alle ihr eigenes Aroma haben. Um die 5.000 sollen es sein, und durch Züchtungen kommen immer noch neue Sorten hinzu. Um den Erhalt der Kartoffelvielfalt kümmert sich ein internationales Forschungszentrum in der Nähe von Lima/Peru. Das Centro International da la Papa (CIP) arbeitet mit örtlichen Bauern zusammen, über 900 unterschiedliche Sorten werden in der Nähe von Cuzco im Parque del la Papa angebaut. Wer hierzulande neue und alte Sorten (wieder)entdecken will, sucht am besten in Hofläden oder wendet sich direkt an spezielle Kartoffelbauern. Sie bieten oft 30 bis 50 Kartoffelsorten, darunter viele Raritäten, in ihren Online-Shops an.

anderen Suppen, für Eintopfgerichte (Kartoffelgulasch) oder auch einmal für ein indisches Kartoffelcurry.

FESTKOCHENDE KARTOFFELN

Festkochende Sorten wie 'Amandine' (s. Seite 56, 4), die zweifarbige 'Miss Blush' (s. Seite 56, 6) oder 'Bodana' (s. Seite 56, 7) sind im Handel grün ausgezeichnet. Die überwiegend lang-ovalen Knollen sind feinkörnig, enthalten weniger Stärke, behalten beim Garen ihre Form und springen nicht auf. Die festen, feuchten (speckigen), schnittfesten Knollen haben meist ein kräftiges Aroma und eignen sich ausgezeichnet für Salate sowie für feste Salz-, Pell- und Bratkartoffeln. Klassische Salatkartoffeln sind 'Sieglinde' (s. Seite 56, 8) oder 'Linda' (s. Seite 59, 4). Besonders viel Aroma haben Kartoffelraritäten wie die 'Bamberger Hörnle' (s. Seite 56, 9) oder die französische Sorte 'La Ratte' (s. Seite 59, 5). Die fingerdicken, länglichen Knollen erfordern zwar beim Schälen oder Pellen etwas Geduld, dafür belohnen sie den Gaumen aber mit ihrem ausgeprägten, feinen Geschmack.

WEITERE BESONDERHEITEN

Buntfleischige Kartoffelsorten wie die blau-violette 'Vitelotte' (s. Seite 56, 9) bringen Abwechslung in die Kartoffelküche. Diese uralte, ursprünglich aus Peru und Bolivien stammende Sorte ist bei uns gelegentlich als blaue oder Trüffelkartoffel anzutreffen. Die festkochenden Knollen verlieren auch beim Garen ihre Farbe nicht und eignen sich für Salate oder Pellkartoffeln. Vielseitig verwendbar ist auch die vorwiegend festkochende 'Rote Emmalie' (s. Seite 57), die für Salate oder als Pell- und Püreekartoffel zum Einsatz kommt. Kartoffelsalate oder Gratins mit gelb-, rot- und blaufleischigen Sorten können so für Überraschung auf dem Teller sorgen. Bei Kartoffelspezialisten, die ihre Produkte auch online vermarkten, lassen sich weitere spannende Besonderheiten rund um die Kartoffel entdecken, so etwa verschiedene Sorten aus Moor und Heide oder die beinahe ewig haltbaren, gefriergetrockneten Chuños (s. Seite 58) aus den Anden.

1 'Bintje' ist eine vorwiegend festkochende bis leicht mehlige Sorte, die gern für Pommes frites und Chips verwendet wird. 2 Kartoffeln der Sorte 'Quarta' sind groß, vorwiegend festkochend und haben einen kräftigen Geschmack. 3 'Granola' ist eine vorwiegend festkochende, milde Kartoffel. 4 Kartoffeln der Sorte 'Linda' sind festkochend, aromatisch und haben ein tiefgelbes Fleisch. 5 Die französische Sorte 'La Ratte' liefert länglich schmale, hörnchenförmige, festkochende Kartoffeln mit sehr gutem Geschmack. 6 Die 'Dänische Spargelkartoffel' ist eine längliche, festkochende Sorte mit gelbem Fleisch. 7 Drillinge, französisch Grenailles, werden kleine, nur 25 bis 35 mm große Kartoffeln genannt. 8 Chugauas sind kleine rotschalige Kartoffeln aus Kolumbien.

ZWIEBELGEMÜSE

Ohne Zwiebeln und ihre Verwandten wäre die vegetarische Küche undenkbar. Kein anderes Gemüse kommt so häufig zum Einsatz wie sie, auch wenn dabei die eine oder andere Träne fließt.

Dank ihrer speziellen geschmacklichen Eigenschaften können Zwiebeln, Schalotten, Frühlingszwiebeln oder Lauch beides zugleich sein: Gemüse und Gewürz, das macht sie so universell. Ob brennend scharf oder mild-süß, Zwiebeln und Co. zählen auf der ganzen Welt zu den beliebtesten Zutaten. Mal steht dabei das Gemüse im Vordergrund, mal tragen Aroma und Geschmack der verschiedenen Lauchgewächse, zu denen übrigens auch der fast ausschließlich als Gewürz genutzte Knoblauch (S. 169) gehört, zur Vollendung eines Gerichtes bei.

Zwiebeln

Zwiebeln zählen zu den ältesten Gemüsepflanzen überhaupt. Seit über 5.000 Jahren werden sie in vielen Sorten, Farben und Formen kultiviert. Aufgrund ihres hohen Gehalts an wertvollen Inhaltsstoffen schätzt man die braunen, roten oder weißen Zwiebeln seit jeher nicht allein als Gemüse und Gewürz, sondern darüber hinaus als preiswertes Heilmittel. Zwiebeln enthalten viel Kalium, Kalzium und Phosphor sowie Vitamin C, E und Vitamine der B-Gruppe. Sie regen den Appetit an, stärken das Immunsystem, beugen Infektionen vor und sind – roh verzehrt – ein natürliches Antibiotikum. Einziger Nachteil: Beim Würfeln oder In-Scheiben-Schneiden von Zwiebeln (s. Seite 63) werden schwefelhaltige Verbindungen und Stoffe frei, die die Schleimhäute reizen. Je stärker die Augen tränen, desto frischer sind die Zwiebeln übrigens. Wer dabei durch den Mund atmet oder einen Schluck Wasser im Mund behält, kann die Reizung von Augen und Nase etwas mildern oder den Tränenfluss ganz verhindern. Geschnitten werden sollten Zwiebeln übrigens immer erst kurz vor ihrer Verwendung. Bei längerem Stehen an der Luft leiden Geschmack und Inhaltsstoffe. Gute Qualitäten sind prall, fest und trocken und weisen keine grünen Triebe auf. Werden sie kühl, trocken und luftig aufbewahrt, halten trockene Zwiebeln einige Wochen.

SPEISEZWIEBELN

Braunschalige Speisezwiebeln (1) oder Küchenzwiebeln gibt es in verschiedenen Sorten. Sie sind das ganze Jahr über im Handel erhältlich. Rohe Speisezwiebeln schmecken scharf und ergänzen Kartoffel-, Tomaten- und andere Salate oder Brotzeiten. Überwiegend werden sie jedoch gegart, wobei sich die Schärfe verliert. Gegart schmecken Zwiebeln süß. Speisezwiebeln eignen sich sehr gut zum Dünsten, Schmoren, Braten, Rösten, Backen oder Frittieren und werden für Zwiebelsuppen, für Zwiebel- und Flammkuchen sowie als Belag für pikantes Gebäck (Zwiebeldünne) verwendet. Klein gewürfelt und mit Röstgemüse angeschwitzt, bilden Zwiebeln das geschmackliche Gerüst von Saucen und Ragouts. Goldbraun karamellisiert verleihen sie vegetarischen Gerichten eine angenehm würzig-süße Note.
Weiße Zwiebeln kommen häufig aus dem Mittelmeerraum zu uns auf den Markt. Sie gelten als feiner und milder, können je nach Sorte aber auch überraschend scharf sein. Das feinste Aroma haben sie im Sommer. Verwendet werden sie roh und gegart.
Runde oder längliche rote Zwiebeln (2) stammen vornehmlich aus Südeuropa, sind saftig und in der Regel etwas süßer und milder als braune Zwiebeln. Daher eignen sie sich besonders gut zum Rohessen und für mediterrane Salate mit Olivenöl und/oder Balsamico.

GEMÜSEZWIEBELN

Gemüsezwiebeln (3) sind rund, braun oder gelblich braun und können einen Durchmesser von 10 cm und mehr erreichen. Ihr Geschmack ist mild-süß, am besten sind sie vom späten Frühjahr bis in den Frühsommer hinein.

Weiße Speisezwiebeln sind oft feiner als braune Sorten und werden aufgrund ihrer geringeren Schärfe geschätzt.

Rote Tropea-Zwiebeln aus Kalabrien/Italien sind mild und aromatisch, schmecken süß und weisen nur eine geringe Schärfe auf.

Doux des Cévennes werden diese großen, hellbraunen und besonders milden Gemüsezwiebeln aus Frankreich genannt.

ZWIEBELGEMÜSE

1 Silberzwiebeln sind klein, rund, weiß und dünnschalig und werden meist zu Pickles verarbeitet. 2 Cipolline sind kleine braune, flache Zwiebelchen. 3 Thailändische rote Mini-Zwiebeln sind mild im Geschmack. 4 Graue Schalotten aus Frankreich, hier die Sorte 'Grise de Bagnolet' haben ein kräftiges Aroma. 5 Längliche braunschalige Schalotten der Sorte 'Bretonne longue' aus Frankreich. 6 Wildzwiebeln aus Italien, »lampagioni«, kommen im Frühjahr gelegentlich zu uns auf den Markt.

In dünne Ringe geschnitten (s. rechts) schmecken Gemüsezwiebeln roh im Salat oder zu Käse. Sie lassen sich aber auch auf unterschiedlichste Weise garen. Aufgrund ihrer Größe sind sie zum Füllen geradezu prädestiniert. Dafür die Zwiebeln schälen, einen Deckel abschneiden und das Innere mit einem Kugelausstecher aushöhlen. Kurz blanchiert und mit einer feinen Gemüsefüllung versehen, kommen sie dann in den Ofen.

MINI-ZWIEBELN

Perlzwiebeln sind klein (15 bis 35 mm Ø), rund und haben eine weiße oder silbrige Schale. Es gibt aber auch kleine braune Zwiebeln (s. Seite 60, 4), die sich wie Perl- oder Silberzwiebeln gut zum Einlegen eignen. Geschält werden sie gern im Ganzen geschmort oder karamellisiert. Cipolline (s. oben, 2) werden vornehmlich in Italien angebaut und dort gern süßsauer eingelegt und als Antipasti serviert oder geschmort. Thailändische rote Zwiebelchen (s. oben, 3) werden in Thailand und anderen asiatischen Ländern gern für Wokgerichte verwendet. Erhältlich sind die milden Kleinen im Asialaden. Wildzwiebeln (s. oben, 6) sind keine Speise- sondern essbare Blumenzwiebeln. In Italien sehr beliebt sind etwa die Zwiebeln der Schopf- oder Schopfigen Traubenhyazinthe. Lampagioni sind aromatisch, leicht bitter und eignen sich zum Einlegen, Rösten oder Kochen und Gratinieren.

Schalotten

Schalotten (s. Seite 60, 5, 6) sind länglich oval oder länglich rund geformt und haben eine braune, graue oder rötliche Schale. Die vor allem in Frankreich beliebte Schalotte, auch Eschlauch, Eschalotte oder Edelzwiebel genannt, gehört wie die Speise- oder Küchenzwiebel zu den Lauchgewächsen und wird auch ähnlich verwendet. Schalotten sind jedoch weniger scharf und deutlich milder als Küchenzwiebeln und haben ein feineres Aroma. Deshalb sind sie in der gehobenen Küche unverzichtbar, beispielsweise für die Zubereitung feiner Saucen. Auch zum Rohessen in Salaten, für Marinaden oder zum Einlegen in Essig eignen sich Schalotten gut, die übrigens im Sommer am besten schmecken. In Butter oder Öl hell angeschwitzt, ergänzen sie Gemüse, Hülsenfrüchte, Reis und Nudeln. Geschmackliche Partner sind Estragon, Essig und Senf, aber auch mit Thymian verträgt sich ihr Aroma gut.

Frühlingszwiebeln

Frühlingzwiebeln (s. Seite 60, 7) werden im Handel unter vielen Namen angeboten, es gibt sie auch als Lauch-, Bund- oder Jungzwiebeln. In der Regel handelt es sich bei den ganzjährig erhältlichen Frühlingszwiebeln um eine spezielle, als Winter- oder Winterheckzwiebel bezeichnete, Art. Gelegentlich kommen im Frühjahr aber auch tatsächlich jung geerntete Zwiebeln mit Laub auf den Markt, etwa rote Tropeazwiebeln (s. Seite 61) aus Italien. Im Gegensatz zu diesen Speisezwiebeln bilden Frühlingszwiebeln keine dicken runden, sondern lange zylindrische Zwiebeln aus. Typisch sind ihre grünen, runden, hohlen Laubblätter, die mitverzehrt werden, daher beim Einkauf auf Frische und Unversehrtheit der Blätter achten. Roh lassen sich die klein geschnittenen grünen Blätter wie Schnittlauch zum Aromatisieren von Saucen, Joghurtdips, Kräuterquark, Salaten und Gemüse verwenden. Angebraten passt das Grün gut zu asiatischen Wokgerichten. Die hellen Teile sollten dann erst gegen Ende zugefügt werden. Ganze, längs halbierte Frühlingszwiebeln schmecken vom Grill (Achtung, sie verbrennen rasch) oder in Olivenöl mit etwas Zucker karamellisiert und mit einem Schuss Essig abgelöscht.

Lauch

Lauch (s. Seite 60, 8), auch Porree genannt, hat im Unterschied zur Frühlingszwiebel breite flache Blätter. Das robuste Gemüse wird überwiegend im Freiland kultiviert und ist ganzjährig erhältlich. Lauch schmeckt angenehm mild und süßlich und weist nur eine geringe Schärfe auf. Gute Qualitäten erkennt man am kräftigen weißen, gerade gewachsenen Schaft und am festen dunkelgrünen Laub. Er kann roh gegessen werden, dafür eignen sich jedoch nur zarte, hellgrüne Frühsorten. Große, dickere Stangen werden besser gegart. Da sich zwischen den einzelnen Blattschichten oft Reste von Erde und Sand verbergen, müssen die Stangen gründlich gereinigt werden (s. unten). Verwendung finden vornehmlich die hellgrünen und weißen Teile, zum Wegwerfen ist das dunkelgrüne Laub aber zu schade, es aromatisiert Suppen und Eintöpfe, sollte dann vor dem Verzehr aber wieder entfernt werden. Lauch eignet sich zum Kochen und Dünsten, für Suppen, Eintöpfe, Aufläufe oder als Belag für Quiches. Gut schmecken die Stangen in Ringe geschnitten und nur kurz in Butter oder Öl angeschwitzt oder im Ganzen in Salzwasser nicht zu weich gekocht und mit einer Knoblauch- oder Trüffel-Vinaigrette serviert.

Zwiebeln schälen und in Ringe schneiden

1. Den Stängelansatz der Zwiebel mit einem scharfen Messer flach abschneiden und die trockenen braunen Häute ringsum abziehen.

2. Den Wurzelansatz abtrennen und die Zwiebel mit einem sehr scharfen Messer quer in dünne Scheiben schneiden, dann diese in einzelne Ringe teilen.

Lauch putzen und waschen

1. Vom Lauch die äußeren Blätter entfernen und dunkelgrüne Blattteile abschneiden. Den Wurzelansatz so mit einem Messer entfernen, dass die Blätter noch zusammenhalten. Die Stangen längs halbieren.

2. Die Lauchstangen unter kaltem Wasser gründlich waschen. Dabei die Bätter mit den Fingern auseinander drücken, damit Erde und Sand ausgespült werden.

GEMÜSE-EXOTEN

Hierzulande ein seltener Anblick, gehören unreif geerntete Früchte, tropische Gurken- und Kürbisarten sowie verschiedene nahrhafte Wurzeln und Knollen in ihrer Heimat zum Küchenalltag.

Viele exotische Gemüsearten kommen bei uns nur als Konserve in der Dose oder im Glas in den Handel. Gibt es die tropischen Spezialitäten im Asialaden einmal frisch, so helfen die im Folgenden gezeigten Handgriffe und Verwendungstipps bei ihrer Zubereitung.

Obst als Gemüse

Einige der bei uns als Obst bekannten Arten werden in ihrer tropischen Heimat unreif geerntet und als Gemüse zubereitet. Hierzu zählen etwa Mangos und Papayas. Bei den Gemüsebananen handelt es sich hingegen um eine eigene Art.

GEMÜSEBANANEN
Gemüse-, Mehl- oder Kochbananen (1) gibt es in verschiedenen Arten. Die Früchte können grün, gelb, rot oder violett sein und süß bis süßsauer schmecken. In der Form erinnern sie an Obstbananen, sind jedoch oft größer und kantiger als diese. Kochbananen werden grün geerntet und bis zur Reife gelagert, wobei sie sich vielfach gelb verfärben. Zum Rohessen eignen sie sich jedoch nicht. Kochbananen enthalten viel Stärke und sind wie manche Kartoffelsorten mehlig-trocken. Wie diese werden Gemüsebananen stets geschält und gegart. Sie eignen sich zum Kochen, Pürieren, Braten oder Frittieren und schmecken in würzigen Schmorgerichten (Currys).

BANANENBLÜTEN
Während es die Blätter der Banane, die in ihrer Heimat oft als Behältnis oder zum Servieren dienen, in gut sortierten Aisaläden immer wieder zu kaufen gibt, kommen die rötlich braunen Bananenblüten (2) bei uns nur selten frisch auf den Markt. Falls man sie doch einmal erwischt, werden sie ähnlich wie Artischocken zubereitet: Zuerst entfernt man Hüllblätter und Stielansatz. Der helle Kern wird dann entweder 15 bis 20 Minuten in mit Zitronensaft versetztem Salzwasser gekocht oder auch gebraten oder geröstet. Er schmeckt leicht bitter und eignet sich als Zutat für Suppen, Nudel- und Reisgerichte sowie für Salate und Gemüsegerichte aus dem Wok.

GRÜNE MANGOS
Bei uns kennt man Mangos vor allem reif als exotisches Obst mit saftig-süßem, gelb-aromatischem Fruchtfleisch. In ihrer tropischen Heimat, insbesondere in Thailand, liebt man Mangos jedoch auch in pikanten Gerichten. Dafür werden sie unreif geerntet. Grüne Mangos (3) haben ein weißliches, knackig-festes, säuerliches Fruchtfleisch, das vom Stein geschnitten (s. Seite 115) und mit Salz und Chili gewürzt wie ein Apfel roh gegessen werden kann oder auch in pikanten Salaten schmeckt. Daneben dienen grüne Mangos als Kochgemüse, sie eignen sich für die Zubereitung von Relishes, Chutneys, Suppen und Currys. Kleine grüne Mangos legt man auch in Salzlake ein oder verarbeitet sie zu Pickles. Hierzulande sind grüne Gemüsemangos im Asialaden oder bei speziellen Gemüsefachhändlern zu haben.

GEMÜSEPAPAYA
Wie grüne Mangos dienen auch unreife Papayas (4) als Gemüse. Sie haben eine grüne Schale und ein festes weißes Fruchtfleisch. Und auch die Kerne im Innern der Frucht sind in diesem Reifestadium noch weiß. In diesem Zustand ist der Gehalt an dem verdauungsfördernden Enzym Papain besonders hoch, der Vitamingehalt jedoch deutlich niedriger als bei ausgereiften Früchten. Im Gegensatz zu grünen Mangos eignen sich unreife Papayas weniger gut zum Rohessen, sie werden meist gegart. Dünn geschält und von den Kernen befreit verwendet man die säuerlichen Früchte für Chutneys, Salsas und Currys oder für die Zubereitung chilischarfer Salate.

Früchte entwickeln sich aus den weiblichen Blüten der Banane an der Basis des Blütenstandes. An seinem Ende befinden sich die männlichen Blüten, die als Bananenblüten in den Handel gelangen.

GEMÜSE-EXOTEN

Kürbisgewächse

Rund 850 Arten gehören zur Familie der Kürbisgewächse. Viele davon sind in den Tropen und Subtropen beheimatet und werden dort auch als Gemüse genutzt.

BITTERGURKEN
Bei uns kaum bekannt, sind die länglich spitzen Bittergurken oder Balsambirnen (s. Seite 64, 5) in Asien und der Karibik ein geschätztes Gemüse. Sie werden meist hellgrün und unreif geerntet. Mit zunehmender Reife verfärben sie sich gelb und ihr bitterer Geschmack verstärkt sich. Bittergurken eignen sich nicht zum Rohessen, sondern werden ausgehöhlt und gefüllt oder klein geschnitten im Wok gebraten, in Currys geschmort oder blanchiert und als Salat serviert.

SCHLANGENGURKEN UND LUFFAS
Schlangen(haar)gurken (s. links, 1) werden unreif geerntet, schmecken leicht süßlich, mit zunehmender Reife bitter und werden gekocht und für Currys verwendet. Luffas (s. links, 2) erntet man, solange die Längsrippen noch weich sind. Dann schmecken sie roh oder geschmort, später werden sie bitter. Schwammgurken (s. links, 3) sind heute ohne Bitterstoffe erhältlich und können jung und unreif geerntet roh und gegart verzehrt werden.

WILDGURKEN UND KIWANO
Die Korila oder Inka-Gurke (s. links, 4) ist eine Wildgurke aus Süd- und Mittelamerika. Sie schmeckt gurkenähnlich und eignet sich roh für Salate, lässt sich aber auch kochen oder in Essig einlegen. Ältere Korilas lassen sich gut füllen. Die Kiwano, Horngurke oder -melone (s. links, 5) ist eine afrikanische Wildgurke. Reif ist ihre Schale leuchtend orange, das Innere grün. Sie ist süßsäuerlich, liegt im Aroma zwischen Banane, Limette und Gurke und schmeckt am besten roh.

KÜRBISSE
Lange dünne Flaschenkürbisse oder Dudhis (s. links, 6) erinnern in Geschmack und Form an Zucchini und können wie diese roh und gegart verwendet werden.

1 Schlangen(haar)gurken können bis zu 2 m lang werden. 2 Luffas können Längen von 1 m erreichen und sind an den deutlich hervortretenden Längsrippen zu erkennen. 3 Schwammgurken sind rundoval und haben eine fast glatte Haut. 4 Korilas sind innen hohl, spitz zulaufend und enthalten nur wenig Fruchtfleisch. 5 Kiwanos haben ein grünes, gallertartiges Fruchtfleisch. 6 Dudhis sind hellgrüne schlanke Flaschenkürbisse mit einer essbaren Schale.

GEMÜSE-EXOTEN

Wachskürbisse (s. unten, 2) sind lange haltbar und haben ein festes weißes, saftiges Fruchtfleisch. Sie schmecken roh und gegart, in Suppen und süß als Konfekt.

CHAYOTEN

Chayoten (s. unten, 1) gibt es mit grüner und weißlich gelber Schale. Die in Mittel- und Südamerika beliebten Kürbisgewächse enthalten nur einen Kern und sondern beim Schälen (s. Seite 69) einen klebrigen Saft ab. Ihr festes Fruchtfleisch schmeckt leicht süßlich und kann roh gegessen oder wie Kohlrabi gegart werden.

Wurzeln und Knollen

Verschiedene tropische Pflanzen liefern essbare Knollen und Wurzeln, die in ihrer Heimat als Stärkelieferant und Gemüse geschätzt werden. Dazu zählen auch Süßkartoffeln (s. Seite 64, 9), die inzwischen auch bei uns bekannt sind (s. Seite 55).

LOTUSWURZELN

Die ovalen, von dünnen und dicken Röhren durchzogenen Wurzeln (Rhizome) der Lotusblume sind in Südost- und Ostasien als Gemüse beliebt. Bei uns kennt man Lotuswurzeln (s. Seite 64, 6) meist nur als Konserve. Bekommt man sie doch einmal frisch, werden sie geschält, wie auf Seite 69 gezeigt, und im Ganzen oder in Scheiben weich gegart. Lotuswurzeln aus Konserven brauchen nur kurz erhitzt zu werden. Sie schmecken geschmort (Currys), gebacken oder auch als Pickles. In China knabbert man kandierte Lotuswurzeln als Süßigkeit zum Neujahrsfest.

WASSERKASTANIEN

Wasserkastanien sind nicht mit Kastanien verwandt, vielmehr handelt es sich dabei um die unterirdisch wachsenden Knollen eines Sauergrases. Ihr festes, süß schmeckendes Fruchtfleisch bleibt gegart angenehm knackig. Geschält (s. Seite 69) eignen sie sich als Zutat für Suppen und Wokgerichte, püriert als Füllung für Dim Sums sowie für Süßspeisen und Desserts.

YAM, MANIOK UND TARO

Aufgrund ihres hohen Stärkegehalts sind die in den Tropen in verschiedenen Arten kultivierten Yamswurzeln (s. unten, 4, 5) ein wichtiges Nahrungsmittel. Als besonders wohlschmeckend gilt die Asiatische Yam (s. Seite 64, 7). Die Knollen haben je

Wasserkastanien sind vor allem in China beliebt. Sie haben eine dunkelbraune Schale und ein stärkereiches, weißes Fruchtfleisch.

1 Chayoten sind birnenförmig und stark gerippt. 2 Wachskürbisse sind von einer natürlichen Wachsschicht überzogen. 3 Wasser-Yam-Knollen haben ein weißliches Fleisch und können bis zu 50 kg schwer werden. 4 Japanische Yam ist flacher und heller als andere Arten. 5 Gelbe Yam hat ein gelbliches Fleisch und wird beim Lagern sehr hart. 6 Taroknollen haben ein weißes Fleisch mit nadelfeinen Kristallen.

GEMÜSE-EXOTEN

Die Früchte des Brotfruchtbaums bringen bis zu 2 kg auf die Waage. Sie werden unreif geerntet und gegart als Gemüse verzehrt. Mit zunehmender Reife verfärben sich die Früchte gelb und schmecken süß, sind aber nicht jedermanns Geschmack.

nach Art einen süßlichen oder bitteren Geschmack und eignen sich zum Rohessen, Braten und Rösten.
Maniok (s. Seite 64, 8) zählt in den Tropen zu den Grundnahrungsmitteln. Die Rhizome mit dem weißen Fruchtfleisch sind roh giftig. Maniok wird daher entweder zu Mehl weiterverarbeitet oder gekocht (wie Kartoffeln) und geröstet oder frittiert.
Taroknollen (s. Seite 67, 6) oder Wasserbrotwurzeln enthalten viel Stärke, aber wenig Aroma und schmecken mild bis scharf. Taro muss ausreichend lange garen (Kochwasser wechseln!), damit die feinen, die Schleimhäute reizenden Calciumoxalat-Kristalle zerstört werden. Die Knollen lassen sich dann wie Kartoffeln braten, backen, grillen oder frittieren. Neben den Knollen werden auch die Blätter und Blattstiele (s. unten, 1) der Taropflanzen als Gemüse verzehrt (zweimal kochen, Kochwasser wechseln!).

KNOLLENZIEST

In Ostasien wird Knollenziest (s. unten, 2) häufig angebaut, bei uns kommt er jedoch nur selten auf den Markt. Die im Geschmack an Schwarzwurzeln und Artischocken erinnernden Wurzelknollen werden vor der Zubereitung gewaschen, gut abgebürstet und von den Enden befreit. Anschließend kann man sie dann in der Schale wie Spargel garen.

Weitere Exoten

In ihrer Heimat werden viele weitere, bei uns kaum bekannte Arten als Gemüse genutzt. Dazu gehören die in Mittelamerika beliebten Tomatillos und die Früchte der tropischen Brot- und Jackfruchtbäume.

TOMATILLO

Mit den Spaniern gelangten nicht nur Tomaten, sondern auch Tomatillos (s. unten, 3) nach Europa, wo sie sich aber nicht durchsetzen konnten. Die grünen oder grün-violetten Früchte sehen aus wie grüne Tomaten, schmecken aber süßsauer und erinnern im Aroma an Stachelbeeren. Tomatillos werden unreif geerntet und überwiegend gegart verzehrt. In den Küchen Lateinamerikas sind sie eine beliebte Zutat für Salsas, Suppen, Chilis und Eintöpfe.

BROT- UND JACKFRUCHT

Unreife Brotfrüchte sind zurückhaltend im Geschmack. Sie haben ein feinfaseriges, saftiges Fleisch und werden gekocht oder gebacken als Gemüse genutzt. Jackfrüchte (s. unten, 4) haben ein weiches, saftiges Fruchtfleisch und schmecken säuerlich süß. Unreif geerntet und vorbereitet, wie rechts gezeigt, werden sie als Gemüse gekocht, klein geschnitten in Suppen gegart oder zu Pickles verarbeitet.

1 Grüne Tarostiele und -blätter werden in den Anbauländern als Gemüse gekocht. 2 Knollenziest hat fingerlange, weißgelbe, in der Form an Raupen erinnernde Rhizome. 3 Tomatillos sind etwa 5 cm groß, leicht abgeplattet und von einer papierartigen Hülle umgeben. 4 Jackfrüchte können 90 cm lang und über 40 kg schwer werden, reif isst man sie als Obst.

GEMÜSE-EXOTEN

Lotuswurzeln vorbereiten

Lotuswurzeln werden in der Regel schon gewaschen angeboten. Falls nicht, die Wurzeln kurz waschen und mit Küchenpapier trocken tupfen.

1. Mit einem scharfen Messer beide Enden von der Lotuswurzel abtrennen.

2. Anschließend die Lotuswurzel mit dem Sparschäler dünn schälen.

Chayoten vorbereiten

1. Die Chayoten waschen und mit dem Sparschäler unter fließendem Wasser dünn schälen, da der austretende Milchsaft leicht klebrig ist.

2. Schalenreste in den Vertiefungen mit einem Messer entfernen. Die Früchte längs halbieren und den großen Samenkern herausschneiden.

Wasserkastanien vorbereiten

1. Die Wasserkastanien waschen und abtropfen lassen. Die Knollen mit einem kleinen scharfen Messer ringsum wie einen Apfel schälen.

2. Anschließend den zähen Stielansatz mit dem Messer gerade abtrennen. Gelbliche, schlaffe Knollen aussortieren und wegwerfen.

Jackfrucht vorbereiten

Die Jackfrucht mit einem Beil oder einem schweren Messer halbieren.

1. Die Segmente entnehmen und die faserige Hülle entfernen, bis das glatte, gelbe Fruchtfleisch zu sehen ist.

2. Die einzelnen Segmente mit einem kleinen scharfen Messer halbieren und die Samen entfernen.

TEUBNER Vegetarisch

PILZE

Vom Frühjahr bis weit in den Winter hinein reicht die Saison der Waldpilze. Die in der vegetarischen Küche ebenfalls beliebten Zuchtpilze stehen das ganze Jahr über zur Verfügung.

Für den Sammler beginnt das Pilzjahr im April oder Mai mit den Morcheln, darauf folgen die ersten Pfifferlinge und Steinpilze, bevor im Spätsommer und Herbst die eigentliche Pilzsaison beginnt. Für den krönenden Abschluss sorgen dann im Spätherbst und Winter die exquisiten schwarzen oder weißen Trüffeln. Weniger abhängig von Witterung und Jahreszeit ist man beim Angebot aus Zuchtkulturen. Austernpilze, Kräuterseitlinge und Champignons sind heute überall in guter Qualität erhältlich. Mit ihrem je nach Art milden bis sehr intensiven Aroma spielen Pilze in der vegetarischen Küche eine wichtige Rolle. Oft stehen sie selbst im Mittelpunkt köstlicher fleischloser Gerichte, entweder pur, nur mit ein paar Schalottenwürfeln, Petersilie oder Bohnenkraut gewürzt oder in Kombination mit Teigwaren, Reis oder Tofu serviert. Getrocknet oder in Form von aromatisierten Ölen werden Pilze auch zum Würzen verwendet und runden Saucen, Suppen, Eintöpfe oder Ragouts geschmacklich ab. Pilze enthalten viel Eiweiß, Mineralstoffe und Vitamine, sind jedoch aufgrund ihres hohen Wassergehalts (80 bis 90 %) leicht verderblich und lassen sich nicht lange aufbewahren.

Waldpilze

Um an die kulinarischen Köstlichkeiten zu kommen, kann man natürlich selbst durch Wald und Wiesen streifen. Sammler sollten jedoch nur Pilze mitnehmen, die sie absolut sicher kennen. Eine Alternative bieten Wochenmärkte und Feinkostgeschäfte, dort lässt sich das Angebot der Saison in aller Ruhe studieren und man kann die besten Stücke auswählen. Pilze guter Qualität haben frische Schnittstellen, sind fest und frei von Maden – größere Exemplare können Sie sich im Zweifel aufschneiden lassen. Übertreiben sollte man es mit dem Verzehr von Wildpilzen allerdings nicht, da sie mit radioaktiver Strahlung und Schwermetallen belastet sein können. Gelegentlich und in kleinen Mengen genossen, sind Waldpilze unbedenklich, sie sollten aber mit Ausnahme sehr junger Steinpilze oder Kaiserlinge gut gegart werden. Gründliches Waschen vertragen Pilze nicht, da sie sich schnell voll Wasser saugen. Besser ist, sie nur kurz abzubrausen. Mycelreste, schadhafte Stellen oder Tannennadeln entfernt man mit einem spitzen Messer und reibt die Pilze anschließend mit Küchenpapier ab oder säubert sie mit einem speziellen Pilz- oder Küchenpinsel (s. unten).

MORCHELN

Speise- und Spitzmorcheln (1) sind wohlschmeckend und gehören dank ihres würzigen Aromas zu den begehrtesten Waldpilzen. Aufgrund der wabenartigen Vertiefungen und des hohlen Huts verbirgt sich in ihrem Innern oft viel Sand. Morcheln (auch getrocknete) müssen daher gründlich geputzt werden. Morcheln werden grundsätzlich gekocht, gedünstet oder geschmort. Frisch verfeinern sie Frühlingsgerichte mit Kräutern (Bärlauch, Petersilie) und jungem Gemüse (Spargel, Erbsen). Morcheln lassen sich auch gut trocknen, lauwarm eingeweicht und mehrfach abgespült werden sie dann verwendet wie die frischen Pilze.

STEINPILZE

Ganz oben auf der Beliebtheitsskala steht auch der Steinpilz (2). Der »König der Pilze« hat ein ausgezeichnetes, intensives Aroma und ist angenehm fest. Sehr junge, kleine Steinpilze können im Ganzen in Öl eingelegt und als Antipasto gereicht oder roh in dünne Scheiben geschnitten und mit etwas Olivenöl und Zitronensaft beträufelt als Salat serviert werden. Bei größeren Exemplaren werden die an einen Schwamm erinnernden Röhren entfernt. Steinpilze schmecken kurz sautiert, gebraten oder gegrillt hervorragend.

Kaiserlinge wachsen südlich der Alpen und zählen zu den besten Speisepilzen.

Parasolpilze haben anfangs kugelig geschlossene, später offene, große flache Hüte.

Pfifferlinge lassen sich mit einem Pilz- oder Küchenpinsel säubern. Kalt abbrausen sollte man sie nur, wenn unbedingt notwendig.

PILZE

1 Weiße Trüffeln oder Alba Trüffeln sind innen wie außen sehr viel heller als ihre schwarzen Verwandten und haben ein weißlich marmoriertes Fruchtfleisch. 2 Périgord-Trüffeln sind tiefschwarz, von feinen weißen Äderchen durchzogen und haben eine feiner strukturierte Haut als Schwarze Trüffeln aus Norcia in Umbrien/Italien (3).

Ihr feines Aroma kommt aber auch in einem Risotto oder zu Pasta gut zur Geltung, und klein gewürfelt ergeben sie eine köstliche Raviolifüllung. Steinpilze lassen sich zwar tiefkühlen, werden jedoch besser getrocknet, da sich dabei ihr Aroma noch verstärkt. Kurz eingeweicht oder zu Pulver zerrieben unterstützen sie dann beispielsweise den Geschmack von frischen Zuchtpilzen.

PFIFFERLINGE
Die gelben Pfifferlinge (s. Seite 70, 3), Reherl oder Eierschwämme sind ebenfalls hevorragende Speisepilze. Ihre Vorbereitung (s. Seite 71) ist zwar etwas aufwendig, da sich zwischen den Leisten meist noch feine Erdreste befinden, doch lohnt die Mühe allemal. Pfifferlinge duften aromatisch und schmecken mild-würzig. Pur, nur mit einer gewürfelten Schalotte und etwas Petersilie kurz in Butter sautiert, kommt ihr Aroma am besten zur Geltung. Aber auch in Öl angebraten oder in einer sahnigen Sauce geschmort und zu Pasta oder Knödeln serviert, sind sie sehr beliebt. Sie verfeinern zudem Salate, Gemüsegerichte, Suppen und Eintöpfe und gehören in ein ordentliches Waldpilzragout. Konservieren lassen sie sich schlecht, daher sollten Pfifferlinge stets frisch verwendet werden.

WEITERE WALDPILZE
Im Laufe des Sommers bis in den Herbst hinein kommen weitere Waldpilze zum Vorschein, etwa der farblich an den Pfifferling erinnernde, etwas blassere Semmelstoppelpilz (s. Seite 70, 4), der wie jener verwendet werden kann. Oder die mit dem Pfifferling verwandte schwärzlich braune Totentrompete (s. Seite 70, 5), die Salate, Suppen, Eintöpfe und Ragouts gut ergänzt und auch getrocknet werden kann. Maronenröhrlinge, Birkenpilze und Rotkappen eignen sich für Pilzragouts. Der wärmeliebende, hier nur selten erhältliche Kaiserling (S. 71) schmeckt auch roh als Carpaccio. Gebraten oder paniert sind die Hüte des zarten Schopftintlings oder auch des mild-würzigen Gemeinen Riesenschirmlings oder Parasolpilz (s. Seite 71) hervorragend. Seine dünnen, hohlen Stiele sind dagegen zäh und werden daher besser entfernt.

Trüffeln
Aufgrund ihres besonderen Aromas und ihrer Seltenheit erzielen Trüffeln unter allen Pilzen die höchsten Preise. Je nach Art – und davon gibt es etwa 200 – können sie ihrem Finder mehrere 1.000 Euro pro Kilogramm einbringen. Die unterirdisch wachsenden, äußerlich unscheinbaren Knollen wurden früher von Schweinen aufgespürt. Da jene sich aber am liebsten selbst an den kostspieligen Delikatessen gütlich tun, nutzt man heute die feine Nase eigens trainierter Hunde für die Suche. Liebhabern des exquisiten Trüffelaromas ist kein Weg zu weit, sie

Trüffeln vorbereiten

1. Die Trüffel unter fließendem Wasser sorgfältig mit einer nicht zu harten Bürste von anhaftender Erde befreien. Unsaubere Vertiefungen mit einem kleinen spitzen Messer entfernen.

2. Weiße Trüffel roh mit einem speziellen Trüffelhobel in hauchfeine Scheiben schneiden oder direkt über heiße Pasta oder andere warme Gerichte (Rührei, Omelett, Risotto) hobeln.

reisen zur Saison eigens an, um sich vor Ort im Piemont, im Périgord oder auch im istrischen Motovun einige Gramm dieses kulinarischen Luxus zu gönnen.

WEISSE TRÜFFELN
Die Weißen aus dem Piemont, nach dem Zentrum der Region auch Alba Trüffeln (s. links, 1) genannt, gelten als die Crème de la Crème unter den Trüffeln. Ihre Saison reicht von Oktober bis Dezember oder Januar. Von außen betrachtet machen Weiße Trüffeln nicht viel her, Form und Farbe erinnern an Kartoffeln. Doch ihr Aroma ist ausgezeichnet und einzigartig. Darum werden die kostspieligen Raritäten stets roh verwendet, da so ihr Geschmack am besten zur Geltung kommt. Die Pilze werden gründlich gesäubert, von allen Erdresten befreit (s. links, unten) und über das fertige Gericht gehobelt. Schon ein paar Gramm können einen Teller Pasta, ein Risotto oder so etwas einfaches wie Rührei in eine kulinarische Offenbarung verwandeln.

SCHWARZE TRÜFFELN
Die Zeit der geschätzten Schwarzen Trüffeln (s. links, 2, 3) beginnt im Dezember und reicht bis März. Sie sind von einer warzigen Schale überzogen und haben ein dunkelbraunes, weißlich marmoriertes Fruchtfleisch. Schwarze Trüffeln riechen stark und sind sehr aromatisch. Als beste ihrer Art gilt die französische Périgord-Trüffel, doch auch Funde aus Italien oder Spanien finden ihre Abnehmer. Im Gegensatz zu den Weißen werden Schwarze Trüffeln nach dem Säubern (s. links, Step 1) nicht roh, sondern stets gegart verwendet. In dünne Scheiben gehobelt und kurz in Butter sautiert, schmecken sie zu einfachen Eiergerichten wie Rührei oder Omelett oder zu Pasta vorzüglich. Schwarze Trüffeln harmonieren auch gut mit Kartoffeln (getrüffelte Kartoffelsuppe) oder gegartem Lauch, etwa in Form einer aromatischen Trüffel-Vinaigrette.

ANDERE TRÜFFELARTEN
Deutlich weniger Aroma hat eine Reihe anderer Trüffelarten, dafür sind diese dann aber auch erheblich preiswerter. So etwa die bis in den Oktober hinein erhältliche Sommertrüffeln (s. Seite 70, 6), die von außen der Schwarzen Trüffel ähneln, jedoch eine gröber strukturierte Schale haben. Im Innern ist die Sommertrüffel deutlich heller. Sie hat ein grauweißes bis beiges, weiß marmoriertes Fruchtfleisch und ein angenehmes, aber mildes Aroma. Sommertrüffeln und die von Oktober bis Dezember erhältlichen braunen Burgundertrüffeln werden wie Schwarze Trüffeln vorbereitet und verwendet, meist jedoch in höherer Dosierung.

Zuchtpilze
Champignons, Seitlinge oder auch verschiedene asiatische Arten (S. 74) aus (Bio)Pilzkulturen haben den Vorteil, dass sie frei von Giftstoffen sind und jederzeit in optimaler Qualität zur Verfügung stehen. Dank ihres feinen, überwiegend milden, manchmal leicht nussigen Geschmacks sind sie als Speisepilze geschätzt und kommen in der vegetarischen Küche oft zum Einsatz. Zuchtpilze sind in der Regel kaum verschmutzt, meist genügt es, sie mit Küchenpapier oder einem Tuch abzureiben und die Stiele zu kürzen. Größere Hüte werden am besten gehäutet und nach Belieben zerkleinert, zähe Stiele werden entfernt.

CHAMPIGNONS
Champignons wachsen hierzulande im Spätsommer wild, bekannter sind jedoch die Zuchtvarianten. Gute Qualitäten sind fest und an der glatten Haut sowie den frischen Schnittstellen zu erkennen. Weiße Champignons (S. 70, 7) haben ein mildes, roh leicht nussiges Aroma und stehen ganz oben in der Gunst der Verbraucher. Ebenso beliebt sind die noch etwas aromatischeren braunen Champignons oder Egerlinge (S. 70, 8). Beide schmecken in dünne Scheiben geschnitten roh als Salat, sind aber auch zum kurzen Sautieren in Butter, zum Braten, Backen oder Grillen geeignet. Kleine Exemplare werden gern in Essig und/oder Öl eingelegt oder in Backteig getaucht und frittiert. Große Hüte, wie sie die Portobellopilze (s. rechts, 1) tragen, eignen sich wunderbar zum Füllen.

1 Portobellopilze sind große Champignons mit einem Hutdurchmesser von rund 12 cm.
2 Der Zitronengelbe oder Zitronen-Seitling hat weiße Stiele und kleine gelbe Hüte.
3 Der Riesenträuschling, auch als Braunkappe im Handel, hat bis zu 15 cm große Hüte.
4 Pioppini haben dünne lange weiße Stiele und kleine samtig braune Hütchen.

Mu-Err-Pilze kommen unter verschiedenen Namen in den Handel, bei uns sind sie in der Regel nur getrocknet erhältlich (Asialaden). Sie sind in den ostasiatischen Küchen eine beliebte Zutat und werden insbesondere in China sehr geschätzt.

SEITLINGE

Austernseitlinge (s. Seite 70, 9) kommen im Winter bei uns gelegentlich wild vor. Aus Zuchtbetrieben stehen die büschelig wachsenden, schmackhaften Pilze das ganze Jahr über in großer Zahl zur Verfügung. Austernseitlinge oder Austernpilze sind fest und fleischig und haben einen angenehmen Geruch. Ihre Vorbereitung erfordert nicht viel Aufwand, meist werden nur die Stiele gekürzt und größere Exemplare, die etwas zäh sein können, in Streifen oder Stücke geschnitten. Austernpilze lassen sich in der vegetarischen Küche sehr vielseitig einsetzen, da sie sich zum Braten, Schmoren, Gratinieren, Frittieren und Grillen eignen. Sehr gut schmecken sie etwa kurz angebraten und in einer knoblauchwürzigen Sahnesauce zu Pasta serviert oder gegrillt und mit Knoblauch und Petersilie in Olivenöl eingelegt.

Kräuterseitlinge (s. Seite 70, 10) sind mit den Austernpilzen verwandt, sehen jedoch anders aus. Sie haben einen dicken hellen Stiel und einen kleinen, bräunlichen oder graubraunen Hut. Mit seinem feinen Aroma ist er als Eryngi in Asien geschätzt, ebenso wie der fruchtig-milde Zitronengelbe Seitling (s. Seite 73), auch Zitronen- oder Limonen-Seitling genannt. Beides sind gute Speisepilze und werden in der Küche wie Austernpilze verwendet.

WEITERE ZUCHTPILZE

Zu den bekannten Champignons und Seitlingen kommen seit geraumer Zeit auch immer wieder neue Zuchtpilze hinzu, beispielsweise der mild-aromatische, manchmal leicht an Rettich erinnernde rotbraune Riesen- oder Kulturträuschling (s. Seite 73). Jung geerntet schmeckt er gebraten in Mischpilzgerichten oder in Essig eingelegt. Pioppini (s. Seite 73) sind bei uns oft aus Italien erhältlich. Hierzulande kennt man sie als Südlicher Ackerling, Schüppling oder Samthäubchen. Pioppini schmecken kurz in Butter sautiert, mit Knoblauch, Chili und Petersilie in Öl gebraten oder in Essig oder Öl eingelegt und als Antipasto serviert.

Asiatische Pilze

Einige der in Asien beliebten Heil- und Speisepilze kommen in verwandten Arten auch bei uns wild vor, werden jedoch bislang selten verzehrt. Die Mehrzahl der asiatischen Pilze im Handel stammt jedoch aus Pilzkulturen. Eine große Auswahl getrockneter asiatischer Pilze findet man in gut sortierten Asialäden. Einige der beliebtesten asiatischen Arten wie Shiitake oder Enotake werden inzwischen auch bei uns frisch an der Gemüsetheke angeboten.

SHIITAKE-PILZE

In Japan und China sind Shiitake (s. rechts, 1, 2) die beliebtesten Pilze und als Nahrungsmittel und Medizin hoch geschätzt. Bei uns sind sie nicht heimisch, aus Zucht jedoch häufig im Angebot. Nach dem Champignon ist der Shiitake inzwischen der meistkultivierte Pilz weltweit. Frische Shiitake haben einen samtigen, hell- bis dunkelbraunen, mit weißen Flocken gesprenkelten Hut, der bei jungen Exemplaren nach innen eingerollt ist. Die Pilze enthalten viel Eiweiß, Mineralstoffe (Kalium, Zink) und Vitamine (B-Gruppe, D). Shiitake sind fest, haben

Bei Shiitake-Pilzen verwendet man grundsätzlich nur die Hüte. Die harten Stiele werden mit einem scharfen Messer abgetrennt.

ein kräftiges Aroma und duften angenehm. Nur die Hüte eignen sich zum Kochen, Dünsten oder Braten, die zähen Stiele werden zuvor entfernt (s. links), können aber Fonds und Suppen aromatisieren. Shiitake schmecken zu Eiergerichten, Pasta, Risotto oder Gemüse und passen in Wokgerichte, Pilzragouts und Suppen.

MU-ERR-PILZE

Der Mu-Err-Pilz (s. links oben; rechts, 3), auch Chinesisches Holzohr, Chinesische Morchel oder Wolkenohr genannt, ist in verschiedenen Arten weltweit verbreitet, eng verwandt ist das bei uns bekannte Judasohr. Mu-Err-Pilze weisen wenig Eigengeschmack auf und werden eher aufgrund ihrer gallertartigen, an Algen erinnernden Konsistenz geschätzt. Getrocknete Mu-Err-Pilze müssen vor der Verwendung etwa eine halbe Stunde lauwarm eingeweicht werden und eignen sich als Zutat für Suppen und Eintöpfe.

HOSHIMEJI (SHIMEJI)

Die an Laubbäumen (Buchen, Ulmen) in Gruppen wachsenden, bei uns eher seltenen Holzraslinge kommen meist als Shimeji in den Handel. Die kleinhütigen Pilze sind angenehm fest und haben ein nussig-würziges Aroma. Sie schmecken gekocht, sautiert und gebraten in Suppen, Eintöpfen und Wokgerichten.

REISSTROHPILZE

Der Dunkelstreifige Scheidling, wie er auch heißt, kommt vornehmlich in den Tropen vor, vereinzelt ist er aber auch in Europa anzutreffen. In Asien werden Strohpilze frisch angeboten und gelten als feine Speisepilze. Zu uns gelangen die empfindlichen Pilze nur als Konserve.

WEITERE ASIATISCHE PILZE

Wohlschmeckend sind außerdem die nussig-milden, nur kurz gegarten Enoki (s. Seite 70, 11), eine besondere Zuchtform des Samtfußrüblings. Bei uns noch wenig bekannt und nur getrocknet erhältlich sind Silberohr, Igelstachelbart (Shan-Fu) und Maitake (s. rechts, 6–8). Letzterer kommt bei uns als Gemeiner Klapperschwamm auch wild vor, wird aber nicht genutzt.

1 Shiitake aus Zucht gibt es im Handel frisch und getrocknet. 2 Blumenpilze sind eine in China kultivierte Shiitake-Art. 3 Frische Mu-Err-Pilze haben ein braunes, durchschimmerndes Fruchtfleisch. 4 Als Hoshimeji oder Shimeji sind verschiedene Holzraslinge im Handel. 5 Reisstrohpilze sind jung von einer hellen Hülle umschlossen, erst später ist der braungraue Hut zu sehen. 6 Unter der Bezeichnung Chinesische Morchel oder Weißer Holzohrenpilz sind getrocknete Silberohren auf dem Markt. 7 Der Igelstachelbart wird in Japan und China geschätzt. 8 Maitake zählen in Japan zu den beliebtesten Speisepilzen.

MEERESGEMÜSE

Bei uns noch echte Exoten, sind sie in Asien seit Jahrtausenden gang und gäbe: Algen, Seegras oder Tang und in der Gezeitenzone oder in Ufernähe wachsende Pflanzen.

Im oder am Wasser lebende, essbare Pflanzen oder pflanzenähnliche Gewächse werden als Meeresgemüse bezeichnet. Während man dieses in Ostasien und insbesondere in der japanischen Küche seit langem schätzt, kommen Algen und Co. bei uns eher selten auf den Tisch. In jüngerer Zeit tauchen sie jedoch vermehrt im Angebot von Asia-, Bioläden, Reformhäusern und Feinkostgeschäften auf. Zum einen, weil die Gerichte der asiatischen Küchen auch hierzulande immer beliebter werden, zum andern, weil Algen zunehmend als Zutat für die vegetarische Ernährung entdeckt werden.

Algen

Algen leben überwiegend im Salz-, aber auch im Süßwasser und kommen sogar an Land vor (Luftalgen). Sie sehen aus wie Pflanzen, sind genau genommen aber keine, betreiben jedoch Photosynthese und werden daher als pflanzenartige Lebewesen eingestuft. Die Palette der Algen reicht von mikroskopisch kleinen bis zu riesigen, meterlangen Formen. Diese Makroalgen, auch als Seetang oder Tang bezeichnet, sind es, die vornehmlich als Lebensmittel genutzt werden. Sie schmecken mild bis salzig-würzig, manchmal etwas grasig oder fischig und enthalten einen hohen Anteil an Eiweiß, Vitaminen (B-Vitamine, C und E) und Mineralstoffen (Kalzium, Eisen). Da Meeresalgen jedoch auch sehr viel Jod enthalten können, sollten sie nicht im Übermaß verzehrt werden.

Algen kommen bei uns selten frisch auf den Markt. Sie können bei Spezialhändlern bestellt werden, sollten dann aber möglichst rasch verwendet werden, da sie im Kühlschrank nur wenige Tage haltbar sind. Frische Algen werden mehrmals gründlich gewaschen, um Sand und Verunreinigungen zu entfernen. Fein geschnitten und mit einer würzigen Vinaigrette oder einem asiatischen Dressing schmecken sie dann roh als Salat. Frische Algen können aber auch kurz gedünstet oder in Öl angeschwitzt werden. Kocht man Braunalgen länger mit, werden pflanzliche Gelierstoffe (Alginate) freigesetzt und können Suppen und Saucen Bindung verleihen. Überwiegend kommen Algen bei uns getrocknet in den Handel. Zu Flocken zerkleinert und über fertige Gerichte gestreut, dienen sie als Würzmittel. Kurz eingeweicht, meist reichen schon 1 bis 5 Minuten, quellen sie stark auf und benötigen anschließend nur noch eine sehr kurze Garzeit.

NORI

Als Nori (1) werden in Japan verschiedene Rot- und Grünalgenarten sowie daraus hergestellte Produkte bezeichnet. Einige Rotalgen kommen auch an europäischen Atlantikküsten vor und werden gelegentlich regional genutzt. So stellt man in Wales aus dem violetten Porphyrtang (s. Seite 78, 1) beispielsweise laverbread her: ein Algenpüree, das zum Frühstück gereicht wird, zum Würzen dient oder mit Butter und Zitrussaft zu einer Sauce aufgeschlagen wird. Weltbekannt sind dagegen die dunkelgrünen, viereckigen, dünnen Noriblätter als wohlschmeckende Hülle für Maki-Sushi. Die mild bis intensiv nach Meer schmeckenden Blätter müssen nicht weiter vorbereitet werden, sondern lassen sich ganz einfach aufrollen oder zu einer Tüte drehen und füllen. Noristreifen (Kizami-Nori) dienen als Garnitur von Salaten, Nudeln und Reis, und zerkrümelt finden sie als Würzmittel Verwendung. Dieses gibt es auch fertig als feines Pulver (Ao-Nori) oder Flocken zu kaufen. Beides gibt Salaten, Gemüse, Saucen, Suppen und Eintöpfen Geschmack oder dient zum Aromatisieren von Sushireis oder Reisbällchen. Getrocknete Noriprodukte sind lange haltbar, müssen jedoch luftdicht verpackt sein, damit sie Aroma, Farbe und Konsistenz behalten.

Für Noriblätter werden frische Algen klein gehackt, gepresst und anschließend getrocknet. Grüne Bätter (Yaki-Nori) sind bereits geröstet, dunklere Blätter müssen vor ihrer Verwendung noch kurz geröstet werden.

MEERESGEMÜSE

Frische Algen: 1 Porphyrtang, in Japan Nori genannt, wird zur Herstellung der gleichnamigen Blätter verwendet. 2 Wakame wird diese Braunalgenart in Japan genannt und ist ebenfalls sehr beliebt. 3 Dulse ist eine Rotalge, die in den kalten Küstengewässern von Atlantik und Pazifik vorkommt. 4 Haricots verts, Meeresbohnen oder -spaghetti sehen aus wie lange grüne Bandnudeln und sind gelegentlich auch bei uns frisch erhältlich. 5 Laitue de mer oder Meeressalat ist eine Grünalge, deren Aussehen an hellgrüne Salatblätter erinnert. 6 Queller oder Glasschmalz ist keine Alge, sondern eine Salzwiesenpflanze, wird aber ähnlich verwendet.

Algenkaviar wird in der Molekularküche aus Seetang hergestellt und ist in diversen Geschmacksrichtungen und Farben erhältlich.

WAKAME

Wakame-Algen (s. oben, 2) zählen zu den Braunalgen. In Japan sind sie nach Nori die zweit wichtigste Algenart und werden heute auch in der Bretagne angebaut und vermarktet. Ihre langen, federartig gefächerten Blätter werden vor Ort frisch verwendet und schmecken roh oder gegart. Überwiegend gelangen die würzig aromatischen, nach Meer schmeckenden Wakame jedoch getrocknet in den Handel. In diesem Fall müssen sie gewässert werden, wie rechts gezeigt, oder man spült sie gründlich ab und weicht die Algen dann etwa 5 Minuten lauwarm ein. Hat sich ihr Volumen deutlich vergrößert, können die gut ausgedrückten rohen Wakame als Salat serviert werden, etwa in Kombination mit Gurken. Für die Zubereitung als Gemüse werden sie kurz blanchiert und abgeschreckt, wie rechts gezeigt, damit sie ihre grüne Farbe behalten. Instant-Wakame (s. Seite 76, 2) brauchen nur abgespült zu werden und müssen dann nur noch 2 Minuten in einer heißen Flüssigkeit ziehen. Sie sind ideal zum Aromatisieren von (Miso-) Suppen, Eintöpfen, Salaten und Gemüse. Zerstoßen und fein zerrieben eignen sich Wakame ebenfalls gut zum Würzen.

KOMBU

Kombu (s. Seite 76, 3) ist eine Braunalgenart mit breiten, bräunlich grünen Blättern, die in Japan zum Würzen und Aromatisieren leichter Brühen (Dashi) geschätzt wird. Verwendung finden dafür frische oder getrocknete Blätter oder auch getrocknete Flocken. Ein Großteil des in Japan kultivierten Kombu stammt aus den kalten Gewässern vor der Küste der Insel Hokkaido, aber auch in Europa kommen ähnliche Arten vor. Zuckertang, wie er hier heißt, ist etwa bei Helgoland oder Irland anzutreffen. Auf Sylt wird die Braunalge in kleinen Mengen in einer Algenfarm kultiviert und kann dort auch frisch bezogen werden.

HIJIKI

Hijiki (s. Seite 76, 4) ist der japanische Name einer Braunalgenart mit schwärzlichen, langen, dünnen Fäden. Sie schmeckt intensiv nach Meer und wird vor der Verwendung eingeweicht und gekocht. Hijiki oder Hiziki würzen Suppen, Gemüse und Tofugerichte. Sie sollten aber keinesfalls regelmäßig und wenn, dann nur sehr sparsam zum Einsatz kommen, da Hijiki-Algen gesundheitsschädliches Arsen enthalten können.

DULSE

Diese Rotalge (s. links, 3) wird an der bretonischen Küste kultiviert und kommt bei uns gelegentlich frisch auf den Markt. Mit ihrem mild-würzigen Aroma schmecken frische Dulse-Algen als Salat und Gemüse (wie Spinat). Getrocknet sind sie salziger und eignen sich als Würzmittel oder kurz eingeweicht für Suppen und Eintöpfe.

HARICOT VERT DE MER

Diese Braunalgenart, auch Riementang (s. links, 4) genannt, kommt im Nordostatlantik sowie in Ost- und Nordsee vor. Sie schmeckt mild, eignet sich frisch und getrocknet für Salate, überzeugt aber auch kurz in Butter oder Öl angeschwitzt.

LAITUE DE MER, MEERESSALAT

Diese an Blattsalat erinnernde Grünalgenart (s. links, 5) ist mild-würzig und auch bei uns gelegentlich frisch erhältlich. Sie wird an den Küsten roh als Salat verzehrt.

ALGENPRODUKTE

Über ihren direkten Einsatz als Lebensmittel hinaus werden Algen vielfach genutzt. Wissenschaftler erforschen ihren Einsatz als Medizin und Biodiesel. An der Fassade angebrachte Algen-Bioreaktoren sollen erstmals für Energie und Wärme sorgen. Gang und gäbe ist dagegen ihre Verwendung als Gelier- und Verdickungsmittel in der Lebensmittelindustrie. In der vegetarischen Küche dienen Alginate und Carragene (s. Seite 192) als wichtiger Gelatineersatz. Doch damit nicht genug: Aus Algen werden zudem kaviarähnliche Produkte hergestellt (s. links, unten). Die schwarzen Kügelchen schmecken salzig, nach Meer und eignen sich als Garnitur. Sogar ein an Sherry erinnernder Wein lässt sich aus fermentierten Braunalgen gewinnen. Und in Verbindung mit anderen vegetarischen Zutaten werden Algen außerdem zu Fleischersatzprodukten wie Algen-Wiener und -Wurst verarbeitet.

Queller

Queller oder Glasschmalz (s. links, 6) wächst auf salzhaltigen Böden an den Küsten der Nordhalbkugel und hat dickfleischige, glasig-grüne, essbare Stängel. Im Juni und Anfang Juli können diese als Wildgemüse geerntet werden. Zunehmend kommen die leuchtend grünen Triebe, die an der bretonischen und normannischen Küste traditionell als Bohnen der Matrosen galten, aber auch aus Kultur in den Handel und werden neuerdings als Meeresspargel vermarktet. Queller schmeckt erfrischend herb und leicht salzig, aber weniger stark nach Meer als Algen. Junge Triebe eignen sich zum Rohessen in Salaten. Die Stängel schmecken aber auch kurz im Dampf oder in kochendem Wasser (ohne Salz) gegart und mit Schalottenwürfeln in Butter geschwenkt, in Öl angebraten, in einer Teighülle frittiert oder sauer eingelegt.

Wakame-Algen vorbereiten

Getrocknete Wakame-Algen werden vor dem Verzehr eingeweicht oder gewässert, wie hier gezeigt, und anschließend von der harten Mittelrippe befreit.

1. Die Algen in einen Topf geben und mindestens 10 Minuten kalt wässern. Anschließend die Wakame kalt abspülen und abtropfen lassen.

2. In einem Topf reichlich Wasser (ohne Salz) zum Kochen bringen, anschließend die eingeweichten Algen einlegen und 1 Minute blanchieren.

3. Die Algen herausheben und sofort in Eiswasser (hierfür eine Schüssel mit kaltem Wasser füllen und eine Hand voll Eiswürfel zufügen) abschrecken.

4. Die fächerartigen Algenblätter auf der Arbeitsfläche ausbreiten und mit einem scharfen Messer jeweils die dicke Mittelrippe herausschneiden.

OBST UND NÜSSE

KERNOBST

Saftig und süß oder säuerlich erfrischend – Äpfel und Birnen haben der vegetarischen Küche geschmacklich viel zu bieten. Und auch die hocharomatischen Quitten sind für manche Überraschung gut.

Einige der zum Kernobst gerechneten Obstarten wie Äpfel und Birnen zählen zu den beliebtesten Obstarten überhaupt. Ihre Verwandtschaft bezeugt das für diese Gruppe von Früchten charakteristische Kernhaus, das meist mehrere, paarweise angeordnete Samen (Kerne) enthält. Diese sind, neben Aroma und Geschmack, zugleich ein, wenn auch unsicherer, Indikator für den Reifegrad: Weiße Kerne zeigen an, dass die Frucht noch nicht reif ist. Haben sie sich braun verfärbt, ist es meist Zeit für die Ernte. Pflückreife bedeutet jedoch nicht unbedingt Genussreife: Viele Kernobstsorten müssen einige Wochen kühl und dunkel lagern, bevor sich ihr Aroma vollständig entwickelt hat.

Äpfel

Unter den heimischen Obstarten ist der Apfel die wichtigste – sowohl was den Verbrauch als auch was die Verwendung anbelangt. Keine andere Frucht ist so vielfältig. Es gibt über 20.000 verschiedene Kulturapfelsorten, die meisten sind allerdings nur noch regional bekannt (s. Seite 84, Alte Sorten). Je nach Sorte können Äpfel süß oder säuerlich schmecken, voll- oder mäßig saftig sein und ein knackig-festes oder weicheres Fruchtfleisch aufweisen. Bedingung für einen guten Geschmack ist vor allem ein ausgewogenes Zucker-Säure-Verhältnis, das neben der Sorte auch von Erntezeitpunkt und Lagerdauer beeinflusst wird. Lässt sich der Stiel leicht lösen, hat der Apfel die richtige Pflückreife. Genussreif wird er aber erst, wenn sich die Stärke im Fruchtfleisch nahezu abgebaut hat und das Verhältnis von Zucker, Säure und Aroma ausgewogen ist. Während des Reifens scheiden Äpfel Ethen (Ethylen) aus, das Obst und Gemüse schneller welken lässt. So reifen etwa Avocados neben Äpfeln schneller. Ansonsten sollten Äpfel besser separat aufbewahrt werden.

Da die meisten Haushalte nicht mehr über geeignete kühl-feuchte Kellerräume verfügen, kauft man sie am besten in kleinen Mengen frisch. Äpfel enthalten wertvolle Vitamine (C), Mineral- (Kalium) und Ballaststoffe (Pektin). Da sich die meisten der Inhaltsstoffe in oder direkt unter der Schale befinden, sollte man Äpfel nach Möglichkeit nicht schälen.

FRÜHÄPFEL

Frühe Sorten wie der 'Weiße Klarapfel' oder 'Delbarestivale' werden wie die meisten Äpfel überwiegend roh verzehrt. Sie sind sehr saftig, können jedoch nicht lange aufbewahrt werden und eignen sich zur Herstellung von Apfelmus für Desserts oder auch für Apfelstrudel.

HERBSTÄPFEL

Herbstapfelsorten reifen von September bis Oktober. Hierzu gehören aromatische Sorten wie 'Gravensteiner' (s. rechts), 'Elstar', 'Cox Orange' oder 'Rubinette' (s. Seite 84, 2, 4, 5). Unter dem Namen Honeycrunch® (1) wird ein in den USA entdeckter und in Frankreich angebauter knackiger Apfel mit einem ausgewogenen Verhältnis von Süße und Säure vermarktet. Als Pink Lady® (s. Seite 84, 3) sind Äpfel der australischen Sorte 'Cripps Pink' im Handel. Herbstäpfel sind direkt nach der Ernte oder nach kurzer Lagerung genussreif. Sie eignen sich gut zum Rohessen und meist auch zum Kochen und Backen. Typische Importsorten sind 'Granny Smith' (2) und 'Braeburn' (s. Seite 84, 1).

WINTERÄPFEL

Winteräpfel benötigen nach dem Pflücken eine längere Lagerung und sind oft erst im Dezember oder Januar genussreif. Gute Sorten sind etwa 'Pinova' (3), 'Reanda' (4), 'Pilot' (5), 'Idared' (6) sowie 'Topaz' (7). Sie schmecken roh, etwa in süßen und pikanten Salaten, und eignen sich gut zum Kochen und Backen.

Der 'Weiße Klarapfel' ist klein bis mittelgroß, saftig und schmeckt säuerlich.

'Delbarestivale' ist eine Frühsorte mit wenig Säure und angenehmem Geschmack.

'Gravensteiner' sind groß, erfrischend-saftig, wohlschmeckend und sehr aromatisch.

KERNOBST

Aromatische Apfelsorten: 1 'Braeburn' schmeckt süß, ist aromatisch und hat ein festes, saftiges Fruchtfleisch. 2 'Elstar' ist mittelfest, schmeckt feinsäuerlich süß und aromatisch. 3 Pink Lady® ist ein saftig-süßer, gut haltbarer Tafelapfel. 4 'Cox Orange' ist saftig, feinsäuerlich süß und hat ein ausgezeichnetes Aroma. 5 'Rubinette' ist saftig-süß mit ausgewogener Säure und hat ein feines Aroma. 6 'Gelber Boskoop' ist mittelfest, fruchtig-säuerlich und lässt sich gut lagern.

In der vegetarischen Küche werden Äpfel gern für süße Hauptgerichte wie Apfelaufläufe und erfrischende Vorspeisen verwendet. Im Sommer eignen sie sich gut als Basis würziger kalter Saucen wie süßsaurer Raitas oder süßscharfer Chutneys. Im Salat schmecken Äpfel roh sehr gut zu Sellerie und Walnüssen. Gegart ergänzen sie pikante Gemüsecurrys, Kürbis- oder Rotkohlgerichte perfekt. Äpfel dienen zudem zur Herstellung von süßen oder süß-scharfen Konfitüren und Gelees. Ihr fruchtiges Aroma harmoniert mit Gewürzen wie Ingwer, Vanille, Gewürznelken und Zimt. Das ganze Jahr über liebt man Äpfel als Belag von Kuchen und Tartes. Und fein gefüllt kommen sie im Spätherbst und Winter als Bratäpfel in den Ofen. Äpfel eignen sich aber auch bestens für Desserts, etwa mit cremigem Eis und gerösteten Nüssen kombiniert oder karamellisiert und als Pfannkuchen oder Tarte Tatin serviert. In Ringe geschnitten, durch Backteig gezogen und in heißem Fett goldgelb ausgebacken sind sie, bestreut mit Zimt und Zucker, absolut unwiderstehlich.

Birnen

Um ihr Aroma optimal zu entfalten, benötigen Birnen mehr Wärme als Äpfel, vor allem bei spätreifenden Sorten hat das Wetter einen großen Einfluss auf das Aroma der Früchte. Ist es zwei Monate vor der Ernte zu kühl und feucht, entwickeln die Früchte kaum Geschmack, bleiben trocken und bilden vermehrt Steinzellen aus. Das sind sehr feste Zellen mit stark verdickten, oft verholzten Zellwänden. Darin dürfte wohl der Grund liegen, warum im Mittelalter Heilkundler davor warnten, Birnen roh zu verzehren. Bei dem heutigen Angebot an aromatischen, saftig-süßen Tafelbirnen ist das kaum mehr nachvollziehbar. Es sei denn,

ALTE SORTEN – GROSSER REICHTUM AN AROMEN

Viele alte Kernobstsorten entsprechen nicht mehr den Anforderungen des heutigen Erwerbsobstbaus. Entweder, weil sie zu wenig ertragreich oder zu empfindlich sind oder sich nicht lange genug lagern lassen. Darum konzentriert sich das Angebot im Lebensmittelhandel auf einige wenige Sorten. Was schade ist, denn in Sachen Aroma und Geschmack haben gerade die alten Sorten viel zu bieten. 'Gravensteiner' (s. Seite 83), 'Berner Rosenapfel' oder 'Goldparmäne' schmecken ausgezeichnet, sind aber kaum mehr zu bekommen. Umso mehr lohnt es, nach alten Sorten Ausschau zu halten. Viele Obst- und Gartenbauvereine haben eigens Obstgärten mit alten Sorten angelegt. Und gelegentlich taucht auch die eine oder andere Rarität auf dem Wochenmarkt auf. Wer selbst einen Garten hat, kann bei speziellen Baumschulen alte Kernobstsorten wie die 'Ananasrenette' oder 'Clapps Liebling' zum Pflanzen finden. Näheres finden Sie im Internet, etwa unter www.bund-lemgo.de.

KERNOBST

man gerät an die kleinen, vorwiegend zur Saftherstellung genutzten gerbstofffreichen Mostbirnen oder an frisch gepflückte, ungelagerte Winterbirnen. Genau wie Äpfel benötigen nämlich auch viele Birnensorten nach der Ernte (Pflückreife) noch geraume Zeit, bis sie genussreif sind. Dann aber ist ihr Fruchtfleisch aromatisch, vollsaftig und zart-schmelzend. Leider sind die empfindlichen Früchte nicht lange haltbar, schon wenige Tage nach Erreichen ihres optimalen Reifegrades werden sie mehlig-teigig. Darum sollte man beim Birnenkauf besonders auf Qualität achten: Weiche Früchte mit braunen Flecken sind bereits überreif und schmecken nicht mehr.

Birnen enthalten viele wertvolle Vitamine (B-Vitamine, Folsäure) sowie Mineralstoffe (Kalium) und Ballaststoffe. Sie sind äußerst säurearm und werden daher sehr gern roh als Obst oder in Obstsalaten verzehrt. Die saftigen Früchte eignen sich auch gut für Desserts und als Kuchenbelag. Sie schmecken außerdem in Wein pochiert, sautiert oder gegrillt ausgezeichnet. Mit Feigen oder herben Blattsalaten kombiniert, ergeben sie feine Vorspeisensalate und als süßscharfe Chutneys begleiten sie Pikantes. Ganz besonders gut passen die milden Birnen zu würzig pikantem Blauschimmelkäse, wie etwa dem Roquefort, oder auch zu Schafskäse wie Pecorino oder Manchego.

SOMMER- UND HERBSTBIRNEN

Sommerbirnen wie die süß-aromatischen gelbgrünen oder roten 'Williams Christ' (s. Seite 82, 8, 9) oder 'Dr. Jules Guyot' (s. rechts, 3) reifen im August oder Anfang September und sind direkt oder bald nach der Ernte genussreif. Herbstbirnen wie die 'Gute Luise' (s. rechts, 1) werden im September geerntet und sind ab Oktober genussreif. Aus Südeuropa oder der Türkei gelangen die saftig-süßen Birnen der Sorte 'Santa Maria' (s. Seite 82, 10) zu uns auf den Markt.

SPÄTSORTEN

Spätreifende Sorten wie 'Alexander Lucas' (s. rechts, 2) und 'Abbé Fétel' (Abate Fetel, s. Seite 82, 11) lassen sich sehr gut lagern.

1 'Gute Luise' ist eine mittelgroße saftig-süße Herbstbirne mit feinem Geschmack. 2 'Alexander Lucas' ist eine der meistangebauten Spätsorten mit saftig-festem, leicht säuerlichem Fruchtfleisch und einem, je nach Witterung mehr oder weniger ausgeprägten Aroma. 3 'Dr. Jules Guyot' ist eine saftige, angenehm säuerliche Sommerbirne. 4 Asienbirnen des japanischen Typs (Nashi), hier die Sorte 'Nijiseiki', erinnern in der Form an Äpfel. Sie sind saftig-süß, knackig-fest, mittelgroß und mild im Aroma. 5 'Hosui' sind ebenfalls mild, saftig-süß, fest, mittelgroß und haben ein leicht durchscheinendes Fruchtfleisch. 6 Asienbirnen des chinesischen Typs unterscheiden sich in der Form, sind eher birnenförmig und langgestielt. Sie haben ein festes, saftiges Fruchtfleisch, meist aber nur ein schwaches Aroma.

KERNOBST

Separat gelagert reifen Quitten gut nach und können bis zu 2 Monate aufbewahrt werden. Ihr exzellentes Aroma kommt gut in Gelees, Konfitüren, Kompotten und Säften zur Geltung.

Quitten

Quitten (s. Seite 82, 12) waren schon in der Antike aufgrund ihres wundervollen Aromas sehr begehrt. Heute werden die wärmeliebenden, leuchtend gelben, birnen- oder apfelförmigen Früchte von Kennern zwar immer noch hochgeschätzt, sind aber eher ein Liebhaberobst. Das liegt vermutlich daran, dass sich Quitten nur gegart genießen lassen. Roh sind sie hart und stark adstringierend. Daher erscheinen die feinen Früchte heute nur noch gelegentlich auf dem Markt. Saison haben sie im Herbst, geerntet werden sie meist im Oktober. Nach dem Kauf halten die Früchte dann noch ein bis zwei Monate, wenn man sie kühl und luftig aufbewahrt. Quitten erfüllen nicht nur den ganzen Raum mit ihrem feinen Duft, sondern sind auch noch gesund. Sie enthalten etwa so viel Vitamin C wie mancher Apfel, sind reich an Kalium und Ballaststoffen (Pektin). Im Gegensatz zur orientalischen Küche, in der Quitten ihren festen Platz haben, nutzt man sie bei uns vor allem zur Herstellung von Saft, Mus, Konfitüren und Gelees sowie zur Herstellung von Schnaps und Likören. Quitten schmecken aber auch gut als Kompott zum Dessert oder als würziges Chutney. In Venedig sind sie – neben Äpfeln – Hauptbestandteil der süßscharfen Mostarda veneta und im Süden Italiens

Die festen, weißfleischigen, vollreif saftigen Birnen sind ab November genussreif und bis Januar/Februrar im Handel.

ASIATISCHE BIRNEN

Asienbirnen (Nashi, s. Seite 85, 4–6) sind saftig-süß, haben festes Fruchtfleisch und ein mildes Aroma. Im Gegensatz zu den verwandten heimischen Birnen bleiben Asienbirnen auch vollreif geerntet lange fest und sind gekühlt sehr gut haltbar.

1 Birnenquitten sind häufiger im Handel zu finden als Apfelquitten. 2 Apfelquitten sind aromatisch-würzig, jedoch relativ hart. 3 Japanische Zierquitten sind deutlich kleiner, aber ebenfalls aromatisch und können wie Quitten verwendet werden.

KERNOBST

liebt man eingedicktes Quittenmus – Cotognata – als Konfekt. In der vegetarischen Küche eignen sich gedünstete Quittenspalten etwa für feine Vorspeisensalate. Dafür werden sie vom Flaum befreit (s. rechts), nach Belieben geschält und vorbereitet, wie unten gezeigt. Dies empfiehlt sich, weil ein Halbieren aufgrund der Steinzellen im Innern der Früchte sehr mühsam ist. Wer es doch versuchen will, etwa um die Quittenhälften (ohne Kerngehäuse) süß oder pikant zu füllen und im Ofen zu backen, braucht dafür ein großes scharfes Messer. Mit Kräutern und Parmesan schmecken die aromatischen Früchte im Risotto. Quitten lassen sich gut mit anderem Kernobst (Äpfeln, Birnen) kombinieren und harmonieren mit Vanille, Zimt und Ingwer. In Form von Mus oder Senf sind sie eine gelungene Ergänzung zu Käse, vor allem zu Ziegen- und gereiftem Schafskäse (Manchego).

BIRNENQUITTEN
Birnenquitten (s. links, 1) haben ein weicheres, etwas saftigeres Fruchtfleisch als Apfelquitten, enthalten deutlich weniger Steinzellen und schmecken milder. Da sie früher reifen und einen höheren Ertrag liefern, sind im Handel – wenn überhaupt – meist Birnenquitten anzutreffen.

APFELQUITTEN
Apfelquitten (s. links, 2) schmecken etwas herber und würziger als Birnenquitten. Ihr Fruchtfleisch ist härter, trockener und von zahlreichen Steinzellen durchsetzt. Dafür sind Apfelquitten aber wesentlich aromatischer als Birnenquitten.

ZIERQUITTEN
Die kleinen gelben Zierquitten (s. links, 3), die es in verschiedenen Arten gibt, sind nur weitläufig mit den Quitten verwandt, sehen aber ähnlich aus. Sie sind ebenfalls aromatisch und wie Quitten verwendbar.

Quitten vor der Verarbeitung mit einem Küchentuch abreiben, um die flaumigen Härchen auf der Schale zu entfernen.

Birnen zum Fächer schneiden

1. Die Birnen schälen, halbieren und das Kerngehäuse jeweils mit einem Kugelausstecher oder Messer entfernen. Die Hälften mit einem Messer von unten beginnend längs im Abstand von etwa 5 mm bis etwa 1 cm vor das obere Ende einschneiden.

2. Die Birnenhälften anschließend mit dem Messer etwas flach drücken, dabei kippen die Spalten zu einem Fächer.

Quitten vorbereiten

1. Die Quitte schälen und aufrecht auf ein Schneidbrett stellen. Mit einem stabilen Messer das Fruchtfleisch neben dem Kerngehäuse abtrennen.

2. Auf diese Weise auch auf den übrigen drei Seiten das Quittenfruchtfleisch abschneiden. Vom Mittelstück mit dem Kerngehäuse das Fruchtfleisch oben und unten abtrennen.

STEINOBST

Sie sind saftig-süß, farbenfroh und haben ein steinhartes Innenleben. Am Baum ausgereift versprechen diese außerordentlich aromatischen Früchte sommerlichen Hochgenuss.

Charakteristisches Merkmal dieser Obstfamilie ist der »Stein«, eine harte, verholzte Schicht, die den weichen Samenkern in ihrem Innern umhüllt und schützt. Der Stein seinerseits ist von einem saftigen, überwiegend süßen, manchmal auch feinsäuerlichen, wohlschmeckenden Fruchtfleisch umschlossen. Zu dieser Gruppe gehören viele bekannte, eng miteinander verwandte Sommerfrüchte wie Aprikosen, Pfirsiche und Nektarinen. Aber auch Zwetschgen und Pflaumen, Renekloden und Mirabellen zählen dazu, ebenso wie die beliebten Süß- und Sauerkirschen. Jede Steinobstart hat dabei ihre Besonderheiten und ein eigenes Aroma.

Aprikosen

Die aus Zentralasien stammenden Aprikosen (1) oder Marillen, wie sie in Österreich genannt werden, zählen zu den beliebtesten Früchten und werden in China seit über 4.000 Jahren angebaut. Über Mittel- und Vorderasien gelangten die wohlschmeckenden, aromatischen Früchte mit dem leuchtend orangefarbenen Fruchtfleisch dann nach Europa, wo sie allerdings lange für Pfirsiche gehalten wurden. Erst ab dem 16. Jahrhundert konnten sich die Aprikosen auch hierzulande als eigenständige Obstart durchsetzen. Da Aprikosen hohe klimatische Ansprüche stellen, ist ihr Anbau nur in warmen Regionen mit trockenen Sommern möglich. Bekannte europäische Anbaugebiete liegen beispielsweise in der Wachau, in Ungarn, im Südtiroler Vinschgau, in Frankreich, Italien, Spanien sowie in der Türkei. Sie ist der größte Exporteur getrockneter Aprikosen. Je nach Sorte und Wetter reifen die Früchte von Mitte Juli bis Ende August. Am Baum ausgereift sind Aprikosen saftig, süß mit feiner Säure und aromatisch. Um sie besser transportieren zu können, werden die Früchte jedoch häufig unreif geerntet und sehen dann zwar äußerlich gut aus, Aroma und Geschmack lassen aber zu wünschen übrig. Die besten, saftigsten Qualitäten gibt es im Hochsommer, im Juli und August. Dann lohnt es, auf dem Markt nach guten Aprikosen Ausschau zu halten. Zumal sie dann nicht nur am besten schmecken, sondern auch die meisten Inhaltsstoffe aufweisen. Aprikosen enthalten viele Vitamine (B-Gruppe), Mineralstoffe (Kalium) und wertvolle Karotene. Sie schmecken roh als Frischobst ausgezeichnet, eignen sich aber auch sehr gut zum Kochen, Backen und Grillen. In der vegetarischen Küche ergänzen sie pikante und süße Salate, sind Basis fruchtiger Saucen und Chutneys und schmecken in Reisgerichten und Currys. Zudem liebt man sie in süßen Aufläufen und Desserts sowie als Kuchenbelag. Getrocknet ergänzen Aprikosen Müslis, Bratlinge und Trockenfrüchte-Ragouts. Aprikosen ergeben zudem feine Konfitüren, Liköre und Obstbrände.

Aprikosen der französischen Sorte 'Bergeron' sind mittelgroß und aromatisch.

Pfirsiche

Pfirsiche (2) sind eng mit den Aprikosen verwandt und stammen wie diese aus Asien. In Europa werden die frostempfindlichen Früchte seit dem 17. Jahrhundert kultiviert, anfangs nur in Frankreich, später dann auch in Italien, Spanien, Griechenland und der Türkei. Heute sind sie weltweit in Regionen mit warm-gemäßigtem Klima anzutreffen. In den Handel gelangen Pfirsiche ab Ende April. Da spät reifende Sorten ein intensiveres Aroma aufweisen, schmecken sie am besten von Juli bis September, wenn die Ernte aus dem Mittelmeerraum auf den Markt kommt. Wie Aprikosen sind auch Pfirsiche sehr druckempfindlich und werden daher oft hartreif geerntet. Es lohnt aber, nach beinahe reif geernteten Früchten zu suchen. Nur sie schmecken wirklich gut, sind süß, saftig und aromatisch.

Zum Häuten von Pfirsichen oder Aprikosen die Früchte für 1 bis 2 Minuten in kochendes Wasser tauchen, dann sofort kalt abschrecken und die Haut mithilfe eines Messers Stück für Stück abziehen.

STEINOBST

1 Weißfleischige Pfirsiche, hier 'Iris Rosso', sind meist aromatischer als gelbfleischige. 2 Rote Weinbergpfirsiche sind sehr aromatisch und haben ein weißes, stark dunkelrot marmoriertes Fruchtfleisch. 3 Plattpfirsiche sind ausgereift meist sehr aromatisch. 4 Weißfleischige Nektarinen, hier der Sorte 'Superqueen', sind meist angenehm mildsäuerlich.

Die Vielfalt an Pfirsichen ist immens. Es existieren Hunderte verschiedener Sorten, die mal gut, mal weniger gut steinlösend sind und mal runde, mal leicht zugespitzte Früchte hervorbringen. Sie alle haben ihre Vorzüge: So weisen weißfleischige Pfirsiche (s. links, 1) meist ein ausgeprägteres, intensiveres Aroma auf als gelbfleischige Sorten. Dafür enthalten jene mehr an wertvollen Pflanzenfarbstoffen (Karotene). In letzter Zeit kommen auch seltenere Sorten wie der 'Rote Weinbergpfirsich' (s. links, 2) oder Pflattpfirsiche (s. links, 3) wieder häufiger auf den Markt. Sie sind weniger süß, aber sehr aromatisch. Aufbewahren lassen sich Pfirsiche leider nur kurz. Länger als 1 bis 2 Tage sollten sie nach dem Einkauf nicht liegen, da sie rasch verderben. Pfirsiche enthalten wertvolle Vitamine (B-Gruppe) und Mineralstoffe. Da die meisten davon dicht unter der samtigen, flaumig behaarten Haut stecken, sollte man diese wie bei allen Kern- und Steinobstarten nach Möglichkeit mitverzehren. Wird sie doch einmal entfernt, taucht man die Früchte kurz in kochendes Wasser (s. Seite 89). Reife Pfirsiche schmecken roh ganz ausgezeichnet, lassen sich aber auch gut pochieren, sautieren, braten und grillen. Sie sind eine willkommene Zutat für Salate und Vorspeisen und eine gute Basis für fruchtige Saucen und Chutneys. Pfirsiche eignen sich als Kuchenbelag, für Konfitüren und Kompotts sowie zur Herstellung köstlicher Desserts, Säfte, Drinks, Liköre und Branntwein. Ihr Aroma harmoniert bestens mit säuerlichen Beeren (Erdbeeren, Himbeeren, Heidelbeeren und Brombeeren), Mandeln und Pistazien sowie mit Sahne und Vanille.

Nektarinen

Nektarinen (s. Seite 88, 3) werden auch als Nackt- oder Glattpfirsiche bezeichnet und sind eine Spezialform des Pfirsichs. Im Gegensatz zu diesem haben sie aber eine unbehaarte, vollkommen glatte Haut. Wie bei den Pfirsichen gibt es auch Nektarinen in zahlreichen Sorten mit weißem (s. links, 4) und gelbem Fruchtfleisch, teils mit roter Marmorierung. Nektarinen schmecken überwiegend mild oder süß-säuerlich. Sie enthalten etwas mehr Kalium als Pfirsiche und lassen sich in der Regel auch etwas besser vom Stein lösen. In puncto Verwendung gibt es aber wenig Unterschiede. Die festfleischigen Nektarinen eignen sich roh sehr gut zum Frischverzehr und lassen sich gut aufschneiden. Beliebt sind sie in Salaten, Desserts und als fruchtige Garnitur.

Pflaumen

Pflaumen sind eine sehr alte, von der Schlehe abstammende Steinobstart und kamen einst aus Asien über Syrien nach Europa. Heute existieren zahlreiche Sorten und noch immer kommen neue hinzu. Als Pflaumen werden verschiedene Sortengruppen wie Echte Pflaumen, Zwetschgen, Mirabellen und Renekloden zusammengefasst. Nicht direkt verwandt sind die Japanischen Pflaumen oder Susinen, die eine eigene Art darstellen.

ECHTE PFLAUMEN

Echte Pflaumen, auch Rund-, Eier- oder Edelpflaumen genannt, sind blau, gelb oder grün und rundlich geformt. Sie haben ein sehr saftiges, grünlich gelbes Fruchtfleisch und schmecken süß und feinwürzig. Da es jedoch sehr weich ist, sich schlecht vom Stein lösen lässt und beim Kochen und Backen zerfällt, spielt diese Sortengruppe im Erwerbsobstbau so gut wie keine Rolle. Entsprechend selten kommen echte Pflaumen in den Handel. Gelegentlich gibt es sie aber ab Juli auf Wochenmärkten oder bei Direktvermarktern. Dann sollte man zugreifen, denn sie schmecken roh als Frischobst sehr gut und eignen sich auch zur Herstellung von Kompott und Gelee.

ZWETSCHGEN

Die länglichen, blauen Zwetschgen sind bei uns etwa seit dem 15. Jahrhundert bekannt. Je nach Region werden sie auch Zwetsche, Quetsche oder, wie in Österreich, Zwetschke genannt. Sie sind mäßig saftig bis saftig, schmecken angenehm süßsäuerlich und haben ein weißlich

STEINOBST

1 'Bühler Frühzwetsche' hat ein sehr festes, mäßig aromatisches Fruchtfleisch und eignet sich gut zum Backen. 2 Die alte Sorte 'Hauszwetsche' liefert feste, aromatische Früchte und ist gut steinlösend. 3 'Calita' ist eine großfrüchtige, rotviolette Pflaumensorte. 4 'Große grüne Reneklode' ist eine saftig-süße Sorte mit grüngelber Schale. 5 Mirabellen sind kugelig und gelb, gelbgrün oder goldgelb-orange gefärbt.

oder grünlich gelbes, festes Fruchtfleisch. Zwetschgen sind gut steinlösend, länger haltbar als echte Pflaumen und behalten beim Backen ihre Form. Daher werden sie von Handel und Bäckern bevorzugt. Aus heimischem Anbau sind sie von August bis Oktober erhältlich. Die besten Qualitäten reifen möglichst lange am Baum. Zwetschgen und andere Pflaumen enthalten viele Vitamine (Vitamine der B-Gruppe, C, E) und Mineralstoffe (Zink, Kalium). Sie schmecken roh als Frischobst und sind im Spätherbst ein ausgezeichneter Kuchenbelag.

Darüber hinaus werden Zwetschgen gern zu Kompott oder Fruchtmus (Powidl) eingekocht, zu Konfitüre verarbeitet oder auch getrocknet. Back- oder Dörrpflaumen schmecken als Snack oder auch eingeweicht und gegart als Trockenfrüchte-Ragout. In Kombination mit Rotwein, Portwein oder Armagnac verfeinern sie mit ihrem Aroma Saucen und Desserts. Zwetschgen geben aber auch pikanten Salaten eine fruchtige Note. Gedünstet, pochiert oder gebacken harmonieren sie gut mit Honig, Sahne und Vanille, mit Walnüssen sowie mit Zimt und Zucker.

MIRABELLEN

Mirabellen (s. oben, 5) sind die kleinsten unter den Pflaumen. Sie reifen ab Mitte August bis September, kommen jedoch nur selten in den Handel. Auf Wochenmärkten sind sie jedoch gelegentlich zu haben. Mirabellen haben ein festes, gut steinlösendes, mäßig saftiges Fruchtfleisch und enthalten viel Kalium. Ausgereift schmecken sie sehr süß und feinwürzig. Mirabellen eignen sich gut zum Rohessen oder als Kuchenbelag. Sie schmecken auch gedünstet, zu Konfitüre oder Kompott eingekocht oder als Obstbrand.

Pflaumen entsteinen

1. Die Pflaumen waschen, abtropfen lassen und mit einem kleinen scharfen Messer längs bis auf den Stein einschneiden.

2. Die Pflaumenhälften am Einschnitt zuerst auf-, dann auseinanderklappen und den Stein mit den Fingern oder mithilfe des Messers herauslösen.

TEUBNER Vegetarisch

STEINOBST

Saftig-süße Kirschen schmecken roh, frisch vom Baum gepflückt, am besten. Man braucht sie nur noch kurz kalt abzubrausen und hat ein köstliches Dessert.

RENEKLODEN

Seit dem 17. Jahrhundert sind sie in Europa verbreitet. Heute werden Renekloden aber nur noch selten und in wenigen Sorten angebaut, da die Früchte druckempfindlich sind und rasch verderben. Renekloden haben eine grünliche, gelbgrüne, rotviolette oder violette Schale, sind süß, saftig und aromatisch. Ihr gelbgrünes festes Fruchtfleisch lässt sich aber nur schwer vom Stein lösen. Renekloden enthalten viele wertvolle Inhaltsstoffe (Kalium) und schmecken roh ausgezeichnet. Sie eignen sich aber auch gut zur Herstellung von Kompott und Konfitüre sowie als Belag für Kuchen und Tartes.

JAPANISCHE PFLAUMEN

Die Japanischen Pflaumen oder Susinen (s. Seite 88, 4) kommen bei uns meist im Winterhalbjahr aus Übersee-Importen (Südafrika, Chile) in den Handel. In Europa werden sie im Mittelmeerraum kultiviert, von dort stammen im Sommer und Herbst erhältliche Früchte. Japanische Pflaumen sind kugelig bis leicht oval geformt, größer und festfleischiger als heimische Pflaumen. Je nach Sorte ist ihre Schale gelb, rot, blauviolett oder fast schwarz. Das gelbe Fruchtfleisch ist süß und saftig, lässt sich bei den meisten Sorten jedoch nur schlecht vom verhältnismäßig kleinen Stein lösen. Japanische Pflaumen enthalten mehr Vitamin C als Zwetschgen. Sie schmecken roh, eignen sich aber auch zum Backen oder für die Zubereitung von Kompott.

Kirschen

Die saftigen, süß oder sauer schmeckenden Kirschen zählen ebenfalls zum Steinobst und sind typische Sommerfrüchte. Ihre Saison reicht von Mitte Juni bis in den August hinein. Sie werden je nach Festigkeit und Geschmack in verschiedene Gruppen eingeteilt.

SÜSSKIRSCHEN

Die aus Kleinasien stammenden Süßkirschen sind schon mit den Römern zu uns gelangt und heute weit verbreitet. Vier Fünftel der Weltproduktion stammen aus Europa, Deutschland liegt nach Italien und Frankreich auf Platz 3 der Kirschlieferanten. Es existieren zahlreiche Sorten, von denen meist nur wenige erhältlich sind. Aufgrund der besseren Haltbarkeit bevorzugt der Handel dunkle, festfleischige Sorten. Die saftig-süßen Früchte enthalten viele Vitamine und Mineralstoffe und sind sehr beliebt. Aufgrund der aufwendigen Ernte haben Kirschen jedoch einen vergleichsweise hohen Preis. Damit sie nicht ausbluten, müssen die Früchte mitsamt dem Stängel vorsichtig von Hand gepflückt werden. Das Abzupfen ohne Stiel geht zwar schneller, solche Kirschen eignen sich jedoch nur für die Weiterverarbeitung zu Konfitüre, Saft oder Schnaps. Zudem halten Kirschen nicht lange, sondern lassen sich nur 2 bis 3 Tage aufbewahren. Beim Einkaufen sollte man daher auch einen Blick auf die Stiele werfen: Sind

Kirschen entsteinen

1. Die Kirschen waschen und in einem Sieb abtropfen lassen. Anschließend die langen Stiele abzupfen.

2. Die Kirschen einzeln in den Kirschenentsteiner legen, diesen zusammendrücken und den Stein so aus der Frucht drücken.

STEINOBST

sie gerade, grün und geschmeidig, sind die Kirschen frisch. Den Geschmack sieht man den Früchten von außen leider nicht an. Die rote Farbe ist kein Indiz für Süße und ein würziges Aroma, da es Kirschen in unterschiedlichen Färbungen gibt. Daher am besten nach einer Kirsche zum Probieren fragen.

Als Herzkirschen bezeichnet man eine Gruppe von Süßkirschsorten, die in den ersten Kirschwochen reifen und weichfleischig sind. Herzkirschen sind in der Regel madenfrei, sehr saftig und eignen sich gut für Konfitüren, Grützen, Kompotts, Chutneys, als Kuchenbelag sowie zur Saftherstellung. Zum Rohverzehr eignen sich die festen Knorpelkirschen (rechts, 1–4) besser. In der vegetarischen Küche können sie auch sommerliche Vorspeisen sowie pikante und süße Salate ergänzen. Als Auflauf (Clafoutis) serviert, schmecken sie als süßes Hauptgericht, und als Dessert schmecken sie mit Eis, flambiert oder in Kombination mit weißer und dunkler Schokolade serviert.

SAUERKIRSCHEN

Die leuchtend bis dunkel- oder bräunlich roten Sauerkirschen sind anspruchslos und gedeihen sogar im Schatten. Man unterscheidet sie in Echte Sauerkirschen, zu denen die Weichselkirschen (s. rechts, 5–8) zählen, die an ihrem stark färbenden Saft zu erkennen sind. Amarellen, eine andere Gruppe von Sauerkirschen, haben dagegen einen farblosen Saft. Kreuzungen zwischen Süß- und Sauerkirschen werden Bastardkirschen genannt und schmecken meist süßlich sauer. Sauerkirschen haben häufig ein weiches, lockeres Fruchtfleisch und sind sehr saftig. Ihr Geschmack liegt zwischen mildwürzig-säuerlich und herb-sauer bis sehr sauer, daher eignen sich Sauerkirschen weniger gut zum Rohessen. Zu Grütze oder Konfitüre gekocht, als Dessert oder auch als Kuchenbelag sind sie aber sehr beliebt. Ihre feinherbe Säure bildet einen raffinierten geschmacklichen Kontrapunkt zu Süßem und ergänzt Pikantes wie Pilze oder Käse, etwa kurz pochiert oder gedünstet oder auch in Form einer fruchtigen warmen oder kalten Sauce.

Süßkirschen: 1 'Büttners Rote Knorpel' ist eine rotbunte, alte, süß-würzige Knorpelkirschsorte. 2 'Ferrovia' ist eine aromatische, in Italien beliebte Knorpelkirsche. 3 'Schneiders Späte Knorpel' ist eine dunkelrote, sehr feste Knorpelkirschsorte. 4 'Oktavia' ist eine schwarzrote, mittelfeste, aromatische Knorpelkirsche. Sauerkirschen: 5 Frühe Weichselkirsche der Sorte 'Tschernokorka' mit angenehmem Zucker-Säure-Verhältnis. 6 'Dunkle Weichselkirsche' ist eine bräunlich rote, sehr saftige Sauerkirsche. 7 'Morellenfeuer' ist eine dunkelrote, saftige, sauer-süße Weichselsorte. 8 'Schattenmorellen' sind rotbraune, sehr saure Weichselkirschen und die weltweit am häufigsten angebaute Sauerkirschsorte.

BEERENOBST

Den ganzen Sommer über bringen saftig-süße oder süßsäuerliche Beeren jede Menge Aroma und Geschmack in süße und pikante Gerichte der vegetarischen Küche.

Beeren wachsen an Hecken, niedrigen Sträuchern oder an Rebstöcken. Neben den Weintrauben zählen aber nur Stachel- und Johannisbeeren, Heidelbeeren und Preiselbeeren zu den echten Beeren. Bei diesen sind die Samen in ein weiches Fruchtfleisch eingebettet, das von einer dünnen Fruchthaut umhüllt wird. Bei anderen, ebenfalls als Beeren gehandelten Früchten wie der Erdbeere sitzen die Samen in Form von kleinen Nüsschen auf der Oberfläche – weshalb sie auch Sammelnussfrucht heißt. Himbeeren und Brombeeren sind Sammelsteinfrüchte. Saison haben die kleinen bunten, oft rot, blau oder schwarz gefärbten Früchte von Frühsommer bis in den Herbst hinein. Doch auch den Rest des Jahres muss man auf ihr Aroma nicht verzichten, da es die meisten Arten aus Importen oder in ordentlicher Qualität als Tiefkühlware gibt. Beeren enthalten jede Menge Vitamine (C, E, A), Mineral- (Kalium, Magnesium, Kalzium) und andere wertvolle Inhaltsstoffe (Pflanzenfarbstoffe).

Erdbeeren

Jahr für Jahr freuen wir uns auf den Beginn der Erdbeersaison. Erdbeeren (1) sind das erste Obst, das im Frühsommer aus heimischem Anbau auf den Markt gelangt. Meist gibt es die leuchtend roten, glänzenden Früchte schon ab Mai zu kaufen. Da der Erwerbsanbau einmal tragende Sorten wie 'Elsanta' bevorzugt, ist die Erdbeersaison jedoch relativ kurz: Schon im Juli sind die meisten Beeren gepflückt. Für den Hausgarten oder Direktvermarkter gibt es aber sogenannte remontierende Sorten, die nach einer kurzen Ruhepause im Sommer erneut blühen und bis in den Herbst hinein Erdbeeren liefern. So wie wir sie heute kennen, existiert die Erdbeere übrigens noch gar nicht so lange. Erst vor rund 250 Jahren gelang die Züchtung großer Beeren aus verschiedenen Wildarten. Angebaut werden Erdbeeren heute in vielen Ländern. Da sie nicht nachreifen, sollten sie nach Möglichkeit vollreif geerntet werden. Gute Qualitäten erkennt man am frischen Grün der Kelchblätter. Zudem sollten die Beeren unversehrt sein, schön glänzen und keine hellen oder welken Stellen aufweisen. Erdbeeren schmecken süß oder süßsäuerlich und können je nach Sorte mehr oder weniger aromatisch sein. Ihr Fruchtfleisch ist überwiegend mittelfest, manchmal auch fest, diese Sorten eignen sich dann besonders gut zum Aufschneiden in dünne Scheiben (Carpaccio) oder für die Herstellung von fruchtigen Chips. Erdbeeren sind zum Rohessen ideal. Aufgrund ihres hohen Wassergehalts halten sie jedoch nur 1 bis 2 Tage. Daher kauft man sie lieber öfter in kleineren Mengen. Erdbeeren schmecken pur, passen aber auch gut in süße und pikante Salate, etwa in Kombination mit Rucola. Auch für Desserts, als Kuchenbelag oder püriert eignen sich die Früchte perfekt. Zucker verstärkt ihr Aroma noch, sie vertragen aber auch Säure gut (Balsamico, Zitrussaft). Erdbeeren harmonieren wunderbar mit Sahne, Crème fraîche und cremigem Vanilleeis und passen gut zu Champagner und Orangenlikör. Konservieren lässt sich ihr Aroma am besten in Form von Konfitüre, Fruchtmark, Essig oder Likör.

WALDERDBEEREN

Walderdbeeren (s. rechts) sind die heimische Wildform der Erdbeere. Sie sind sehr klein, haben aber das intensivste Aroma aller Erdbeeren. In den Handel gelangen Walderdbeeren kaum. So muss man sie entweder selbst sammeln (mühsam!) oder man pflanzt spezielle, als Monatserdbeeren bezeichnete Sorten im Garten oder auf dem Balkon an. Sie tragen von Mai bis Herbst reichlich Früchte und haben ebenfalls ein gutes Aroma. Verwendet werden Wald- und Monatserdbeeren wie Erdbeeren, sie schmecken am besten als Frischobst oder in Desserts.

Walderdbeeren wachsen bei uns vielerorts wild. Die Beeren sind klein, dafür haben sie aber ein sehr intensives Aroma.

Cranberrys oder Kranichbeeren sind mit den heimischen Preiselbeeren verwandt und schmecken ähnlich herb. Sie sind jedoch viel größer und kommen meist aus den USA.

Himbeeren

Himbeeren (s. Seite 94, 2) sind genügsam und kommen bei uns wild vor. Auch Kultursorten sind wenig anspruchsvoll. Die Früchte reifen ab Mitte Juni bis August, mehrmals tragende Sorten fruchten auch im Herbst. Die 1 bis 3 cm großen, saftigen, aromatischen Beeren mit ihrer feinen Süße sind überwiegend rot, es gibt aber auch gelbe, rosafarbene und schwarze Sorten. Himbeeren schmecken am besten frisch gepflückt, etwa in Desserts, zu Eis, auf Kuchen, Torten oder in sommerlichen süßen oder pikanten Salaten. Lagern lassen sie sich schlecht, deshalb sollte man Himbeeren am besten direkt nach der Ernte oder dem Einkauf verarbeiten. Gut konservieren lässt sich ihr Aroma in Form von Saft, Sirup oder Konfitüre. Tiefkühlware eignet sich gut zur Herstellung von fruchtigen Saucen. Ähnlich verwendet werden die verwandten Japanischen Weinbeeren (s. rechts, 1) mit ihrem angenehm weinsäuerlichen Geschmack. Loganbeeren (s. rechts, 2), eine Kreuzung von Himbeere und Brombeere, sind aromatisch, aber sehr sauer.

Brombeeren

Heimische Brombeeren (s. Seite 94, 3) kommen von August bis Oktober auf den Markt, Importware ab Juni/Juli. Im September können sie auch wild gesammelt werden. Ernten sollte man die glänzend schwarzen, druckempfindlichen Früchte allerdings nur bei trockenem Wetter, sonst verderben sie rasch. Brombeeren sind fein- bis süßsäuerlich und haben ein kräftiges Aroma. Sie schmecken am besten frisch, mit Eis oder Sahne als Dessert oder auf Kuchen und Torten serviert. Brombeeren lassen sich wie alle Beeren gut zu Grütze oder Konfitüre verarbeiten und eignen sich (einzeln auf Blechen eingefroren) auch gut zum Tiefkühlen.

Johannisbeeren

Verschiedene heimische Wildarten gelten als Vorfahren der Kulturjohannisbeeren, die es erst seit dem späten Mittelalter gibt. Johannisbeeren sind je nach Art rot, weiß oder schwarz und reifen von Ende Juni bis August. Hängen die Beeren zu lange am Strauch, trocknen sie ein. Rote Johannisbeeren (s. Seite 94, 4) schmecken säuerlich und aromatisch. Weniger saure Sorten eignen sich zum Frischverzehr, andere werden zu Konfitüre, Saft, Gelee oder Fruchtwein verarbeitet. Sehr gut schmecken sie zu Süßem, etwa auf Kuchen mit Baiserhaube.
Weiße Johannisbeeren (s. rechts, 3) sind angenehm süßsäuerlich und werden daher zum Rohessen oft bevorzugt. Schwarze Johannisbeeren (s. rechts, 4) sind mildsüß oder säuerlich und haben ein kräftig würziges Aroma. Sie enthalten überdurchschnittlich viele Vitamine und Mineralstoffe und bieten sich zur Herstellung fruchtiger Saucen, Saft, Gelee, Konfitüre oder Likör (Cassis) an.

Weintrauben häuten und entkernen

1. Die Tafeltrauben vom Stiel zupfen, mit einem kleinen scharfen Küchenmesser einritzen und die Haut vorsichtig von oben nach unten abziehen.

2. Die Trauben längs halbieren und jeweils den Kern mit der Spitze des Messers vorsichtig auslösen, ohne das Fruchtfleisch zu verletzen.

BEERENOBST

Stachelbeeren

Stachelbeeren (s. rechts, 5, 6) sind weichfleischig und saftig. Sie schmecken säuerlichsüß und enthalten viele Kerne. Ihre rötliche oder grünliche Schale ist meist borstig behaart. Stachelbeeren sind im Juli reif und werden gern zu Kompott, Grütze oder Konfitüre verarbeitet, eignen sich aber auch als Kuchenbelag. Jostabeeren (s. rechts, 7), eine Kreuzung von Stachelbeere und Schwarzer Johannisbeere, sind feinsäuerlich, aromatisch und schmecken frisch oder gegart.

Heidelbeeren

Heidel- oder Blaubeeren gibt es bei uns im Juli und August aus Kultur (s. Seite 94, 5) oder wild (s. rechts, 8). Waldheidelbeeren haben, anders als Kultursorten, ein durchgehend rot gefärbtes Fruchtfleisch und sind deutlich aromatischer. Heidelbeeren sind süß und schmecken roh in Desserts, gegart als fruchtige Saucen, Grütze, Kuchenbelag, Konfitüre oder Saft.

Preiselbeeren

Preiselbeeren (s. Seite 94, 6) wachsen bei uns wild, sind aber auch aus Kultur im Handel. Die kleinen, anfangs weißen, mit zunehmender Reife (September/Oktober) roten Beeren sind mäßig saftig und herbsäuerlich. Sie ergeben reizvolle Kontraste zu Süßem (Desserts, Kuchen) und überzeugen als Kompott, Konfitüre, Saft oder Likör. Cranberrys (s. links) werden ähnlich verwendet.

Tafeltrauben

Die aus Mittelasien stammenden Tafel- oder Weintrauben (s. Seite 94, 7) werden seit Jahrtausenden kultiviert. Ihre roten oder grünlichen Beeren sind festfleischig, saftig, süß bis sehr süß und aromatisch. Trauben schmecken frisch ausgezeichnet, etwa in süßen und pikanten Salaten, Desserts und als Kuchenbelag, aber auch zu Sauerkraut, Käse oder in würzigen Saucen. Dafür werden sie gelegentlich gehäutet und entkernt (s. links).

1 Japanische Weinbeeren sind hellrot, klein, kugelig. 2 Loganbeeren werden bis zu 3,5 cm groß und dienen überwiegend zur Saftherstellung. 3 Weiße Johannisbeeren sind milder als rote Sorten. 4 Schwarze Johannisbeeren wachsen in lockereren Rispen als Rote und Weiße Johannisbeeren. 5 Stachelbeeren der Sorte 'Rolonda' haben eine rötliche Schale. 6 Stachelbeeren der Sorte 'Invicta' sind hellgrün und durchscheinend. 7 Jostabeeren sind schwarz und glatthäutig. 8 Heidelbeeren sind klein, dunkelblau und mehr oder weniger bereift.

GEWISSENSFRAGE:
»Bio« oder konventionell?

Fragt man Vegetarier nach den Gründen für ihren Verzicht auf Fleisch, so erklären die meisten, sie wollten das Elend der Massentierhaltung nicht unterstützen. Auch die Sorge um Umwelt und Klima spielt bei dieser Entscheidung eine wichtige Rolle. Schließlich ist hinreichend bekannt, dass die globale Fleischindustrie mehr Emissionen von Treibhausgasen verursacht als alle Flugzeuge und Autos der Welt zusammen. Doch den meisten Vegetariern ist auch klar, dass es nicht genügt, im Supermarkt zu Eiern und Käse statt zum Schnitzel zu greifen. Einer Legehenne geht es in der intensiven Tierhaltung nicht besser als einem Masthähnchen, und die meisten Milchkühe sehen niemals das Tageslicht. Unter ökologischen Gesichtspunkten verursachen selbst Brot und Tomate Bauchschmerzen: Mineraldünger für die Felder wird mit hohem Energieaufwand hergestellt, Treibhäuser müssen geheizt werden, und Pestizide schützen nicht nur die empfindlichen Nutzpflanzen, sondern schädigen auch Fauna und Flora jenseits des Feldrands.

Zum Glück für das gute Gewissen gibt es Eier, Käse, Brot und Tomaten auch in »Bio«-Ausführung, und das meist sogar im gleichen Supermarkt. Längst vorbei sind die Zeiten, in denen Ökos als rückständige Spinner galten, weil die industrielle Landwirtschaft versprach, den Hunger ein für alle Mal zu besiegen: mit Ertragssteigerungen durch Mineraldünger und billiger Fleischproduktion in Großmastanlagen.

WIRTSCHAFTEN IN NATÜRLICHEN KREISLÄUFEN

Die ökologische Landwirtschaft betrachtet Mensch und Boden, Tiere und Pflanzen als ganzheitliches System. Wird dieses in möglichst geschlossenen Kreisläufen und im Einklang mit der Natur bewirtschaftet, dann profitieren alle. Auf einem Hof, bei dem Ackerfläche und Anzahl der Tiere in einem angemessenen Verhältnis stehen, können Kühe, Schweine und Hühner mit dem gefüttert werden, was auf den Feldern wächst. Ihr Dung wiederum und ein ausgeklügelter Fruchtwechsel sorgen dafür, dass der Boden nicht auslaugt. Tiere sollen so gehalten werden, dass sie ihr natürliches Verhalten ausleben können: Hühner dürfen scharren und Kühe grasen. Pestizide sowie Gentechnik sind verboten.

Ist also »Bio« besser? Wie so oft lautet die Antwort: Kommt ganz darauf an. Zum einen ist »Bio« nicht gleich »Bio«.

Ursprünglich wurden die Regeln für den ökologischen Landbau von Anbauverbänden wie Demeter, Naturland oder Bioland entwickelt und überwacht: Nur wer sich ihren Kontrollen unterwarf, durfte seine Produkte unter ihren Siegeln als »Bio« vermarkten. Seit 1993 aber definiert die EU-Öko-Verordnung wesentlich weniger strenge Mindeststandards. Die EU-Regeln vereinfachen die ökologische Produktion von Lebensmitteln. Und zwar in großem Maßstab: Je mehr Menschen nämlich ihren Bio-Joghurt und ihre Ökomöhren in die Einkaufswagen der Supermärkte und Discounter legen, desto höher wird der Druck auf die Hersteller, riesige Mengen zum kleinen Preis zu liefern.

DIE HÜHNER UND DAS GLÜCK

2011 wurden in Deutschland 559 Millionen »Bio«-Eier gekauft. Klar, dass nicht jedes von einem Huhn stammen kann, das über einen Bilderbuchbauernhof spaziert ist. Die meisten Bio-Eier werden in Großbetrieben gelegt, in denen sich auf einem Quadratmeter Stallfläche sechs Hennen drängen. Gut möglich, dass die konventionellen Eier des nicht-biozertifizierten kleinen Hofs im nächsten Dorf von glücklicheren Hühnern stammen. Aber wie viele davon gibt es? Realistischerweise lautet die Frage also: Eier aus der Bio-Fabrik oder aus der konventionellen Fabrik? Immerhin haben alle Bio-Legehennen das Recht auf Auslauf im Freiland, und ihnen wird nicht der Schnabel gekürzt – in der konventionellen Haltung ein übliches Vorgehen, um zu verhindern, dass die Tiere sich in der drangvollen Enge der Ställe gegenseitig zu Tode hacken. Die Milchwirtschaft bietet ein ähnliches Bild. Auch in Bio-Betrieben stehen meist Hochleistungskühe, deren melkmaschinengerecht kurze Zitzen schmerzhafte

Im besten Fall bedeutet »Bio« nicht nur gesündere Produkte für den Menschen, sondern auch bessere Bedingungen für Tiere und Umwelt.

Nicht nur bei Eiern sind Bio-Produkte mit einem Siegel von einem der bekannten Bio-Anbauverbände die bessere Wahl.

Euterentzündungen begünstigen. Doch die Bio-Kuh darf, anders als viele ihrer konventionellen Artgenossinnen, an die frische Luft, und ihr Kalb bekommt ein paar Wochen lang ihre Milch zu trinken, statt gleich auf Ersatznahrung umgestellt zu werden.

DIE KNIFFLIGE ÖKOFRAGE

Ein Bio-Siegel garantiert also noch lange nicht ein glückliches Tierleben, aber es verhindert zumindest in gewissem Maß Leid. Und der Umweltaspekt? Ja, Bio-Eier und Bio-Käse kommen etwas besser weg als die konventionelle Konkurrenz, denn für das ökologisch erzeugte Tierfutter muss kein Mineraldünger hergestellt werden. Aber »Bio« oder nicht, in ihrer Ökobilanz sind tierische Produkte den pflanzlichen unterlegen – jedenfalls dann, wenn man Milch und Möhre von heimischen Höfen vergleicht.

Denn so einfach ist die Sache mit der Ökobilanz nicht. Je höher verarbeitet ein Produkt, desto energieaufwendiger ist seine Herstellung: Die konventionelle Kartoffel schlägt die Bio-Kartoffelpüreeflocken in puncto Umweltverträglichkeit mühelos. Und sie hat selbst gegenüber der frischen Bio-Kartoffel die Nase vorn, wenn es sich bei Ersterer um heimische Lagerware, bei Letzterer jedoch um eine Frühkartoffel aus Ägypten handelt. Lange Transportwege fallen bei Ökoware genauso negativ ins Gewicht wie bei konventioneller.

Leider sind sie bei Bio-Produkten inzwischen kaum mehr zu vermeiden. Da in Deutschland lediglich sechs Prozent der landwirtschaftlichen Flächen ökologisch bewirtschaftet werden, übersteigt die Nachfrage nach »Bio« das heimische Angebot. Deshalb wird fleißig importiert, was nicht nur der Ökobilanz schadet, sondern auch andere Fragen aufwirft: Wie gewissenhaft wird eigentlich kontrolliert, dass der Anbau von chinesischem Sesam und türkischen Trockenfrüchten den Bio-Regeln entspricht? Je weiter ein Lebensmittel reisen muss, desto schwieriger wird das.

Ist also »Bio« nur ein Trick, um Produkte teurer zu verkaufen? Keineswegs: Studien bescheinigen Bio-Bauernhöfen, dass sie einer größeren Artenvielfalt Lebensraum bieten, erheblich Energie sparen und weniger Treibhausgase emittieren. Wer also zu regionalen und saisonalen Bio-Produkten greift, dabei den Siegeln der Anbauverbände wie Demeter, Naturland und Bioland mit ihren strengeren Regeln den Vorzug gibt vor EU-»Bio« aus dem Discounter und zusätzlich einen möglichst hohen Anteil wenig verarbeiteter, pflanzlicher Lebensmittel kauft, der tut nicht nur Tieren und Umwelt Gutes. Er bekommt auch in der Regel gesünderes Obst und Gemüse, das mit einer durchschnittlich geringeren Pestizidbelastung und einem höheren Anteil an sekundären Pflanzenstoffen punktet.

SABINE SCHLIMM

NÜSSE

Um an den gehaltvollen, fein aromatischen Kern zu gelangen, muss zuerst die meist harte Schale geknackt werden. Dann aber sind Nüsse eine wertvolle und wichtige Zutat in der vegetarischen Küche.

Nüsse, auch als Schalenobst bezeichnet, sind energiereich. Ihr hoher Fettgehalt ist jedoch kein Nachteil, denn sie enthalten viele mehrfach ungesättigte Fettsäuren, die den Cholesterinspiegel senken, dazu viel Eiweiß, Mineralstoffe und Vitamine. Aufgrund ihres hohen Fettgehalts werden Nüsse allerdings schnell ranzig. Daher kauft man sie am besten nur in kleinen Mengen, ungeschält und im Ganzen. So sind sie länger haltbar und trocknen weniger aus. Ihr feines Aroma kommt besonders gut zur Geltung, wenn die Nüsse vor der Verwendung kurz im Backofen geröstet werden. Gepresst ergeben die meisten Nüsse hocharomatische Öle, die sich zum Verfeinern von Salaten und Saucen eignen.

Echte Nüsse

Botanisch sind nicht alle Nüsse auch wirklich echte Nüsse. Diese haben nämlich eine komplett verholzte Fruchtwand. Bei den Steinfrüchten, wie etwa den Mandeln, ist dagegen nur der innere Teil der Fruchtwand verholzt, der äußere ist fleischig dick.

MARONEN

Die wärmeliebenden Edelkastanien oder Maronen (1) werden seit der Antike als Nahrungsmittel genutzt. Ihre Saison beginnt im Oktober. Vor dem Verzehr muss ihre holzig-ledrige Schale entfernt werden (s. unten). Roh sind Maronen nicht genießbar, dafür schmecken sie gegart umso besser. Ihr gelbes, mehlig trockenes Fleisch ist nussig süß, glutenfrei und enthält im Vergleich zu anderen Nüssen weniger Fett, aber viel Eiweiß, Mineralstoffe (Kalium) und Vitamine (B-Gruppe). Über einem Holzfeuer geröstet sind heiße Maroni im Herbst und Winter ein beliebter Snack. Geschält lassen sie sich gut kochen und glasieren und als Beilage zu oder Füllung von Gemüse servieren. Püriert eignen sich gekochte Maronen als Basis für Suppen und Desserts (Vermicelles, Mousses, Cremes). Als Mehl dienen sie zur Herstellung von Gnocchi, Pasta, Brot und Polenta. Gut harmonieren Esskastanien auch mit Sahne und Crème fraîche sowie mit Äpfeln und Birnen.

WALNÜSSE

Noch vor Kurzem galten sie als Steinfrüchte, inzwischen zählen Walnüsse (2) aber zu den echten Nüssen. Sie reifen ab Ende September und kommen frisch als Schälnüsse in den Handel. Knackt man die harte Schale, kommt der helle Kern zum Vorschein. Er ist von einem dünnen Häutchen umgeben, das frisch bitter schmeckt und vor dem Verzehr meist entfernt wird. Haben die Nüsse länger Zeit zum Trocknen, verfärbt sich die dünne Innenhaut bräunlich und wird mitgegessen. Neben Eiweiß enthalten Walnüsse viele wertvolle Inhaltsstoffe. Roh oder kurz geröstet bereichern die leicht bitter bis süßlich schmeckenden Kerne Salate, Vorspeisen und Desserts. Walnüsse werden gern zum Backen verwendet und liefern ein aromatisches Öl (für Salate). Unreif gepflückt und eingelegt schmecken sie als »Schwarze Nüsse«. Walnüsse passen zudem gut zu Käse und dunkler Schokolade und harmonieren mit Äpfeln, Birnen und Backpflaumen. Ausgezeichnet schmecken sie mit Zucker oder Honig karamellisiert.

HASELNÜSSE

Haselnüsse (3) sind in Europa und Kleinasien heimisch. Der größte Teil der Ernte stammt aus der Türkei. Sie enthalten viel Fett, Eiweiß, Mineralstoffe und Vitamine. Haselnüsse reifen bei uns ab Mitte August. Unter der holzigen Schale verbirgt sich ein buttrig-nussiger, leicht süßer Kern. Die dünne braune Innenhaut lässt sich mitessen, wird aber nach dem Rösten oft entfernt (s. Seite 103). Ganz, grob gehackt oder als Öl geben Haselnüsse Salaten und Gemüse Biss und Aroma. Ausgezeichnet schmecken sie auch süß,

Kastanien einschneiden, rösten und schälen

1. Die Kastanien mit einem kleinen scharfen Messer an der Spitze kreuzweise einschneiden, auf einem Blech verteilen und im vorgeheizten Ofen bei 220 °C 10 bis 20 Minuten backen.

2. Wenn die Schale aufgesprungen ist, das Blech aus dem Ofen nehmen, die heißen Kastanien mit einem Tuch halten und die Schalen mit einem Messer entfernen.

1 Krachmandeln haben eine poröse, leicht zerbrechliche Schale. 2 Zirbennüsse unterscheiden sich in der Form etwas von Pinienkernen, werden aber wie diese verwendet. 3 Pekannüsse erinnern an Walnüsse, haben aber eine glatte, länglich spitze Schale. 4 Paranüsse sind langoval und haben eine besonders harte Schale. 5 Kemirinüsse erinnern an Haselnüsse, sind aber etwas größer.

als Bestandteil von Kuchen und Gebäck, Eis, Cremes und Süßspeisen oder auch karamellisiert und zu Krokant verarbeitet. Gut harmonieren Haselnüsse mit Schokolade und Vanille.

Andere Nüsse

Die Samenkerne diverser Steinfrüchte, Zapfen und Hülsen werden auch als Nüsse bezeichnet und ebenso verwendet.

MANDELN

Mandelbäume werden seit Jahrtausenden kultiviert, in Europa vor allem im Mittelmeerraum. In den Handel kommen süße Mandeln (s. Seite 100, 4) meist aus den USA. Mandeln enthalten neben Eiweiß und Fett viele wertvolle Inhaltsstoffe. Ihr angenehm mild-süßer Geschmack und das feine Aroma machen sie zur geschätzten Zutat. Mandeln sind sehr vielseitig, schmecken roh, gekocht und gebacken. Vor dem Verzehr wird die raue braune Samenhaut meist entfernt (s. rechts). Mandeln verfeinern Salate und Vorspeisen, Gemüsegerichte und Desserts. Gemahlen sind sie Grundlage für Marzipan und Mandelmilch, die in der veganen Küche als Milchersatz dient. Süße Mandeln harmonieren mit Butter, Honig, Sahne, Schokolade und Vanille, passen aber auch zu Aprikosen und Feigen. Äußerlich nicht zu unterscheiden sind die zum Aromatisieren verwendeten Bittermandeln. Diese sind jedoch roh giftig, da sie Amygdalin enthalten, das sich im Körper in Blausäure aufspaltet. Beim Erhitzen verliert es seine Wirkung. Krachmandeln (s. links, 1) zählen ebenfalls zur Familie, sie werden hauptsächlich geknabbert.

CASHEWKERNE

Die meist aus Brasilien und Indien importierten Cashewkerne (s. Seite 100, 5) enthalten roh ein toxisches Öl. Daher kommen sie nur geschält und geröstet oder gedämpft in den Handel. Sie bieten viel Eiweiß, wertvolle Inhaltsstoffe (Magnesium, B-Vitamine, Vitamin E) und schmecken nussig süß. Cashewkerne verfeinern Salate und Gemüsegerichte und sind pur oder gesalzen ein beliebter Snack.

Zerkleinert und mit Wasser versetzt ergeben sie eine feine Nussmilch.

PISTAZIEN

Grüne Pistazienkerne (s. Seite 100, 6) schmecken aromatisch süß und mandelartig. Geröstet und gesalzen sind sie eine beliebte Knabberei. Ungesalzen verfeinern Pistazien Salate, Kuchen, Desserts (Eis) sowie Süßwaren (Marzipan).

PINIENKERNE

Die Samen der Pinie sind vor allem in den Küchen des Mittelmeerraums beliebt. Pinienkerne (s. Seite 100, 7) enthalten viel Eiweiß und Fett. Mit ihrem aromatischen, nussigen Geschmack verfeinern die geschälten, gerösteten Kerne Salate, Vorspeisen, Gemüse- und Reisgerichte. Unverzichtbar sind sie auch für Pesto. Pinienkerne eignen sich zudem als Backzutat, für Desserts und zum Knabbern. Die Arve, eine andere Kiefernart, liefert ebenfalls essbare Samen, die es als Zirbennüsse (s. links, 2) zu kaufen gibt.

PEKANNÜSSE

Pekannüsse (s. links, 3) sind in den USA beliebt und schmecken süßlich mild. Sie enthalten viel Fett und Mineralstoffe und werden wie Walnüsse verwendet.

PARANÜSSE

Paranüsse (s. links, 4) stammen aus den Regenwäldern Südamerikas. Neben vielen positiven Inhaltsstoffen weisen sie aber auch bedenkliche Aflatoxine auf, weshalb sie heute seltener importiert werden.

MACADAMIANÜSSE

Australische Macadamianüsse (s. Seite 100, 9) kommen fast nur geschält in den Handel. Sie sind fettreich, enthalten wertvolle Inhaltsstoffe und zeichnen sich durch einen buttrigen Geschmack und ein feines Aroma aus. Sie verfeinern Salate, Vorspeisen, Backwaren und Desserts.

KEMIRI-/KERZENNÜSSE

Die fettreichen Kemirinüsse (s. links, 5) sind roh giftig und werden immer gegart. Sie schmecken leicht bitter bis süß. Gerieben dienen sie zum Andicken von Saucen.

NÜSSE

ERDNÜSSE
Die Erdnuss (s. Seite 100, 8) ist eine Leguminose, wird aber zu den Nüssen gerechnet. In der vegetarischen Küche sind Erdnüsse ein wichtiger Eiweißlieferant. Zudem enthalten sie wertvolle Inhaltsstoffe. Erdnüsse schmecken roh, geröstet und gesalzen oder auch gegart, etwa in Currys. Zerkleinert ergeben sie Saucen und Cremes (Erdnussbutter). Gut schmecken Erdnüsse in Kombination mit Chili, Honig, Bananen oder Schokolade.

KOKOSNÜSSE
Die Kokosnuss (s. Seite 100, 10) ist in den Tropen eine wertvolle Nutzpflanze. In der vegetarischen Küche schätzt man ihr ausgelöstes (s. unten), weißes, süßes Fruchtfleisch mit dem typischen Kokosaroma frisch, geröstet oder als »Milch«. Dafür wird geraspeltes Fruchtfleisch mit Wasser versetzt. Kokosmilch (s. Seite 184, 4) ist Bestandteil zahlreicher asiatischer Gerichte (Currys) und Desserts und kann Milch oder Sahne ersetzen. Mit ihrem fruchtigen Aroma passt sie sehr gut zu exotischen Früchten, Ingwer und Vanille.

Haselnüsse rösten und häuten

1. Die Haselnüsse auf ein Backblech (ohne Fett) geben und im vorgeheizten Backofen bei 200 °C etwa 10 Minuten rösten, bis die braune Samenhaut aufplatzt. Das Blech aus dem Ofen nehmen.

2. Die Haselnüsse auf ein Küchentuch schütten und die braune Innenhaut abrubbeln. Geschälte Nüsse aussortieren und so weiterarbeiten, bis die braune Innenhaut bei allen entfernt ist.

Mandeln blanchieren und häuten

1. Die Mandeln in kochendes Wasser schütten und kurz darin ziehen lassen. Anschließend in ein Sieb abgießen und die Mandeln kalt abschrecken.

2. Die hellen Mandelkerne aus der weichen, nun locker anliegenden braunen Samenhaut drücken und vor der Weiterverarbeitung kurz trocknen lassen.

Kokosnuss öffnen

1. In zwei »Augen« der Kokosnuss mit Nagel und Hammer Löcher klopfen, das Kokoswasser auslaufen lassen und auffangen. Anschließend die Kokosnuss mit einer Säge quer halbieren.

2. Zum Auslösen des Kokosfleisches die stabile Klinge eines kurzen Messers zwischen Schale und Fruchtfleisch stecken und das saftige, weiße Kokosfleisch ausbrechen.

ZITRUSFRÜCHTE

Leuchtend grün, gelb oder orange – Zitrusfrüchte sind nicht nur geschätzte Vitaminlieferanten, sie bringen auch eine feine Säure, leichte Bitternoten oder fruchtige Süße in viele Gerichte.

Sämtliche Zitrusarten stammen aus Südostasien und werden in ihrer Heimat zum Teil schon seit über 4.000 Jahren kultiviert. Inzwischen sind die beliebten Früchte weltweit in den gemäßigten, subtropischen und tropischen Regionen anzutreffen. Da sie sich sehr leicht kreuzen lassen, sind ihre Verwandtschaftsverhältnisse oft etwas unübersichtlich. Gepflückt werden die Zitrusfrüchte von immergrünen Bäumen oder Sträuchern. Die meisten Früchte sind saftig, aromatisch und enthalten viele Vitamine (C) und Mineralstoffe. Ihr Geschmack kann süß, sauer oder bitter sein. Neben Blättern und Blüten enthält vor allem die Schale reichlich ätherische Öle und wird daher als Gewürz genutzt. Sie sollte allerdings immer von unbehandelten Früchten (Bio-Ware) stammen.

Orangen

Orangen oder Apfelsinen sind aus einer Kreuzung von Mandarinen und Pampelmusen entstanden. Im Gegensatz zu den Bitterorangen oder Pomeranzen gelangten die süßen Orangen (1) erst im 15. Jahrhundert nach Europa. Dort kamen sie zu Zeiten des Barock groß in Mode: Für die schön gefärbten, angenehm duftenden, Luxus und Reichtum symbolisierenden Früchte wurden an vielen Höfen eigens Orangerien angelegt. Große Glasflächen sollten die empfindlichen Pflanzen vor der Winterkälte schützen. Viele dieser Bauten gibt es bis heute, von den einst kultivierten Sorten sind jedoch viele verloren gegangen. Unterschieden werden süße Orangen heute in vier Gruppen: Blondorangen, Navelorangen, Blutorangen und säurefreie Orangen, wobei letztere in der Küche keine große Rolle spielen. Die Farbe der Schale ist übrigens kein Indiz für Qualität oder Reife: Orangen sind anfangs immer grün und verfärben sich erst nach einigen kalten Nächten leuchtend orange.

Früchte aus warmen Anbaugebieten bleiben grün, was sich aber nicht auf den Geschmack auswirkt. Reif sind Orangen dann, wenn das Verhältnis von Zucker und Säure stimmt und sie eine gewisse Mindestgröße (35 mm) sowie einen Mindestsaftgehalt (30 bis 35 %) haben. Orangen enthalten viele Vitamine (C, B-Gruppe) und Mineralstoffe (Kalzium, Kalium und Magnesium), wirken vitalisierend und stärken das Immunsystem. Beim Einkauf sollte man auf feste, pralle Exemplare mit unverletzter Schale achten, da die druckempfindlichen Früchte sonst rasch verderben. Orangen sind in der Küche vielseitig verwendbar. Sie eignen sich für süße und pikante Salate, Süßspeisen und Desserts sowie als Kuchenbelag. Ihr Aroma harmoniert mit Zitronensaft oder Essig, Olivenöl, milden Zwiebeln, Koriandergrün, Rosmarin, Schokolade, Mandeln und Pistazien.

BLONDORANGEN

Blondorangen, auch als Saftorangen bezeichnet, sind etwa tennisballgroß, haben eine dicke Schale und sind meist schwer zu schälen. Orangen diesen Typs sind sehr saftig und säuerlich oder süßsäuerlich und aromatisch. Sorten wie 'Valencia' oder 'Shamouti' eignen sich ideal zum Auspressen. Der aromatische Saft verfeinert Dressings, süße und pikante Salate, Süßspeisen und Desserts und ist eine ideale Basis für fruchtige Saucen.

NAVELORANGEN

Navelorangen (1, rechts), nach ihrer brasilianischen Heimat auch als Bahia-Orangen bezeichnet, haben ein kernloses, saftig-süßes, aromatisches Fruchtfleisch und zählen zu den besten Essorangen. Sie sind ideal zum Rohverzehr. Geschält und in Scheiben geschnitten oder als Fruchtfilets (s. Seite 109) eignen sich Navelorangen gut für Vorspeisen, pikante Salate, Obstsalate, Süßspeisen, Desserts sowie als Belag für Kuchen und Torten.

Navelorangen, hier der Sorte 'Thompson Navel', sind an der nabelähnlichen Ausstülpung am Blütensatz zu erkennen. Im Innern der Orangen versteckt sich oft eine kleine, unterentwickelte Tochterfrucht.

Zitruszesten gewinnen: Dafür die Früchte heiß waschen, trocken reiben und die Schale mithilfe eines speziellen Zestenreißers oder Zesteurs mit gleichmäßigem Druck in feinen Streifen abziehen.

ZITRUSFRÜCHTE

Zitrusaroma gewinnen: Dafür die Früchte heiß waschen, trocken reiben und die Schale, hier bei einer Orange, mit einem Stück Würfelzucker abreiben.

BLUTORANGEN

Blutorangen (s. Seite 104, 2) zeichnen sich durch eine mehr oder weniger starke rote Pigmentierung der Schale und des Fruchtfleisches aus. Verantwortlich dafür sind große Temperaturunterschiede zwischen heißen Tagen und kalten Nächten. Einige Sorten sind, wie die 'Moro'-Orange, eher klein, sehr dunkel, säuerlich süß und sehr saftig (ideal für Saft). Sehr gut schmecken auch Halbblutorangen wie die sizilianische 'Tarocco'-Orange. Diese sind mittelgroß bis groß, nur leicht pigmentiert, süßer als andere Blutorangen und haben ein feines, kräftig ausgeprägtes Aroma. 'Tarocco' oder andere Halbblutorangen sind ideal zum Rohessen und eignen sich auch gut für Süßspeisen und Desserts sowie als Kuchenbelag.

BITTERORANGEN

Bitterorangen oder Pomeranzen (3) gelangten mit den Arabern nach Europa. In Spanien wurden erste Pflanzungen im 11. Jahrhundert angelegt. Die Früchte sind kleiner als Blond- oder Navelorangen, leicht abgeplattet, saftig und samenreich. Da Bitterorangen sauer (Fruchtfleisch) und bitter (Fruchthäute) schmecken, eignen sie sich nicht zum Rohessen, sondern werden zu Orangenmarmelade und Likör verarbeitet. Aus der äußeren Schale wird zudem Orangeat hergestellt.

Mandarinen

Mandarinen stammen wohl aus Nordostindien oder dem Südwesten Chinas. Nach Europa kamen sie erst relativ spät. 1805 gelangten die ersten Exemplare nach Großbritannien, von wo aus sie sich weiter verbreiteten. Mandarinen sind kleiner und leichter schälbar als Orangen, saftig und süß bis süßsäuerlich. Unter dem Oberbegriff Mandarinen werden heute neben den Mittelmeermandarinen verschiedene Kreuzungen von Mandarine und Orange zusammengefasst. Sie eignen sich sehr gut als Frischobst, werden aber auch gern für fruchtige, pikante und süße Salate oder Vorspeisen sowie als Kuchenbelag verwendet. Zudem dienen sie zur Herstellung von Saft und Konfitüre.

MITTELMEERMANDARINEN

Die Nachfahren der ersten aus China in den mediterranen Raum gelangten Mandarinen werden als Mittelmeermandarinen (s. Seite 104, 4) bezeichnet. Sie sind sehr dünnschalig, süß mit feiner Säure und haben ein ausgezeichnetes Aroma. In Florida wird die kleinere Tangerine (s. links, 2) kultiviert. Da Mandarinen jedoch Kerne enthalten, wurden sie im Handel weitgehend von den kernlosen Satsumas und Clementinen verdrängt.

SATSUMAS UND CLEMENTINEN

Satsumas (s. links, 1) und Clementinen (s. Seite 104, 5) sind Kreuzungen von Mandarine und Orange. Sie sehen aus wie Mandarinen und sind meist kernlos. Die Satsuma stammt aus dem Süden Japans und wird heute in verschiedenen Selektionen kultiviert, die alle kältetolerant sind. Satsumas sind leicht schälbar, süß,

1 Satsumas haben eine dickere Schale als Mandarinen und Clementinen. 2 Tangerinen sind im 19. Jahrhundert in Florida entstanden. Die kleinen Früchte werden heute zu den Mandarinen gerechnet. 3 Mandoras sind aus einer Kreuzung von Mandarine und Orange entstanden. 4 Minneolas sind an ihrem charakteristischen Höcker am Stielansatz zu erkennen.

ZITRUSFRÜCHTE

1 Pampelmusen variieren in der Form von rund bis birnenförmig und haben eine dicke Schale. 2 Pomelos, hier der Sorte 'Goliath', haben ein festes Fruchtfleisch und eine dicke Schale. 3 Grapefruits der Sorte 'Marsh' sind gelbfleischig, weitgehend kernlos und daher heute häufig im Handel anzutreffen.

haben aber weniger Aroma. Clementinen gibt es in verschiedenen, kältetoleranten Sorten. Ihre Früchte sind mittelgroß und dünnschalig. Clementinen lassen sich nicht so leicht schälen, schmecken aber süß, sind saftig und fein aromatisch.

TANGORS UND TANGELOS

Tangors sind ebenfalls Kreuzungen aus Mandarine und Orange, sind aber größer als Mandarinen. Sie liegen in Größe und Geschmack zwischen beiden Eltern. Kreuzungen zwischen Mandarinen und Grapefruits heißen Tangelos. Sie sind in der Regel kernlos, saftig und süß. 'Ugli' (s. Seite 104, 6) ist eine wärmeliebende Tangelo-Sorte mit rauer, gelboranger bis leicht grünlicher Schale. Als Minneolas (s. links, 4) werden Kreuzungen von Tangerinen und Grapefruits bezeichnet.

Pampelmusen

In der Umgangssprache wird oft nicht weiter zwischen Pampelmusen, Pomelos und Grapefruits unterschieden. Doch handelt es sich dabei nicht um dieselben Früchte. Pampelmusen (s. oben, 1) sind die größten aller Zitrusfrüchte. Die runden oder auch leicht birnenförmigen Früchte können bis zu 25 cm groß oder noch etwas größer werden und bringen bis zu 1,5 kg auf die Waage. Sie haben eine dicke, gelbe oder gelblich grüne Schale, die sich leicht entfernen lässt. Das Fruchtfleisch der Pampelmusen ist mäßig saftig und je nach Sorte gelb, rosa- oder rotfleischig. Ihr Geschmack reicht von mildaromatisch süß über süßsauer bis hin zu sauer oder bitter. Pampelmusen können roh verzehrt werden, spielen allerdings als Frischobst keine sehr große Rolle. Sie schmecken jedoch in Zitrussalaten, Vorspeisen und Saucen und dienen zur Saftherstellung.

Pomelos

Bei den als Pomelos (s. oben, 2) gehandelten Früchten handelt es sich in der Regel um Kreuzungen von Pampelmusen und Grapefruits. Pomelos fallen durch ihre Größe auf und sind meist birnenförmig. Ihre Schale ist außen gelblich oder grünlich und innen mit einer dicken weißen Schicht versehen. Das erfrischende Fruchtfleisch ist je nach Sorte entweder hellgelb oder rosafarben und schmeckt schwach sauer bis leicht süß. Pomelos können roh als Obst verzehrt werden und bereichern, etwa in Kombination mit Ingwer, auch pikante und süße Salate. Ihr Fruchtfleisch lässt sich aber auch gut zu Chutneys oder anderen Würzsaucen verarbeiten, da es mit Salz und Chilis gut harmoniert. Die Schale unbehandelter Früchte eignet sich zum Würzen. Klein gewürfelt oder in feinen Streifen (Zesten) abgezogen verleiht sie beispielsweise Salaten und Vorspeisen eine bittere Note. Pomeloschalen eignen sich zudem gut zum Kandieren.

Grapefruits

Grapefruits sind aus einer Kreuzung von Orangen und Pampelmusen entstanden. Sie liegen in Gestalt und Größe zwischen den beiden: Grapefruits sind gelb, rund und kleiner als Pampelmusen und Pomelos, jedoch deutlich größer als Orangen und werden in zwei Gruppen unterteilt. Es gibt gelbfleischige Sorten (s. oben, 3) und rote Sorten (s. Seite 104, 7), deren Fruchtfleisch rosé- bis rotfleischig ist. Äußerlich sind sich beide Typen sehr ähnlich, rotfleischige Sorten erkennt man meist an der ins Rötliche verlaufenden Schale. Grapefruits beider Typen sind fest, saftig und aromatisch. Je nach Sorte schmecken sie süßsäuerlich bis säuerlich und mehr oder weniger bitter, wobei rosé- und rotfleischige Sorten meist milder sind als gelbe. Ein Großteil der jährlichen Ernte wird zu Saft und Konzentrat verarbeitet. Die erfrischenden Früchte eignen sich aber auch sehr gut zum Rohessen. Sie ergänzen Obst- und Zitrussalate sowie pikante Vorspeisen. Sehr gut schmecken die geschälten Früchte (s. Seite 109) und die von der bitteren Innenhaut befreiten Fruchtfilets in Kombination mit Minze oder Granatapfelkernen. Bitterspirituosen und Ingwer ergänzen ihre leicht bittere Note ebenfalls gut. Durch Zucker oder andere Süßungsmittel lässt sich die Säure in den Hintergrund drängen, dann eignen sich Grapefruits auch als Belag für Kuchen und Torten.

ZITRUSFRÜCHTE

Zitronen und Limetten

In ihrer Heimat sind wilde Zitrusfrüchte seit Jahrtausenden bekannt. Dazu zählt auch die Ichang-Zitrone oder -Papeda. Einige Hybriden dieser Art wie etwa die Yuzu (s. links, 1) sind ebenfalls sehr alt. Dabei handelt es sich um eine Kreuzung von Ichang-Papeda und Mandarine. Yuzus sind saftig, schmecken sauer bis leicht bitter und können wie Zitronen verwendet werden, haben jedoch ein viel komplexeres Aroma als diese. In Europa sind diese Zitrusarten noch wenig bekannt. Zitronen und Limetten werden dagegen schon seit dem Mittelalter aufgrund der angenehmen Säure und ihrer wertvollen Inhaltsstoffe geschätzt.

ZITRONAT-ZITRONEN

Zitronat-Zitronen (s. Seite 104, 8), Zedrat-Zitronen genannt, waren die ersten Zitrusfrüchte, die nach Kleinasien und Europa gelangten. Die sauren bis süßsauren, gelben oder gelbgrünen Früchte enthalten nur wenig Fruchtfleisch, dafür aber eine sehr dicke weiße Innenschale und werden fast ausschließlich zur Zitronatherstellung genutzt. Eine besondere Sorte ist Buddhas Hand (s. links, 2), bei der die einzelnen Fruchtsegmente jeweils von Schale umgeben sind.

ZITRONEN

Zitronen (s. Seite 104, 9) sind aus einer Kreuzung von Zitronat-Zitrone und Bitterorange entstanden und heute in zahlreichen Sorten bekannt. Im Gegensatz zu anderen Zitrusarten blühen und fruchten Zitronenbäume das ganze Jahr über. Die länglich-ovalen, leuchtend gelben oder gelbgrünen Früchte sind saftig und sauer. Zitronen enthalten viel Zitronensäure und Vitamin C. Verwendung findet vor allem der frisch gepresste, in der Küche unentbehrliche Saft und die abgeriebene Schale (Bio-Zitronen verwenden!). Diese verleiht Speisen ein frisches Zitrusaroma, ohne sie gleichzeitig zu säuern. Zitronensaft bringt Säure in Dressings und Saucen, Suppen, Gemüsegerichte, pikante und süße Salate. Zudem verhindert seine Säure das Verfärben von Gemüse (Arti-

1 Yuzus sind etwa tennisballgroß, gelb oder gelborange und enthalten viele Samenkerne. 2 Buddhas Hand, auch Fingerzitrone genannt, hat eine dicke, gelbe bis gelborange Schale und spaltet sich mit zunehmender Reife in einzelne fingerähnliche Segmente auf, die jedoch kein saftreiches Fruchtfleisch enthalten. 3 Kaffirlimetten haben eine stark wellige, runzelige Schale und verfärben sich mit zunehmender Reife von grün nach gelb. Bei ihnen werden auch die Blätter zum Aromatisieren verwendet. 4 Finger limes sind länglich oval und rötlich braun oder violett. Das perlartige Fruchtfleisch dieser australischen Wildlimettenart erinnert optisch an Kaviar. 5 Citrangequats sind etwa hühnereigroß, gelb oder gelborange und dünnschalig. 6 Limequats sind etwa pflaumengroß und haben eine grüne, glatte, dünne Schale.

schocken) und Früchten (Äpfel). Zitronen eignen sich außerdem zum Aromatisieren von Cremes, Eis oder Kuchen und zur Herstellung von Sirup und Likör.

LIMETTEN
Limetten (s. Seite 104, 10) gibt es in verschiedenen Arten. Sie sind meist grün bis gelb und kleiner als Zitronen. Limetten haben ein gelblich grünes, sehr saftiges, aromatisches Fruchtfleisch und enthalten viele Vitamine (C) und Mineralstoffe. Die Früchte eignen sich gut zum Würzen von süßen und pikanten Salaten, Vorspeisen, Desserts und Getränken. Für viele Gerichte der asiatischen, mittel- und südamerikanischen Küche sind sie unentbehrlich.

Mini-Zitrusfrüchte
Mini-Zitrusfrüchte sind Kumquats oder Weiterzüchtungen. Sie sind dünnschalig und enthalten zahlreiche Kerne.

KUMQUATS
Kumquats (s. Seite 104, 11) oder Zwergorangen sind klein, orange und oval oder rund und werden in der Regel mit der Schale gegessen. Diese schmeckt herbsüß, das Fruchtfleisch ist säuerlich oder leicht bitter. Sie schmecken roh oder gedünstet als Chutney und in Salaten oder Desserts.

CITRANGEQUATS
Citrangequats (s. links, 5) sind das Produkt einer Kreuzung von Citrange (Zitrone x Orange) und Kumquat. Die Früchte sind sehr saftig, sauer bis süßsauer und werden wie Zitronen und Limetten verwendet.

LIMEQUATS
Limequats (s. links, 6) gibt es in verschiedenen Sorten. Sie sind durch Kreuzungen von Limette und Kumquat entstanden. Die 2 bis 4 cm großen Früchte sind saftig, schmecken intensiv sauer und können in der Küche wie Limetten verwendet werden.

Kumquats vorbereiten: Die Kumquats heiß waschen, trocken reiben und die Früchte mit einem scharfen Messer quer halbieren.

Orangen filetieren

1. Die Orangenschale mit einem scharfen Messer großzügig in Streifen abtrennen, so dass auch die bittere, weiße Innenhaut gleich mit entfernt wird.

2. Dann die Fruchtfilets auslösen. Dafür mit dem Messer dicht neben den Trennhäuten ansetzen und das Fruchtfleisch bis zur Mitte einschneiden, dabei den austretenden Saft auffangen.

Grapefruits schälen

1. Die Schale der Grapefruit mit einem kleinen scharfen Messer ringsum von oben nach unten mehrfach, aber nicht zu tief, einschneiden und die Schalensegmente mit den Fingern ablösen.

2. Anschließend die verbliebene dicke weiße Innenhaut mithilfe eines kleinen Messers anheben und abziehen, da sie sehr bitter ist.

SÜDFRÜCHTE UND EXOTEN

Voll ausgereift sind die aromatischen Früchte aus dem Mittelmeerraum oder aus den Tropen ein absoluter Hochgenuss, daher lohnt es unbedingt, bei Spezialisten nach guten Qualitäten zu suchen.

Südfrüchte und Exoten bereichern den vegetarischen Speiseplan das ganze Jahr über. Begehrt sind sie jedoch vor allem in den Wintermonaten, wenn die Auswahl an heimischem Obst relativ klein ist. Leider schmecken aber viele der bei uns im Lebensmittelhandel angebotenen exotischen Früchte nicht annähernd so wie das Original vor Ort. Wer die ganze Üppigkeit exotischer Aromen erschmecken will, fragt daher besser bei Obsthändlern nach, die sich auf den Import subtropischer und tropischer Früchte spezialisiert haben. Unproblematischer gestaltet sich der Einkauf mediterraner Früchte, die aus dem Mittelmeerraum in guter Qualität zur Verfügung stehen.

Mediterrane Früchte

Feigen, Granatäpfel und Melonen, aber auch eingebürgerte Arten wie Kiwis, Kakis und Kaktusfeigen werden zu den Süd- oder mediterranen Früchten gerechnet.

FEIGEN
Feigen sind im Mittelmeerraum schon seit Jahrtausenden bekannt und werden heute in vielen Gegenden der Welt kultiviert. Entsprechend groß ist die Zahl an Sorten. Reife Feigen können grün (1), gelbgrün oder violett (s. rechts) sein. Dunkle Feigen sind in der Regel weicher und süßer als helle. Die kugeligen oder birnenförmigen Früchte haben ein weiches, von zahlreichen kleinen Samenkernen durchsetztes, rosa oder dunkelrotes Fruchtfleisch. Feigen sind reich an Vitaminen (B-Gruppe) und Mineralstoffen (Kalzium, Phosphor, Eisen). Zudem enthalten sie viel Zucker und sind daher auch gut zum Trocknen geeignet. Feigen sind sehr druckempfindlich, weshalb man beim Einkauf auf eine makellose Schale achten sollte. Ihre dünne Haut ist genießbar, wird jedoch vor dem Verzehr oft entfernt (s. rechts). Feigen schmecken roh, etwa als Dessert (mit Eis oder Sahne) oder zu Käse (Blauschimmel- oder Ziegenkäse). Die Früchte eignen sich zudem als Kuchenbelag, werden zu Kompott, Konfitüre, Chutney oder Senf eingekocht und sind ein wichtiges Trockenobst.

GRANATÄPFEL
Granatäpfel (2) haben eine gelbe bis bräunlich rote ledrige Schale. Das Innere ist durch weiße Trennhäute in Kammern unterteilt. Dort befinden sich die hellen Samenkerne, die jeweils von einer durchscheinend roten, weichen Fruchtfleischhülle umgeben sind. Granatäpfel kommen von September bis Dezember auf den Markt, reifen nicht nach, können aber mehrere Wochen aufbewahrt werden. Die Früchte enthalten Vitamin C und viele Mineralstoffe (Kalium, Kalzium, Eisen). Die Kerne sind süßsäuerlich herb und lassen sich von Hand oder mit einem Löffel auslösen. Sie schmecken roh in Salaten, Vorspeisen und Desserts, werden aber auch zu Saft, Gelee, Sorbet, Sirup und Fruchtwein verarbeitet.

KIWIS
Die ovalen, leicht behaarten, braunschaligen Kiwis (3) haben ein saftiges, glasiggrünes Fruchtfleisch mit vielen dunklen Samen. Sie enthalten viel Vitamin C, sind säuerlich und schmecken roh (Salate, Vorspeisen, Saucen, Kuchenbelag) am besten, jedoch nicht in Kombination mit Milchprodukten, da diese bitter werden.

KAKIS
Reife Kakis und Sharonfrüchte (4) haben ein orangefarbenes, weiches, geleeartiges Fruchtfleisch und sind mild süß. Sie sind gut zum Rohessen, püriert für Desserts (Cremes, Sorbets) und zur Herstellung von Saft, Kompott und Konfitüre.

DATTELN
Datteln (5) gibt es getrocknet und »frisch« (aufgetaut). Sie sind sehr süß und eignen sich entkernt zum Backen und für Desserts.

Violette Feigen kommen häufig aus Italien oder Frankreich und haben ein dunkelrotes Fruchtfleisch.

Gelbgrüne Feigen aus der Türkei haben ein helles, leicht rötliches Fruchtfleisch. Sie kommen meist getrocknet in den Handel.

Feigen im Ganzen häuten: Den Stielansatz abschneiden, dann die dünne Haut der Feige von der Schnittstelle her Bahn für Bahn vorsichtig abziehen.

SÜDFRÜCHTE UND EXOTEN

Gelbe Zucker- und rote Wassermelonen sind an heißen Tagen ein idealer Durststiller und schmecken auch als Salat oder Dessert.

MELONEN

Bei den Melonen werden zwei Typen unterschieden: Zu den kleineren Zuckermelonen zählen etwa Charentais- und Ogenmelonen (s. rechts, 1, 2). Zuckermelonen haben ein festes, orangefarbenes, gelbes oder grünlich gelbes Fruchtfleisch, sind saftig süß und oft sehr aromatisch. Zum andern gibt es die wesentlich größeren, kiloschweren Wassermelonen, die ein sehr wasserreiches, lockeres, rotes, seltener gelbes Fruchtfleisch haben. Sie schmecken erfrischend und süß, sind aber weniger aromatisch als Zuckermelonen. Beide Typen werden überwiegend roh verzehrt, entweder als Frischobst, in Salaten, Vorspeisen oder als Dessert. Melonen lassen sich aber auch zu Fruchtsuppen, Pürees und Konfitüren verarbeiten.

KAKTUSFEIGEN

Die stacheligen Früchte der Opuntien, einer Kakteenart, haben ein weiches, meist saftiges, süß bis süßsäuerliches, aromatisches Fruchtfleisch mit vielen essbaren Samen. Kaktusfeigen (s. rechts, 3) müssen vorsichtig geschält werden (s. unten) und schmecken roh in Obstsalaten oder gegart als Chutney und Konfitüre.

Tropische Früchte

Mit ihrem intensiven Aroma eignen sich weichfleischige Exoten gut für die Zubereitung von Fruchtsalaten, -mark und Saucen. Festfleischige tropische Früchte schmecken als Kompott und Kuchenbelag.

ANANAS

Ananas (s. rechts, 4) zählen zu den beliebtesten Tropenfrüchten. Sie sind festfleischig, saftig-süß und aromatisch, ebenso die Baby-Ananas (s. Seite 110, 6). Unreif sind sie sauer, überreif süß-fad. Ananas reifen nicht nach, daher sollte man beim Einkauf auf Qualität achten. Bei optimal gereiften Früchten duftet der Stielansatz angenehm und die mittleren Schopfblätter lassen sich leicht herausziehen. Geschält (s. Seite 115) eignen sich die Früchte gut zum Rohessen (Salate, Desserts), schmecken aber auch gebraten oder gegrillt.

BANANEN

Bananen gibt es in vielen Sorten. Der Handel unterscheidet die großen gelben Obstbananen, Rote Obstbananen, die kleineren, aromatisch süßen Baby- oder Zuckerbananen (s. Seite 110, 7) und Kochbananen (s. Seite 65). Bananen werden stets grün geerntet und reifen dann nach. Obstbananen schmecken roh, werden aber auch gern in Honig gebraten oder gegrillt.

MANGOS

Die beliebten Mangos (s. Seite 110, 8) gibt es in zahlreichen Sorten und Formen. Reif sind sie grün-, gelb-, orange- oder rotschalig und haben ein sehr saftiges, teils etwas faseriges, aromatisches Fleisch. Mangos sind süß, oft mit säuerlicher Note. Sie werden geschält (s. Seite 115) und schmecken roh (Salate, Desserts), werden aber auch gegart und pikant serviert (Chutneys, Currys, Reisgerichte).

Kaktusfeigen vorbereiten

1. Die Kaktusfeige an beiden Enden vorsichtig mit Daumen und Zeigefinger festhalten und oben und unten flach ein-, aber nicht durchschneiden. Dann die Schale längs von oben nach unten bis auf das Fruchtfleisch einschneiden.

2. Anschließend die Schale mithilfe des Messers etwas anheben und ringsum abziehen, ohne dabei mit den Stachelhärchen in Berührung zu kommen.

SÜDFRÜCHTE UND EXOTEN

PAPAYAS

Die meist eiförmig länglichen Papayas (s. Seite 110, 9) werden grün als Gemüse zubereitet (s. Seite 65). Mit zunehmender Reife verfärben sie sich gelborange und werden weicher. Das lachsfarbene, melonenartige Fruchtfleisch schmeckt süßlich. Manchmal fehlt etwas die Säure, was mit Limettensaft ausgeglichen werden kann. Reife Papayas sind roh am besten, etwa in pikanten und süßen Salaten, und harmonieren mit anderen Exoten und Ingwer.

STERNFRÜCHTE

Sternfrüchte (s. Seite 110, 10) oder Karambolen sind längs in fünf Rippen unterteilt. Sie haben eine dünne, glänzende Haut, ein durchscheinend gelbliches Fruchtfleisch und schmecken säuerlich süß, aber wenig aromatisch. Sternfrüchte werden meist roh verzehrt und als Garnitur genutzt. Menschen mit Nierenproblemen sollten auf ihren Genuss verzichten.

GUAVEN

Guaven (s. Seite 110, 11) sind je nach Art apfel- oder birnenförmig und haben ein rötliches oder gelblich weißes, weiches, saftiges Fruchtfleisch mit vielen harten Samen. Die Früchte sind reich an Vitaminen (C, A) und Mineralstoffen, schmecken süßsauer aromatisch und werden für Desserts und Konfitüre verwendet.

PASSIONSFRÜCHTE

Passionsfrüchte sind im Handel oft als Maracujas anzutreffen. Genau genommen werden jedoch nur die gelben Passionsfrüchte (s. rechts, 5) so bezeichnet. Sie haben wie die verwandten Purpurgranadillas (s. rechts, 6) ein saftiges, geleeartiges Fruchtfleisch mit vielen Samen. Es ist erfrischend süßsäuerlich und hat ein intensives, exotisches Aroma. Passionsfrüchte werden roh aus der Schale gelöffelt und für Desserts sowie zur Herstellung von Saft (Nektar) und Likör genutzt.

CHERIMOYAS

Cherimoyas (s. rechts, 7) haben ein weißes, saftiges, säuerlich süßes, aromatisches Fruchtfleisch und schmecken frisch als Obst oder in Cremes und Desserts.

1 Charentais-Melonen haben ein festes, saftiges, orangefarbenes Fruchtfleisch. 2 Ogenmelonen sind saftig, haben ein grünlich gelbes Fruchtfleisch und duften stark. 3 Die birnenförmigen, stacheligen Kaktusfeigen müssen nachreifen, bis ihre Schale gelblich oder rötlich ist. 4 Ananas der Sorte 'Smooth Cayenne' sind groß, zylinderförmig und gelbfleischig. 5 Gelbe Passionsfrüchte sind rundoval und glattschalig. 6 Purpurgranadillas sind rund und haben eine ledrig glatte, braunviolette Schale. 7 Cherimoyas sind herzförmig, haben eine ledrig weiche, schuppenartige Schale und reifen in wenigen Tagen bei Zimmertemperatur nach.

SÜDFRÜCHTE UND EXOTEN

1 Mangostanen haben eine dicke, ledrige, dunkelviolette Schale, die vor dem Verzehr entfernt werden muss. 2 Tamarillos sind eiförmig und haben eine gelbe, orange, dunkelrote oder rötlich braune, dünne Schale. 3 Gelbe Pitahayas werden etwa 10 cm lang und haben ein weißes, von zahlreichen schwarzen Samen durchsetztes Fruchtfleisch. Bevor sie in den Handel gelangen, werden ihre Stacheln entfernt.

LITSCHIS

Litschis (s. Seite 110, 12) sind vor allem in China sehr beliebt. Die kugeligen oder eiförmigen kleinen Früchte haben eine dünne, ledrige, gefurchte, rötliche Schale, die vor dem Verzehr entfernt werden muss (s. rechts). Da Litschis nicht nachreifen, müssen die Früchte vollreif geerntet werden. Bei uns sind sie frisch und als Konserve erhältlich. Ihr festes, weißliches Fruchtfleisch (Arillus) ist saftig, schmeckt süßsäuerlich fein und hat ein leichtes Rosenaroma. Litschis sind roh am besten und eignen sich gut für süße und pikante Salate sowie für Desserts.

RAMBUTANS

Rambutans (s. Seite 110, 13) werden wegen ihrer wellig behaarten, rötlichen Schale auch »Behaarte Litschis« genannt. Die pflaumengroßen Früchte haben ein milchig weißes Fruchtfleisch, einen Kern und schmecken wie Litschis süßsäuerlich aromatisch. Rambutans sind roh am besten und werden wie Litschis verwendet.

KAPSTACHELBEEREN

Kapstachelbeeren (s. Seite 110, 14) oder Physalis sind erst grün und verfärben sich dann mit zunehmender Reife gelb oder orangefarben. Die kirschgroßen Beerenfrüchte enthalten viele Samen und sind von einer gerippten, papierdünnen Blatthülle umgeben. Kapstachelbeeren schmecken angenehm süßsäuerlich, sind fest und saftig. Ihr Aroma erinnert leicht an Stachelbeeren. Die Früchte sind roh am besten, in süßen oder pikanten Salaten, Desserts oder als essbare Garnitur.

MANGOSTANEN

Mangostanen (s. oben, 1) zählen zu den besten Tropenfrüchten. Sie haben ein weißliches, saftig-weiches Fruchtfleisch und schmecken angenehm süßsäuerlich und aromatisch. Die einzelnen Segmente der geschälten Frucht lassen sich wie bei einer Mandarine leicht voneinander trennen und roh mit den Kernen verzehren. Mangostanen eignen sich daher gut als Frischobst sowie für Desserts (Sorbets).

TAMARILLOS

Tamarillos oder Baumtomaten (s. oben, 2) sind druckempfindlich und müssen einzeln gepflückt werden. Ihr inneres Fruchtfleisch mit den Samen schmeckt feinherb und süß. Die bittere Haut wird meist entfernt. Zum Rohessen werden die Früchte halbiert und ausgelöffelt. Sie können aber auch blanchiert und gehäutet oder geschält werden, wie unten gezeigt. Tamarillos schmecken frisch als Dessert oder gekocht (Chutneys, Konfitüre).

PITAHAYAS

Gelbe Pitahayas (s. oben, 3) oder Drachenfrüchte sind stachelig und haben ein weißes, die glattschaligen roten Pitahayas ein karminrotes Fruchtfleisch. Diese exotischen Kaktusfrüchte schmecken süß und erfrischend. Zum Rohessen werden die Früchte halbiert und ausgelöffelt. Für Salate und Desserts schneidet man sie am Blütenansatz ein und zieht die Schale von oben nach unten ab. Dann werden die Früchte quer in Scheiben geschnitten.

Tamarillos vorbereiten

1. Die Tamarillo mit einem kleinen scharfen Messer wie einen Apfel ringsum spiralförmig schälen. Bei etwas festeren Früchten geht dies auch mit dem Sparschäler.

2. Den holzigen Stielansatz mit einem kleinen spitzen Messer keilförmig herausschneiden und die geschälte Tamarillo dann nach Belieben quer in Scheiben schneiden.

Ananas schälen

Mit dieser Technik lassen sich die unerwünschten harten »Augen« der Ananas mühelos entfernen und gleichzeitig dekorative Effekte erzielen.

1. Mit einem Sägemesser dicht unterhalb des grünen Strunks ansetzen und die Schale der Ananas von oben nach unten abtrennen.

2. Dann die noch gut sichtbaren Augen mit dem Sägemesser diagonal in keilförmigen Streifen herausschneiden.

Litschis vorbereiten

1. Zuerst die ledrige, leicht brüchige Schale der Litschi mit einem kleinen spitzen Messer flach ablösen, ohne dabei das Fruchtfleisch zu verletzen.

2. Anschließend das Fruchtfleisch einmal oder mehrfach längs einschneiden, die Frucht aufklappen und den ungenießbaren Kern herauslösen.

Mangofruchtfleisch auslösen

1. Die Mango mit einem Messer längs in drei Teile schneiden, dabei das Messer dicht am in der Mitte liegenden Stein entlang führen.

2. Aus beiden »Backen« das Fruchtfleisch mit einem Esslöffel in einem Stück herauslösen, dabei mit dem Löffel dicht an der Schale entlang fahren.

3. Vom Mittelstück mit dem Messer die Schale ringsum möglichst knapp vom Fruchtfleisch abschneiden, so geht nur wenig Fruchtfleisch verloren.

4. Zum Schluss den Stein mit einer Gabel auf ein Schneidbrett drücken und das anhaftende Fruchtfleisch mit dem Messer seitlich abstreifen.

WILDOBST

Wild wachsende Früchte enthalten besonders viele Vitamine und Mineralstoffe, schmecken aber meist intensiver als Obst aus Kultur. In kleinen Mengen können die herb-säuerlichen oder herbsüßen Beeren und Früchte ein Gericht raffiniert aromatisieren.

Ihre Saison beginnt im Sommer oder Spätsommer, wenn sich die Beeren und Früchte an Bäumen und Sträuchern leuchtend gelb, orange, rot oder schwarz verfärben. Viele Wildobstarten sind aufgrund ihres hohen Gerbstoffgehaltes dann jedoch noch ungenießbar. Daher reicht die Ernteperiode bis in den Spätherbst hinein. Viele Beeren und Früchte schmecken erst nach den ersten Nachtfrösten milder, weil dann ein Teil der Gerbstoffe durch die Kälte abgebaut wurde. Sammeln sollte man Wildfrüchte nur abseits von vielbefahrenen Straßen oder Industriegebieten. Zudem eignet sich nur sicher Bekanntes zum Selberpflücken. Viele Wildobstarten lassen sich zwar roh verzehren, werden jedoch aufgrund ihres meist säuerlichen oder bitteren Geschmacks überwiegend gegart.

Große Vielfalt

Frische Wildfrüchte bereichern die vegetarische Küche. Ihr Aroma lässt sich aber auch gut in Form von Saft, Sirup oder Mus konservieren. Mit Zucker eingekocht ergeben viele ein interessantes Kompott und pur oder mit anderen Früchten kombiniert raffinierte Konfitüren. Die meisten Wildfrüchte lassen sich auch gut trocknen und dann wie Rosinen entweder zum Backen verwenden, unter Müsli mischen oder für die Herstellung von Warm- und Kaltauszügen nutzen.

SCHWARZER HOLUNDER
Der als Strauch oder kleiner Baum wachsende Schwarze Holunder ist in Mitteleuropa häufig anzutreffen. Von ihm werden nicht nur die Früchte, sondern auch die gelblich weißen Blütendolden genutzt. Deren süß-fruchtiger Duft lässt sich gut in Form von Sirup oder Sekt konservieren. In Teig getaucht und ausgebacken schmecken die Dolden als »Holder-« oder »Hollerküchle«. Sammeln sollte man sie an einem sonnigen Vormittag, dann haben sie das beste Aroma. Von Ende August bis Mitte September reifen die saftigen Beeren (s. rechts), botanisch sind es Steinfrüchte. Roh sind sie schwach giftig, daher wird Holunder stets gegart. Die Früchte enthalten viele wertvolle Vitamine und Mineralstoffe und stärken das Immunsystem. Sie lassen sich sehr gut zu Saft, Sirup, Gelee, Konfitüre und Kompott verarbeiten oder trocknen (1).

EBERESCHE
Die Früchte der weit verbreiteten Eberesche oder Vogelbeere (s. rechts) sehen aus wie Beeren, zählen aber zum Kernobst. Sie reifen im Spätsommer und sind herb-sauer. Die vitamin- und mineralstoffreichen Früchte werden für Saft und Gelee vor, für Konfitüre und Kompott erst nach den ersten Frösten geerntet. Zum Rohessen eignen sie sich nicht. Sie lassen sich aber trocknen (2) oder zu einem feinen Wildobstbrand destillieren.

APFELBEERE
Apfelbeeren stammen aus Nordamerika und kommen in verschiedenen Arten vor. Die Früchte der Schwarzen Apfelbeere (s. Seite 119, 1) reifen im Herbst, schmecken herb süßlich und sind bis zu 2 Wochen haltbar. Apfelbeeren enthalten viele Vitamine und Mineralstoffe. Sie lassen sich gut zu Konfitüre, Saft oder Sirup verarbeiten und dienen als Füllung für Backwaren. Getrocknet (3) bereichern sie Müsli, Joghurt und Desserts.

BOCKSDORNFRÜCHTE
Bocksdornsträucher sind bei uns wild anzutreffen, werden aber auch kultiviert. Ihre roten, länglichen, säuerlichen Früchte finden in China zum Kochen und als Heilmittel Verwendung. Bei uns kommen sie meist getrocknet (4) als Goji-Beeren in den Handel. Diese können in kleinen Mengen mitgegart oder unter Müsli gemischt werden. Süße Varietäten sind selten, sie lassen sich auch roh essen.

Reife Holunderbeeren sind schwarz bis schwarzviolett und lassen sich als ganze Rispen ernten.

Die Früchte der Eberesche sind rot bis rot-orange und hängen in dichten Büscheln am Ast.

Die Früchte des Sanddorns sind leuchtend orange, bis zu 1 cm groß und lösen sich auch reif nur schwer von den dornigen Ästen.

SANDDORN

Sanddorn (s. links) stammt aus Asien und kommt bei uns gelegentlich auch wild vor. Die orangefarbenen Früchte werden im Spätherbst geerntet und enthalten viele Vitamine (C, A, E und B12) und andere wertvolle, das Immunsystem stärkende Inhaltsstoffe. Aus den säuerlichen Früchten lassen sich Saft, Sirup und Konfitüren herstellen. Getrocknet (s. Seite 116, 5) lässt sich Sanddorn wie Rosinen etwa als Müslizusatz verwenden.

HAGEBUTTEN

Wildrosen sind in vielen Arten in Europa verbreitet. Als Wildobst genutzt werden jedoch nur wenige, wie etwa die Hecken- oder Hundsrose oder die Kartoffelrose. Die Früchte der stacheligen Sträucher werden Hagebutten (s. rechts, 2), Hägen oder Hiffen genannt. Sie enthalten mehr Vitamin C als Zitrusfrüchte, daneben Vitamin A, Vitamine der B-Gruppe und viele Mineralstoffe. Botanisch gesehen handelt es sich um Sammelfrüchte, die im Innern viele kleine Nüsse aufweisen. Diese sind von feinen, mit Widerhaken versehenen Härchen bedeckt, die bei Berührung stark jucken und vor dem Verzehr stets entfernt werden (s. unten). Hagebutten schmecken säuerlich frisch und werden, je länger sie am Strauch hängen, immer süßer. Meist werden sie zu Konfitüre oder Mus verarbeitet, das zum Abschmecken von Saucen, zum Aromatisieren von Desserts oder auch als Füllung (Krapfen) dient. Getrocknet (s. Seite 116, 6) ergeben sie Tees und aromatische Auszüge. Aus Hagebutten können zudem Fruchtweine und Liköre hergestellt werden.

WEISSDORN

Weißdorn (s. rechts, 3) kommt bei uns in mehreren, ähnlichen Arten vor. Die Sträucher oder kleinen Bäume tragen zahlreiche etwa 1 cm große Früchte. Sie enthalten viel Vitamin C, Pektin und Gerbstoffe, schmecken säuerlich-süß, sind aber mehlig und trocken. Weißdorn wird daher meist zu Kompott oder Gelee, Saft oder Sirup verarbeitet. Zusammen mit anderen Früchten zu Konfitüre gekocht, tragen sie zum besseren Gelieren bei.

BERBERITZE

Berberitzen (s. rechts, 4) kommen bei uns wild vor und wachsen an dornigen Sträuchern. Die roten Beeren reifen im Spätsommer, enthalten viel Vitamin C und schmecken sehr sauer – nicht umsonst heißt der Strauch auch Sauerdorn. Berberitzen sind roh essbar, werden aber meist zu Konfitüre verarbeitet, getrocknet unter Müslis gemischt oder wie im Iran zum Würzen (Reis) verwendet. Sie verleihen Gerichten eine süßsaure Note.

SPEIERLING

Der Speierlingbaum (s. rechts, 5) ist eine alte, inzwischen bei uns selten gewordene Wildobstart. Seine zum Kernobst gerechneten, 2 bis 4 cm großen gerbstoffreichen Früchte reifen im September, sind aber erst nach längerer Lagerzeit

Hagebutten entkernen

1. Die Hagebutten waschen, abtropfen lassen und Stiel- und Blütenansatz entfernen. Die Früchte nochmals waschen, trocken tupfen und mit einem kleinen scharfen Messer längs halbieren.

2. Die Samen aus dem Innern sorgfältig mit einem kleinen Kugelausstecher entfernen. Da die feinen Härchen im Innern Juckreiz auslösen, dabei am besten Einweghandschuhe tragen.

genießbar und schmecken dann süßsäuerlich herb. Der Speierling wird meist – oft zusammen mit Äpfeln oder Birnen – zu Saft gepresst oder zu Most, Obstwein oder Schnaps verarbeitet. Aus den Früchten lassen sich aber auch Mus und Konfitüre herstellen.

MISPELN

Mispeln (s. rechts, 6) waren im Mittelalter ein geschätztes Kernobst, werden heute aber kaum mehr genutzt. Die kleinen, apfelartigen, pektin- und gerbstoffreichen Früchte reifen im Spätherbst und sind anfangs hart, herb-sauer und adstringierend. Erst nach längerer Lagerung oder nach Frost werden sie weich und genießbar. Sie schmecken dann säuerlich aromatisch und eignen sich zurHerstellung von Konfitüren, Gelees, Chutneys und Saft.

SCHLEHEN

Der Schleh- oder Schwarzdorn gilt als Stammform unserer Pflaumen. Die im Oktober reifenden Steinfrüchte enthalten viele Vitamine (C) und Mineralstoffe, schmecken aber aufgrund ihres hohen Gerbstoffgehalts herb sauer und stark adstringierend. Pflückt man sie nach den ersten Nachtfrösten, sind Schlehen (s. rechts, 7) milder und süßer, weil durch die Kälte ein Teil der Gerbstoffe abgebaut wird. Lässt der Frost zu lange auf sich warten, kann man die Früchte auch ins Tiefkühlfach legen. Schlehen eignen sich zur Herstellung von Kompott und Konfitüre und geben Saucen eine raffinierte Note. Sie werden zudem zu Saft, Fruchtwein, Likör und Obstbrand verarbeitet.

KORNELKIRSCHEN

Anders als ihr Name es vermuten lassen würde, sind Kornelkirschen (s. rechts, 8) nicht mit den Kirschen verwandt, sondern ein Hartriegelgewächs. Die Früchte reifen im Spätsommer und schmecken aromatisch herb- bis süßsäuerlich. Kornelkirschen können roh verzehrt werden, meist werden sie jedoch getrocknet, kandiert oder zu Saft, Sirup, Kompott oder Konfitüre verarbeitet. Beliebt sind die vitaminreichen Früchte auch als Backzutat oder in Form von Schnaps und Likör.

1 Die Früchte der Schwarzen Apfelbeere sind etwa erbsengroß und erinnern an Heidelbeeren. 2 Hagebutten sind rot und je nach Art rund, ei- oder birnenartig geformt. 3 Die dunkelroten rundovalen Früchte des Weißdorns sehen aus wie Beeren, sind aber Apfelfrüchte. 4 Berberitzen sind leuchtend rote, etwa 1 cm lange, walzenförmige Beeren. 5 Der kleine, gelbe Speierling hat häufig rote Backen und erinnert in der Form an Birnen oder Äpfel. 6 Mispeln sind bräunlich und haben eine behaarte ledrige Schale. 7 Schlehen sind kugelig, dunkel- bis schwarzblau und stark bereift. 8 Kornelkirschen sind länglich und meist leuchtend rot, seltener gelb oder schwarz.

GETREIDE UND TEIGWAREN

GETREIDE, FLOCKEN, MEHLE

Die Körner verschiedener Getreidearten wie Weizen, Roggen, Gerste, Hafer, Hirse, Mais oder Reis sind aus der vegetarischen Küche nicht wegzudenken. Ganz oder gemahlen ergeben sie die unterschiedlichsten Gaumenfreuden.

Von Brei über Brot und Kuchen bis hin zu Pizza, Pasta, Polenta und Risotto reicht das Spektrum der Gerichte, die sich aus den unscheinbaren kleinen, bräunlich-beigen oder gelben Körnern herstellen lassen. Seit Jahrtausenden zählt Getreide auf der ganzen Welt zu den Grundnahrungsmitteln, entsprechend vielfältig ist seine Verwendung. Von den annähernd 10.000 Arten werden jedoch nur einige wenige in der Küche tatsächlich genutzt. Am wichtigsten sind die sieben oben genannten. Diese echten Getreidearten werden noch ergänzt durch sogenanntes Pseudogetreide wie Amaranth, Buchweizen oder Quinoa. Letztere zählen zwar nicht zu den Süßgräsern, ihre Samen können aber wie Getreide verwendet werden. Getreide eignet sich zum Dämpfen und Kochen, etwa in Suppen und Eintöpfen. Die Körner lassen sich unter Zugabe von Flüssigkeit aber auch wie ein Risotto zubereiten. Gekeimt bereichern sie Salate und Vorspeisen.

Korngetreide

In der vegetarischen Küche kommen die Körner ganz, aber auch zu Mehl vermahlen oder zu verschiedenen anderen Getreideprodukten wie Grütze, Kleie, Schrot oder Flocken weiterverarbeitet zum Einsatz.

WEIZEN
Weichweizen (s. rechts) zählt zu den ältesten Kulturpflanzen und ist heute die meist kultivierte Weizenart. Seine Körner werden überwiegend zu Mehl vermahlen, das bei uns in verschiedenen Ausmahlgraden als Weizenmehl (1) erhältlich ist. Es dient vorwiegend zum Backen von Brot, Kuchen und Torten sowie zur Herstellung von Eierteigwaren. Ein kleiner Teil der jährlichen Ernte wird wie Hartweizen zu Stärke verarbeitet. Hart- oder Durumweizen (2) hat sich aus den fast vergessenen, inzwischen wiederentdeckten Weizenurformen Einkorn und Emmer entwickelt. Er gedeiht vor allem in warmen, trockenen Gebieten und macht etwa zehn Prozent der Weizengesamtproduktion aus. Aus seinen harten, glasigen, gelblich braunen Körnern hergestellte Mehle und Grieße enthalten weniger Stärke, dafür aber mehr Klebereiweiß als Weichweizenprodukte und sind daher für die Herstellung von Nudeln (Hartweizennudeln, Pasta secca) besonders gut geeignet.

DINKEL
Dinkel (s. rechts) ist eine uralte Kulturpflanze, die heute wieder verstärkt angebaut wird. Die fein-würzigen Körner dienen gemahlen zum Backen oder zur Teigwarenherstellung. Unreif geerntet und getrocknet (gedarrt) können sie als Grünkern (3) in Suppen mitgegart oder zu Bratlingen verarbeitet werden.

GERSTE
Gerstenkörner sind wie Dinkel- und Roggenkörner fest mit den Spelzen verwachsen, was die Verarbeitung aufwendiger macht. Nahezu spelzenfreie Züchtungen werden als Nacktgerste (4) bezeichnet. Sie sind hochwertig, da sie weniger verarbeitet werden müssen. Gerste wird meist zu Bier (Braugerste), Grütze, Graupen (Rollgerste), seltener zu Mehl verarbeitet.

ROGGEN
Roggen (5) gedeiht auch in klimatisch weniger begünstigten Lagen. Er ist neben Weizen das wichtigste Brotgetreide. Dank seiner speziellen Eigenschaften und des kräftigen Geschmacks wird er vor allem für Sauerteigbrote verwendet.

HAFER
Hafer (6) wird seit langem als Getreide genutzt und ist sehr wertvoll, da er viel Eiweiß, ungesättigte Fettsäuren, Vitamine (B-Gruppe) und Mineralstoffe enthält. Die Körner werden meist nur entspelzt und zu Mehl, Grütze oder Flocken verarbeitet.

Weichweizen hat weiche, oval abgerundete hellbraune Körner mit einem Spalt.

Dinkel ist eng mit Weizen verwandt und hat längere, schmalere Körner als Weichweizen.

Quinoakörner sind klein, rund, gelblich-beige und etwas größer als Amaranth.

GETREIDE, FLOCKEN, MEHLE

HIRSE

Verschiedene kleinfrüchtige Getreidearten werden als Hirse bezeichnet. Bekannt sind vor allem die etwas großkörnigeren Sorghumhirsen und die Rispen- oder Echte Hirse (s. Seite 122, 7) mit ihren kleinen gelben Körnchen. Sie ist ein altes Getreide und wurde noch im Mittelalter in Europa angebaut, später dann aber von Kartoffel und Mais verdrängt. Hirse wird als Korn, Grieß (Couscous) und Mehl genutzt.

MAIS

Mais stammt aus Mittelamerika und wird seit dem 16. Jahrhundert in Europa angebaut. Etwa 15 Prozent der Welternte werden für die Ernährung genutzt, in Afrika, Mittel- und Südamerika ist Mais ein Grundnahrungsmittel. Zuckermais lässt sich als Gemüse zubereiten (s. Seite 32), Körnermais wird zu Mehl (s. rechts, 5), Grieß (s. rechts, 6), Puffmais (s. Seite 122, 8) und Popcorn verarbeitet.

Pseudogetreide

Die stärkereichen Körnerfrüchte verschiedener Fuchsschwanz- und Knöterichgewächse (Buchweizen) sind reich an Eiweiß und Mineralstoffen und zudem wichtige Energielieferanten. Die glutenfreien Pseudogetreide können andere Getreidearten oft ersetzen. Nur zum Backen sind sie ohne Beimischung von Weizen- oder Roggenmehl nicht geeignet.

AMARANTH

Die winzig kleinen, runden Amaranthkörner (s. Seite 122, 9) waren einst ein wichtiges Nahrungsmittel der Azteken, Inka und Maya. Heute sind die proteinreichen Körner des Garten- und Rispenfuchsschwanzes ein wichtiger Bestandteil der Vollwertküche. Amaranth schmeckt nussig-süßlich. Die Körner bereichern gekocht Suppen und Eintöpfe, gekeimt Salate und lassen sich auch vermahlen.

QUINOA

Quinoa (s. Seite 123) zählt zur Familie der Fuchsschwanzgewächse und enthält viel wertvolles Eiweiß und Mineralstoffe (Eisen, Zink), ist aber weniger energiereich als Amaranth. Quinoa wird vor allem in den Höhenlagen der Anden auf 4.000 m und mehr kultiviert. Die auch als Inka- oder Perureis bezeichneten Körner schmecken mild-nussig, werden beim Kochen fast durchsichtig und behalten Biss. Sie lassen sich wie Reis (Risotto) garen.

BUCHWEIZEN

Buchweizen (s. Seite 122, 10) wird in China und Japan schon seit Jahrtausenden angebaut. Die dreikantigen, geschälten, nussig schmeckenden Samen lassen sich gemahlen zu Nudeln wie Pizzoccheri (Italien) oder Soba (Japan) sowie zu Polenta, Pfannkuchen (Blini) oder Knödeln verarbeiten. In Form von Flocken oder Grütze eignet sich Buchweizen auch für Müsli.

1 Weizenkeime gibt es in Form von kleinen, gelblich braunen Flocken. 2 Bulgur ist in verschiedenen Feinheitsgraden erhältlich, hier heller, feiner Bulgur. 3 Gerstengraupen sind weißlich rund und werden aus dem ganzen oder geschnittenen Korn hergestellt. 4 Weizenflocken enthalten viel Eiweiß, aber weniger Fett als Haferflocken. 5 Geröstete Roggenvollkornflocken haben einen besonders kräftigen Geschmack. 6 Haferflocken enthalten viel Eiweiß und Fett und sind in den Arten »kernig« (wie hier) und »zart« erhältlich.

Getreideprodukte

Aus Getreidekörnern werden verschiedene weitere Produkte gewonnen.

KLEIE UND WEIZENKEIME
Die beim Mahlen von Getreide zurückbleibenden mehlfreien Reste von inneren Schalen, Aleuronschicht und Keimling werden als Kleie bezeichnet. Sie spielt als Ballaststofflieferant in der Vollwertküche eine wichtige Rolle und ist Bestandteil von Müslis, Graham- und Knäckebrot. Von manchen Getreidearten sind auch nur die getrockneten Keimlinge erhältlich. Weizenkeime (s. links, 1) schmecken süßlich und sind reich an Vitaminen, Mineralstoffen und ungesättigten Fettsäuren, aber nur wenige Wochen haltbar.

SCHROT
Bei Schrot handelt es sich um grob gemahlenes Getreide, das früher oft zu Brei gekocht, heute jedoch vorwiegend zum Brotbacken verwendet wird.

GRÜTZE
Gereinigte, entspelzte, geschälte und in kleine Stücke geschnittene Getreidekörner bezeichnet man als Grütze. Sie findet vor allem in Suppen und Breien Verwendung. Bulgur (s. links, 2) wird aus vorgegarten Hartweizenkörnern hergestellt und ist in der Türkei, im Vorderen Orient sowie in Nordafrika beliebt. Er wird entweder gekocht, gedämpft oder eingeweicht und dann ohne Kochen für Suppen, Salate und Taboulé verwendet. Couscous ist zum einen ein Gericht der nordafrikanischen Küche. Zum andern werden auch die zu kleinen Kügelchen zerriebenen Weizen-, Gerste- oder Hirsekörner Couscous (s. Seite 122, 11) genannt. Diese werden meist über kochendem Wasser oder über einer würzigen Schmorsauce gedämpft.

GRAUPEN
Graupen sind in verschiedenen Größen erhältlich und werden aus Gerste (s. links, 3) oder Weizen hergestellt Dafür schleift man die geschälten, polierten Körner oder Grütze rundlich ab. Graupen eignen sich als Einlage für Suppen und Eintöpfe, für Salate, Aufläufe und lassen sich auch wie Reis (Risotto) zubereiten.

FLOCKEN
Flocken können aus allen Getreidearten hergestellt werden (s. links, 4–6). Dafür presst man ganze Körner (wie bei kernigen Haferflocken, s. links, 6) oder Grütze (wie bei zarten Haferflocken) zwischen Walzen flach. Getreideflocken schmecken im Müsli und werden für die Zubereitung von Brei, Suppen, Saucen und Süßspeisen sowie zum Backen verwendet.

Mehl und Grieß

Alle Getreidearten lassen sich zu Mehl oder Grieß vermahlen. Dabei gibt es jedoch Unterschiede im Feinheits- und Ausmahlungsgrad.

WEISSMEHLE
Zur Herstellung von Weißmehl werden die Schale und der fetthaltige Keimling entfernt, daher ist es länger haltbar als Vollkornmehl (s. rechts, 1, 3). Am gängigsten ist das pulvrig feine, glatte Weichweizenmehl Type 405 (s. Seite 122, 1). Es weist etwas mehr Stärke, dafür weniger Klebereiweiß (Gluten) als Hartweizenmehl und eignet sich daher zum Backen besonders gut. Doppelgriffiges Mehl oder Dunst (s. rechts, 2) hat größere Partikel als glattes Mehl. Aus ihm werden Teigwaren wie Knödel und Spätzle hergestellt.

VOLLKORNMEHLE
Für Vollkornmehl (s. rechts, 1, 3) werden die Getreidekörner nur entspelzt und mit Schale (Kleie) und Keimling vermahlen. Es enthält deutlich mehr Inhaltsstoffe als Weißmehl und ist weniger lange haltbar. In der Vollwertküche ist es eine unentbehrliche Zutat zum Backen und Kochen.

GRIESS
Als Grieß bezeichnet man weniger fein zerkleinertes Getreide. Feiner Weichweizengrieß (s. Seite 122, 11) wird für Grießbrei, -knödel und zum Backen verwendet. Hartweizengrieß dient vornehmlich zur Herstellung von Teigwaren ohne Eianteil.

1 Weizenvollkornmehl ist dunkel und mineralstoffreich. 2 Weizendunst liegt in der Partikelgröße zwischen Mehl und Grieß. 3 Dinkelvollkornmehl hat einen hohen Kleberanteil. 4 Roggenmehl ist dunkel und kräftig. 5 Maismehl ist hellgelb und glutenfrei. 6 Maisgrieß ist leuchtend gelb und in unterschiedlicher Körnung erhältlich.

Reis

Reis ist eine der wichtigsten Getreidearten und in vielen Regionen der Erde, vor allem aber in Asien, ein Grundnahrungsmittel. Er wird nach Kornlänge in drei Typen unterschieden: Rund-, Mittel- und Langkornreis. Als Naturreis bezeichnet man entspelzte Reiskörner, die mit den nährstoffreichen inneren Schalenschichten (Silberhäutchen) und dem Keimling in den Handel kommen. In beiden steckt der Hauptanteil an Vitaminen (B-Vitamine, E) und Mineralstoffen. Beim weißen Reis wird beides abgeschliffen. Reis gibt es in zahlreichen Sorten, die je nach ihrer Stärkezusammensetzung ganz unterschiedliche Kocheigenschaften aufweisen.

LANGKORNREIS
Langkornreis hat schlanke, über 6 mm lange Körner. Dazu zählen viele der fein aromatischen asiatischen Reissorten wie Basmatinaturreis (1), weißer Basmati, Jasmin- oder Patnareis. Sie eignen sich bestens für asiatische Gerichte. Aus den USA kommen Langkornsorten, die oft als Parboiled Reis im Handel sind. In einem Spezialverfahren werden dafür Vitamine und Mineralstoffe ins Innere des Korns gepresst. Parboiled Reis enthält mehr Inhaltsstoffe als weißer Reis, ist schneller gar und kocht körniger. Dies ist für viele Gerichte ideal, für Risotto oder Sushi eignet sich Parboiled Reis jedoch nicht.

MITTELKORNREIS
Mittelkornreis weist eine Korngröße von 5,2 bis 6,0 mm auf. Diese Größen gibt es beispielsweise bei US-Reis und japanischem Sushi-Reis.

RUNDKORNREIS
Die Korngrößen von Rundkornreis liegen zwischen 5,0 und 5,2 mm, teils sind sie auch größer oder kleiner. Ein weiteres Unterscheidungsmerkmal zu Langkornreis ist die gedrungene Form der Körner. Zu diesem Typ zählt auch der in Italien angebaute Risottoreis (2). Aufgrund seiner Stärkezusammensetzung haben die ungewaschenen Körner die idealen Kocheigenschaften für das ialienische Nationalgericht. Gute Sorten sind Arborio, Vialone Nano und Carnaroli. Für Milchreis und andere Reis-Süßspeisen wird häufig Rundkorn-Klebreis (3) verwendet. Dieser enthält einen höheren Anteil nicht wasserlöslicher Stärke (Amylopektin), daher können die Körner viel Flüssigkeit aufnehmen und kleben aneinaner.

BUNTER REIS
Bei buntem Reis wie dem roten Reis (4) aus Thailand, Frankreich oder Italien oder schwarzem Klebreis (5) aus Thailand handelt es sich um Naturreis. Diese Sorten haben ein kräftigeres Aroma und benötigen länger zum Garen (40 Minuten).

WILDREIS
Wild- oder Wasserreis (6) gehört zu einer anderen Gattung von Süßgräsern. Er wird jedoch wie Reis gekocht (etwa 40 Minuten) und schmeckt angenehm nussig.

Reis im Reiskocher zubereiten

Wer gern Reis isst und ihn entsprechend oft kocht, für den lohnt sich die Anschaffung eines Reiskochers. Einmal befüllt, gart das Gerät den Reis perfekt auf den Punkt, schaltet dann von selbst ab und hält ihn bis zur Verwendung warm.

1. Den Reis waschen, bis das Wasser klar abläuft, dann in den Einsatz des Kochers füllen.

2. So viel Wasser zugießen, bis die entsprechende Markierung (Geräteangabe beachten) erreicht ist.

3. Den Einsatz in den Kocher setzen, dabei darauf achten, dass er fest aufliegt, und den Reis nach Belieben salzen.

4. Den Deckel auflegen, das Gerät auf Kochstufe schalten und den Reis garen. Er ist nach 15 bis 20 Minuten fertig.

TEIGWAREN

Kurz oder lang, glatt oder gedreht, frisch oder getrocknet – die Vielfalt an Nudeln und Teigblättern ist enorm. Je nach Zusammensetzung passen sie besser zu würzigen Gemüseragouts oder zu sahnigen Saucen.

Zur Nudelherstellung braucht man nicht viel: Etwas Mehl und/oder Grieß, Salz und ein wenig Wasser oder Öl sind die Grundzutaten. Häufig kommen noch Eier, Kräuter oder andere würzende und färbende Zutaten mit in den Teig. Ovo-Lacto-Vegetariern steht die ganze Palette an Nudeln zur Verfügung. Für Veganer beschränkt sich das Angebot auf eifreie Pasta wie getrocknete Hartweizennudeln, die bei uns überwiegend aus Italien im Handel sind, zu einem kleinen Teil aber auch aus heimischen Manufakturen angeboten werden. Da es jedoch auch Pasta secca aus Hartweizen in zig verschiedenen Formen und Farben gibt, ist die Auswahl immer noch riesig.

Hartweizennudeln

Hartweizenmehl oder -grieß eignet sich ausgezeichnet für die Produktion von Nudeln. Allerdings ist die Verarbeitung aufwendig: Reine Hartweizenteige müssen lange geknetet werden und lassen sich schwer ausrollen. Wer Nudeln selbst herstellen will, verwendet daher besser Weichweizenmehl oder eine Mischung aus Hart- und Weichweizen. Für industriell gefertigte Pasta secca ist Hartweizen dagegen ideal. Dank des hohen Kleberanteils von Hartweizenmehl und -grieß sind die Teige elastisch und halten dem Druck beim Pressen durch die Matrizen (Nudelformen) gut stand. Außerdem verhindert das stabile Klebergerüst ein zu schnelles Aufquellen der Nudeln beim Kochen. Darin liegt das Geheimnis, weshalb sich Hartweizennudeln so gut al dente garen lassen. Lange, dünne, runde Formen wie Spaghetti (1) oder Röhren wie Penne rigate (2) werden in der Regel aus Hartweizen hergestellt, hinzu kommen zahlreiche andere Formen (s. Seite 130). Hartweizennudeln haben eine raue, besonders griffige Oberfläche, an der Saucen und Gemüseragouts gut haften. Sie harmonieren mit Olivenöl und Saucen auf Tomatenbasis.

Eiernudeln

Teige aus Weichweizenmehl lassen sich gut von Hand verarbeiten. Sie werden daher auch in Italien für die Herstellung von Pasta fresca bevorzugt. Damit die frischen Weichweizennudeln die gewünschte Konsistenz erhalten, werden Eier unter das Mehl geknetet. Sie binden und lockern den Teig und machen ihn geschmeidig. Die Faustregel lautet: Auf 100 g Mehl kommt 1 Ei. Soll der Teig schön fest sein und besonders viel Biss haben, wird der Eigelbanteil erhöht und der Eiweißanteil verringert. Nudeln für besondere Gelegenheiten können gut und gerne bis zu 20 und mehr Eigelbe pro 500 g Mehl enthalten. Desto mehr sollte dann jedoch der Eigengeschmack der Nudeln im Vordergrund stehen. Es gibt auch getrocknete Eiernudeln aus Italien, meist regionale Spezialitäten wie die Garganelli (s. rechts), jedoch weniger Sorten als Pasta secca aus Hartweizen. Hierzulande hergestellte Nudeln enthalten hingegen häufig einen Eianteil.

Vollkornnudeln

Fast alle Nudelformen werden inzwischen auch aus Vollkornmehl hergestellt. Dafür wird das ganze Korn inklusive Kleie und Keimling vermahlen, weshalb Pasta integrali wie die Casarecce (s. rechts) einen höheren Ballaststoffanteil haben und mehr Vitamine (B-Gruppe) und Mineralstoffe (Eisen, Kalium) enthalten. Vollkornnudelteige lassen sich aus reinem Vollkornmehl herstellen. Etwas geschmeidiger und besser zu verarbeiten sind jedoch Mischungen aus Weiß- und Vollkornmehl im Verhältnis 1 : 1. Getrocknete Vollkornnudeln sind von vielen Herstellern im Handel, hier lohnt es, seine Favoriten zu finden. Vollkornnudeln können wie helle Nudeln verwendet werden, besonders gut schmecken sie aber mit sahnigen Käse- oder Pilzsaucen.

Garganelli sind eine Nudelspezialität aus der Emilia-Romagna und werden aus Eierteig (pasta all'uovo) hergestellt.

Grüne Tagliatelle mit Spinat gibt es aus Hartweizen. Sie lassen sich jedoch auch frisch aus Weichweizen und Ei herstellen.

Casarecce integrali bestehen aus zwei in sich verdrehten, dünnen Teigsträngen aus Vollkornnudelteig.

TEIGWAREN

Chinesische Weizenmehlnudeln gibt es breit (links) und schmal (rechts) sowie mit und ohne Ei. Aus Japan kommen die dickeren Udon-Nudeln (oben in der Schale).

Bunte Nudeln

Farbe in die Nudelküche bringen Zutaten wie Spinat (s. Seite 129) oder Rote-Bete-Saft. Manchmal färben sie jedoch nicht nur, sondern bringen zugleich Aroma in den Teig, wie dies etwa bei Safran, Bärlauch, Tomatenmark oder zerstoßenen Chilis oder Peperoni (s. Seite 128, 3) der Fall ist. Die Herausforderung besteht bei bunten Nudeln darin, Farbe und Aroma harmonisch auf die begleitende Sauce oder Füllung abzustimmen.

Verschiedene Formen

Nicht alle Pastasaucen passen zu jeder Nudelform gleich gut. Bewährt haben sich die folgenden Kombinationen.

SUPPENNUDELN
Als Suppeneinlage eignen sich sehr kleine und feine Nudeln. Dazu zählen einmal die bekannten Fadennudeln (s. Seite 128, 4), die es kurz und lang gibt. Hinzu kommt eine große Palette verschiedenster Suppennudeln, die oft eine Miniaturausgabe ihrer großen Vorbilder sind, wie kleine Muscheln oder Röhren. Wer sicher gehen will, dass sie nicht zu weich werden, gart die Suppennudeln separat und gibt sie erst kurz vor dem Servieren in die Suppe.

KURZE NUDELN
Viele kurze Nudeln sind dekorativ gedreht, gezackt oder gebogen. Das hat jedoch nicht allein optische Gründe: Dank der Unebenheiten und Hohlräume können kurze Nudeln wie Spirelli (s. Seite 128, 5) oder gerillte Röhrennudeln wie Penne (s. Seite 128, 2) besonders viel Sauce aufnehmen und werden gern mit kräftigen Sugos mit Gemüse kombiniert. Glatte kurze Röhren oder Farfalle (s. Seite 128, 6) schmecken zu feinen, sahnigen Saucen.

LANGE NUDELN
Die italienische Küche wäre ohne Spaghetti (s. Seite 128, 1) und Makkaroni nicht denkbar. Hinzu kommen lange flache Nudeln wie Linguine, Trenette (s. Seite 128, 3), Fettuccine oder Tagliatelle (Seite 129). Egal, ob runder oder flacher Querschnitt: je dünner und schmaler die Pasta, desto feiner die Sauce. Dickere Bucatini (rund) oder breite Pappardelle (flache Bandnudeln) vertragen dagegen kräftige Ragouts.

NUDELPLATTEN
Mit getrockneten großen Nudelplatten wie Lasagneblättern (s. Seite 128, 7) lassen sich Nudelaufläufe mit verschiedenen Schichten herstellen, die dann im Ofen überbacken werden.

NUDELN ZUM FÜLLEN
Zum Füllen eignen sich kurze Nudelformen mit großen Hohlräumen wie Muscheln (Conchiglie) oder weite Röhren (Millerighe). Die bekanntesten Nudeln zum Füllen sind jedoch die langen, dicken Cannelloni-Röhren, die gern mit Gemüse gefüllt und gratiniert werden.

Reisblätter vorbereiten

1. Die Reisblätter in eine passende Form legen und so viel kaltes Wasser zugießen, bis sie ganz bedeckt sind. Die Blätter voneinander lösen und kurz einweichen lassen.

2. Die Reisblätter herausnehmen und bis zur Weiterverarbeitung einzeln auf ein feuchtes Küchentuch legen, damit sie nicht zusammenkleben.

TEIGWAREN

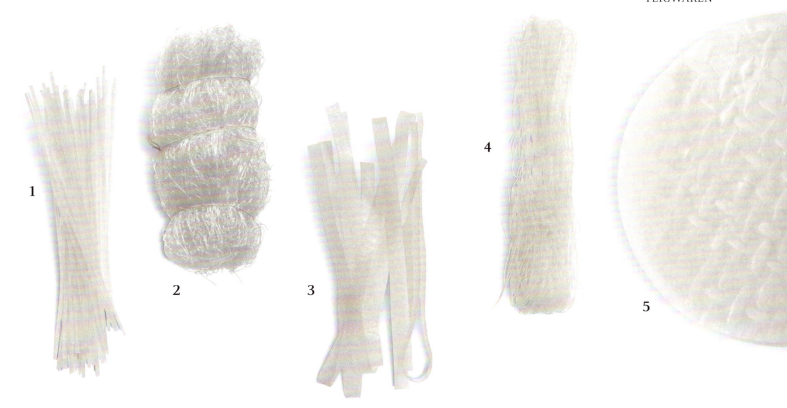

1 Japanische Glasnudeln werden aus Süßkartoffel- und Kartoffelstärke hergestellt. 2 Taiwanesische China-Glasnudeln bestehen aus Kartoffel- und Mungbohnenstärke. 3 Breite Reisnudeln sind lang und flach. 4 Die langen, sehr dünnen Reisnudeln sind auch als Rice vermicelli im Handel. 5 Reisblätter gibt es in verschiedenen Größen und Formen.

Asiatische Nudeln

Auch in Asien spielen Nudeln in der vegetarischen Küche eine zentrale Rolle. Sie werden aus verschiedenen Mehlen oder aus Stärke hergestellt. Es gibt Sorten mit Ei, die vor allem in China beliebt sind. Die meisten der asiatischen Nudelsorten werden jedoch ohne Eianteil produziert und sind daher auch für Veganer geeignet.

CHINESISCHE NUDELN

Lange dünne Nudeln – Mian – symbolisieren in China ein langes Leben. Sie werden im Norden des Landes von Spezialisten aus Weizenmehl, Wasser und Salz jeden Tag frisch hergestellt. Dabei wird der Teig so lange zu einem Strang geformt, gefaltet, gedehnt und durch die Luft geschleudert, bis er sich in viele einzelne, dünne Fäden geteilt hat. Frisch gibt es sie hierzulande leider kaum zu kaufen. Getrocknet oder als Instantnudeln sind sie jedoch im Asialaden oder im Supermarkt erhältlich. Chinesische Weizenmehlnudeln (s. links) schmecken in Wokgerichten oder gebraten und sind für Nudelsuppen unentbehrlich. Ob sie mit oder ohne Ei hergestellt sind, lässt sich der Packungsaufschrift entnehmen.

JAPANISCHE NUDELN

In Japan liebt man Nudeln vor allem in Form langer Stäbchen. Die dünnen Somen (s. Seite 128, 8, 10) bestehen wie die etwas dickeren Ramen aus Weizenmehl und Wasser. Somen werden im Sommer kalt mit Dip-Saucen serviert, während Ramen in heißen Suppen beliebt sind, sich aber auch für Salate und Wok-Gerichte eignen. Die braungrauen Soba (s. Seite 128, 9) werden aus Buchweizenmehl oder einer Mischung aus Buchweizen- und Weizenmehl hergestellt und separat zu einer warmen oder kalten Brühe serviert. Udon (s. links) sind relativ dicke Weizennudeln. Sie werden warm und kalt verzehrt.

GLASNUDELN

Die weißlich durchscheinenden Glasnudeln (s. oben, 1, 2) gibt es getrocknet als Faden- oder Bandnudeln in verschiedenen Breiten. Sie werden oft aus Mungbohnenstärke und/oder anderen Stärkemehlen wie Süßkartoffel- und Kartoffelstärke hergestellt. Nach kurzem Einweichen in kaltem Wasser benötigen sie je nach Stärke noch eine Garzeit von bis zu vier Minuten, wobei sie beinahe durchsichtig werden. Sie schmecken als Suppeneinlage, in Salaten sowie gebraten oder frittiert.

REISNUDELN

Reisnudeln (s. oben, 3, 4) bestehen meist nur aus Reismehl und Wasser und sind getrocknet durchscheinend weißlich. Im Gegensatz zu Glasnudeln werden Reisnudeln aber beim Garen milchig-weiß. Es gibt sie in verschiedenen Formen und Größen. Reisnudeln eignen sich als Suppeneinlage oder zum Braten im Wok. Die dünnen Reis-Vermicelli werden gern frittiert und für Salate oder als Garnitur verwendet.

WAN-TAN-BLÄTTER

Wan-Tan- und Frühlingsrollenblätter gibt es in verschiedenen Größen. Sie bestehen aus Weizenmehl, Wasser, Öl und Salz und werden gefüllt, gedämpft oder frittiert.

REISBLÄTTER

Getrocknete Reis- oder Reispapierblätter (s. oben, 5) sind rund, viertelkreisförmig oder quadratisch erhältlich. Sie werden aus Reismehl, Tapiokastärke und Wasser hergestellt und müssen vor der Verwendung kurz eingeweicht werden, wie links gezeigt. Reispapierblätter eignen sich als dünne Hülle für verschiedenste Gemüse- und Tofufüllungen und werden meist gedämpft oder frittiert.

GEMÜSE IST MEIN FLEISCH
Die Lebensmittelstars der vegetarischen Küche

»Mr. Bernard Shaw isst kein Fleisch.« So beginnt ein Merkblatt, das die Frau des irischen Dramatikers (1856–1950) immer bei sich trug, um es an Hotelköche zu verteilen. Es listet eine Reihe vegetarischer Speisen auf, die für Shaw zubereitet werden konnten, darunter gekochte weiße Bohnen, Curryreis und Eier (»aber nicht zu oft«). Mrs. Shaw hatte Erfahrung mit der Frage: »Aber was isst er denn dann?« Gemüse, Kartoffeln und Reis – aus Sicht der klassischen europäischen Kochkunst handelt es sich dabei lediglich um Beilagen. Fast die gesamte Aufmerksamkeit widmet sie traditionell Fleisch und Fisch.

In vielen anderen Ländern sieht das ganz anders aus. Wer einmal ein indisches Thali genossen hat, der weiß, dass die Mitte des großen Tabletts dem Reis gehört. Um diesen Mittelpunkt herum gruppieren sich mehrere Gerichte: mit Hülsenfrüchten, mit Gemüse, vielleicht auch mit Fleisch – vielleicht aber auch nicht. In anderen asiatischen Ländern bietet sich ein ähnliches Bild: Im Zentrum der Mahlzeiten stehen Reis, Nudeln und Gemüse. Zum Glück haben sich unsere Küchen seit Shaws Zeiten für Einflüsse aus aller Welt geöffnet. Menschen, die auf Fleisch verzichten, müssen sich heute nicht mehr häufig mit Beilagen zufrieden geben. Seit Pasta und Risotto, asiatische Wokgerichte und orientalischer Couscous fest zu unserem Speiseplan gehören, sind Reis, Nudeln und andere Getreideprodukte in die Mitte vegetarischer Mahlzeiten gerückt.

Kein Wunder, dass der Anteil von Kohlenhydraten an der Ernährung bei Vegetariern höher liegt als bei Mischköstlern. Die immer wieder gehörte Sorge, ohne Fleisch bekäme der Körper nicht genügend Proteine, ist dennoch unbegründet: In den westlichen Industrienationen wird in der Regel sogar zu viel Eiweiß mit der Nahrung aufgenommen. Dass sich Vegetarier zur proteinreichen Linsensuppe ein Tofuwürstchen zubereiten, hat also kaum etwas mit ernährungsphysiologischen Überlegungen zu tun, sondern schlicht mit Lust auf Würstchen. Was zu der immer wieder erregt diskutierten Frage führt: Darf man Fleisch ablehnen, gleichzeitig aber Appetit auf Fleischernes haben?

DER GESCHMACK UND DAS GEDÄCHTNIS

Jonathan Safran Foer, der amerikanische Autor, dessen Buch »Tiere essen« 2009 eine neue Vegetarismusdebatte anstieß, brachte es in einem Interview einmal auf den Punkt: »Ich liebe Würste auch, aber ich esse sie nicht.« Die allermeisten Vegetarier hierzulande lehnen Fleisch aus ethischen und ökologischen Gründen ab. Aufgewachsen aber sind sie mit Gulasch und Schinkenbrot, und beide haben ihnen geschmeckt. Geschmack ist kulturell gelernt. Selbst wenn die Änderung der Kochgewohnheiten das Fleisch inzwischen vom zentralen Platz auf dem Teller verdrängt hat, bleiben ein gewisses Mundgefühl und bestimmte Aromen für viele tief im positiven Geschmacksgedächtnis verankert.

Die Lebensmittelindustrie hat das längst erkannt. Pflanzliche Imitate von Wurst und Schnitzel nehmen immer breiteren Raum in den Kühlregalen ein. Doch auch weniger verarbeitete Lebensmittel bereichern vegetarische Gerichte um fleischähnliche Texturen. Es ist kein Zufall, dass die meisten davon aus Asien stammen: Sie spielen dort in der fleischlosen buddhistischen Küche seit Langem eine Rolle. Bei uns ist Tofu am weitesten verbreitet. Der Sojabohnenquark lässt sich nicht nur panieren und wie ein Schnitzel braten, sondern setzt beispielsweise in Wokgerichten einen Kontrapunkt zum knackigen Gemüse. Mit seiner elastischen Konsistenz ist das Weizeneiweißprodukt Seitan allerdings dabei, dem Tofu den Rang abzulaufen – nicht nur in Form von bissfesten Seitanwürstchen, sondern auch als Geschnetzeltes in Pfannengerichten. Das fleischähnlichste Mundgefühl aber lässt sich mit dem leicht faserigen texturierten Soja erreichen. Als feine oder grobe Schnetzel, Würfel und sogar in Form von Steaks erhältlich, erlaubt es, gerade klassische Fleisch-Schmorgerichte so gut zu reproduzieren, dass sich sogar Fleischesser mitunter von Soja-Bolognese und Gulasch täuschen lassen.

> *Durch die Globalisierung sind mittlerweile Pasta, Reis und andere Getreide in die Mitte vegetarischer Mahlzeiten gerückt.*

Aus Seitan werden viele fleisch-ähnliche Produkte wie Wurst, Geschnetzeltes und Nudelfüllungen hergestellt.

FÜLLE DES GESCHMACKS

Der Trick liegt in der Würze, und »umami« ist dabei das entscheidende Stichwort. Den Namen für diese fünfte Geschmacksrichtung neben süß, sauer, salzig und bitter gibt man bei uns häufig mit »fleischig, voll« wieder. Tatsächlich ist umami ganz erheblich für das Geschmackserlebnis von Fleisch und Fisch verantwortlich. Doch zum Glück für die vegetarische Küche beschränkt sich das natürliche Vorkommen der Glutaminsäure, die für den umami-Geschmack verantwortlich ist, keineswegs darauf. Gerade fermentierte Sojaprodukte wie Sojasauce und Misopaste können Speisen dieses volle Aroma verleihen. Tomaten und Pilze enthalten ebenfalls reichlich Glutaminsäure – kein Wunder, dass Tomatenmark und Trockenpilze auch in der traditionellen Fleischküche sehr beliebt sind. Weiß man darüber hinaus, dass würziger Käse einen sehr hohen Gehalt an Glutaminsäure besitzt, dann ahnt man auch, warum gerade bei Anfängern der vegetarischen Küche Gemüse so gerne mit Käse überbacken wird.

Angestrebt wird dabei sicher neben dem Geschmack auch eine gewisse Üppigkeit. Wer sie bei purem Gemüse vermisst, kann aber auch zu Avocado oder Nüssen und Samen greifen: Pinienkerne beispielsweise, zum Schluss über ein Gericht gestreut, machen es gehaltvoller, verleihen aber auch feine Würze. Wer dagegen auf der Suche nach kräftig herzhaftem Aroma ist, findet es in Räucherkäse und Räuchertofu. In beiden Fällen verliert es sich allerdings bei längerem Erhitzen, sodass diese Zutaten erst zum Schluss zugegeben werden sollten. Beständiger ist der Räuchergeschmack bei spanischem Räucherpaprikapulver und den Chipotle genannten geräucherten Jalapeño-Chilis, die es im Spezialhandel gibt.

Die Lebensmitteltechnik und die globale Verfügbarkeit auch exotischer Zutaten haben die vegetarische Küche bereichert. Doch je selbstverständlicher pflanzliche Rezepte in Textur und Geschmacksreichtum mit Fleischspeisen konkurrieren können, desto mehr verlagert sich das Interesse. Immer mehr Menschen begründen ihre eigenen kulinarischen Traditionen ohne Fleisch, und kreative Köche loten die Möglichkeiten einer genuin vegetarischen Küche aus. Sie können dabei aus einem Gemüsereichtum schöpfen, wie er nie zuvor zur Verfügung stand. Die enorme Aromenvielfalt der exotischen Sorten aus aller Welt, aber auch vergessener Züchtungen und Wildformen machen Gemüse zum wahren Star der pflanzlichen Kochkunst. Aus »Essen ohne Fleisch« ist »Genuss mit Gemüse« geworden. Die vegetarische Küche ist den Kinderschuhen entwachsen.

SABINE SCHLIMM

MILCH UND MILCHPRODUKTE

MILCH UND MILCHPRODUKTE

Vegetarier schätzen Milch und die daraus gewonnenen Erzeugnisse wie Sahne, Butter und Joghurt zum Verfeinern vieler pikanter und süßer Gerichte. Käse wird in seiner Vielfalt überwiegend pur genossen.

Von Ostasien einmal abgesehen, spielen Milch und Milchprodukte in der Ernährung der meisten Menschen eine wichtige Rolle, gerade auch in der vegetarischen Küche. Ovo-Lacto-Vegetarier schätzen Milch, Joghurt, Sahne und Käse als Basis oder zum Verfeinern vieler Gerichte. Zudem leisten Milchprodukte einen wichtigen Beitrag zur Gesundheit und liefern viele wertvolle Inhaltsstoffe.

Milch

Wer von Milch (1) spricht, meint in Europa grundsätzlich Kuhmilch. Andere Milcharten müssen laut EU-Richtlinie entsprechend gekennzeichnet werden. Milch ist eine undurchsichtige, weiße, leicht süß schmeckende Flüssigkeit. Verantwortlich dafür ist der enthaltene Milchzucker – die Laktose. Hinzu kommen Eiweiß- und Fettbestandteile, die als Basis für viele Milchprodukte dienen. Zudem enthält Kuhmilch Vitamine der B-Gruppe, Vitamin A, D, E und K sowie Mineralstoffe (Kalzium, Kalium, Phosphor, Zink) und Karotin. Der Handel bietet sie in unterschiedlichen Fettstufen an: Es gibt entrahmte (0,3 bis 0,5 % Fett) oder teilentrahmte Milch (1,5 bis 1,8 % Fett). Bei Vollmilch liegt der Fettgehalt zwischen 3,5 und 3,8 Prozent. Je nach Vorbehandlung kann Milch unterschiedlich lange aufbewahrt werden. Unbehandelte Rohmilch hält gekühlt etwa 2 Tage, ist jedoch nur direkt ab Hof zu haben. Gefilterte und verpackte Rohmilch wird als Vorzugsmilch verkauft, darf jedoch nur von staatlich zugelassenen, kontrollierten Betrieben erzeugt werden. Handelsübliche Frischmilch ist pasteurisiert und hält gekühlt 4 bis 6 Tage. Bis zu 3 Wochen (ungeöffnet) lässt sich pasteurisierte und mikrofiltrierte ESL-Milch (extended shelf life) aufbewahren, und ultrahocherhitzte H-Milch hält bis zu 3 Monate. Milch wird als Getränk genutzt. In der vegetarischen Küche dient sie zur Herstellung von Saucen wie der Sauce béchamel, die zur Zubereitung von Gemüseaufläufen und Lasagne benötigt wird. Zudem ist Milch eine wichtige Zutat für Dessertsaucen, Süßspeisen, Füllungen und Cremes.

BUTTERMILCH

Bei der Gewinnung von Butter aus Rahm bleibt der wässrige Anteil übrig. Werden dieser Flüssigkeit Milchsäurebakterien zugesetzt, entsteht die weiße, leicht dickflüssige, säuerliche Buttermilch (2). Sie ist kalorienarm, aber vitamin- (B-Gruppe) und mineralstoffreich (Kalzium, Kalium, Phosphat). Buttermilch dient als erfrischendes Getränk, kann jedoch auch in Suppen und Saucen Verwendung finden.

JOGHURT

Wird Milch erwärmt und mit speziellen Milchsäurebakterien geimpft, entsteht daraus nach einigen Stunden Joghurt (3). Der Handel bietet ihn in vielen Sorten und Geschmacksrichtungen an. Er lässt sich aber auch selbst herstellen, wie unten gezeigt. Als Basis für pikante Dips, leichte Mousses und süße Cremes oder als Begleitung zu Früchten eignet sich Naturjoghurt ohne färbende und geschmacksgebende Zusätze am besten. Er ist in verschiedenen Fettstufen erhältlich und schmeckt leicht säuerlich und erfrischend. Für besonders cremige Dips und Desserts eignet sich gelatinefreier Naturjoghurt mit 10 Prozent Fettgehalt.

KEFIR

Kefir (4) ist ein dickflüssiges, laktosefreies, leicht alkoholhaltiges Sauermilchgetränk. Dafür werden abgekochter, abgekühlter Milch von Kuh, Schaf, Ziege oder Stute sogenannte Kefirknollen oder -pilze zugesetzt. Dabei handelt es sich um eine weiße, gummiartige Masse, die im Aussehen an Blumenkohl erinnert.

Joghurt selbst herstellen

1. 700 ml Milch auf 37 °C erwärmen und 100 g Naturjoghurt einrühren. Die so geimpfte Milch in Gläser füllen und diese gut verschließen.

2. Die Gläser in das Joghurt-Zubereitungsgerät stellen. Den Joghurt darin 6 Stunden reifen lassen (Herstellerangaben beachten), alternativ im Ofen 6 Stunden auf etwa 50 °C erhitzen.

MILCHPRODUKTE

Crème double oder Doppelrahm ist ein festes Erzeugnis aus süßer Sahne mit einem Fettgehalt von mindestens 40 bis 55 Prozent.

Kefirknollen bestehen aus einer Mischung aus Bakterien, Hefen, Eiweißen, Fetten und Mehrfachzuckern. Industriell hergestellter Kefir enthält in der Regel keinen Alkohol, dafür aber Laktose. Kefir gilt als sehr gesund und schmeckt leicht säuerlich, prickelnd und erfrischend.

Sahne

Sahne (1) oder Rahm entsteht durch Aufrahmen von Rohmilch. Lässt man diese einige Zeit stehen, steigen die kleinen, in der Milch verteilten Fettkügelchen an die Oberfläche und der Rahm lässt sich abschöpfen. Industriell hergestellte Sahne wird durch Zentrifugieren der Milch gewonnen. Handelsübliche Sahne ist pasteurisiert und enthält 25 bis 36 Prozent Fett. Ab einem Fettgehalt von 30 Prozent wird sie als Schlagsahne (2) bezeichnet und eignet sich zum Aufschlagen. Sahne mit höherem Fettgehalt (36 Prozent Fett) ergibt eine besonders standfeste Schlagsahne. Flüssig verfeinert süße Sahne pikante und süße Saucen und ist Basis vieler Cremes und von Eis. Schlagsahne eignet sich als Garnitur und begleitet Früchte, Desserts und Gebäck. Sie lockert Massen und Mousses und ist Grundlage für Dips und Cremes. Vor dem Servieren untergezogene, halbsteif geschlagene Sahne verleiht Saucen eine luftigere Konsistenz.

PRODUKTE AUS SÜSSER SAHNE

Süße Sahne mit einem Fettgehalt von 40 bis 55 Prozent wird Crème double (s. links) genannt. Sie ist cremig-fest und sehr gehaltvoll. Crème double ist in gut sortierten Lebensmittelgeschäften und Supermärkten erhältlich. Sie dient zur Verfeinerung von Saucen und Suppen sowie zur Zubereitung von Desserts und Eis.

SAURE SAHNE

Wird süße Sahne mit Milchsäurebakterien versetzt, entsteht saure Sahne (3) oder Sauerrahm. Sie hat eine festere Konsistenz als süße Sahne. Saure Sahne enthält mindestens 10 Prozent Fett und schmeckt leicht säuerlich. Da sie beim Erhitzen leicht ausflockt, wird saure Sahne vorwiegend für kalte Saucen und Dips verwendet oder erst gegen Ende des Garprozesses untergerührt.

PRODUKTE AUS SAURER SAHNE

Zum Verfeinern warmer Saucen eignen sich fetthaltigere Produkte aus saurer Sahne besser. Schmand (4) ist leicht säuerlich, enthält 20 bis 29 Prozent Fett und ist cremiger als saure Sahne. Er verfeinert Saucen und Suppen, dient als Kuchenbelag und Garnitur. Crème fraîche (5) muss 30 Prozent Fett oder mehr aufweisen. Crème légère ist eine leichtere Variante mit etwa 20 Prozent Fett. Crème fraîche ist cremig und hat einen feinsäuerlichen Geschmack. Sie eignet sich besonders gut zum Verfeinern warmer Saucen, da sie beim Erhitzen nicht so schnell ausflockt. Crème fraîche dient zudem zur Herstellung kalter Saucen und Dips. In Frankreich liebt man sie zu Erdbeeren.

Sahne schlagen

1. Die (gezuckerte) Sahne mit dem Handrührgerät auf mittlerer Stufe halbsteif schlagen. Kreisende Bewegungen der Quirle sorgen dabei für ein gleichmäßiges Ergebnis.

2. Die halbsteif geschlagene Sahne mit dem Schneebesen von Hand fertig schlagen. So wird ein »Überschlagen« der Sahne sicher vermieden.

KÄSE

Frisch und mild oder würzig gereift – in der vegetarischen Küche ist Käse ein willkommener Eiweißlieferant und Geschmacksgeber. Er schmeckt pur, bereichert Salate, verfeinert Suppen und verleiht Aufläufen eine goldgelbe Kruste.

Schafsmilch-Ricotta wird aus Molke gewonnen, die bei der Schafskäseherstellung anfällt.

Fleischlose Klassiker aus verschiedenen Landesküchen beweisen, wie gut Käse und stärkehaltige Produkte zusammenpassen. So schmecken zum geschmolzenen Schweizer Raclettekäse Pellkartoffeln, und in Allgäuer Kässpatzen gehört eine Mischung aus Bergkäse und Weißlacker oder Romadur (s. Seite 142). Italienische Pasta- und Gemüsegerichte wären ohne Parmesan und Pecorino nicht denkbar. Warm oder kalt erweist sich Käse als ausgesprochen vielseitig. Er kann Brotbelag sein, als »Obazter« oder »Saurer Käs« zur Brotzeit gereicht oder als Süßspeise und Kuchen genossen werden. Aber nicht jede Sorte eignet sich für jede Zubereitung. Je nach Herstellung (s. Seite 145), Fettgehalt und Reifedauer entstehen die verschiedensten Käsesorten, die eine unterschiedliche Konsistenz und ein ganz eigenes, unverwechselbares Aroma aufweisen.

Frischkäse

Aus pasteurisierter Milch oder Sahne hergestellter Frischkäse schmeckt angenehm säuerlich. Da er viel Wasser enthält, ist er entsprechend weich und wird sehr jung (ungereift) verzehrt. Zu seiner Herstellung sind geringere Temperaturen und weniger Lab oder Labaustauschstoffe notwendig als bei der Herstellung von Hartkäse.

QUARK UND RAHMFRISCHKÄSE

Quark ist ein Sauermilchfrischkäse aus pasteurisierter Milch. Zum Gerinnen gebracht wird diese durch Milchsäurebakterien, Lab wird nicht verwendet. Magerquark weist eine krümelig trockene Konsistenz auf. Für höhere Fettgehalte (20 bis 40 %) und eine cremigere Konsistenz wird zusätzlich Sahne zugesetzt. Quark eignet sich als Basis für Füllungen, pikante Dips, süße Saucen und Cremes sowie als Backzutat. Für Käsekuchen wird er häufig entwässert oder gepresst. Ganz ähnlich wird der etwas festere, mild süßlich oder leicht säuerlich schmeckende Doppelrahmfrischkäse verwendet, der einen Fettgehalt von mindestens 60 Prozent aufweisen muss.

MASCARPONE

Mascarpone (s. rechts) ist italienischer mild süßer Doppelrahmfrischkäse aus Sahne. Er eignet sich sehr gut für Cremes und Desserts (Tiramisu), aber auch als Basis für Käsecremes zum Gratinieren.

Mascarpone hat einen sehr hohen Fettgehalt (80 %) und ist besonders cremig.

ANDERE FRISCHKÄSE

Hüttenkäse (1) oder Cottage cheese ist ein Frischkäse mit körniger Konsistenz. Er schmeckt als Brotaufstrich oder in Salatsaucen. Ziegenfrischkäse (s. rechts) ist cremig mild und leicht säuerlich. Er eignet sich für Vorspeisen und Füllungen. Etwas länger gereift und mariniert (3) schmeckt er zu Brot, gratiniert ist er ein guter Begleiter für Früchte.
Feta (2) ist ein weißer, aus Schaf- und/oder Ziegenmilch hergestellter, in Salzlake eingelegter griechischer Käse. Ähnliche Käse gibt es heute auch aus Kuhmilch. Feta eignet sich für die Zubereitung von Dips und mediterranen Salaten.

RICOTTA

Ricotta (s. rechts) wird durch Erhitzen und Säuern der beim Käsen anfallenden Molke hergestellt. Frisch schmeckt die fettarme Ricotta mild süßlich und eignet sich für Füllungen (Teigwaren, Gemüse), Cremes und zum Backen (Ricottatorte).

Ziegenfrischkäse ist cremig weiß und weist eine feinkörnige Struktur auf.

MOZZARELLA

Der aus Süditalien stammende Mozzarella di bufala (s. rechts) wird heute in vielen Ländern aus Kuhmilch hergestellt. Die Büffelmilch-Variante hat jedoch das feinere, frischere Aroma und ist weicher in der Konsistenz als der feste, mild-säuerliche Kuhmilch-Mozzarella. Die weißen, frischen Käsekugeln schmecken in Salaten (Caprese), eignen sich aber auch für Füllungen oder zum Überbacken von Gemüse, Aufläufen und Gratins.

Büffelmozzarella ist ein italienischer Brüh- und Knetkäse (Filata-Käse) aus Büffelmilch.

KÄSE

Weichkäse

Als Weichkäse werden ganz unterschiedlich schmeckende Käse zusammengefasst, die alle in der Konsistenz zwischen Frisch- und Schnittkäse liegen. Bei ihrer Herstellung wird der Käsebruch nur etwa walnussgroß zerkleinert und bleibt dadurch wasserreicher als bei der Hartkäseproduktion. Die Oberfläche dieser von außen nach innen reifenden Käsesorten wird oft speziell behandelt und ist gereift von Weißschimmel oder Rotflora überzogen.

WEISSSCHIMMELKÄSE

Die Oberfläche der Weißschimmelkäse ist mit einem feinen Schimmelrasen oder flaumigem Camembertschimmel bedeckt. Die wichtigsten Vertreter dieser Gruppe sind Brie (s. links, 1) und Camembert. Käse mit Weißschimmel schmecken leicht säuerlich (frisch) bis kräftig aromatisch (gereift) und dürfen auf einer klassischen Käseplatte nicht fehlen. Camembert wird gern paniert, ausgebacken und mit Preiselbeerkompott serviert.

ROTSCHMIEREKÄSE

Rotschmierekäse sind an ihrer gelblich orangen oder rötlich braunen Farbe zu erkennen. Die sich auf der Rinde bildende Rotflora wird während der Reifung immer wieder verrieben, »geschmiert«, daher der Name. Diese Käsefamilie, zu der der Elsässer Munster und der deutsche Romadur (s. links, 2) gehören, zeichnen sich durch ein besonders kräftiges, sehr würziges Aroma aus. Sie passen auf Käseplatten und geben Käsesaucen für Teigwaren eine würzig-pikante Note.

Schnittkäse

Zur großen Familie der Schnittkäse gehören bekannte Käsespezialitäten wie der niederländische Gouda oder deutscher Tilsiter. Schnittkäse enthält weniger Trockenmasse, aber mehr Wasser als Hartkäse und reift schneller. Viele Sorten werden aus Kuhmilch hergestellt, es gibt aber auch Schnittkäse aus Schaf- und/oder Ziegenmilch. Charakteristisch für

1 Brie de Meaux ist ein ursprungsgeschützter AOC-Käse aus Frankreich mit Weißschimmel. 2 Romadur ist ein Rotschmierekäse aus Deutschland. 3 Taleggio ist eine alte Weichkäsesorte mit Rotschmiere aus der Lombardei. 4 Schafskäse aus den Pyrenäen, aus reiner Schafsmilch mit kleiner Lochung. 5 Schnittfester Ziegen-Gouda aus Holland. 6 Raclette-Käse schmilzt, ohne sofort zu zerfließen, und ist daher für die gleichnamige Spezialität ideal. 7 Fontina ist ein beliebter Schnittkäse aus dem Aostatal. 8 Appenzeller ist ein traditioneller, würziger Schnittkäse aus der Schweiz.

KÄSE

1 Gorgonzola piccante hat einen hellgelben, von vielen bläulichen Schimmeladern durchwachsenen Teig. 2 Fourme d'Ambert ist ein kräftiger Kuhmilch-Blauschimmelkäse aus Frankreich. 3 Bleu d'Auvergne wird im Massif Central ebenfalls aus Kuhmilch hergestellt. 4 Blue Stilton genießt man in Großbritannien gern mit Portwein zum Dessert. 5 Valdéon ist ein würziger Kuhmilch-Blauschimmelkäse aus Spanien. 6 Deutsche Edelpilzkäse sind meist fester im Teig und schmecken milder als andere europäische Blauschimmel-Varietäten.

diese Käsegruppe ist ihr schnittfester, geschmeidiger Teig. In der vegetarischen Küche werden Schnittkäse vielseitig verwendet: Sie dienen als Brotbelag, schmecken in herzhaften Salaten und eignen sich bestens zum Überbacken von Teigwaren, Gemüse und Aufläufen.

SCHAF- UND ZIEGENMILCHKÄSE

Aus den französischen Pyrenäen kommen verschiedene Käse mit schnittfestem, geschmeidigem Teig aus Schafsmilch (s. links, 4) oder Mischungen aus Schafs- und Kuhmilch. Diese Käse haben ein angenehm kräftiges Aroma. Auch aus Ziegenmilch werden würzige Schnittkäse produziert (s. links, 5).

KUHMILCHKÄSE

Schnittkäse aus Kuhmilch (s. links, 6–8) schmecken mild (Fontina) bis kräftig (Raclette) oder würzig (Appenzeller). Sie zerlaufen beim Überbacken oder Gratinieren meist stark, sollten jedoch nicht zu lange im Ofen bleiben, damit die Käsekruste nicht zu hart wird.

Blauschimmelkäse

Käse mit blauem Innenschimmel, auch Bleu oder Edelpilzkäse genannt, ist in vielen Sorten erhältlich und wird überwiegend aus Kuh- oder Schafsmilch hergestellt. Die Schimmelpilzkulturen gelangen häufig mit einer Injiziernadel in das Innere der Laibe. Bei Roquefort (s. Seite 140, 4) oder Stilton (s. oben, 4) wird der Schimmel bereits in pulverisierter Form bei der Herstellung untergemischt. Blauschimmelkäse haben häufig eine cremige Konsistenz und reichen im Geschmack von mild bis pikant.

GORGONZOLA

Sehr bekannt ist der italienische Gorgonzola, ein Blauschimmelkäse aus Kuhmilch, den es in einer milden (Gorgonzola dolce) und pikanten Version (s. oben, 1) gibt. Gorgonzola würzt sahnige Saucen zu Pasta und Gnocchi und passt sehr gut zu süßen Früchten wie Feigen oder Birnen. Auch mit Walnüssen oder Honig harmoniert er gut.

ROQUEFORT

Der bekannteste französische Blauschimmelkäse ist der Roquefort (s. Seite 140, 4), der sich nur so nennen darf, wenn er aus roher Schafsmilch hergestellt und einige Wochen in den Höhlen um das Dorf Roquefort-sur-Soulzon im Departement Aveyron gereift ist. Mit seinem weichen, bröckeligen Teig und dem salzig pikanten Geschmack harmoniert er gut mit Staudensellerie, Birnen und Walnüssen. Roquefort bereichert Käseplatten und gibt Käsedressings und -saucen eine pikante Note.

ANDERE BLAUSCHIMMELKÄSE

Viele Länder haben ihre eigenen Blauschimmel-Spezialitäten wie Großbritannien oder Spanien (s. oben, 4, 5). Generell gilt, je intensiver und pikanter der Käse, desto besser passt Süßes dazu. Sehr gut harmonieren würzig pikante Edelpilzkäse daher mit Früchten (Weintrauben, Birnen) oder mit Honig. Die meisten Sorten eignen sich auch gut für Pastasaucen sowie zum Überbacken von Gemüse.

KÄSE

Hartkäse

Hartkäse zeichnet sich durch einen festen, geschmeidigen Teig aus. Bei seiner Herstellung wird der Käsebruch mittels einer Käseharfe stärker zerkleinert als bei Schnitt- oder Weichkäse. Um den etwa maiskorngroßen Bruchkörnern ausreichend Festigkeit zu geben, werden sie nach dem Zerkleinern noch einmal erhitzt (nachgewärmt) und gepresst.

ALP- UND BERGKÄSE

Viele bekannte Hartkäsespezialitäten stammen aus dem Alpen- oder Voralpenraum, wie beispielsweise würziger Gruyère (s. Seite 140, 5), Comté aus dem französischen Jura (s. links, 2) oder Allgäuer Bergkäse (s. links, 3). Diese Berg- oder Alpkäse haben meist einen hellgelben, festen Teig mit geringerer oder starker Lochung. Unter den Sorten mit vielen, großen Löchern ist der nussige Emmentaler (s. Seite 140, 6) der bekannteste. Jung sind Hartkäse geschmeidig und mild, mit zunehmender Reife werden sie härter, würziger und salziger. Hartkäse schmecken zur Brotzeit und sind klassischer Bestandteil von Käseplatten. Sie passen in Salate, Füllungen und geben Teigwaren (Knödel) einen kräftigen Geschmack. Gerieben verleihen sie Saucen zu Pasta sowie zum Überbacken von Aufläufen und Gemüse eine würzige Note. In den Küchen des Alpenraums haben vegetarische Kombinationen von Teigwaren und Hartkäse eine lange Tradition.

ANDERE HARTKÄSE

Auch in anderen Ländern werden ähnlich feste Käse produziert. In Spanien ist der vollwürzige, leicht salzige Manchego aus Schafsmilch der bekannteste. In Großbritannien zählt der milde aus Kuhmilch hergestellte Cheddar zu den Favoriten. Er wird nach einigen Monaten der Reifung ebenfalls kräftiger und fester.

Reibkäse

Extraharte Käse aus Kuh- oder Schafsmilch zeichnen sich durch einen sehr geringen Wassergehalt aus und werden wie Hartkäse aus stark zerkleinertem, nachgewärmtem Käsebruch hergestellt. Mit fortschreitender Reife trocknen die Laibe weiter aus und werden noch härter. Dank ihrer bröckelig-körnigen Struktur sind sie zum Reiben ideal. Reibkäse sind im Geschmack vollmundig würzig bis salzig pikant und eignen sich bestens zum Abrunden von Teigwaren und Gemüse. Sieht ein Rezept Reibkäse in größerer Menge vor, sollte man daher beim Salzen vorsichtig sein.

PARMESAN UND PECORINO

Unter den Reibkäsen ist der Parmigiano-Reggiano (s. Seite 140, 7) mit seinem gelben, strohfarbenen Teig und der fein-körnigen Struktur der berühmteste. Er darf nur aus Kuhmilch in einem begrenzten Gebiet Norditaliens hergestellt werden. Um sein würziges, angenehm nussiges Aroma zu entfalten, benötigt er eine Reifezeit von bis zu 22 Monaten und mehr. Parmesan sollte, wie andere Hartkäse auch, erst unmittelbar vor der Verwendung gerieben werden, damit sich sein Aroma nicht vorzeitig verflüchtigt. Parmesan aromatisiert Pastasaucen und Teigwaren und ist für Pesto unentbehrlich. Gemüse wie Auberginen, Fenchel, Mangold oder Spinat verleiht er – mit ein paar Butterflocken bestreut und gratiniert – eine würzige Kruste. In Mittel- und Süditalien beliebt ist der aus Schafsmilch hergestellte Pecorino romano (s. links, 1) oder Pecorino sardo (s. Seite 140, 8). Er reift acht Monate und mehr und passt mit seinem salzig-pikanten Geschmack sehr gut zu Pasta- und Gemüsegerichten auf Olivenölbasis.

Räucherkäse

Räucherkäse können zusätzlich Aroma in vegetarische Gerichte bringen. Meist werden dafür Schnittkäse ausgewählt, aber auch Hart- oder Filatakäse erhalten durch das Räuchern eine andere geschmackliche Note. Bekannt sind etwa geräucherte Mozzarella di bufala oder Scamorza affumicata (s. links, 4). Räucherkäse schmecken pur, ebenso gebraten oder gegrillt und eignen sich auch zum Überbacken.

1 Pecorino romano mit seinem körnigen Teig wird wie Parmesan als Reibkäse verwendet. 2 Comté ist ein mild-würziger französischer Hartkäse. 3 Allgäuer Bergkäse ist jung eher mild, gereift angenehm würzig und aromatisch. 4 Scamorza affumicata ist ein geräucherter Kuhmilch-Filatakäse aus Italien.

VEGETARISCHER KÄSE?
Entscheidend ist das Kleingedruckte

»Wieso vegetarischer Käse? – Käse ist doch vegetarisch«, meint selbst mancher Vegetarier. Sicher, Milch als Hauptbestandteil von Käse ist einwandfrei vegetarisch. Doch bei den zur Käseherstellung benötigten Zusatzstoffen sieht es anders aus. Die können mikrobieller, pflanzlicher, biotechnologischer oder auch tierischer Herkunft sein.

Warum diese Zusatzstoffe überhaupt notwendig sind, zeigt ein Blick in die Käseküche: Damit sich die rohe oder erhitzte Milch in Käse verwandeln kann, muss sie zur Gerinnung gebracht oder »dickgelegt« werden, wie es in der Fachsprache heißt. Und das geschieht entweder durch Säure oder durch Lab oder durch eine Kombination aus beidem. Die dickgelegte Milch, die Gallerte, wird anschließend weiter zu Käsebruch zerkleinert und die übrige Flüssigkeit, die Molke, fließt ab.

EINE FRAGE DER ZUSATZSTOFFE

Die einfachste Art der Käseherstellung ist, Milch einfach stehen zu lassen. Dabei wird der Milchzucker (Laktose) durch Bakterien zu Milchsäure zersetzt. Ist entsprechend viel Säure vorhanden, gerinnt das Eiweiß und die Milch wird fest. Die Säure beeinflusst dabei jedoch auch den Geschmack, daher ist diese Art der Herstellung nicht für jeden Käsetyp geeignet. Sie wird hauptsächlich für säuerliche Frisch- und Sauermilchkäsesorten verwendet.

Bei der Süßmilchgerinnung müssen andere Zusatzstoffe die Eiweißgerinnung veranlassen. Infrage kommen hierfür bestimmte Enzyme (Chymosin und Pepsin) aus dem Labmagen von jungen, noch Milch trinkenden Säugetieren, meist von geschlachteten Kälbern, aber auch von Lämmern oder Ziegenkitzen. Das Lab steht als flüssige Essenz oder auch als Pulver zur Verfügung, damit lässt sich die Milch dicklegen, ohne dabei sauer zu werden. Bio-Bergkäse und viele klassische Hartkäsesorten werden mithilfe tierischen Labs gekäst.

Doch auch die Inhaltsstoffe mancher Pflanzen können Milch gerinnen lassen, so etwa bestimmte Wirkstoffe von Labkräutern, Papayasaft, dem Saft des Feigenbaums oder von Distelgewächsen. Dabei wirken sich allerdings auch diese sogenannten Labaustauschstoffe stark auf den Geschmack des fertigen Käses aus, weshalb sie eher selten zum Einsatz kommen. Aus Artischocken gewonnener Labaustauschstoff wird etwa für einige portugiesische Schafkäsesorten wie den »Queijo da Serra da Estrela Velho« oder den »Queijo de Azeitão« verwendet.

Eine weitere Alternative bieten biotechnologisch erzeugte Labaustauschstoffe, die vor allem in den USA, mittlerweile aber auch in Europa, zunehmend Verwendung finden. Dabei handelt es sich um gentechnisch veränderte, auf Basis von Bakterien, Hefe oder Schimmelpilzen erzeugte Chymosine. Aufgrund des Einsatzes von Gentechnik bei ihrer Herstellung sind diese biotechnologischen Labaustauschstoffe für die Produktion von Bio-Käse allerdings verboten.

In Großbetrieben setzen Käser daher heute oft meist sogenanntes mikrobielles Lab ein. Diese Labaustauschstoffe werden in Fermentern auf Basis verschiedener Schimmelpilze produziert.

DEKLARATION

Weil die verschiedenen Dicklegungsmittel jedoch nicht als Lebensmittelzusatzstoffe, sondern als Produktionshilfsstoffe eingestuft sind, müssen Käsereien auf der Verpackung keine Angaben zum Lab machen. Lediglich Bio-Supermärkte oder spezielle Läden für Vegetarier geben neben Namen und Fettgehalt einer Käsesorte auch noch die Art des verwendeten Labs oder des Labaustauschstoffes an. Überall sonst bleibt die Herkunft des Gerinnungsmittels im Dunkeln.

Zwar sind die verwendeten Mengen an Labenzymen oder Labaustauschstoffen im fertigen Käse minimal – auf 1 kg Käse kommen lediglich 0,0004 bis 0,0008 g – doch wer das Schlachten von Tieren aus Überzeugung ablehnt, dem bleibt nichts anderes übrig, als beim Einkauf jeweils nachzufragen oder im Internet nach dem entsprechenden Käse und dem dafür verwendeten Lab/Labaustauschstoff zu fahnden. Für Käsesorten, die aus großen Betrieben stammen, sind hierbei die Angaben auf der Internetseite www.kaeseseite.de hilfreich. Bei Käse aus kleinen Almsennereien kommt man dagegen nicht darum herum, selbst genauer nachzufragen, damit dem reinen, wirklich 100-prozentig vegetarischen Käsegenuss nichts im Wege steht.

KATRIN WITTMANN

Ob zur Käseherstellung tierische, pflanzliche oder mikrobielle Zusatzstoffe verwendet wurden, erfährt man am besten durch Nachfragen.

SOJA- UND FLEISCHERSATZ-PRODUKTE

SOJAPRODUKTE

Sojamilch und daraus hergestellte Produkte haben in der vegetarischen, vor allem aber in der veganen Küche eine große Bedeutung als wertvolle Eiweißlieferanten.

In Asien sind Sojabohnen und -produkte seit jeher eine wichtige Zutat, aber auch in den westlichen Küchen und insbesondere bei Vegetariern und Veganern erfreuen sie sich zunehmender Beliebtheit. Das lässt sich an der immer größer werdenden Auswahl an Sojaprodukten in Bioläden, Reformhäusern und Supermärkten ablesen. Die frisch ausgepalten oder getrockneten Kerne selbst kommen hingegen bei uns noch eher selten zum Einsatz. Dies könnte sich in Zukunft ändern, denn inzwischen gibt es genfreies Bio-Saatgut, das sich auch für den Hausgarten eignet. In den nächsten Jahren wird es sicherlich von dem einen oder anderen (Hobby-)Gärtner versuchsweise angebaut (s. Seite 151). Wesentlich bekannter und überall erhältlich sind bei uns dagegen die aus den Bohnen gewonnenen Produkte wie Sojaöl (s. Seite 187), Sojamilch sowie daraus hergestellte Sahne, Joghurt (s. Seite 150) und Quark (s. Seite 150). Und auch die aus der asiatischen Küche bekannten, aus Sojabohnen hergestellten Würzsaucen und -pasten (s. Seite 172) gibt es bei uns mittlerweile so gut wie überall zu kaufen.

Sojamilch

Als Basis für eine Vielzahl an Sojaprodukten dient Sojamilch (1), die sich allerdings bei uns – im Gegensatz zum asiatischen Raum – nicht Milch nennen darf, sondern als Soja-Drink im Regal steht. Der Begriff »Milch« ist im Handel den von Säugetieren gewonnenen Produkten vorbehalten. Zur Gewinnung von Soja-Drink oder Sojamilch werden getrocknete, gelbe Sojabohnen in Wasser eingeweicht, abgegossen und püriert. Im Verhältnis 1 : 10 mit Wasser vermischt, wird das Bohnenpüree noch etwa 20 Minuten gekocht. Dadurch werden zum einen erwünschte Eiweiße, Fette und Mineralstoffe gelöst, zum anderen unerwünschte Bestandteile (verdauungshemmende Trypsin-Inhibitoren) unwirksam gemacht. Zum Schluss kommt die dickflüssige Mischung zum Abtropfen in ein Sieb. Das Ergebnis ist die beige-gelbliche Sojamilch. Die im Sieb zurückbleibenden ballaststoffreichen, aber geschmacksneutralen Schalenbestandteile, Okara genannt, werden nicht weggeworfen. Sie kommen in der vegetarischen Küche vielfältig zum Einsatz, etwa als Bestandteil von Brot und Gebäck oder auch als Einlage in Suppen und Eintöpfen. Wer Sojamilch in größerer Menge selbst herstellen will, für den lohnt sich die Anschaffung eines Spezialgerätes, das nur noch mit Sojabohnen und Wasser befüllt werden muss. Es ist in verschiedenen Ausführungen erhältlich und eignet sich auch für die Zubereitung von Nuss- oder Getreidemilch. Kleinere Mengen lassen sich gut mithilfe eines Mixers oder Cutters herstellen. Im Handel sind Soja-Drinks in verschiedenster Form erhältlich: gesüßt und ungesüßt, natur und in diversen Geschmacksrichtungen, wässrig oder in fettreicheren Varianten. Je nach Produkt variiert der Geschmack daher erheblich und reicht von neutral über leicht bohnenartig bis süßlich. Sojamilch ist cholesterin- und laktosefrei, enthält ähnlich viel Eiweiß, aber weniger Fett als Kuhmilch, dafür jede Menge ungesättigter Fettsäuren. Da sie jedoch relativ wenig B-Vitamine und Kalzium enthält, reichern viele Produzenten ihre Soja-Drinks mit diesen Stoffen an. In der Küche lässt sich Sojamilch wie Kuhmilch verwenden. In Asien trinkt man sie süß oder salzig bereits zum Frühstück. Sojamilch eignet sich zur Herstellung von pikanten Saucen, cremigen Suppen und Aufläufen sowie zur Zubereitung von Pfannkuchen und anderen Süßspeisen, Puddings, Cremes und süßen Saucen. In Kombination mit Früchten ergibt sie erfrischende Mixgetränke. Sojaeiweiß kann allerdings Allergien auslösen, daher sollte man Sojaprodukte erst in kleineren Mengen testen.

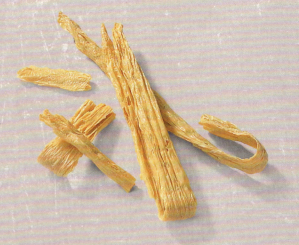

Yuba – getrocknete gelbliche Tofuhaut – ist in Form dünner oder breiter Stäbchen oder aufgerollten Bahnen in gut sortierten Asialäden erhältlich.

Die Verarbeitung von Sojamilch zu verschiedenen Sojaerzeugnissen wie Sojaquark oder Tofu erinnert im Ablauf an die Arbeitsweise heimischer Käsereien.

Sojamilchprodukte

Sojamilch selbst erweist sich in der vegetarischen Küche schon als überaus vielseitig, doch es lassen sich noch eine Menge weiterer Produkte aus ihr herstellen, wie etwa Sojasahne, Sojajoghurt, Yuba oder Sojaquark (s. Seite 152).

SOJASAHNE

Durch Zusatz von pflanzlichen Ölen, Emulgatoren und Stabilisatoren verwandelt sich Sojamilch in cremige, aufschlagbare Sojasahne (S. 148, 2), die unter der Bezeichnung Sojacreme oder Soja Cuisine in Bioläden, Reformhäusern, Lebensmittelgeschäften und Supermärkten erhältlich ist. Wie Sojamilch ist auch Sojasahne cholesterin- und laktosefrei und enthält viel Eiweiß und wertvolle ungesättigte Fettsäuren, jedoch deutlich weniger Fett (etwa 17 %) als das aus Kuhmilch hergestellte Pendant. Noch energieärmer ist die Light-Version mit etwa 5 Prozent Fett. In der Konsistenz ähnelt Sojacreme süßer Sahne, schmeckt aber süßlich und erinnert leicht an Soja oder Getreide. Pikanten Gerichten wie Saucen, Suppen und Aufläufen verleiht sie eine angenehm cremige Konsistenz. Sojasahne sollte allerdings erst gegen Ende der Garzeit zugegeben werden, um ein Ausflocken zu verhindern. Sie kann auch gut zur Zubereitung von Cremes und Eis verwendet werden. Ob sie Kaffeesahne ersetzen kann, darüber gehen die Meinungen auseinander – das muss jeder selbst testen. Für Veganer, Menschen mit Kuhmilchallergie oder Laktoseintoleranz ist die Sojasahne aber sicherlich eine gute Alternative.

SOJAJOGHURT

Ähnlich wie Kuhmilchjoghurt wird auch Sojajoghurt (s. Seite 148, 3) mittels Fermentation hergestellt. Dafür impft man Sojamilch mit Milchsäurebakterien. Diese sorgen dafür, dass die Sojamilch innerhalb einiger Stunden gerinnt und sich in Joghurt verwandelt. Sojajoghurt ist in der Konsistenz weniger fest als Kuhmilchjoghurt, weshalb gekaufter Sojajoghurt häufig mit Verdickungsmitteln stabilisiert und zusätzlich mit Kalzium angereichert wird. Im Geschmack ist er ähnlich fein säuerlich. Sojajoghurt ist frei von Cholesterin und Laktose und eignet sich damit wie die anderen Sojaerzeugnisse auch für Veganer, Kuhmilchallergiker und Menschen mit Laktoseintoleranz. Wie schon Sojamilch und Sojasahne darf auch Sojajoghurt nicht als solcher verkauft werden, sondern taucht unter verschiedenen Bezeichnungen wie »Yofu« oder »Sojag(h)urt« im Handel auf. Er ist von verschiedenen Herstellern natur sowie in unterschiedlichen Geschmacksrichtungen erhältlich. Aus ungesüßter Sojamilch und Starterbakterien oder Natur-Sojajoghurt lässt sich Sojajoghurt wie Kuhmilchjoghurt auch einfach im Joghurtbereiter selbst herstellen (s. Seite 137). Natur-Sojajoghurt lässt sich in der Küche wie Naturjoghurt aus Kuh- oder Schafsmilch verwenden, beispielsweise für die Zubereitung von pikanten Joghurtdressings und -dips (Tsatsiki) oder Saucen. Auch als Ergänzung von Obstsalaten und anderen fruchtigen Desserts macht er sich gut und ist ideal für die Zubereitung von süßen, mit Fruchtpürees oder Gewürzen aromatisierten Joghurtcremes. In Verbindung mit Sojasahne lassen sich aus Sojajoghurt auch Eis sowie Cremes für Joghurt-Sahne-Torten herstellen.

YUBA

Beim Erhitzen von Sojamilch bildet sich, wie bei Kuhmilch auch, eine dünne Haut, die vorsichtig abgezogen und in dünnen Blättern getrocknet wird. Diese getrocknete Tofuhaut ist in gut sortierten Asialäden oder Geschäften für japanische Lebensmittel als »Yuba« (s. Seite 149), »Dried soybean« oder »Dried beancurd sticks« erhältlich und hat einen cremig-nussigen Geschmack. Getrocknete Yuba-Blätter werden vor der Verwendung entweder im Ganzen in Wasser gekocht oder mit einem nassen Tuch angefeuchtet. Die dünnen Stäbchen weicht man in Wasser ein. In kleine Stücke geschnitten bereichert Yuba Salate und Suppen. Größere Blätter dienen zum Einwickeln von pikanten Füllungen und werden anschließend häufig gebraten oder frittiert. Auch Yuba-Stäbchen lassen sich frittieren.

MULTITALENT SOJA –
die Karriere einer Bohne

Sojaprodukte boomen: Bioläden, Reformhäuser und gut sortierte Supermärkte halten heute ein großes Angebot bereit: Da gibt es Milchprodukte wie Sojamilch, Sojasahne, auch Sojacreme oder -cuisine genannt, Sojajoghurt und Sojadesserts. Hinzu kommen Sojaquark oder Tofu, angefangen bei festem Naturtofu über samtigen Seidentofu bis hin zu einer riesigen Auswahl an vorgeformten und gewürzten Fleischersatzprodukten wie Tofuwürstchen oder -schnitzel. Und das ist noch nicht alles: Aus den fermentierten Bohnen werden zudem zahlreiche Würzsaucen (Sojasaucen) und -pasten (Miso) hergestellt. Sojamehl und Sojaöl sowie das bei der Ölgewinnung anfallende Sojagranulat vervollständigen die Palette. Soja ist Basis für Getränke, Öl, Gewürze und Lebensmittel – die Vielseitigkeit der Sojabohne ist enorm und die Auswahl an Sojaprodukten wächst aufgrund steigender Nachfrage täglich weiter.

INNERE WERTE

Kein Wunder, denn ernährungsphysiologisch haben die unscheinbaren Bohnen viel zu bieten: Unter allen Hülsenfrüchten weisen sie den höchsten Eiweißgehalt (40 %) mit einer hohen biologischen Wertigkeit auf und liefern zudem noch Kohlenhydrate (25 %), Fett (20 %), wertvolle Mineralstoffe (5 %) und Vitamine in einer für den Menschen besonders günstigen Zusammensetzung – und das ohne jede Spur von Cholesterin. Nicht umsonst wird die Sojabohne in Asien seit Tausenden von Jahren als »Fleisch des Feldes« geschätzt und zählt in China neben Reis, Weizen, Gerste und Hirse zu den fünf heiligen Körnern.

ETABLIERUNG AUSSERHALB ASIENS

In Europa blieb die Wunderbohne lange unbekannt. Erst der deutsche Arzt und Forschungsreisende Engelbert Kaempfer (1651–1716) aus Lemgo beschrieb in seinem Werk über exotische Neuigkeiten aus Asien »Amoenitatum exoticarum« die Sojapflanze näher und was sich alles daraus herstellen ließ. Der Anbau der von Holländern und Briten mitgebrachten Samen gestaltete sich jedoch schwierig. Zunächst war der Wärme und Wasser liebenden Pflanze außerhalb Asiens daher wenig Erfolg beschieden, abgesehen von einer kurzen Karriere als Sattmacher zu Zeiten der beiden Weltkriege. Den Durchbruch schafften die Bohnen erst im 20. Jahrhundert, als es in den USA gelang, sie erfolgreich zu kultivieren. Dann aber war der Siegeszug der Sojabohne nicht mehr aufzuhalten: Von 1900 bis 2010 stieg die weltweite Ernte um 4.000 Prozent – von sechs auf 250 Millionen Tonnen/Jahr. Direkt als Lebensmittel verzehrt werden davon jedoch nur zwei bis drei Prozent, der Löwenanteil der Ernte dient als Viehfutter sowie zur Öl- und Margarineherstellung.

ERFOLG MIT HINDERNISSEN

Und hierin liegt auch der Haken: Nach einigen Jahrzehnten intensiver Bewirtschaftung waren die amerikanischen Böden ausgelaugt. Genverändertes Saatgut, sogenannte transgene Samen, sollen seit den 1990er Jahren die Erträge stabil halten. Inzwischen werden sie beinahe weltweit zur Sojaproduktion eingesetzt. Heute liegt der Anteil der transgenen Sorten an der Gesamtsojaernte bei etwa 80 Prozent – und nicht immer ist der Ursprung der Bohnen genau zu erkennen. Wer als Verbraucher also sicher gehen will, kein genverändertes Soja zu erhalten, kauft daher besser Bioprodukte und Soja aus biologischem Anbau (etwa aus Österreich) oder baut seine Sojabohnen selbst an. Kältetolerante Sorten gedeihen auch im Hausgarten. Je nach Erntezeitpunkt lassen sie sich unterschiedlich nutzen: Die unreifen grünen Hülsen können wie grüne Bohnen als Gemüse zubereitet werden. Die frischen Kerne der reifen Schoten sind – in der Hülse gekocht, ausgelöst und gesalzen – in Japan ein beliebter Snack (Edamame). Und die im Spätsommer geernteten, angetrockneten Samen lassen sich gut vollends trocknen und wie weiße Bohnen zubereiten. Eingeweicht, mit etwas Wasser püriert, aufgekocht und ausgepresst, ergeben sie die bei Veganern und Laktoseallergikern geschätzte Sojamilch. Diese wiederum lässt sich durch Zusatz eines Gerinnungsmittels zu Tofu weiter verarbeiten. Werden stattdessen Milchsäurebakterien zugesetzt, entsteht Joghurt – wie bei normaler Milch auch. Besonders gut schmeckt der selbstgemachte, feinsäuerlich erfrischende Sojajoghurt übrigens mit Vanille aromatisiert, mit fruchtigem Pfirsichkompott oder auch mit Erdbeerkonfitüre.

KATRIN WITTMANN

Aufgrund ihrer Vielseitigkeit werden die Sojabohne und daraus hergestellte Produkte in der vegetarischen Küche sehr geschätzt.

TOFU UND TEMPEH

Als vegetarische Alternative zu Fleischgerichten spielt Sojaquark in der vegetarischen Küche eine wichtige Rolle. Langweilig wird es dabei jedoch nie, da er sich überaus vielfältig einsetzen lässt.

In Asien wird der ursprünglich aus China stammende Tofu oder Bohnenkäse als proteinreiches Nahrungsmittel seit langem geschätzt. In den letzten Jahrzehnten erfreut sich der frische oder gepresste Sojaquark aber auch in der westlichen Welt als Alternative zu Fleisch und Fisch zunehmender Beliebtheit – insbesondere bei Anhängern der vegetarischen Küche. Die Auswahl an Sojaquarkprodukten ist enorm und wächst noch immer. Doch Tofu ist nicht gleich Tofu: Es gibt ihn fest oder weich, natur oder geräuchert sowie in den unterschiedlichsten Geschmacksrichtungen mariniert. Tempeh, ein Produkt aus fermentierten Sojabohnen, ergänzt diese Produktpalette noch.

Sojaquarkherstellung

Die Herstellung von Tofu erinnert tatsächlich an die Produktion von Quark. Durch Zusatz eines Gerinnungsmittels wie dem in China traditionell verwendeten Gips (Kalziumsulfat), des in Japan gebräuchlichen Nigari (Magnesiumchlorid) oder Zitronensäure wird die erhitzte Sojamilch zum Gerinnen gebracht. Die Eiweißbestandteile flocken aus und lassen sich abschöpfen oder filtern. Diese Sojaflocken werden entweder direkt verwendet oder, wie bei der Käseherstellung, mehr oder weniger stark gepresst, wobei festerer oder weicher Tofu entsteht. Dabei hat auch das verwendete Gerinnungsmittel einen Einfluss auf die Konsistenz des Tofus. Überschüssige Flüssigkeit kann dabei ähnlich der Molke beim Käsen entweichen, zurück bleibt der gewünschte Sojaquark.

Tofuprodukte

Hierzulande ist vor allem der stark gepresste, schnittfeste Tofu beliebt, der in der Küche vielseitig verwendbar ist. In asiatischen Ländern bevorzugt man dagegen häufig mittelfesten Tofu, der mehr Wasser enthält, etwas weicher ist und mehr Luftblasen aufweist als fester Tofu, sich aber immer noch gut schneiden lässt. Sehr weich ist dagegen der wasserreiche Seidentofu (s. Seite 154). In Asien kennt man noch eine Reihe weiterer Tofuprodukte wie etwa den in China beliebten fermentierten Tofu. Diesen gibt es gewürfelt, getrocknet und vergoren in Gläsern. Er erinnert an Käse und ist in unterschiedlichen Marinaden im Asialaden erhältlich. Fermentierter Tofu schmeckt zu Reis und verleiht Gemüsegerichten aus dem Wok eine würzige Note. Beim Tausend-Schichten-Tofu handelt es sich um gefrorenen, wasserreichen, weichen Tofu, der vor der Verwendung aufgetaut und ausgepresst wird. Gefriergetrockneter Tofu ist ideal für unterwegs. In heiße Brühe eingelegt, saugt er sich schwammartig voll und ergibt einen leichten Snack.

NATURTOFU

Naturtofu (1) ist bei uns meist in Blockform erhältlich. Frisch hält er in Wasser eingelegt (s. rechts) im Kühlschrank einige Tage. Vakuumverpackte Tofublocks lassen sich einige Wochen oder Monate im Kühlschrank aufbewahren. Fester Tofu lässt sich sehr gut in Scheiben (s. Seite 154) oder Würfel schneiden. Da Naturtofu so gut wie keinen Eigengeschmack aufweist, kann er in sehr vielen Gerichten in den unterschiedlichsten Geschmacksrichtungen von süß bis pikant Verwendung finden. Gleichzeitig erfordert er genau aus diesem Grund aber auch eine kräftige Würzung. Häufig wird Tofu oder Doufu, wie er in China heißt, daher vor der Verwendung mehrere Stunden oder über Nacht in eine würzige Marinade gelegt (s. Seite 154). Da Tofu beim Kochen oder Schmoren die Aromen der Zutaten, mit denen er gegart wird, gut aufnehmen kann, ist ein Marinieren dann nicht nötig, wenn diese ausreichend Geschmack mitbringen.

Fester Naturtofu lässt sich 3 bis 4 Tage im Kühlschrank aufbewahren. Dafür legt man ihn in ein luftdicht verschließbares Gefäß, übergießt ihn mit kaltem Wasser und wechselt dieses täglich.

TOFU UND TEMPEH

Schnittfester Naturtofu ist oft in Blockform erhältlich und wird vor der Zubereitung mit einem Messer in Scheiben oder Würfel geschnitten.

Er eignet sich gut zum Braten (s. unten), Schmoren und Frittieren und lässt sich sogar Grillen, wobei er dafür ausreichend mit Öl bestrichen werden muss. In asiatischen Ländern werden gebratene Tofuwürfel auch gern als Suppeneinlage verwendet oder unter Füllungen für Gemüse, Teigtaschen oder Reispapierrollen gemischt. Gekochte oder gebratene Tofuwürfel eignen sich aber auch als Salatzutat oder werden in Gemüsegerichten mitgeschmort. Soll Tofu als Hackfleischersatz in Pastasaucen (Ragouts), Chilis oder Füllungen dienen, wird er mit einer Gabel zerkrümelt und in reichlich Olivenöl oder einem anderen pflanzlichen Öl etwa 10 Minuten unter Rühren angebraten, bevor die übrigen Zutaten mit hinzukommen. So erhält die Sauce oder Füllung eine angenehme, nicht zu weiche Beschaffenheit. Da es bei Tofu je nach Hersteller erhebliche Unterschiede in Geschmack und Konsistenz geben kann, ist es hilfreich, verschiedene Erzeugnisse und Festigkeiten zu testen, um seine Favoriten für die jeweilige Zubereitung herauszufinden.

SEIDENTOFU

Unter allen Tofusorten hat der weiche Seidentofu (s. Seite 152, 2) den höchsten Wassergehalt, da bei seiner Herstellung die mit einem Gerinnungsmittel versetzte Sojamilch direkt in entsprechende Behältnisse gefüllt wird und die Flüssigkeit nicht abtropfen kann, sondern komplett im Tofu verbleibt. Dank seiner zarten, cremigen Konsistenz eignet sich Seidentofu sehr gut zur Zubereitung von Cremes und anderen Süßspeisen. Er lässt sich pürieren und kann so als Basis für Saucen und Aufstriche Verwendung finden. In Asien ist Seidentofu zudem als Suppeneinlage (Misosuppe) sehr beliebt.

RÄUCHERTOFU

Mehr an Eigengeschmack bringt Räuchertofu (s. Seite 152, 3) mit. Auch ihn gibt es von verschiedenen Herstellern in unterschiedlichen Festigkeiten. Beim Einkauf empfiehlt sich, darauf zu achten, dass die Tofublöcke tatsächlich geräuchert (in Buchenholzrauch) und nicht nur mit flüssigem Raucharoma behandelt wurden. Guter Räuchertofu ist fest und weist einen feinen, milden Rauchgeschmack auf. Er lässt sich wie Naturtofu braten und frittieren oder in Gemüsegerichten mitschmoren. Als Alternative für Räucherspeck verleiht er Flammkuchen, Salaten und Eiergerichten ein angenehmes Raucharoma.

GEWÜRZTER TOFU

Wem das Marinieren oder Würzen von Tofu zu lange dauert oder zu aufwendig erscheint, der greift am besten zu Gewürztofu (s. Seite 152, 4), den es in Bioläden, Reformhäusern, Supermärkten und Asialäden in großer Auswahl zu kaufen gibt. Die Palette an Geschmacksrichtungen reicht dabei von mediterran bis asiatisch, von süß bis salzig und von mild bis scharf, wie beim Tofu mit Szechuan-

Tofu vorbereiten und braten

1. Da Tofu eher geschmacksneutral ist, wird er vor dem Braten häufig mindestens 30 Minuten, meist länger, mariniert, etwa in einer Knoblauch-Sojasaucen-Marinade (s. Seite 519).

2. Im Wok oder in einer Pfanne 2 EL Erdnuss- oder Sojaöl erhitzen und den Tofu darin anbraten. Die Scheiben erst wenden, wenn sie auf der unteren Seite gebräunt und knusprig sind.

Pfeffer und Chili (s. Seite 152, 5). Gewürztofu ist oft etwas fester als Naturtofu und wird in einem würzigen Sud gegart oder mit speziellen Zutaten wie Balsamessig, Kräutern (Basilikum) oder Gewürzen (5-Gewürze) aromatisiert.

Mehl und Schnetzel

Aus den vielseitigen Sojabohnen werden noch weitere Produkte wie Mehl, Flocken, Instant-Tofupulver (s. rechts, 2) sowie eine breite Auswahl an vorgeformten Fleischersatzprodukten (s. Seite 133) gewonnen.

SOJAMEHL

Zur Herstellung von vollfettem Sojamehl (s. rechts, 1) werden die Bohnen meist schonend dampferhitzt, geschält, leicht geröstet und anschließend fein vermahlen. Dieses Mehl hat einen höheren Fettgehalt (18 bis 20 %) und ist in Bioläden und Reformhäusern erhältlich. Es kann beim Backen von Brot, Kuchen und Gebäck gegen 20 Prozent Getreidemehl getauscht werden und dient zudem als Ei-Ersatz: 1 EL Sojamehl verrührt mit 2 EL Wasser ersetzt ein Ei. Außerdem findet es zum Binden von Suppen und Saucen Verwendung. Entfettetes Sojamehl, auch Sojaschrot genannt, fällt als Nebenprodukt bei der Sojaölherstellung an und wird im Supermarkt angeboten. Es enthält etwa 1 Prozent Fett und noch mehr Eiweiß als das vollfette Mehl. Entfettetes Sojamehl dient als Tierfutter, ist aber auch die Grundlage zur Herstellung von texturierten Sojaprodukten.

SOJAFLOCKEN

Zur Herstellung von Flocken werden Sojabohnen gedämpft und gewalzt. Nach kurzem Rösten sind die nussig schmeckenden Flocken fertig und können unter Müsli gemischt oder grob zerkleinert zum Panieren verwendet werden. Außerdem eignen sie sich für pikante Saucen, Füllungen und Bratlinge sowie für pikantes und süßes Gebäck.

TEXTURIERTES SOJA

Texturiertes Soja wird auch als Sojafleisch bezeichnet. Bei seiner Herstellung wird entfettetes Sojamehl bei hoher Temperatur und unter hohem Druck zu kleinen oder größeren Stücken aufgepoppt (extrudiert). Diese Sojaprodukte erinnern im Mundgefühl an Fleisch, haben jedoch kaum Eigengeschmack. Vor der Verwendung müssen sie 5 bis 10 Minuten in heißem Gemüsefond eingeweicht werden und quellen dabei stark auf.
Das kleinkörnige Soja Granulat (s. rechts, 3) ist ein guter Hackfleischersatz. Nach dem Einweichen wird es (gut!) gewürzt, angebraten und lässt sich dann zu Pastasaucen, Ragouts, Füllungen und Bratlingen weiter verarbeiten.
Soja Schnetzel (s. rechts, 4) sind größer und erinnern in der Form an längliche Filetstreifen. Sie werden ebenfalls nach Belieben gewürzt, angebraten und wie Geschnetzeltes, Ragout oder Frikassee fertiggestellt.

Tempeh

Tempeh (s. Seite 152, 6) kommt ursprünglich aus Indonesien, ist heute aber weit verbreitet und auch bei uns in Bio- und Asialäden erhältlich. Tempeh wird aus ganzen fermentierten Sojabohnen hergestellt. Nach langem Einweichen (12 bis 24 Stunden) werden die Bohnen kurz gekocht, noch einmal eingeweicht, geschält und sterilisiert. Anschließend impft man die Sojabohnen mit speziellen Schimmelpilzkulturen und lässt sie 1 bis 2 Tage bei 30 bis 33 °C reifen. Traditionell geschah dies in Plastiksäcken, heute erfolgt der Prozess der Fermentation meist in speziellen Wärmekammern. Die Bohnen sind danach von einem weißlichen Flaum umgeben. Zum Verkaufen wird Tempeh häufig in etwa 2 cm dicke Platten geschnitten. Aufgrund seines hohen Wassergehaltes ist Tempeh roh nicht lange haltbar, lässt sich aber gut tiefkühlen. Tempeh schmeckt mild-nussig und leicht pilzig. Es gilt als hochwertiges Lebensmittel, da die wertvollen Stoffe der Sojabohne bei seiner Herstellung nicht zerstört werden und durch die Fermentation sogar noch besser vom Körper verwertet werden können. Tempeh genießt man pur oder mariniert, es wird gern in Scheiben geschnitten und frittiert.

1 Sojamehl, hier vollfett, ist gelblich und in verschiedenen Fettstufen erhältlich. 2 Tofupulver ist ein Instant-Produkt zur Tofuherstellung. 3 Soja Granulat ist gelblich und von körniger Struktur. 4 Soja Schnetzel sind gelblich, flach und 3 bis 5 cm lang.

SEITAN UND LUPINEN

Es muss nicht immer Soja sein. Auch Weizen oder Lupinen bilden mit ihrem wertvollen Eiweiß die Basis für eine Reihe geschätzter Zutaten der vegetarischen und veganen Küche.

Im Gegensatz zu Sojabohnen und Lupinen wird Seitan aus Getreide, genauer gesagt, aus Weizenmehl hergestellt. Bei uns noch weniger bekannt, ist Seitan in Asien seit Jahrhunderten ein wichtiger pflanzlicher Eiweißlieferant. Seitan gilt als sehr gesund, da er kein Cholesterin und sehr wenig Fett enthält. Allergiker sollten jedoch bei Seitan und Lupinenprodukten vorsichtig sein. Denn wie Sojaeiweiß kann auch Weizen- oder Lupineneiweiß Nahrungsmittelallergien auslösen.

Seitan

Um Seitan (1) zu gewinnen, wird Weizenmehl mit Wasser zu einem Teig verknetet und wiederholt unter kaltem Wasser ausgewaschen, bis alle Stärke entfernt und nur noch das Weizeneiweiß (Gluten) übrig ist. Dieses dient als Basis für die Seitanherstellung. Schneller und einfacher geht es aber, wenn man statt Mehl gleich Weizengluten verwendet, das im Handel auch als Seitanpulver oder Seitan-Fix (2) erhältlich ist. Das weißliche Pulver wird mit Wasser zu einem gummiartigen Teig geknetet und gegart (s. unten). Da Gluten geschmacksneutral ist, hängt das geschmackliche Ergebnis stark von der Würzung ab. Hierfür gibt es verschiedene Möglichkeiten: Aromatisierende Zusätze können entweder direkt in den Teig geknetet oder dem Garsud zugefügt werden. In Asien nimmt man dafür gerne eine Mischung aus Sojasauce, Algen und Gewürzen. Ein Mehr an Geschmack kann aber auch das Einlegen der gegarten Seitanstücke oder -scheiben oder eine dazu gereichte würzige Sauce bringen. Wie Tofu lässt sich gegarter Seitan gut in Stücke schneiden und in Öl anbraten oder frittieren. Er kann als Suppeneinlage verwendet werden und eignet sich auch zum Tiefkühlen.

SEITANPRODUKTE

Wem das Selbermachen zu aufwendig ist, hat die Möglichkeit, in Bio-, Naturkost- und Asialäden verschiedene vorgegarte Seitanprodukte zu erwerben. Es gibt den vakuumverpackten, in Sojasauce gegarten Seitan (1). Oft werden gegarte Seitanstücke aber auch in einer gewürzten Marinade im Glas verkauft (3). Spezielle Fleischnachbildungen wie Seitan-Entenfleisch gibt es als Konserven. In Bio- und Naturkostläden finden Vegetarier und Veganer zudem eine große Palette an verschiedenen Seitan-Würstchen sowie zahlreichen anderen Seitan-Produkten.

Lupinen

Lupinen zählen wie Sojabohnen zu den Hülsenfrüchtlern. Die Samen bestimmter Süßlupinenarten liefern hochwertiges Eiweiß, das auch für die menschliche Ernährung genutzt werden kann. In Italien, Spanien und Portugal sind sie gekocht und in Salzlake eingelegt als Snack beliebt. Aus den eiweißreichen Samen lässt sich jedoch noch weitaus mehr herstellen – von Mehl und Milch über tofuähnliche Fleischersatzprodukte bis hin zu milchfreiem Eis (entwickelt im Fraunhofer Institut in Freising).

LUPINENPRODUKTE

Das gelbliche Süßlupinenmehl (4) kann wie Sojamehl (s. Seite 155) als Backzusatz verwendet werden, doch sollte sein Anteil an der Gesamtmehlmenge 15 Prozent nicht übersteigen. Neben dem Mehl ist auch Lupinengrieß, -schrot und -kleie erhältlich. Aus den Samen wird zudem eine Art Quark produziert, der in seiner Konsistenz an Tofu erinnert, aber gelblicher ist und nussiger schmeckt. Er ist in Blöcken als »Lupinentofu« oder »Lopino« im Handel. Darüber hinaus gibt es vegetarische Fertigprodukte wie Lupinengeschnetzeltes, -schnitzel oder -würstchen.

Seitan aus Gluten selbst herstellen

1. Gluten oder Seitan-Fix (z. B. 250 g) mit derselben Menge Wasser verrühren, zu einem Teig verkneten und zu einem länglichen Kloß formen.

2. Den Kloß mit etwas Gemüsefond, 1 EL heller Sojasauce und Gewürzen nach Belieben in einen hitzebeständigen Gefrierbeutel geben. Den Beutel fest verschließen und an langen Kochstäbchen fixieren. Den Seitan 1 Stunde im Beutel in siedendem Wasser garen.

KRÄUTER, GEWÜRZE, WÜRZZUTATEN

KRÄUTER

Sie bringen Schwung und Aroma in die vegetarische Küche: Die frischen grünen, manchmal roten Blätter und Stängel machen jedes Gericht zu einem besonderen Geschmackserlebnis.

Mal zitronig oder anisartig, mal herb-würzig oder aromatisch süß – Kräuter machen viele vegetarische Gerichte erst richtig interessant. Oft sind sie Gewürz, Salatzutat und Garnitur zugleich, manchmal erfüllen sie – wohldosiert – nur eine dieser Aufgaben. Die Auswahl an duftendem Grün ist groß. Welches Kraut jeweils zum Einsatz kommt, hängt in erster Linie von den Hauptzutaten eines Gerichts ab. Mediterrane Kräuter wie Basilikum, Thymian oder Rosmarin harmonieren mit mediterranem Gemüse. Zu asiatischen Wokgerichten passen dagegen asiatische Kräuter besser (s. Seite 163).

BASILIKUM
Genoveser Basilikum (s. rechts) ist sehr aromatisch. Seine Blätter werden nicht mitgegart, sondern erst zum Schluss über das fertige Gericht gestreut. Basilikum passt gut zu Tomaten, Pasta, Saucen und Salaten. Rotblättrige Varianten (1) ergeben interessante optische Kontraste.

BOHNENKRAUT
Bohnenkraut (s. Seite 162, 1) ist würzig und schmeckt, sparsam dosiert, zu grünen Bohnen, Hülsenfrüchten und Pilzen sowie zu Salaten, Suppen und Eiergerichten.

DILL
Dill (s. Seite 162, 2) ist süßlich und erinnert im Aroma an Anis und Kümmel. Er passt sehr gut zu Gurken und Joghurtdips.

ESTRAGON
Estragon (4) hat schmale grüne Blätter, schmeckt anisartig und mild bitter. Er passt gut zu Salaten, Gurken, Spargel und würzt Kräuterbutter, Saucen und Essig.

KERBEL
Kerbel (s. Seite 162, 3) erinnert an Petersilie, schmeckt aber süßlich frisch und leicht anisartig. Er verfeinert helle Saucen, Suppen, Gemüse, Kartoffeln, Kräuterbutter und Dips.

KRESSE
Kresseblättchen (s. Seite 162, 6) sind langgestielt. Ihr Aroma erinnert an Rettich und Senf. Mit ihrer leichten Schärfe passt Kresse zu Salaten, Eiern und Kartoffeln und eignet sich gut als Garnitur.

LAVENDEL
Lavendel (8) hat ein intensives, arteigenes Aroma. Frisch und getrocknet aromatisieren seine Blätter und Blüten – sparsam dosiert – Saucen, Marinaden, Süßspeisen, Desserts und Kompott.

LIEBSTÖCKEL
Liebstöckel (s. Seite 162, 4) erinnert im Aroma an Sellerie (und Maggi). Junge Blätter sind fruchtig-, ältere herb-würzig. Er gibt Dips, Saucen, Suppen und Eintöpfen Geschmack und würzt Kräuterbutter.

LORBEERBLÄTTER
Lorbeerblätter (s. rechts) haben jung ein süßlich fruchtiges Aroma, ältere sind herb-würzig. Lorbeer aromatisiert Marinaden, Saucen, Suppen, Eintöpfe und passt gut zu Kartoffeln und saurem Gemüse.

MAJORAN
Majoran (2) ist würzig aromatisch. Er eignet sich auch zum Mitgaren und aromatisiert Kartoffel- und Gemüsegerichte, Eintöpfe, Füllungen und Knödel.

OREGANO
Oregano (s. rechts) hat ein intensives, herb-würziges Aroma. Er wird meist in Pastasaucen, mediterranem Gemüse oder auf Pizza mitgegart, dabei verstärkt sich sein Aroma noch.

PETERSILIE
Petersilie gibt es glatt (6) und kraus. Mit ihrem würzig frischen Aroma passt sie roh zu Kräuterbutter sowie in Salate, Dips und Marinaden. Gegart schmeckt sie in Suppen, Saucen und Füllungen sowie zu Gemüse, Aufläufen und Eierspeisen.

Genoveser Basilikum hat große grüne Blätter, ist aromatisch, süß und leicht pfeffrig.

Lorbeerblätter sind ledrig und herb-würzig. Sie werden frisch und getrocknet verwendet.

Oregano hat rote Stiele, grüne, spitz-ovale Blätter, ist würzig und leicht scharf.

Rucola hat schmale, tief eingeschnittene Blätter und schmeckt nussig-scharf.

KRÄUTER

PFEFFERMINZE
Minze gibt es in vielen Sorten. Pfefferminze (s. links, 5) enthält Menthol, ist scharf und kühlend und wird für Salate und Desserts verwendet. Für Tabouleh und Gemüse werden mentholfreie Minzen (Marokkanische Minze) bevorzugt.

ROSMARIN
Rosmarin (s. Seite 160, 9) zählt zu den beliebtesten mediterranen Kräutern und eignet sich gut zum Mitgaren. Mit seinem harzig-würzigen Aroma passt er gut zu mediterranem Gemüse, Kartoffeln und Fladenbrot. Gelegentlich würzt er auch Süßspeisen und Desserts (Eis).

RUCOLA
Rucola oder Rauke (s. Seite 161) ist würzig und schmeckt nussig-scharf. Er wird frisch verwendet und ist als Salatkraut sowie zum Aromatisieren von Pestos, Dips, Hülsenfrüchte- und Gemüsesalaten, Kartoffeln, Risotto und Pizza beliebt.

SALBEI
Salbei (s. Seite 160, 5) ist herb-würzig und aromatisch. Seine festen ledrigen Blätter eignen sich gut zum Mitgaren. In Butter gebraten schmecken sie vorzüglich zu Pasta. Salbei passt aber auch zu Gemüse und Eierspeisen.

SCHNITTLAUCH
Schnittlauch (s. Seite 160, 7) hat ein mild-frisches Zwiebelaroma und schmeckt leicht scharf. In Röllchen geschnitten aromatisiert er Salate, Saucen und Dips sowie Suppen, Eierspeisen und Gemüse. Längere Abschnitte oder ganze Halme ergeben eine schöne Garnitur.

THYMIAN
Thymian (s. Seite 160, 3) hat kleine Blätter und ist aromatisch bitter bis scharf. Er eignet sich zum Mitgaren und aromatisiert mediterranes Gemüse, Kartoffeln und Käse. Zudem passt er gut in Saucen, Suppen, Eintöpfe und Gemüseragouts.

ZITRONENMELISSE
Zitronenmelisse (s. links, 7), oft nur Melisse genannt, hat ein feines, frisches Zit-

1 Bohnenkraut ist würzig und hat schmale lanzettartige Blätter. 2 Dill ist sehr aromatisch und hat fein gefiederte Blätter. 3 Kerbel hat weiche, gefiederte Blätter und ein anisartiges Aroma. 4 Liebstöckel hat dunkelgrüne gefiederte Blätter und ein ausgeprägtes Aroma. 5 Pfefferminze hat grüne, länglich eiförmige Blätter und ein typisches Minzaroma. 6 Kresse hat kleine grüne Blättchen und schmeckt leicht scharf. 7 Zitronenmelisse hat grüne, eiförmig gekerbte Blätter und weist ein Zitrusaroma auf. 8 Die Zitronenverbene hat lange schmale, lanzettartige Blätter, die nach Zitrone duften.

KRÄUTER

1 Thai-Basilikum hat grüne, spitzovale Blätter und schmeckt je nach Sorte nach Anis oder Lakritze. 2 Grünes Shiso hat gezähnte Blätter und erinnert an Kreuzkümmel. 3 Kaffirlimettenblätter sind ledrig und haben ein Zitrusaroma. 4 Rau om hat kleine, gezähnte, grüne Blätter, schmeckt süßlich und nach Kreuzkümmel. 5 Rau ram hat dunkelgrüne, länglich spitze Blätter, schmeckt scharf und nach Koriandergrün.

ronenaroma und wird frisch für Saucen, Dips, Chutneys, Kräuterbutter, Suppen und Salate verwendet. Besonders gut schmeckt sie in Süßspeisen, Obstsalaten, Desserts und Getränken.

ZITRONENVERBENE

Mit ihrem feinen Zitrusaroma eignet sich die Zitronenverbene (s. links, 8) sehr gut zum Aromatisieren von Desserts und Drinks, gibt aber auch pikanten Saucen, Marinaden und Salaten eine frische Note.

Asiatische Kräuter

In den Küchen Asiens spielen sie eine wichtige Rolle. Mit Ausnahme der Kaffirlimetten- und Curryblätter werden die meisten frisch verwendet.

KORIANDER

Koriandergrün (s. Seite 160, 11) hat zarte, fiederlappige Blätter. Sein arttypisches Aroma ist in Asien (und Mittelamerika) zu vielen Gerichten geschätzt. Koriandergrün würzt Dips, Salsas, Chutneys, Pickles, Suppen, Currys, Gemüse und Reis.

THAI-BASILIKUM

Thai-Basilikum (s. oben, 1) des Typs Horapa hat ein anisartiges Aroma und schmeckt würzig-scharf. Thai-Basilikum würzt frisch Currys, Wokgerichte mit Gemüse, Saucen, Suppen und Salate.

SHISO

Shiso (s. oben, 2) oder Perilla, wie das Kraut auch genannt wird, gibt es in grünen und roten Sorten. Grünes Shiso hat ein komplexes Aroma mit einer deutlichen Kreuzkümmelnote. Es dient zum Aromatisieren von Salaten, Suppen, Marinaden, Reis, Nudeln und Eierspeisen.

KAFFIRLIMETTENBLÄTTER

Die wie Doppelblätter aussehenden Kaffirlimettenblätter (s. oben, 3) sind auf der Oberseite dunkelgrün und glänzend, auf der Unterseite hell und matt. Sie geben asiatischen Gerichten wie Currys und Wokgemüse eine frische Zitrusnote.

CURRYBLÄTTER

Curryblätter sind kurzstielig, eiförmig spitz und an langen Rispen angeordnet. Frisch und getrocknet würzen sie Currys, Gemüse und Reisgerichte.

RAU OM

Rau om (s. oben, 4) wird auch Reisfeldpflanze genannt, weil das Kraut häufig in stehenden Gewässern anzutreffen ist. Es ist süßlich aromatisch mit einer Kreuzkümmelnote und passt zu Reis, Gemüse, Suppen, Currys und Süßspeisen.

RAU RAM

Rau ram (s. oben, 5) wird auch Vietnamesischer Koriander genannt und erinnert geschmacklich an diesen. Seine Blätter schmecken zudem pfeffrig-zitronig und würzen Salate, Suppen, Nudeln, Currys und Reisgerichte.

ZITRONENGRAS

Zitronengras (s. Seite 160, 10) hat schmale, schilfartige Blätter mit einer verdickten Stängelbasis. Das Kraut schmeckt angenehm frisch nach Zitrone und würzt viele Gerichte der südostasiatischen Küche wie Saucen, Marinaden, Suppen, Gemüse, Currys und Süßspeisen.

GEWÜRZE

Farbe, Aroma und Schärfe – Gewürze machen die vegetarische Küche zum Fest für alle Sinne. Dank ihrer immensen Vielfalt lassen sich pikante und süße Gerichte immer wieder neu erfinden.

Auf den ersten Blick oft unscheinbar, verbirgt sich hinter den Pulvern, Samen und Körnern eine wahre Fülle an Aromen, die es auch für vegetarische Gerichte zu entdecken gilt. Da es beim Würzen vor allem auf die richtige Dosierung ankommt, empfiehlt es sich, anfangs vorsichtig zu sein und lieber nachzuwürzen.

Salz

Salz zählt nicht zu den Gewürzen – das sind laut Definition nur Teile von Pflanzen – sondern ist ein Würzmittel. In der pikanten Küche kommt jedoch fast kein Gericht ohne die weißen Kristalle aus. Fleur de Sel (1) wird durch Verdunstung von Meerwasser gewonnen und zählt zu den feinsten und teuersten Salzen. Seine mild-würzigen, leicht feuchten Kristalle werden in der gehobenen Küche bevorzugt und geben Vorspeisen, fertigen Gerichten, aber auch Desserts oder Schokolade Geschmack.
Himalaya-Salz (2) ist ein rosafarbenes Steinsalz und stammt überwiegend aus Pakistan. In Zusammensetzung und Verwendung unterscheidet es sich nicht wesentlich von anderen Steinsalzen.

Pfeffer

Grüner, schwarzer und weißer Pfeffer werden von derselben Pflanze in verschiedenen Reifegraden geerntet. Frische grüne Pfefferrispen (3) pflückt man kurz vor der Reife. Grüner Pfeffer ist angenehm frisch und weniger scharf. Ihn gibt es auch in Lake eingelegt oder getrocknet. Schwarzer Pfeffer (4) wird aus unreifen grünen Beeren produziert. Diese verfärben sich bei der Fermentation schwarz. Er ist würzig-aromatisch und scharf. Weißer Pfeffer (5) wird aus reifen Beeren gewonnen. Nach dem Entfernen der roten Fruchtschale bleiben die hellen Körner übrig. Weißer Pfeffer ist weniger aromatisch, besitzt jedoch die volle Schärfe. Grüner Pfeffer würzt asiatische Gerichte, Saucen und Vorspeisen. Schwarzer Pfeffer ist universell verwendbar, und weißer Pfeffer eignet sich zum Würzen von hellen Saucen, Suppen und Füllungen.
Langer Pfeffer (6) oder Langpfeffer wird im Mörser zerkleinert. Er schmeckt erdig-süß und hat eine kräftige Schärfe. Langer Pfeffer würzt Eintöpfe (Currys), kräftigen Käse, Kompott und Süßspeisen.
Szechuan-Pfeffer (s. rechts) ist prickelnd scharf und weist oft Zitrus- oder Anisnoten auf. Zum Mitgaren werden die Kapseln grob zerkleinert. Gemahlen würzen sie asiatische Gemüse- oder Reisgerichte, Dips, Marinaden und Füllungen.
Rosa Pfeffer oder Rosa Pfefferbeeren (7) sind süß-aromatisch und haben eine milde Schärfe. Sie würzen Sahnesaucen, Vorspeisen, Gemüse (Spargel), Pasta sowie Früchte, Eis oder Schokolade.

Aromatische Gewürze

Aus dem großen Spektrum der Aromen hier kurz die wichtigsten Gewürze:

ANIS
Anis (s. Seite 166, 1) schmeckt arttypisch und süß. Er würzt Gebäck, Brot, Desserts.

CHILIPULVER
Chilipulver (s. rechts) ist sehr scharf und kann je nach Sorte süßlich, fruchtig oder rauchig schmecken. Es wird universell zum Schärfen eingesetzt.

FENCHELSAMEN
Fenchelsamen (s. Seite 166, 2) schmecken süßlich herb und anisartig. Sie würzen Brot, Gebäck, Linsen, Gemüse und Currys.

GEWÜRZNELKEN
Gewürznelken (8) sind rötlich braun. Die getrockneten Knospen des Nelkenbaums haben ein süß-würziges Aroma und sind scharf. Sie aromatisieren Kohl, Kürbis, Obst, Honig- und Lebkuchen.

Das Aroma des Szechuan-Pfeffers steckt in den getrockneten bräunlich roten Samenkapseln, nicht in den schwarzen Samen.

Chilipulver, aus getrockneten Chilischoten hergestellt, ist rötlich braun und in verschiedenen Schärfegraden erhältlich.

GEWÜRZE

GRÜNER KARDAMOM
Grüner Kardamom (s. links, 3) hat ein blumiges, leicht zitroniges Aroma und erinnert an Kampfer. Er würzt Gemüse, Reis, Desserts, Obst sowie Kaffee und Tee.

KORIANDERSAMEN
Koriandersamen (s. Seite 164, 9) sind bräunlich gelb und haben ein warmes, nussig-mildes Aroma. Sie würzen Saucen, Suppen, Gemüse, Brot und Gebäck.

KREUZKÜMMEL
Kreuzkümmel (s. links, 4) hat ein kräftiges, würzig süßes Aroma und schmeckt leicht bitter und scharf. Gemahlen würzt er Gemüse, Couscous, Dals, Füllungen, Suppen und Eintöpfe sowie Backwaren.

KÜMMEL
Kümmel (s. links, 5) ist würzig aromatisch und im Geschmack leicht brennend bitter. Er dient als Brot-, Suppen-, Eintopf- und Sauerkrautgewürz und aromatisiert eingelegtes Gemüse.

KURKUMA
Kurkuma oder Gelbwurz (s. links, 6) ist mild-würzig und stark gelb färbend. Gemahlen aromatisiert sie Currys, Würzmischungen, -pasten, Gemüse und Reis.

MOHN
Mohnsamen (s. links, 7) schmecken nussig-süß und verfeinern Süßspeisen, Desserts, Füllungen und Gebäck.

MUSKATNUSS
Muskatnüsse (s. Seite 164, 10) sind hellbraun, oval und haben ein intensives süß-würziges Aroma. Sie schmecken leicht harzig-bitter. Frisch gerieben aromatisieren sie Saucen, Suppen, Gemüse und Eier.

PAPRIKAPULVER
Rotes Paprikapulver (s. Seite 164, 11) ist von sehr mild bis scharf erhältlich. Es würzt und färbt Gemüse, Hülsenfrüchte, Saucen, Suppen, Reis und Eintöpfe.

PIMENT
Bräunlich kugeliger Piment (s. links, 8) erinnert im Aroma an Gewürznelken, Pfef-

1 Anis ist eiförmig-oval und bräunlich. 2 Fenchelsamen sind grünlich gelb und leicht gekrümmt. 3 Grüner Kardamom hat längliche Kapseln mit kleinen schwarzen Samen. 4 Kreuzkümmelsamen sind bräunlich und meist nur leicht gekrümmt. 5 Kümmel ist braun und sichelförmig gekrümmt. 6 Getrocknete Kurkuma ist ganz und gemahlen im Handel. 7 Mohnsamen sind klein, blaugrau und enthalten bis zu 50 % Öl. 8 Piment wird unreif geerntet und getrocknet. 9 Safran guter Qualität besteht nur aus roten Fäden. 10 Schwarzkümmel ist mattschwarz und dreikantig.

GEWÜRZE

1 Gelber oder weißer Senf hat sand- bis ockerfarbene, kugelige Samen. 2 Heller Sesam ist geschält, cremeweiß und glänzend. 3 Bei schwarzem Sesam handelt es sich um eine in Indien viel verwendete Sorte. 4 Sternanis ist bräunlich und hat meist acht Zacken mit hellbraun glänzenden Samen. 5 Wacholderbeeren sind blau bis bläulich schwarz und haben eine ledrige Außenhaut.

fer, Zimt und Muskat und würzt Saucen, Suppen, Gemüse, Gebäck und Chutneys.

SAFRAN
Safran (s. links, 9), das teuerste Gewürz der Welt, ist sehr aromatisch und leicht herb. Wenige Fäden genügen zum Würzen und Färben von Saucen, Suppen, Nudeln, Reis, Kuchen, Gebäck und Desserts.

SCHWARZKÜMMEL
Zerstoßener Schwarzkümmel (s. links, 10) schmeckt würzig, leicht nussig und herb. Er dient als Brot- und Pizzagewürz, passt aber auch in Saucen, Suppen oder Currys sowie zu Gemüse und Hülsenfrüchten.

SENFKÖRNER
Gelbe Senfkörner (s. oben, 1) schmecken erst süßlich, dann mild-herb. Die Schärfe entwickelt sich erst beim Zerbeißen im Mund. Ganze Körner aromatisieren Marinaden für Gurken und anderes sauer eingelegtes Gemüse. Fein zermahlen (Englisches Senfpulver) würzen sie Dips, Saucen, Eierspeisen und Suppen. Senfpulver dient zur Herstellung von Senfpasten.

SESAM
Sesam (s. oben, 2, 3) ist genau genommen kein Gewürz, sondern zählt zu den Ölfrüchten. In der vegetarischen Küche wird er dennoch gern zum Würzen verwendet und verfeinert Brot, Gebäck, Reis und Gemüse. Zerstoßen ergibt er eine nussige Paste (Tahini), die im Vorderen Orient zum Aromatisieren von Kichererbsenpüree und Vorspeisen dient.

STERNANIS
Sternanis (s. oben, 4) hat ein süßliches, anisartiges Aroma und würzt asiatische Gerichte und Chutneys, Gemüse (Kürbis, Rotkohl, Tomaten, Süßkartoffeln), Reisgerichte, Suppen, Obst (Pfirsiche, Zwetschgen, Birnen) und Kompott.

VANILLE
Vanilleschoten (s. Seite 164, 12) guter Qualität sind schwarz-bräunlich, elastisch und biegsam. Die ganzen Schoten oder das aus dem Inneren geschabte Mark aromatisieren Süßspeisen, Sahne und Früchte. Das warme, süßlich würzige Vanillearoma passt aber auch gut zu Tomaten, Pilzen und Schalotten.

WACHOLDERBEEREN
Wacholderbeeren (s. oben, 5) sind süßlich bitter, würzig und leicht kampferartig. Die Beeren werden frisch oder getrocknet mitgegart und aromatisieren Sauerkraut und Marinaden für Gurken. Zudem harmonieren sie mit Äpfeln und Birnen.

ZIMT
Zimt ist in zwei Arten erhältlich. Das handelsübliche rötlich braune Zimtpulver (s. Seite 164, 13) entsteht beim Mahlen von Cassiarinde. Das feinere Ceylonzimtpulver ist hellbraun. Zimt ist sehr aromatisch, süßlich und feinherb oder pfeffrig. Er passt zu Rotkohl, Tomaten, Auberginen, Orangen und verfeinert Gebäck, Süßspeisen und Desserts (Eis).

Gewürze zerkleinern

1. Größere Mengen an Gewürzen wie etwa Koriandersamen oder Kreuzkümmel lassen sich am besten mit einer elektrischen Gewürzmühle zu einem feinen Pulver zermahlen.

2. Um kleinere Mengen oder große, spröde Gewürze wie Kardamomkapseln zu zerkleinern, füllt man sie am besten in einen Plastikbeutel und rollt mit dem Nudelholz mehrmals darüber.

WÜRZZUTATEN

Auch viele frische Zutaten bringen Schärfe und Geschmack mit, ebenso zahlreiche Saucen und Pasten. Ihr Ursprung ist so vielfältig wie ihr Einsatz in der vegetarischen Küche.

Frische Würzzutaten bereichern mit ihrem typischen Aroma und/oder ihrer Schärfe Saucen, Suppen, Salate, Vorspeisen, Gemüse, Nudeln, Getreide- und Reisgerichte sowie Tofu und Seitan. Aber auch die fertig erhältlichen Würzsaucen und -pasten sind eine echte Bereicherung für die vegetarische Küche.

Frische Würzzutaten

Angefangen bei den Zutaten der mediterranen Küche über karibische Chilis bis hin zu asiatischen Wurzeln reicht das große Spektrum frischer Würzzutaten.

KNOBLAUCH

Knoblauch (1, 2) ist in der mediterranen wie in der asiatischen Küche ein beliebtes Würzmittel. Getrockneter Knoblauch (1) hat aufgrund seiner Schwefelverbindungen roh ein durchdringendes Aroma und ist brennend scharf. Durch längeres Garen wird er milder und schmeckt süßlich. Junger Knoblauch (2) ist deutlich milder und kann höher dosiert werden. Knoblauch bereichert eine Vielzahl vegetarischer Gerichte wie Saucen, Marinaden, Vorspeisen, Suppen, Gemüse, Aufläufe und Tofugerichte. Besonders gut passt er zu Olivenöl, Tomaten und Tomatensaucen sowie zu Ingwer und Chilis.

CHILIS

Chilis (3–5) zählen frisch und getrocknet zu den wichtigsten schärfenden Gewürzen. Es gibt sie in vielen Sorten von fruchtig mild bis brennend scharf. Die Farbe ist nicht sortenabhängig, sondern ein Hinweis auf den Reifegrad. Mit zunehmender Reife verfärben sich Chilis von grün über gelborange nach rot (3) oder violett. Kleine schlanke Sorten (4) sind vor allem in Asien beliebt. Die extrem scharfen, lampionartigen Habanero-Chilis (5) werden in der Karibik bevorzugt verwendet. Chilis aromatisieren und schärfen Salsas, Chutneys, Dips, Saucen, Suppen sowie Gemüse- und Tofugerichte. Gelegentlich verleihen sie auch Desserts (Schokolade) eine angenehme Schärfe.

OLIVEN

Oliven (6–9) gibt es in vielen Sorten. Unreif geerntete grüne Oliven (6) sind fest, herb-frisch und eignen sich für Salate und Vorspeisen. Ausgereifte schwarze Oliven (7) schmecken milder und sind meist weichfleischig. Etwas fester sind die rötlich schwarzen Kalamata- (8) und trocken eingelegte Oliven (9). Schwarze Oliven eignen sich für Salate, Vorspeisen, Saucen, Dips und passen zu Pasta und Gemüse.

GETROCKNETE TOMATEN

Zum Trocknen für »Pomodori secchi« (s. rechts) werden reife, nicht zu saftige, halbierte Flaschentomaten verwendet. Mit ihrem intensiven Aroma bereichern sie Salate, Füllungen und Pastasaucen. Werden sie nur kurz mitgegart, empfiehlt es sich, sie vorher einzuweichen oder in Öl eingelegte Produkte zu verwenden.

KAPERN

Die Knospen des Kapernstrauchs sind roh ungenießbar. Erst durch Einlegen in Salz oder Essig werden sie zu dem beliebten mediterranen Gewürz und schmecken je nachdem salzig oder säuerlich. Kapern würzen Salatsaucen, Dips, Eier- und Nudelgerichte sowie mediterranes Gemüse. Kapernäpfel (10) sind die mildwürzigen Früchte des Kapernstrauchs. In Essig oder Öl eingelegt dienen sie meist als Garnitur oder Beilage.

INGWER

Ingwer (11) ist in Asiens Küchen unentbehrlich. Er wird überwiegend frisch verwendet, ist aromatisch und scharf. Ingwer gilt als sehr gesund und würzt pikante asiatische Gerichte, aber auch Süßspeisen, Desserts und Gebäck. Ähnlich in Aroma und Verwendung ist Galgant (s. rechts).

Getrocknete Tomaten sind lange haltbar und sind trocken sowie in Öl eingelegt erhältlich.

Kapern sind in verschiedenen Größen erhältlich, die besten Qualitäten sind klein.

Die Rhizome des Galgants erinnern im Aroma etwas an Ingwer, schmecken aber milder.

WÜRZZUTATEN

Als Fertigprodukt erhältliche Würzpasten auf Tomatenbasis und Würzsaucen (von links unten im Uhrzeigersinn): Tomatenmark, Tomatenketchup, Chilisauce sowie Tabasco und vegetarische Worcestersauce.

Würzsaucen/-pasten

Würzpasten und -saucen auf Tomatenbasis sind zum Aromatisieren und Färben von Pastasaucen und Gemüsegerichten beliebt. Aber auch Chili- oder Worcestersauce und Senf kommen oft zum Einsatz.

TOMATENMARK
Tomatenmark (s. links) wird aus reifen, geschälten und entkernten Tomaten hergestellt und hat je nach Konzentration (ein-, zwei- oder dreifach) einen intensiven, leicht süßlichen Tomatengeschmack. Es würzt und färbt Saucen, Suppen, Gemüse-, Nudel- und Getreidegerichte.

TOMATENKETCHUP
Tomatenketchup (s. links) wird aus Tomatenmark, Essig, Zucker, Salz und Gewürzen hergestellt. Die dickflüssige rote Würzsauce schmeckt je nach Sorte fruchtig-süß bis pikant. Ketchup rundet Dips und Saucen ab, wird aber auch pur als Würzsauce verwendet.

MEERRETTICH
Meerrettich (12) oder Kren, wie er in Bayern auch genannt wird, ist hierzulande sehr beliebt. Unverletzt ist die Wurzel geruchlos, erst beim Reiben oder Raspeln entwickelt sich die brennende, jedoch rasch flüchtige Schärfe. Meerrettich würzt Dips auf Sahne- und Joghurtbasis, Saucen und Gemüse und harmoniert mit Äpfeln.

WASABI
Wasabi (s. Seite 168, 13) oder Japanischer Meerrettich erinnert an heimischen Meerrettich, hat jedoch das feinere Aroma. Bei uns sind die brennend scharfen Rhizome nur selten frisch erhältlich. Wasabi würzt roh gerieben oder zu Pulver verarbeitet asiatische Reis- (vegetarische Sushi) und Gemüsegerichte sowie Saucen, Dips und Mayonnaisen und passt zu Ingwer.

TAMARINDE
Braune Tamarindehülsen (s. Seite 168, 14) enthalten ein sehr saures Fruchtfleisch. Meist wird das Mark der Tamarinde zum Säuern asiatischer Gerichte verwendet.

CHILISAUCE
Chilisaucen (s. links) westlicher Art sind ketchupähnlich, aber schärfer. Sie dienen zum Abschmecken von Saucen, Dips und werden zu gegrilltem Gemüse gereicht.

TABASCO
Tabasco-Sauce (s. links) wird aus zermahlenen roten Chilischoten, Branntweinessig und Salz hergestellt. Das amerikanische Original ist sehr scharf. Es gibt aber auch mildere Varianten. Tabasco wird sehr sparsam (tropfenweise) zum Wür-

1 Feiner, gelber Kräutersenf enthält geschnittene Kräuter (hier Dill, Thymian, Salbei, Majoran) und verleiht Salatsaucen Geschmack und eine leichte Schärfe. 2 Feiner Dijon-Senf ist gelb und wird aus braunen Senfkörnern hergestellt. Er ist sehr scharf und würzt Vinaigretten, Dressings und Senfsaucen. 3 Grober Senf wie der »Moutarde de Meaux« ist bräunlich gelb und von körniger Konsistenz.

WÜRZZUTATEN

zen und Schärfen von Saucen, Dips, Pasta und Gemüse verwendet.

VEGETARISCHE WORCESTERSAUCE
Vegetarische Worcestersauce (s. links) wird aus vielen verschiedenen Bestandteilen und Gewürzen hergestellt, enthält jedoch im Gegensatz zum englischen Original keine Sardellen. Worcestersauce ist dunkel, würzig und aromatisiert Vinaigretten, Dressings und Dips.

SENF
Die verschiedenen Senfe (s. links, 1–3) werden aus grob oder fein zermahlenen weißen, braunen und schwarzen Senfkörnern hergestellt. Hinzu kommen oft noch Gewürze oder Kräuter; je nach Sorte ist das Ergebnis süß bis sehr scharf. Senf würzt Salatsaucen, Dips, Eier- und Gemüsegerichte und stabilisiert Emulsionen.

Essige

Essig gibt es in den verschiedensten Sorten (s. rechts unten). Sie unterscheiden sich vor allem in Säuregrad und Aroma und werden dementsprechend unterschiedlich eingesetzt. Sie säuern und aromatisieren Salatsaucen und Dips, sind unentbehrlicher Bestandteil von Marinaden oder süßsauren Saucen und werden zum Einlegen von Gemüse (Gurken, Pickles) und Pilzen benötigt.

MILDE ESSIGE
Als besonders mild gelten Obstessige, wie Apfelessig, und mit Früchten aromatisierte Essige, wie Himbeeressig (s. rechts). Sie runden Vinaigretten, Dips und helle Saucen geschmacklich ab.

WEISS- UND ROTWEINESSIGE
Erstklassige Weinessige haben 6 Prozent Säure und werden aus hochwertigen Weinen hergestellt. Sie aromatisieren Saucen, Dips, Salate, Vorspeisen und Gemüse.

AROMATISCHE ESSIGE
Sehr aromatisch sind Sherry- und Balsamessige. 10 Jahre und länger gereifter Aceto balsamico verfeinert Saucen, Vorspeisen sowie Süßspeisen und Desserts.

Weine & Spirituosen

Weine, Wermut und andere Spirituosen wie Liköre oder Branntweine runden pikante und süße Gerichte ab.

WEIN
Trockene fruchtige Weißweine aromatisieren helle Saucen und Risottos. Süßweine passen zu Käse und eignen sich wie Schaumweine für Desserts (Sabayons, Sorbets). Seltener werden Letztere für pikante Gerichte wie Champagnerkraut genutzt. Rotwein gibt kräftigen dunklen Saucen und Gemüse (Rotkohl) Geschmack und wird für Kompott (Rotweinbirnen) sowie zum Marinieren genutzt.

WERMUT
Bei Wermut (s. rechts) handelt es sich um mit Kräutern und Gewürzen aromatisierte, aufgespritete Weine (15 bis 18 Vol.-%). Sie verleihen pikanten Saucen Aroma.

ANDERE SPIRITUOSEN
Likörweine wie Marsala, Portwein oder Sherry gibt es trocken oder süß. Sie schmecken intensiv und haben 15 bis 22 Vol.-%. Liköre sind süß und aromatisch und enthalten oft rund 20 Vol.-%,

Spirituosen wie Noilly Prat (trockener Wermut) kommen in der Saucenküche zum Einsatz, Liköre bei Süßspeisen und Desserts.

manchmal auch mehr. Wein- und Obstbrände sind etwas hochprozentiger und sehr aromatisch. Spirituosen eignen sich zum Aromatisieren von Saucen, Süßspeisen und Desserts sowie zum Einlegen und Marinieren von Früchten.

Verschiedene Essigsorten (von links nach rechts): Sherryessig, farbloser Reisessig, hellgelber Weißweinessig, Aceto balsamico, Rotweinessig, Apfelessig und fruchtiger Himbeeressig.

Sojasaucen unterscheiden sich je nach Erzeugerland und Herstellungsprozess. Grundsätzlich unterscheidet man zwei Typen: Helle Sojasaucen sind dünnflüssig und salzig, dunkle Sojasaucen schmecken eher süßlich und sind dickflüssiger.

Asiatische Würzsaucen

In den asiatischen Küchen steht eine Vielzahl fertiger Würzsaucen und -pasten zur Verfügung, mit denen sich Reis-, Gemüse- und Tofugerichte sowie Salate, Saucen und Suppen im Handumdrehen perfekt abschmecken lassen. Die meisten davon finden Sie in gut sortierten Feinkostabteilungen sowie im Asialaden.

SOJASAUCEN

Asiatische Köche würzen selten direkt mit Salz, sondern verwenden dafür gern spezielle Würzsaucen wie Sojasaucen (s. oben). Sie runden Speisen ab und dienen aufgrund ihres natürlichen Glutamatgehalts als Geschmacksverstärker.

Sojasaucen werden mittels Fermentation aus Wasser, Sojabohnen, Getreide (Weizen, Reis) und Salz hergestellt. Je nach Verfahren und Land schmecken die Ergebnisse unterschiedlich, von salzig bis aromatisch süß. Handwerklich hergestellte Produkte benötigen eine Reifezeit von mehreren Wochen oder Monaten. Beste Qualitäten reifen sogar jahrelang, bevor sie die gewünschte Farbe und das richtige Aroma haben. Bei industriell gefertigten Sojasaucen auf Basis von Sojaprotein kann der Reifeprozess durch Einsatz von Mikroorganismen (Milchsäurebakterien und Hefen) auf wenige Tage verkürzt werden. Sie sind entsprechend preiswerter, aber weniger intensiv. Während die chinesischen Varianten vornehmlich zum Würzen dienen, finden die japanischen Sojasaucen auch als Dip, etwa für vegetarische Sushi, Verwendung.

CHILISAUCEN

Chilisaucen werden in unterschiedlichen Schärfegraden und Kompositionen hergestellt. Neben den Chilis selbst ist oft Gemüse oder Obst mit von der Partie, ebenso wie Essig und Würzzutaten (Salz, Zucker, Knoblauch). Es gibt milde und scharfe, dick- und dünnflüssige Varianten. Süßsaure Chilisauce (s. unten, 1) wird gern zum Schärfen von Saucen, Suppen, Gemüse-, Nudel-, Reis- und Tofugerichten verwendet.

VEGETARISCHE AUSTERNSAUCE

Vegetarische Austernsauce (s. unten, 2) wird auf Basis von Sojasauce, Stärke und Hefeextrakt hergestellt. Die dunkle aromatische Würzsauce findet in der vegetarischen Küche an Stelle herkömmlicher Austernsauce Verwendung. Sie würzt Saucen, Suppen, Wokgerichte mit Gemüse sowie Nudeln und Reis.

PFLAUMENSAUCE

Pflaumensauce (s. unten, 3) ist süßsauer und pikant. Sie wird aus Pflaumen, Ingwer, Knoblauch Zucker, Salz, Essig und Chilis hergestellt. Pflaumensauce eignet sich als Dip, für Saucen und Marinaden.

1 Süßsaure Chilisauce ist leuchtend hellrot und dünnflüssig. 2 Vegetarische Austernsauce ist eine dickflüssige, dunkelbraune Würzsauce. 3 Pflaumensauce ist hellbraun und sirupartig. 4 Hoisin-Sauce ist rötlich braun oder schwärzlich und sehr dickflüssig.

WÜRZZUTATEN

HOISIN-SAUCE

Hoisin-Sauce (s. links, 4) ist in China beliebt. Sie wird unter anderem aus fermentierten Sojabohnen, Salz, Zucker, Knoblauch, Chilis, Sesamöl, Essig und Gewürzen hergestellt. Hoisin-Sauce schmeckt scharf süß und würzt Wokgerichte, Grillgemüse, Saucen und Marinaden.

Asiatische Würzpasten

Basis vieler scharfer asiatischer Würzpasten (s. rechts, 1, 6–8) sind Chilis, Ingwer und Knoblauch oder Zwiebeln. Die milderen Miso-Pasten (s. rechts, 2–5) werden aus Sojabohnen und Getreide hergestellt.

CURRYPASTEN

Currypasten dienen in vielen asiatischen Ländern zum Würzen und Schärfen von Schmorgerichten (Currys), besonders beliebt sind sie jedoch in Thailand. Currypasten werden dort häufig frisch zubereitet, hierzulande gibt es eine Auswahl fertiger Pasten im Asialaden. Am mildesten sind gelbe, am schärfsten grüne Varianten. Rote Currypaste (s. rechts, 1) würzt und schärft Gemüsecurrys und Saucen.

MISO-PASTEN

Zur Herstellung von Miso (s. rechts, 2–5) wird eine Mischung aus gedämpften Sojabohnen und Getreide (Reis, Gerste) mit Hilfe eines speziellen Schimmelpilzes fermentiert. Je nach Sorte ist die Farbe der Miso-Paste gelb bis bräunlich oder rötlich braun. Miso ist eine unentbehrliche Zutat für die gleichnamigen Suppen, würzt Saucen und Marinaden sowie viele weitere Gerichte der japanischen Küche.

SAMBALS

Sambals (s. rechts, 6, 7) werden Würzpasten auf Chilibasis in Indonesien genannt. Es gibt sie in zahlreichen Varianten, vom würzig süßen Sambal Manis (s. rechts, 6) bis hin zum hellroten, sehr scharfen Sambal Oelek (s. rechts, 7).

TANDOORI-PASTE

Die indische Tandoori-Paste (s. rechts, 8) würzt und färbt in der vegetarischen Küche Dips, Saucen, Dals und Gemüse.

1 Rote Currypaste ist in Thailand beliebt und relativ scharf. 2 Gelbes Aka-Miso ist eine mildsüße Paste aus fermentierten Sojabohnen und Reis. 3 Braunes Mugi-Miso wird aus Sojabohnen und Gerste gewonnen und ist intensiv im Aroma. 4 Shiro-Miso (aus Reis und Sojabohnen) ist ockerfarben und cremig-mild. 5 Hatcho-Miso ist dunkel, salzig und muss lange reifen. 6 Sambal Manis ist dunkelrot und würzig-süß. 7 Sambal Oelek ist eine sehr scharfe rote Chilipaste. 8 Tandoori-Paste besteht aus frischen und trockenen Würzzutaten und roter Lebensmittelfarbe.

SÜSSUNGSMITTEL

Lust auf Süßes? Zucker, Sirupe, Zuckerersatzstoffe und Honig bringen meist nicht nur Süße, sondern auch Aroma in Desserts, Süßspeisen und Kuchen und verfeinern auch pikante Gerichte.

Welches Süßungsmittel wann zum Einsatz kommt, bestimmt zum einen der Verwendungszweck, zum andern der Geschmack. Da raffinierter weißer Zucker heute jedoch bereits im Übermaß konsumiert wird – Schätzungen liegen für Deutschland bei einem Tagesverbrauch von 100 bis 150 g pro Kopf – und eine Belastung für die Gesundheit darstellt, sollte er sehr bewusst eingesetzt werden. Zumal sich weißer Zucker leicht durch aromatische Pflanzensirupe und Zuckeraustauschstoffe ersetzen lässt. Es lohnt sich, die verschiedenen Süßungsmittel einmal auszuprobieren und seinen persönlichen Favoriten zu finden.

Aus Rohr und Rüben

Zucker ist ein Kohlenhydrat, das in vielen Pflanzen natürlich vorkommt. In großer Menge wird er jedoch weltweit nur aus zwei Arten produziert – aus Zuckerrohr und Zuckerrüben. Rohzucker wie der aus Zuckerrohr hergestellte Rohrohrzucker (1) ist leicht gelblich. Vollständig gereinigt und raffiniert, wie bei Raffinade (s. rechts) der Fall, unterscheiden sich die Endprodukte chemisch nicht mehr voneinander. Hierzulande stammt der raffinierte weiße Zucker meist von Rüben.

HERSTELLUNG VON RAFFINADE

Nach der Ernte wird aus den Rübenschnitzeln oder auch aus zerkleinertem Zuckerrohr der enthaltene Zucker (Saccharose) herausgepresst. Anschließend wird der Zuckersaft gereinigt und durch Wasserentzug so weit konzentriert, bis die übersättigte Zuckerlösung auskristallisiert. Der die gelb-bräunlichen Kristalle umgebende Sirupfilm wird entfernt und es entsteht Weißzucker, eine Vorform der Raffinade. In einem zweiten Kochprozess verwandelt sich der verbliebene Sirup erst in leicht gelblichen Rohzucker und nach weiterer Klärung und Konzentration dann in Raffinade oder Kristallzucker (s. rechts). Daher schmeckt weißer Zucker in erster Linie »nur« süß und wird für helle Süßspeisen, süße Saucen und Feingebäck verwendet. Raffinade gibt es in verschiedenen Feinheitsgraden und Angebotsformen.
Puderzucker (2) oder Staubzucker besteht aus sehr fein gemahlener Raffinade und dient vornehmlich zum Backen und als Garnitur. Würfelzucker (3) besteht aus angefeuchteter, in Form gepresster Raffinade, ist aber auch aus braunem Zucker erhältlich. Er dient vorwiegend zum Süßen von Getränken und als Füllung von süßen Knödeln oder Früchten. Gelierzucker ist ein gröberer, mit Geliermitteln angereicherter Kristallzucker zum Einkochen von Früchten zu Konfitüre.

BRAUNER ZUCKER

Weniger oder nicht raffinierter Zucker ist dunkler, enthält noch Mineralstoffe und schmeckt karamellartiger als vollständig gereinigter weißer Zucker. Allerdings bedeutet braun nicht grundsätzlich unraffiniert: Es gibt auch mit Sirup eingefärbten weißen Kristallzucker wie den aus Zuckerrohr hergestellten Demerara-Zucker (s. rechts). Brauner Zucker (4) ist eine Sammelbezeichnung für ganz verschiedene, mehr oder weniger raffinierte Zuckerprodukte. Tatsächlich unraffiniert sind Muskovadozucker (5), ein ungereinigter bräunlicher, leicht feuchter Rohrzucker mit leichtem Karamellaroma, sowie Rapadura oder Ursüße (s. rechts), die direkt aus Zuckerrohrsaft hergestellt wird und auch als Vollrohrzucker im Handel ist. Aus Rüben hergestellte Pendants sind Voll- oder Basterdzucker. Beide sind wie Vollrohrzucker aufgrund der geringeren Verarbeitungsstufe und des höheren Mineralstoffgehalts für die vegetarische Küche zu empfehlen, zumal sie eine angenehme Karamellnote mitbringen. Diese aromatischen Zucker eignen sich gut zum Süßen von Süßspeisen, Kuchen, Gebäck und dunklen Desserts.

Raffinade oder Kristallzucker ist haushaltsüblicher Zucker aus Zuckerrohr oder -rüben.

Rapadura oder Ursüße ist getrockneter, gemahlener, unraffinierter Zuckerrohrsaft.

Demerara-Zucker ist ein grober, feuchter, mit Melasse versetzter, weißer Rohrzucker.

Basterdzucker wird aus Rübensirup gewonnen und ist bräunlich, feucht und krümelig.

SÜSSUNGSMITTEL

Spezialzucker

Fruchtzucker (s. links, 4) oder Traubenzucker (s. Seite 174, 6) sind Einfachzucker, die beide als natürlicher Baustein von Zweifachzuckern wie Kristall- oder Milchzucker vorkommen. Fruchtzucker (Fruktose) ist natürlich in Früchten enthalten, industriell wird er aus Inulin produziert. Während Fruchtzucker, dessen Süßkraft stärker als die von Kristallzucker ist, früher als idealer Zuckeraustauschstoff gepriesen wurde, findet er heute kaum mehr Verwendung. Er süßt Früchte und Desserts. Traubenzucker (Glukose) wird aus Stärke (Mais, Kartoffeln) hergestellt. Glukose süßt weniger stark als Kristallzucker und findet zum Süßen von Teigen und Massen Verwendung. Glukosesirup (s. links, 1) wird ebenfalls aus Stärke gewonnen. Der fast durchsichtige Sirup wird vornehmlich in der Patisserie, beim Backen sowie bei der Eisherstellung verwendet.

Noch mehr Süßungsmittel

Neben herkömmlichem Zucker gibt es weitere Möglichkeiten zum Süßen vegetarischer Gerichte, etwa mit dickflüssig konzentrierten Fruchtsäften wie Apfeldicksaft (s. Seite 174, 7) oder Birnendicksaft (s. Seite 174, 8). Beide bringen jedoch nicht nur Süße, sondern auch ihr spezielles Aroma mit, das zum jeweiligen Gericht passen muss. Ein weiteres beliebtes Süßungsmittel ist Agavensirup (s. Seite 174, 9). Er süßt ähnlich stark wie Honig, bringt jedoch wenig Eigengeschmack mit. Zum Süßen von Desserts und Süßspeisen (Eierkuchen) wird gern Ahornsirup (s. links, 2) verwendet, der stärker süßt als Zucker. Ihn gibt es hell oder dunkel und mit mildem oder kräftigem Aroma. Dunkler Rübensirup (s. links, 3) eignet sich besonders gut zum Backen, da er zugleich süßt und färbt. Palmzucker (s. links, 5) ist weniger süß als Kristallzucker und schmeckt karamellartig. Ahornzucker (s. links, 6) kann wie weißer Zucker verwendet werden.

1 Glukosesirup ist beinahe farblos und dickflüssig. 2 Ahornsirup ist hell bis bernsteinfarben und besteht aus eingedicktem Ahornsaft. 3 Zuckerrübensirup oder Rübenkraut ist dunkel und zähflüssig. 4 Fruchtzucker ist ein weißes, feines, kristallines Pulver. 5 Palmzucker ist bräunlich und als Pulver oder in kompakte Formen gepresst erhältlich. 6 Ahornzucker ist bräunlich gelb und kristallisiert beim Einkochen von Ahornsaft aus.

SÜSSUNGSMITTEL

Zuckerersatzstoffe

Zuckeraustauschstoffe bestehen aus Kohlenhydraten und schmecken süß. Da bei ihrem Verzehr kein Insulin im Körper (Bauchspeicheldrüse) produziert wird, sind sie auch für Diabetiker geeignet. Zu diesen Zuckeraustauschstoffen zählt beispielsweise Isomalt (s. unten, 1). Das weiße Pulver hat eine kristalline Struktur und wird synthetisch hergestellt. Isomalt kann Zucker im Verhältnis 1 : 1 ersetzen und schmeckt ähnlich, weist jedoch eine etwas geringere Süßkraft auf. Isomalt eignet sich gut für Süßspeisen und Desserts sowie zum Kochen und Backen. Xylit (s. unten, 2), auch Xylitol oder Birkenzucker genannt, ist ein natürlicher Zucker, der in Gemüse und Früchten sowie in der Rinde verschiedener Holzarten (Birke) vorkommt. Seine industrielle Herstellung ist aufwendig, weshalb dieser Zuckeraustauschstoff relativ teuer ist. Da Xylit in Geschmack und Konsistenz Zucker sehr ähnlich ist, kann es 1 : 1 wie dieser verwendet werden. Xylit ist hitzebeständig und karamellisiert nur, wenn es mehrere Minuten über 200 °C erhitzt wird. Ansonsten kann es gut zum Süßen von Früchten, Desserts, Süßspeisen, Kuchen und Gebäck dienen. Natürlich oder synthetisch hergestellte Süßstoffe wie Saccharin (s. unten, 3) zählen wie Zuckeraustauschstoffe zu den Zuckerersatzstoffen. Sie haben eine wesentlich stärkere Süßkraft als Zucker, bringen jedoch nicht dessen Textur mit und können Zucker daher nicht überall ersetzen.

Honig ist in zahlreichen Geschmacksrichtungen erhältlich. Von links unten im Uhrzeigersinn: dünnflüssiger milder Akazienhonig, dunkler würziger Waldhonig, bernsteinfarbener Orangenblütenhonig, gelblich kräftiger Lindenblütenhonig, weißlicher Kleehonig und in der Mitte Gelée Royale, ein Honigsaft, mit dem Bienen ihre Königinnen aufziehen.

Honig

Honig (s. Seite 174, 11) ist das älteste Süßungsmittel und wird von Bienen erzeugt, was seine Verwendung für Veganer ausschließt. Die Bienen nehmen dafür den Nektar von Blüten oder Honigtau (ein Ausscheidungsprodukt von Blattläusen und anderen Insekten) auf, reichern diesen mit eigenen Enzymen an und speichern das Produkt als Honig in ihren Waben. Honig besteht aus Glukose und Fruktose und schmeckt sehr süß. Hat er eine spezielle Bezeichnung wie Akazien-, Lavendel- oder Orangenblütenhonig (s. oben), muss er mindestens zu 50 Prozent aus dem Nektar der genannten Pflanze bestehen. Waldhonig (s. oben) besteht zu einem entsprechenden Anteil aus Honigtau. In der vegetarischen Küche kommt Honig vielfältig zum Einsatz: Er süßt pikante und süße Saucen und Gerichte, Süßspeisen, Desserts und Gebäck. Allerdings sollte er (außer beim Backen) nicht zu stark erhitzt und das jeweils unterschiedliche Aroma mitberücksichtigt werden. Kristallisierter, fester Honig wird durch Erwärmen wieder flüssig.

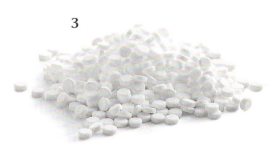

1 Isomalt ist als weißes Pulver, aber auch flüssig erhältlich. 2 Xylit ist ein Zuckeraustauschstoff (E 967), der in Konsistenz und Süße Zucker sehr ähnlich ist. 3 Saccharin ist ein klassischer Süßstoff in Tablettenform, es gibt ihn auch als Pulver oder flüssig.

EIER, FETTE, ÖLE

EIER

Ob weiß, braun oder gesprenkelt: Eier übernehmen in der vegetarischen Küche zahlreiche Funktionen. In Eierspeisen stehen sie aber auch selbst gern einmal im Vordergrund.

Wenn ganz allgemein von Eiern die Rede ist, sind in erster Linie Hühnereier gemeint. Zwar lassen sich auch Eier von Enten, Gänsen, Puten oder Tauben in der Küche nutzen, doch spielen sie zahlenmäßig im Vergleich zu Hühnereiern kaum eine Rolle. Wachteleier finden dagegen häufiger Verwendung. Beim Einkauf von Eiern empfiehlt es sich, auf Qualität und Frische zu achten (s. Seite 182).

Inhaltsstoffe

Aus ernährungsphysiologischer Sicht sind Eier ein wertvolles Nahrungsmittel und für Vegetarier ein wichtiger Eiweißlieferant. Ein Ei der Größe M wiegt etwa 60 g. Etwa ein Drittel davon macht das Eigelb (Dotter) aus. Eiweiß besteht aus Wasser, Proteinen (etwa 11 %), wasserlöslichen Vitaminen und Mineralstoffen (Natrium, Kalium). Eigelb ist reich an Fett, Mineralstoffen (Kalzium, Phoshpor, Eisen) sowie an fettlöslichen Vitaminen (A, D, E). Ein Vorteil ist zudem, dass in Eiern enthaltene Nährstoffe vom menschlichen Körper nahezu vollständig (zu etwa 95 %) verwertet werden können.

Eier haben viele Funktionen

In der vegetarischen Küche übernehmen Eier viele Aufgaben. Sie bringen Feuchtigkeit und Bindung in Nudelteige, lockern Massen (Biskuit) und sorgen bei Füllungen von Gemüse und Pasta für den notwendigen Zusammenhalt. Doch das ist noch nicht alles. Zu Eischnee aufgeschlagen bringt Eiweiß Luft in Mousses und Baisers. Eigelb verleiht über einem heißen Wasserbad aufgeschlagen Cremes und Sabayons die richtige (dickflüssige) Konsistenz. Bei der Herstellung von Mayonnaise fungiert es als Emulgator. Zudem lassen sich aus Eiern viele einfache Gerichte von Rührei über Spiegelei bis hin zu Omelett zubereiten. In Kombination mit Kartoffeln (Tortilla) oder anderem Gemüse wie Spargel (Frittata) sind sie die Basis vieler traditioneller vegetarischer Gerichte.

HÜHNEREIER

Hühnereier sind weiß- (1) und braunschalig (2) erhältlich. Die Farbe der Schale ist jedoch kein Qualitätskriterium, sondern hängt allein von der Hühnerrasse ab. Braune Eier haben in der Regel jedoch eine etwas dickere Schale und gelten daher als robuster. Hühnereier werden nach Gewicht in Klassen von S bis XL eingeteilt. Sofern in einem Rezept nichts anderes angegeben wird, ist meist die Größe M gemeint. Grüne Hühnereier (s. rechts) unterscheiden sich in der Verwendung nicht von weißen und braunen Eiern. Bei Zwerghuhneiern (s. rechts) muss die doppelte Menge verwendet werden.

WACHTELEIER

Wachteleier (3) haben eine auffällig ocker- oder graugelb-schwarz gesprenkelte Schale. Sie stammen von den kleinsten Hühnervögeln und sind im Vergleich zu Hühnereiern sehr viel kleiner und leichter. Das Gewicht eines Wachteleis macht mit etwa 10 g nur etwa ein Fünftel oder Sechstel eines mittelgroßen Hühnereis aus. Wachteleier schmecken intensiver als Hühnereier, können aber wie diese verwendet werden. Überwiegend kommen die kleinen Wachteleier hart gekocht, gepellt und halbiert als Garnitur auf Salaten und Vorspeisen zum Einsatz, oder sie werden pochiert in Suppen serviert.

Qualitätsmerkmale

Bei Eiern sind Qualität und Frische oberstes Gebot. Beides lässt sich leicht kontrollieren: Lege- und Haltbarkeitsdatum stehen auf der Verpackung. Rückschlüsse auf die Qualität erlaubt der Stempel auf dem Ei selbst, vor allem die erste Ziffer.

Grüne Hühnereier haben eine leicht grün gefärbte Schale und stammen von einer speziellen Hühnerrasse, dem Araucana-Huhn.

Zwerghuhneier sind die kleinsten unter den Hühnereiern und mit etwa 30 g nur halb so schwer wie ein Hühnerei der Klasse M.

EIER

Aufschlagtest: Frische Eier erkennt man am festen, kugeligen Dotter, der von einem kompakten Eiweißring und einer dünnen Schicht Eiweiß umgeben ist.

Die Ziffer 0 steht für Bio-Eier, sie sind die beste Wahl. Mit der Ziffer 1 werden Eier aus Freilandhaltung gekennzeichnet. Die Ziffer 2 bedeutet Bodenhaltung und die Ziffer 3 kennzeichnet Eier aus Käfighaltung. Die weiteren Buchstaben und Ziffern des Stempels geben Auskunft über das Herkunftsland und den jeweiligen Legebetrieb. Damit erhält der Kunde einen detaillierten Überblick über die Herkunft und einen groben Anhaltspunkt zur Frische der Eier.

Frische testen

Für manche Zubereitungen mit rohem Ei wie Mousses, Sabayons oder Mayonnaise benötigt man absolut top-frische Eier. Ob ein Ei nun aber tatsächlich ganz frisch ist, sieht man ihm von außen nicht an, das lässt sich nur mit verschiedenen Tests überprüfen. Beim Aufschlagtest (s. links) lässt sich die Frische anhand der Form von Eigelb und Eiweiß (Eiklar) bestimmen. Je fester und gewölbter der Dotter und je kompakter der Eiklarring, desto frischer ist das Ei. Umgekehrt heißt das: Zeigt sich nach dem Aufschlagen ein flacher Dotter und läuft das Eiweiß weit auseinander, ist das Ei schon alt.
Auch mit Hilfe des Schwimmtests (s. unten), bei dem das Ei unversehrt bleibt, lässt sich die Frische von Eiern bestimmen. Je länger diese aufbewahrt werden, desto mehr Flüssigkeit verdunstet durch die poröse Schale und desto größer wird die Luftblase im Innern des Eis. Dies führt dazu, dass ältere Eier im Glas schwimmen, frische Eier aber zu Boden sinken.

Eier aufbewahren

Da durch die Schale aber auch Gerüche oder Bakterien in das Innere des Eis gelangen können, sollte man Eier nach dem Kauf grundsätzlich im Kühlschrank (bei etwa 8 °C) und hoher Luftfeuchtigkeit aufbewahren – am besten in einem Spezialfach abseits von stark riechenden Lebensmitteln. Es sei denn, man will diesen Effekt nutzen, um den Eiern etwa ein intensives Trüffelaroma zu verleihen.

Ei-Ersatzprodukte

Wer wie Hühnereiweißallergiker oder Veganer auf Eier verzichten muss oder will, findet im Reformhaus spezielle Ei-Ersatzprodukte. Aber auch Seidentofu, Kokos-, Nuss- und Sojamilch oder -joghurt sowie Fruchtpürees können Eier ersetzen (jeweils 60 g/ml für 1 Ei). Zum Backen von Keksen empfehlen sich Mischungen aus 60 ml Pflanzenmilch und 1 EL Öl.

Eier-Frischetest

1 Sinkt ein rohes Ei in einem mit kaltem Wasser gefüllten Glas ganz zu Boden, ist es sehr frisch.

2 Ist das Ei etwa 7 Tage alt, ist die Luftkammer schon größer. Das Ei richtet sich im Wasserglas mit dem stumpfen Ende auf.

3 Schwimmt das Ei vollständig im Wasser, ist die Luftkammer noch größer und es kann bereits mehrere Wochen alt sein.

VEGETARIER
Wer is(s)t was?

Wie erklärt man Vegetarismus, ohne dass der Begriff Fleisch fällt? 1905 gelingt Meyers Großem Konversationslexikon diese Übung noch mühelos: Vegetarismus sei eine »Lebensanschauung, die darauf ausgeht, Gesundheit des Körpers und Geistes und hiermit vollen Lebensgenuß sich zu verschaffen, ohne zugleich sich durch üble Gewohnheiten und Genußmittel zu schädigen oder sittliche Schuld auf sich zu laden.« Das ist über 100 Jahre her, und seitdem hat sich der Fokus verschoben: Vegetarismus bezeichnet heute nicht mehr, was ein Mensch glaubt, sondern was er isst.

Die Ernährungswissenschaft definiert Vegetarier als Menschen, die sich überwiegend pflanzlich ernähren und auf alle Lebensmittel verzichten, die von toten Tieren stammen. Das betrifft in erster Linie Fleisch, Fisch und Meeresfrüchte, aber auch Gelatine (produziert aus Haut und Knochen) sowie Käsesorten, die mithilfe von Lab aus Kälbermägen hergestellt werden.

Nach den tierischen Produkten, die sie zu sich nehmen, unterscheidet man darüber hinaus Ovo-Lacto-Vegetarier (von lat. lac: Milch und ovum: Ei), die sich sowohl Eier als auch Milchprodukte erlauben, sowie Ovo-Vegetarier (essen Eier) und Lacto-Vegetarier (essen Milchprodukte). Das ovo-lacto-vegetarische Dilemma ist allerdings: Fleischverzicht alleine verhindert noch nicht, dass Tiere für Nahrung getötet werden. Kühe geben nur dann Milch, wenn sie regelmäßig kalben, und die Stierkälber werden in der Regel geschlachtet. Auch bei der Produktion von Eiern werden alle männlichen Küken direkt nach dem Schlüpfen getötet, und ausgelaugte Legehennen müssen nach etwa anderthalb Jahren nahezu täglicher Eierproduktion leistungsfähigen Junghühnern weichen.

Die Konsequenz daraus ziehen Veganer (»vegan« ist eine Zusammenziehung des englischen »veg-etari-an«). Sie verzichten – meist sowohl aus ethischen als auch aus ökologischen Gründen – auf sämtliche tierische Produkte: nicht nur auf Lebensmittel wie Eier, Milchprodukte und Honig, sondern auch auf Gebrauchsgegenstände aus Leder, Wolle und Seide, aus Bienenwachs und Daunen. Lange galten sie als radikale Minderheit, aber inzwischen errechnen Umfragen für Deutschland einen veganen Bevölkerungsanteil von einem Prozent, Tendenz steigend. Demgegenüber fallen die noch radikaleren Frutarier (auch Fruganer) zahlenmäßig kaum ins Gewicht. Sie gehen so weit, auch Pflanzen nicht schädigen zu wollen, und essen daher nur, was die Natur freiwillig hergibt, also vor allem Samen, Nüsse und Fallobst.

Doch der allgemeine Sprachgebrauch fasst den Begriff des Vegetariers weniger streng: Häufig werden so beispielsweise Menschen bezeichnet, die zwar das Steak vom Rind meiden, aber das vom Lachs essen. Pescetarier, wie diese Fischesser streng genommen heißen müssten, sind allerdings keine Vegetarier, denn sie beschränken sich nicht auf Lebensmittel vom lebenden Tier. Gleiches gilt für die wachsende Gruppe der sogenannten Flexitarier oder »Teilzeit-Vegetarier«, also der Menschen, die zwar Fleischverzehr nicht grundsätzlich ablehnen, allerdings immer öfter fleischlos essen.

Und Pudding-Vegetarier? Dieser Begriff kam in den 1920er Jahren für Vegetarier auf, die sich nicht besonders bewusst ernährten. Man befürchtete, sie könnten durch Gesundheitsprobleme den gesamten Vegetarismus in Verruf bringen. Dass dieses abfällige Etikett immer noch verwendet wird, ist eigentlich erstaunlich: Schließlich dürften sich Vegetarier, die von Pudding, Pasta und Pommes leben, kaum mehr schaden als Nichtvegetarier, die diese Liste um Fleischprodukte erweitern. Vielleicht ist es an der Zeit, für Letztere den Begriff Würstchen-Omnivoren zu prägen.

SABINE SCHLIMM

Im allgemeinen Sprachgebrauch wird der Begriff des Vegetariers sehr unterschiedlich gefasst. Allen gemein ist der Verzicht auf Fleisch.

FETTE UND ÖLE

Fest oder flüssig dienen sie zum Braten, Backen und Frittieren, sind wichtige Geschmacksträger und unentbehrliche Komponente von Emulsionen wie Vinaigretten oder Mayonnaisen.

Fette und Öle werden oft aus Samen und Keimen von Pflanzen gewonnen, können aber auch tierischen Ursprungs sein. Fett ist bei Raumtemperatur fest, Öle sind flüssig. Unterschiede gibt es in der Zusammensetzung der Fettsäuren, in der Hitzebeständigkeit und im Aroma. Liegen die Fettsäuren zum größten Teil in gesättigter Form vor, handelt es sich um feste Fette. Flüssige Öle enthalten dagegen einen höheren Anteil an einfach- oder mehrfach ungesättigten Fettsäuren. Generell gilt: Je höher der Anteil an ungesättigten Fettsäuren, desto geringer ist die Hitzeverträglichkeit (Rauchpunkt). Aufgrund dieser spezifischen Eigenschaften hat jedes Öl und jedes Fett seinen speziellen Einsatzbereich. Kokosmilch (4) wird aus mit Wasser püriertem Kokosfruchtfleisch gepresst, hat 15 bis 25 Prozent Fett und wird in Asien oft verwendet (s. Seite 103).

Fette

Den verschiedenen Fetten kommt in der vegetarischen Küche jeweils eine spezielle Aufgabe zu. Da sie leicht verderblich sind und rasch ranzig werden, sollten sie kühl und trocken gelagert werden.

BUTTER

Butter (1) ist kein reines Fett, sondern eine Wasser-in-Fett-Emulsion mit einem Fettgehalt von etwa 82 Prozent. Sie wird aus Süß- oder Sauerrahm (s. Seite 138) gewonnen und kann im Geschmack je nach Jahreszeit und Herkunft erheblich variieren. Butter ist ein ausgezeichneter Geschmacksträger und eignet sich (weich) bestens als Basis für Würz- und Kräuterbutter. Kalt wird sie als Brotaufstrich verwendet. In der Pfanne zerlassen dient sie zum Anschwitzen von Zwiebeln, Schalotten und Gemüse bei geringer Hitze. Ab Temperaturen von etwa 100 °C beginnt sie leicht zu bräunen. Bei 165 °C ist die Braunfärbung der Butter (Nussbutter) perfekt, so aromatisiert sie Pasta und Knödel. Noch mehr Hitze verträgt Butter allerdings nicht, weil dann die Eiweißbestandteile verbrennen würden. Flüssige Butter dient zur Zubereitung aufgeschlagener Saucen wie der Sauce hollandaise. Eiskalte Butterstücke geben geschmackvollen Saucen noch etwas Bindung und damit das gewisse Etwas. Auch für Kuchen und Gebäck ist Butter mit ihrem feinen Aroma eine wichtige Zutat.

BUTTERSCHMALZ

Während Butter zum Anbraten bei niedrigen Temperaturen eine gute Wahl ist, kommt Butterschmalz (2) zum Einsatz, wenn es – wie beim Ausbacken und Frittieren – sehr heiß wird und gleichzeitig ein feiner Buttergeschmack erwünscht ist. Bei Butterschmalz handelt es sich um reines Butterfett, das durch Klären von Butter gewonnen wird. Ein ähnliches Produkt ist das in der asiatischen Küche verwendete Ghee, das ebenfalls zum Anbraten bei starker Hitze sowie zum Ausbacken und Frittieren eine gute Wahl ist.

MARGARINE

Margarine (3) wird industriell aus Speiseöl, tierischen Fetten, Magermilch und Wasser sowie diversen anderen Zutaten (Säuerungsmittel, Vitamine) hergestellt. Es gibt aber auch ungehärtete pflanzliche Margarine, die aus mindestens 97 Prozent Pflanzenfett bestehen muss. Margarine wird überwiegend zum Backen einfacher Kuchen (Rührteig) verwendet.

GEHÄRTETE PFLANZENFETTE

Gehärtete Pflanzenfette (s. rechts) werden aus flüssigen Pflanzenölen hergestellt. Sie sind fest oder streichfähig, hoch erhitzbar und länger haltbar. Allerdings entstehen durch das Erhitzen dieser Fette sogenannte Transfettsäuren, die als problematisch für die Gesundheit eingestuft werden. Daher sollten gehärtete Fette möglichst sparsam verwendet oder besser durch Pflanzenöle ersetzt werden.

Gehärtetes Pflanzenfett ist geschmacksneutral und hoch erhitzbar, sollte aber nicht oft verwendet werden.

Reines Kokosfett in Plattenform ist fest, geschmacksneutral und verträgt viel Hitze. Es lässt sich sehr gut durch Öl ersetzen.

Cremiges Kokosfett ist geschmeidig, eignet sich zum Kochen, Braten und Backen und kann ebenfalls gut durch Öl ersetzt werden.

FETTE UND ÖLE

1 Distelöl ist gelb und schmeckt leicht nussig. 2 Gelbes Reiskeimöl wird in der asiatischen Küche verwendet und duftet leicht blumig. 3 Traubenkernöl wird aus den Kernen der Weintrauben gepresst, ist hellgelb und leicht nussig. 4 Palmöl ist orangefarben und wird aus dem Fruchtfleisch der Ölpalme gewonnen. 5 Erdnussöl ist hellgelb und hoch erhitzbar. 6 Avocadoöl ist grünlich und leicht dickflüssig.

Öle

Pflanzenöle werden aus Samen (Ölsaaten) und Kernen gepresst. Geschmack und Farbe hängen dabei nicht allein vom Ausgangsprodukt, sondern auch von der angewandten Technik ab. Heiß gepresste, raffinierte Öle sind hell und weisen keinen Eigengeschmack auf. Kalt gepresste oder native Öle sind dunkler, aromatisch und ernährungsphysiologisch wertvoller. Aufgrund der niedrigeren Temperatur (sie sollte 40 bis 45 °C nicht übersteigen) bleiben hier die Inhaltsstoffe (Vitamine etc.) weitgehend erhalten. Allerdings ist die Ausbeute viel geringer als bei der Heißpressung, weshalb diese Öle teurer sind. Zudem enthalten kalt gepresste Öle wertvolle ungesättigte Fettsäuren und eignen sich gut zum Verfeinern von Salaten, Vorspeisen und zum Anschwitzen von Gemüse. Gelegentlich aromatisieren sie auch Süßspeisen und Desserts. Zum Braten und Frittieren bei hohen Temperaturen sind kalt gepresste Öle nicht geeignet, da sie überwiegend einen niedrigen Rauchpunkt haben. Wenn es ums Ausbacken im heißen Fett geht, sind raffinierte Öle die bessere Wahl. Je nach Sorte halten Öle kühl, lichtgeschützt und trocken aufbewahrt wenige Monate oder auch bis zu zwei Jahre.

Olivenöle sind gelb bis grünlich und können sich im Aroma stark unterscheiden.

ARGANÖL

Arganöl (s. Seite 184, 10) wird hauptsächlich in Marokko produziert. Seine Herstellung aus gerösteten oder ungerösteten Kernen der Arganfrucht ist aufwendig. Aus 30 kg Früchten entsteht etwa 1 l Öl. Ungeröstetes Arganöl ist hell und mild. Die aus den gerösteten Kernen gewonnene Variante hat eine orange-rötliche Farbe und schmeckt angenehm nussig. Arganöl passt zu Salaten, Vorspeisen und Süßspeisen und verfeinert fertige mildwürzige Gemüsegerichte.

AVOCADOÖL

Avocadoöl (s. oben, 6) schmeckt leicht nussig und passt gut zu Salaten, Vorspeisen und Gemüse (Tomaten, Spargel) sowie zu Zitrusfrüchten.

DISTELÖL

Distelöl (s. oben, 1) wird aus den Samen der Färberdistel gewonnen. Es ist nicht hitzebeständig und eignet sich daher nicht zum Braten. Aufgrund seines hohen Gehalts an Linolsäure und des leicht nussigen Geschmacks ist Distelöl jedoch ein ausgezeichnetes Salatöl.

ERDNUSSÖL

Der Rauchpunkt von raffiniertem Erdnussöl (s. oben, 5) liegt etwa bei 230 °C. Das geschmacksneutrale Öl ist damit ideal zum Braten, Ausbacken und Frittieren.

FETTE UND ÖLE

Erdnussöl wird gern in der asiatischen Küche zum Garen bei hohen Temperaturen verwendet.

KEIMÖLE

Maiskeimöl wird aus dem fetthaltigen Keimling des Maiskorns hergestellt und ist heiß (gelb) und kalt gepresst (leicht rötlich) erhältlich. Aufgrund seines Vitamin-E-Gehalts wird es weniger schnell ranzig als andere Öle (Sonnenblumenöl). Raffiniertes Maiskeimöl hat einen hohen Rauchpunkt und ist gut zum Braten und Frittieren geeignet. Reiskeimöl (s. links, 2) lässt sich ebenfalls hoch erhitzen.

KÜRBISKERNÖL

Das kalt gepresste, dunkelgrüne Kürbiskernöl (s. Seite 184, 9), eine Spezialität aus der Steiermark/Österreich, wird aus gerösteten Kürbiskernen gewonnen. Es ist mild-würzig und schmeckt intensiv nussig. Kürbiskernöl aromatisiert Salate, Suppen, Gemüse (Möhren, Kartoffeln) sowie Desserts (Eis).

AROMATISCHE NUSSÖLE

Nussöle bereichern die vegetarische Küche mit ihren Aromen, sollten aber nicht hoch erhitzt werden. Da sie schon nach wenigen Monaten ranzig werden, ist es besser, stets kleine Mengen zu kaufen. Kalt gepresstes Haselnussöl (s. Seite 184, 8) ist mild und schmeckt nussig-süß. In Verbindung mit Zitrussäften oder Obstessig eignet es sich für Salate, mit Balsamico schmeckt es zu Gemüse (Brokkoli), Früchten (Äpfel, Birnen), Gebäck und Desserts. Walnussöl wird aus reifen Walnusskernen hergestellt. Es ist gelb, schmeckt intensiv nussig und passt gut zu Salaten, Käse und Kernobst.
Mandelöl (s. rechts, 1) ist mild-aromatisch und lässt sich vielfältig verwenden. Es passt gut zu Salaten, Rohkost, Desserts sowie in Kuchen und Feingebäck. Macadamiaöl (s. rechts, 2) verfeinert Saucen, Suppen, exotische Salate und Früchte sowie Süßspeisen und Kuchen. Pistazienöl (s. rechts, 3) passt in essigfreie Dressings, zu Gemüse (Spargel), in Kuchen und Gebäck und harmoniert mit Kernobst und Zitrusfrüchten.

OLIVENÖL

Olivenöl (s. Seite 184, 5 und links unten) enthält weniger mehrfach, dafür viele einfach ungesättigte Fettsäuren und ist kalt sowie heiß gepresst und raffiniert erhältlich. Kalt gepresst aromatisieren Olivenöle mediterrane Salate, Vorspeisen, Gemüse, Saucen und Süßspeisen (Schokolade). Mit einem Rauchpunkt zwischen 130 und 190 °C eignen sie sich auch zum Braten bei mittlerer Temperatur.

PALMÖL

Palmöl (s. links, 4) zählt zu den weltweit wichtigsten Pflanzenölen und wird sehr häufig bei der Herstellung industrieller Fertigprodukte verwendet.

RAPSÖL

Rapsöl (s. Seite 184, 7) hat einen hohen Anteil an ungesättigten Fettsäuren und schmeckt mild. Kalt gepresst eignet es sich für Salatsaucen und Marinaden.

SESAMÖL

Helles raffiniertes Sesamöl ist mild und wird in Asien zum Braten verwendet. Dunkles Sesamöl (s. rechts, 4) hat einen sehr intensiven, nussigen Geschmack und dient vorwiegend zum Würzen.

SOJAÖL

Sojaöl ist das weltweit meist produzierte Pflanzenöl. Es wird unter anderem durch Pressen von Sojabohnen gewonnen und ist blassgelb. Raffiniert eignet es sich zum Braten und Frittieren, wird aber auch für Salate, Backwaren sowie zur Margarineherstellung genutzt.

SONNENBLUMENÖL

Sonnenblumenöl (s. Seite 184, 6) aus kalter Pressung ist hellgelb, mild und kommt vielfältig zum Einsatz, etwa in Salat- und anderen Saucen sowie beim Anschwitzen von Gemüse.

TRAUBENKERNÖL

Traubenkernöl (s. links, 3) ist auch kalt gepresst hoch erhitzbar (bis etwa 190 °C). Es schmeckt leicht nussig und findet häufig bei der Zubereitung von Saucen, Salaten und Gemüse Verwendung.

Öle mit feinem Aroma: 1 Mandelöl ist ungeröstet und geröstet erhältlich. Letzteres ist dunkelgelb bis orangefarben und hat ein intensiveres Aroma. 2 Macadamiaöl ist hellgelb und hat ein volles, leicht süßliches Aroma. 3 Pistazienöl hat eine grünliche Farbe. 4 Dunkles Sesamöl ist bernsteinfarben und wird aus gerösteten Sesamsamen gepresst. Aus ungeröstetem Sesam hergestelltes helles Sesamöl ist blassgelb und mild.

BACKEN UND BINDEN

Damit Pikantes wie Pizza und Brot oder süßes Gebäck gut gelingt, benötigt der Teig eine gewisse Lockerung. Und pflanzliche Gelierstoffe sorgen für die notwendige Bindung bei Cremes und Desserts.

Die Auswahl an derlei Produkten in der vegetarischen Küche ist groß, da die überwiegende Mehrzahl der Hilfsmittel zum Backen und Binden pflanzlichen Ursprungs ist oder wie die Hefe aus Mikro-Pilzen hergestellt werden.

Lockerungsmittel

Zu den natürlichen Lockerungsmitteln für Teige gehören Hefe und Sauerteig. Andere Produkte wie Backpulver oder Natron sind rein chemische Substanzen, die ebenfalls zur Lockerung beitragen. Je nach Verwendungszweck kommen unterschiedliche Triebmittel zum Einsatz.

HEFE

Back- oder Bierhefe (s. rechts) ist frisch und getrocknet im Handel. Während frische Hefe gekühlt nur etwa 10 Tage hält, lässt sich pulverisierte Trockenhefe bis zu einem Jahr bei Raumtemperatur aufbewahren, ohne ihre Wirkung zu verlieren. Ein Päckchen Trockenhefe (7 g) entfaltet etwa dieselbe Wirkung wie ein Würfel frischer Hefe (42 g). Voraussetzung dafür ist, dass zu dem Mehl ausreichend Flüssigkeit mit hinzukommt (3 bis 6 %), denn nur dann können die Hefezellen den aus dem Mehl gelösten Zucker zu Alkohol und Kohlendioxid verstoffwechseln, was für das Gehen des Teiges verantwortlich ist. Allerdings nur, solange die Temperatur stimmt. Ideal sind 32 °C, dann verdoppelt sich das Teigvolumen in etwa zwei Stunden. Sinkt die Temperatur unter 5 °C, stellen die Hefezellen ihre Tätigkeit ein, wird es ihnen zu warm (über 45 °C), sterben sie ab. Frische Backhefe ist hell und riecht aromatisch und schmeckt süßlich. Seit geraumer Zeit ist auch eine dunklere Bio-Backhefe (1) in Reformhäusern und Bioläden erhältlich. Bei ihrer Produktion wird auf chemisch hergestellte Stoffe verzichtet. Hefe lockert feine (Weiß-)Brot- und Pizzateige sowie schwere Teige für süßes Gebäck wie Gugelhupf, Hefezopf, Buchteln oder Krapfen.

SAUERTEIG

Sauerteig enthält verschiedene Mikroorganismen, insbesondere Milchsäurebakterien und Hefen. In Kontakt mit Mehl und Wasser produzieren Erstere Milchsäure, die für den feinsäuerlichen Geschmack verantwortlich ist, und Letztere lassen den Teig aufgehen. Sauerteig kann selbst hergestellt werden, dafür vermengt man Wasser und Roggenmehl zu gleichen Teilen und lässt die Mischung etwa zwei Tage bei Raumtemperatur stehen. Riecht das Ergebnis angenehm säuerlich, kann es als Sauerteigansatz verwendet werden – falls nicht, ist es verdorben. Die spontane Säuerung ist jedoch stark vom Zufall abhängig, verlässlicher sind da im Handel angebotene Fertigprodukte (Weizen, Dinkel). Sauerteig gibt es als Extrakt in Pulverform (2) und flüssig (3). Er wird vornehmlich zum Lockern und Aromatisieren von Roggen- und Roggenmischbroten verwendet. Es gibt jedoch auch Starterkulturen für andere Getreidearten.

Frische Backhefe wird in Würfelform angeboten und ist nur begrenzt haltbar. Bei der pulverisierten Trockenhefe sind die Hefeorganismen inaktiv, sie hält bis zu einem Jahr.

BACKPULVER

Als Backpulver (4) werden Gemische verschiedener chemischer Stoffe (meist Natriumhydrogenkarbonat, Zitronensäure und Stärke als Trennmittel) bezeichnet, die miteinander reagieren, sobald sie mit Wasser in Berührung kommen und Hitze ausgesetzt sind. Natriumhydrogenkarbonat (kurz Natron) reagiert dann mit der Säure und setzt Kohlendioxid in Form kleiner Bläschen frei, die wie beim Hefeteig den Teig lockern und das Volumen von Massen vergrößern. Verwendung findet das feinkörnige weiße Pulver vor allem in Rührteigen, die man zum Backen von süßen und pikanten Muffins, Waffeln oder Marmorkuchen verwendet.

Natron ist ein weißes kristallines Pulver, das unter anderem als Triebmittel genutzt wird.

Weinstein dient als Backtriebmittel, Säureregulator und auch als Stabilisator.

BACKEN UND BINDEN

1 Alginate lassen sich aus Braunalgen extrahieren. 2 Vegetarisches Gelatinepulver besteht häufig aus Kappa-Carrageen (s. rechts oben) und Johannisbrotkernmehl. 3 Pektin wird meist aus Äpfeln gewonnen. 4 Guakernmehl entsteht aus den Samen der Guarbohne. 5 Gummi arabicum wird aus dem nach dem Anritzen der Rinde austretenden Saft verschiedener Akazienarten gewonnen. 6 Johannisbrotkernmehl lässt sich aus den Samen des Johannisbrotbaums herstellen. 7 Xanthan wird mit Hilfe von Bakterien aus zuckerhaltigen Substraten (Maisstärke) produziert.

Natron, genauer Natriumhydrogenkarbonat (s. Seite 191) ist häufig Bestandteil von Backpulvern. Bei Temperaturen über 50 °C reagiert es mit Säuren und setzt dabei Wasser und Kohlenstoffdioxid frei, das für die Lockerung sorgt. Natron kann darüber hinaus ein Zuviel an Säure abschwächen, etwa beim Einkochen von sehr sauren Früchten zu Konfitüre, oder falls ein Gericht durch zu viel Essig oder Zitronensaft unangenehm sauer schmeckt. Eine Prise Natron im Kochwasser bewirkt ein schnelleres Garen von Hülsenfrüchten. Als Backtriebmittel werden außerdem Weinstein (s. Seite 191), Hirschhornsalz und Pottasche eingesetzt.

Pflanzliche Gelier- und Verdickungsmittel

Diese überwiegend auf pflanzlicher Basis hergestellten, meist geschmacksneutralen Lebensmittelzusatzstoffe können Flüssigkeiten andicken. Einige bilden auch feste Gele aus. Da diese Verdickungsmittel aber je nach Säuregehalt der Umgebung und Temperatur unterschiedlich reagieren, lassen sie sich nicht beliebig gegeneinander austauschen.

AGAR AGAR
Agar Agar wird aus Rotalgen gewonnen und ist ein guter Ersatz für Gelatine. Es ist heute meist als gebleichtes oder ungebleichtes (s. Seite 190, 7) Pulver erhältlich. Agar Agar wird mit Flüssigkeiten verquirlt und aufgekocht, es geliert dann beim Erkalten. Agar Agar eignet sich für Nachspeisen und Cremes (Eis), die erhitzt werden, und für Gelees.

ALGINATE
Alginate (s. links, 1) ist ein Sammelbegriff für die aus Braunalgen gewonnene Alginsäure und ihre Salze. Sie dienen als Gelier- und Verdickungsmittel und Emulgator. Alginate müssen wie Agar Agar erhitzt werden und gelieren beim Erkalten.

VEGETARISCHE GELATINE
Gelatine auf pflanzlicher Basis (s. links, 2) ist als helles Pulver erhältlich und eignet

sich zum Kalt- und Warmgelieren von bis zu 65 °C heißen Flüssigkeiten. Pflanzliche Gelatine ist daher gut für Dessertcremes geeignet, die nicht erhitzt werden.

PEKTIN
Im Handel gibt es Pektin (s. links, 3) in Pulverform oder flüssig. Es geliert nur unter Hitzeeinwirkung und eignet sich für Gelees, Konfitüren und Tortenguss.

GUARKERNMEHL
Guarkernmehl (s. links, 4) ist hitze- und säurebeständig und eignet sich zum Andicken von warmen Cremes und Saucen.

GUMMI ARABICUM
Gummi arabicum (s. links, 5) dient in der Lebensmittelindustrie als Verdickungsmittel, Emulgator und Stabilisator, vor allem für Mischgetränke und Süßwaren.

JOHANNISBROTKERNMEHL
Johannisbrotkernmehl (s. links, 6), auch als Biobin im Handel, findet zum Andicken von warmen und kalten Flüssigkeiten Verwendung und geliert selbst nicht.

XANTHAN
Xanthan (s. links, 7) ist ein kalt und warm lösliches Verdickungsmittel. Es erhöht die Viskosität von Milchprodukten, Mayonnaise und Saucen. In Verbindung mit Johannisbrotkernmehl bildet es feste Gele.

Als Carrageen oder Carrageen-Extrakt werden verschiedene aus Rotalgen gewonnene Substanzen bezeichnet. Einige dienen als Verdickungsmittel in kalter Umgebung (Kappa-Carrageen), andere bilden weiche Gele aus und werden für Milchprodukte verwendet.

SPEISESTÄRKE
Stärke (s. Seite 190, 5 und unten, 1, 2) wird aus verschiedenen Pflanzen gewonnen. Wichtige Lieferanten sind Kartoffeln, Weizen, Reis, Maniok und Mais. Die Pflanzen speichern Kohlenhydrate als Reservestoffe in Form von Stärkekörnern in ihren Wurzeln, Knollen und Samen. Erhältlich ist Stärke meist als weißes Pulver. Mit etwas kaltem Wasser angerührt und kurz mitgekocht, ist sie in der Lage, Wasser zu binden. Die Stärkekörner quellen stark auf, verkleistern und bilden eine Art Gel. Stärke ist ein klassisches Bindemittel für warme Saucen, Suppen, Cremes und Grützen und wird auch zum Backen verwendet. In der Lebensmittelindustrie dient sie vorwiegend zur Herstellung verschiedener Zuckerstoffe wie etwa Glukosesirup, der für die Süßwaren- und Getränkeherstellung benötigt wird.

Pfeilwurzelmehl (s. unten, 3), auch als Arrow root oder Marantamehl im Handel, wird wie Stärke verwendet. Im Gegensatz zu anderen Stärken trübt es Flüssigkeiten beim Eindicken nicht ein. Pfeilwurzelmehl ist daher ideal für Saucen, Suppen und Desserts, die klar bleiben sollen. Tapiokaperlen (s. Seite 190, 6) werden heute meist aus Maniokwurzeln hergestellt. Eingeweicht werden die Kügelchen wie andere Stärken auch verwendet.

Emulgatoren

Sollen Fett und Wasser eine stabile Verbindung eingehen, wie bei Mayonnaise, braucht man einen Emulgator. Lezithine (s. unten, 4) sind in der Lage, solche Verbindungen zu stabilisieren, und dienen beispielsweise zur Herstellung von Eis und lockeren Schäumen.

1 Kartoffelstärke ist weiß und feinmehlig. 2 Maisstärke sieht ähnlich aus wie Kartoffelstärke und wird auch so verwendet, verkleistert aber etwas stärker. 3 Pfeilwurzelmehl ist ein Stärkeprodukt, das aus den Rhizomen einer tropischen Pfeilwurz-Art hergestellt wird. 4 Lezithin ist ein Emulgator, der aus Eigelb oder Sojabohnen gewonnen wird und als gelbliches Pulver (entölt) oder flüssig (mit Öl) erhältlich ist.

REZEPTE

Die ganze Vielfalt fleischloser Gaumenfreuden: Köstliche Vorspeisen und Salate, interessant gewürzte Suppen und Eintöpfe, raffinierte Hauptgerichte mit Gemüse, Getreide, Tofu und Seitan sowie Feines aus der Süßspeisen- und Dessertküche laden ein zum Nachkochen und Genießen.

VORSPEISEN UND KLEINE GERICHTE

ROTE-BETE-SÜLZCHEN
mit Blini und Anisschmand

ZUBEREITEN 2 Std. 50 Min.

FÜR DIE SÜLZCHEN
Salz • ½ TL Kümmel • 2 EL Himbeeressig
350 g Rote Beten (3 kleine Knollen)
290 ml Rote-Bete-Saft (aus 400 g Rote Bete entsaftet oder Fertigprodukt aus dem Bioladen)
1 EL Ahornsirup (ersatzweise 1 TL Zucker)
4 TL pflanzliches Geliermittel oder 4 gestrichene TL Agar-Agar

FÜR DEN ANISSCHMAND
1 Msp. Anissamen
200 g Schmand • 50 ml Milch
Salz • frisch gemahlener Pfeffer
1 EL Anisschnaps (z. B. Pernod)

FÜR DIE BLINI
125 g Weizenmehl Type 405
125 g Buchweizenmehl
¼ l Buttermilch
½ Würfel Hefe (20 g)
2 Eier • ½ TL Salz
100 g Butterschmalz zum Braten

FÜR DIE GARNITUR
4 EL Raps- oder Walnussöl
Salz • frisch gemahlener Pfeffer
je 40 g Friséesalat- und Brunnenkresseblätter (gewaschen und geputzt)
40 g Radieschenstreifen
Rote-Bete-Chips (siehe Seite 233)

AUSSERDEM
4 weite Einmachgläser (je 180–220 ml Inhalt) oder Schälchen

1. Für die Sülzchen 1 l Wasser mit Salz, Kümmel und 1 EL Himbeeressig in einen hohen Topf geben. Die Roten Beten hineinlegen und zugedeckt in etwa 25 Minuten gar kochen. Zur Garprobe mit einer Nadel in die Knollen stechen. Lässt sie sich leicht herausziehen, sind die Knollen gar. Die Roten Beten abgießen, leicht abkühlen lassen, schälen und 5 mm groß würfeln.

2. Vom Rote-Bete-Saft 4 EL abnehmen und für die Vinaigrette beiseitestellen. ¼ l Saft erwärmen und mit Salz, Ahornsirup und dem restlichen Himbeeressig würzen. Davon 100 ml abnehmen und in einem kleinen Topf mit dem pflanzlichen Geliermittel verrühren. Die Mischung unter Rühren aufkochen, 1 Minute köcheln und kurz abkühlen lassen. Anschließend den gewürzten Rote-Bete-Saft gut unterrühren (nicht umgekehrt).

3. Die Rote-Bete-Würfel in die Einmachgläser verteilen und gleichmäßig mit der Saft-Geliermittel-Mischung übergießen. Die Gläser in den Kühlschrank stellen und die Sülzchen in etwa 2 Stunden gelieren lassen.

4. Inzwischen für den Anisschmand die Anissamen in einem Mörser zerstoßen. Diese mit Schmand, Milch, Salz, Pfeffer und Anisschnaps in einer Schüssel verrühren und abschmecken.

5. Für die Blini beide Mehlsorten in einer Schüssel mischen und in die Mitte eine Mulde drücken. Etwas Buttermilch erwärmen, in die Mulde gießen und die Hefe hineinbröseln. Die Schüssel abdecken und den Vorteig an einem warmen Ort etwa 20 Minuten gehen lassen.

6. Inzwischen die Eier trennen und die Eiweiße steif schlagen. Die restliche Buttermilch erwärmen und zusammen mit Eigelben, Salz und Eischnee unter den Teig heben. Diesen nochmals 20 Minuten gehen lassen.

7. In einer Pfanne etwas Butterschmalz erhitzen. Den Teig esslöffelweise hineingeben und zu Kreisen (8 cm Durchmesser) verstreichen. Die Hefepfannkuchen von jeder Seite in etwa 4 Minuten goldgelb backen, herausnehmen und warm stellen. Auf diese Weise insgesamt 12 Blini ausbacken.

8. Für die Garnitur den restlichen Rote-Bete-Saft mit dem Rapsöl verrühren und mit Salz und Pfeffer abschmecken. Friséesalat, Brunnenkresse und Radieschenstreifen mit der Rote-Bete-Vinaigrette marinieren. Die Sülzchen auf Teller stürzen und je 1 EL Anisschmand daraufsetzen. Den Salat als Bouquet ringsum verteilen und mit Rote-Bete-Chips garnieren. Die Blini und den restlichen Anisschmand separat zu den Rote-Bete-Sülzchen servieren.

TIPPS
• Leider färbt der Saft von Roter Bete sehr stark. Ziehen Sie deshalb zum Schälen unbedingt Einweghandschuhe an, dann bleiben Ihre Hände sauber.
• Zum Backen der Blini gibt es kleine Spezialpfannen aus Gusseisen oder beschichtetem Alu, die meist einen Durchmesser von 12 cm haben.

NIGIRI- UND MAKI-SUSHI
mit Gurke, Rettich und Tofu

1 Mit angefeuchteten Händen ein Viertel vom übrigen Reis 5 mm dick auf dem Noriblatt verteilen. Dabei am oberen Rand einen etwa 1 cm breiten Streifen frei lassen.

2 Quer auf die Reismitte einen schmalen Streifen Wasabipaste streichen, mit etwas Sesam bestreuen und wahlweise einen Streifen Gurke, Avocado, Rettich oder Tofu darauflegen.

3 Die Rollmatte von vorne (Seite mit dem Reis) nach hinten aufrollen, dabei Noriblatt und Füllung gut andrücken und die Rollmatte herausziehen.

ZUBEREITEN 1 Std. 15 Min.
FÜR 6 PORTIONEN

FÜR DEN REIS
250 g Sushi-Reis • 1 TL Salz
4 EL Reisessig
4 EL Mirin (japanischer süßer Reiswein, aus dem Asialaden)
3 EL Zucker

FÜR DIE SUSHI
½ Salatgurke
1 Avocado
¼ Daikon-Rettich
100 g geräucherter Tofu
2 Noriblätter
Wasabipaste
helle und schwarze Sesamsamen, geröstet

AUSSERDEM
Bambusrollmatte
Wasabipaste
Sojasauce
eingelegter Ingwer (Feinkostregal oder Asialaden)

1. Den Sushi-Reis in ein Sieb geben und unter kaltem Wasser waschen, bis das Wasser klar abläuft. Den Reis mit ½ l Wasser und Salz in einem Reiskocher garen. Alternativ den Sushi-Reis mit ½ l Wasser und Salz in einem Topf aufkochen und unter Rühren 3 Minuten köcheln lassen. Anschließend den Reis zugedeckt bei sehr schwacher Hitze gar ziehen lassen, dabei gelegentlich umrühren. Den gegarten Reis in einer flachen Schale verteilen und etwas abkühlen lassen.
2. In einem kleinen Topf Reisessig, Mirin und Zucker aufkochen. Die Essiglösung nach und nach über den Reis träufeln und mit einem Holzspatel unterheben. Den Reis auskühlen lassen.
3. Für die Sushi die Gurke schälen, längs halbieren und die Kerne mit einem Löffel entfernen. Die Gurkenhälften längs in etwa 1 cm breite Streifen schneiden. Die Avocado halbieren und den Kern entfernen. Die Hälften schälen und längs in 1 cm breite Spalten teilen. Den Rettich schälen und längs in 1 cm breite Scheiben, diese dann längs in Streifen schneiden. Den Tofu ebenfalls längs in 1 cm breite Streifen schneiden.
4. Für die Nigiri-Sushi die Hände mit kaltem Wasser befeuchten. Eine Hälfte vom Reis in esslöffelgroße Häufchen teilen und diese zu länglichen Nocken formen. Mit der Fingerspitze je 1 Msp. Wasabipaste daraufsetzen und die Nocken mit der Hälfte der Gurken-, Avocado-, Rettich- oder Tofustücke belegen.
5. Für die Maki-Sushi die Noriblätter längs halbieren und je eine Hälfte mit der glänzenden Seite nach unten auf das vordere Ende der Rollmatte legen. Ein Viertel vom restlichen Reis darauf verteilen und weiterarbeiten, wie oben in Step 1 bis 3 gezeigt. Die übrigen drei Noriblätter ebenso füllen.
6. Die Sushi-Rollen mit einem angefeuchteten scharfen Messer in 3 cm breite Stücke schneiden. Beide Sushi-Sorten auf Tellern anrichten und mit Wasabipaste, Sojasauce und eingelegtem Ingwer servieren.

VORSPEISEN UND KLEINE GERICHTE

RADIROLLE MIT GURKE,
Apfel-Meerrettich-Mus und Kürbiskernpesto

1 Den Rettich mit einem Gemüsehobel längs in dünne Streifen schneiden.

2 Die Rollmatte auf der Arbeitsfläche ausbreiten und die Rettichstreifen leicht überlappend darauflegen.

3 Auf das untere Drittel zwei Streifen der Kartoffelmasse mit etwas Abstand aufspritzen und die Gurkenstäbchen dazwischenlegen.

4 Alles mithilfe der Matte straff aufrollen, dann die Rollmatte entfernen.

ZUBEREITEN 1 Std. 20 Min.
FÜR 6 PORTIONEN

FÜR DIE RADIROLLE
300 g mehligkochende Kartoffeln (z. B. 'Marabel')
1 TL Kümmel · Salz
1 möglichst dicker Rettich
100 g Topfen (Magerquark)
50 g Doppelrahmfrischkäse
½–1 Bund Majoran
frisch gemahlener Pfeffer
frisch geriebene Muskatnuss
½ Bio-Salatgurke

FÜR DAS APFEL-MEERRETTICH-MUS
3 Äpfel · 50 ml Weißwein · 20 g Butter
¼ Stange Meerrettich · Salz

FÜR DAS PESTO
100 g Kürbiskerne · 1 Knoblauchzehe
50–100 ml Kürbiskernöl · Salz

AUSSERDEM
Spritzbeutel mit Lochtülle
Bambusrollmatte

1. Für die Radirolle die Kartoffeln mit dem Kümmel in Salzwasser in etwa 45 Minuten weich kochen. In der Zwischenzeit den Rettich gründlich waschen, putzen und in Streifen schneiden, wie oben in Step 1 gezeigt.

2. Für das Apfel-Meerrettich-Mus 2 Äpfel schälen, vierteln und das Kerngehäuse entfernen. Die Viertel in kleine Stücke schneiden und mit dem Weißwein in etwa 10 Minuten weich kochen. Das Kompott bei Bedarf pürieren.

3. Den dritten Apfel waschen, vierteln und das Kerngehäuse entfernen. Die Viertel mit der Schale fein würfeln. Die Butter in einer Pfanne zerlassen und die Apfelwürfel darin 2 Minuten dünsten. Den Meerrettich schälen, fein reiben und mit den Apfelwürfeln unter das Apfelmus rühren. Zum Schluss das Mus mit Salz abschmecken.

4. Die Kartoffeln abgießen, kurz ausdampfen lassen, pellen und durch die Kartoffelpresse drücken. Den Kartoffelschnee mit Topfen und Frischkäse verrühren. Den Majoran waschen, trocken schütteln, die Blättchen fein hacken und unterheben. Die Kartoffelmasse kräftig mit Salz, Pfeffer und Muskat würzen und in den Spritzbeutel füllen.

5. Für das Pesto die Kürbiskerne in einer beschichteten Pfanne ohne Fett unter Rühren rösten, bis sie zu duften beginnen. Die gerösteten Kürbiskerne mit einem Blitzhacker oder Messer klein hacken. Den Knoblauch schälen, sehr fein hacken und mit dem Öl und den Kürbiskernen verrühren. Das Pesto kräftig mit Salz abschmecken.

6. Die Salatgurke waschen und mit der Schale in fingerdicke, 20 cm lange Stäbchen schneiden. Die Rettichstreifen mit Küchenpapier sorgfältig trocken tupfen und weiterarbeiten, wie oben in Step 2 bis 4 gezeigt.

7. Die Radirolle in Stücke schneiden. Diese mit dem Apfel-Meerrettich-Mus und dem Kürbiskernpesto auf sechs Tellern anrichten und servieren.

VORSPEISEN UND KLEINE GERICHTE

BELPER KNOLLE
mit kandierten Szechuan-Pfeffer-Mandeln

ZUBEREITEN 1 Std.
FÜR 8 PORTIONEN

FÜR DIE MANDELN
70 g Zucker
100 ml Weißwein
40 geschälte Mandeln
8 Szechuan-Pfefferkörner
Meersalz

FÜR DAS PESTO
2 große Bund Basilikum (30 g Blätter)
½ Bund glatte Petersilie (10 g Blätter)
30 g Walnusskerne
30 g Pinienkerne
100 ml Olivenöl
50 ml Rapsöl
50 ml Walnussöl
1 kleine Knoblauchzehe
feines Meersalz
10 g frisch geriebener Parmesan

FÜR DEN ZIEGENFRISCHKÄSE
200 g Ziegenfrischkäse
1 Rispe Langer Pfeffer (Stangenpfeffer)
Salz

AUSSERDEM
Öl fürs Blech
Spritzbeutel mit Lochtülle
essbare Blüten (z. B. Stiefmütterchen, Borretsch, Veilchen) zum Garnieren
1 Belper Knolle

1. Für die Mandeln ein Backblech mit Öl bestreichen. Den Zucker mit dem Weißwein in einem kleinen Topf auf 130 °C erhitzen, bis der Zucker leicht bräunt. Die Mandeln einrühren und karamellisieren lassen. Den Szechuan-Pfeffer in einem Mörser zerstoßen und untermischen. Die Mandel-Pfeffer-Mischung auf dem Blech ausbreiten und vollständig auskühlen lassen.

2. Für das Pesto Basilikum und Petersilie waschen und gut trocken schütteln. Die Blätter von den Stielen zupfen. Die Walnusskerne grob hacken und in einer beschichteten Pfanne ohne Fett rösten. Walnüsse, Pinienkerne, Basilikum- und Petersilienblätter in einen hohen Becher geben. Oliven-, Raps- und Walnussöl dazugießen und alles mit einem Pürierstab grob mixen.

3. Den Knoblauch schälen, fein hacken, salzen und mit dem Messerrücken oder den Zinken einer Gabel fein zerdrücken. Das Knoblauchmus mit dem Parmesan unter das Pesto rühren.

4. Den Ziegenfrischkäse mit dem Schneebesen in einer Schüssel glatt rühren. Den Langen Pfeffer im Mörser grob zerstoßen oder mit dem Messer grob hacken. Die Frischkäsecreme mit etwas Salz und Pfeffer abschmecken, in den Spritzbeutel füllen und die Luft herausdrücken.

5. Die Frischkäsecreme 1 cm breit auf das rechte Drittel von acht Tellern spritzen. Diese mit den Blüten dekorieren und mit dem übrigen zerstoßenen Pfeffer bestreuen. Parallel dazu das Pesto auftragen und die kandierten Szechuan-Pfeffer-Mandeln darauf verteilen. Zuletzt die Belper Knolle mit dem Trüffelhobel auf das linke Tellerdrittel hobeln und mit Ciabatta, Baguette oder einem anderen knusprigen Weißbrot servieren.

> **TIPPS**
> • Belper Knolle ist ein Schweizer Hartkäse aus Kuhrohmilch. Sie erhalten die Käsespezialität im Feinkost- und Käsefachhandel.
> • Keinen Langen Pfeffer bekommen? Dann würzen Sie den Frischkäse einfach mit frisch gemahlenem schwarzen Pfeffer.

MARINIERTE CHAMPIGNONS

ZUBEREITEN 50 Min.

FÜR DIE CHAMPIGNONS
200 g junge, feste Champignons (Hüte geschlossen)
1 gestrichener TL Salz
1–2 EL Weißweinessig
frisch gemahlener Pfeffer
2 Msp. gehackte Rosmarinnadeln
2–3 EL Olivenöl

1. Die Champignons mit Küchenpapier sauber abreiben, putzen und in 2 mm dicke Scheiben schneiden.
2. In einem Topf 100 ml Wasser mit Salz, Essig und Pfeffer zum Kochen bringen. Die Champignonscheiben zugeben und alles kurz aufkochen lassen. Den Topf beiseitestellen und die Pilze etwa 30 Minuten abkühlen lassen.
3. Die marinierten Champignons auf vier Tellern anrichten. Die Pilze mit dem gehackten Rosmarin bestreuen und mit Olivenöl beträufeln.

GRÜNE BOHNEN MIT PARMESAN

ZUBEREITEN 45 Min.

FÜR DIE BOHNEN
250 g Buschbohnen • Salz
1 kleine Zwiebel (20 g) • 1 Knoblauchzehe
20 g Butter • 2 EL Olivenöl
1 Msp. frisch geriebene Muskatnuss
1 EL gehackte Petersilie
30 g frisch geriebener Parmesan
frisch gemahlener Pfeffer

1. Die Bohnen waschen und putzen. In einem Topf 1 l Wasser und 4 gehäufte TL Salz aufkochen und die Bohnen darin in etwa 10 Minuten bissfest garen. Danach abgießen, eiskalt abschrecken und die Bohnen gut abtropfen lassen.
2. Die Zwiebel schälen und sehr fein würfeln. Den Knoblauch schälen und in Scheiben schneiden. In einem kleinen Topf Butter und Öl erhitzen, beides darin glasig anschwitzen und mit Salz und Muskat würzen.
3. Die Bohnen im Würzöl schwenken und die Petersilie unterrühren. Die Bohnen anrichten und mit Parmesan und Pfeffer bestreut servieren.

VORSPEISEN UND KLEINE GERICHTE

KÜRBIS MIT OLIVEN

TOMATEN SÜSS-SAUER

ZUBEREITEN 25 Min.

FÜR DEN KÜRBIS
200 g Hokkaido-Kürbisfruchtfleisch (ohne Schale)
½ kleine rote Chilischote
2 EL Olivenöl
1 EL Akazienhonig
3 EL Aceto balsamico bianco oder Weißweinessig
2 Stängel Petersilie • Salz
15 Kalamata-Oliven in Lake

1. Den Kürbis 1 cm groß würfeln. Die Chilischote waschen, von Stielansatz, Samen und Trennwänden befreien und fein würfeln. Die Chiliwürfel mit dem Olivenöl verrühren.
2. Den Honig in einer kleinen Pfanne erhitzen. Die Kürbiswürfel zugeben und bei schwacher Hitze karamellisieren, mit Essig ablöschen und vom Herd nehmen.
3. Die Petersilie waschen, trocken schütteln und fein hacken. Die Kürbiswürfel mit Petersilie bestreuen und mit Chiliöl und Salz würzen, anschließend abkühlen lassen.
4. Die Oliven abtropfen lassen, entsteinen, in Viertel schneiden und unter die karamellisierten Kürbiswürfel heben.

ZUBEREITEN 30 Min. • ZIEHEN 2 Wochen

FÜR DIE TOMATEN
125 g Zwiebeln oder Schalotten • 300 ml Weißweinessig
100 g Akazienhonig • 1 Dolde Dillblüten • 2 Lorbeerblätter
1 EL Senfkörner • 1 TL Salz • 20 schwarze Pfefferkörner
500 g Kirschtomaten

AUSSERDEM
2 Schraubgläser (je ½ l Inhalt)

1. Die Zwiebeln schälen und achteln. Zwiebeln, Essig, Honig, Dill, Lorbeer, Senfkörner, Salz, Pfeffer und 300 ml Wasser in einem Topf aufkochen und zugedeckt bei schwacher Hitze etwa 5 Minuten köcheln lassen.
2. Die Tomaten waschen und jeweils mit einem Holzspieß oder einem Messer zwei- bis dreimal einstechen. So nehmen die Tomaten den Geschmack des Suds an und platzen nicht auf. Die Tomaten in den heißen Sud legen und alles erneut aufkochen.
3. Die Tomaten mit Sud, Zwiebeln und Gewürzen randhoch in die Schraubgläser füllen und sofort verschließen. Die Gläser auf den Kopf stellen und abkühlen lassen. Die eingelegten Tomaten vor dem Servieren mindestens 2 Wochen durchziehen lassen. Kühl gelagert sind sie etwa 6 Monate haltbar.

» *Geschmack ist die Kunst,
sich auf Kleinigkeiten
zu verstehen.* «

JEAN-JACQUES ROUSSEAU

CROSTINI MIT ZIEGENFRISCHKÄSE,
Birne und Honig-Rosmarin-Marinade

ZUBEREITEN 25 Min.

FÜR DAS KNOBLAUCHÖL
1 Knoblauchzehe
100 ml Olivenöl

FÜR DIE HONIG-ROSMARIN-MARINADE
1 kleine rote Chilischote
1 gehäufter EL Rosmarinnadeln
100 g Akazienhonig

FÜR DIE CROSTINI
1 Ciabatta oder Baguette (200 g)
1 reife Birne
150 g Ziegenfrischkäse

1. Für das Öl die Knoblauchzehe schälen, durch die Knoblauchpresse in eine kleine Schale drücken und mit dem Öl verrühren. Den Backofen auf 200 °C (Ober-/Unterhitze) vorheizen.

2. Für die Marinade die Chilischote waschen und den Stielansatz entfernen. Die Schote mit den Rosmarinnadeln fein hacken und beides gut mit dem Honig verrühren.

3. Für die Crostini das Weißbrot in fingerdicke Scheiben schneiden und diese jeweils mit 1 TL Knoblauchöl bestreichen. Die Brotscheiben auf ein Backblech legen und im Ofen (Mitte) in 5 Minuten goldbraun rösten.

4. Inzwischen die Birne waschen, mit der Schale vierteln und das Kerngehäuse entfernen. Die Viertel in dünne Scheiben schneiden. Die warmen Ciabattascheiben mit Ziegenfrischkäse bestreichen, mit den Birnenscheiben belegen und mit der Honig-Rosmarin-Marinade beträufeln.

KNUSPRIGE CROSTINI
mit Linsen-Hummus und Shiitake

ZUBEREITEN 1 Std. • QUELLEN 2 Std.

FÜR DAS LINSEN-HUMMUS
250 g rote Linsen • 1 Schalotte
2 Gewürznelken • 2 Lorbeerblätter
Salz • 25 g Tahini (Sesampaste aus dem Glas) • Saft von 1 Zitrone
frisch gemahlener Pfeffer

FÜR DIE SHIITAKE-PILZE
75 g Shiitake-Pilze • 20 g Butter
Salz • frisch gemahlener Pfeffer

FÜR DIE CROSTINI
2 EL Olivenöl • 4 Scheiben Ciabatta (1 cm)
Salz • frisch gemahlener Pfeffer

AUSSERDEM
1–2 EL gehacktes Koriandergrün
1 EL frischer grüner Pfeffer, gehackt
Zitronensaft (nach Belieben)

1. Für das Hummus die roten Linsen in einem Sieb kalt abspülen, in einer Schüssel mit kaltem Wasser bedecken und etwa 2 Stunden quellen lassen.
2. Die eingeweichten Linsen abgießen. Die Schalotte schälen. Die Linsen mit Nelken, Lorbeer und Schalotte in Salzwasser in etwa 20 Minuten weich garen. Die Linsen in ein Sieb abgießen und die Gewürze entfernen. Dann die Linsen in einem Standmixer mit Sesampaste, Zitronensaft, Salz und Pfeffer cremig pürieren und kräftig abschmecken.
3. Die Shiitake-Pilze putzen und in mundgerechte Stücke schneiden. Die Butter in einer Pfanne bei mittlerer Hitze aufschäumen lassen und die Shiitake-Pilze darin etwa 2 Minuten anbraten, erst danach mit Salz und Pfeffer würzen.
4. Für die Crostini das Olivenöl in einer Pfanne erhitzen und die Ciabattascheiben darin von beiden Seiten goldbraun anbraten. Danach die Brotscheiben salzen und pfeffern.
5. Das Linsen-Hummus gleichmäßig auf den Crostini verstreichen und die gebratenen Pilze darauf verteilen. Die Crostini mit Koriandergrün und grünem Pfeffer bestreuen und nach Belieben vor dem Servieren noch mit einem Spritzer Zitronensaft beträufeln.

GRATINIERTE FENCHELSCHALEN
mit Pide und rotem Pesto

1 Die einzelnen Fenchelblätter mitsamt den grünen Stielen von der Knolle lösen.

2 Eine ofenfeste Form mit Olivenöl ausstreichen und die blanchierten, gut abgetropften Fenchelschalen hineinsetzen.

3 Den Zucchino erst in dünne Scheiben hobeln, dann mit einem scharfen Messer in sehr feine Streifen schneiden.

4 Die Zucchinistreifen zu kleinen Bündeln zusammenrollen und in die Fenchelschalen füllen.

ZUBEREITEN 1 Std.

FÜR DIE FENCHELSCHALEN
500 g Fenchelknollen · Salz
2–3 EL Olivenöl
1 mittelgroßer Zucchino (etwa 200 g)
40 g frisch geriebener Parmesan

FÜR DAS ROTE PESTO
200 g getrocknete Tomaten in Öl (aus dem Glas)
50 g Pinienkerne
1 Knoblauchzehe
½–1 rote Chilischote (nach Belieben)
½ Bund Basilikum
1 EL Tomatenmark · Salz

AUSSERDEM
Olivenöl für die Form und zum Beträufeln (nach Belieben)
1 Pide (türkisches Fladenbrot)
getrocknete Tomaten, Pinienkerne und Basilikum zum Bestreuen (nach Belieben)

1. Die Fenchelknollen waschen und weiterarbeiten, wie oben in Step 1 gezeigt. Sehr große Blätter (Fenchelschalen) bei Bedarf halbieren. Die Fenchelschalen in kochendem Salzwasser 1 Minute blanchieren, dann herausheben, eiskalt abschrecken und in einem Sieb abtropfen lassen. Die Fenchelschalen trocken tupfen und in die Form setzen, wie oben in Step 2 gezeigt.

2. Den Zucchino waschen, putzen, in Julienne schneiden und in die Fenchelschalen füllen, wie in Step 3 und 4 gezeigt. Die gefüllten Fenchelschalen mit Parmesan bestreuen und die Form beiseitestellen. Den Backofengrill vorheizen.

3. Für das rote Pesto die getrockneten Tomaten in einem Sieb abtropfen lassen, dabei 50 ml Öl auffangen. Die Pinienkerne in einer beschichteten Pfanne ohne Fett goldgelb rösten. Den Knoblauch schälen und in kleine Würfel schneiden. Die Chilischote waschen, von Stielansatz, Samen und Trennwänden befreien und mit den getrockneten Tomaten fein würfeln. Das Basilikum waschen, trocken schütteln, die Blätter abzupfen und in feine Streifen schneiden.

4. Pinienkerne, Knoblauch, Chilischote, Tomaten, Basilikum, das abgetropfte Öl, Tomatenmark, Salz und 50 ml Wasser mit einem Pürierstab grob mixen. Das Pesto beiseitestellen.

5. Die Fenchelschalen unter dem Backofengrill (oben) in etwa 10 Minuten goldbraun überbacken. Das Pide aufschneiden und in kleine Stücke teilen. Die Brotstücke mit Olivenöl beträufeln und unter dem Grill (oben) in 3 bis 4 Minuten leicht rösten.

6. Die Brotstücke mit dem Pesto bestreichen und nach Belieben mit getrockneten Tomaten, Pinienkernen und Basilikum bestreuen. Die Crostini zu den gratinierten Fenchelschalen servieren.

GRATINIERTER KOPFSALAT
mit Dillblütenrahm

ZUBEREITEN 1 Std.

FÜR DEN DILLBLÜTENRAHM
1 kleine Zwiebel (25 g)
3 EL Olivenöl
50 ml Weißwein
1 Wacholderbeere
½ kleine rote Chilischote
25 g Parmesan
1 Msp. frisch geriebene Muskatnuss
1 gestrichener TL Salz
400 g Sahne
10–20 frische Dillblüten (etwa 2 Dolden, ersatzweise ½ Bund frisch gehackter Dill)
abgeriebene Schale von ½ Bio-Zitrone

FÜR DEN GRATINIERTEN KOPFSALAT
3 mittelgroße Kopfsalate (je 250 g)
2 gehäufte EL Salz
50 g Parmesan
10–20 frische Dillblüten (etwa 2 Dolden, ersatzweise ½ Bund frisch gehackter Dill) zum Garnieren

1. Für den Dillblütenrahm die Zwiebel schälen und in feine Würfel schneiden. Das Olivenöl in einem Topf erhitzen, die Zwiebelwürfel darin glasig anschwitzen und mit dem Weißwein ablöschen.
2. Die Wacholderbeere mit einem Messerrücken zerdrücken und zugeben. Die Chilischote waschen, von Stielansatz, Samen und Trennwänden befreien und in sehr feine Würfel schneiden. Den Parmesan reiben.
3. Chiliwürfel, Muskatnuss, Salz und Sahne zu den Zwiebeln geben und alles kurz aufkochen. Den Parmesan einrühren und die Sauce 30 Minuten bei schwacher Hitze ziehen lassen.
4. Inzwischen für den gratinierten Kopfsalat die ganzen Salatköpfe unter fließendem Wasser reinigen. In einem großen Topf 2 l Wasser aufkochen und salzen. Die Salatköpfe im kochenden Salzwasser nacheinander jeweils etwa 1 Minute blanchieren, herausheben und sofort in eiskaltem Wasser abschrecken. Die Salatköpfe in ein Sieb legen, gut abtropfen lassen und das restliche Wasser mit den Händen herausdrücken.
5. Den Backofen auf 250 °C (Ober-/Unterhitze) vorheizen. Die Salatköpfe halbieren und jeweils den Strunk entfernen. Die Salathälften mit der Schnittfläche nach oben in einen Bräter setzen und leicht auffächern.
6. Die Sauce nochmals kurz aufkochen und mit dem Pürierstab cremig aufmixen. Die Dillblüten waschen, trocken schütteln und mit der Zitronenschale unter die Sauce heben.
7. Den Dillblütenrahm über die Salathälften gießen. Den Parmesan reiben und darüberstreuen. Den Salat im Backofen (ganz oben) in etwa 5 Minuten goldbraun überbacken. Die Dillblüten waschen, trocken schütteln und über den gratinierten Salat streuen.

> **TIPPS**
> • Vielleicht haben Sie ja gerade frische Dillblüten in Ihrem Garten. Wenn nicht, bekommen Sie diese fein duftenden Blüten am besten auf Biomärkten oder in Blumenläden. Aber achten Sie beim Kauf unbedingt darauf, dass sie unbehandelt sind.
> • Statt mit Kopfsalat schmeckt dieses Gericht auch mit jungem Blattspinat, Mangold oder Wirsing.
> • Servieren Sie den gratinierten Kopfsalat als leichtes Frühlings- oder Sommeressen mit geröstetem Knoblauchbrot.

CHICORÉE MIT CHILI-BUTTER
und gerösteten Mandeln

ZUBEREITEN 30 Min.
RUHEN 1 Std.

FÜR DEN CHICORÉE
30 g Butter
3 EL Olivenöl
1 kleine rote Chilischote
4 mittelgroße Stauden Chicorée
(etwa 500 g)
Salz
60 g frisch geriebener Parmesan
50 g Mandelblättchen

AUSSERDEM
Butter fürs Blech

1. Für den Chicorée Butter und Öl in einem kleinen Topf bei schwacher Hitze erwärmen. Die Chilischote waschen und trocken tupfen. Den Stielansatz entfernen und die Schote sehr fein hacken. Die Chiliwürfel in die Butter-Öl-Mischung streuen, diese kurz aufkochen und vom Herd nehmen. Die Chilibutter 1 Stunde durchziehen lassen.
2. Den Backofen auf 250 °C (Ober-/Unterhitze) vorheizen. Ein Backblech mit Butter bestreichen. Den Chicorée waschen, längs halbieren und den Strunk keilförmig herausschneiden. Die Hälften in etwa fingerdicke Streifen schneiden.
3. Den Chicorée salzen, vorsichtig durchmischen und in vier Portionen teilen. Die Chicoréestreifen jeweils als Häufchen auf das Backblech setzen und mit dem Parmesan bestreuen.
4. Den Chicorée im Backofen (oben) in etwa 10 Minuten goldbraun überbacken. In der Zwischenzeit die Mandelblättchen in einer beschichteten Pfanne ohne Fett goldbraun rösten.
5. Die Chicoréehäufchen in vier vorgewärmte Schalen verteilen oder auf Teller setzen, jeweils mit 1 bis 2 EL Chilibutter beträufeln, mit den gerösteten Mandeln bestreuen und sofort servieren.

KARAMELLISIERTER CHICORÉE
mit Birnen und Ziegenkäse

ZUBEREITEN 35 Min.

FÜR DEN CHICORÉE
4 mittelgroße Stauden Chicorée (etwa 400 g)
3 kleine Birnen (z. B. 'Williams Christ' oder 'Gute Luise')
2 EL Puderzucker
1 EL kalte Butter
Salz • frisch gemahlener Pfeffer
100 ml Weißwein
120 g Ziegenfrischkäse

1. Die Chicoréestauden waschen, trocken schütteln und längs vierteln. Den Strunk so abschneiden, dass die Blätter noch zusammenhalten. Den Backofengrill vorheizen.

2. Die Birnen waschen, vierteln und das Kerngehäuse entfernen. Die Viertel längs halbieren oder dritteln. Eine weite Pfanne erhitzen und den Puderzucker darin goldgelb karamellisieren lassen.

3. Die Hitze reduzieren, die Birnenspalten in die Pfanne legen und 1 Minute braten. Anschließend die Butter und die Chicoréeviertel zugeben und diese bei starker Hitze rundum in 4 bis 5 Minuten hellbraun braten. Den Chicorée kräftig salzen, pfeffern und mit dem Weißwein ablöschen.

4. Chicorée und Birnen herausnehmen und in vier Portionsförmchen anrichten. Den Wein noch 1 bis 2 Minuten einkochen lassen.

5. Den Ziegenfrischkäse in kleine Stücke teilen und über Chicorée und Birnen streuen. Das Gemüse unter dem Backofengrill (oben) in etwa 5 Minuten goldgelb überbacken. Herausnehmen, den Chicorée mit dem reduzierten Weißweinfond beträufeln und sofort servieren.

VORSPEISEN UND KLEINE GERICHTE

CHAMPIGNONS
mit Mangold-Nuss-Füllung und Mangoldsalat

ZUBEREITEN 1 Std.

FÜR DIE CHAMPIGNONS
20 große braune Champignons
2 EL Olivenöl
1 EL Aceto Balsamico Traditionale
2 EL Crème fraîche
1 Staude roter Mangold
2 Schalotten
1 Knoblauchzehe
2 mittelgroße Tomaten
1 Zweig Thymian
20 g Pecorino
1 EL Pinienkerne
Salz · frisch gemahlener Pfeffer
1 EL Aceto balsamico bianco

FÜR DEN MANGOLDSALAT
1 ½ EL Olivenöl
1 EL Aceto balsamico bianco
50 g junge Mangoldblätter (ersatzweise junger Blattspinat)
Salz

AUSSERDEM
Pecorinospäne und Thymianblüten (nach Belieben) zum Garnieren

1. Die Champignons mit Küchenpapier sauber abreiben. Anschließend die Stiele herausdrehen und die Hüte mit einem Teelöffel aushöhlen. In einer Pfanne 1 EL Olivenöl erhitzen und die Champignonhüte darin bei mittlerer Hitze etwa 3 Minuten anbraten. Die Hitze reduzieren und die Pilze mit Aceto Balsamico Traditionale ablöschen. Dann die Crème fraîche einrühren. Die Pilze aus der Pfanne nehmen und beiseitestellen, die Sauce aufbewahren.

2. Den Mangold zerteilen, gründlich waschen und gut abtropfen lassen. Die grünen Blätter von den Stielen abtrennen und in sehr feine Streifen schneiden. Die Stiele in Rauten teilen und für den Salat beiseitelegen. Schalotten und Knoblauch schälen und getrennt in feine Würfel schneiden.

3. In einer Pfanne 1 EL Olivenöl erhitzen und jeweils die Hälfte der Schalotten- und Knoblauchwürfel darin glasig dünsten. Die Mangoldblätter zufügen und in etwa 5 Minuten weich dünsten. Die Pfanne beiseitestellen.

4. Die Tomaten waschen und vierteln. Stielansätze und Kerne entfernen und das Fruchtfleisch in feine Würfel schneiden. Den Thymian waschen, trocken schütteln und die Blättchen fein hacken. Den Pecorino reiben. Die Pinienkerne in einer beschichteten Pfanne ohne Fett rösten, bis sie zu duften beginnen. Tomatenwürfel, Thymian, Pecorino und geröstete Pinienkerne zu den gedünsteten Mangoldblättern geben. Alles vermischen und mit Salz, Pfeffer und Aceto balsamico bianco würzen.

5. Je 1 TL der Mangoldmasse in die Champignonhüte füllen. Eventuell verbleibende Füllung beiseitestellen (siehe Tipp). Den Backofen auf 180 °C (Ober-/Unterhitze) vorheizen.

6. Für den Mangoldsalat 1 EL Olivenöl in einer Pfanne erhitzen und die restlichen Schalotten- und Knoblauchwürfel darin glasig dünsten. Die Mangoldstiele zufügen und 1 Minute mitdünsten, dann mit Aceto balsamico bianco ablöschen und abkühlen lassen. Währenddessen die jungen Mangoldblätter waschen, trocken schleudern und mit den abgekühlten Mangoldstielen mischen. Zum Schluss den Salat mit Salz und etwas Olivenöl abschmecken.

7. Zum Servieren die gefüllten Champignons im Ofen (Mitte) etwa 3 Minuten erwärmen. Den Mangoldsalat auf vier Teller verteilen und die warmen Champignons daraufsetzen. Salat und Pilze mit der Crème-fraîche-Sauce beträufeln und mit Pecorinospänen und nach Belieben mit Thymianblüten bestreuen.

> **TIPP**
> Haben Sie nach dem Füllen der Champignons noch etwas Füllung übrig? Dann setzen Sie diese beim Anrichten unter die gefüllten Champignons.

VORSPEISEN UND KLEINE GERICHTE

AUBERGINEN-RICOTTA-RÖLLCHEN
mit Tomatenchutney

1 Die Auberginen mit einem scharfen Messer oder mit der Aufschnittmaschine längs in acht 4 mm dicke Scheiben schneiden.

2 Die Ricottacreme mit einer Palette oder einem langen Messer auf den gebratenen und abgetropften Auberginenscheiben verstreichen.

3 Die Auberginenscheiben mitsamt der Ricottacreme aufrollen und mit Zahnstochern feststecken. Die Röllchen beiseitestellen.

ZUBEREITEN 1 Std. 10 Min.

FÜR DIE RÖLLCHEN
1 große Aubergine (etwa 450 g)
1 Knoblauchzehe • 6 EL Olivenöl
Salz • frisch gemahlener Pfeffer
60 g Weißbrot
250 g Ricotta
1 TL abgeriebene Bio-Limettenschale
Saft von 1 Limette
1 EL Schnittlauchröllchen
1 EL fein geschnittene Basilikumblätter
(von 2 Stängeln Basilikum)
frisch geriebene Muskatnuss

FÜR DAS CHUTNEY
12 Kirschtomaten
1 Stück frischer Ingwer (30 g)
1 rote Chilischote
2 Zweige Rosmarin
4 EL Olivenöl
2 EL Aceto balsamico bianco
20 g brauner Zucker
Salz • frisch gemahlener Pfeffer

AUSSERDEM
Holzzahnstocher

1. Für die Röllchen die Aubergine waschen, putzen und in Scheiben schneiden, wie oben in Step 1 gezeigt. Den Knoblauch schälen und in feine Scheiben schneiden. In einer Pfanne 4 EL Olivenöl erhitzen und die Auberginenscheiben kurz darin anbraten. Den Knoblauch zugeben, mit Salz und Pfeffer würzen und kurz ziehen lassen. Die Auberginenscheiben herausnehmen und auf Küchenpapier abtropfen lassen.

2. Das Weißbrot entrinden und in einem Blitzhacker fein zerkleinern. Brösel, Ricotta, die übrigen 2 EL Olivenöl, Limettenschale und -saft, Schnittlauch und Basilikum in eine Schüssel geben. Alles mit Salz, Pfeffer und Muskatnuss würzen und glatt rühren.

3. Die Auberginenscheiben mit der Ricottacreme bestreichen und die Röllchen fertigstellen, wie oben in Step 2 und 3 gezeigt. Den Backofen auf 200 °C (Ober-/Unterhitze) vorheizen.

4. Für das Chutney die Kirschtomaten waschen, trocken tupfen und halbieren. Den Ingwer schälen und fein reiben. Die Chilischote waschen, trocken tupfen und längs halbieren. Stielansatz, Samen und Trennwände entfernen und das Fruchtfleisch fein würfeln. Den Rosmarin waschen und trocken schütteln.

5. Das Olivenöl in einer ofenfesten Pfanne erhitzen. Tomaten, Ingwer, Chili und Rosmarin darin anschwitzen. Alles mit Salz, Pfeffer, Aceto balsamico und Zucker würzen. Die Auberginenröllchen auf das Chutney setzen und im Backofen (Mitte) etwa 10 Minuten braten.

6. Je zwei Auberginen-Ricotta-Röllchen mit dem Tomatenchutney auf vier Tellern anrichten.

GEFÜLLTE ARTISCHOCKEN

1 Die stacheligen Spitzen der Blätter mit einer Küchenschere abschneiden.

2 Die Spitze der Artischockenknospen mit einem scharfen Messer großzügig abtrennen und den Stiel auf etwa 6 cm Länge kürzen.

3 Die Artischocken mit Küchengarn über Kreuz zusammenbinden und in das Zitronenwasser legen, damit sie sich nicht verfärben.

4 Das Heu mit dem Kugelausstecher oder einem scharfkantigen Teelöffel von den Artischockenböden schaben.

ZUBEREITEN 1 Std. 50 Min.

FÜR DIE ARTISCHOCKEN
4 große Artischocken (je 400–500 g)
Saft von 2 Zitronen
50 ml Olivenöl
150 ml Gemüsefond (s. Seite 518)

FÜR DIE FÜLLUNG
1 Bund Petersilie
1 kleines Bund Minze
80 g schwarze Oliven, entsteint
3 Knoblauchzehen
4 Schalotten (80 g)
90 ml Olivenöl
150 g Semmelbrösel (vegan)
Salz • frisch gemahlener Pfeffer

AUSSERDEM
Küchengarn
Kugelausstecher

1. Die trockenen Hüllblätter der Artischocken entfernen und weiterarbeiten, wie oben in Step 1 und 2 gezeigt.
2. Eine große Schüssel mit kaltem Wasser füllen und drei Viertel des Zitronensafts dazugießen. Die Stiele der Artischocken dünn schälen und weiterarbeiten, wie oben in Step 3 gezeigt.
3. In einem großen Topf Wasser aufkochen. Den restlichen Zitronensaft dazugießen und die Artischocken im sprudelnd kochenden Wasser 10 Minuten garen. Die Artischocken dabei mit einem etwas kleineren Deckel beschweren. So bleiben sie unter Wasser und verfärben sich nicht.
4. Die Artischocken aus dem Wasser heben und kopfüber abtropfen lassen. Die hellen Blätter aus der Mitte der Knospe herausdrehen und das »Heu« entfernen, wie oben in Step 4 gezeigt.
5. Für die Füllung Petersilie und Minze waschen und trocken schleudern. Die Blätter abzupfen und fein hacken. Die Oliven grob hacken. Knoblauch und Schalotten schälen und in sehr feine Würfel schneiden. Das Öl in einer Pfanne erhitzen, Knoblauch und Schalotten darin hell anschwitzen. Kräuter, Oliven und Semmelbrösel unterrühren. Die Füllung mit Salz und Pfeffer würzen.
6. Den Backofen auf 180 °C (Ober-/Unterhitze) vorheizen. Die Bröselmasse vorsichtig in die Artischocken füllen und die Blätter rundum leicht zusammendrücken. Das Öl in einem weiten Bräter erhitzen und die Artischocken mit den Stielen nach oben dicht nebeneinander hineinsetzen. So viel Gemüsefond dazugießen, bis die Artischocken zu einem Drittel bedeckt sind.
7. Die Artischocken im Ofen (Mitte) etwa 30 Minuten garen. Werden die Stiele dabei zu dunkel, den Bräter mit Alufolie abdecken. Zum Servieren die Artischocken der Länge nach halbieren und auf vier Tellern anrichten.

VORSPEISEN UND KLEINE GERICHTE

🌿 GEMÜSESPIESSE VOM GRILL
mit grünem Tomatenketchup

ZUBEREITEN 2 Std. 30 Min.

FÜR DAS KETCHUP
500 g grüne Tomaten • 100 ml Apfelsaft
100 ml Ginger Ale • 1 weiße Zwiebel
1 TL Koriandersamen • 2 EL Öl
1 TL Salz • 1 EL brauner Zucker
50 g Rucola • 20 g frischer Ingwer

FÜR DIE RETTICHSPIESSE
½ Rettich • 1 Nektarine
1 Laugenstange (vegan) • 1 EL Öl
4 Kirschtomaten

FÜR DIE MELONENSPIESSE
½ Galiamelone • 1 kleine Aubergine
4 EL Olivenöl • 4 Radieschen

FÜR DIE FENCHELSPIESSE
8 Physalis • 4 Shiitake- oder Austernpilze
1 Fenchelknolle • 1 rote Zwiebel

FÜR DIE WEIZENBIER-MARINADE
¼ l Weizenbier
2 TL Fenchelsamen, grob gehackt
1 TL Currypulver
Saft von 2 Zitronen
2 Stängel Zitronengras, klein geschnitten
1 TL Salz

FÜR DIE PORTWEIN-MARINADE
100 ml Portwein • 100 ml Tequila
20 g frisch geriebener Meerrettich
(ersatzweise aus dem Glas)
100 ml rosa Grapefruitsaft
1 EL fein geschnittene Minze
1 rote Zwiebel, fein gewürfelt

AUSSERDEM
12 Holzspieße

1. Für das Ketchup die grünen Tomaten waschen, halbieren, die Kerne mit einem Löffel auslösen und in einen hohen Becher geben. Apfelsaft und Ginger Ale dazugießen und alles mit dem Pürierstab etwa 2 Minuten mixen. Den Tomatenfond durch ein feines Sieb gießen und beiseitestellen.

2. Die Zwiebel schälen. Zwiebel und Tomatenfruchtfleisch in kleine Würfel schneiden. Das Öl in einem Topf erhitzen und beides mit den Koriandersamen darin 5 Minuten anbraten. Die Mischung mit Salz und braunem Zucker würzen und mit dem Tomatenfond ablöschen. Anschließend alles in etwa 30 Minuten dickflüssig einkochen lassen, vom Herd nehmen und abkühlen lassen.

3. Den Rucola waschen, putzen und die groben Stiele entfernen. Die Blätter 1 Minute in kochendem Wasser blanchieren, in Eiswasser abschrecken und gut abtropfen lassen. Den Rucola zur kalten Tomatenmischung geben und alles mit dem Pürierstab fein mixen. Das Ketchup zuletzt durch ein grobes Sieb passieren und kühl stellen.

4. Für die Rettichspieße den Rettich schälen und in acht etwa 5 mm dicke Scheiben schneiden, den Rest anderweitig verwenden. Die Nektarine waschen, entsteinen und in 8 Spalten schneiden. Die Laugenstange in 8 Scheiben schneiden und in einer Pfanne in etwa 1 EL Öl anbraten. Die Kirschtomaten waschen, halbieren und abwechselnd mit Rettich, Nektarinen und den Laugenscheiben auf 4 Holzspieße stecken.

5. Für die Melonenspieße die Galiamelone schälen, die Kerne entfernen und das Fruchtfleisch in etwa 5 mm dicke Scheiben schneiden. Die Aubergine waschen, putzen und in 8 Scheiben schneiden. Die Auberginenscheiben in einer Pfanne in Olivenöl goldgelb anbraten. Die Radieschen putzen, waschen, halbieren und abwechselnd mit Melonen und Auberginen auf 4 Holzspieße stecken.

6. Für die Fenchelspieße die Physalis von den Hüllblättern befreien, waschen und trocken tupfen. Von den Shiitake-Pilzen die Stiele entfernen und die Hüte halbieren. Die Fenchelknolle waschen, vierteln, mit einem Sparschäler schälen und den Strunk herausschneiden. Die Zwiebel schälen und in Achtel teilen. Dann Physalis, Shiitake-Pilze, Fenchelviertel und Zwiebelachtel abwechselnd auf 4 Holzspieße stecken.

7. Für die Weizenbier- und die Portwein-Marinade die jeweiligen Zutaten gut miteinander verrühren und die Gemüsespieße mindestens 10 Minuten in eine der beiden Marinaden einlegen.

8. Den Holzkohlengrill anfeuern oder den Backofengrill vorheizen. Die Gemüsespieße aus der Marinade nehmen, gut abtropfen lassen und auf dem Holzkohlengrill oder unter dem Backofengrill (oben) unter mehrmaligem Wenden insgesamt etwa 7 Minuten grillen. Die Gemüsespieße mit dem grünen Ketchup servieren.

*» Die Speisetafel ist der
    einzige Ort, wo man sich
niemals während der
    ersten Stunde langweilt. «*

JEAN ANTHELME BRILLAT-SAVARIN

VORSPEISEN UND KLEINE GERICHTE

CAPRESE IM REISBLATT

1 Die Reisblätter mithilfe eines Pinsels mit Wasser befeuchten und auf einem angefeuchteten Küchentuch ausbreiten.

2 Eine Ecke des angefeuchteten Reisblattes über die Mozzarella-Tomaten-Türmchen klappen, anschließend die beiden seitlichen Ecken darüberschlagen.

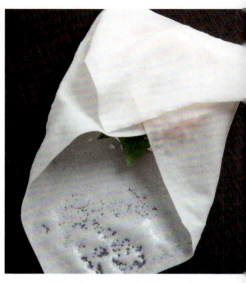

3 Zum Schluss die letzte, noch offene Ecke darüberklappen und das Päckchen damit wie einen Briefumschlag verschließen.

ZUBEREITEN 40 Min.

FÜR DIE CAPRESE-PÄCKCHEN
25 g Pinienkerne
100 ml Olivenöl
Salz
5 mittelgroße Tomaten
250 g Mozzarella
½ Bund Thai-Basilikum
8 quadratische Reisblätter
(20 x 20 cm, ersatzweise runde Reisblätter mit 20 cm Ø, aus dem Asialaden)
frisch gemahlener Pfeffer

AUSSERDEM
Butter fürs Blech
Olivenöl und Crema di Balsamico (nach Belieben) zum Beträufeln

1. Die Pinienkerne in einer beschichteten Pfanne mit 1 EL Olivenöl goldbraun rösten, salzen und beiseitestellen. Den Backofen auf 200 °C (Ober-/Unterhitze) vorheizen. Ein Backblech dünn mit Butter bestreichen.
2. Die Tomaten waschen und trocken reiben. 4 Tomaten in insgesamt 16 gleich große und gleich dicke Scheiben schneiden, dabei die Stielansätze entfernen. Den Mozzarella ebenfalls in 16 Scheiben teilen. Das Basilikum waschen, trocken schütteln und die Blätter abzupfen.
3. Die Reisblätter vorbereiten, wie oben in Step 1 gezeigt.
4. In die Mitte der Blätter je 1 Mozzarellascheibe legen, kräftig mit Salz und Pfeffer würzen und je 1 bis 2 Basilikumblätter darauflegen. Je 1 Tomatenscheibe daraufschichten, wieder kräftig salzen, pfeffern und je 1 bis 2 Basilikumblätter auflegen. Diesen Vorgang wiederholen und so auf jedes Reisblatt je 2 Tomaten- und Mozzarellascheiben und 2 bis 4 Basilikumblätter schichten.
5. Die Reisblätter zu etwa 6 x 6 cm großen Päckchen falten, wie oben in Step 2 und 3 gezeigt.
6. Die Päckchen mit 5 cm Abstand auf das Backblech setzen und im Backofen (Mitte) etwa 10 Minuten backen, bis die Päckchen oben goldbraun sind und etwas Mozzarella herausfließt.
7. Inzwischen die übrige Tomate von Stielansatz und Kernen befreien und das Fruchtfleisch in kleine Würfel (Brunoise) schneiden.
8. Die Caprese-Päckchen aus dem Ofen nehmen und auf Tellern anrichten. Die Päckchen mit gerösteten Pinienkernen, Tomatenwürfeln und den restlichen Basilikumblättern garnieren. Die Garnitur mit etwas Olivenöl und nach Belieben mit ein paar Tropfen Crema di Balsamico beträufeln und die Caprese-Päckchen sofort servieren.

VORSPEISEN UND KLEINE GERICHTE

GEMÜSETEMPURA
mit zweierlei Saucen

ZUBEREITEN 2 Std.

FÜR DIE GRÜNE SAUCE
2 Eier • 20 g scharfer Senf
Saft von ½–1 Zitrone
100 ml Öl
1 Bund gemischte Kräuter (für Frankfurter Grüne Sauce: Petersilie, Schnittlauch, Kerbel, Borretsch, Dill, Estragon, Sauerampfer, Pimpinelle, Zitronenmelisse, Liebstöckel)
60 g saure Sahne
Salz • frisch gemahlener Pfeffer

FÜR DEN AVOCADO-DIP
2 reife Avocados (z. B. 'Hass')
Saft und abgeriebene Schale von 1 Bio-Limette
3 EL fruchtiges Olivenöl
Salz • frisch gemahlener Pfeffer
½ Chilischote
20 g getrocknete Tomaten
3 EL geröstete Pinienkerne

FÜR DAS GEMÜSE
Salz • Saft von 1 Zitrone
1 große Artischocke
300 g Topinambur
4 Zucchiniblüten (nach Belieben mit kleiner Frucht)

FÜR DEN TEMPURATEIG
130 g Tempuramehl (Instantmischung aus dem Asialaden, ersatzweise je 65 g Weizenmehl Type 405 und Weizenstärke)
1 Eigelb
1 Msp. Backpulver

AUSSERDEM
½ l Öl zum Frittieren • Fleur de Sel

1. Für die Grüne Sauce 1 Ei hart kochen. Das zweite Ei trennen und das Eigelb mit dem Senf und etwas Zitronensaft mit dem Schneebesen aufschlagen. Dabei nach und nach das Öl in dünnem Strahl zugießen, bis die Mischung andickt und eine Mayonnaise entsteht.
2. Die Kräuter waschen, trocken schütteln und fein hacken. Die saure Sahne und die Kräuter in einen hohen Rührbecher geben und beides mit dem Pürierstab cremig mixen. Diese Sauce unter die Mayonnaise rühren. Das hart gekochte Ei pellen, klein hacken und unter die Sauce heben. Die Grüne Sauce mit Salz und Pfeffer abschmecken.
3. Für den Avocado-Dip die Avocados halbieren, jeweils den Kern entfernen und das Fruchtfleisch mit einem Löffel aus der Schale heben. Das Fruchtfleisch mit dem Limettensaft beträufeln und mit einer Gabel fein zerdrücken. Die Limettenschale und das Olivenöl unterrühren und den Dip mit Salz und Pfeffer würzen. Die Chilischote ohne Samen mit den getrockneten Tomaten fein würfeln. Die Pinienkerne grob hacken und alles unter den Dip heben.
4. Für das Gemüse in einem Topf ausreichend Wasser zum Kochen bringen, salzen und den Zitronensaft zugeben. Die Artischocke vom Stiel befreien und im Ganzen im sprudelnd kochenden Wasser etwa 10 Minuten garen.
5. Die Artischocke herausnehmen und in einem Sieb auskühlen lassen. Dann die äußeren Hüllblätter entfernen, bis der helle Artischockenboden zu sehen ist. Das »Heu« mit einem kleinen Löffel entfernen und den Artischockenboden in Achtel schneiden.
6. Die Topinamburknollen waschen und in Salzwasser je nach Größe in 10 bis 15 Minuten bissfest kochen. Die Topinambur abgießen, schälen und auskühlen lassen. Die Knollen in etwa 1 cm dicke Scheiben schneiden. Die Zucchiniblüten vorsichtig öffnen und jeweils den Blütenstempel entfernen.
7. Für den Tempurateig alle Zutaten in eine Schüssel geben und mit ⅛ l kaltem Wasser zu einem zähflüssigen Teig verrühren. Sollte er zu dickflüssig sein, den Teig vorsichtig mit kaltem Wasser verdünnen.
8. Das Öl zum Frittieren in einem Topf auf 175 °C erhitzen. Das Gemüse portionsweise durch den Tempurateig ziehen, ins heiße Fett geben und die Stücke jeweils in 20 bis 30 Sekunden goldgelb frittieren. Dabei darauf achten, dass das Öl nicht zu stark abkühlt (siehe Tipp). Die Gemüsestücke mit der Schaumkelle herausnehmen und auf Küchenpapier abtropfen lassen. Die Tempura mit Fleur de Sel bestreuen, auf vier Tellern anrichten und sofort servieren. Die Grüne Sauce und den Avocado-Dip separat dazu reichen.

TIPPS
• Die Garzeit der Artischocke kann je nach Größe etwas variieren. Sie ist gar, wenn man die Blätter leicht herausziehen kann.
• Verwenden Sie die entfernten Hüllblätter der Artischocke doch gleich als Garnitur für die Dips.
• Nicht zu viele Gemüsestücke auf einmal ins heiße Öl geben, sonst kühlt dieses zu stark ab. Erhitzen Sie das Öl nach jedem Frittiervorgang erneut auf 175 °C.

TEUBNER Vegetarisch

VORSPEISEN UND KLEINE GERICHTE

KÄSESOUFFLÉ
mit Feldsalat und Rote-Bete-Chips

1 Das Mehl bei schwacher Hitze unter Rühren 3 bis 4 Minuten anschwitzen, vom Herd nehmen und abkühlen lassen.

2 Ein Drittel des Eischnees mit dem Schneebesen vorsichtig unter die Soufflémasse heben, anschließend den restlichen Eischnee unterziehen.

3 Die Rote-Bete-Scheiben rasch in Mehl wenden und im heißen Öl 2 bis 3 Minuten frittieren. Die Chips herausheben und auf Küchenpapier abtropfen lassen.

ZUBEREITEN 1 Std.

FÜR DEN SALAT
2 mittelgroße Rote Beten • Salz
160 g Feldsalat
2 kleine reife Birnen
(z. B. 'Gute Luise') • 2 EL Walnusskerne
3 EL Rote-Bete-Saft
1 EL Holunderblütensirup
1 Spritzer Zitronensaft
frisch gemahlener Pfeffer
4 EL Walnussöl

FÜR DAS SOUFFLÉ
20 g Butter • 30 g Weizenmehl Type 405
240 ml Milch
125 g Comté oder Bergkäse • 2 Eier
Salz • frisch gemahlener Pfeffer
frisch geriebene Muskatnuss
1 EL Holunderblütensirup

FÜR DIE ROTE-BETE-CHIPS
2 mittelgroße Rote Beten
Öl zum Frittieren • etwas Mehl • Salz

AUSSERDEM
4 Portionsförmchen (10 cm Ø)
Butter für die Förmchen

1. Für den Salat die Roten Beten in reichlich Salzwasser in etwa 20 Minuten gar kochen, abgießen und abkühlen lassen. Den Feldsalat gründlich waschen und trocken schleudern. Die Roten Beten schälen und in grobe Würfel schneiden. Die Birnen schälen, vierteln, das Kerngehäuse entfernen und ebenfalls grob würfeln. Die Walnusskerne grob hacken. Rote-Bete-Saft, Holunderblütensirup, Zitronensaft, Salz, Pfeffer und Walnussöl zu einer Vinaigrette verrühren.
2. Für das Soufflé die Förmchen buttern und den Backofen auf 180 °C (Ober-/Unterhitze) vorheizen. Die Butter in einem Topf hell aufschäumen lassen. Das Mehl einrühren und weiterarbeiten, wie oben in Step 1 gezeigt.
3. Die Milch aufkochen und heiß zur kalten Mehlschwitze gießen (die Mehlschwitze muss kalt sein, sonst gibt es Klümpchen). Die Mischung unter Rühren aufkochen, einmal gut durchkochen lassen, vom Herd nehmen und etwas abkühlen lassen.
4. Den Comté mittelfein reiben. Die Eier trennen. Die warme Sauce bei Bedarf durch ein Sieb streichen und so eventuelle Klümpchen entfernen. Die Eigelbe einrühren, dann Käse, Salz, Pfeffer, Muskatnuss und Holunderblütensirup unterziehen. Die Eiweiße steif schlagen und weiterarbeiten, wie oben in Step 2 gezeigt. Die Soufflémasse bis etwa 1 cm unter den Rand in die Förmchen füllen und im Ofen (Mitte) etwa 20 Minuten backen.
5. Inzwischen für die Chips die Roten Beten schälen und in hauchdünne Scheiben hobeln. Das Öl in einem weiten Topf erhitzen und die Rote-Bete-Scheiben frittieren, wie oben in Step 3 beschrieben. Die abgetropften Rote-Bete-Chips leicht salzen.
6. Feldsalat, Rote-Bete- und Birnenwürfel in eine Schüssel geben, mit der Vinaigrette beträufeln und behutsam vermischen. Den Salat auf vier Tellern anrichten und mit Walnüssen und Rote-Bete-Chips bestreuen. Die Förmchen aus dem Ofen nehmen und die Soufflés sofort mit dem Salat servieren.

VORSPEISEN UND KLEINE GERICHTE

GEGRILLTER RHABARBER
mit Crottin de Chavignol und Feigensenf-Sabayon

ZUBEREITEN 50 Min.

FÜR DEN RHABARBER
750 g Rhabarber
80 g brauner Rohrzucker
50 g Butter

FÜR DEN KÄSE
2 junge Crottin de Chavignol (siehe Tipp, ersatzweise fester Ziegenfrischkäse)
grob gemahlener schwarzer Pfeffer

FÜR DIE HONIGMARINADE
3 EL Waldhonig
1 EL Ingwersirup
1 EL Sojasauce
½ TL Rosa Pfefferbeeren

FÜR DIE SABAYON
4 Eigelbe
1 EL Feigensenf
1 Msp. Senfpulver
100 ml Weißwein

1. Den Rhabarber waschen und die dünne Haut samt den Fäden mit einem kleinen Messer vollständig abziehen. Die Stangen in 5 mm dicke und 10 cm lange Streifen schneiden. Den Rohrzucker im Blitzhacker fein mahlen und die Butter zerlassen.

2. Die Rhabarberstreifen mit der flüssigen Butter einpinseln und mit dem pulverisierten braunen Zucker besieben. Den Rhabarber auf den Grill oder in die Grillpfanne legen und von jeder Seite etwa 3 Minuten grillen. Alternativ die Rhabarberstreifen auf ein gebuttertes Backblech legen und unter dem vorgeheizten Backofengrill grillen.

3. Für den Käse die Crottins vierteln und von jeder Seite ebenfalls 2 bis 3 Minuten grillen.

4. Für die Honigmarinade den Honig mit dem Ingwersirup, der Sojasauce und den Rosa Pfefferbeeren in einer Schüssel verrühren.

5. Für die Sabayon die Eigelbe mit Feigensenf, Senfpulver und Weißwein in einem Schlagkessel verrühren. Die Mischung über einem heißen Wasserbad mit einem Schneebesen luftig aufschlagen. Die Sabayon vom Wasserbad nehmen und noch kurz weiterschlagen, bis sie Stand hat.

6. Die gegrillten Rhabarberstangen auf vier vorgewärmten Tellern anrichten und mit der Honigmarinade beträufeln. Die Käseviertel daraufsetzen und mit schwarzem Pfeffer übermahlen. Die Sabayon in einem Schälchen separat dazu reichen.

TIPPS
- Crottin de Chavignol ist ein kleiner runder Ziegenmilchkäse aus dem Département Cher, das ziemlich genau in der Mitte Frankreichs liegt. Aus dem Sancerrois, der Gegend um das Städtchen Sancerre, kommt aber nicht nur der feine Käse, der jung gerne warm gegessen wird, sondern auch einer der besten Weißweine der Loire-Region.
- Zum Aufschlagen über einem heißen Wasserbad setzt man einen Schlagkessel auf einen passenden Topf mit heißem, aber nicht kochendem Wasser. Der Schlagkessel darf dabei den Topfboden nicht berühren.

VORSPEISEN UND KLEINE GERICHTE

SAMOSAS MIT LINSENFÜLLUNG
und Mango-Raita

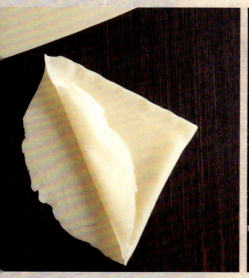  

1 Die Teighalbkreise jeweils zu einem Tütchen zusammenklappen und die Nahtstelle gut andrücken.

2 Jedes Tütchen mit 2 TL der Linsenmasse füllen und die Öffnung schließen. Alle Teigränder nochmals gut andrücken, damit die Samosas beim Frittieren nicht aufplatzen.

3 Die fertig geformten Samosas nebeneinander auf ein Küchentuch legen und mit einem zweiten Tuch abdecken.

ZUBEREITEN 2 Std. 30 Min.
ERGIBT 30–40 STÜCK

FÜR DEN TEIG
375 g Weizenmehl Type 405 • 2 TL Salz
75 g weiches Ghee (geklärte Butter)

FÜR DIE FÜLLUNG
100 g mehligkochende Kartoffeln • Salz
200 g rote Linsen • 1 kleine Zwiebel
1 Stück frischer Ingwer (1–2 cm)
1 kleine rote Chilischote
2 EL Sonnenblumenöl
1 TL schwarze Senfsamen
1 Prise Asant (aus dem Kräuterladen oder Internet)
1 TL gemahlene Kurkuma
1 TL Tamarindenpaste (aus dem Feinkostregal oder Asialaden)

FÜR DIE MANGO-RAITA
1 reife Mango • 1 kleine rote Chilischote
200 g Naturjoghurt (3,5 % Fett)
3 EL gehackte Minze
Salz • 1 EL Limettensaft

AUSSERDEM
Erdnussöl zum Frittieren

1. Für den Teig das Mehl, Salz und Ghee mit 130 ml Wasser glatt kneten. Je nach Bedarf weitere 20 bis 40 ml Wasser unterkneten. Den Teig abgedeckt kühl stellen.

2. Für die Füllung die Kartoffeln in Salzwasser in 20 bis 30 Minuten weich kochen. Die Linsen in ½ l Wasser in etwa 15 Minuten weich kochen und in ein Sieb abgießen. Die Kartoffeln abgießen, kurz ausdampfen lassen, pellen und in etwa 5 mm große Würfel schneiden.

3. Die Zwiebel schälen und in feine Würfel schneiden. Den Ingwer schälen und fein hacken. Die Chilischote waschen, längs halbieren, Samen und Trennwände entfernen und ebenfalls fein hacken.

4. Das Öl in einer Pfanne erhitzen und die Senfsamen darin rösten, bis sie aufplatzen. Zwiebel, Ingwer, Chili, Asant und Kurkuma einstreuen und 2 Minuten bei schwacher Hitze anschwitzen. Die Mischung aus der Pfanne nehmen und in einem Mörser fein zerreiben.

5. Kartoffeln, Linsen, Würzmischung und Tamarindenpaste in einen Topf geben und unter Rühren bei schwacher Hitze breiartig verkochen. Den Topf vom Herd nehmen, die Masse mit Salz abschmecken und auskühlen lassen.

6. Für die Raita die Mangohälften mit einem Messer flach vom Stein schneiden und das Fruchtfleisch aus den Schalen lösen. Die Hälfte des Mangofruchtfleischs fein würfeln, die andere Hälfte pürieren. Die Chilischote waschen, vom Stielansatz befreien und mit den Samen fein hacken. Mangopüree und -würfel, Chili, Joghurt und Minze verrühren. Die Raita mit Salz und Limettensaft abschmecken und kühl stellen.

7. Den Teig in Portionen von je 30 g teilen und zu Kugeln rollen. Diese auf der Arbeitsfläche zu Kreisen (etwa 18 cm Durchmesser) ausrollen. Die Teigkreise halbieren, zu Tüten formen, füllen und verschließen, wie oben in Step 1 bis 3 gezeigt.

8. Das Erdnussöl in einem Topf auf etwa 170 °C erhitzen. Die Samosas darin portionsweise goldgelb frittieren. Dann herausheben, die Samosas auf Küchenpapier abtropfen lassen und noch heiß mit der Mango-Raita servieren.

VORSPEISEN UND KLEINE GERICHTE

REISCANNELLONI
mit Mango-Kokos-Schaum und frittiertem Basilikum

1 Den gekochten, kalten Reis in eine Schüssel geben und mit dem Kartoffelstampfer zerdrücken.

2 Je eine Portion der Reismasse auf ein feuchtes Reisblatt setzen und die Füllung einmal darin einschlagen. Die Ränder nach innen klappen und das Reisblatt aufrollen.

3 Die Röllchen in ein Bambuskörbchen oder in den Behälter eines Dampfgarers setzen und die Reiscannelloni 3 bis 5 Minuten dämpfen.

ZUBEREITEN 50 Min.

FÜR DIE CANNELLONI
100 g Basmatireis
12 runde Reisblätter (22 cm Ø, Feinkostregal oder Asialaden)
60 g Erdnüsse
8 frische Shiitake-Pilze
3 EL Erdnussöl • 1 TL Thai-Basilikum
Sojasauce • 1 EL geröstetes Sesamöl
(Feinkostregal oder Asialaden)

FÜR DEN MANGO-KOKOS-SCHAUM
1 Knoblauchzehe • 2 Schalotten
1 EL Rapsöl • 2 TL gelbe Currypaste
(aus dem Feinkostregal oder Asialaden)
150 ml Gemüsefond (s. Seite 518)
100 ml Kokosmilch
2 EL Mangochutney • Saft von 1 Limette
Sojasauce zum Abschmecken
¼–½ TL Speisestärke (nach Belieben)

FÜR DAS FRITTIERTE BASILIKUM
4 Stängel Thai-Basilikum
Öl (z. B. Rapsöl) zum Frittieren
Limettenspalten

1. Für die Cannelloni den Basmatireis mit ¼ l Wasser in einen Topf geben und etwa 15 Minuten quellen lassen. Dann aufkochen, die Hitze reduzieren und den Reis 18 Minuten leicht köcheln lassen. Den gekochten Reis in ein Sieb abgießen, auskühlen lassen und weiterarbeiten, wie oben in Step 1 gezeigt.

2. Die Reisblätter nebeneinander zwischen zwei feuchte Küchentücher legen. Die Erdnüsse im Blitzhacker oder im Mörser fein zerkleinern. Die Shiitake-Pilze putzen und klein schneiden. Das Erdnussöl in einer Pfanne erhitzen und die Pilze darin anbraten, anschließend die Erdnüsse einrühren. Die Pfanne vom Herd nehmen und die Pilze auskühlen lassen.

3. Das Basilikum waschen, trocken schütteln und klein schneiden. Pilze, Basilikum, 1 TL Sojasauce und Sesamöl unter den Reis heben und die Mischung mit Sojasauce abschmecken.

4. Für den Mango-Kokos-Schaum Knoblauch und Schalotten schälen und in feine Würfel schneiden. Das Rapsöl in einem Topf erhitzen und beides darin glasig anschwitzen. Die Currypaste einrühren und leicht Farbe nehmen lassen. Alles mit Gemüsefond und Kokosmilch ablöschen und etwa 10 Minuten einkochen lassen. Mangochutney und Limettensaft einrühren und mit Sojasauce abschmecken. Die Sauce nach Belieben mit in wenig Wasser angerührter Speisestärke binden und warm halten.

5. Die Reismasse in zwölf Portionen teilen und weiterarbeiten, wie oben in Step 2 und 3 gezeigt.

6. Für das frittierte Basilikum die Basilikumblätter abzupfen und mit Küchenpapier abreiben oder vorsichtig abbrausen und zwischen Küchenpapier sorgfältig trocknen. Das Öl in einem Topf erhitzen und die Basilikumblätter darin etwa 5 Sekunden frittieren, herausnehmen und auf Küchenpapier abtropfen lassen.

7. Die Mango-Kokos-Sauce mit dem Pürierstab schaumig aufmixen und jeweils einen Spiegel auf vier Teller gießen. Die Reiscannelloni darauf anrichten und mit dem frittierten Basilikum und Limettenspalten garnieren.

VORSPEISEN UND KLEINE GERICHTE

MARONENSTRUDEL
mit Altbier-Sabayon

ZUBEREITEN 1 Std. 10 Min.
RUHEN 2 Std.

FÜR DEN STRUDELTEIG
140 g Weizenmehl Type 405
1 ½ EL Öl
1 Eigelb
Salz • 1 Spritzer Essig

FÜR DIE MARONENFÜLLUNG
60 g getrocknete Birnen
4 cl Birnenschnaps
200 g gegarte, geschälte Maronen (Esskastanien, vakuumverpackt)
50 g Räuchertofu
50 g Butter
80 g Graubrotwürfel
2 EL Pinienkerne
2 Zweige Thymian

FÜR DIE SABAYON
40 g Schalotten
2 Lorbeerblätter
1 TL Kümmel
1 EL Honig
1 Spritzer Aceto balsamico
½ l Altbier
1 Eigelb
20 g Zucker
20 g gebräunte Butter

AUSSERDEM
Öl und Mehl zum Arbeiten
Butter fürs Blech
40 g Butter zum Bestreichen
Thymian zum Garnieren (nach Belieben)

1. Für den Strudelteig Mehl, Öl, Eigelb, Salz, Essig und 80 ml Wasser zu einem glatten Teig verkneten. Den Teig zu einer Kugel formen, mit Öl bepinseln, in Frischhaltefolie wickeln und im Kühlschrank 2 Stunden ruhen lassen.
2. Für die Maronenfüllung die Birnen in einer kleinen Schüssel mit dem Birnenschnaps übergießen und 1 Stunde einweichen. Dann abgießen und die Birnen fein würfeln. Maronen und Räuchertofu getrennt in kleine Würfel schneiden. In einer Pfanne 40 g Butter erhitzen und die Tofuwürfel darin anbraten. Die Maronen zufügen und kurz mitbraten. Die Birnen unterheben und die Mischung in eine Schüssel füllen.
3. Die restliche Butter in der Pfanne zerlassen und die Graubrotwürfel darin goldgelb rösten. Die Graubrot-Croûtons zu der Birnenmischung geben. Die Pinienkerne hacken und in der Pfanne rösten, bis sie zu duften beginnen. Den Thymian waschen, trocken schütteln und die Blättchen abzupfen. Thymianblättchen und Pinienkerne zur Birnenmischung geben und alles gut vermischen. Die Maronenfüllung abgedeckt 30 Minuten kühl stellen. Den Backofen auf 200 °C (Ober-/Unterhitze) vorheizen. Ein Backblech mit Butter bestreichen.

4. Die Butter zum Bestreichen zerlassen. Ein Küchentuch mit Mehl bestäuben und den Teig darauf dünn ausrollen. Anschließend mit den Händen hauchdünn ausziehen und den Teig mit der flüssigen Butter bestreichen. Die Maronenfüllung auf dem unteren Drittel der Teigplatte verteilen. Die Ränder seitlich einschlagen und den Strudel von unten beginnend vorsichtig aufrollen. Dabei den Teig dreimal um die Füllung schlagen. Den Strudel auf das Blech legen und im Ofen (Mitte) 20 Minuten backen.
5. Für die Sabayon die Schalotten schälen und in feine Würfel schneiden. Die Schalottenwürfel in einem kleinen Topf mit Lorbeerblättern, Kümmel, Honig, Aceto balsamico und Altbier aufkochen und die Flüssigkeit auf etwa 100 ml einkochen lassen. Den Fond durch ein Sieb in eine Edelstahlschüssel gießen und abkühlen lassen. Eigelb und Zucker unter den Fond rühren. Die Schüssel auf ein heißes Wasserbad setzen und die Sabayon dickschaumig aufschlagen, dabei die gebräunte Butter dazugießen.
6. Den Strudel aus dem Ofen nehmen, schräg in Stücke schneiden und mit der Altbier-Sabayon auf vier Tellern anrichten. Nach Belieben den Strudel mit Thymian garnieren und servieren.

TIPPS
• Am besten funktioniert das Ausziehen des Strudelteiges über den Handrücken. Greifen Sie dafür mit den Händen – die Innenflächen zeigen nach unten – unter den Teig und ziehen Sie ihn in Etappen von der Mitte nach außen immer dünner aus, bis er hauchdünn und durchscheinend ist.
• Sollte der Strudel beim Backen zu dunkel werden, decken Sie ihn einfach mit einem Bogen Alufolie ab.

KÄSE-PILZ-TARTELETTES
mit Schalotten-Confit

ZUBEREITEN 2 Std.
ERGIBT 12 TARTELETTES

FÜR DEN MÜRBETEIG
150 g Dinkelmehl Type 630 (oder Weizenmehl Type 405)
75 g Butter
1 Ei (Größe S)
1 gehäufter TL brauner Zucker • Salz
½ TL Currypulver
½ TL Instant-Kaffeepulver

FÜR DEN BELAG
400 ml Rhabarbersaft
4 EL Tomatenmark
2 EL Rosmarinnadeln
Salz • Zucker
1 rote Zwiebel
600 g Kräuterseitlinge (oder andere Pilze, z. B. Mönchskopf)
2 Stängel Liebstöckel (nach Belieben)
400 g würziger Brie
4 EL Öl
2 EL Pistazienkerne

FÜR DAS SCHALOTTEN-CONFIT
800 g Schalotten • 2 EL Öl
2 EL brauner Zucker • Salz
200 ml Maracujanektar
200 ml Portwein • 200 ml Rotwein
6 Passionsfrüchte (ersatzweise 100 g frische Himbeeren, halbiert)

AUSSERDEM
12 Tartelette-Förmchen (6 cm Ø)
Butter für die Förmchen
Backpapier und Linsen zum Blindbacken
Öl zum Anbraten

1. Für den Mürbeteig Mehl, Butter, Ei, Zucker, Salz und Currypulver rasch zu einem glatten Teig verkneten. Zum Schluss das Kaffeepulver unterkneten, dabei sollen die Flocken ganz bleiben. Den Teig in Frischhaltefolie wickeln und 30 Minuten kühl stellen.

2. Für den Belag den Rhabarbersaft mit dem Tomatenmark verrühren und aufkochen. Die Rosmarinnadeln fein schneiden, zugeben und alles mit Salz und Zucker abschmecken. Die Saftmischung etwa 20 Minuten unter gelegentlichem Rühren kochen lassen, bis die Sauce die Konsistenz eines dicken Aufstrichs aufweist. Dann vom Herd nehmen und die Sauce auskühlen lassen.

3. Den Backofen auf 180 °C (Ober-/Unterhitze) vorheizen. Die Tartelette-Förmchen mit Butter ausstreichen. Den Mürbeteig in 12 Portionen teilen, jeweils zu Kreisen mit etwa 9 cm Durchmesser ausrollen und in die Förmchen legen. Die Böden mit einer Gabel mehrmals einstechen, damit sie sich beim Backen nicht wölben, mit Backpapier belegen und mit Linsen beschweren. Die Tartelettes im Ofen (Mitte) etwa 15 Minuten backen. Die Förmchen herausnehmen, das Backpapier mit den Linsen vorsichtig abheben und die Tartelettes etwas abkühlen lassen. Die Backofentemperatur auf 160 °C reduzieren.

4. Für den Belag die Zwiebel schälen und in feine Würfel schneiden. Die Pilze putzen und in feine Streifen schneiden. Den Liebstöckel waschen, trocken tupfen und die Blätter abzupfen. Diese in feine Streifen und den Brie in dünne Scheiben schneiden. 4 EL Öl in einer Pfanne erhitzen und Zwiebel, Pilze und Pistazienkerne darin kurz anbraten.

5. Sobald die Pilze leicht gebräunt sind, die Mischung mit Salz und etwas Zucker würzen und vom Herd nehmen. Die Tartletteböden vorsichtig aus den Formen lösen und jeweils mit etwas Tomatenaufstrich bestreichen. Die Pilzmischung darauf verteilen und mit den Briestreifen belegen. Die belegten Tartelettes im Ofen (Mitte) nochmals etwa 10 Minuten backen.

6. In der Zwischenzeit für das Confit die Schalotten schälen und vierteln. Die Schalotten in einer Pfanne im Öl goldgelb anbraten, mit braunem Zucker und Salz würzen und mit Maracujanektar, Portwein und Rotwein ablöschen. Alles in etwa 5 Minuten dickflüssig einkochen lassen. Das Fruchtfleisch aus den Passionsfrüchten lösen und nach Belieben durch ein Sieb streichen, um die Kerne zu entfernen. Das Fruchtmark unter die Schalotten rühren.

7. Die Käse-Pilz-Tartelettes aus dem Ofen nehmen und sofort mit dem warmen Schalotten-Confit servieren.

SALATE

ROHER FENCHELSALAT
mit Apfel und Joghurt-Himbeer-Dressing

ZUBEREITEN 30 Min.
MARINIEREN 30 Min.

FÜR DEN FENCHELSALAT
2 große Fenchelknollen mit Grün
Fleur de Sel
1 Limette
1 grünschaliger Apfel (z. B. 'Granny Smith')
Salz • frisch gemahlener bunter Pfeffer
2 EL Zitronen-Olivenöl (siehe Tipp Seite 248)
3 Knoblauchzehen
Olivenöl zum Braten

AUSSERDEM
4 EL griechischer Joghurt (10 % Fett)
200 g Himbeeren

1. Für den Salat die Fenchelknollen gründlich waschen und das obere Ende mit dem Grün abschneiden. Das Fenchelgrün fein hacken und beiseitestellen. Den Strunk am unteren Ende der Knollen herausschneiden. Die Fenchelknollen auf einem Gemüsehobel in sehr feine Scheiben schneiden und in ein Sieb geben.
2. Die Fenchelscheiben mit Fleur de Sel salzen, leicht kneten und etwa 30 Minuten durchziehen lassen, dabei die austretende Flüssigkeit auffangen.
3. Inzwischen die Limette auspressen. Den Apfel waschen, halbieren und das Kerngehäuse entfernen. Die Hälften auf dem Gemüsehobel längs in feine Scheiben schneiden. Die Apfelscheiben mit Salz, Pfeffer, der Hälfte des Limettensafts und 1 EL Zitronen-Olivenöl würzen.
4. Den Knoblauch schälen und in sehr feine Scheiben schneiden. Etwas Olivenöl in einer Pfanne erhitzen und die Knoblauchscheiben darin goldgelb anbraten. Die Knoblauchchips herausnehmen, auf Küchenpapier abtropfen lassen und mit Fleur de Sel würzen.

5. Den Fenchelsalat mit dem restlichen Limettensaft und 1 EL Zitronen-Olivenöl abschmecken. Zum Schluss das Fenchelgrün unterheben.
6. Den Joghurt mit 1 bis 2 EL der abgetropften Fenchelflüssigkeit verrühren und mit Pfeffer abschmecken. Das Dressing auf vier Tellern verteilen. Den Fenchelsalat und die Apfelscheiben locker darauf anrichten.
7. Die Himbeeren behutsam waschen und trocken tupfen. Die Beeren und die Knoblauchchips über dem Fenchelsalat verteilen.

SALATE

CHAMPIGNON-CARPACCIO
mit Grapefruits und Avocadomus

ZUBEREITEN 50 Min.
TROCKNEN 1 Std.

FÜR DAS CARPACCIO
2 rosa Grapefruits
8 EL kalt gepresstes Olivenöl
2 EL Aceto balsamico bianco
2 TL mittelscharfer Senf
Fleur de Sel • Zucker
frisch gemahlener Pfeffer
300 g braune Champignons

FÜR DAS AVOCADOMUS
1 große oder 2 kleine reife Avocados
(vorzugsweise 'Hass')
Saft von ½ Limette
Limetten-Olivenöl (siehe Tipp)
Fleur de Sel
grob geschroteter Pfeffer
1 EL Pinienkerne

AUSSERDEM
1 Schale Shiso-Kresse zum Garnieren

1. Für das Carpaccio den Backofen auf 100 °C (Ober-/Unterhitze) vorheizen. Ein Backblech mit Backpapier belegen. Die Grapefruits dick schälen, dabei die weiße Innenhaut vollständig mit entfernen. Die Fruchtfilets mit einem scharfen Messer zwischen den Trennhäutchen herausschneiden, dabei den austretenden Saft auffangen.
2. Die Grapefruitfilets nebeneinander auf das Backblech legen und im Ofen (Mitte) etwa 1 Stunde antrocknen lassen.
3. Olivenöl, Aceto balsamico bianco, Senf und 3 EL Grapefruitsaft mit dem Pürierstab mixen. Das Dressing mit Fleur de Sel, Zucker und Pfeffer abschmecken und beiseitestellen.
4. Für das Avocadomus die Avocado halbieren und den Kern entfernen. Das Fruchtfleisch aus den Schalen heben und mit einer Gabel fein zerdrücken. Das Avocadomus mit Limettensaft, Limetten-Olivenöl, Fleur de Sel und Pfeffer abschmecken. Die Pinienkerne in einer beschichteten Pfanne ohne Fett goldbraun rösten, kurz abkühlen lassen und unter das Avocadomus heben.
5. Die Champignons mit Küchenpapier sauber abreiben und die Stiele mit einem kleinen Messer etwas kürzen. Die Pilze auf einem Gemüsehobel in hauchdünne Scheiben schneiden.
6. Die Champignonscheiben und Grapefruitfilets auf vier Tellern auslegen und mit dem Dressing beträufeln. Das Avocadomus in kleinen Nocken daraufsetzen. Die Shiso-Kresse vom Beet schneiden, waschen, gut trocken schütteln und locker über die Grapefruitfilets verteilen.

TIPP
• Achten Sie darauf, dass die weiße Innenhaut der Grapefruits beim Schälen wirklich vollständig mit entfernt wird. Bleiben Reste zurück, schmecken die Filets bitter.
• Limetten-Olivenöl bekommen Sie in gut sortierten Supermärkten, in Bioläden oder in Feinkostgeschäften. Sie können es aber auch ganz leicht selbst herstellen: Mischen Sie dafür 1 TL abgeriebene Bio-Limettenschale mit 2 EL Olivenöl.

ROHER SPITZKOHL
auf Wassermelonen-Carpaccio

ZUBEREITEN 50 Min.

FÜR DEN SPITZKOHL
1 kleiner Spitzkohl (etwa 500 g)
1 TL Szechuan-Pfeffer
1 EL Meersalz
Saft von 2 Zitronen
6 EL Olivenöl
1 Nektarine
1 rote Zwiebel
2 EL Öl
2 EL weiße Sesamsamen
1 rosa Grapefruit
2 TL frisch geriebener Meerrettich (nach Belieben, ersatzweise Meerrettich aus dem Glas)
¼ Wassermelone (etwa 300 g)
1 TL fein geschnittener Liebstöckel
2 EL frisch gehobelte Parmesanspäne

1. Den Spitzkohl putzen, vierteln, vom Strunk befreien und mit einem Messer in feine Streifen schneiden.
2. Szechuan-Pfeffer und Meersalz in einem Mörser fein zerreiben. Den Spitzkohl mit der Hälfte der Salzmischung würzen und mit Zitronensaft abschmecken. Den Kohl mit 4 EL Olivenöl beträufeln und 5 Minuten kräftig mit den Händen durchkneten.
3. Die Nektarine waschen, halbieren, entsteinen und in kleine Würfel schneiden. Die Zwiebel schälen und fein würfeln. Das Öl in einer Pfanne erhitzen und die Nektarinen- und Zwiebelwürfel mit dem Sesam darin 1 bis 2 Minuten anbraten. Beides mit etwas Szechuan-Pfeffer-Salz würzen und abkühlen lassen.
4. Die Grapefruit dick schälen, dabei die weiße Innenhaut mit entfernen. Die Fruchtfilets mit einem kleinen Messer zwischen den Trennhäutchen herausschneiden. Grapefruitfilets, Nektarinenwürfel und Spitzkohl vermischen und den Salat nach Belieben mit Meerrettich abschmecken.
5. Die Wassermelone entkernen, in dünne Scheiben schneiden und auf vier Tellern auslegen. Mit dem restlichen Öl beträufeln und mit etwas Szechuan-Pfeffer-Salz würzen. Den Spitzkohlsalat darauf anrichten und mit Liebstöckel und Parmesanspänen bestreuen.

🌿 GURKENSALAT
mit Wakame und Sesam

ZUBEREITEN 25 Min.
EINWEICHEN 20 Min.
KÜHLEN 30 Min.

FÜR DEN GURKENSALAT
1 Handvoll getrocknete Wakame-Algen (etwa 10 g)
3 kleine Salatgurken (700–800 g)
1 Stück frischer Ingwer (20 g) • Salz
1 größere milde rote Chilischote
1 kleine rote Zwiebel
2 EL Mirin (japanischer süßer Reiswein, aus dem Asialaden)
4 EL Reisessig
4 EL Sojasauce
1 EL geröstete ungeschälte Sesamsamen

1. Die Wakame-Algen 15 Minuten in lauwarmem Wasser einweichen. Die Gurken schälen und längs halbieren. Die Kerne mit einem Löffel herausschaben und die Hälften in dünne Scheiben hobeln oder schneiden. Den Ingwer dünn schälen und in sehr feine Streifen schneiden.

2. Die Gurkenscheiben und Ingwerstreifen 15 bis 20 Minuten in kaltem Salzwasser einweichen (so nehmen sie später den Essig besser auf). Die eingeweichten Wakame-Algen 15 Sekunden blanchieren, sofort in eiskaltem Wasser abschrecken und abspülen.

3. Die Chilischote waschen, längs halbieren, Samen und Trennwände entfernen und die Hälften in sehr feine Streifen schneiden. Die Zwiebel schälen, halbieren und ebenfalls in sehr feine Streifen schneiden.

4. Gurken und Ingwer in ein Sieb abgießen und sehr gut abtropfen lassen. Chili- und Zwiebelstreifen, Mirin, Reisessig, Sojasauce und Algen unterheben und den Salat 30 Minuten kühl stellen. Danach nochmals gut abtropfen lassen, den gerösteten Sesam untermischen und den Gurkensalat gut gekühlt servieren.

KNOLLENSELLERIE-CARPACCIO
mit Walnuss-Birnen-Sauce

ZUBEREITEN 45 Min.

FÜR DAS CARPACCIO
1 Knollensellerie (etwa 400 g)
1 reife, feste Birne (200 g,
z. B. 'Conference')
1 TL Salz
2 TL Zucker
2 EL Zitronensaft

FÜR DIE WALNUSS-BIRNEN-SAUCE
25 g Walnusskerne
60 ml Birnensaft
2 EL Birnenessig (ersatzweise Apfel-
oder Obstessig)
1 TL Agavendicksaft
4 EL Walnussöl · Salz

FÜR DIE GARNITUR
20 Staudensellerieblätter (ersatzweise
glatte Petersilienblätter)
1–2 EL Öl zum Frittieren
Salz
2 Stangen Staudensellerie
60 g Friséesalat
60 g Radicchio
4 schwarze Walnüsse in Scheiben
(aus dem Glas)
2 EL Walnussöl

1. Für das Carpaccio den Knollensellerie sorgfältig schälen und auf einem Gemüsehobel in hauchdünne Scheiben schneiden. Die Birne schälen, vierteln und das Kerngehäuse entfernen. Die Viertel in 2 cm große Würfel schneiden.
2. Einen flachen Topf etwa 3 cm hoch mit Wasser füllen, aufkochen und kräftig mit Salz, Zucker und Zitronensaft abschmecken. Die Selleriescheiben und Birnenwürfel hineingeben, zugedeckt aufkochen und im Fond auskühlen lassen. Die Selleriescheiben und die Birnenwürfel sollen bissfest sein.
3. Für die Sauce die Walnusskerne grob hacken. Birnensaft, Birnenessig, 4 EL Selleriefond, Agavendicksaft, Walnussöl und die Walnüsse in einer Schüssel gründlich verrühren. Die Sauce mit Salz abschmecken.
4. Für die Garnitur die Staudensellerieblätter waschen und gut trocken tupfen. Das Öl in einem kleinen Topf erhitzen, die Blätter darin kurz frittieren, herausnehmen und auf Küchenpapier abtropfen lassen. Die frittierten Sellerieblätter leicht salzen und beiseitestellen.
5. Den Staudensellerie waschen, eventuelle Fäden abziehen und die Stangen in feine Würfel schneiden. Den Friséesalat zerteilen, putzen und waschen. Den Radicchio zerteilen, waschen und die Blätter in feine Streifen schneiden. Staudenselleriewürfel, Friséesalat und Radicchio in einer Schüssel mischen und mit etwas Walnuss-Birnen-Sauce beträufeln.
6. Die Selleriescheiben und Birnenwürfel aus dem Fond nehmen und abtropfen lassen. Sellerie und Birnen auf vier Tellern anrichten und mit der restlichen Walnuss-Birnen-Sauce beträufeln. Den Salat jeweils daraufsetzen und die frittierten Sellerieblätter sowie die schwarzen Walnussscheiben rundherum verteilen. Das Carpaccio mit einigen Tröpfchen Walnussöl beträufeln und servieren.

> **TIPP**
> Verwenden Sie für das Carpaccio kleine Sellerieknollen mit frischem Grün, denn sie sind zart und saftig. Große Knollen sind dagegen häufig hohl und leicht holzig.

» *Um einen guten Salat anzurichten,
braucht man vier Charaktere:
einen Verschwender für das Öl,
einen Geizhals für den Essig,
einen Weisen für das Salz,
einen Narren für den Pfeffer.* «

FRANÇOIS COPPÉE

BRUNNENKRESSESALAT
mit Cassisdressing

ZUBEREITEN 30 Min.

FÜR DAS DRESSING
2 EL Aceto balsamico (6 Monate gereift)
2 EL schwarzer Johannisbeersaft
1 EL Waldhonig
1 EL schwarzes Johannisbeergelee
Salz • frisch gemahlener Pfeffer
6 EL Walnussöl

FÜR DEN SALAT
2 Bund Brunnenkresse
1 Staude roter Chicorée
60 g Feldsalat (kleine Rosetten)
60 g Friséesalat
2 Äpfel ('Elstar' oder 'Gravensteiner')
2–3 EL Walnusskerne
2–3 EL Granatapfelkerne

1. Für das Dressing Aceto balsamico, Johannisbeersaft, Honig, Johannisbeergelee, Salz und Pfeffer verrühren, bis sich das Salz vollständig gelöst hat. Erst jetzt das Walnussöl einrühren.

2. Für den Salat die Brunnenkresseblättchen von den Stielen zupfen, waschen und trocken schleudern. Den Chicorée waschen und trocken schütteln. Den Strunk keilförmig herausschneiden und die Staude in Blätter teilen. Den Feldsalat verlesen, sorgfältig waschen und trocken schleudern. Den Friséesalat putzen, waschen, trocken schleudern und in mundgerechte Stücke zupfen.

3. Die Äpfel schälen, vierteln und das Kerngehäuse entfernen. Die Viertel in etwa 5 mm große Würfel schneiden. Die Walnusskerne ganz lassen oder nach Belieben grob hacken.

4. Die Blattsalate und Apfelwürfel in eine Schüssel geben, mit dem Dressing beträufeln und alles gut durchmischen. Den Salat auf vier Tellern anrichten, mit den Granatapfel- und Walnusskernen bestreuen und servieren.

KRESSE-TOPINAMBUR-SALAT
mit Granatapfelkernen

ZUBEREITEN 1 Std. 40 Min.

FÜR DEN SALAT
1 kg Topinambur
1 rote Zwiebel
100 g Brunnenkresse
5 EL Olivenöl
2 EL Aceto balsamico bianco
1 EL Estragonsenf
Salz · Zucker
1 Granatapfel
3 EL Hüttenkäse
braunes Tandooripulver

AUSSERDEM
4 große Radicchioblätter

1. Für den Salat die Topinamburknollen waschen, schälen und in kleine Würfel schneiden. Die Zwiebel schälen und in feine Würfel schneiden. Die Brunnenkresse waschen, trocken schleudern und die Blätter abzupfen.
2. In einer Pfanne 3 EL Olivenöl erhitzen. Die Topinambur- und Zwiebelwürfel darin etwa 15 Minuten anbraten, bis die Topinamburwürfel bissfest sind. Alles mit dem Aceto balsamico bianco ablöschen und den Estragonsenf einrühren. Die Topinambur-Zwiebel-Mischung in eine Schüssel geben und mit Salz und Zucker abschmecken.
3. Den Granatapfel quer halbieren und die Kerne auslösen. Das restliche Öl in einer Pfanne erhitzen und die Kerne darin etwa 5 Minuten anbraten, bis die Flüssigkeit verkocht ist. Den Hüttenkäse einrühren, 2 Minuten erwärmen und vom Herd nehmen.
4. Die Granatapfelkerne mit dem Tandooripulver würzen und unter die Topinamburmischung heben. Den Salat nochmals abschmecken.
5. Die Radicchioblätter waschen, trocken tupfen und auf vier Teller legen, den Salat darauf anrichten und lauwarm servieren.

SCHREBERGARTENSALAT
mit Kapuzinerkresse-Vinaigrette und Pilzen

ZUBEREITEN 45 Min.
RUHEN 2–4 Wochen

FÜR DEN KAPUZINERKRESSE-ESSIG
10 Kapuzinerkresseblätter und -blüten
¼ l Weißweinessig

FÜR DIE VINAIGRETTE
¼ l Sonnenblumenöl
60 ml Kapuzinerkresse-Essig
1 TL Salz
½ TL gemahlener weißer Pfeffer
1 gestr. TL scharfer Senf
1 gestr. EL Akazienhonig
2–3 Kapuzinerkresseblätter

FÜR DEN SALAT
100 g frische Erfurter Puffbohnen
(ersatzweise dicke Bohnen)
Salz
1 mittelgroße Möhre
1 mittelgroße Rote Bete
1 Apfel
½ Salatgurke
4 Radieschen
4 Tomaten
1 Blattsalat (z. B. Kopfsalat)
50 g Kürbiskerne
200 g Kräuterseitlinge
2 EL Olivenöl
frisch gemahlener Pfeffer
12 Kapuzinerkresseblüten

AUSSERDEM
Schraubglas oder Flasche
(etwa ¼ l Inhalt)

1. Für den Essig die Kapuzinerkresseblätter waschen und gut trocken tupfen. Die Blüten bei Bedarf mit einem Pinsel reinigen. Blätter und Blüten mit dem Essig in ein Schraubglas oder in eine Flasche füllen und 2 bis 4 Wochen durchziehen lassen.

2. Für die Vinaigrette Öl, Essig, Salz, Pfeffer, Senf und Honig in einer Schüssel verrühren. Die Kapuzinerkresseblätter waschen, trocken tupfen, fein hacken und unter die Vinaigrette heben.

3. Für den Salat die Puffbohnen aus den Häutchen drücken und in kochendem Salzwasser 5 Minuten blanchieren. Sofort in eiskaltem Wasser abschrecken und die Bohnen in einem Sieb abtropfen lassen. Möhre und Rote Bete putzen, schälen und in feine Stifte schneiden. Den Apfel schälen, vierteln und das Kerngehäuse entfernen. Die Viertel in feine Stifte schneiden.

4. Salatgurke und Radieschen putzen, waschen und in dünne Scheiben schneiden. Die Tomaten waschen und achteln, dabei die Stielansätze entfernen. Den Blattsalat zerteilen. Die Blätter waschen, trocken schleudern und in mundgerechte Stücke zupfen.

5. Die Kürbiskerne in einer beschichteten Pfanne ohne Fett mit 1 Prise Salz rösten, bis sie zu duften beginnen. Herausnehmen und die Kürbiskerne etwas abkühlen lassen.

6. Die Kräuterseitlinge mit Küchenpapier sauber abreiben und in Streifen oder Stücke schneiden. Das Olivenöl in der Pfanne erhitzen und die Pilze darin anbraten, salzen und pfeffern.

7. Den Blattsalat zusammen mit den Bohnen, den Möhren-, Rote-Bete- und Apfelstiften sowie den Gurken- und Radieschenscheiben auf vier Tellern anrichten und mit der Vinaigrette beträufeln. Die warmen Kräuterseitlinge darauf verteilen und den Salat mit Kürbiskernen bestreuen. Die Kapuzinerkresseblüten bei Bedarf mit einem Pinsel säubern, den Salat damit garnieren und servieren.

BLATTSALAT
mit gefüllten Aprikosen

ZUBEREITEN 50 Min.

FÜR DIE GEFÜLLTEN APRIKOSEN
100 g Ziegenfrischkäse
5–8 Blätter Thai-Basilikum
1 EL Rapsöl
frisch gemahlener Pfeffer
8 kleine feste Aprikosen
1 EL würziger Honig (Wald- oder Lavendelhonig)
Saft von ½ Zitrone

FÜR DIE VINAIGRETTE
1 Schalotte (30 g)
½ rote Chilischote
2 Aprikosen
4 EL Rapsöl (ersatzweise Nussöl)
4 EL Weißweinessig
Salz · frisch gemahlener Pfeffer
Zucker

FÜR DEN BLATTSALAT
120 g gemischte Blattsalate (Rucola, Lollo Rosso, Frisée)
½ Bund Thai-Basilikum (ersatzweise Basilikum)

AUSSERDEM
Thai-Basilikum-Blütenknospen (nach Belieben)

1. Für die gefüllten Aprikosen den Ziegenfrischkäse in eine Schüssel krümeln und bei Bedarf durch ein Sieb streichen. Die Basilikumblätter waschen, trocken tupfen und mit dem Rapsöl im Mörser zu einer nicht zu feinen Paste verreiben. Den Ziegenfrischkäse mit der Basilikumpaste und etwas Pfeffer verrühren und etwa 30 Minuten kühl stellen.

2. Den Backofen auf 220 °C (Ober-/Unterhitze) vorheizen. Die Aprikosen waschen, seitlich ein-, aber nicht durchschneiden, und den Stein vorsichtig herauslösen. Die Frischkäsemasse in die Höhlung verteilen und die Aprikosen mit etwas Abstand in eine ofenfeste Form setzen. Den Honig mit dem Zitronensaft verrühren und die Früchte damit bepinseln. Die Aprikosen im Backofen in 5 bis 8 Minuten bissfest garen, herausnehmen und einige Minuten abkühlen lassen.

3. Inzwischen für die Vinaigrette die Schalotte schälen und in feine Würfel schneiden. Die Chilischote waschen, von Samen und Trennwänden befreien und in feine Würfel schneiden. Die Aprikosen waschen, entsteinen und ebenfalls in Würfel schneiden.

4. In einer Pfanne 1 EL Rapsöl erhitzen und die Schalotten- und Chiliwürfel darin glasig anschwitzen. Die Aprikosenwürfel zufügen, kurz mit anschwitzen und vom Herd nehmen. Den Weißweinessig einrühren und die Mischung abkühlen lassen. Die Vinaigrette mit Salz, Pfeffer und etwas Zucker würzen. Das restliche Rapsöl einrühren und die Vinaigrette abschmecken.

5. Für den Salat die Blattsalate waschen und trocken schleudern. Das Thai-Basilikum waschen, trocken schütteln und die Blätter abzupfen. Salat, Basilikumblätter und Vinaigrette vorsichtig mischen.

6. Den Blattsalat mittig auf vier Tellern anrichten. Die lauwarmen Aprikosen daraufsetzen und den Salat nach Belieben mit Thai-Basilikum-Knospen garnieren.

TIPP
Sie können die Aprikosen auch erst nach dem Backen füllen. Dafür die Früchte waschen, seitlich einschneiden und den Stein auslösen. Die Früchte mit etwas Abstand in eine ofenfeste Form setzen. Honig und 1 EL Rapsöl verrühren, die Aprikosen damit bepinseln und wie beschrieben im vorgeheizten Backofen 5 bis 8 Minuten garen. Die Früchte quer halbieren, jeweils etwas Ziegenfrischkäse in die Höhlung füllen und auf dem Salat anrichten.

FELDSALAT UND PFIFFERLINGE
mit Kartoffel-Vinaigrette

ZUBEREITEN 1 Std. 40 Min.

FÜR DIE VINAIGRETTE
150 g mehligkochende Kartoffeln
Salz • 1 Zwiebel (30 g)
60 ml Olivenöl
200 ml Gemüsefond (s. Seite 518)
2–3 EL Weißweinessig
1 gestrichener TL Senf
1 gehäufter TL Salz
2 Msp. frisch gemahlener Pfeffer
½ Bund Petersilie

FÜR DEN SALAT
400 g Feldsalat
200 g Pfifferlinge
1 TL Butter • 1 TL Olivenöl
Salz • frisch gemahlener Pfeffer
Alfalfa-Sprossen (nach Belieben)

1. Für die Vinaigrette die Kartoffeln mit der Schale in Salzwasser weich kochen. Die Kartoffeln abgießen, etwas abkühlen lassen und pellen. Die Kartoffeln in einer Schüssel mit einer Gabel fein zerdrücken und beiseitestellen.

2. Die Zwiebel schälen und in feine Würfel schneiden. In einer Pfanne 2 EL Olivenöl erhitzen und die Zwiebel darin glasig anschwitzen. Gemüsefond, Essig, Senf und Salz einrühren. Den Sud zu den Kartoffeln gießen und das restliche Olivenöl zugeben. Alles mit einem Schneebesen glatt rühren und mit Salz und Pfeffer abschmecken. Die Petersilie waschen, trocken schütteln, fein hacken und in die Vinaigrette rühren.

3. Für den Salat den Feldsalat verlesen, sorgfältig waschen und trocken schleudern. Die Pfifferlinge mit einem Pinsel säubern oder mit Küchenpapier sauber abreiben.

4. Butter und Öl in einer Pfanne erhitzen und die Pfifferlinge darin kurz anbraten. Anschließend die Pilze mit Salz und Pfeffer würzen.

5. Den Feldsalat auf vier Tellern anrichten und mit der Vinaigrette überziehen. Die gebratenen Pfifferlinge darauf verteilen und den Salat nach Belieben mit Alfalfa-Sprossen garnieren.

LAUWARMER ROTKOHLSALAT
mit Ingwer und Himbeeressig

ZUBEREITEN 30 Min.
MARINIEREN 30 Min.

FÜR DEN ROTKOHLSALAT
500 g Rotkohl
Salz
1 EL milder Senf
5 EL Himbeeressig
5 EL Rapsöl
Zucker
1 rote Chilischote
1 Stück frischer Ingwer (25 g)
100 ml Gemüsefond (s. Seite 518)

1. Den Rotkohl vierteln, die äußeren Blätter entfernen und den Strunk herausschneiden.

2. Die Viertel auf dem Gemüsehobel oder mit einer Aufschnittmaschine in sehr feine Streifen schneiden. Die Kohlstreifen in eine Schüssel geben, salzen und gut durchkneten. Den Kohl 30 Minuten durchziehen lassen.

3. Senf, Himbeeressig, Öl, Zucker und Salz in eine hohe Rührschüssel geben und mit dem Pürierstab mixen.

4. Den Rotkohl sehr gut ausdrücken und die ausgetretene Flüssigkeit abgießen. Das Dressing unter den Kohl heben.

5. Die Chilischote waschen und längs halbieren. Stielansatz, Samen und Trennwände entfernen und die Hälften in feine Streifen schneiden. Den Ingwer schälen und fein reiben.

6. Chili und Ingwer mit dem Gemüsefond aufkochen. Den heißen Würzfond über den Rotkohl gießen und unterheben. Den Rotkohlsalat 5 bis 10 Minuten ziehen lassen und vor dem Servieren mit Zucker und Salz abschmecken.

🌿 GRÜNER PAPAYA-KOKOS-SALAT

ZUBEREITEN 35 Min.
MARINIEREN 30 Min.

FÜR DEN PAPAYA-KOKOS-SALAT
600 g grüne Thai-Papaya
50 g Schlangenbohnen (aus dem Asialaden)
½ rote Zwiebel (70 g)
200 g frisches Kokosnussfleisch (ersatzweise 60 g geröstete Kokosflocken)
50 g Erdnusskerne
1 Stück frischer Ingwer (20 g)
2 Bio-Limetten
60 ml vegetarische Austernsauce
50 ml gesüßte Kokosmilch
4 EL geröstetes Sesamöl
½ Bund Thai-Basilikum
½ Bund Koriandergrün

FÜR DIE WÜRZPASTE
2 Stängel Zitronengras
1–2 rote Chilischoten
3 Knoblauchzehen
20 g Palmzucker (ersatzweise Zucker)

AUSSERDEM
Koriandergrün, rote Chilischoten oder Basilikum zum Garnieren

1. Die Papaya schälen und das Fruchtfleisch rundherum bis zum Kerngehäuse der Länge nach in dünnen Scheiben abziehen. Etwa 300 g Fruchtfleisch abwiegen und in feine Streifen schneiden.
2. Die Schlangenbohnen waschen, die Enden abschneiden und die Bohnen in feine Scheiben schneiden. Die Zwiebel schälen, halbieren, ebenfalls in feine Streifen schneiden und etwa 20 Minuten in eiskaltes Wasser legen.
3. Inzwischen das Kokosnussfleisch fein raspeln und die Erdnusskerne in einer Pfanne ohne Fett anrösten. Den Ingwer schälen und fein reiben. Die Limetten heiß abwaschen und abtrocknen. Die Schale dünn abreiben und die Früchte auspressen.
4. Die Zwiebelstreifen in ein Sieb abgießen und abtropfen lassen. Bohnen, Zwiebeln, Kokosraspel, Erdnüsse, Ingwer, Limettenschale, Limettensaft, Austernsauce, Kokosmilch und Sesamöl mit den Papayastreifen vermischen.
5. Für die Würzpaste vom Zitronengras die harten Außenblätter entfernen. Die Stängel waschen, längs halbieren und zerkleinern. Die Chilischoten waschen und längs halbieren. Samen und Trennwände entfernen und die Hälften in feine Würfel schneiden. Den Knoblauch schälen und in feine Scheiben schneiden. Zitronengras, Chiliwürfel, Knoblauchscheiben und Palmzucker in einen Mörser füllen und mit dem Stößel so fein wie möglich verreiben.
6. Die Würzpaste zum Papayasalat geben und sehr gut untermischen, dabei den Salat leicht durchkneten. Den Salat mindestens 30 Minuten durchziehen lassen. Anschließend den Salat nochmals gut durchmischen und bei Bedarf erneut abschmecken.
7. Thai-Basilikum und Koriandergrün waschen, trocken schütteln und abzupfen. Die Blätter in feine Streifen schneiden und unter den Salat heben.
8. Den Salat auf vier Tellern anrichten und mit Koriandergrün, Chilischoten oder Basilikum garnieren.

> **TIPPS**
> • Nicht jeder mag rohe Bohnen. Sie können die in Scheiben geschnittenen Schlangenbohnen für den Salat auch in kochendem Salzwasser bissfest blanchieren, sofort in Eiswasser abschrecken, gut abtropfen lassen und wie im Rezept beschrieben fortfahren.
> • Sie möchten den Salat exotisch anrichten? Servieren Sie ihn in vier ausgehöhlten Kokosnussschalen.

NEAPOLITANISCHER GEMÜSESALAT

ZUBEREITEN 1 Std.

FÜR DAS DRESSING
1 kleine Knoblauchzehe
½ Topf Basilikum (etwa 4 Stängel)
4 EL Gemüsefond (s. Seite 518)
4 EL Aceto balsamico bianco
2 EL Olivenöl
Salz · frisch gemahlener Pfeffer

FÜR DEN GEMÜSESALAT
je 1 grüne, rote und gelbe Paprikaschote
1 Bio-Zitrone
Salz
3 Baby-Artischocken
200 g Möhren
200 g Zucchini
4 Tomaten
1 rote Zwiebel (100 g)
½ Topf Basilikum (etwa 4 Stängel)
1 EL Olivenöl
1 EL Pinienkerne
60 g Schafskäse, zerkrümelt
100 g Oliven

FÜR DAS ANIS-CIABATTA
1 TL Anissamen
1 Knoblauchzehe
100 ml Olivenöl
1 Ciabatta

1. Für das Dressing den Knoblauch schälen und fein hacken. Das Basilikum waschen, trocken schütteln und die Blätter abzupfen. Knoblauch, Basilikumblätter, Gemüsefond, Aceto balsamico bianco und Olivenöl in eine hohe Rührschüssel geben und mit dem Pürierstab fein mixen. Das Dressing mit Salz und Pfeffer abschmecken.

2. Für den Gemüsesalat den Backofengrill vorheizen. Die Paprikaschoten waschen, halbieren und Stielansatz, Samen und Trennwände entfernen. Die Hälften mit der Hautseite nach oben auf ein Backblech legen. Die Schoten unter dem Backofengrill etwa 6 Minuten grillen, bis die Haut dunkle Blasen wirft. Herausnehmen, mit einem feuchten Küchentuch bedecken und 15 Minuten abkühlen lassen. Die Haut mit einem Messer abziehen und die Hälften in etwa 3 cm große Stücke schneiden.

3. Die Zitrone heiß abspülen, abtrocknen und auspressen. Den Zitronensaft mit den ausgepressten Hälften, 2 gehäuften TL Salz und 1 l Wasser in einen Topf geben. Von den Artischocken die trockenen, harten Hüllblätter entfernen und das obere Drittel der Blätter abschneiden. Die Knospen längs halbieren und das Heu entfernen. Die Artischocken sofort in das Zitronenwasser legen, aufkochen und bei mittlerer Hitze 5 Minuten garen. Die Artischocken herausnehmen, in eiskaltem Wasser abschrecken und in einem Sieb abtropfen lassen.

4. Die Möhren schälen und in dünne Scheiben schneiden. Diese in kochendem Salzwasser in 1 Minute bissfest blanchieren, sofort in eiskaltem Wasser abschrecken und abtropfen lassen.

5. Die Zucchini waschen, putzen und längs in dünne Stifte schneiden. Die Tomaten waschen, die Zwiebel schälen. Beides in schmale Spalten schneiden, dabei die Stielansätze der Tomaten entfernen. Das Basilikum waschen, trocken schütteln und die Blätter abzupfen. Das Olivenöl in einer beschichteten Pfanne erhitzen, die Pinienkerne darin goldbraun rösten und leicht salzen.

6. Das Gemüse mit dem Dressing vermischen. Den Salat auf vier Tellern anrichten und jeweils mit Schafskäse, Oliven, Pinienkernen und Basilikumblättern bestreuen.

7. Für das Ciabatta die Anissamen in einem Mörser fein zerstoßen. Den Knoblauch schälen und fein hacken. Anis und Knoblauch mit dem Olivenöl verrühren. Das Ciabatta in fingerdicke Scheiben schneiden. Jede Scheibe mit 1 TL Anisöl bestreichen und in einer Pfanne oder unter dem Backofengrill von beiden Seiten goldbraun rösten. Das Anis-Ciabatta zum Gemüsesalat servieren.

SALAT VON BELUGALINSEN
mit Schwarzwurzelchips

ZUBEREITEN 1 Std. 30 Min.

FÜR DEN LINSENSALAT
1 Granatapfel
1 Schalotte
Olivenöl
100 g Belugalinsen
1 Lorbeerblatt
¼ l Gemüsefond (s. Seite 518)
2 Knoblauchzehen
Salz
1 Bund Koriandergrün
3 EL Granatapfelsirup
frisch gemahlener Pfeffer

FÜR DIE SCHWARZWURZELCHIPS
2 Schwarzwurzeln
Öl zum Frittieren
Salz

1. Für den Linsensalat den Granatapfel halbieren und die Kerne herauslösen. Die Schalotte schälen und in feine Würfel schneiden. Etwas Olivenöl in einem Topf erhitzen und die Schalotte darin glasig anschwitzen. Linsen und Lorbeerblatt zugeben und den Gemüsefond dazugießen. Die Linsen etwa 35 Minuten köcheln lassen, bis sie weich sind und die Flüssigkeit verdampft ist. Den Topf vom Herd nehmen und die Linsen auskühlen lassen.
2. In der Zwischenzeit den Knoblauch schälen, fein hacken, mit etwas Salz bestreuen und im Mörser zu einer Paste zerreiben. Das Koriandergrün waschen, trocken schütteln, die Blätter abzupfen und grob hacken.
3. Etwas Olivenöl in einer Pfanne erhitzen und die Knoblauchpaste darin kurz anrösten. Den Knoblauch mit dem Koriandergrün unter die Linsen heben. Die Linsen mit Granatapfelsirup, Salz und Pfeffer abschmecken. Den Salat auf vier Tellern anrichten und mit den Granatapfelkernen bestreuen.
4. Für die Chips die Schwarzwurzeln unter lauwarmem Wasser gründlich abbürsten. Wurzelspitze und Blattansatz entfernen und die Stangen in etwa 15 cm lange Stücke schneiden. Die Schwarzwurzelstücke mit einem Gemüsehobel oder mit einem Sparschäler der Länge nach in dünne Scheiben schneiden.
5. Ausreichend Öl in einem weiten Topf auf 170 bis 180 °C erhitzen. Die Schwarzwurzelscheiben portionsweise ins heiße Öl geben und in 20 bis 30 Sekunden goldbraun frittieren. Die Chips herausheben, kurz auf Küchenpapier abtropfen lassen und mit wenig Salz würzen. Den Linsensalat mit den Schwarzwurzelchips garnieren und servieren.

> **TIPP**
> Die richtige Öltemperatur ist beim Frittieren enorm wichtig. Ist das Öl nämlich zu kalt, wird das Frittiergut schnell ölig, ist es zu heiß, verbrennt es leicht. Aber wann ist das Öl heiß genug? Mit einem Speisethermometer können Sie die Öltemperatur blitzschnell ermitteln. Besitzen Sie keines, hilft der Stiel eines Holzkochlöffels. Halten Sie ihn einfach ins Öl. Steigen daran Bläschen hoch, ist das Öl heiß genug. Alternativ können Sie auch einen Brotwürfel ins Frittieröl geben. Ist er nach 15 Sekunden goldbraun, hat das Öl ebenfalls die richtige Temperatur erreicht.

SALATE

BOHNENSALAT
mit Oliven und Salbeitempura

ZUBEREITEN 1 Std. 20 Min.
QUELLEN 12 Std.

FÜR DEN BOHNENSALAT
60 g weiße Bohnenkerne (z. B. Coco-Bohnen)
1 mittelgroße Schalotte (30 g)
1 Lorbeerblatt
Salz
100 g frische Dicke Bohnen (Saubohnen)
140 g Stangenbohnen
100 g Keniabohnen
100 g Schlangenbohnen (aus dem Asialaden)
50 g grüne Oliven
50 g schwarze Oliven
100 g getrocknete Tomaten in Öl (aus dem Glas)

FÜR DIE BOHNENKRAUT-VINAIGRETTE
1 große Schalotte (50 g)
½ Bund Schnittlauch
½ Bund Bohnenkraut
1 TL Dijon-Senf
Saft von ½ Zitrone
50 g mildes Olivenöl
50 g Rapsöl
2 EL Gemüsefond (s. Seite 518)
Salz · frisch gemahlener Pfeffer
1 Prise Zucker

FÜR DEN TEMPURATEIG
3 Eiweiße
½ TL Smoked Maldon Sea Salt Flakes (ersatzweise Fleur de Sel)
30 g Speisestärke
20 g Weizenmehl Type 405
3 EL Eiswasser

AUSSERDEM
Öl zum Frittieren
24 mittelgroße Salbeiblätter

1. Für den Salat die Bohnenkerne in einer Schüssel mit kaltem Wasser bedecken und 12 Stunden einweichen.
2. Für die Vinaigrette die Schalotte schälen und in feine Würfel schneiden. Den Schnittlauch waschen, trocken tupfen und in feine Röllchen schneiden. Das Bohnenkraut waschen, trocken schütteln und die Blätter abzupfen. Die Stängel zum Kochen der Bohnenkerne beiseitelegen. Senf, Zitronensaft, Schalotte, Schnittlauch und Bohnenkraut verrühren. Beide Öle langsam einrühren. Die Vinaigrette kräftig durchschlagen und mit dem Gemüsefond verdünnen. Die Vinaigrette mit Salz, Pfeffer und 1 kleinen Prise Zucker abschmecken.
3. Die eingeweichten Bohnenkerne abgießen. Die Schalotte schälen. Die Bohnenkerne mit Schalotte, Bohnenkrautstängeln und Lorbeerblatt in Salzwasser aufkochen und 30 bis 40 Minuten bei schwacher Hitze garen. Anschließend abgießen und die Bohnenkerne gut abtropfen lassen.
4. Inzwischen die Dicken Bohnen aus den Häutchen drücken, 2 Minuten in kochendem Salzwasser blanchieren und sofort in eiskaltem gesalzenem Wasser abschrecken. Die Stangen- und Keniabohnen putzen, waschen und in 1 cm große Stücke schneiden. Die Bohnen nacheinander ebenfalls in kochendem Salzwasser bissfest blanchieren und in gesalzenem Eiswasser abschrecken. Die Schlangenbohnen waschen, die Enden abschneiden und die Bohnen in kochendem Salzwasser in etwa 8 Minuten bissfest garen. Auch die Schlangenbohnen sofort in gesalzenem Eiswasser abschrecken. Alle Bohnen in einem Sieb gut abtropfen lassen.
5. Die Schlangenbohnen spiralförmig auf vier Teller legen und mit etwas Vinaigrette beträufeln. Alle anderen Bohnen und die Bohnenkerne mit der restlichen Vinaigrette mischen. Grüne und schwarze Oliven entsteinen. Die getrockneten Tomaten abtropfen lassen. Oliven und Tomaten in kleine Stücke schneiden und unter die Bohnen heben. Den Salat auf den Schlangenbohnen anrichten.
6. Für den Tempurateig 2 Eiweiße halb steif schlagen und mit Maldon Sea Salt, Speisestärke, Mehl und 2 EL Eiswasser zu einem glatten Teig verrühren. Das restliche Eiweiß zu sehr steifem Schnee schlagen und vorsichtig unter den Teig heben. Den Teig 15 Minuten im Kühlschrank ruhen lassen, anschließend 1 EL Eiswasser unterrühren.
7. Das Öl zum Frittieren in einem Topf auf 170 bis 180 °C erhitzen. Die Salbeiblätter waschen und sehr gut trocken tupfen. Die Blätter nacheinander durch den Tempurateig ziehen und im heißen Öl knusprig frittieren. Die Salbeiblätter auf Küchenpapier abtropfen lassen und noch warm auf dem Bohnensalat verteilen. Den Salat sofort servieren.

LINSENSALAT
mit roten Zwiebeln und Orangen

ZUBEREITEN 1 Std.
TROCKNEN 2 Std.

FÜR DIE ORANGEN
2 große Orangen
1 EL Olivenöl
1 TL Ras el Hanout

FÜR DEN LINSENSALAT
2 Schalotten
100 g Berglinsen
1 EL Olivenöl
¼ l Gemüsefond (s. Seite 518)
2 Prisen gemahlener Kreuzkümmel
1 frisches Lorbeerblatt
2 mittelgroße rote Zwiebeln
1 kleines Bund Koriandergrün
3 EL Granatapfelsirup
Salz

AUSSERDEM
1 Kopf Romana-Salat
1 mittelgroße rote Zwiebel
1 Fladenbrot (vegan)

1. Für die Orangen den Backofen auf 80 °C (Ober-/Unterhitze) vorheizen. Ein Backblech mit Backpapier belegen. Die Orangen dick schälen, dabei die weiße Innenhaut vollständig mit entfernen. Die Fruchtfilets mit einem scharfen Messer zwischen den Trennhäutchen herausschneiden, dabei den austretenden Saft auffangen und beiseitestellen. Die Orangenfilets in ein Sieb geben und gut abtropfen lassen.

2. Das Olivenöl mit dem Ras el Hanout verrühren und die Orangenfilets darin wenden. Die Filets nebeneinander auf das Backblech legen und im Ofen (Mitte) etwa 2 Stunden antrocknen lassen.

3. Für den Linsensalat die Schalotten schälen und in feine Würfel schneiden. Die Berglinsen in einem Sieb unter kaltem Wasser gründlich abspülen und abtropfen lassen. Das Olivenöl in einem Topf erhitzen und die Schalotten darin glasig anschwitzen. Die Linsen einrühren, den Gemüsefond und den aufgefangenen Orangensaft dazugießen. Den Kreuzkümmel und das Lorbeerblatt zugeben und die Linsen zugedeckt bei schwacher Hitze 30 bis 40 Minuten garen, bis sie weich, aber nicht verkocht sind. Die Linsen vom Herd nehmen und auskühlen lassen.

4. Die Zwiebeln schälen und in feine Würfel schneiden. Das Koriandergrün waschen und trocken schleudern. Die Blätter abzupfen und grob hacken. Zwiebeln und Koriandergrün unter die Linsen heben und den Salat mit Granatapfelsirup und Salz abschmecken.

5. Den Romana-Salat in Blätter zerteilen. Die Salatblätter putzen, waschen und trocken schleudern. Die Zwiebel schälen und in sehr feine Ringe schneiden. Das Fladenbrot in etwa 6 x 10 cm große Stücke schneiden. Diese quer halbieren und auf dem Toaster oder in einer beschichteten Pfanne ohne Öl kurz rösten.

6. Je 1 Salatblatt auf die Brotstücke legen und den Linsensalat mit den angetrockneten Orangenfilets darauf anrichten. Die gerösteten Brote mit Zwiebelringen belegen und servieren.

SALATE

SPARGEL-WILDKRÄUTER-SALAT
mit pochierten Wachteleiern

ZUBEREITEN 1 Std. 30 Min.

FÜR DEN SPARGEL
1 kg weißer Spargel
1 Bio-Zitrone
20 g feines Meersalz
45 g Zucker

FÜR DEN WILDKRÄUTERSALAT
100–150 g gemischte Wildkräuter (z. B. Sauerampfer, Löwenzahn, Vogelmiere, Pimpernelle, Veilchenblüten)
1 kleiner Kopf Eichblattsalat
1 kleiner Kopf Lollo-Bionda-Salat

FÜR DIE VINAIGRETTE
2 kleine Knoblauchzehen
5 Basilikumblätter
60 ml Holunderblütenessig
1 TL Estragonsenf
½ TL feines Himalajasalz
4 EL Holunderblütensirup
frisch gemahlener weißer Pfeffer
2 Eigelbe
100 ml Distelöl
100 ml Traubenkernöl · Zucker

FÜR DEN WACHOLDER-SPRINKLE
200 g Weizenmischbrot
3 cl Wacholderschnaps (z. B. Gin)
6 Zweige Thymian
20 reife weiche Wacholderbeeren
150 g Butter
Meersalz · frisch gemahlener Pfeffer

FÜR DIE WACHTELEIER
16 Wachteleier
200 ml Essig · ½ TL Salz

AUSSERDEM
5 weiße Champignons · essbare Blüten (z. B. Stiefmütterchen, Veilchen)

1. Den Spargel waschen, schälen und die holzigen Enden abschneiden. Die Schalen beiseitelegen. Die Zitrone heiß waschen, abtrocknen und halbieren. Eine Hälfte auspressen, die zweite Hälfte nur anpressen. Etwas Zitronensaft, angepresste Zitronenhälfte und 2 l Wasser in eine Schüssel geben, den Spargel hineinlegen und kühl stellen.
2. In einem großen Topf reichlich Wasser mit Salz, Zucker und 1 ½ EL Zitronensaft aufkochen. Die Spargelschalen sorgfältig waschen, 5 Minuten im Sud ziehen lassen, herausnehmen.
3. Die Spargelstangen in den Fond legen. Einmal aufkochen und den Spargel zugedeckt je nach Dicke unterhalb des Siedepunktes in 15 bis 18 Minuten bissfest garen. Die Stangen flach auf ein Backblech legen, mit einem feuchten Tuch abdecken und auskühlen lassen. 80 ml Fond für die Vinaigrette beiseitestellen.
4. Für den Salat die Wildkräuter verlesen, waschen, trocken schleudern und kühl stellen. Die Blattsalate zerteilen, waschen und trocken schleudern.
5. Für die Vinaigrette den Knoblauch schälen und grob hacken. Die Basilikumblätter waschen und trocken tupfen. Spargelfond, Essig, Senf, Salz, Holunderblütensirup, Pfeffer, Eigelbe, Knoblauch und Basilikum in einer hohen Rührschüssel mit dem Pürierstab fein mixen. Beide Öle langsam dazugießen und sämig aufmixen. Die Vinaigrette mit Salz und Zucker abschmecken.
6. Für den Wacholder-Sprinkle das Brot in 3 cm große Stücke zupfen, mit Wacholderschnaps beträufeln und 5 Minuten durchziehen lassen. Den Thymian waschen, trocken schütteln und 4 Zweige abzupfen. Die Wacholderbeeren in einem Mörser sehr fein zerstoßen.
7. Butter, Wacholder und 2 Thymianzweige in einer beschichteten Pfanne erhitzen, bis die Butter aufschäumt und leicht bräunt. Den Thymian herausnehmen. Die Brotstücke zugeben, unter Rühren knusprig goldbraun braten und mit Salz und Pfeffer würzen. Den Wacholder-Sprinkle auf Küchenpapier abtropfen lassen, bei Bedarf nachwürzen und mit den Thymianblättchen bestreuen.
8. Für die Wachteleier 2 ½ l Wasser mit Essig und Salz aufkochen. Die Eierschalen vorsichtig mit einem scharfen Sägemesser anritzen, öffnen und jedes Ei in eine Espressotasse geben. Die Eier einzeln in das siedende Wasser gleiten lassen und etwa 30 Sekunden pochieren. Mit einer Schaumkelle vorsichtig herausheben und die Eier auf einen Teller legen.
9. Die Spargelstangen in 6 cm lange Stücke schneiden, mit etwas Vinaigrette vermischen und sternförmig auf vier Tellern anrichten. Die Salate ebenfalls mit etwas Vinaigrette mischen, in die Mitte setzen und mit der restlichen Vinaigrette beträufeln. Den Wacholder-Sprinkle auf dem Spargel verteilen und die pochierten Wachteleier dazwischen anrichten.
10. Die Champignons mit Küchenpapier sauber abreiben, putzen, in dünne Scheiben schneiden und zwischen dem Spargel verteilen. Den Spargel-Wildkräuter-Salat mit den Blüten garnieren und sofort servieren.

SAISONALE KÜCHE –
heute eine Unmöglichkeit?

Was früher gang und gäbe war, nämlich Erdbeeren dann zu essen, wenn sie leuchtend rot, süß und aromatisch an der Staude glänzten, ist heute keinesfalls mehr selbstverständlich. Schön rot – zumindest von außen – locken die Beeren zwar bereits im Februar zum Kauf, in puncto Aroma und Geschmack lassen sie jedoch zu wünschen übrig. Zudem sind die in Spanien oder Marokko unter Folie gezogenen Beeren meist stark mit Pflanzenschutzmitteln belastet, zumindest jene aus konventionellem Anbau. Hinzu kommen die langen Wege: Mehrere 100 Kilometer haben die druckempfindlichen und darum aufwendig verpackten Erdbeeren hinter sich, bevor sie im Regal landen. Auch das macht sie nicht besser.

Dennoch finden sie ihre Käufer. Paprika gibt es ganzjährig und Aprikosen auch im Winter. Alles ist immer und jederzeit verfügbar, das ist heute ganz normal, daran hat man sich gewöhnt.

Tatsächlich haben viele Menschen den unmittelbaren Bezug zum Obst- und Gemüseanbau verloren und wissen gar nicht mehr, was wann in unseren heimischen Gärten heranreift. Beim Einkauf entscheiden Lust und Laune darüber, was im Korb landet und was nicht. Wer stellt sich schon angesichts des überbordenden Angebots noch die Frage, ob Spargel, Kopfsalat oder Trauben gerade auch bei uns erntereif sind. Ungeprüft wird gekauft, was Discounter und Filialisten im Angebot haben. Und für die großen Lebensmittelketten lohnt es sich eben – aufgrund entsprechender Rabatte bei Abnahme großer Mengen, niedriger Transportkosten und ausgefeilter Logistik – Weintrauben aus Südafrika, Spargel aus Chile und Äpfel aus Neuseeland zu importieren.

SCHEINBAR GÜNSTIG

Das aus der ganzen Welt herbeigeschaffte Obst und Gemüse scheint in der Tat auf den ersten Blick günstig. Der Preis, den wir dafür zahlen, ist jedoch hoch: Die langen Transporte per Flugzeug, Schiff oder LKW belasten Umwelt und Klima. Das Heizen der Gewächshäuser in Südeuropa verschlingt viel Energie, was sich ebenfalls negativ in der Ökobilanz niederschlägt. Und alles nur, um uns Tomaten oder Blattsalate auch im tiefsten Winter frisch auf den Tisch zu liefern?

Aus gesundheitlicher Sicht sind ebenfalls Bedenken anzumelden: Die von Ernährungsexperten empfohlenen fünf Portionen Obst und Gemüse pro Tag können sich als wahrer Giftcocktail entpuppen, sofern der Käufer nicht auf Bioware setzt. Das Mikroklima im Gewächshaus und unter Folie fördert nämlich das Wachstum von Pilzen, Keimen und Schädlingen. Die Pflanzen müssen daher häufig gespritzt werden, um einem Befall vorzubeugen. Hohe Rückstände von Pestiziden in der Ernte sind dann keine Seltenheit und werden Jahr für Jahr wieder von den Kontrollbehörden geahndet.

Gesundheitliche Risiken bergen einige der im Gewächshaus angebauten Gemüsearten auch aufgrund ihrer hohen Nitratbelastung. Wenn im Winter weniger Licht zur Verfügung steht, können die Pflanzen das als Dünger aufgenommene Nitrat nur langsam abbauen. Ein Teil davon wird also mitverzehrt und kann sich im menschlichen Körper in krebserregendes Nitrit umwandeln. Gerade zwischen November und April sind die Nitratbelastungen von importierten Blattsalaten, allen voran Kopfsalat und Rucola, besonders hoch. Doch auch andere Treibhaus-Gemüse wie Rote Bete, Spinat oder Mangold können stark belastet sein. Heimisches Gemüse weist zwar in der Regel weniger Rückstände an Pflanzenschutzmitteln auf als Importware, doch macht der Anbau von kälteempfindlichem Gemüse bei uns im Winter keinen Sinn, da die Gewächshäuser stark beheizt werden müssten und der Energieverbrauch dafür viel zu hoch ist. Hier ist es dann im Zweifel doch besser, gerade bei Blattsalaten, Bioware aus Südeuropa zu kaufen.

Bleibt noch der Geschmack. Nur wirklich ausgereiftes Obst und Gemüse besitzt das volle Aroma und verwöhnt Gaumen und Sinne. Da kann eine Küche noch so raffiniert, ein Koch noch so talentiert sein, wenn die verwendeten Produkte geschmacklich nicht überzeugen, wird es das Ergebnis auch nicht können. Ein Grund mehr, saisonal zu kochen.

VORFREUDE ERHÖHT DEN GENUSS

Dies alles spricht dafür, bewusst auf manches zu verzichten und stattdessen lieber auf saisonale Produkte zu setzen. Das heißt, heimische Erzeugnisse dann

Saisonal kochen heißt, regionale Produkte zu bevorzugen. Ganz auf Gewürze und Exoten zu verzichten, wäre jedoch zuviel verlangt.

Viele Pilze wie Pfifferlinge und Steinpilze lassen sich nicht kultivieren und sind daher aus heimischen Gebieten nur saisonal zu bekommen.

zu kaufen, wenn sie bei uns mit erträglichem Energieaufwand erzeugt werden können oder ganz einfach auf dem Feld, am Strauch oder am Baum reifen. Denn wer ständig alles hat, ist auch um die Vorfreude betrogen. Was gibt es Besseres, als die ersten zarten Erbsen frisch aus der Schote zu palen und zu naschen oder in einen köstlich duftenden, saftigen, frisch vom Baum gepflückten Apfel zu beißen? Schon der Duft stimmt auf den Genuss ein und lässt uns das Wasser im Mund zusammenlaufen.

Richtet man seinen Speisezettel nach dem, was die jeweilige Jahreszeit bereithält, tut man zudem seiner Gesundheit etwas Gutes. Denn erstaunlicherweise stellt uns die Natur immer diejenigen Lebensmittel zur Verfügung, die der Körper gerade braucht. Im zeitigen Frühjahr erwecken Wildkräuter wie Bärlauch oder Löwenzahn unsere Lebensgeister. Spargel, der bei entsprechender Witterung ab April in Deutschland gestochen wird, entwässert und entschlackt. Ende Mai liefern zarte Zuckerschoten, junge Kartoffeln und die ersten heimischen Erdbeeren Vitamine und Mineralstoffe zuhauf, und das fast ohne Kalorien. Dann naht der Sommer und mit ihm die ganze Palette heimischer Obst- und Gemüsearten. Es gibt die ersten Himbeeren und Stachelbeeren, die ersten Buschbohnen, junge Bundmöhren, Kohlrabi und Rettiche. Ab Juli ist Kirschenzeit, daneben locken Aprikosen und Pfirsiche. Aromatische Tomaten, kombiniert mit Blattsalaten, Gurken, Zucchini, Paprika, Mangold und Spinat, versprechen leichten Genuss an heißen Tagen. Wenn im September die Tage langsam wieder kürzer werden, gießt sich das ganze Füllhorn des Spätsommers aus: Mildsüße Birnen, Zwetschgen, saftige Weintrauben und die ersten Herbstäpfel leuchten in den Auslagen der Marktfrauen um die Wette. Stangenbohnen gibt es jetzt, Spätkartoffeln, Blumenkohl und Brokkoli sowie für Liebhaber herber Aromen auch Radicchio und Preiselbeeren. Der Herbst ist die Saison der Pilze, Quitten, Esskastanien und Kürbisse, daneben reifen Kohl und Rüben. Der Winter ist die Zeit des Wurzelgemüses, das in Eintöpfen schmeckt oder aromatisch aus dem Ofen kommt. Äpfel und Winterbirnen, Chicorée, Chinakohl, Feldsalat und Endivien begleiten uns dann durch den Winter.

NICHT IMMER, ABER SO OFT WIE MÖGLICH

Sich beim Einkaufen und Kochen jedoch ausschließlich nach Saison und Region zu richten, würde zugleich bedeuten, auf vieles zu verzichten. Zitrusfrüchte und Bananen zum Beispiel, die bei uns leider nicht gedeihen, bereichern gerade im Winter Salate und Desserts mit ihren Vitaminen und sind als Snack unersetzlich. Auch ohne Tomaten könnten viele kaum mehr auskommen. Und womit würzen, wenn Petersilie und Co. im Garten Winterschlaf halten? Überhaupt Gewürze: Zimt, Pfeffer, Vanille, Ingwer und manches mehr müssen aus Afrika und Asien importiert werden. Aber ganz auf diese wertvollen Geschmacksgeber verzichten? Wie schade!

Viele Bioläden und Erzeugergemeinschaften, die auf Jahreszeit, kurze Wege und pestizidfreie Anbaumethoden achten, haben sich auf diese Situation eingestellt. Sie bieten rund ums Jahr heimische Erzeugnisse, aber auch Orangen, Zitronen, Grapefruits und exotische Früchte aus Südeuropa und Übersee an, zum Beispiel vitaminreiche Papayas, Mangos und Ingwer.

100 Prozent saisonal und regional kochen kann also nicht immer sein und muss es auch nicht. Es wäre schon ein großer Gewinn, wenn wir Verbraucher im Laden und auf dem Markt wieder verstärkt auf Saison und Herkunft der Produkte achten würden. Schon Umwelt und Gesundheit zuliebe, aber auch des Geschmacks wegen, sollten wir der Empfehlung vieler Köche folgen und versuchen, uns beim Kaufen und Kochen wieder mehr nach dem Angebot der Jahreszeit zu richten. »Alles zu seiner Zeit« ist eben doch nicht so verkehrt.

KATRIN WITTMANN

CHICORÉE-TRAUBEN-SALAT
mit Linsen-Vinaigrette und Rucola

ZUBEREITEN 1 Std. 10 Min.

FÜR DIE LINSEN-VINAIGRETTE
100 g Berglinsen
Salz
2 Schalotten
40–50 g Butter
4 EL Gemüsefond (s. Seite 518)
2 EL Olivenöl
2 EL Aceto balsamico (13 Jahre gereift)
1 Apfel • ¼ Bund Schnittlauch
1 Stängel Petersilie

FÜR DEN CHICORÉE-TRAUBEN-SALAT
1 reife Eiertomate
2 Stauden Chicorée
2 Schalotten
¼ Knoblauchzehe
40 g Butter
Zucker • feines Meersalz
3 EL Weißwein
¼ Vanilleschote
5 Safranfäden
20 Trauben in Süßwein (s. Seite 519)

FÜR DEN RUCOLA
2 EL Gemüsefond (s. Seite 518) • Salz
1 TL Waldhonig oder Ahornsirup
4 EL Aceto balsamico (13 Jahre gereift)
60 ml Olivenöl
frisch gemahlener Pfeffer
1 Bund Rucola

AUSSERDEM
frisch gehobelte Parmesanspäne
zum Garnieren

1. Für die Vinaigrette die Berglinsen in kochendem Salzwasser in 14 bis 20 Minuten bissfest garen. Die Linsen in ein Sieb abgießen, kalt abschrecken und lauwarm abkühlen lassen.
2. Inzwischen die Schalotten schälen und in feine Würfel schneiden. Die Butter in einem Topf erhitzen und die Schalotten darin glasig anschwitzen. Die Linsen einrühren, den Gemüsefond und das Olivenöl dazugießen und mit Salz und Aceto balsamico abschmecken.
3. Den Apfel schälen, vierteln und das Kerngehäuse entfernen. Die Viertel in kleine Würfel schneiden und zu den Linsen geben. Schnittlauch und Petersilie waschen und trocken schütteln. Den Schnittlauch in feine Ringe schneiden, die Petersilie hacken und beides unter die Linsen mischen.
4. Für den Salat die Tomate 10 Sekunden in kochendem Wasser blanchieren und sofort in eiskaltem Wasser abschrecken. Die Tomate häuten, vierteln und den Stielansatz entfernen. Das Fruchtfleisch in Würfel schneiden. Den Chicorée waschen und trocken schütteln. Den Strunk keilförmig herausschneiden und die Stauden quer in Scheiben schneiden. Die Schalotten schälen und in feine Würfel schneiden.
5. Drei Viertel der Butter in einem Topf erhitzen und die Schalotten darin glasig anschwitzen. Den Chicorée zugeben, leicht mit Zucker und Meersalz würzen und mit dem Weißwein ablöschen. Die Vanilleschote längs aufschlitzen, das Mark herausschaben und mit den Safranfäden unter den Chicorée rühren.
6. Zuletzt die Tomatenwürfel und Trauben unterheben. Den entstandenen Fond mit der restlichen Butter binden und das Gemüse abschmecken.
7. Für den Rucola den Gemüsefond erwärmen, salzen und mit Honig süßen. Den Aceto balsamico einrühren und das Olivenöl mit einem Schneebesen unterschlagen. Die Vinaigrette mit Salz und Pfeffer abschmecken. Den Rucola waschen, trocken schleudern und unter die Vinaigrette heben.
8. Die Linsen-Vinaigrette auf vier Tellern verteilen und den Chicorée-Trauben-Salat darauf anrichten. Jeweils etwas Rucola auf den Salat setzen und mit einigen Parmesanspänen bestreut servieren.

ROSENKOHLSALAT
mit Thai-Ducca-Vinaigrette und Cranberrys

ZUBEREITEN 50 Min.
MARINIEREN 24 Std.

FÜR DIE VINAIGRETTE
3 EL vegetarische Austernsauce
1 EL thailändische Sojasauce
2 EL Ketjap Kental No 1 (süße Sojasauce)
50 ml Reisessig
70 ml Gemüsefond (s. Seite 518)
1 TL Ingwersirup
Salz · Zitronenpfeffer
3 Stängel Zitronengras
3 kleine getrocknete Birdeye-Chilischoten
4 Kaffirlimettenblätter
1 Stück frischer Ingwer (10 g)
1 EL Ducca-Gewürzmischung
1 TL geröstetes Sesamöl
200 ml Erdnussöl
1 rote Paprikaschote
3 EL grob geschnittenes Koriandergrün

FÜR DEN SALAT
30 g tiefgekühlte Cranberrys (ersatzweise getrocknete Cranberrys, siehe Tipp)
750 g Rosenkohl
Salz
2 EL Erdnussöl
frisch gemahlener Pfeffer
frisch geriebene Muskatnuss

1. Für die Vinaigrette Austernsauce, Sojasauce, Ketjap Kental, Reisessig, Gemüsefond und Ingwersirup in eine Schüssel geben. Je 1 TL Salz und Zitronenpfeffer zugeben und alles mit einem Schneebesen verquirlen, bis sich die Zutaten verbinden.

2. Vom Zitronengras die harten Außenblätter entfernen. Die Stängel mit einem Messerrücken andrücken und grob zerteilen. Die Chilischoten klein schneiden. Die Kaffirlimettenblätter leicht einreißen, den Ingwer schälen und in dünne Scheiben schneiden. Alles in die Vinaigrette rühren und diese abgedeckt 24 Stunden ziehen lassen.

3. Die Vinaigrette durch ein feines Sieb in einen Topf gießen und mit Ducca, Salz und Zitronenpfeffer abschmecken. Das Sesam- und das Erdnussöl einrühren.

4. Die Paprikaschote waschen, halbieren und Stielansatz, Samen und Trennwände entfernen. Die Hälften waschen, trocken tupfen und mit dem Sparschäler dünn schälen. Das Fruchtfleisch in kleine Würfel (Brunoise) schneiden. Diese mit dem Koriandergrün in die Vinaigrette rühren.

5. Für den Salat die Cranberrys in einem Sieb auftauen lassen. Den Rosenkohl putzen und halbieren. Die Röschen in kräftig gesalzenem Wasser in 7 bis 9 Minuten bissfest garen. Den Rosenkohl sofort in gesalzenem Eiswasser abschrecken und in einem Sieb gut abtropfen lassen. Die aufgetauten Cranberrys ebenfalls gut abtropfen lassen.

6. Das Erdnussöl in einer Pfanne erhitzen und den Rosenkohl darin goldgelb anbraten. Die Cranberrys einstreuen, das Gemüse noch 1 bis 2 Minuten weiterbraten und vom Herd nehmen.

7. Den warmen Rosenkohl in einer Schüssel mit der Vinaigrette mischen und nach Geschmack mit Salz, Pfeffer und Muskatnuss würzen. Den Salat in vier Schälchen anrichten und warm oder kalt servieren.

> **TIPP**
> Statt tiefgekühlter Cranberrys können Sie auch getrocknete Beeren für diesen Salat verwenden. Die getrockneten Cranberrys jedoch nicht mit dem Rosenkohl braten, sondern zusammen mit dem Sesam- und Erdnussöl in die Vinaigrette rühren.

SALATE

BULGURSALAT MIT ZUCCHINI,
Tomaten und Koriander

ZUBEREITEN 1 Std. 25 Min.
FÜR 2 PORTIONEN

FÜR DIE WÜRZMISCHUNG
1 TL schwarze Pfefferkörner
1 EL Koriandersamen
2 EL Kreuzkümmelsamen
4 Gewürznelken
4 grüne Kardamomkapseln
2 schwarze geräucherte Kardamomkapseln
1 EL Muskatblüte (Macis)
1 Stange Zimt
1 getrocknete rote Chilischote
1 TL Bockshornkleesamen
2 Sternanis
1 TL Anissamen
1 EL Meersalz
2 EL Bio-Rosenblüten (aus Apotheke oder Kräuterladen)
1 TL gemahlene Kurkuma
1 TL gemahlener Ingwer

FÜR DEN BULGURSALAT
250 g Bulgur
1 rote Zwiebel
2 Knoblauchzehen
1 Zucchino
½ Aubergine
50 ml Rapsöl
100 g Datteltomaten
½ Bund Koriandergrün
4 frische Minzeblätter
2 EL Berberitzen
Salz (nach Belieben)

AUSSERDEM
150 g Naturjoghurt (3,5 % Fett)
Minzeblättchen zum Garnieren

1. Für die Würzmischung alle Zutaten bis auf Rosenblüten, Kurkuma und Ingwer in einer beschichteten Pfanne ohne Fett rösten, bis sie zu duften beginnen. Die Gewürze in eine Schüssel füllen und Rosenblüten, Kurkuma und Ingwer untermischen. Die Würzmischung im Mörser fein zerstoßen oder mit einer Gewürzmühle fein mahlen und durch ein feines Sieb in eine Schüssel sieben. Im Sieb verbleibende Gewürzreste anderweitig verwenden (siehe Tipp).
2. Für den Bulgursalat den Bulgur nach Packungsangabe in ½ l Wasser garen (siehe Tipp).
3. Die Zwiebel und den Knoblauch schälen und in feine Würfel schneiden. Den Zucchino und die Aubergine waschen, putzen und in kleine Würfel schneiden. Das Rapsöl in einer Pfanne erhitzen und die Gemüsewürfel darin in etwa 5 Minuten hell anschwitzen.
4. Die Datteltomaten waschen und längs halbieren, sodass ihre ovale Form sichtbar bleibt. Das Koriandergrün waschen, trocken schütteln und die Blätter abzupfen. Die Minzeblätter waschen, trocken tupfen und mit den Korianderblättern fein hacken.
5. Bulgur, Gemüsewürfel, Tomaten, Kräuter und Berberitzen in einer Schüssel vermischen und mit der Würzmischung abschmecken. Den Salat nach Belieben noch leicht salzen. Nicht benötigte Würzmischung in ein luftdichtes Gefäß füllen und dunkel aufbewahren.
6. Den Bulgursalat pyramidenförmig in zwei Schalen anrichten und zu jeder Portion 2 EL Joghurt reichen. Diesen nach Belieben mit 1 Prise der restlichen Würzmischung bestreuen. Den Bulgursalat mit Minzeblättchen garnieren und servieren.

TIPPS
• Die beim Sieben der Würzmischung zurückbleibenden Reste sind zum Wegwerfen viel zu schade. Bereiten Sie damit zum Beispiel einen feinen Sud zu oder füllen Sie sie in ein Teeei und garen Sie sie in einem Schmorgericht mit.
• Beim Kochen von Bulgur benötigen Sie in der Regel 2 Teile Wasser auf 1 Teil Bulgur. Geschroteter Bulgur dagegen wird nicht gekocht, sondern nur eingeweicht. Den Bulgur dafür in einer Schüssel mit lauwarmem Wasser bedecken, kurz durchrühren und 15 Minuten quellen lassen.
• Wer mag, rührt vor dem Servieren noch 2 EL Arganöl in den Joghurt.

QUINOA-TROCKENFRÜCHTE-SALAT
mit Bratlingen und Kräuterschmand

1 Die Quinoakörner zum Zwiebelmix geben und kurz mit anschwitzen. Alles mit dem Gemüsefond ablöschen und salzen.

2 Die Quinoakörner bei schwacher Hitze etwa 15 Minuten unter Rühren quellen lassen, bis die Körner gar sind. Die Mischung in ein feines Sieb abgießen und abtropfen lassen.

3 Aus der Quinoa-Semmelbrösel-Masse 8 größere oder 12 kleinere Bällchen formen und diese leicht flach drücken.

ZUBEREITEN 1 Std. 35 Min.

FÜR DIE BRATLINGE
1 kleine Zwiebel • 1 Knoblauchzehe
Olivenöl
100 g Quinoa
¼ l Gemüsefond (s. Seite 518)
Salz • 1 Frühlingszwiebel • 1 Eigelb
30 g frisch geriebener Pecorino
50 g Semmelbrösel

FÜR DEN SALAT
80 g Quinoa
200 ml Gemüsefond (s. Seite 518)
80 g Trockenfrüchte (Aprikosen, Datteln, Pflaumen, entsteint)
2 EL Zitronensaft • 3 EL Olivenöl
Salz • Pfeffer • 50 g Rucola

FÜR DEN KRÄUTERSCHMAND
Kräuter nach Wahl (z. B. Schnittlauch, Estragon, Petersilie, Basilikum)
200 g Schmand • Salz • frisch gemahlener Pfeffer • Paprikapulver

AUSSERDEM
Pecorinospäne und geröstete Pinienkerne (nach Belieben) zum Garnieren

1. Für die Bratlinge die Zwiebel und den Knoblauch schälen und in feine Würfel schneiden. Etwas Olivenöl in einem Topf erhitzen, Zwiebeln und Knoblauch darin glasig anschwitzen und weiterarbeiten, wie oben in Step 1 und 2 gezeigt.

2. Die Quinoa-Zwiebel-Mischung vollständig auskühlen lassen. Inzwischen die Frühlingszwiebel waschen, putzen und in feine Ringe schneiden. Quinoa in eine Schüssel umfüllen, Eigelb und Pecorino untermischen und die Frühlingszwiebelringe zugeben.

3. Für den Salat die Quinoakörner in ein feines Sieb geben und unter fließendem kalten Wasser abspülen. Quinoa mit dem Gemüsefond in einen Topf füllen und bei schwacher Hitze etwa 15 Minuten quellen lassen. Die Körner vom Herd nehmen und noch kurz ziehen lassen, bis der Fond vollständig aufgesogen ist. Bei Bedarf die Quinoakörner in ein feines Sieb abgießen.

4. Die Trockenfrüchte in feine Streifen schneiden und unter das warme Quinoa mischen. Den Salat mit Zitronensaft, Öl, Salz und Pfeffer abschmecken. Den Rucola waschen und trocken schütteln.

5. Für den Kräuterschmand die Kräuter waschen, trocken schütteln und die Blätter fein schneiden. Den Schmand in eine Schüssel geben und die Kräuter untermischen. Den Dip mit Salz, Pfeffer und Paprikapulver abschmecken.

6. Die Semmelbrösel unter die Quinoamasse kneten und weiterarbeiten, wie oben in Step 3 gezeigt. Etwas Olivenöl in einer Pfanne erhitzen und die Bratlinge darin von jeder Seite in 1 bis 2 Minuten goldbraun braten.

7. Den Rucola auf vier Tellern verteilen. Den Quinoasalat darauf anrichten und mit Pecorino und nach Belieben mit gerösteten Pinienkernen bestreuen. Die Bratlinge daneben setzen, mit einem Klecks Kräuterschmand garnieren und sofort servieren.

GLASNUDELSALAT
mit Erdnusssauce und jungem Spinat

ZUBEREITEN 30 Min.

FÜR DIE ERDNUSSSAUCE
1 Knoblauchzehe
½ rote Chilischote
1 EL brauner Rohrzucker
100 g Erdnusskerne
2 EL Erdnussöl
200 ml Kokosmilch
1 Kaffirlimettenblatt
Saft von 1 Limette
Salz

FÜR DEN GLASNUDELSALAT
Salz
150 g Glasnudeln
2 EL Erdnussöl
1 kleine Papaya (nicht zu weich)
2 Stängel Zitronengras
1 Stück frischer Ingwer (etwa 3 cm)
2 Bio-Limetten
1 rote Chilischote
½ Bund Thai-Basilikum

FÜR DEN SPINAT
12 junge Spinatrosetten mit Wurzeln (ersatzweise 200 g junger Spinat)
1 Knoblauchzehe
1 Stück frischer Ingwer (etwa 2 cm)
4 EL Erdnussöl
1 TL Sojasauce
1 Msp. Speisestärke

1. Für die Erdnusssauce den Knoblauch schälen. Die Chilischote waschen, von Stielansatz, Samen und Trennwänden befreien und in kleine Stücke schneiden. Knoblauch und Chili mit dem Zucker im Mörser zu einer dicken Paste zerreiben.
2. Die Erdnüsse fein hacken und in einer beschichteten Pfanne ohne Fett unter Rühren rundum hellbraun rösten. Knoblauch-Chili-Paste, Erdnussöl, Kokosmilch, Kaffirlimettenblatt und Limettensaft zugeben und aufkochen.
3. Die Sauce etwa 10 Minuten köcheln lassen, bis sie cremig ist. Das Kaffirlimettenblatt herausnehmen, die Sauce mit Salz abschmecken und auf Raumtemperatur abkühlen lassen.
4. Inzwischen für den Glasnudelsalat in einem Topf reichlich Wasser aufkochen und salzen. Die Glasnudeln im Salzwasser etwa 2 Minuten kochen. Die Nudeln in ein Sieb abgießen, kalt abschrecken und mit einer Schere in mundgerechte Stücke schneiden. Die Glasnudeln mit dem Erdnussöl vermischen.
5. Die Papaya schälen, längs halbieren und die Kerne mit einem Löffel herauslösen. Die Hälften quer in etwa 1 cm breite Stücke schneiden. Vom Zitronengras die harten Außenblätter entfernen. Die Stängel waschen und sehr fein hacken. Den Ingwer schälen und in feine Würfel schneiden.
6. Die Limetten heiß waschen und abtrocknen. Die Schale dünn abreiben, dabei die weiße Innenhaut mit abreiben. Die Früchte auspressen. Die Chilischote waschen, halbieren und Stielansatz, Samen und Trennwände entfernen. Die Hälften sehr fein hacken. Das Basilikum waschen, trocken schütteln und grob hacken.
7. Glasnudeln, Papaya, Zitronengras, Ingwer, Limettenschale und -saft, Chili und Basilikum in einer Schüssel vermischen. Den Salat salzen und einige Minuten durchziehen lassen.
8. Währenddessen für den Spinat die Spinatrosetten samt Wurzeln sorgfältig waschen. Knoblauch und Ingwer schälen und fein hacken. Das Erdnussöl in einem weiten Topf erhitzen und Knoblauch und Ingwer darin hell anschwitzen. Den Spinat zugeben und unter Rühren zusammenfallen lassen. Etwa 2 Minuten weiterrühren, anschließend die Sojasauce dazugießen. Die Speisestärke mit wenig kaltem Wasser verquirlen und unterrühren. Nochmals kurz aufkochen, bis der Spinat schön glänzt.
9. Den Spinat auf vier Tellern anrichten. Die Erdnusssauce in vier Schälchen füllen, den Glasnudelsalat in vier Schalen füllen und zum Spinat servieren.

> **TIPP**
> Das Garen mit Wurzel hat Vorteile: Der Spinat bleibt dabei saftig und aromatisch, denn er verliert weniger Saft. Zudem sieht er mit seinen weiß-rötlich schimmernden Wurzeln auf dem Teller richtig gut aus, und die Wurzeln schmecken überraschend fein.

SUPPEN UND EINTÖPFE

ASIATISCHE GAZPACHO-TRILOGIE

ZUBEREITEN 2 Std. 50 Min.
KÜHLEN 12 Std.

FÜR DIE CHILI-GAZPACHO
40 g rote Paprikawürfel • 80 g Salatgurke, entkernt und grob gewürfelt
80 g Tomatenwürfel • 30 g Schalottenwürfel • 100 g geschälte Tomaten (Dose)
100 ml Tomatensaft • 10 g Tomatenmark
1 Knoblauchzehe • 2 Zweige Thymian
1 Prise Cayennepfeffer • 1–2 getrocknete Chilischoten • Salz • weißer Pfeffer
Zucker • 1 ½ TL Weißweinessig
3 ½ EL mildes Olivenöl

FÜR DAS GURKEN-PAPRIKA-CHUTNEY
25 g Zucker • 3 EL Gemüsefond
(s. Seite 518) • 1 EL feine Zwiebelwürfel
je 1 ½ EL rote und gelbe Paprikawürfel
5 g frisch geriebener Ingwer
1 Msp. frisch geriebener Knoblauch
60 g Salatgurke, entkernt und gewürfelt
1 Msp. Cayennepfeffer • 1 TL Reisessig
(ersatzweise guter Weißweinessig)
Salz • weißer Pfeffer

1. Für die Chili-Gazpacho Paprika, Gurke, Tomate, Schalotte, geschälte Tomaten, Tomatensaft und Tomatenmark mischen. Den Knoblauch schälen, den Thymian waschen und trocken schütteln. Knoblauch, Thymian, Cayennepfeffer, Chilis, Salz, Pfeffer und Zucker zum Gemüse geben. Essig und Olivenöl einrühren und alles zugedeckt 12 Stunden kühl stellen. Danach den Thymian entfernen, die Gemüsemischung fein pürieren und durch ein feines Sieb streichen. Die Gazpacho mit Salz, Pfeffer, Zucker und Essig abschmecken.
2. Für das Chutney den Zucker in einem Topf hellbraun karamellisieren lassen. Den Karamell mit dem Gemüsefond ablöschen. Zwiebel, Paprika, Ingwer und Knoblauch zugeben und bei mittlerer Hitze köcheln lassen, bis die Paprikawürfel bissfest sind. Die Gurke zugeben, mit Cayennepfeffer, Reisessig, Salz und Pfeffer abschmecken und weiterköcheln lassen, bis das Gemüse weich ist. Den Topfinhalt in ein Sieb abgießen, dabei den Fond auffangen. Diesen sirupartig einkochen und abkühlen lassen. Den Fond wieder unter das Chutney rühren. Zum Servieren die Chili-Gazpacho in vier Schalen anrichten und je 2 TL Chutney daraufgeben.

FÜR DIE WASABI-GAZPACHO
200 g Salatgurke, entkernt und gewürfelt
Salz • 1 grüne Paprikaschote
50 g grüne Tomate, gehäutet, entkernt und geviertelt
80 g Naturjoghurt (3,5 % Fett)
70 ml Milch • 10–15 g Wasabipaste
frisch gemahlener weißer Pfeffer • Zucker
2 EL Limettensaft • 30–50 g Crème fraîche

FÜR DIE MOZZARELLA-ESPUMA
100 g Mozzarella • 80 ml Mozzarella-Lake (aus der Mozzarella-Tüte)
70 ml Milch (3,5 % Fett) • Salz • Pfeffer

AUSSERDEM
Espumaflasche • 1 Stickstoffpatrone

1. Für die Wasabi-Gazpacho zunächst die Espuma herstellen. Dafür Mozzarella, Lake, Milch, Salz und Pfeffer mit dem Pürierstab sehr fein mixen. Die Mischung durch ein feines Sieb gießen und in die Espumaflasche füllen. Dann die Stickstoffpatrone einschrauben und die Flasche 8 bis 12 Stunden kühl stellen.
2. Für die Gazpacho die Gurkenwürfel salzen und Wasser ziehen lassen. Die Paprikaschote waschen, halbieren, von Stielansatz, Samen und Trennwänden befreien und grob würfeln.
3. Die Gurkenwürfel abgießen und mit Paprika, grüner Tomate, Joghurt, Milch und Wasabi fein pürieren. Das Püree mit Salz, Pfeffer, Zucker und Limettensaft abschmecken, durch ein Sieb streichen und die Crème fraîche unter die Wasabi-Gazpacho ziehen. Die Suppe in vier Schalen gießen. Die Espumaflasche kräftig schütteln und jeweils etwas Espuma aufsprühen.

FÜR DIE KOKOS-GAZPACHO
400 ml ungesüßte Kokosmilch
Mark von ½ Vanilleschote
1 ½ EL Ponzu (asiatischer Zitrusessig, ersatzweise Limettensaft) • 1 TL Salz
1–2 TL Zucker • 100 g Salatgurke, entkernt und gewürfelt
40 g gelbe Paprikawürfel • 60 g rote Paprikawürfel • 80 g Tomate, gehäutet, entkernt und gewürfelt • 20 g frisch geriebener Ingwer • 30 g Schalotte, geschält und fein gehackt • 5 g frisch gehacktes Koriandergrün (Blätter von 8–10 Stielen)
½ rote Chilischote, entkernt

FÜR DAS GURKENEIS
450 g Salatgurke, geschält, entkernt und grob gewürfelt • Salz • 2 ½ EL Reisessig
100 g Zucker
100 g Glukosepulver oder Glukosesirup
230 g griechischer Joghurt (10 % Fett)
50 g saure Sahne • weißer Pfeffer

AUSSERDEM
Eismaschine

1. Für die Kokos-Gazpacho die Kokosmilch in eine Schüssel gießen und bei Bedarf mit dem Pürierstab cremig mixen. Vanillemark, Ponzu, Salz und Zucker einrühren. Gurken, Paprika, Tomaten, Ingwer, Schalotten, Koriandergrün und Chili unterheben und die Gazpacho etwa 3 Stunden ziehen lassen. Vor dem Servieren die Chilischote entfernen und die Gazpacho nochmals mit Salz, Zucker und Ponzu abschmecken.
2. Für das Eis die Gurkenwürfel salzen und Wasser ziehen lassen. Reisessig und Zucker in einem Topf erwärmen und die Glukose darin auflösen.
3. Die Gurken abgießen und mit Joghurt und saurer Sahne pürieren. Die Masse mit Salz und Pfeffer abschmecken und mit der Zuckerlösung verrühren. Die Mischung in die Eismaschine füllen und cremig frieren lassen. Die Kokos-Gazpacho in vier Schalen gießen und jeweils mittig 1 Kugel Eis daraufsetzen.

VICHYSOISSE
mit Melone und Minzpesto

ZUBEREITEN 1 Std. 15 Min.

FÜR DIE SUPPE
1 Zwiebel • 1 Möhre • 60 g Knollensellerie
1 Stange Lauch • 400 g Kartoffeln
3 EL Olivenöl • 100 ml Weißwein
600 ml Gemüsefond (s. Seite 518)
Salz • frisch gemahlener Pfeffer • frisch
geriebene Muskatnuss • 100 g Sahne

FÜR DAS MINZPESTO
1 großes Bund Minze (etwa 50 g)
1 EL Mandelblättchen • ½ Knoblauchzehe
50 ml Sonnenblumenöl • 50 ml Olivenöl
1 TL frisch geriebener Parmesan
Salz • frisch gemahlener Pfeffer

AUSSERDEM
1 reife Honigmelone • Chiliöl
Kugelausstecher
12 Fingerfoodspieße

1. Für die Suppe Zwiebel, Möhre und Sellerie schälen und in kleine Würfel schneiden. Den Lauch putzen, sorgfältig waschen und in schmale Ringe schneiden. Die Kartoffeln schälen und ebenfalls in kleine Würfel schneiden.

2. Das Olivenöl in einem Topf erhitzen und die Zwiebel darin glasig anschwitzen. Möhren- und Selleriewürfel sowie die Lauchringe zugeben und kurz mit anschwitzen. Alles mit dem Weißwein ablöschen, die Kartoffeln einrühren und den Gemüsefond dazugießen.

3. Die Suppe etwa 25 Minuten köcheln lassen, bis die Gemüsewürfel weich sind. Die Sahne zugießen und alles mit dem Pürierstab fein mixen. Dann die Suppe mit Salz, Pfeffer und Muskatnuss abschmecken und 30 Minuten in einem eiskalten Wasserbad auskühlen lassen. Die Suppe dabei mehrmals umrühren.

4. Für das Minzpesto die Minze waschen und trocken schütteln. Die Mandelblättchen in einer beschichteten Pfanne ohne Fett goldgelb rösten. Den Knoblauch schälen. Minze, Mandelblättchen, Knoblauch, beide Öle und Parmesan fein pürieren. Das Pesto zuletzt mit Salz und Pfeffer abschmecken.

5. Für die Garnitur aus der Honigmelone mit dem Kugelausstecher zwölf Kugeln ausstechen. Die Kugeln auf die Fingerfoodspieße stecken und im Minzpesto wenden.

6. Die eisgekühlte Suppe in vier vorgekühlte Shooter-Gläser füllen und mit je 2 bis 3 Tropfen Chiliöl beträufeln. Je 1 Melonenspieß auf die Gläser legen, die restlichen Spieße dazu servieren.

SAUERAMPFER-TARATOR
mit Tomatensorbet

ZUBEREITEN 45 Min.
TIEFKÜHLEN 3 Std.

FÜR DAS TOMATENSORBET
1 TL Szechuan-Pfeffer
1 Vanilleschote
½ l Tomatensaft
200 ml Rhabarbersaft
20 g Zucker • 1 TL Salz
10 g frisch geriebener Ingwer
3 EL Speisestärke

FÜR DAS TARATOR
2 Salatgurken
50 g Sauerampfer (ersatzweise Rucola, Brunnenkresse oder Minze)
¼ l Buttermilch
Saft von ½ Zitrone
Salz • Zucker

1. Für das Sorbet den Szechuan-Pfeffer in einem Mörser fein zerstoßen. Die Vanilleschote längs aufschneiden und das Mark herausschaben. Tomaten- und Rhabarbersaft, Zucker, Salz, Ingwer, Szechuan-Pfeffer und Vanillemark in einen Topf geben. Alles aufkochen und 5 Minuten köcheln lassen.

2. Die Speisestärke mit etwas kaltem Wasser anrühren und den Saft damit binden. Alles noch 5 Minuten weiterkochen lassen, bis die Mischung dickflüssig ist. Diese durch ein feines Sieb in eine flache Schüssel gießen und 2 Stunden ins Tiefkühlfach stellen.

3. Die Sorbetmischung danach mit dem Pürierstab aufmixen und erneut 1 Stunde gefrieren lassen.

4. Inzwischen für das Tarator die Salatgurken waschen, längs halbieren und die Kerne mit einem Löffel herausschaben. Die Gurkenhälften in grobe Würfel schneiden. Den Sauerampfer waschen und trocken schütteln. Gurken und Sauerampfer mit Buttermilch und Zitronensaft mit dem Pürierstab 5 Minuten mixen. Die Suppe mit Salz und Zucker abschmecken, durch ein grobes Sieb in eine Schüssel passieren und etwa 1 Stunde kühl stellen.

5. Die gekühlte Gurkensuppe in vier Schalen verteilen. Das Tomatensorbet nochmals mit dem Pürierstab aufmixen. Mit einem Esslöffel vier Nocken abstechen, auf der Suppe anrichten und sofort servieren.

GEEISTE PAPRIKA-FENCHEL-SUPPE

ZUBEREITEN 45 Min.
KÜHLEN 1 Std.

FÜR DIE PAPRIKASUPPE
600 g rote Paprikaschoten
1 Stück frischer Ingwer (10 g)
½ rote Chilischote
1 Knoblauchzehe
1 Msp. abgeriebene Bio-Zitronenschale
1 EL Zitronensaft
200 ml frisch gepresster Orangensaft
200 ml Gemüsefond (s. Seite 518)
1 EL Weißweinessig
Salz

FÜR DIE FENCHELSUPPE
300 g Fenchel
1 TL Speisestärke
Salz · Zucker

FÜR DIE GARNITUR
1 EL Olivenöl
4 EL griechischer Schafsmilchjoghurt (10 % Fett)
4 Stücke Fladenbrot

AUSSERDEM
Entsafter

1. Für die Paprikasuppe die Paprikaschoten halbieren und Stielansatz, Samen und Trennwände entfernen. Die Hälften waschen, trocken tupfen und mit einem Sparschäler dünn schälen. Das Fruchtfleisch in grobe Stücke schneiden. Den Ingwer schälen und fein hacken. Die Chilischote waschen, von Samen und Trennwänden befreien und in feine Würfel schneiden. Den Knoblauch schälen und fein hacken.

2. Paprikastücke, Ingwer, Chili, Knoblauch, Zitronenschale, Zitronensaft, Orangensaft, Gemüsefond und Weißweinessig im Standmixer oder mit dem Pürierstab fein mixen. Die Suppe mit Salz abschmecken und 1 Stunde ins Tiefkühlfach stellen. Die Suppe währenddessen gelegentlich durchrühren, damit sich keine Kristalle bilden. Vier Suppenschalen ins Tiefkühlfach stellen.

3. Für die Fenchelsuppe das Grün von den Fenchelknollen abschneiden, waschen, trocken schütteln und beiseitelegen. Die Knollen waschen, halbieren und den Strunk herausschneiden. Die Hälften grob zerkleinern und im Entsafter entsaften (ergibt etwa 170 ml Saft).

4. Die Speisestärke mit 2 EL Fenchelsaft verquirlen. Den restlichen Saft aufkochen, die Stärkemischung einrühren und alles etwa 1 Minute köcheln lassen, bis der Saft sämig wird. Die Fenchelsuppe mit Salz und Zucker abschmecken und kühl stellen. Das Fenchelgrün fein schneiden und zwei Drittel unter die Suppe ziehen.

5. Die eisgekühlte Paprikasuppe mit dem Pürierstab kurz aufmixen und in die gekühlten Suppenschalen füllen. Die Fenchelsuppe in Punkten darauf verteilen. Alles mit Olivenöl beträufeln und mit dem restlichen Fenchelgrün garnieren. Den Joghurt glatt rühren und mit dem Fladenbrot zur Suppe servieren.

> **TIPP**
> Sie können die Suppe auch heiß servieren. Pürieren Sie dafür die Paprikasuppe mit etwas mehr Gemüsefond und würzen Sie etwas zurückhaltender, denn heiße Suppen schmecken intensiver als kalte.

SUPPEN UND EINTÖPFE

KALTES TOMATENSÜPPCHEN
mit gefüllter Tomate

1 Den Beutel an einem kühlen Ort aufhängen, die Schüssel darunterstellen und das Püree mindestens 6 Stunden, besser noch …

2 … über Nacht abtropfen lassen. Anschließend für die Suppe ½ l des aufgefangenen Tomatenwassers abmessen, den Rest anderweitig verwenden.

3 Von den gehäuteten Tomaten oben (Seite mit dem Stielansatz) einen Deckel abschneiden und die Früchte mit einem kleinen Löffel vorsichtig aushöhlen.

ZUBEREITEN 1 Std. • ABTROPFEN 6–12 Std.

FÜR DAS TOMATENWASSER
1 kg reife Safttomaten • 2 Knoblauchzehen • 3 Stängel Basilikum
1 TL feines Meersalz • 2 EL brauner Rohrzucker • 6 EL Aceto balsamico bianco
1 Spritzer Tabasco
Passier- oder Baumwolltuch

FÜR DIE SUPPE
1 TL Johannisbrotkernmehl • 100 g Crème fraîche • Meersalz • brauner Rohrzucker
Aceto balsamico bianco

FÜR DIE GEFÜLLTEN TOMATEN
4 mittelgroße reife Tomaten
½ Bund Rucola • 1 Stängel Basilikum
1 EL kleine Nizza-Oliven, entsteint (ersatzweise schwarze Oliven)
2 EL Pinienkerne • 60 g Ziegen- oder Schafsfrischkäse • 30 g Ziegencamembert
1 EL Limetten-Olivenöl (siehe Seite 248)
1 EL gehackte Kräuter der Provence

FÜR DIE GARNITUR
12 Nizza-Oliven, entsteint
Kräuter der Provence • Limetten-Olivenöl

1. Für das Tomatenwasser die Tomaten waschen, von den Stielansätzen befreien und in Würfel schneiden. Den Knoblauch schälen und grob hacken. Das Basilikum waschen und trocken schütteln.
2. Tomaten, Knoblauch, Basilikum, Salz, Zucker, Aceto balsamico und Tabasco mit dem Pürierstab oder im Standmixer sehr fein pürieren. Das Püree bei Bedarf nochmals abschmecken.
3. Das Passiertuch anfeuchten und eine Schüssel damit auslegen. Das Tomatenpüree einfüllen und das Tuch über Kreuz um einen Kochlöffel verknoten. Den Beutel an einem kühlen Ort aufhängen, das Tomatenwasser auffangen und weiterarbeiten, wie oben in Step 1 bis 2 gezeigt.
4. Für die Suppe zuerst das Johannisbrotkernmehl, dann die Crème fraîche mit dem Pürierstab unter das Tomatenwasser mixen. Die Suppe 5 Minuten ruhen lassen, dann mit Meersalz, Zucker und Aceto balsamico abschmecken.
5. Für die gefüllten Tomaten die Tomaten waschen und in kochendem Wasser etwa 10 Sekunden blanchieren. Die Tomaten sofort in Eiswasser abschrecken, häuten und weiterarbeiten, wie oben in Step 3 gezeigt. Zuletzt den Boden der Tomaten gerade schneiden.
6. Rucola und Basilikum waschen und trocken schütteln. Den Rucola grob schneiden, die Basilikumblätter abzupfen. Die Pinienkerne in einer beschichteten Pfanne ohne Fett goldgelb rösten, vom Herd nehmen und 1 EL für die Garnitur beiseitelegen. Die Oliven grob hacken. Rucola, Basilikum, Pinienkerne, Oliven, beide Käsesorten, Limetten-Olivenöl und Kräuter der Provence gut verrühren. Die Masse in die ausgehöhlten Tomaten füllen.
7. Die gefüllten Tomaten jeweils in vier tiefe Teller setzen und mit den Oliven und den restlichen Pinienkernen garnieren. Die weiße Tomatensuppe rundum angießen, mit Kräutern der Provence bestreuen, mit Limetten-Olivenöl beträufeln und servieren.

» Versuchungen sollte man nachgeben. Wer weiß, ob sie wiederkommen! «

OSCAR WILDE

SUPPEN UND EINTÖPFE

KLARE SELLERIEBRÜHE
mit Kräuterpfannkuchen und Selleriegrün

ZUBEREITEN 1 Std. 10 Min.

FÜR DIE SELLERIEBRÜHE
1 Knollensellerie mit Grün (etwa 1 kg)
Salz
8 Schalotten
1 Möhre
½ Stange Lauch
Olivenöl
5 Pimentkörner
2 Lorbeerblätter
1 Zweig Thymian
Selleriesalz
frisch geriebene Muskatnuss

FÜR DIE KRÄUTERPFANNKUCHEN
2 Eier
¼ l Milch
125 g Weizenmehl Type 405
1 Prise Selleriesalz
1 Prise frisch geriebene Muskatnuss
1 kleines Bund Schnittlauch, fein geschnitten
2–3 EL Rapsöl

AUSSERDEM
Passier- oder Baumwolltuch

1. Für die Selleriebrühe das Grün von der Sellerieknolle abschneiden, waschen, trocken schütteln und für die Garnitur beiseitelegen. Die Knolle mit einer Bürste sorgfältig von anhaftender Erde befreien und schälen. Die Schalen in einem großen Topf mit 2 l kaltem Wasser bedecken und leicht salzen. Alles langsam aufkochen und den Sellerie bei schwacher Hitze 30 Minuten ziehen lassen. Anschließend den Sud durch ein Sieb abgießen und beiseitestellen.

2. Die Schalotten schälen, die Möhre putzen und dünn schälen. Den Lauch putzen und sorgfältig waschen, die Sellerieknolle ebenfalls waschen. Die Gemüse in 1 cm große Würfel schneiden.

3. Das Olivenöl in einem Topf erhitzen und die Gemüsewürfel darin hell anschwitzen. Den Selleriesud dazugießen, Pimentkörner und Lorbeerblätter zufügen. Den Thymian waschen, trocken schütteln und ebenfalls in den Sud geben. Alles langsam aufkochen und bei schwacher Hitze etwa 30 Minuten köcheln lassen. Die Brühe mit Selleriesalz und Muskatnuss abschmecken und vorsichtig durch ein feines, mit einem Passiertuch ausgelegtes Sieb gießen. Die Selleriebrühe nochmals mit Selleriesalz und Muskatnuss abschmecken.

4. Inzwischen für die Kräuterpfannkuchen die Eier mit der Milch verquirlen. Das Mehl langsam unterrühren. Den Teig mit Salz und Muskat würzen und den Schnittlauch unterziehen.

5. Etwas Rapsöl in einer Pfanne erhitzen. Ein Fünftel des Teiges hineingießen und zu einem Kreis (20 cm Durchmesser) verstreichen. Den Pfannkuchen von beiden Seiten goldbraun backen, herausnehmen und warm stellen. So insgesamt fünf Pfannkuchen backen.

6. Die Pfannkuchen in feine Streifen schneiden, in vier Suppenschalen verteilen und mit der Selleriebrühe übergießen. Das Selleriegrün grob hacken und auf die Brühe streuen.

TIPPS
• Besonderen Pfiff bekommt diese klare Suppe mit gebratenen Pfifferlingen oder Kräuterseitlingen als Einlage.
• Für noch mehr Aroma in der Suppe sorgen Sellerieperlen. Sie sehen zudem sehr edel aus. Dafür mit einem Kugelausstecher aus einer Sellerieknolle kleine Kugeln ausstechen und kurz blanchieren. Die Sellerieperlen in die Suppenschalen geben und mit der heißen Brühe übergießen.

GRAUPENSUPPE
mit Steckrüben und Räuchertofu

ZUBEREITEN 1 Std.
QUELLEN 12 Std.

FÜR DIE GRAUPENSUPPE
100 g Perlgraupen (mittelfeine Gerstengraupen)
1 Zwiebel
1 Knoblauchzehe
1 große oder 2 kleine Steckrüben
4 EL Sonnenblumenöl
5 cl Cognac
200 ml Weißwein (vorzugsweise Riesling) • 2 Lorbeerblätter
½ Bund Liebstöckel
200 g Räuchertofu
Salz • frisch gemahlener Pfeffer
150 g Graukäse (nach Belieben)

1. Die Graupen in eine Schüssel geben, mit 1 l Wasser bedecken und 12 Stunden quellen lassen. Danach in ein Sieb abgießen und abtropfen lassen.

2. Die Zwiebel und den Knoblauch schälen und in feine Würfel schneiden. Die Steckrübe schälen und in 2 cm große Würfel schneiden. Das Öl in einem Topf erhitzen. Zwiebel und Knoblauch darin glasig anschwitzen. Rübenwürfel und Graupen zugeben und beides kurz mit anschwitzen.

3. Alles mit Cognac und Weißwein ablöschen und die Lorbeerblätter zugeben. Dann 600 ml Wasser dazugießen und die Graupen bei schwacher Hitze in etwa 30 Minuten weich köcheln.

4. Inzwischen den Liebstöckel waschen, trocken schütteln und in feine Streifen schneiden. Den Räuchertofu in 1 x 2 cm große Stücke schneiden. Die Tofustücke kurz in der Suppe erwärmen. Bei Bedarf noch etwas Wasser dazugießen und die Suppe mit Salz und Pfeffer abschmecken.

5. Die Graupensuppe in vier Schalen anrichten und mit dem Liebstöckel bestreuen. Nach Belieben jeweils noch etwas Graukäse auf die Suppe bröseln und zerfließen lassen.

GUT VERSTECKT
Tierische Produkte in Lebensmitteln

Frisches Brot, bestrichen mit Margarine und Vierfruchtkonfitüre, ein bisschen Schnitt- und ein Kräuterfrischkäse, dazu ein Becher Erdbeerjoghurt und ein Glas Orangensaft: So könnte ein Frühstück aussehen, das einen Vegetarier zufriedenstellt. Oder doch nicht? Wenn der hungrige Vegetarier morgens die Augen schon weit genug öffnen kann, um die Zutatenangaben auf den Packungen zu studieren, entscheidet er sich möglicherweise gegen Joghurt und Frischkäse – falls beide nämlich, wie es häufig der Fall ist, Gelatine enthalten. Hat er den Schnittkäse an der Käsetheke eingekauft, so konnte er unter Umständen erfragen, ob bei der Käseherstellung tierisches Lab eingesetzt wurde. Diese Substanz, die Milch zum Gerinnen bringt, wird traditionell aus den Mägen geschlachteter Kälber gewonnen, lässt sich aber auch mikrobiell und somit vegetarisch produzieren. Da die Hersteller aber nicht deklarieren müssen, welches Lab sie verwenden, tappen Käufer häufig im Dunkeln. Da hilft nur nachfragen – oder freiwillig gekennzeichneten Käse wählen.

DIE ÜBERRASCHUNG IST GROSS
Nun gut – zumindest ist der Rest des Frühstücks rein pflanzlich, denkt sich der hungrige Vegetarier und beißt ins Marmeladenbrot. Vielleicht hat er recht, aber sicher ist das nicht. Industrielle Bäckereien setzen ihrem Mehl gerne die Aminosäure L-Cystein zu, die Brot besonders locker aufgehen lässt. Cystein kann heute bakteriell gewonnen werden; zum Teil allerdings nutzt man als Grundstoffe Schweineborsten oder Federn, also Abfälle aus der Tierschlachtung. Die Margarine klingt besonders gesund, wenn die Packung »Omega-3-Fettsäuren« verspricht – nur stammen die nicht selten aus zugesetztem Fischöl. Fettreduzierte Margarine wiederum enthält zur Geschmacksverbesserung gelegentlich Gelatine. Die Konfitüre könnte ihre schöne rote Farbe dem Farbstoff E 120 verdanken, der aus Schildläusen gewonnen wird. Und auch der Saft muss noch lange nicht rein pflanzlich sein: Ohne dass das Etikett etwas davon verrät, darf nämlich Gelatine hineinwandern – als Trägerstoff für zugesetzte Vitamine.

DIE EINKAUFSLISTE WIRD KÜRZER
Der Vegetarier, dem der Appetit inzwischen vergangen ist, schaut ab jetzt genauer auf die Zutatenangaben und streicht danach etliche Lebensmittel von der Einkaufsliste: Gummibärchen, weil sie Gelatine enthalten, etliche scheinbar vegetarische Tütensuppen, weil sie mit tierischen Fetten hergestellt wurden, und Worcestershiresauce, für deren Würze unter anderem Sardellen verantwortlich sind. Nach weiteren Recherchen verbannt er auch Chips und Orangenlimonade: Erstere, weil Würzmischungen oft nicht deklarierte tierische Bestandteile enthalten, und Letztere, weil der Farbstoff Beta-Carotin nicht selten über Fischgelatine als Trägerstoff in das Getränk wandert. Doch den größten Schrecken jagt ihm die Entdeckung ein, dass klare Apfelsäfte, Essige und Weine häufig unter Einsatz tierischer Produkte wie Gelatine, Fisch-Schwimmblasen oder Chitin aus den Panzern von Krustentieren geklärt werden – natürlich ohne dass dies auf dem Etikett erkennbar wäre. Was also tun? Drei Erkenntnisse nimmt unser Vegetarier aus seinen Recherchen mit. Erstens: Je weniger verarbeitet ein Lebensmittel, desto geringer die Wahrscheinlichkeit, dass es unerwünschte Stoffe enthält. Zweitens: Viele, wenn auch nicht alle Bio-Anbieter bemühen sich, tierische Hilfsmittel bei der Herstellung ihrer Produkte zu umgehen. Und drittens: Wer es ganz genau wissen möchte, muss viel fragen und viel recherchieren – oder gleich mit einer einschlägigen Einkaufsführer-App auf dem Smartphone einkaufen gehen.

SABINE SCHLIMM

Die beste Möglichkeit, versteckten tierischen Produkten zu entgehen, ist die Verwendung möglichst wenig verarbeiteter Lebensmittel.

SUPPEN UND EINTÖPFE

PORTUGIESISCHE GRÜNKOHLSUPPE
mit Kartoffeln und Pinienkernen

ZUBEREITEN 1 Std. 10 Min.
FÜR 6 PORTIONEN

FÜR DIE SUPPE
500 g Grünkohl
1 Zwiebel (50 g)
50 ml Olivenöl
100 ml Weißwein
400 g stückige Tomaten (aus der Dose)
1 Knoblauchzehe
1 kleine rote Chilischote
¼ l Gemüsefond (s. Seite 518)
1 gehäufter EL Tomatenmark
1 Lorbeerblatt
Salz · Chilipulver

FÜR DIE EINLAGE
750 g festkochende Kartoffeln
50 g Pinienkerne
1 EL Olivenöl
Salz

1. Für die Suppe den Grünkohl putzen, waschen und abtropfen lassen. Von den Blättern den harten Strunk entfernen und die Rippen herausschneiden. Die Blätter, es sollten 250 g sein, klein schneiden. Die Zwiebel schälen und in kleine Würfel schneiden.

2. Das Olivenöl in einem Topf erhitzen und die Zwiebel darin glasig anschwitzen. Den Grünkohl zugeben und ebenfalls 5 bis 6 Minuten anschwitzen, bis er zusammengefallen ist. Dann den Weißwein dazugießen und die Tomaten einrühren.

3. Den Knoblauch schälen und fein hacken. Die Chilischote waschen, vom Stielansatz befreien und mit den Samen fein hacken. Knoblauch und Chili zum Grünkohl geben. Den Gemüsefond dazugießen, Tomatenmark und Lorbeerblatt einrühren und die Suppe zugedeckt etwa 25 Minuten köcheln lassen. Anschließend das Lorbeerblatt herausnehmen und die Grünkohlsuppe mit Salz und Chilipulver abschmecken.

4. In der Zwischenzeit für die Einlage die Kartoffeln waschen und in Salzwasser in etwa 25 Minuten gar kochen.

Die Kartoffeln abgießen, kurz ausdampfen lassen, pellen und in 5 mm dicke Scheiben schneiden.

5. Die Pinienkerne mit dem Olivenöl und dem Salz in einer Pfanne goldbraun rösten. Dabei darauf achten, dass die Kerne nicht anbrennen.

6. Die Grünkohlsuppe portionsweise mit den Kartoffelscheiben in Schalen anrichten, mit den gerösteten Pinienkernen bestreuen und servieren.

TIPPS
- Die Grünkohlsuppe schmeckt am besten, wenn sie schon am Vortag zubereitet wird und über Nacht durchziehen kann. Kochen Sie die Kartoffeln jedoch immer frisch vor dem Servieren, sie verlieren beim Aufwärmen ihren feinen Geschmack.
- Außerhalb der Grünkohlsaison können Sie die Suppe auch einmal mit Wirsing zubereiten.

GRÜNE PETERSILIENWURZELSUPPE

ZUBEREITEN 1 Std. 20 Min.
FÜR 4–6 PORTIONEN

FÜR DIE SUPPE
1 Zwiebel (50 g)
300 g Petersilienwurzeln
50 g Lauch (weißer Teil)
50 g Champignons
2 EL Sonnenblumenöl
1 1/2 EL Estragonessig
900 ml Gemüsefond (s. Seite 518)
100 ml Weißwein
400 g Schmand
Salz · frisch gemahlener weißer Pfeffer
frisch gemahlene Muskatnuss
4 EL geschlagene Sahne

FÜR DAS PETERSILIENPÜREE
250 g glatte Petersilie
250 g Crème fraîche

FÜR DIE GARNITUR
250 g Petersilienwurzeln
Öl zum Frittieren
Salz
4 Stängel krause Petersilie

FÜR DIE EINLAGE
250 g Petersilienwurzeln
1 EL Butter
Gemüsefond (s. Seite 518, nach Belieben)
Salz · frisch gemahlener Pfeffer
frisch gemahlene Muskatnuss

1. Für die Suppe die Zwiebel schälen und in Streifen schneiden. Die Petersilienwurzeln waschen, putzen und in 2 cm große Stücke schneiden. Den Lauch waschen, putzen und in Ringe schneiden. Die Champignons mit Küchenpapier sauber abreiben, putzen und in dünne Scheiben schneiden.

2. Das Öl in einem Topf erhitzen und die Zwiebel darin glasig anschwitzen. Die Petersilienwurzeln zugeben und 2 Minuten mit anschwitzen lassen. Lauch und Champignons einrühren und 4 Minuten unter Rühren mitgaren. Alles mit Estragonessig ablöschen und diesen vollständig einkochen lassen. Gemüsefond und Weißwein dazugießen und die Suppe zugedeckt bei schwacher Hitze 50 Minuten köcheln lassen.

3. Inzwischen für das Petersilienpüree die Petersilie waschen, trocken schütteln und die Blätter abzupfen. Die Hälfte der Blätter in kochendem Wasser 15 Sekunden blanchieren und sofort in einem eiskalten Wasserbad abschrecken. Die blanchierte Petersilie zusammen mit der restlichen Petersilie fein schneiden und mit der Crème fraîche pürieren.

4. Den Schmand in die Suppe rühren und alles einmal kurz aufkochen lassen. Die Suppe mit dem Pürierstab fein mixen und mit Salz, Pfeffer sowie Muskatnuss abschmecken.

5. Für die Garnitur die Petersilienwurzeln waschen, schälen und mit der Aufschnittmaschine oder einem Gemüsehobel längs in hauchdünne Scheiben schneiden. Die Scheiben anschließend in dünne Streifen (Julienne) schneiden. Die Streifen kurz in kochendem Wasser blanchieren, sofort in Eiswasser abschrecken und sorgfältig mit Küchenpapier trocken tupfen.

6. Das Öl in einem Topf oder in der Fritteuse auf etwa 170 °C erhitzen und die Petersilienwurzelstreifen darin kross frittieren. Die Julienne mit einer Schaumkelle herausheben, auf Küchenpapier abtropfen lassen und salzen.

7. Die krause Petersilie waschen, trocken schütteln, die Blättchen abzupfen und mit Küchenpapier sorgfältig trocken tupfen. Die Petersilie ebenfalls im heißen Öl kross frittieren (Achtung: Nasse Blättchen spritzen beim Hineingeben). Die frittierte Petersilie mit einer Schaumkelle herausheben, auf Küchenpapier abtropfen lassen und salzen.

8. Für die Einlage die Petersilienwurzeln putzen, schälen und in 1 cm große Rauten schneiden. Die Butter in einer Pfanne erhitzen und die Rauten darin hell anschwitzen. Nach Belieben das Gemüse mit etwas Gemüsefond ablöschen und mit Salz, Pfeffer und Muskatnuss würzen.

9. Die Rauten in vier Suppentellern verteilen. Das Petersilienpüree und die geschlagene Sahne zur Suppe geben und diese mit dem Pürierstab schaumig aufmixen. Die Petersilienwurzelcreme über die Rauten gießen, bis sie knapp bedeckt sind. Die Suppe mit der Wurzel-Julienne und der frittierten Petersilie garnieren und sofort servieren.

🌿 KÜRBISCREMESUPPE
asiatisch gewürzt

ZUBEREITEN 1 Std.

FÜR DIE SUPPE

200 g Zwiebeln • 2 Knoblauchzehen
1 rote Chilischote • 60 ml Sojaöl
800 g Muskatkürbis-Fruchtfleisch
60 ml Reisessig • 160 ml Mirin (japanischer süßer Reiswein, Asialaden)
½ l kräftiger Gemüsefond (s. Seite 518)
600 ml Kokosmilch • ½ Vanilleschote
2 Stängel Zitronengras • ½ Bund Basilikum • 3 Kaffirlimettenblätter
3 Sternanis • 1 ½ Stangen Zimt
1 Prise frisch geriebene Muskatnuss
Zucker • feines Meersalz • 1 TL Johannisbrotkernmehl (nach Belieben)

FÜR DIE GARNITUR

50 g Sojasprossen • 20 g eingelegter Sushi-Ingwer (aus dem Glas)
20 g Cashewkerne

1. Für die Suppe die Zwiebeln schälen und in Streifen schneiden. Den Knoblauch schälen und in feine Scheiben schneiden. Die Chilischote waschen, längs halbieren, Stielansatz, Samen und Trennwände entfernen und das Fruchtfleisch fein würfeln. Das Kürbisfruchtfleisch schälen und in etwa 3 cm große Würfel schneiden.

2. Das Öl in einem großen Topf erhitzen und Zwiebeln, Knoblauch und Chili darin hell anschwitzen. Die Kürbiswürfel zugeben und 2 Minuten mit anschwitzen. Mit Reisessig und Mirin ablöschen und den Kürbis weitergaren, bis die Flüssigkeit vollständig verdampft ist. Den Gemüsefond und die Kokosmilch dazugießen.

3. Die Vanilleschote längs aufschlitzen und das Mark herausschaben. Vom Zitronengras die harten Außenblätter entfernen und die Stängel andrücken. Das Basilikum waschen und trocken schütteln. Die Kaffirlimettenblätter leicht einreißen. Vanillemark, Zitronengras, Basilikum, Kaffirlimettenblätter, Sternanis, Zimtstangen, Muskatnuss, Zucker und Salz zu der Suppe geben und alles bei schwacher Hitze etwa 30 Minuten köcheln lassen. Kurz vor Ende der Garzeit nach Belieben das Johannisbrotkernmehl einrühren und die Suppe damit binden.

4. Zitronengras, Kaffirlimettenblätter, Sternanis und Zimtstangen wieder entfernen. Die Suppe mit dem Pürierstab cremig mixen und abschmecken. Die Kürbiscremesuppe in vier Schalen füllen und mit Sojasprossen, Ingwer und Cashewkernen garnieren.

ZUCCHINI-WURZEL-SUPPE
mit Petersilienöl

ZUBEREITEN 40 Min.

FÜR DIE SUPPE
1 Zwiebel (50 g)
150 g Petersilienwurzeln
500 g feste, kleine Zucchini oder Squash-Kürbisse
3 EL Olivenöl
feines Meersalz · Zucker
50 ml trockener Weißwein
3 EL Champagneressig (ersatzweise guter Weißweinessig)
700 ml Gemüsefond (s. Seite 518)
1 EL Senfkörner

FÜR DAS PETERSILIENÖL
100 g glatte Petersilie
Salz
60 ml Traubenkernöl

1. Für die Suppe die Zwiebel schälen und in feine Würfel schneiden. Die Petersilienwurzeln putzen und schälen, die Zucchini waschen und putzen. Beides in etwa 1,5 cm große Würfel schneiden.
2. Das Öl in einem Topf erhitzen und die Zwiebel darin glasig anschwitzen. Die Petersilienwurzel- und Zucchiniwürfel zugeben und unter Rühren mitgaren.
3. Das Gemüse mit Salz und Zucker würzen. Weißwein und Essig dazugießen und vollständig verdampfen lassen. Den Gemüsefond dazugießen und die Senfkörner einstreuen. Die Suppe bei schwacher Hitze 20 bis 25 Minuten köcheln lassen, bis das Gemüse weich ist.
4. Inzwischen für das Petersilienöl in einem Topf 1 l Wasser aufkochen. Die Hälfte der Petersilie waschen. Samt den Stielen 15 Sekunden im kochenden Wasser blanchieren, dann die Stängel sofort in eiskaltem Wasser abschrecken. Die Petersilie gut ausdrücken und mit Stielen fein schneiden.
5. Die restliche Petersilie waschen und trocken schütteln. Die Blätter abzupfen und klein schneiden. Die frische Petersilie mit der blanchierten Petersilie, etwas Salz und dem Traubenkernöl mit dem Pürierstab nicht zu fein mixen.
6. Die Suppe in vier Suppentellern anrichten und jeweils mit etwas Petersilienöl beträufeln. Das restliche Petersilienöl separat dazu servieren. Zur Zucchini-Wurzel-Suppe schmecken Mohnbagels.

SUPPEN UND EINTÖPFE

BERLINER KARTOFFELSUPPE
mit Majoran

ZUBEREITEN 40 Min.
FÜR 4–6 PORTIONEN

FÜR DIE SUPPE
700 g mehligkochende Kartoffeln
1 Zwiebel
100 g Möhren
100 g Knollensellerie
1 Stange Lauch
60 g Butter
3 gehäufte TL getrockneter Majoran
1 l Gemüsefond (s. Seite 518)
300 g Sahne
Salz · frisch gemahlener Pfeffer
½ Bund frischer Majoran oder Petersilie

1. Die Kartoffeln schälen und vierteln. Die Zwiebel schälen und in feine Würfel schneiden. Die Möhren und den Knollensellerie schälen und beides in kleine Stücke schneiden. Den Lauch putzen, sorgfältig waschen und in schmale Ringe schneiden.
2. Die Butter in einem Topf zerlassen und die Zwiebel darin glasig anschwitzen. Kartoffeln, Möhren, Sellerie und Lauch zugeben und das Gemüse bei schwacher Hitze 2 Minuten mitgaren.
3. Den getrockneten Majoran in ein Gewürzsäckchen oder in ein Teeei füllen, gut verschließen und zum Gemüse geben. Den Gemüsefond dazugießen, alles aufkochen und zugedeckt bei schwacher Hitze etwa 15 Minuten köcheln lassen, bis das Gemüse weich ist.
4. Die Suppe durch ein grobes Sieb in einen zweiten Topf gießen. Die im Sieb zurückbleibenden Gemüsestücke durch die Kartoffelpresse drücken oder durch den Fleischwolf (grobe Scheibe) drehen und wieder in die Suppe rühren.
5. Die Suppe aufkochen, 200 g Sahne dazugießen und 1 Minute mitköcheln lassen. Die Kartoffelsuppe mit Salz und Pfeffer abschmecken.
6. Den frischen Majoran waschen, trocken schütteln und die Blätter abzupfen. Die restliche Sahne mit dem Handrührgerät steif schlagen. Die Kartoffelsuppe portionsweise in Suppentellern anrichten, jeweils einen Klecks Schlagsahne daraufsetzen und mit den frischen Majoranblättern bestreuen.

TIPPS
- Zerkleinern Sie die Kartoffeln niemals mit einem Pürierstab! Das gibt der Kartoffelsuppe eine schleimige Konsistenz.
- Ohne Majoran geht bei dieser Suppe gar nichts. Getrocknet sorgt das Küchenkraut für ein intensives Aroma, frisch für einen Hauch von Sommer auf dem Teller.
- Mit ein paar Tröpfchen Trüffelöl verwandeln Sie diese Suppe im Handumdrehen vom bodenständigen Gericht in ein edles Luxussüppchen. Einfach beim Anrichten auf die Suppe träufeln.

WEISSE BOHNENSUPPE
mit Korianderpesto

ZUBEREITEN 30 Min.

FÜR DIE BOHNENSUPPE
3 Schalotten
1 Knoblauchzehe
3 EL Olivenöl
450 g gekochte weiße Bohnenkerne (frisch oder aus der Dose)
½ l Gemüsefond (s. Seite 518)
150 ml Milch
Salz • frisch gemahlener Pfeffer
Zitronensaft

FÜR DIE EINLAGE
100 g gelbe Wachsbohnen (ersatzweise breite Bohnen)
100 g Keniabohnen
100 g grüne Bohnenkerne
Salz

FÜR DAS PESTO
1 Bund Koriandergrün
1 Knoblauchzehe
2 EL Mandelblättchen
6 EL Olivenöl
Salz • frisch gemahlener Pfeffer

AUSSERDEM
Olivenöl zum Garnieren

1. Für die Bohnensuppe die Schalotten und den Knoblauch schälen und in feine Scheiben schneiden. Das Olivenöl in einem Topf erhitzen und die Schalotten- und Knoblauchscheiben darin glasig anschwitzen. Die Bohnenkerne zugeben, Gemüsefond und Milch dazugießen und alles zugedeckt 15 Minuten köcheln lassen. Den Topfinhalt mit dem Pürierstab fein mixen und durch ein Sieb passieren. Die Suppe mit Salz, Pfeffer und Zitronensaft abschmecken.

2. Für die Einlage alle Bohnen putzen und jeweils in mundgerechte Stücke schneiden. Die einzelnen Bohnensorten nacheinander in kochendem Salzwasser bissfest blanchieren, sofort in eiskaltem Wasser abschrecken und gut abtropfen lassen.

3. Für das Pesto das Koriandergrün waschen, trocken schleudern und die Blätter abzupfen. Den Knoblauch schälen. Koriandergrün, Knoblauch, Mandelblättchen und Olivenöl im Blitzhacker nicht zu fein zerkleinern. Das Korianderpesto mit Salz und Pfeffer abschmecken.

4. Von der Bohnensuppe eine kleine Portion abnehmen und die blanchierten Bohnen darin erwärmen. Die restliche Suppe aufkochen und mit dem Pürierstab schaumig aufmixen.

5. Die warmen Bohnen in vier Suppentellern verteilen und mit der heißen Suppe übergießen. Auf jede Portion 1 EL Pesto setzen, die Suppe mit etwas Olivenöl beträufeln und sofort servieren.

WALDPILZ-EINTOPF
mit kleinen Thymian-Semmelknödeln

ZUBEREITEN 1 Std. 40 Min.

FÜR DEN EINTOPF
1 Bund Frühlingszwiebeln
900 g gemischte Waldpilze (Steinpilze, Pfifferlinge, Maronenröhrlinge)
2 Knoblauchzehen
Salz
1 Kräutersträußchen (2 Zweige Rosmarin, 4 Stängel Majoran, 4 Stängel glatte Petersilie)
50 ml trockener Riesling
50 ml weißer Portwein
120 ml Gemüsefond (s. Seite 518)

FÜR DAS PETERSILIENÖL
½ Bund Blattpetersilie
100 ml kalt gepresstes Rapsöl
1 Prise Salz

FÜR DIE SEMMELKNÖDEL
200 g Semmeln (Brötchen) vom Vortag
2 Eier
150 ml warme Milch
40 g Schalotten
30 g Butter
1 Stängel glatte Petersilie
2 Zweige Thymian
Salz · frisch geriebene Muskatnuss

FÜR DIE GARNITUR
frische Kräuter (z. B. Petersilie, Thymian, Rosmarin, Majoran)

1. Für den Eintopf die Frühlingszwiebeln waschen, putzen und in grobe Ringe schneiden. Die Pilze mit einem Pinsel oder Küchenpapier säubern, putzen und in grobe Stücke schneiden. Den Knoblauch schälen und fein hacken.
2. Den Backofen auf 200 °C (Ober-/Unterhitze) vorheizen. Frühlingszwiebeln, Pilze, Knoblauch, Salz, Kräutersträußchen, Riesling und Portwein in einen ofenfesten Schmortopf geben. Den Gemüsefond aufkochen und dazugießen. Den Deckel auflegen und die Pilze im Backofen 35 bis 40 Minuten garen.
3. Inzwischen für das Petersilienöl die Petersilie waschen, die Blätter abzupfen und gut trocken schleudern. Die Petersilienblätter zusammen mit Öl und Salz in eine hohe Rührschüssel füllen und mit dem Pürierstab fein mixen.
4. Für die Knödel die Semmeln in dünne Scheiben schneiden und in eine Schüssel legen. Die Eier aufschlagen und darübergeben. Die lauwarme Milch dazugießen, alles kurz durchmischen und 15 Minuten quellen lassen.
5. Die Schalotten schälen und in feine Würfel schneiden. Die Butter in einem Topf zerlassen und die Schalottenwürfel darin glasig anschwitzen. Die Petersilie und den Thymian waschen und trocken schütteln. Die Blättchen abzupfen und fein schneiden. Die Knödelmasse mit Salz und Muskatnuss abschmecken. Schalotten, Petersilie und Thymian zugeben und alles nochmals kurz, aber kräftig durchkneten.
6. Aus der Knödelmasse mit angefeuchteten Händen 20 etwa walnussgroße Knödel formen. Die Knödel in kochendes Salzwasser legen und in etwa 10 Minuten gar ziehen lassen.
7. Den Eintopf in vier vorgewärmte Schalen verteilen und die Miniknödel darauf anrichten. Pilze und Knödel mit etwas Petersilienöl beträufeln, mit frischen Kräutern bestreuen und servieren.

TIPP
Außerhalb der Waldpilzsaison können Sie diesen aromatischen Eintopf auch mit Zuchtpilzen (Egerlinge, Kräuterseitlinge, Shiitake-Pilze) zubereiten. Besonders gut gelingt das Gericht übrigens im Römertopf.

» *Es gibt niemanden, der nicht isst und trinkt, aber nur wenige, die den Geschmack zu schätzen wissen.* «

KONFUZIUS

CURRYCREMESUPPE
süß-scharf gewürzt

ZUBEREITEN 40 Min.
FÜR 4–6 PORTIONEN

FÜR DIE SUPPE

3 Schalotten • 8 Stängel Zitronengras
1 Stück frischer Ingwer (50 g)
1 Stück frischer Galgant (10 g, ersatzweise frischer Ingwer)
1 Bund Korianderwurzeln (aus dem Asialaden)
2 EL Öl • 30–70 g rote Currypaste
1 EL edelsüßes Paprikapulver
½ l Kokosmilch
10 g Palmzucker (ersatzweise Zucker)
5 Kaffirlimettenblätter
Sojasauce zum Abschmecken

FÜR DIE GARNITUR

2 Schalotten • Öl zum Frittieren
3–4 Frühlingszwiebeln
2 Kaffirlimettenblätter • Kokoschips

1. Die Schalotten schälen und in feine Würfel schneiden. Vom Zitronengras die harten Außenblätter entfernen. Die Stängel waschen und in feine Ringe schneiden. Ingwer und Galgant schälen und fein hacken. Die Korianderwurzeln sorgfältig waschen, trocken tupfen und in feine Würfel schneiden. Schalotten, Zitronengras, Ingwer, Galgant und Korianderwurzeln in einem Mörser zu einer Paste zerreiben.

2. Das Öl in einem Topf erhitzen und die Zitronengraspaste sowie die Currypaste darin kurz anschwitzen. Mit dem Paprikapulver bestäuben und die Kokosmilch dazugießen. Palmzucker und Kaffirlimettenblätter einstreuen und alles etwa 20 Minuten köcheln lassen. Die Suppe mit Sojasauce abschmecken, durch ein feines Sieb passieren und mit dem Pürierstab schaumig aufmixen.

3. Für die Garnitur die Schalotten schälen und in feine Streifen schneiden. Reichlich Öl in einem Topf erhitzen und die Schalottenstreifen darin knusprig goldbraun frittieren. Die Frühlingszwiebeln waschen, putzen, abtropfen lassen und mit den Kaffirlimettenblättern in sehr feine Streifen schneiden.

4. Die Suppe in Schalen anrichten und mit frittierten Schalotten, Frühlingszwiebeln, Kaffirlimettenblättern und Kokoschips bestreuen.

SÜSSKARTOFFEL-CHILI-SUPPE
mit Kürbiskernöl

ZUBEREITEN 45 Min.

FÜR DIE SUPPE
600 g Süßkartoffeln
1 Stück frischer Ingwer (25 g)
2 weiße Zwiebeln (100 g)
1 Knoblauchzehe
1 Chilischote
2 rote Peperoni
2 EL Sesamöl
600 ml Gemüsefond (s. Seite 518)
¼ l Kokosmilch
½ Stange Zimt
Salz • frisch gemahlener Pfeffer
frisch geriebene Muskatnuss
Saft von 2 Limetten
2 EL Kürbiskernöl

FÜR DIE GARNITUR
grob gemahlener Pfeffer
etwa 20 Korianderblätter

1. Die Süßkartoffeln schälen und in grobe Würfel schneiden. Den Ingwer, die Zwiebeln und den Knoblauch schälen und in feine Würfel schneiden. Die Chilischote und die Peperoni waschen, jeweils Stielansatz, Samen und Trennwände entfernen und das Fruchtfleisch in feine Streifen schneiden.

2. Das Sesamöl in einem Topf erhitzen. Ingwer, Zwiebeln, Knoblauch, Chili und Peperoni zugeben und unter Rühren kurz anbraten. Die Süßkartoffelwürfel zugeben, kurz mit anschwitzen, dann Gemüsefond und Kokosmilch dazugießen. Die Zimtstange zugeben und alles mit Salz, Pfeffer und Muskatnuss würzen. Die Suppe anschließend bei schwacher Hitze etwa 25 Minuten köcheln lassen.

3. Die Zimtstange wieder entfernen und den Topfinhalt mit einem Pürierstab cremig aufmixen. Zum Schluss die Suppe mit Limettensaft, Salz und Pfeffer abschmecken.

4. Die Süßkartoffelsuppe in vier vorgewärmten Schalen anrichten und mit Kürbiskernöl beträufeln. Mit grob gemahlenem Pfeffer bestreuen und die Suppe mit Korianderblättern bestreut servieren.

SUPPEN UND EINTÖPFE

ROTE-BETE-ESSENZ
mit frittierten Shiitake-Wan-Tans

ZUBEREITEN 1 Std.

FÜR DIE WAN-TANS
150 g Shiitake-Pilze
2 Schalotten
1 Knoblauchzehe
1 Stück rote Chilischote (etwa 2 cm)
2 TL Sesamöl
1 Spritzer vegetarische Austernsauce
2 EL Reiswein (ersatzweise weißer Portwein)
Salz
12 runde Wan-Tan-Blätter (8,5 cm Ø, siehe Tipp)
1 Eiweiß
Öl zum Frittieren

FÜR DIE ROTE-BETE-ESSENZ
500 g Rote Beten
80 g Petersilienwurzel
80 g Staudensellerie
1 rote Chilischote
½ TL Koriandersamen
½ TL Kümmel
½ Lorbeerblatt
2 EL Himbeeressig
¼ l Rote-Bete-Saft (aus dem Bioladen)
Salz · Zucker

FÜR DIE GARNITUR
1 EL Essig · 2 EL Öl
Salz · frisch gemahlener Pfeffer
1 Prise Zucker
1 Rote Bete, gekocht, geschält und in dünne Scheiben geschnitten
100 g Sahne
Wasabipaste

AUSSERDEM
Kugelausstecher
Passier- oder Baumwolltuch

1. Für die Wan-Tans die Shiitake-Pilze putzen und in feine Würfel schneiden. Schalotten und Knoblauch schälen und ebenfalls in feine Würfel schneiden. Die Chilischote waschen und mit den Samen sehr fein hacken.
2. Das Sesamöl in einer Pfanne erhitzen und Schalotten, Knoblauch und Chili darin glasig anschwitzen. Die Pilze zufügen und kurz anbraten. Alles mit Austernsauce, Reiswein und Salz würzen, die Pilze vom Herd nehmen und abkühlen lassen.
3. Die Wan-Tan-Blätter nebeneinander auf der Arbeitsfläche auslegen und jeweils 1 TL Füllung mittig daraufsetzen. Das Eiweiß verquirlen und die Ränder damit bepinseln. Die Wan-Tan-Blätter zu Halbkreisen zusammenklappen und die Ränder gut andrücken.
4. Für die Essenz die Roten Beten und die Petersilienwurzel waschen und schälen. Mit dem Kugelausstecher aus den Rote-Bete-Knollen 12 Kugeln ausstechen. Die restlichen Knollen und die Petersilienwurzel auf der Gemüsereibe fein raspeln. Den Staudensellerie waschen, putzen und in feine Scheiben schneiden. Die Chilischote waschen und den Stielansatz entfernen. Die Korianderkörner in einem Mörser leicht andrücken.
5. Gemüseraspel, Sellerie, Chili, Koriander, Kümmel, Lorbeer, Essig und Rote-Bete-Saft mit 1 l kaltem Wasser in einem Topf aufkochen und etwa 20 Minuten unterhalb des Siedepunktes ziehen lassen. Die Rote-Bete-Kugeln in ein Sieb legen, in die Essenz hängen und weich garen. Dann herausheben und die Kugeln beiseitestellen.
6. Die Essenz durch ein mit dem Passiertuch ausgelegtes Sieb in einen zweiten Topf gießen und die Gemüseraspel leicht ausdrücken. Die Essenz mit Salz, Zucker und Essig abschmecken und die Rote-Bete-Kugeln darin wieder erwärmen.
7. Das Frittieröl etwa 1 cm hoch in einen Topf gießen und erhitzen. Ein Holzstäbchen ins Öl tauchen. Steigen daran Bläschen auf, ist das Öl heiß genug. Die Wan-Tans portionsweise im heißen Öl von jeder Seite etwa 1 Minute frittieren, herausnehmen und auf Küchenpapier abtropfen lassen.
8. Für die Garnitur Essig, Öl, Salz, Pfeffer und Zucker zu einer Vinaigrette verrühren. Die Rote-Bete-Scheiben darin wenden. Die Sahne halbsteif schlagen und mit Wasabipaste und Salz würzen.
9. Die Suppe mit den Rote-Bete-Kugeln in vier Gläser füllen und jeweils einen Klecks Schlagsahne daraufsetzen. Die Gläser mit den Wan-Tans und der marinierten Rote Bete auf Tellern anrichten.

> **TIPPS**
> • Statt die Wan-Tans zu frittieren, können Sie diese auch in der Essenz garen. Die Rote-Bete-Essenz dafür nochmals erhitzen, die Teigtaschen einlegen und in etwa 4 Minuten gar ziehen lassen.
> • Wenn Sie keine Wan-Tan-Blätter bekommen, verwenden Sie einfach Yufka-Blätter (aus dem Kühlregal). Aus den Blättern nach Wunsch Kreise oder Quadrate ausschneiden, mit je 1 TL Füllung belegen, zusammenklappen und gut andrücken.

SUPPEN UND EINTÖPFE

🌿 JAPANISCHER UDON-NUDEL-TOPF

ZUBEREITEN 1 Std. 10 Min.

FÜR DIE DASHI-BRÜHE
4 Stängel Zitronengras
3 Kaffirlimettenblätter
1 Stück frischer Ingwer (70 g)
1–3 getrocknete rote Chilischoten
3 Blätter Kombu royal (Braunalge)
7 getrocknete Shiitake-Pilze
1 EL Palmzucker (ersatzweise Zucker)
50 ml Sojasauce

FÜR DIE EINLAGE
2 Bund Frühlingszwiebeln
180 g Salatgurke
100 g Möhren
1–2 rote Chilischoten
200 g Räuchertofu
3 EL abgezupftes Koriandergrün
140 g vorgegarte Udon-Nudeln (aus dem Asialaden)
80 ml Sake (Reiswein)

1. Für die Dashi-Brühe vom Zitronengras die harten Außenblätter entfernen. Die Stängel und die Kaffirlimettenblätter waschen und abtropfen lassen. Das Zitronengras leicht andrücken und in feine Ringe schneiden. Die Kaffirlimettenblätter in feine Streifen schneiden. Den Ingwer schälen und fein reiben. Die Chilischoten im Mörser fein zerreiben. Kombu-Blätter und Shiitake-Pilze in Streifen schneiden.

2. In einem Topf 1,2 l Wasser mit Zitronengras, Kaffirlimettenblättern, Ingwer, Chilischoten, Kombu, Pilzen und Palmzucker bei mittlerer Hitze kurz aufkochen. Die Brühe vom Herd nehmen und 30 Minuten ziehen lassen.

3. In der Zwischenzeit für die Einlage die Frühlingszwiebeln waschen, putzen, trocken schütteln und in feine Ringe schneiden. Die Gurke schälen, längs halbieren und die Kerne herausschaben. Die Möhren putzen und dünn schälen. Gurke und Möhren in feine Streifen (Julienne) schneiden.

4. Die Chilischoten waschen, längs halbieren und Stielansatz, Samen und Trennwände entfernen. Die Hälften in feine Würfel schneiden. Den Räuchertofu in 1 cm große Würfel schneiden. Das Koriandergrün waschen und gut trocken schütteln.

5. Die Dashi-Brühe wieder aufkochen. Udon-Nudeln, Frühlingszwiebeln, Gurken- und Möhrenstreifen, Chili- und Tofuwürfel zugeben und 5 Minuten in der Brühe ziehen lassen. Den Eintopf mit Sake abschmecken, mit dem Koriandergrün bestreuen, in vier Schalen anrichten und sofort servieren.

KOMBUBRÜHE
mit Shiitake, Spitzkohl und Seidentofu

ZUBEREITEN 2 Std. 15 Min.

FÜR DEN MARINIERTEN TOFU
400 g Tofu
4 EL Sojasauce
½ TL gehackter Knoblauch
1 EL Reisessig
1 TL Honig
1 TL Salz
Öl zum Braten

FÜR DIE BRÜHE
20 g Kombu-Blätter (Braunalge)
10 g getrocknete Shiitake-Pilze

FÜR DAS GEMÜSE
2 EL getrocknete Wakame-Algen
8 frische kleine Shiitake-Pilze
4 Spitzkohlblätter
2 Frühlingszwiebeln
1 kleine Möhre
120 g Seidentofu
4 EL rote Misopaste
4 EL Sojasprossen
helle Sojasauce
Salz • frisch gemahlener weißer Pfeffer

AUSSERDEM
geschnittene Frühlingszwiebeln
(nach Belieben)
frisch geröstete Sesamsamen
(nach Belieben)

1. Den Tofu in Scheiben oder Würfel schneiden. Sojasauce, Knoblauch, Reisessig, Honig, Salz und 400 ml Wasser in einem Topf mischen. Die Tofuwürfel hineingeben, aufkochen und 1 Stunde ziehen lassen.

2. Inzwischen für die Brühe die Kombu-Blätter mit 1 l Wasser in einem Topf aufkochen und bei mittlerer Hitze 15 Minuten ziehen lassen. Die weichen Blätter herausnehmen. Die Shiitake-Pilze ins Kochwasser geben, einmal aufkochen und ebenfalls 15 Minuten ziehen lassen.

3. Für das Gemüse die Wakame-Algen etwa 15 Minuten in lauwarmem Wasser einweichen. Währenddessen die Shiitake-Pilze putzen und die Hüte kreuzweise einkerben. Die Spitzkohlblätter vom Strunk befreien, waschen, abtropfen lassen und in 3 bis 4 cm große Rauten schneiden. Die Frühlingszwiebeln waschen, putzen und schräg in 5 mm breite Stücke schneiden. Die Möhre putzen, dünn schälen und in schmale Streifen schneiden.

4. Den Seidentofu in Scheiben schneiden. Die Wakame-Algen 30 Sekunden in kochendem Wasser blanchieren, dann sofort in eiskaltem Wasser abschrecken und abspülen.

5. Die Kombubrühe wieder aufkochen. Pilze, Kohlrauten, Zwiebel- und Möhrenstreifen einstreuen und 2 Minuten darin köcheln lassen. Seidentofu, blanchierte Algen, Misopaste und Sojasprossen einrühren. Die Brühe mit Sojasauce, Salz und Pfeffer abschmecken.

6. Den marinierten Tofu in ein Sieb abgießen. Das Öl in einer Pfanne erhitzen, den Tofu darin anbraten und unter die Kombubrühe heben. Die Suppe in vier Schalen verteilen und nach Belieben mit geschnittenen Frühlingszwiebeln und geröstetem Sesam bestreuen.

🌿 INDISCHE LINSENSUPPE
mit Möhren, Orangen und Koriander

ZUBEREITEN 45 Min.
QUELLEN 1 Std.
FÜR 4–6 PORTIONEN

FÜR DIE LINSENSUPPE
500 g rote Linsen
2 TL Koriandersamen
2 ½ TL Kreuzkümmelsamen
250 g Möhren
80 g Zwiebeln
3 Knoblauchzehen
10 Stängel Koriandergrün
2 EL Rapsöl
10 frische Curryblätter
1 TL gemahlene Kurkuma
2 l Gemüsefond (s. Seite 518)
Saft von 2 Zitronen
Salz • frisch gemahlener Pfeffer
2 Orangen

1. Die Linsen in einem Sieb kalt abspülen, in einer Schüssel mit kaltem Wasser bedecken und 1 Stunde quellen lassen.
2. Koriander und Kreuzkümmel in einem Mörser sehr fein zerstoßen. Die Möhren putzen, dünn schälen und in kleine Würfel schneiden. Zwiebeln und Knoblauch schälen und ebenfalls in kleine Würfel schneiden. Das Koriandergrün waschen, trocken schütteln und die Blätter abzupfen. Ein Viertel der Blätter für die Garnitur beiseitelegen. Die roten Linsen in ein Sieb abgießen.
3. Das Rapsöl in einem Topf erhitzen und Zwiebeln, Knoblauch und Curryblätter darin kurz anschwitzen. Drei Viertel der Würzmischung einstreuen. Linsen, Möhrenwürfel, Kurkuma und Koriandergrün einrühren. Den Gemüsefond dazugießen und alles etwa 10 Minuten köcheln, bis Linsen und Möhren weich sind.
4. Von der Linsen-Möhren-Mischung pro Portion 1 EL abnehmen (4–6 EL) und für die Einlage beiseitestellen. Die restliche Suppe mit dem Pürierstab sehr fein mixen und mit Zitronensaft, Salz und Pfeffer abschmecken.
5. Die Orangen sorgfältig schälen, dabei auch die weiße Innenhaut mit entfernen. Die Fruchtfilets mit einem scharfen Messer zwischen den Trennhäutchen herausschneiden. Die Suppe portionsweise in Schalen anrichten. Die Linsen-Möhren-Mischung und die Orangenfilets darauf verteilen. Alles mit dem restlichen Koriandergrün und der übrigen Würzmischung bestreuen und servieren.

ORIENTALISCHER EINTOPF
mit Fladenbrot und Joghurtdip

ZUBEREITEN 1 Std.
ABTROPFEN 12 Std. • RUHEN 50 Min.

FÜR DEN DIP
250 g griechischer Joghurt (10 % Fett)
1 Knoblauchzehe • Salz • frisch gemahlener Pfeffer • ½ TL gemahlener Zimt

FÜR DAS FLADENBROT
½ Würfel Hefe (20 g) • 300 g Weizenmehl Type 405 • 2 EL Olivenöl • 1 Prise Salz
Sesam- und Schwarzkümmelsamen

FÜR DEN EINTOPF
1 Zucchino • ½ Aubergine • 1 gelbe Paprikaschote • 5 EL Olivenöl • 2 Zwiebeln
2 Knoblauchzehen • 350 ml Gemüsefond
350 ml Tomatensaft • ½ TL gemahlener Kreuzkümmel • 1 EL Ras el Hanout • 1 TL edelsüßes Paprikapulver • 450 g Kichererbsen (Dose) • Salz • Pfeffer • Petersilie

1. Für den Dip den Joghurt in ein feines Sieb geben und im Kühlschrank 12 Stunden abtropfen lassen.
2. Für das Fladenbrot die Hefe zerbröckeln, in 200 ml lauwarmem Wasser auflösen und mit Mehl, Öl und Salz zu einem glatten Teig verkneten. Den Teig an einem warmen Ort 30 Minuten gehen lassen. Danach den Teig zu einem Fladen formen und erneut 20 Minuten gehen lassen. Den Backofen auf 210 °C (Ober-/Unterhitze) vorheizen. Den Fladen mit Wasser bepinseln, mit Sesam und Schwarzkümmel bestreuen und im Ofen (Mitte) etwa 25 Minuten backen.
3. Für den Eintopf Zucchino, Aubergine und Paprikaschote waschen und putzen. Das Gemüse in kleine Würfel schneiden. In einem Topf 3 EL Olivenöl erhitzen und die Gemüsewürfel darin unter Rühren etwa 5 Minuten anbraten.
4. Zwiebeln und Knoblauch schälen und fein würfeln. Beides in einem Topf im restlichen Öl anbraten und mit Gemüsefond sowie Tomatensaft ablöschen. Kreuzkümmel, Ras el Hanout und Paprikapulver zugeben und alles aufkochen lassen. Das gebratene Gemüse einrühren und nochmals aufkochen. Die Kichererbsen abtropfen lassen.
5. Für den Dip den Knoblauch schälen, fein hacken, leicht salzen und fein zerdrücken. Das Mus unter den abgetropften Joghurt rühren und den Dip mit Salz, Pfeffer und Zimt abschmecken.
6. Die Kichererbsen unter das Gemüse heben. Den Eintopf mit Salz und Pfeffer abschmecken, mit 3 EL gehackter Petersilie bestreuen und in vier Schalen anrichten. Fladenbrot und Dip dazu reichen.

PASTA- UND GETREIDEGERICHTE

ORIENTALISCHER LIMETTEN-BULGUR
mit Chorta und Fetakäse

ZUBEREITEN 40 Min.

FÜR DEN BULGUR
3 Bio-Limetten
1 Zwiebel
4 Knoblauchzehen
80 ml Haselnuss- oder Walnussöl
1 Stange Zimt
¾ l kräftiger Gemüsefond (s. Seite 518)
300 g Bulgur (vorgegart)
240 g gegarte Kichererbsen (aus der Dose)
2 Msp. Safranpulver
2 TL Baharat-Gewürzmischung (ersatzweise Arabische Gewürzmischung)
30 g Rosinen

FÜR DAS CHORTAGEMÜSE
120 g rote Zwiebeln
500 g Chortagemüse (siehe Tipp)
60 g Butter
Salz · frisch geriebene Muskatnuss
40 g geröstete halbierte Erdnüsse
½ TL mildes Currypulver

FÜR DIE GARNITUR
320 g Feta
50 g Kataifiteig (siehe Tipp)
Salz · etwas Currypulver
1 Bund glatte Petersilie

AUSSERDEM
Servierring (12 cm Ø)

1. Für den Bulgur die Limetten heiß abwaschen und abtrocknen. Die Schale dünn abreiben und die Früchte auspressen. Die Zwiebel schälen und in feine Streifen schneiden. Den Knoblauch schälen und in feine Scheiben schneiden. In einem Topf 3 EL Nussöl erhitzen, Zwiebel und Knoblauch darin goldbraun anbraten und mit dem Limettensaft ablöschen.

2. Die Zimtstange zugeben, den Gemüsefond dazugießen und alles einmal aufkochen lassen. Den Bulgur einstreuen, alles wieder aufkochen und den Bulgur bei schwacher Hitze 7 bis 10 Minuten garen. Inzwischen die Kichererbsen in ein Sieb abgießen, kalt abspülen und abtropfen lassen.

3. Kurz vor Ende der Garzeit den Bulgur mit Safranpulver und 1 TL Baharat würzen und die Kichererbsen unterheben. Das restliche Nussöl mit 1 TL Baharat in einer Tasse verrühren und bis zum Servieren beiseitestellen.

4. Für das Chortagemüse die Zwiebeln schälen und in Streifen schneiden. Das Blattgemüse verlesen und waschen. Die Butter in einer großen Pfanne erhitzen und die Zwiebeln darin hell anschwitzen. Das Chortagemüse zugeben und dünsten, bis es zusammenfällt. Das Gemüse mit Salz und Muskatnuss abschmecken. Die Erdnüsse grob hacken und mit dem Currypulver bestreuen.

5. Für die Garnitur den Backofen auf 70 °C (Ober-/Unterhitze) vorheizen. Den Feta in vier Rechtecke teilen und im Ofen (Mitte) erwärmen. Inzwischen den Kataifiteig etwas auseinanderziehen und in einer Pfanne ohne Fett knusprig goldgelb rösten. Die Teigfäden leicht mit Salz und Currypulver würzen. Die Petersilie waschen, trocken schütteln und die Blätter abzupfen. Die Hälfte davon auf den warmen Schafskäse streuen.

6. Kurz vor dem Servieren die Limettenschale und die Rosinen unter den Bulgur rühren. Den Bulgur mit dem Servierring in Kreisen auf vier Tellern anrichten und je 1 Fetastück darauflegen. Das Chortagemüse ringsum verteilen, mit dem Baharatöl beträufeln und mit den Erdnüssen und den restlichen Petersilienblättern bestreuen. Zum Schluss den Feta mit den gerösteten Kataifäden garnieren.

TIPPS
· Als »Chorta« bezeichnet man in Griechenland eine Mischung aus wilden Kräutern und Blattgemüse. Dazu gehören junge Brennnessel- und Löwenzahnblätter, Sauerampfer, Senfblätter und Zichorie. In Griechenland ist es überall zu finden, bei uns können Sie auf Blattgemüse vom Markt zurückgreifen. Ein guter Ersatz ist eine Mischung aus in breite Streifen geschnittenen Spinat- und Mangoldblättern, Chicorée- und Radicchioblättern, Rucola und Wildkräutern.
· Kataifiteig bekommen Sie in gut sortierten türkischen Lebensmittelgeschäften. Dort liegt er in Folie eingeschweißt unter dem Namen »Kadayif« im Kühlregal.

PASTA- UND GETREIDEGERICHTE

COUSCOUS
mit Schmorgurken-Rote-Bete-Gemüse

ZUBEREITEN 1 Std. 20 Min.
FÜR 2 PORTIONEN ALS HAUPTGERICHT
ODER FÜR 4 ALS VORSPEISE

FÜR DAS GEMÜSE
500 g grobes Meersalz
100 g Rote Bete, gewaschen
20 g eingelegter Ingwer (aus dem Glas)
1 Stück frischer Ingwer (6 g)
100 g Salatgurke • Salz
4 EL Aceto balsamico bianco
2 Schalotten • 2 EL Olivenöl
80 ml Weißwein • 3–4 EL Honig
½ rote Chilischote ohne Samen
1 gestr. TL Speisestärke

FÜR DEN COUSCOUS
1 Zweig Rosmarin • 1 Zweig Thymian
1 kleine Knoblauchzehe
¼ l Gemüsefond (s. Seite 518)
130 g Couscous
1 weiße Zwiebel
¼ Möhre
1 mittelgroßer Zucchino
2 TL Butter
½ Vanilleschote (vorzugsweise Tahiti-Vanille)
1 EL Tomatenwürfel
abgeriebene Schale von 1 Bio-Zitrone
2 EL Olivenöl
3 fein geschnittene Kapuzinerkresseblätter (nach Belieben)
Salz

FÜR DEN SCHNITTLAUCHSCHAUM
80 g Schalotten
25 g Butter
100 ml Weißwein
100 g Sahne
Meersalz
¼ Bund Schnittlauch

AUSSERDEM
Passier- oder Baumwolltuch
Servierring (8 cm Ø)
Kräuter, Zitronenzesten und essbare Blüten zum Garnieren

1. Für das Gemüse den Backofen auf 160 °C (Ober-/Unterhitze) vorheizen. Das Meersalz auf ein Backblech häufen, die Rote Bete leicht in das Salz eindrücken und im Ofen (Mitte) in etwa 1 Stunde weich garen. Anschließend herausnehmen und die gegarte Knolle etwas abkühlen lassen.
2. Inzwischen für den Couscous Rosmarin und Thymian waschen und trocken schütteln, den Knoblauch schälen. Kräuterzweige und Knoblauch mit dem Fond erhitzen. Das Passiertuch auf ein Backblech legen, den Couscous daraufstreuen und mit dem Fond übergießen. Abgedeckt etwa 5 Minuten quellen lassen, bis die Körnchen bissfest sind. Währenddessen Zwiebel und Möhre schälen, den Zucchino waschen und das Gemüse putzen. Alles in feine Würfel schneiden. Die Butter in einem Topf hell aufschäumen lassen und die Gemüsewürfel darin anschwitzen.
3. Den Couscous in eine Schüssel füllen. Die Vanilleschote längs aufschneiden und mit Tomatenwürfeln, Zitronenschale, Olivenöl, Gemüsewürfeln und nach Belieben mit Kapuzinerkresseblättern untermischen. Den Couscous mit Salz abschmecken.
4. Für den Schnittlauchschaum die Schalotten schälen und in Streifen schneiden. Die Butter in einem Topf zerlassen und die Schalotten darin glasig anschwitzen. Die Schalottenstreifen mit dem Wein ablöschen und diesen auf die Hälfte einkochen lassen. Die Sahne dazugießen, salzen und einmal aufkochen lassen. Die Sauce mit dem Pürierstab fein mixen und durch ein feines Sieb in einen zweiten Topf gießen. Die Sauce erneut erhitzen. Den Schnittlauch waschen, trocken schütteln, in Röllchen schneiden und in die Sauce rühren.
5. Für das Gemüse den eingelegten Ingwer in feine Würfel schneiden. Den frischen Ingwer schälen und fein reiben. Die Gurke schälen, längs halbieren und die Kerne herausschaben. Die Hälften in Scheiben schneiden und mit etwas Salz sowie 1 Spritzer Aceto balsamico marinieren. Die Rote Bete schälen und in kleine Würfel schneiden.
6. Die Schalotten schälen und fein würfeln. Das Olivenöl in einem Topf erhitzen und die Schalotten darin hell anschwitzen. Beide Ingwersorten zugeben, mit dem restlichen Aceto balsamico ablöschen und kurz einkochen lassen. Den Wein dazugießen und ebenfalls kurz einkochen lassen. Den Fond mit Honig und Salz abschmecken.
7. Gurken und Rote Bete in den Fond geben und einmal aufkochen lassen. Die Chilischote zugeben, das Gemüse abschmecken und durch ein Sieb abgießen, dabei den Fond auffangen. Sollte er zu dünnflüssig sein, pro 100 ml Fond 5 g Speisestärke mit 2 EL kaltem Wasser verrühren. Den Fond aufkochen und mit der angerührten Speisestärke binden. Die Sauce wieder über das Gemüse gießen und auskühlen lassen.
8. Den Couscous mit dem Servierring als Kreis auf Tellern platzieren und mit Kräutern und Zitronenzesten garnieren. Das Gemüse ringsum anrichten, mit dem Schnittlauchschaum beträufeln und mit Kräutern und Blüten bestreut servieren.

GERSTENGRAUPEN-RISOTTO
mit Mangold und Pecorino

ZUBEREITEN 1 Std. 30 Min.

FÜR DEN MANGOLD
600–700 g Mangold • 1 Schalotte
20 g Butter • 5 EL Aceto balsamico
80 ml roter Portwein
160 ml Rotwein (z. B. junger Burgunder)
Salz • Zucker • 20 g kalte Butter

FÜR DEN RISOTTO
4 Schalotten • 1 Knoblauchzehe
3 EL Olivenöl • 160 g mittelgroße Gerstengraupen • 100 ml trockener Weißwein
450 ml kräftiger Gemüsefond (s. Seite 518)
30 g kalte Butter • 40 g fein geriebener Pecorino • 2 EL geschlagene Sahne
Salz • frisch gemahlener Pfeffer

AUSSERDEM
Servierring
60 g fein geraspelter Pecorino

1. Den Mangold zerteilen, waschen und gut abtropfen lassen. Die grünen Blätter von den Stielen abtrennen und beiseite legen. Die Stiele (350 g) in etwa 1 cm breite Stücke schneiden.
2. Die Schalotte schälen und in feine Würfel schneiden. Die Butter in einem Topf hell aufschäumen lassen und die Mangoldstiele darin anschwitzen. Schalottenwürfel, Aceto balsamico, Portwein und Rotwein zugeben und alles bei mittlerer Hitze in etwa 20 Minuten sirupartig einkochen lassen. Die Mangoldstiele mit Salz und Zucker würzen.
3. Für den Risotto von den Mangoldblättern 160 g abwiegen und in feine Streifen schneiden. Den Rest anderweitig verwenden. Schalotten und Knoblauch schälen und in feine Würfel schneiden. Das Olivenöl in einem Topf erhitzen und beides darin glasig anschwitzen. Die Graupen einrühren, kurz mit anschwitzen und mit dem Weißwein ablöschen. Den Gemüsefond nach und nach dazugießen und die Graupen etwa 30 Minuten garen, dabei regelmäßig umrühren.
4. Am Ende der Garzeit die Mangoldblätter unter den Risotto heben. Butter, Pecorino und Sahne unterrühren und den Risotto mit Salz und Pfeffer abschmecken.
5. Zum Schluss die Butter für den Mangold in kleine Stücke teilen und unter das Gemüse rühren. Das Mangoldgemüse mit Salz und Zucker abschmecken. Den Gerstengraupen-Risotto mit dem Servierring auf vier Teller setzen und mit Pecorino bestreuen. Den Mangold daneben anrichten und servieren.

MARONEN-RISOTTO
mit Steinpilzen

ZUBEREITEN 50 Min.

FÜR DEN RISOTTO
2 Schalotten • 1 Knoblauchzehe
2 EL Olivenöl • 180 g Risottoreis
(z. B. Arborio) • 100 ml Weißwein
100 g gegarte Maronen (vakuumverpackt)
75 g Maronenpaste (aus Glas oder Dose)
etwa 600 ml heißer Gemüsefond
(s. Seite 518)
100 g frisch geriebener Pecorino
2 EL Butter • Salz
1 Spritzer Zitronensaft

FÜR DIE STEINPILZE
400 g junge Steinpilze (ersatzweise
40–50 g getrocknete Steinpilze,
eingeweicht und gut ausgedrückt)
1 Zweig Rosmarin • 10 Salbeiblätter
2 EL Olivenöl • Salz • frisch gemahlener
Pfeffer • Saft von ½ Zitrone

1. Für den Risotto Schalotten und Knoblauch schälen und in feine Würfel schneiden. Das Olivenöl in einem Topf erhitzen und beides darin glasig anschwitzen. Den Reis einrühren und anschwitzen. Sobald die Körner leicht glasig sind, mit dem Weißwein ablöschen.
2. Die Maronen hacken. Sobald der Wein eingekocht ist, Maronen und Maronenpaste einrühren. Den heißen Gemüsefond nach und nach dazugießen und den Reis bei schwacher Hitze unter Rühren 20 bis 25 Minuten garen.
3. In der Zwischenzeit die Steinpilze mit Küchenpapier sauber abreiben und in nicht zu dünne Scheiben schneiden. Den Rosmarin waschen und trocken schütteln. Den Salbei waschen, trocken tupfen und in feine Streifen schneiden.
4. Das Olivenöl in einer Pfanne erhitzen und die Steinpilze mit dem Rosmarin darin goldbraun anbraten. Die Pfanne vom Herd nehmen und die Pilze mit Salz, Pfeffer und ein paar Spritzern Zitronensaft abschmecken. Die Salbeistreifen unterheben.
5. Zum Schluss den Pecorino und die Butter unter den Risotto rühren und alles mit Salz und Zitronensaft abschmecken. Den Maronen-Risotto mit den gebratenen Steinpilzen auf vier vorgewärmten Tellern anrichten und servieren.

PASTA- UND GETREIDEGERICHTE

KOHLRABI
mit Amaranth-Cashew-Füllung

ZUBEREITEN 45 Min.

FÜR DIE KOHLRABI
4 große Kohlrabi
1 Knoblauchzehe
4 Zweige Thymian
2 Lorbeerblätter
400 ml Gemüsefond (s. Seite 518)
Salz · frisch geriebene Muskatnuss

FÜR DIE FÜLLUNG
2 Schalotten
1 Knoblauchzehe
120 g Amaranth
2 EL Olivenöl
2 Bund Frühlingszwiebeln
1 kleines Bund Petersilie
80 g geröstete und gesalzene
Cashewkerne
Salz · frisch gemahlener Pfeffer

FÜR DIE SAUCE
100 g Ziegenfrischkäse
2 EL gehackte Petersilie

AUSSERDEM
Kugelausstecher
Butter zum Bestreichen

1. Von den Kohlrabi das Grün bis auf die kleinen inneren Blätter abschneiden. Das obere Ende der Knollen kurz unterhalb des Blattansatzes als Deckel abschneiden. Den Boden ebenfalls knapp abschneiden. Die Kohlrabi mit einem Messer großzügig schälen.

2. Die Kohlrabi mit dem Kugelausstecher aushöhlen und dabei einen etwa 5 mm breiten Rand stehen lassen. Das Fruchtfleisch in Würfel schneiden. Die ausgehöhlten Kohlrabi mit den Kohlrabideckeln in einen Topf setzen.

3. Den Knoblauch schälen, den Thymian waschen und trocken schütteln. Knoblauch, Thymian und Lorbeerblätter zu den Kohlrabi geben und den Gemüsefond dazugießen. Das Gemüse mit Salz und Muskatnuss würzen und die Kohlrabi zugedeckt bei mittlerer Hitze je nach Größe 15 bis 20 Minuten dünsten. Kohlrabi und Deckel herausnehmen und den Sud beiseitestellen.

4. Den Backofen auf 160 °C (Ober-/Unterhitze) vorheizen. Für die Füllung die Schalotten und den Knoblauch schälen und in feine Würfel schneiden. Den Amaranth in einer beschichteten Pfanne ohne Fett rösten. Das Olivenöl zugeben, die Schalotten- und Knoblauchwürfel einstreuen und glasig anschwitzen.

5. Die Frühlingszwiebeln waschen, putzen, trocken schütteln und in feine Ringe schneiden. Die Ringe zum Amaranth in die Pfanne geben. Das Kohlrabifruchtfleisch einrühren und die Hälfte des Kohlrabisuds dazugießen. Den Amaranth bei schwacher Hitze etwa 10 Minuten köcheln lassen.

6. Die Petersilie waschen, trocken schütteln und fein hacken. Die Cashewkerne grob hacken. Beides unter den Amaranth heben. Die Amaranthmasse mit Salz und Pfeffer abschmecken und in die vorgegarten Kohlrabi füllen.

7. Eine ofenfeste Platte mit Butter bestreichen und die gefüllten Kohlrabi daraufsetzen. Die Kohlrabideckel danebenlegen und alles im Backofen (Mitte) etwa 10 Minuten erhitzen.

8. Inzwischen für die Sauce den restlichen Kohlrabisud aufkochen und bei Bedarf etwas einkochen lassen. Den Ziegenfrischkäse zugeben und die Sauce mit dem Pürierstab schaumig aufmixen. Die gefüllten Kohlrabi mit den Deckeln auf vier Tellern anrichten, mit der Sauce umgießen und mit der Petersilie bestreuen und servieren.

> **TIPP**
> Die Füllung schmeckt auch mit gewürfelten Paprikaschoten statt mit Frühlingszwiebeln sehr lecker. Für eine cremige und besonders aromatische Füllung heben Sie zusätzlich noch etwas Ziegenfrischkäse unter die Amaranthmasse.

GESCHMORTE ZWIEBELN
mit Quinoafüllung

1 Die Zwiebeln mit dem Kugelausstecher aushöhlen, dabei einen etwa 1 cm breiten Rand stehen lassen.

2 Die abgeschreckten Zwiebeln und die Zwiebeldeckel zum Abtropfen mit der Öffnung nach unten auf ein mehrfach gefaltetes Küchentuch setzen.

3 Die ausgehöhlten, gut abgetropften Zwiebeln mit der Quinoamischung füllen und jeweils einen Deckel daraufsetzen.

ZUBEREITEN 1 Std. 50 Min.

FÜR DIE ZWIEBELN
4 große weiße Zwiebeln • 200 ml Weißwein • Salz • 1 Lorbeerblatt

FÜR DIE FÜLLUNG
½ TL Koriandersamen
½ TL Öl • 40 g Butter
1 große rote Chilischote, ohne Samen, fein gewürfelt
40 g Mandelstifte • 30 g Rosinen
1 TL Ras el Hanout • 1 Msp. gemahlene Kurkuma • 120 g Quinoa • Meersalz • gemahlener Pfeffer • geriebene Muskatnuss

FÜR DAS GEMÜSE
1 Knoblauchzehe, gehackt
je 60 g klein gewürfelte Möhre, Staudensellerie, Petersilienwurzel (Röstgemüse)
4 EL Olivenöl • ½ EL Zucker
5 EL Sherryessig • Salz • frisch gemahlener Pfeffer • 3 Tomaten, gehäutet und entkernt • 3 EL sehr fein geschnittene glatte Petersilie • 1 EL Puderzucker

AUSSERDEM
Kugelausstecher • Öl für die Form

1. Die Zwiebeln schälen und jeweils ein Viertel der Knollen als Deckel abschneiden. Die Zwiebeln aushöhlen, wie oben in Step 1 gezeigt. Das ausgelöste Zwiebelfruchtfleisch klein hacken und beiseitestellen.
2. In einem großen Topf reichlich Wasser mit Wein, Salz und Lorbeerblatt aufkochen. Die ausgehöhlten Zwiebeln (ohne Deckel) einlegen, sie sollten ganz mit Sud bedeckt sein. Die Zwiebeln etwa 6 Minuten köcheln lassen. Anschließend die Deckel zugeben und noch 3 bis 4 Minuten im Sud ziehen lassen.
3. Zwiebeln und Deckel herausnehmen, in Eiswasser abschrecken und gut abtropfen lassen, wie oben in Step 2 gezeigt. Den Zwiebelsud beiseitestellen.
4. Für die Füllung die Koriandersamen im Öl anrösten und im Mörser fein zerstoßen. Die Butter zerlassen, das Zwiebelfruchtfleisch darin glasig anschwitzen, Chiliwürfel, Mandeln, Rosinen, Ras el Hanout und Kurkuma zugeben und kurz mit anschwitzen.
5. Die Quinoa zugeben, mit ¼ l Zwiebelsud auffüllen, kurz aufkochen und bei schwacher Hitze 15 bis 20 Minuten garen. Bei Bedarf noch etwas Zwiebelsud zugeben. Das Getreide mit Koriander, Salz, Pfeffer und Muskatnuss würzen und die Zwiebeln damit füllen, wie oben in Step 3 gezeigt. Den Backofen auf 160 °C (Ober-/Unterhitze) vorheizen.
6. Für das Gemüse den Knoblauch und das Röstgemüse im Olivenöl anschwitzen. Den Zucker darüberstreuen und karamellisieren lassen. Das Gemüse mit dem Sherryessig ablöschen und mit Salz und Pfeffer würzen.
7. Eine ofenfeste Form mit Öl ausstreichen und das Gemüse darin verteilen. Die gefüllten Zwiebeln daraufsetzen und im Backofen (Mitte) etwa 20 Minuten schmoren. Bei Bedarf noch etwas Zwiebelsud oder Wasser zugießen.
8. Inzwischen das Tomatenfruchtfleisch in 5 mm große Würfel schneiden. Kurz vor Ende der Garzeit die Tomatenwürfel mit der Petersilie zum Gemüse geben. Die Zwiebeln mit dem Puderzucker bestreuen und unter dem Backofengrill goldgelb karamellisieren lassen. Die gefüllten Zwiebeln mit dem Gemüse auf vier vorgewärmten Tellern anrichten und sofort servieren.

HERZHAFTE SCHAFSKÄSE-MUFFINS
mit mariniertem Gemüse

ZUBEREITEN 1 Std. 10 Min.
ERGIBT 12 MUFFINS

FÜR DAS GEMÜSE
2 gegarte Rote Beten (vakuumverpackt)
2 Knoblauchzehen
⅛ l Olivenöl
1 TL zerstoßener schwarzer Pfeffer
3 Zucchini • feines Meersalz

FÜR DIE MUFFINS
3 Eier (Größe L) • 1 gehäufter TL Zucker
1 TL Meersalz • 1 Knoblauchzehe
65 ml Olivenöl • ¼ l Buttermilch
310 g Weizenmehl Type 405
2 Päckchen Backpulver
1 gestr. TL geräuchertes Paprikapulver (z. B. von bosfood)
1 geh. TL getrocknete Kräuter der Provence
125 g Schafskäse
65 g Sahnequark (40 % Fett)

FÜR DIE VINAIGRETTE
3 Bio-Orangen
1 kleiner Zweig Rosmarin
15 g Rosinen • etwa 1 ½ TL Zucker
1 gestrichener TL feines Himalajasalz
2 ½ EL Champagneressig (ersatzweise guter Weißweinessig)
1 cl Orangenlikör (z. B. Cointreau)
2 cl PX Sherry (ersatzweise Cream Sherry)
1 Msp. Johannisbrotkernmehl
50 ml Traubenkernöl

FÜR DIE GARNITUR
8 Kopfsalatherzen
1–2 Zweige Rosmarin

AUSSERDEM
Muffinblech
Butter und Mehl fürs Blech
Grillpfanne

1. Für das Gemüse die Roten Beten schälen, große Knollen halbieren und in dünne Scheiben schneiden. Den Knoblauch schälen und zerdrücken. Knoblauch, Olivenöl und Pfeffer mit dem Pürierstab fein mixen.
2. Die Zucchini waschen, trocken tupfen und längs in etwa 1 cm dicke Scheiben schneiden. Die Scheiben in das Knoblauchöl legen und mindestens 30 Minuten marinieren.
3. In der Zwischenzeit für die Muffins den Backofen auf 180 °C (Ober-/Unterhitze) vorheizen. Die Mulden des Muffinblechs mit Butter ausstreichen und mit Mehl ausstreuen. Eier, Zucker und Salz schaumig schlagen. Den Knoblauch schälen, fein hacken und mit dem Olivenöl verrühren. Knoblauchöl und Buttermilch nach und nach unter die Eier rühren.
4. Mehl, Backpulver, Paprikapulver und Kräuter der Provence mischen. Die Mehlmischung zügig unter die Eimasse rühren. Den Schafskäse in kleine Würfel schneiden und mit dem Quark unter den Teig heben. Die Mulden des Blechs zu zwei Dritteln mit Teig füllen und die Muffins im Ofen (Mitte) in etwa 20 Minuten goldbraun backen. Zur Garprobe mit einem Holzstäbchen in ein Muffin stechen. Haftet beim Herausziehen kein Teig mehr daran, sind sie fertig. Die Muffins herausnehmen, kurz abkühlen lassen und aus der Form lösen.
5. Die Zucchinischeiben aus der Marinade nehmen und abtropfen lassen. Die Grillpfanne bei mittlerer Hitze erwärmen und die Zucchini gleichmäßig von beiden Seiten grillen, bis ein Muster entsteht, und mit Meersalz würzen.
6. Für die Vinaigrette die Orangen heiß abwaschen und abtrocknen. Die Schale dünn abreiben, die Früchte auspressen und 175 ml Saft abmessen. Den Rosmarin waschen, trocken schütteln und die Nadeln abzupfen. Die Rosinen grob hacken.
7. Orangenschale und -saft, Rosmarin, Rosinen, Zucker, Salz, Essig, Likör, Sherry und Johannisbrotkernmehl mit dem Pürierstab fein mixen. Das Traubenkernöl nach und nach unterschlagen und die Vinaigrette abschmecken.
8. Für die Garnitur die Kopfsalatherzen waschen, trocken schütteln und halbieren. Den Rosmarin waschen, trocken schütteln und die Nadeln abzupfen.
9. Kopfsalatherzen, Rote-Bete- und Zucchinischeiben auf vier Tellern anrichten. Salat und Gemüse jeweils mit 3 bis 4 EL Orangen-Rosinen-Vinaigrette beträufeln, mit Rosmarin bestreuen und mit den Muffins servieren.

> **TIPP**
> Wie viel Zucker Sie genau für die Vinaigrette benötigen, hängt von der Süße des Orangensafts ab. Für einen frischeren Geschmack geben Sie noch 1 Spritzer Zitronensaft in die Vinaigrette.

PIKANTER KAISERSCHMARRN
mit Quitten-Pilz-Ragout

ZUBEREITEN 1 Std. 20 Min.

FÜR DAS RAGOUT
1 rote Zwiebel
1 Stück frischer Ingwer (2 cm)
200 g frische Spitzmorcheln oder Kräuterseitlinge
2 Quitten
Öl zum Braten • Salz • Zucker
100 ml Tomatensaft
100 ml Maracujanektar
1 Vanilleschote
100 ml Gemüsefond (s. Seite 518, nach Bedarf)
2 Stängel Minze (nach Belieben)

FÜR DEN KAISERSCHMARRN
1 Stängel Zitronengras
2 Bund Rosmarin
1 EL Szechuan-Pfeffer
300 ml Milch
4 Eier
1 TL Currypulver
1 Prise frisch geriebene Muskatnuss
1 Prise Zucker • 1 TL Salz
250 g Dinkelmehl (Type 1050)
3–4 EL Öl
1 EL Muscovadozucker (ersatzweise brauner Zucker)

1. Für das Ragout die Zwiebel schälen und in feine Streifen schneiden. Den Ingwer schälen, in feine Würfel schneiden und 1 TL abmessen. Die Pilze mit einem Pinsel oder Küchenpapier sauber abwischen und vierteln. Die Quitten waschen, vierteln, schälen und das Kerngehäuse entfernen. Die Viertel in feine Scheiben schneiden.
2. Etwas Öl in einer Pfanne erhitzen und die Zwiebelstreifen darin kurz anbraten. Die Pilze und den Ingwer einstreuen und goldgelb anbraten. Die Pilze mit Salz und Zucker würzen und mit Tomatensaft und Maracujanektar ablöschen.
3. Die Vanilleschote längs halbieren, zu den Pilzen geben und alles etwa 5 Minuten weiterköcheln lassen. Die Quittenscheiben in den Fond legen und 5 Minuten mitkochen lassen. Bei Bedarf noch etwas Gemüsefond oder Wasser dazugießen und das Quitten-Pilz-Ragout vom Herd nehmen.
4. Für den Kaiserschmarrn vom Zitronengras die harten Außenblätter entfernen. Den Stängel waschen und in feine Ringe schneiden. Den Rosmarin waschen und trocken schütteln. Die Nadeln abzupfen und fein schneiden. Zitronengras, Rosmarin und Szechuan-Pfeffer in einem Topf ohne Öl etwa 2 Minuten erwärmen. Vom Herd nehmen, die Milch dazugießen und 20 Minuten ziehen lassen.
5. Den Backofen auf 200 °C (Ober-/Unterhitze) vorheizen. Die Eier trennen und die Eiweiße zu steifem Schnee schlagen. Die Eigelbe mit Currypulver, Muskatnuss, Zucker und Salz verrühren. Die aromatisierte Milch durch ein feines Sieb dazugießen, das Mehl zugeben und alles zu einem festen Teig verrühren. Zuletzt den Eischnee unterheben.
6. Das Öl in einer breiten ofenfesten Pfanne erhitzen. Den Teig hineingeben und bei schwacher Hitze anbraten, bis der Rand goldgelb ist. Die Pfanne in den Ofen (Mitte) stellen und den Teig noch etwa 5 Minuten garen.
7. Den Kaiserschmarrn aus dem Ofen nehmen und mithilfe eines flachen Deckels wenden. Auf den Herd stellen, mit Muscovadozucker bestreuen und karamellisieren lassen. Den Kaiserschmarrn mit zwei Holzlöffeln in etwa 2 cm große Stücke zerteilen.
8. Das Quitten-Pilz-Ragout wieder erwärmen. Nach Belieben die Minzestängel waschen, trocken schütteln, die Blätter fein schneiden und unterheben. Den Kaiserschmarrn auf vier Tellern anrichten und das heiße Ragout darauf verteilen. Sofort servieren.

> **TIPP**
> Wenn's noch etwas gehaltvoller sein soll: Servieren Sie zu diesem pikanten Kaiserschmarrn gebratenen Seitan oder Räuchertofu.

PASTA- UND GETREIDEGERICHTE

FETTUCCINE MIT TRÜFFELN

1 Die Teigbahnen mit dem Bandnudel-Vorsatz in 4 mm breite Fettuccine schneiden.

2 Die Trüffeln mit einer Pilzbürste oder einem Pinsel sorgfältig von anhaftenden Erdresten befreien, tiefe Furchen ausschneiden.

3 Die Trüffeln mit einem speziellen Trüffelhobel in hauchdünne Scheiben entweder auf ein Küchenbrett ...

4 ... oder, noch besser, direkt über die fertigen Fettuccine hobeln.

ZUBEREITEN 1 Std. 20 Min.
RUHEN 1 Std.

FÜR DIE FETTUCCINE
300 g doppelgriffiges Weizenmehl
2 Eier • 4 Eigelbe
½ TL Salz

FÜR DIE SAUCE
2 rote Chilischoten
250 g Sahne
Salz • frisch gemahlener weißer Pfeffer
60 g Sommertrüffeln oder weiße Trüffeln

FÜR DIE GARNITUR
1 EL fein geschnittene Basilikumblätter
geriebener Parmesan (nach Belieben)

AUSSERDEM
Nudelmaschine mit Vorsatz für Bandnudeln
Mehl zum Arbeiten

1. Für die Fettuccine das Mehl auf die Arbeitsfläche sieben und in die Mitte eine Mulde drücken. Eier, Eigelbe und Salz hineingeben und mit einer Gabel verquirlen. Dabei das Mehl vom Rand her langsam mit einrühren und alles zu einem glatten Teig verkneten. Wird er zu fest, 1 EL Wasser unterkneten. Den Teig zu einer Kugel formen, in Frischhaltefolie wickeln und 1 Stunde ruhen lassen.

2. Den Teig in Portionen teilen und mit der Nudelmaschine bis zur gewünschten Stärke ausrollen und schneiden, wie oben in Step 1 beschrieben. Anschließend die Nudeln auf einem bemehlten Brett antrocknen lassen.

3. Inzwischen für die Sauce die Chilischoten waschen, halbieren und Samen und Trennwände entfernen. Die Hälften in sehr feine Streifen schneiden. Die Sahne in einem Topf erhitzen und auf die Hälfte einkochen lassen. Die Chilistreifen einstreuen, die Sauce mit Salz und Pfeffer abschmecken und vom Herd nehmen.

4. Die Trüffeln säubern, wie oben in Step 2 beschrieben. Die Fettuccine in sprudelnd kochendem Salzwasser in 2 bis 3 Minuten bissfest garen, abgießen und gut abtropfen lassen.

5. Die Pasta auf vier vorgewärmte Teller verteilen und mit der Sahnesauce übergießen. Zum Schluss die Trüffeln in hauchdünne Scheiben hobeln, wie oben in Step 3 und 4 gezeigt. Die Fettuccine mit Basilikum und nach Belieben noch mit etwas Parmesan bestreuen und sofort servieren.

SPARGELLASAGNE
mit zweierlei Spargel

ZUBEREITEN 2 Std. 15 Min.
RUHEN 30 Min.

FÜR DEN NUDELTEIG
1 Msp. Safranpulver
3 Eier (Größe M)
300 g Weizenmehl Type 405 • ¾ TL Salz

FÜR DIE SAUCE MORNAY
2 Schalotten • 1 Knoblauchzehe
40 g Butter • 40 g Weizenmehl Type 405
¼ l kalte Milch • 200 g Sahne
Salz • 1 Prise frisch geriebene Muskatnuss
1 Eigelb (Größe M)
30 g frisch geriebener, junger Parmesan

FÜR DEN SPARGEL
je 500 g weißer und grüner Spargel
Salz • 30 g Zucker • 1 EL Zitronensaft
1 Bund Estragon, Blättchen abgezupft und fein gehackt
abgeriebene Schale von 2 Bio-Orangen
frisch gemahlener Pfeffer
50 g Butter

FÜR DAS ORANGENÖL
Saft von 2 Bio-Orangen
4 cl trockenen Wermut (z. B. Noilly Prat)
Salz • 2 EL fruchtiges Olivenöl

AUSSERDEM
Nudelmaschine
Ausstechring (11 cm Ø)
4 Servierringe aus Metall (10 cm Ø)
Butter für das Blech und die Servierringe
Zesten von 1 Bio-Orange (nach Belieben)

1. Für den Nudelteig das Safranpulver mit 1 EL warmem Wasser verrühren und mit den Eiern verquirlen. Mehl, Salz und Safran-Eier-Mischung zu einem glatten Teig verkneten. Bei Bedarf noch 1 bis 2 EL Wasser zugeben. Den Teig in Frischhaltefolie wickeln und im Kühlschrank mindestens 30 Minuten ruhen lassen.

2. In der Zwischenzeit für die Sauce die Schalotten und den Knoblauch schälen und fein würfeln. In einem Topf die Butter zerlassen und die Schalotten- und Knoblauchwürfel darin glasig anschwitzen. Das Mehl zugeben und mindestens 5 Minuten mit anschwitzen, ohne dass es Farbe annimmt.

3. Die kalte Milch mit der Sahne vermischen, rasch unter die Butter-Mehl-Mischung rühren und unter ständigem Rühren aufkochen lassen. Die Sauce mit Salz und Muskat würzen und mindestens 10 Minuten unter mehrmaligem Rühren weiterköcheln lassen. Den Topf vom Herd nehmen, die Sauce etwas abkühlen lassen und das Eigelb sowie den Parmesan untermischen.

4. Den weißen Spargel schälen und die Enden abschneiden. Vom grünen Spargel bei Bedarf das untere Drittel schälen und die Enden abschneiden. Reichlich Wasser mit Salz, Zucker und Zitronensaft aufkochen. Zuerst den weißen und dann den grünen Spargel darin je nach Dicke der Stangen in 8 bis 12 Minuten bissfest garen.

5. Beide Spargelsorten getrennt in kaltem Wasser abschrecken und gut abtropfen lassen. Jeweils vier grüne und vier weiße, etwa 4 cm lange Spargelspitzen abschneiden und beiseitelegen. Den restlichen Spargel nach Farbe getrennt in kleine Stücke schneiden.

6. Den Teig mit der Nudelmaschine zu möglichst dünnen Bahnen ausrollen und in 12, etwa 15 cm lange, Blätter teilen.

Die Teigblätter in kochendem Salzwasser etwa 2 Minuten garen, herausnehmen, kalt abschrecken und abtropfen lassen. Aus den Nudelblättern mit dem Ausstechring jeweils einen Kreis ausstechen.

7. Den Spargel nach Farbe getrennt mit jeweils der Hälfte der Sauce pürieren und nach Belieben durch ein Sieb streichen. Den Estragon unter das grüne und die Orangenschale unter das weiße Spargelpüree rühren. Beide Pürees mit Salz und Pfeffer abschmecken.

8. Den Backofen auf 180 °C (Ober-/Unterhitze) vorheizen. Ein Backblech mit Butter bestreichen. Die Servierringe mit Butter ausstreichen und auf das Blech stellen. Jeweils 1 Nudelblatt hineinlegen. Zuerst das grüne Püree einfüllen, mit einem Nudelblatt belegen, dann das weiße Püree einfüllen und mit einem dritten Nudelblatt abdecken. Die Lasagne mit 30 g zerlassener Butter bestreichen und im Backofen (Mitte) etwa 20 Minuten backen.

9. In der Zwischenzeit für das Orangenöl den Orangensaft mit dem Wermut bei mittlerer Hitze auf 2 EL einkochen, mit Salz abschmecken, vom Herd nehmen und das Olivenöl unterrühren.

10. Zum Anrichten die restlichen Spargelspitzen kurz in 20 g Butter anschwitzen. Die Lasagne auf vorgewärmte Teller setzen, die Ringe abziehen und die Spargelspitzen auflegen. Die Lasagne mit dem Orangenöl beträufeln, mit Pfeffer bestreuen, nach Belieben mit Orangenzesten garnieren und sofort servieren.

» Ich halte Kochen für einen schöpferischen Vorgang, der sich allerdings von den Künsten dadurch unterscheidet, dass man ihn unmittelbar vom Endprodukt her genießen kann. «

GÜNTER GRASS

GORGONZOLA-RAVIOLI
mit Marillenchutney

 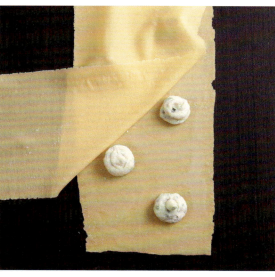 

1 Auf drei Teigbahnen die Gorgonzolacreme in kirschgroßen Häufchen aufspritzen, dabei jeweils etwa 5 cm Abstand lassen.

2 Den Teig rund um die Füllung dünn mit Wasser bepinseln. Jeweils eine zweite Teigbahn auflegen und gut andrücken, dabei darauf achten, dass sich keine Luftblasen bilden.

3 Mit einem gewellten Ausstechring (6 cm Ø) Ravioli ausstechen und auf einem bemehlten Brett kurz antrocknen lassen.

ZUBEREITEN 2 Std. 15 Min. • RUHEN 1 Std.

FÜR DEN NUDELTEIG
3 Eier (Größe M) • 2 Eigelbe (Größe M)
2 EL Olivenöl • Salz • 250 g Weizenmehl Type 405 • 50 g Hartweizengrieß

FÜR DIE FÜLLUNG
300 g Gorgonzola • 4 EL Milch • 40 g frisch geriebener Parmesan • Pfeffer • Muskat

FÜR DAS CHUTNEY
500 g Aprikosen (Marillen) • Saft von 1 Zitrone • 3 EL Walnussöl • 30 g Lavendelhonig • 75 g Zucker • 2 ½ EL Honigessig (ersatzweise Aceto balsamico bianco) 60 g Schalottenwürfel • 30 g fein gehackter Ingwer • 1 kleine rote Chilischote, fein gewürfelt • Salz • ½ TL gemahlener Koriander • Mark von ½ Vanilleschote 30 g grob gehackte Walnusskerne

FÜR DIE WALNUSSBUTTER
120 g Butter • Salz • 2 EL gehackte Walnüsse

FÜR DIE GARNITUR
100 g frisch geriebener Parmesan • fein geschnittene und ganze Basilikumblätter

1. Für den Nudelteig Eier, Eigelbe, Öl und Salz verquirlen. Mehl und Grieß auf die Arbeitsfläche sieben und in die Mitte eine Mulde drücken. Die Eier hineingießen und alles zu einem glatten Teig verkneten. Den Nudelteig in Frischhaltefolie wickeln und 1 Stunde im Kühlschrank ruhen lassen.

2. Für die Füllung den Gorgonzola grob würfeln, mit der Milch in eine Metallschüssel geben und über einem heißen Wasserbad erwärmen. Den Parmesan unterrühren und die Käsemasse mit Pfeffer und Muskatnuss abschmecken.

3. Für das Chutney den Backofen auf 160 °C (Umluft) vorheizen. Die Aprikosen waschen, halbieren und entsteinen. Die Hälften mit der Schnittfläche nach unten auf ein Backblech setzen. Zitronensaft, Walnussöl und Honig verrühren, die Aprikosen damit bestreichen und im Ofen (Mitte) 8 Minuten garen. Die Aprikosen herausnehmen, abkühlen lassen, häuten und in 5 mm große Würfel schneiden. Den entstandenen Fond auffangen.

4. Zucker und Essig in einem Topf erhitzen, bis sich der Zucker gelöst hat. Schalotten, Ingwer und Chili zugeben und alles kurz aufkochen. Aprikosenwürfel und -fond, Salz, Koriander und Vanillemark einrühren und alles bei mittlerer Hitze 30 Minuten köcheln lassen. Die Nüsse unterheben und alles nochmals kurz aufkochen lassen. Das Chutney heiß in zwei saubere Schraubgläser (je 220 ml) füllen.

5. Den Nudelteig in 6 Portionen teilen und diese mit der Nudelmaschine zu dünnen Bahnen ausrollen. Die Gorgonzolamasse in einen Spritzbeutel füllen und weiterarbeiten, wie oben in Step 1 bis 3 gezeigt. Die fertigen Ravioli in kochendem Salzwasser 4 bis 5 Minuten garen. Sobald sie an die Oberfläche steigen, mit einer Schaumkelle herausheben und abtropfen lassen.

6. Für die Walnussbutter die Butter in einem Topf zerlassen und leicht bräunen. Die Butter vorsichtig salzen und die gehackten Nüsse einrühren.

7. Die Gorgonzola-Ravioli auf vier vorgewärmten Tellern anrichten, mit der Walnussbutter beträufeln, mit Parmesan und Basilikum bestreuen und sofort servieren. Das Chutney separat dazu reichen.

CANNELLONI
mit Auberginen-Einkorn-Füllung

ZUBEREITEN 2 Std.

FÜR DAS AUBERGINENPÜREE
1 Aubergine (etwa 250 g) • 1 EL Olivenöl
Salz • je 3 Zweige Rosmarin und Thymian

FÜR DAS GETREIDE
100 g Zwiebeln • 2 EL Olivenöl
125 g Einkornkörner (aus dem Bioladen, ersatzweise Grünkern) • 1 Lorbeerblatt
½ l Gemüsefond (s. Seite 518)
je 50 g Möhre und Knollensellerie, 5 mm groß gewürfelt

FÜR DEN EINKORN-COUSCOUS
2 EL Olivenöl • 80 g Einkornschrot (aus dem Bioladen, gemahlen auf Stufe 7)
100 g Zucchiniwürfel (5 mm groß)
150 ml Gemüsefond • 1 Lorbeerblatt
20 g Vadouvan-Gewürzmischung (z. B. von Ingo Holland)
Salz • frisch gemahlener Pfeffer
1 gestrichener TL Ras el Hanout
50 g getrocknete Tomaten
1 EL fein geschnittene Petersilie
1 EL fein geschnittene Minzeblätter (ersatzweise 1 TL getrocknete Minze)
30 g geriebener reifer Bergkäse (ersatzweise Parmesan)

FÜR DIE CANNELLONI
8 Lasagneblätter • Salz
25 Basilikumblätter

FÜR DIE TOMATENSAUCE
50 g Schalotten • 2 Knoblauchzehen
2 EL Olivenöl • 80 ml Weißwein
500 g stückige Tomaten (aus der Dose)
5 EL Gemüsefond • 2 Msp. Johannisbrotkernmehl oder Speisestärke
1 TL abgezupfte Thymianblättchen
1 EL fein geschnittene Basilikumblätter
Salz • Zucker • Zitronenpfeffer

AUSSERDEM
Basilikumblätter zum Bestreuen
1 ½ EL Olivenöl zum Beträufeln

1. Für das Auberginenpüree den Backofen auf 180 °C (Umluft) vorheizen. Die Aubergine waschen und längs halbieren. Die Schnittflächen kreuzweise einschneiden, mit Olivenöl beträufeln und salzen. Rosmarin und Thymian waschen und trocken schütteln. Je 1 Zweig auf die Hälften legen, diese nebeneinander in Alufolie wickeln und im Ofen (Mitte) in etwa 45 Minuten weich garen.

2. Inzwischen für das Getreide die Zwiebeln schälen und in feine Würfel schneiden. Das Olivenöl in einem Topf erhitzen und die Hälfte der Zwiebeln darin glasig anschwitzen. Die Einkornkörner einstreuen und 3 Minuten mit anschwitzen. Je 1 Zweig Rosmarin und Thymian, Lorbeerblatt sowie den Gemüsefond zugeben und alles 30 Minuten köcheln lassen. Dann Möhren- und Selleriewürfel einrühren und 10 Minuten mitköcheln, bis die Getreidekörner leicht bissfest sind und der Fond weitgehend aufgesogen ist.

3. Die Aubergine aus der Folie wickeln. Das Fruchtfleisch von der Schale lösen, klein hacken und in einen Topf geben. Das Auberginenfruchtfleisch aufkochen, bei starker Hitze etwa 10 Minuten unter Rühren trocken garen und pürieren oder mit einer Gabel fein zerdrücken, beiseitestellen.

4. Für den Couscous das Olivenöl in einem Topf erhitzen und die restlichen Zwiebelwürfel darin glasig anschwitzen. Den Einkornschrot einstreuen und kurz mitrösten. Die Zucchiniwürfel zugeben und 2 Minuten mitgaren. Je 1 Zweig Rosmarin und Thymian, Lorbeerblatt sowie den Gemüsefond zufügen und den Schrot bei schwacher Hitze 15 Minuten quellen lassen, bis er weich ist. Nach 10 Minuten das Vadouvan einrühren.

5. Das Auberginenpüree, die gegarten Einkornkörner sowie den Einkorn-Couscous verrühren und mit Salz, Pfeffer und Ras el Hanout abschmecken. Die Tomaten klein schneiden und mit Petersilie, Minze und einem Drittel vom Käse unterheben.

6. Für die Cannelloni die Lasagneblätter portionsweise in kochendem Salzwasser nach Packungsangabe bissfest garen. Die Lasagneblätter einzeln herausnehmen, abtropfen lassen und auf ein Küchentuch legen. Die Einkorn-Auberginen-Masse gleichmäßig darauf verteilen und die Blätter aufrollen. Die Cannelloni mit etwas Abstand zueinander in eine passende Auflaufform legen.

7. Den Backofen auf 170 °C (Ober-/Unterhitze) vorheizen. Für die Tomatensauce Schalotten und Knoblauch schälen und fein würfeln. Das Öl in einem Topf erhitzen und beides darin hell anschwitzen. Die Zwiebel-Knoblauch-Mischung mit dem Wein ablöschen und diesen vollständig einkochen lassen. Tomaten und Gemüsefond zugeben und alles bei schwacher Hitze 4 Minuten köcheln lassen. Das Johannisbrotkernmehl rasch einrühren und 1 Minute mitköcheln lassen. Thymian und Basilikum zufügen und die Sauce mit Salz, Zucker und Zitronenpfeffer abschmecken.

8. Die Tomatensauce um und zwischen die Cannelloni verteilen und diese mit dem restlichen Käse bestreuen. Die Form in den Ofen (Mitte) schieben und die Cannelloni etwa 15 Minuten backen. Die Cannelloni herausnehmen, auf vier vorgewärmten Tellern anrichten, mit Basilikum bestreuen und mit etwas Olivenöl beträufeln.

PASTIZIO MIT DINKEL

ZUBEREITEN 30 Min.
QUELLEN 1 Std.
BACKEN 30 Min.

FÜR DEN DINKELSCHROT
100 ml Gemüsefond (s. Seite 518)
1 Lorbeerblatt
50 g Dinkelschrot
Salz • frisch gemahlener Pfeffer

FÜR DIE TOMATENSAUCE
1 kleine Zwiebel (50 g)
1 Knoblauchzehe
5 EL Olivenöl
400 g stückige Tomaten (aus der Dose)
1 gestr. TL Salz
2 Msp. frisch gemahlener Pfeffer
1 Lorbeerblatt
6 große Stängel Basilikum

FÜR DEN AUFLAUF
Salz
200 g Makkaroni
40 g frisch geriebener Bergkäse
1 kleiner Zucchino (100 g)
4 Kirschtomaten

FÜR DIE BÉCHAMELSAUCE
3 EL Olivenöl
50 g Weizenmehl Type 405
400 ml Milch
1 Lorbeerblatt
1 gestr. TL Salz
2 Msp. frisch gemahlener Pfeffer
1 Msp. frisch geriebene Muskatnuss
40 g geriebener Bergkäse • 1 Ei

AUSSERDEM
1 EL Olivenöl für die Form

1. Für den Dinkelschrot den Gemüsefond mit dem Lorbeerblatt in einem Topf aufkochen. Den Dinkelschrot einstreuen und bei sehr schwacher Hitze unter Rühren 2 bis 3 Minuten köcheln lassen. Alles kräftig mit Salz und Pfeffer würzen, vom Herd nehmen und den Dinkelschrot zugedeckt mindestens 1 Stunde quellen lassen.

2. Für die Tomatensauce Zwiebel und Knoblauch schälen und in feine Würfel schneiden. Das Olivenöl in einem Topf erhitzen und beides darin glasig anschwitzen. Tomaten, Salz, Pfeffer und Lorbeerblatt zugeben und alles bei schwacher Hitze 2 Minuten köcheln lassen. Das Basilikum waschen, trocken schütteln und die Blätter abzupfen. Diese fein schneiden und in die Sauce rühren, dann den Dinkelschrot unterheben.

3. Für den Auflauf Wasser in einem großen Topf aufkochen und salzen. Die Makkaroni im kochenden Salzwasser nach Packungsangabe bissfest garen, in ein Sieb abgießen und gut abtropfen lassen.

4. Den Backofen auf 160 °C (Ober-/Unterhitze) vorheizen. Eine Auflaufform mit Olivenöl ausstreichen. Die Makkaroni einschichten und mit 30 g Bergkäse bestreuen. Anschließend die Dinkel-Tomaten-Sauce gleichmäßig darauf verteilen. Den Zucchino waschen, putzen und längs in dünne Scheiben schneiden. Die Scheiben auf die Sauce legen und den Auflauf beiseitestellen.

5. Für die Béchamelsauce das Olivenöl in einem Topf erhitzen, das Mehl einstreuen und gut mit dem Öl verrühren. Die Milch einrühren und unter Rühren aufkochen. Das Lorbeerblatt zugeben und alles mit Salz, Pfeffer und Muskatnuss würzen.

6. Die Béchamelsauce bei schwacher Hitze 1 bis 2 Minuten köcheln lassen, vom Herd nehmen und 2 Minuten abkühlen lassen. Zuletzt den Bergkäse und das Ei einrühren. Die Béchamelsauce auf den Zucchinischeiben verstreichen.

7. Den Auflauf im Ofen (Mitte) 15 Minuten backen. Inzwischen die Kirschtomaten waschen und halbieren. Den Auflauf mit den Tomatenhälften belegen und in weiteren 15 bis 30 Minuten fertig backen. Das Pastizio herausnehmen, auf vorgewärmten Tellern anrichten und sofort servieren.

PASTA- UND GETREIDEGERICHTE

🌿 REISNUDELN
mit gebratenem Gemüse

ZUBEREITEN 1 Std. 15 Min.

FÜR DIE NUDELN
140 g breite Reisnudeln
Salz

FÜR DAS GEMÜSE
50 g kleine rote Thai-Zwiebeln oder Thai-Schalotten (aus dem Asia-Laden)
1 Knoblauchzehe
1 Stück frischer Galgant (10 g, ersatzweise frischer Ingwer)
1 Stängel Zitronengras
2 kleine rote Chilischoten
100 g Baby-Maiskolben
100 g Zuckerschoten
200 g kleine runde Auberginen
150 g rote Paprikaschoten
100 g Shiitake-Pilze
4 EL Erdnussöl
Salz · frisch gemahlener Pfeffer
1 EL fein geschnittenes Thai-Basilikum

FÜR DIE WÜRZSAUCE
100 ml Gemüsefond (s. Seite 518)
2 EL Sojasauce
2 EL vegetarische Austernsauce
1 EL Mirin (japanischer süßer Reiswein, aus dem Asialaden)
½ TL Speisestärke

AUSSERDEM
Thai-Basilikumblättchen zum Garnieren

1. Für die Nudeln die Reisnudeln in kochendem Salzwasser knapp bissfest garen, in ein Sieb abgießen, kalt abschrecken und gut abtropfen lassen. Die Reisnudeln bis zur Verwendung beiseitestellen.

2. Für das Gemüse Thai-Zwiebeln, Knoblauch und Galgant schälen und alles in feine Würfel schneiden. Vom Zitronengras die harten Außenblätter entfernen. Den Stängel waschen und in feine Scheiben schneiden. Die Chilischoten waschen, halbieren und Samen und Trennwände entfernen. Die Hälften in feine Streifen schneiden.

3. Die Maiskolben in kochendem Wasser 2 Minuten blanchieren und sofort in eiskaltem Wasser abschrecken. Die Kolben längs halbieren. Die Zuckerschoten waschen und putzen. Die Auberginen waschen, putzen und vierteln. Die Paprikaschoten waschen, halbieren, Stielansatz, Samen und Trennwände entfernen. Die Hälften in 1,5 cm große Würfel schneiden. Die Shiitake-Pilze putzen, die harten Stiele entfernen und die Hüte je nach Größe halbieren oder vierteln.

4. Für die Würzsauce Gemüsefond, Sojasauce, vegetarische Austernsauce, Mirin und Speisestärke in einer kleinen Schüssel gut verrühren.

5. Das Erdnussöl in einem Wok erhitzen. Thai-Zwiebeln, Knoblauch, Galgant, Zitronengras und Chili darin unter Rühren anschwitzen. Den Mais zugeben und kurz mit anschwitzen. Zuckerschoten, Auberginen, Paprika und Pilze zufügen und unter Rühren in 5 bis 6 Minuten bissfest braten.

6. Die Würzsauce zum Gemüse gießen und alles einmal aufkochen lassen. Die Reisnudeln vorsichtig unterheben und kurz erwärmen. Das Gemüse mit Salz und Pfeffer abschmecken und mit Thai-Basilikum bestreuen.

7. Die Reisnudeln mit dem gebratenen Gemüse auf vier vorgewärmten tiefen Tellern oder in Schalen anrichten und mit Thai-Basilikumblättchen garnieren. Sofort servieren.

TEUBNER Vegetarisch

BUCHWEIZENKNÖDEL
mit warmem Tomatensalat

ZUBEREITEN 1 Std.
QUELLEN 30 Min.

FÜR DIE KNÖDEL
100 g Brötchen vom Vortag
80 g trockenes Schüttelbrot
150 ml lauwarme Milch
1 Knoblauchzehe
1 Zwiebel (60 g)
50 g Lauch
110 g Butter
2 EL gehackte Kräuter (Petersilie, Schnittlauch, Liebstöckel)
Salz • frisch gemahlener weißer Pfeffer
1 Msp. frisch geriebene Muskatnuss
2 Eier
60 g Buchweizenmehl
180 g Südtiroler Bergkäse (ersatzweise anderer Bergkäse)

FÜR DEN TOMATENSALAT
600 g Tomaten
40 g Schalotten
100 g Staudensellerie
3 EL Olivenöl
2 EL Rotweinessig
Salz • frisch gemahlener Pfeffer

1. Für die Knödel die Brötchen in dünne Scheiben schneiden, das Schüttelbrot fein zerkrümeln. Beides in eine Schüssel geben, mit der lauwarmen Milch übergießen und mindestens 15 Minuten quellen lassen. Knoblauch und Zwiebel schälen und in feine Würfel schneiden. Den Lauch putzen, sorgfältig waschen, trocken schütteln und in sehr feine Streifen schneiden.

2. In einer Pfanne 20 g Butter zerlassen und Knoblauch, Zwiebel und Lauch darin hell anschwitzen. Die Lauchmischung zum eingeweichten Brot geben. Die Kräuter, ½ TL Salz, Pfeffer, Muskatnuss, Eier und Buchweizenmehl zufügen und alles zu einem lockeren Teig verkneten. Diesen nochmals 15 Minuten quellen lassen.

3. Den Bergkäse in kleine Würfel schneiden und unter den Teig mengen. Aus dem Teig 12 kleine Knödel formen. In einem Topf Wasser aufkochen und salzen. Die Knödel einlegen und bei schwacher bis mittlerer Hitze in 12 bis 15 Minuten gar ziehen lassen.

4. In der Zwischenzeit für den Salat die Tomaten 10 Sekunden in kochendem Wasser blanchieren und sofort in eiskaltem Wasser abschrecken. Die Tomaten häuten, Stielansatz und Samen entfernen und das Fruchtfleisch in Würfel schneiden. Die Schalotten schälen und in feine Würfel schneiden. Den Staudensellerie waschen, putzen und die Blätter abzupfen. Eventuelle Fäden von den Selleriestangen abziehen und die Stangen in feine Streifen schneiden.

5. Das Olivenöl erhitzen und die Schalotten darin hell anschwitzen. Den Staudensellerie zufügen und 3 Minuten mit anschwitzen. Die Tomatenwürfel zugeben und ebenfalls 2 Minuten anschwitzen. Den Salat mit Essig, Salz und Pfeffer würzen. 1 EL Sellerieblätter fein schneiden und unterheben.

6. Die restliche Butter in einem Pfännchen braun aufschäumen lassen. Den lauwarmen Tomatensalat auf vier vorgewärmten Tellern anrichten. Die Knödel mit einem Schaumlöffel aus dem Wasser heben, abtropfen lassen und auf dem Salat anrichten. Die Buchweizenknödel mit der braunen Butter übergießen und sofort servieren.

POLENTASCHNITTEN
mit Steinpilzfüllung

1 Jeweils 1 bis 2 EL der Pilzmasse auf die Hälfte der Rechtecke geben und mit einem Messer gleichmäßig verstreichen.

2 Die gefüllten Polentaschnitten zum Panieren erst in Mehl, dann in den verquirlten Eiern und zum Schluss in den Semmelbröseln wenden.

3 Das Sonnenblumenöl in einer beschichteten Pfanne erhitzen und die Polentaschnitten darin langsam von beiden Seiten goldgelb braten.

ZUBEREITEN 1 Std. 50 Min.

FÜR DIE POLENTA
¾ l Milch • ½ TL Salz • frisch geriebene Muskatnuss • 80 g Butter • 150 g Maisgrieß

FÜR DIE FÜLLUNG
250 g Steinpilze (ersatzweise 80 g getrocknete Steinpilze, eingeweicht und gut ausgedrückt)
50 g Schalotten • 1 Knoblauchzehe
20 g Butter • 1 EL gehackte Petersilie
1 TL Thymianblättchen
Salz • frisch gemahlener Pfeffer
2 EL Sahne • 80 g Fontina

FÜR DIE PANADE
2 Eier • 50 g Weizenmehl Type 405
150 g Semmelbrösel

FÜR DIE TOMATENSAUCE
600 g Tomaten • 1 Zwiebel (60 g) • 1 Knoblauchzehe • 3 EL Olivenöl • Salz • Pfeffer
2 EL fein geschnittene Basilikumblätter

AUSSERDEM
1 TL Olivenöl für das Blech
⅛ l Sonnenblumenöl zum Braten

1. Für die Polenta Milch, Salz, Muskatnuss und Butter in einem Topf aufkochen und vom Herd nehmen. Den Maisgrieß mit dem Schneebesen einrühren und bei schwacher Hitze unter ständigem Rühren 10 Minuten quellen lassen. Ein Backblech mit Olivenöl bepinseln. Die Maisgrießmasse etwa 1 cm dick darauf verstreichen und vollständig auskühlen lassen.

2. Inzwischen für die Füllung die Steinpilze putzen, mit Küchenpapier sauber abreiben und grob hacken. Die Schalotten und den Knoblauch schälen und in feine Würfel schneiden. Die Butter in einem Topf zerlassen und beides darin hell anschwitzen. Die Pilze zugeben und unter gelegentlichem Rühren braten, bis sie relativ trocken sind. Petersilie und Thymian einstreuen und die Pilze mit Salz und Pfeffer würzen. Die Sahne dazugießen und kurz aufkochen lassen. Die Pilze vom Herd nehmen und leicht abkühlen lassen. Den Käse in kleine Würfel schneiden und unter die Pilzmasse rühren.

3. Die kalte Polenta auf dem Blech in Rechtecke (7 x 10 cm) schneiden und weiterarbeiten, wie oben in Step 1 gezeigt. Die übrigen Polentastücke auflegen und leicht andrücken.

4. Für die Panade die Eier in einem tiefen Teller verquirlen. Mehl und Semmelbrösel getrennt auf Teller schütten. Die Polentaschnitten panieren, wie oben in Step 2 gezeigt.

5. Für die Sauce die Tomaten 10 Sekunden in kochendem Wasser blanchieren und sofort in eiskaltem Wasser abschrecken. Die Früchte häuten, Stielansatz und Samen entfernen und das Fruchtfleisch in Würfel schneiden. Die Zwiebel und den Knoblauch schälen und in feine Würfel schneiden. Das Olivenöl in einem Topf erhitzen und beides darin hell anschwitzen. Die Tomaten zugeben und mit Salz und Pfeffer würzen. Die Tomatensauce kurz aufkochen lassen und warm stellen.

6. Die Polentaschnitten braten, wie oben in Step 3 gezeigt. Die Schnitten herausnehmen und kurz auf Küchenpapier abtropfen lassen. Das Basilikum unter die Tomatensauce heben und diese auf vier vorgewärmten Tellern verteilen. Die Polentaschnitten darauf anrichten und sofort servieren.

PASTA- UND GETREIDEGERICHTE

HASELNUSS-DINKEL-PUFFER
mit Mango-Möhren-Chutney

ZUBEREITEN 1 Std. 45 Min.
QUELLEN 12 Std.
FÜR 2–3 PORTIONEN

FÜR DIE PUFFER
50 g Dinkelkörner
5 EL Öl
400 ml Apfelsaft
200 ml Maracujanektar
Salz · 1 Stängel Majoran
1 rote Zwiebel
¼ Stange Lauch
20 g Haselnusskerne
1 TL Currypulver
Zucker
100 g Haferflocken
20 g getrocknete Berberitzen (ersatzweise getrocknete Cranberrys)
2 Eier
2 EL Kresse
2 EL Dinkelmehl

FÜR DAS CHUTNEY
1 Mango
1 rote Chilischote
100 ml Möhrensaft
Saft von ½ Zitrone
1 EL Senfsamen
1 TL Speisestärke
1 TL Salz · 1 EL Zucker
1 TL fein geschnittenes Koriandergrün

1. Für die Puffer die Dinkelkörner in einer Schüssel mit kaltem Wasser bedecken und 12 Stunden quellen lassen. Danach in ein Sieb abgießen.
2. In einem Topf 1 EL Öl erhitzen und die Dinkelkörner darin anbraten. Mit dem Apfelsaft und dem Maracujanektar ablöschen und mit 1 TL Salz würzen. Den Majoran waschen, trocken schütteln und zugeben. Die Dinkelkörner offen bei schwacher Hitze in etwa 1 Stunde weich köcheln. Bei Bedarf noch etwas Wasser dazugießen. Den weichen Dinkel in ein Sieb abgießen und abtropfen lassen. Die Körner in eine große Schüssel umfüllen und abkühlen lassen.
3. Inzwischen die Zwiebel schälen und in feine Würfel schneiden. Den Lauch sorgfältig waschen und in feine Ringe schneiden. Die Haselnusskerne fein hacken. In einer Pfanne 1 bis 2 EL Öl erhitzen und Zwiebel, Lauch sowie Haselnüsse darin anbraten. Alles mit Salz, Currypulver und Zucker würzen.
4. Die Haferflocken einstreuen und etwa 5 Minuten mitbraten. Die Berberitzen zugeben und alles weitere 5 Minuten braten. Die Gemüse-Nuss-Masse unter den Dinkel mischen und alles 10 Minuten abkühlen lassen.
5. Eier und Kresse unter den Dinkel rühren und das Dinkelmehl unterheben. Die Dinkelmasse soll jetzt gut formbar sein, nicht an den Händen kleben oder zerfallen. Bei Bedarf noch etwas Dinkelmehl untermischen.

6. Aus der Dinkelmasse mit angefeuchteten Händen 8 Puffer (etwa 5 cm Durchmesser) formen. Das restliche Öl in einer Pfanne erhitzen und die Puffer darin in etwa 5 Minuten von beiden Seiten knusprig braten.
7. Für das Chutney die Mango schälen, das Fruchtfleisch flach vom Stein schneiden und in kleine Würfel teilen. Die Chilischote waschen, halbieren, Samen und Trennwände entfernen und sehr fein würfeln. Möhren- und Zitronensaft, Senfsamen und Chiliwürfel in einem kleinen Topf aufkochen. Die Speisestärke in etwas Wasser verrühren und den Saft damit binden.
8. Das Chutney mit Salz und Zucker würzen. Die Mangowürfel unterheben und 5 Minuten darin ziehen lassen. Den Topf vom Herd nehmen und das Koriandergrün unterziehen.
9. Die Haselnuss-Dinkel-Puffer auf vier Tellern anrichten. Jeweils etwas Chutney daneben setzen und das restliche Chutney separat dazu reichen.

> **TIPP**
> Es muss nicht immer Mango sein. Bereiten Sie das Chutney zur Abwechslung ruhig einmal mit 300 g geschältem Rhabarber oder 3 Bananen zu. Und wenn Sie kein Koriandergrün mögen: Das Chutney schmeckt auch mit Salbei oder Basilikum.

PASTA- UND GETREIDEGERICHTE

GRÜNKERNTALER
mit Kapernsauce und Sesamkartoffeln

ZUBEREITEN 1 Std. 45 Min.

FÜR DIE SESAMKARTOFFELN
12–16 kleine vorwiegend festkochende Kartoffeln (z. B. Drillinge)
2 TL Salz • 2 TL Kümmelsamen
1 Eiweiß • 3–4 EL helle Sesamsamen
Butter zum Braten

FÜR DIE GRÜNKERNTALER
2 Schalotten • 30 g Butter
200 g feiner Grünkernschrot
250–300 ml Gemüsefond (s. Seite 518)
1 EL Kapern (aus dem Glas)
40 g frisch geriebener Parmesan
1 Ei
1 EL fein geschnittene glatte Petersilie
Salz • frisch gemahlener Pfeffer
Öl zum Braten

FÜR DIE KAPERNSAUCE
1 Schalotte • ½ Knoblauchzehe
10 g Butter • 1 TL Weizenmehl Type 405
5 EL Weißwein • 230 ml Gemüsefond
125 g Sahne • 40 g Crème fraîche
2 EL Kapern mit etwas Kapernfond (aus dem Glas)
Salz • Tabasco

FÜR DIE GARNITUR
2–4 Kapernäpfel (aus dem Glas)
etwas Brunnenkresse
4 essbare Blüten (z. B. Kapuzinerkresseblüten)
3 EL fein geschnittene glatte Petersilie (nach Belieben)

1. Für die Sesamkartoffeln die Kartoffeln waschen und mit Salz und Kümmel in kochendem Wasser 20 bis 25 Minuten garen. Die Kartoffeln abgießen, ausdampfen lassen, pellen und auskühlen lassen.
2. Für die Grünkerntaler die Schalotten schälen und in feine Würfel schneiden. Die Butter in einem Topf aufschäumen lassen und die Schalotten darin glasig anschwitzen. Den Grünkernschrot und ¼ l Gemüsefond zugeben und mit dem Schneebesen gut verrühren. Alles aufkochen und den Schrot bei schwacher Hitze 20 bis 25 Minuten quellen lassen. Bei Bedarf noch etwas Fond dazugießen.
3. Den Topf vom Herd nehmen und den Grünkernschrot leicht abkühlen lassen. Inzwischen die Kapern fein hacken und mit Parmesan, Ei, Petersilie, Salz und Pfeffer unter den Schrot heben. Aus der Grünkernmasse 12 Taler formen.
4. Für die Kapernsauce Schalotte und Knoblauch schälen und in feine Scheiben schneiden. Die Butter in einem Topf zerlassen und beides darin glasig anschwitzen. Schalotte und Knoblauch mit Mehl bestäuben und den Wein sowie den Gemüsefond dazugießen. Die Flüssigkeit bei mittlerer Hitze auf ein Drittel einkochen lassen und durch ein Sieb gießen. Sahne und Crème fraîche einrühren und aufkochen. Die Kapern mit etwas Kapernfond einrühren und die Sauce mit Salz und Tabasco abschmecken.

5. Die ausgekühlten Kartoffeln leicht salzen. Das Eiweiß in einer Schale leicht verquirlen, den Sesam in eine zweite Schale schütten. Die Kartoffeln zuerst im Eiweiß, dann im Sesam wälzen. Etwas Butter in einer Pfanne hell aufschäumen lassen und die Kartoffeln darin rundum goldgelb braten, herausnehmen und auf Küchenpapier abtropfen lassen.
6. Etwas Öl in der Pfanne erhitzen und die Grünkerntaler darin bei schwacher Hitze rundum goldgelb braten. Die Sauce wieder erhitzen. Die Taler auf vier vorgewärmten Tellern anrichten und die Sauce nach Belieben in Schälchen dazu reichen.
7. Für die Garnitur die Kapernäpfel längs halbieren und die Sauce damit garnieren. Brunnenkresse und Blüten dekorativ neben den Talern verteilen. Alles nach Belieben mit Petersilie bestreuen und mit den Sesamkartoffeln servieren.

> **TIPP**
> Zu den Grünkerntalern passt gut ein Möhren-Apfel-Salat auf Rote-Bete-Carpaccio. Dafür 3 Möhren putzen und schälen. 2 säuerliche Äpfel schälen, halbieren und das Kerngehäuse entfernen. Möhren und Äpfel in feine Streifen schneiden und mit etwas Zitronensaft beträufeln. Je 1 EL Waldhonig und Walnussöl untermischen.
> 400 g gekochte Rote Beten in nicht zu dünne Scheiben schneiden und auf Tellern auslegen. 2 Schalotten schälen, in feine Würfel schneiden und mit 1 EL Waldhonig, 2 EL Walnussöl, Salz und Pfeffer verrühren. Das Dressing über die Rote-Bete-Scheiben träufeln. Den Möhren-Apfel-Salat darauf anrichten und vor dem Servieren mit 1 EL Schnittlauchröllchen sowie 2 EL gehackten Walnusskernen bestreuen.

EMMER-BOULETTEN
mit Mangochutney

ZUBEREITEN 50 Min.
QUELLEN 13 Std.
GAREN UND ABTROPFEN 2 Std.
ERGIBT 6 STÜCK

FÜR DIE BOULETTEN
150 g Emmerkörner (ersatzweise Weizen- oder Dinkelkörner)
Salz
1 Brötchen
40 g Käse (z. B. Gouda, Emmentaler, Parmesan)
70 g Zwiebeln
1 Knoblauchzehe
½ kleine rote Chilischote
50 g Haferflocken
1 EL Sojasauce
1 geh. TL mittelscharfer Senf
1–2 geh. EL fein geschnittenes Koriandergrün
1–2 geh. EL fein geschnittenes Thai-Basilikum
3 Msp. frisch geriebene Muskatnuss
1 Ei
Sonnenblumenöl zum Braten

FÜR DAS CHUTNEY
1–2 vollreife Mangos (350 g)
1 Orange
½ kleine rote Chilischote
50 g Honig
1 Sternanis
3 Gewürznelken
1 Stange Zimt
1 Msp. gemahlene Kurkuma
1 gestr. TL Salz
Saft von ½ Zitrone (nach Belieben)

1. Für die Bouletten die Emmerkörner mit 600 ml Wasser und 1 gestrichenen TL Salz in einen Topf geben und 12 Stunden quellen lassen.

2. Den Emmer im Einweichwasser zugedeckt bei schwacher Hitze etwa 1 Stunde köcheln lassen. Das Getreide vom Herd nehmen und noch 1 Stunde zugedeckt quellen lassen. Den gegarten Emmer in ein Sieb abgießen und 1 Stunde abtropfen lassen.

3. In der Zwischenzeit für das Chutney die Mangos schälen, das Fruchtfleisch flach vom Stein schneiden und klein würfeln. Die Orange großzügig schälen, dabei die weiße Innenhaut mit entfernen. Die Fruchtfilets zwischen den Trennhäutchen herausschneiden, dabei den Saft auffangen. Die Chilischote waschen und den Stielansatz entfernen. Die Chilischote mit den Samen in feine Würfel schneiden.

4. Mangowürfel, Orangenfilets und -saft, Chiliwürfel, Honig, Sternanis, Gewürznelken, Zimtstange, Kurkuma und Salz in einem Topf mischen, bei schwacher Hitze 1 Minute köcheln lassen und vom Herd nehmen. Das Chutney nach Belieben mit Zitronensaft abschmecken und vollständig abkühlen lassen.

5. Den abgetropften Emmer in eine Schüssel geben. Das Brötchen in kaltem Wasser einweichen, mit den Händen gut ausdrücken und zum Getreide geben. Den Käse reiben. Zwiebeln und Knoblauch schälen und in feine Würfel schneiden. Die Chilischote waschen und nach Belieben mit oder ohne Samen in feine Würfel schneiden. Käse, Zwiebeln, Knoblauch, Chili, Haferflocken, Sojasauce, Senf, Koriandergrün, Thai-Basilikum, Muskatnuss, Ei und etwas Salz zum Emmer geben. Alles mit den Händen gut vermischen.

6. Aus der Emmermasse mit angefeuchteten Händen 6 Bouletten formen. Etwas Sonnenblumenöl in einer Pfanne erhitzen und die Bouletten darin von beiden Seiten goldbraun braten.

7. Sternanis, Gewürznelken und Zimtstange aus dem Chutney entfernen. Die Bouletten auf vier Tellern anrichten und mit dem Chutney servieren.

> **TIPP**
> Lieber kleiner? Aus der Emmermasse können Sie auch 15 kleine Bouletten formen. Die machen sich gut auf einem Büfett oder als Snack zwischendurch.

» *Du siehst, wie schön das Leben vor einem reich gedeckten Tisch ist.* «

EURIPIDES

EIERCURRY
mit Chapatis

1 Jedes Teigstück zu einer Kugel formen und zu einem dünnen runden Fladen mit etwa 15 cm Durchmesser ausrollen.

2 Einen Fladen in die heiße Pfanne legen und braten, bis sich deutlich erkennbare Luftblasen bilden. Den Fladen jetzt wenden.

3 Den Fladen von der anderen Seite braten, bis sich braune Stellen zeigen. Wölbt er sich noch stark, den Fladen mit einem Pfannenwender flach drücken.

ZUBEREITEN 1 Std.

FÜR DAS CURRY
8 Eier
3 Schalotten • 1 Knoblauchzehe
1 Stück frischer Ingwer (3 cm)
4 Tomaten
50 ml Sonnenblumenöl
1 TL Kreuzkümmelsamen
1 TL Koriandersamen, zerstoßen
1 TL Zucker • ½ Stange Zimt
1 TL Garam Masala • 1 Msp. Chilipulver
1 TL gemahlene Kurkuma
5 getrocknete Curryblätter
1 TL Tomatenmark • Saft von 1 Limette
200 g Sahne (ersatzweise ungesüßte Kokosmilch) • Salz

FÜR DIE CHAPATIS
125 g Chapatimehl (ersatzweise Weizenvollkornmehl)
½ TL Salz
1 TL zerlassenes Ghee (ersatzweise Butterschmalz)

AUSSERDEM
Mehl zum Arbeiten
Koriandergrün zum Garnieren

1. Für das Curry die Eier 6 bis 8 Minuten kochen, sodass das Eigelb noch wachsweich ist. Die Schalotten und den Knoblauch schälen und in feine Würfel schneiden. Den Ingwer schälen und fein hacken. Die Tomaten in kochendem Wasser 10 Sekunden blanchieren und sofort in eiskaltem Wasser abschrecken. Die Tomaten häuten, Stielansatz und Samen entfernen und das Fruchtfleisch in kleine Würfel schneiden.

2. Das Öl in einer Pfanne erhitzen. Die Kreuzkümmel- und Koriandersamen darin 10 bis 15 Sekunden rösten, bis sie zu duften beginnen. Schalotten, Knoblauch und Ingwer einstreuen und unter Rühren anschwitzen.

3. Zucker, Zimtstange, Garam Masala, Chilipulver, Kurkuma und Curryblätter zugeben und mitbraten, bis der Zucker hellbraun karamellisiert. Das Tomatenmark einrühren und kurz mit anschwitzen. Die Tomatenwürfel und den Limettensaft zugeben und alles 5 Minuten köcheln lassen. Die Zimtstange und die Curryblätter entfernen, die Sahne dazugießen und aufkochen lassen. Das Curry mit Salz abschmecken.

4. Für die Chapatis Mehl und Salz in einer Schüssel mischen. Das Ghee und 75 ml Wasser zugeben und alles mit den Händen zu einem weichen Teig verkneten. Den Teig 10 Minuten ruhen lassen. Danach auf einer bemehlten Arbeitsfläche in etwa 5 Minuten glatt kneten. Den Teig zu einer Rolle formen, in 10 Portionen teilen und weiterarbeiten, wie oben in Step 1 gezeigt.

5. Den Backofen auf 80 °C (Ober-/Unterhitze) vorheizen. Eine schwere gusseiserne Pfanne ohne Fett erhitzen und die Chapatis darin nacheinander braten, wie oben in Step 2 und 3 gezeigt. Die fertigen Chapatis aus der Pfanne nehmen und im Ofen warm halten.

6. Das Curry auf vier Tellern anrichten. Die Eier pellen, halbieren und daraufsetzen. Das Koriandergrün waschen, trocken schütteln und die Blättchen abzupfen. Das Eiercurry mit Koriandergrün bestreuen und mit den Chapatis servieren.

PIZZA PROVENÇALE
mit Ziegenkäse

ZUBEREITEN 55 Min.
RUHEN 3 Std. 20 Min.
BACKEN 30 Min.
ERGIBT 2 PIZZEN

FÜR DEN TEIG
1 Würfel Hefe (42 g)
1 gestrichener TL Zucker
500 g Weizenmehl Type 405
1 TL feines Meersalz
5 EL Knoblauch-Olivenöl (siehe Tipp)

FÜR DIE SAUCE
200 g Tomaten (aus der Dose)
2 EL Tomatenmark • 1 Knoblauchzehe
1 gestrichener TL Salz
2 Prisen Pasta-Gewürzmischung
(z. B. von Ingo Holland)
1 EL getrocknete Kräuter der Provence
1 Prise gemahlener Kümmel
1 EL Haferflocken

FÜR DEN BELAG
1 Aubergine • 2 mittelgroße Tomaten
1 Zucchino • 1 weiße Zwiebel
1 gelbe Paprikaschote • feines Meersalz
frisch gemahlener Pfeffer
2 EL Knoblauch-Olivenöl (siehe Tipp)
250 g frischer Ziegenweichkäse
(vorzugsweise aus der Provence)
30 g Kräuter der Provence, frisch oder tiefgekühlt
20 g Pinienkerne
12 schwarze Oliven (z. B. Nizza-Oliven)
abgeriebene Schale von 2 Bio-Zitronen

AUSSERDEM
Mehl zum Arbeiten
Öl für das Blech

1. Für den Teig in einer großen Schüssel Hefe und Zucker in ¼ l kaltem Wasser auflösen. Das Hefewasser 20 Minuten ruhen lassen. Dann das Mehl darübersieben und Meersalz und Knoblauchöl zugeben. Alles mit den Knethaken des Handrührgeräts auf niedriger Stufe in mindestens 5 Minuten zu einem geschmeidigen Teig verkneten.
2. Den Teig in 2 Portionen teilen und diese auf der bemehlten Arbeitsfläche zu gleichmäßig runden Stücken formen. Die Teigstücke auf einen Teller oder auf ein Brett legen, mit einem Küchentuch abdecken und mindestens 2 Stunden im Kühlschrank ruhen lassen. Die Teigstücke herausnehmen und abgedeckt nochmals etwa 1 Stunde bei Raumtemperatur gehen lassen.
3. Für die Sauce Tomaten und Tomatenmark mit dem Pürierstab fein mixen. Den Knoblauch schälen und fein hacken. Tomatenmischung, Knoblauch, Salz, Pasta-Gewürzmischung, Kräuter, Kümmel und Haferflocken in einer Schüssel gut verrühren. Die Sauce anschließend 15 Minuten ziehen lassen.
4. Inzwischen für den Belag die Aubergine waschen, putzen und längs vierteln. Die Viertel in 1 cm dicke Scheiben schneiden. Tomaten und Zucchino waschen und ebenfalls in 1 cm dicke Scheiben schneiden, dabei die Stielansätze von Tomaten und Zucchino entfernen. Die Zwiebel schälen, halbieren und in feine Scheiben schneiden. Die Paprikaschote waschen, halbieren und Stielansatz, Samen und Trennwände entfernen. Die Hälften längs in je 6 Spalten schneiden.

Die Gemüse in einer Schüssel mit Meersalz, Pfeffer und Knoblauchöl mischen und 5 Minuten durchziehen lassen.
5. Den Backofen auf 220 °C (Ober-/Unterhitze) vorheizen. Zwei Backbleche dünn mit Öl bestreichen. Die Teigportionen nacheinander auf einer bemehlten Arbeitsfläche zu großen, dünnen Fladen ausrollen und auf die Bleche legen. Die Fladen zuerst mit der Tomatensauce bestreichen, dann gleichmäßig mit dem marinierten Gemüse belegen.
6. Eine Pizza im Backofen (unten) in etwa 10 Minuten fast fertig backen. In der Zwischenzeit den Ziegenweichkäse in Würfel schneiden. Die Kräuter waschen, trocken schütteln, die Blätter abzupfen und grob schneiden.
7. Die Pizza aus dem Ofen nehmen und die Hälfte von Ziegenkäse und Pinienkernen darauf verteilen. Die Pizza wieder in den heißen Ofen schieben und weitere 3 bis 5 Minuten backen.
8. Die Pizza herausnehmen, mit der Hälfte der Kräuter, Oliven und Zitronenschale bestreuen und sofort servieren. Die zweite Pizza anschließend ebenso belegen und backen.

TIPP
Für die Pizza benötigen Sie Knoblauch-Olivenöl. Das haben Sie im Handumdrehen zubereitet: Verrühren Sie dafür 100 ml Olivenöl mit 2 geschälten und durch die Knoblauchpresse gedrückten Knoblauchzehen. Was übrig bleibt, in ein dunkles Glasfläschchen füllen und anderweitig verwenden.

FLAMMKUCHEN
mit Sauerkraut und Trauben

ZUBEREITEN 45 Min.
RUHEN 1 Std. • BACKEN 40 Min.
ERGIBT 8 FLAMMKUCHEN

FÜR DEN TEIG
450 g Weizenmehl Type 405
¼ Würfel Hefe (10 g) • 1 TL Zucker
2 EL Traubenkern- oder Rapsöl
75 g flüssiger Sauerteig (aus dem Bioladen oder vom Bäcker)
Salz

FÜR DEN BELAG
2 rote Zwiebeln
40 g Butter
400 g Sauerkraut
250 g Schmand
150 g Crème fraîche
Salz • frisch gemahlener Pfeffer
Oregano
je 200 g rote und weiße Trauben

1. Für den Teig das Mehl in eine Schüssel häufen und in die Mitte eine Mulde drücken. Hefe, Zucker und 50 ml lauwarmes Wasser hineingeben und verrühren, bis sich Hefe und Zucker gelöst haben. Den Hefeansatz abgedeckt an einem warmen Ort etwa 30 Minuten ruhen lassen.

2. Traubenkernöl, Sauerteig, Salz sowie 150 ml lauwarmes Wasser zum Hefeansatz geben und alles mit den Knethaken des Handrührgeräts in 1 Minute zu einem glatten Teig verarbeiten. Diesen noch 7 Minuten von Hand weiterkneten. Den Teig in 8 Portionen teilen, jeweils zu Kugeln rollen und abgedeckt 30 Minuten ruhen lassen.

3. In der Zwischenzeit für den Belag die Zwiebeln schälen und in feine Ringe schneiden. Die Butter in einer Pfanne zerlassen und die Zwiebeln darin glasig anschwitzen.

4. Das Sauerkraut in ein Sieb abgießen, bei Bedarf mit Wasser abspülen und gut ausdrücken. Das Sauerkraut in einer Schüssel mit Schmand, Crème fraîche und Zwiebeln vermengen und mit Salz, Pfeffer und Oregano abschmecken. Die Trauben waschen, trocken tupfen, halbieren und die Kerne entfernen.

5. Den Backofen auf 250 °C (Ober-/Unterhitze) vorheizen. Die Teigkugeln jeweils auf Backpapier möglichst dünn ausrollen. Die Fladen mit der Sauerkrautmasse belegen und die Trauben darauf verteilen. Die Flammkuchen im Backofen (Mitte) jeweils etwa 10 Minuten backen und heiß servieren.

WIRSING-MASCARPONE-TARTE
mit Haselnüssen

ZUBEREITEN 45 Min.
RUHEN 1 Std. • BACKEN 30 Min.

FÜR DEN HASELNUSS-MÜRBETEIG
170 g kalte Butterwürfel • 260 g Weizenmehl Type 405 • 70 g fein gemahlene Haselnüsse • 1 Ei (Größe L)

FÜR DEN BELAG
½ Wirsing • 1 Zwiebel
2 Zweige Thymian • 1–2 EL Olivenöl
2 Eier • 100 g Mascarpone
Salz • frisch geriebene Muskatnuss
75 g Haselnusskerne • 150 g Gorgonzola

FÜR DEN PREISELBEERSCHMAND
200 g Schmand
2–3 EL Preiselbeeren (aus dem Glas)

AUSSERDEM
Tarteform (28 cm Ø) • Butter • Mehl

1. Für den Mürbeteig Butter, Mehl, Haselnüsse und Ei rasch zu einem glatten Teig verkneten. Den Teig in Frischhaltefolie wickeln und 1 Stunde kühl stellen.
2. In der Zwischenzeit für den Belag vom Wirsing die äußeren Hüllblätter und den Strunk entfernen. Den Wirsing in Blätter teilen, die dicken Blattrippen entfernen und die Blätter in Streifen schneiden. Den Wirsing 2 Minuten in kochendem Salzwasser blanchieren und sofort in eiskaltem Wasser abschrecken.
3. Die Zwiebel schälen und in feine Würfel schneiden. Den Thymian waschen, trocken schütteln und die Blättchen abzupfen. Das Öl in einer Pfanne erhitzen und die Zwiebel darin glasig anschwitzen, dann den Thymian einstreuen. Zwiebel, Wirsing, Eier und Mascarpone verrühren. Die Masse mit Salz und Muskatnuss würzen. Die Haselnusskerne in einer beschichteten Pfanne ohne Fett anrösten und grob hacken.
4. Den Backofen auf 180 °C (Ober-/Unterhitze) vorheizen. Die Tarteform buttern. Den Teig auf der bemehlten Arbeitsfläche etwa 5 mm dick ausrollen und die Form damit auslegen. Überstehende Teigränder abschneiden und den Boden mit einer Gabel mehrmals einstechen.
5. Die Wirsingmasse in die Form geben, glatt streichen und mit den Nüssen bestreuen. Den Gorgonzola würfeln und darauf verteilen. Die Tarte im Backofen (Mitte) etwa 30 Minuten backen.
6. Für den Preiselbeerschmand Schmand und Preiselbeeren locker verrühren. Die Tarte aus dem Ofen nehmen, auf einer Platte anrichten und servieren. Den Preiselbeerschmand dazu reichen.

PASTA- UND GETREIDEGERICHTE

PETERSILIENWURZEL-TARTE
mit karamellisierten Walnüssen

1 Den restlichen Ziegenkäse zerkrümeln und über die Tarte streuen.

2 Den Zucker in der heißen Pfanne goldbraun karamellisieren lassen, vom Herd nehmen und die Butter einrühren.

3 Die gerösteten Walnüsse unterrühren und lauwarm abkühlen lassen.

ZUBEREITEN 2 Std. • RUHEN 1 Std.
FÜR 4–6 PORTIONEN

FÜR DEN MÜRBETEIG
220 g Weizenmehl Type 405 • 125 g weiche Butter • 30 g frisch geriebener Parmesan • 1 Eigelb • ½ TL Salz

FÜR DEN BELAG
200 g Kartoffeln • 5 Zweige Thymian
½ Gemüsezwiebel • 1 Knoblauchzehe
150 g Petersilienwurzeln
50 g Lauchgrün
150 g Steinpilze oder Champignons
4 EL Olivenöl • 3 cl Sherry
Salz • frisch gemahlener Pfeffer

FÜR DEN GUSS
300 g Sahne • 180 g Ziegenfrischkäse
3 Eier • Salz • frisch gemahlener Pfeffer
5 EL Olivenöl

FÜR DIE KARAMELLNÜSSE
100 g Walnusskerne
50 g Zucker • 50 g Butter

AUSSERDEM
Springform (28 cm Ø) • Butter • Mehl

1. Für den Mürbeteig Mehl, Butter, Parmesan, Eigelb und Salz mit 1 EL eiskaltem Wasser rasch zu einem glatten Teig verkneten. Den Teig in Frischhaltefolie wickeln und mindestens 1 Stunde im Kühlschrank ruhen lassen.
2. In der Zwischenzeit für den Belag die Kartoffeln waschen, schälen und in eine Schüssel reiben. Den Thymian waschen, trocken schütteln, die Blättchen abzupfen und fein hacken. Zwiebel und Knoblauch schälen und in feine Würfel schneiden. Die Petersilienwurzeln waschen, schälen und in feine Scheiben schneiden. Das Lauchgrün waschen und in feine Streifen schneiden. Die Pilze putzen, mit Küchenpapier sauber abreiben und in dünne Scheiben schneiden.
3. In einer Pfanne 2 EL Olivenöl erhitzen und die Zwiebel- und Knoblauchwürfel darin glasig anschwitzen. Die Pilze zufügen, anbraten, mit Sherry ablöschen und mit Salz und Pfeffer würzen, herausnehmen. Das restliche Öl in der Pfanne erhitzen und die Petersilienwurzelscheiben darin anbraten.
4. Für den Guss Sahne, 100 g Ziegenfrischkäse und Eier mit dem Pürierstab verquirlen und vorsichtig mit Salz und Pfeffer würzen.
5. Den Backofen auf 200 °C (Ober-/Unterhitze) vorheizen. Die Form mit Butter ausstreichen. Den Teig auf der bemehlten Arbeitsfläche dünn ausrollen und die Form damit auslegen. Die Kartoffeln und die Petersilienwurzelscheiben darauf verteilen und mit dem Lauchgrün sowie der Hälfte der Thymianblättchen bestreuen. Die Pilze darauf verteilen und mit dem restlichen Thymian bestreuen. Den Guss darübergießen und weiterarbeiten, wie oben in Step 1 gezeigt. Die Tarte im Backofen (Mitte) 45 bis 55 Minuten backen.
6. In der Zwischenzeit für die Karamellnüsse die Walnüsse grob hacken und in einer beschichteten Pfanne bei schwacher Hitze rösten, herausnehmen und weiterarbeiten, wie oben in Step 2 und 3 gezeigt.
7. Die Tarte aus dem Ofen nehmen und warm oder kalt servieren. Die lauwarmen Karamellnüsse dazu reichen.

SPINATSTRUDEL
mit Feigen

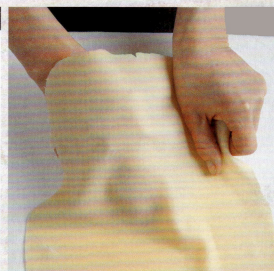

1 Den Teig mit Öl einpinseln, in Frischhaltefolie wickeln und 2 Stunden ruhen lassen.

2 Die Teigportionen in Mehl wenden und auf einem bemehlten Küchentuch so dünn wie möglich ausrollen.

3 Die ausgerollten Teigstücke über den Handrücken zu etwa 25 cm großen Quadraten ausziehen.

ZUBEREITEN 3 Std.
RUHEN 2 Std.
BACKEN 20 Min.

FÜR DEN STRUDELTEIG
210 g Weizenmehl Type 405 • 1 EL Öl
1 Eigelb (Größe M) • 1 Spritzer Essig

FÜR DIE FÜLLUNG
1 kg junger Spinat
4 Schalotten
2 Knoblauchzehen
2 EL Olivenöl
Salz • frisch gemahlener Pfeffer
frisch geriebene Muskatnuss
60 g Pinienkerne
100 g Pecorino dolce (ersatzweise milder Bergkäse)
80 g getrocknete Feigen
1 Ei • 1 Eigelb
80–100 g zerlassene, abgekühlte Butter zum Bestreichen
4 EL gemahlene Mandeln (Mandelgrieß)

AUSSERDEM
Öl und Mehl zum Arbeiten

1. Für den Teig Mehl, Öl, Eigelb, Essig und 80 ml lauwarmes Wasser zu einem glatten Teig verkneten. Bei Bedarf noch etwas Wasser einarbeiten und weiterarbeiten, wie oben in Step 1 gezeigt.
2. Für die Füllung den Spinat putzen, von den Stielen befreien und die Blätter gründlich waschen. Die Schalotten und den Knoblauch schälen und fein würfeln. Das Olivenöl in einem Topf erhitzen. Den tropfnassen Spinat mit den Schalotten- und Knoblauchwürfeln zugeben und zusammenfallen lassen. Den Spinat in ein Sieb abgießen, abtropfen lassen und gut ausdrücken. Den Spinat in eine Schüssel geben und mit Salz, Pfeffer und Muskatnuss würzen.
3. Die Pinienkerne in einer beschichteten Pfanne ohne Fett rösten. Pecorino sowie Feigen in 1 cm große Würfel schneiden. Pinienkerne, Pecorino, Feigen, Ei und Eigelb unter den Spinat heben.
4. Den Backofen auf 160 °C (Umluft) vorheizen. Ein Backblech mit Backpapier belegen. Den Teig in 4 Portionen teilen und ausrollen, wie oben in Step 2 gezeigt. Das Tuch dabei großzügig mit Mehl bestäuben, damit der Teig nicht festklebt. Den ausgerollten Teig weiter ausziehen, wie oben in Step 3 gezeigt.
5. Die Teigblätter mit zerlassener Butter bestreichen. Je ein Viertel der Spinatmasse auf dem vorderen Drittel der Teigblätter verteilen und die freie Fläche jeweils mit 1 EL Mandeln bestreuen. Die Teigblätter mithilfe des Tuchs fest aufrollen und die Enden andrücken.
6. Die Strudel nochmals mit Butter bepinseln, auf das Blech setzen und im Backofen (Mitte) 20 bis 25 Minuten backen.

GEMÜSE- UND KARTOFFELGERICHTE

GEMÜSE- UND KARTOFFELGERICHTE

GEFÜLLTE AUBERGINEN

1 Von der Aubergine in einem Abstand von 1 bis 2 cm mit dem Zestenreißer breite Streifen abziehen und beiseitelegen.

2 Die Auberginen quer halbieren und mit dem Kugelausstecher oder einem scharfkantigen Teelöffel aushöhlen, dabei einen etwa 2 cm breiten Boden und Rand stehen lassen.

3 Die vorbereiteten Auberginenhälften rundum mit Olivenöl bestreichen, die Gemüsemasse einfüllen und fest andrücken.

ZUBEREITEN 1 Std.

FÜR DEN PILAW
2 grüne Chilischoten • 3 EL Olivenöl
180 g Vollkornreis • Salz
⅛ l Gemüsefond (s. Seite 518)

FÜR DIE AUBERGINEN
2 mittelgroße Auberginen • Salz
2 EL Zitronensaft • 4 EL Olivenöl

FÜR DIE FÜLLUNG
½ Zucchino (75 g) • 1 rote Paprikaschote
2 Frühlingszwiebeln
6 Datteln, frisch oder getrocknet
1 Knoblauchzehe • 100 g Schafskäse in Lake • 1 EL Cashew- oder Pinienkerne
3 EL Olivenöl • Salz • ½ TL grob zerstoßener rosa Pfeffer • 2 EL Honig
1 TL Harissa • 1 Prise gemahlener Kreuzkümmel • 1 EL geschnittene glatte Petersilie • 4 EL geriebenes Weißbrot

FÜR DIE GARNITUR
100 g Lauchgrün • Salz • Öl zum Frittieren

AUSSERDEM
Zestenreißer • Kugelausstecher • Öl

1. Für den Pilaw die Chilischoten waschen, längs halbieren, von Stielansatz, Samen und Trennwänden befreien und in feine Streifen schneiden. Das Öl in einem Topf erhitzen und den Reis darin goldbraun anrösten. Chilistreifen, 1 Prise Salz und Gemüsefond zugeben und den Reis zugedeckt bei schwacher Hitze in etwa 35 Minuten ausquellen lassen.

2. Inzwischen die Auberginen waschen, die Enden gerade abschneiden und die Auberginen weiter vorbereiten, wie oben in Step 1 und 2 gezeigt. Das ausgelöste Fruchtfleisch beiseitelegen.

3. In einem Topf etwa 2 Liter Wasser mit Salz und Zitronensaft aufkochen. Die Auberginenhälften darin 2 Minuten blanchieren, sofort in eiskaltem Wasser abschrecken und auf Küchenpapier abtropfen lassen.

4. Für die Füllung Auberginenzesten und -fruchtfleisch fein würfeln. Den Zucchino waschen und putzen. Die Paprikaschote waschen, halbieren und Stielansatz, Samen und Trennwände entfernen. Die Hälften etwa 1 cm groß würfeln. Die Frühlingszwiebeln waschen, putzen und in feine Ringe schneiden. Die Datteln häuten, entkernen und fein würfeln. Den Knoblauch schälen und fein hacken. Den Schafskäse abtropfen lassen und 1 cm groß würfeln. Die Cashewkerne in einer beschichteten Pfanne ohne Fett rösten.

5. Das Olivenöl erhitzen und das Auberginenfruchtfleisch darin anschwitzen. Zucchino, Paprika, Frühlingszwiebeln, Datteln und Knoblauch kurz mitgaren. Die Masse salzen und Schafskäse, rosa Pfeffer, Honig, Harissa, Kreuzkümmel, Petersilie, Cashewkerne sowie das Weißbrot untermischen.

6. Den Backofen auf 180 °C (Ober-/Unterhitze) vorheizen. Eine Auflaufform mit Öl ausstreichen und die Auberginen füllen, wie oben in Step 3 gezeigt. Die Auberginen in die Form setzen und im Ofen (Mitte) etwa 15 Minuten garen.

7. Für die Garnitur das Lauchgrün waschen, in feine Streifen schneiden, in Salzwasser blanchieren, eiskalt abschrecken und abtropfen lassen. Das Lauchstroh sehr gut trocken tupfen, frittieren und auf Küchenpapier entfetten.

8. Den Pilaw auf vier Tellern anrichten, je eine Auberginenhälfte daraufsetzen und mit Lauchstroh garnieren.

GEMÜSE- UND KARTOFFELGERICHTE

MEDITERRAN GEFÜLLTE ZUCCHINI

ZUBEREITEN 2 Std.
BACKEN 25 Min.

FÜR DIE ZUCCHINI
4 Zucchini
Salz · frisch gemahlener Pfeffer
5 EL Olivenöl
2 Zweige Thymian
2 Zweige Rosmarin
2 Knoblauchzehen

FÜR DIE FÜLLUNG
1 mittelgroße Fenchelknolle
1 rote Paprikaschote
1 rote Chilischote
50 g schwarze Oliven
20 g Mandeln
½ TL Fenchelsamen
2 EL Knoblauchöl (s. Tipp Seite 373)
4 cl Anislikör (z. B. Ricard)
4 EL Estragonessig · Salz
1 EL fein geschnittener Estragon
1 EL fein geschnittener Kerbel
2 Bio-Orangen
100 g Feta
frisch gemahlener Pfeffer

1. Die Zucchini waschen, putzen, längs halbieren und die Kerne herausschaben. Die Hälften leicht salzen, mit der Schnittfläche nach unten auf Küchenpapier legen und 1 Stunde abtropfen lassen.
2. Inzwischen für die Füllung die Fenchelknolle waschen und den Strunk abschneiden. Die äußeren Blätter ablösen und die Spitze der Knolle gerade abschneiden. Das Fenchelgrün beiseitelegen. Den Fenchel mit einem Gemüsehobel in sehr feine Scheiben schneiden.
3. Die Paprikaschote und die Chilischote waschen, halbieren und Stielansatz, Samen und Trennwände entfernen. Die Paprikaschote in kleine Würfel, die Chilischote in sehr feine Würfel schneiden. Die Oliven entsteinen und vierteln. Die Mandeln in einer beschichteten Pfanne ohne Fett rösten und hacken. Die Fenchelsamen in der Pfanne rösten und im Mörser zerstoßen.
4. Das Knoblauchöl in der Pfanne erhitzen und die Fenchelscheiben darin portionsweise bei starker Hitze kurz anschwitzen. Dabei immer nur so viel Fenchel in die Pfanne geben, dass der Boden gerade bedeckt ist. Den angebratenen Fenchel mit Anislikör, Estragonessig und etwa 2 EL Wasser ablöschen.
5. Die Paprika- und Chiliwürfel zugeben. Alles leicht salzen und weiterbraten, bis der Fenchel bissfest ist, anschließend in eine Schüssel umfüllen. Oliven, Mandeln, Fenchelsamen, Estragon und Kerbel unterheben und das Gemüse vorsichtig mit Salz abschmecken.
6. Die Orangen heiß abwaschen, abtrocknen und die Schale dünn abreiben. Die Früchte großzügig schälen und die Filets zwischen den Trennhäutchen herausschneiden, dabei den Saft auffangen. Die Orangenfilets halbieren und mit Saft und Schale zum Fenchelgemüse geben. Den Feta in 1 cm große Würfel schneiden, mit Salz und Pfeffer würzen und unter den Fenchel heben.
7. Die Schnittflächen der Zucchini mit 3 EL Olivenöl bestreichen. Eine Grillpfanne erhitzen. Die Zucchini mit der Schnittfläche nach unten hineinlegen, mit einer zweiten Pfanne oder einem passenden Topf beschweren und etwa 5 Minuten braten, bis ein gleichmäßiges Grillmuster entsteht.
8. Den Backofen auf 200 °C (Ober-/Unterhitze) vorheizen. Eine Auflaufform mit 1 TL Olivenöl ausstreichen. Die Thymian- und Rosmarinzweige waschen, trocken schütteln und in der Form verteilen. Den Knoblauch schälen und dazwischenlegen.
9. Die Zucchinihälften mit dem Fenchelgemüse füllen, auf die Kräuter setzen und im Ofen (Mitte) etwa 25 Minuten backen. Inzwischen das Fenchelgrün grob schneiden. Die Zucchini herausnehmen, mit dem Fenchelgrün bestreuen und das restliche Olivenöl darüberträufeln.

> **TIPP**
> Die gefüllten Zucchini schmecken als Vorspeise oder mit Ofenkartoffeln auch als Hauptgericht. Die Kartoffeln geben Sie je nach Größe 15 bis 25 Minuten vor den Zucchini in den Ofen und garen dann beides zusammen fertig.

GEMÜSE- UND KARTOFFELGERICHTE

SPITZKOHLROULADEN
mit Weißweinsauce

1 Vom blanchierten Spitzkohl ringsum die äußeren Blätter abtrennen.

2 Die Kohlblätter mit einem zweiten Küchentuch bedecken und mit einem Plattiereisen oder einer Stielkasserolle flach klopfen.

3 Die Hälfte der Füllung auf dem vorderen Drittel der Kohlblätter verteilen und fest in die Blätter einrollen. Dafür die Roulade ...

4 ... in ein Küchentuch einrollen und die Enden fest zusammendrehen, dann wieder auswickeln.

ZUBEREITEN 1 Std. 10 Min.

FÜR DIE ROULADEN
1 Spitzkohl (etwa 1 kg) • Salz • 160 g Brötchen vom Vortag, in dünnen Scheiben
1 Ei • 1 Eigelb • 120–200 ml warme Milch
25 g Butter • ½ Bund Frühlingszwiebeln, in Ringe geschnitten
frisch geriebene Muskatnuss
1 EL fein geschnittene glatte Petersilie
½ Bund Kerbel, Blättchen abgezupft und fein geschnitten
25 g Butterschmalz • 60 ml trockener Riesling • 200 ml Gemüsefond (s. Seite 518)

FÜR DIE WEISSWEINSAUCE
20 g Butter • 40 g feine Schalottenwürfel
100 ml trockener Riesling • ¼ l Gemüsefond (s. Seite 518) • 80 ml Milch
120 g Mascarpone • Salz • Cayennepfeffer
½ Bund Kerbel, Blätter abgezupft und fein geschnitten • 2 EL geschlagene Sahne

FÜR DIE GARNITUR
4 EL gemischte Kresse (Brunnenkresse, Gartenkresse, Zwiebelkresse)
frische Kerbelblätter
8 geröstete dünne Scheiben Ciabatta

1. Für die Rouladen den Spitzkohl putzen und in kochendem Salzwasser 1 Minute sprudelnd garen, herausheben und weiterarbeiten, wie oben in Step 1 gezeigt. Den Kohl erneut ins kochende Wasser geben und so insgesamt 8 große Blätter ablösen. Den restlichen Kopf halbieren, den Strunk entfernen und die Hälften in etwa 1 cm große Stücke schneiden.

2. Die Brötchen mit Ei und Eigelb in eine Schüssel geben und mit der Milch übergießen. Alles durchmischen und 15 Minuten quellen lassen.

3. Die Butter in einem Topf hell aufschäumen lassen, die Frühlingszwiebeln darin anschwitzen und zu den Brötchen geben. Die Knödelmasse mit Salz und Muskat würzen. Petersilie und Kerbel unterheben und die Masse abschmecken.

4. Je 4 Kohlblätter seitlich überlappend auf ein Küchentuch legen und weiterarbeiten, wie oben in Step 2 bis 4 gezeigt. Die zweite Roulade ebenso fertigstellen.

5. Den Backofen auf 180 °C (Ober-/Unterhitze) vorheizen. Das Butterschmalz in einem ofenfesten Schmortopf zerlassen und die Kohlrouladen darin rundum goldgelb anbraten. Die Kohlstücke zugeben und kurz mit anschwitzen. Riesling und Fond dazugießen und alles kurz aufkochen. Die Rouladen zugedeckt im Ofen (Mitte) etwa 10 Minuten garen. Dann die Backofentemperatur auf 150 °C reduzieren und die Rouladen offen noch etwa 20 Minuten weitergaren, bis die Bratflüssigkeit sirupartig eingekocht ist.

6. Für die Sauce die Butter in einem Topf zerlassen und die Schalotten darin glasig anschwitzen. Mit dem Riesling ablöschen und diesen vollständig einkochen lassen. Den Fond dazugießen und auf die Hälfte reduzieren. Milch und Mascarpone einrühren und die Sauce jetzt nicht mehr kochen lassen. Alles mit Salz und Cayennepfeffer abschmecken, dann den Kerbel und die Sahne einrühren.

7. Für die Garnitur Kresse und Kerbel zu vier kleinen Sträußchen formen. Die Kohlrouladen jeweils in vier Stücke schneiden. Das Spitzkohlgemüse auf vier vorgewärmten Tellern anrichten. Je zwei Rouladenstücke daraufsetzen, mit der Sauce nappieren, mit den Kressesträußchen garnieren und mit dem Röstbrot servieren.

SPARGEL UND PAK CHOI

ZUBEREITEN 45 Min.

FÜR DAS GEMÜSE
400 g Pak Choi (vorzugsweise 'Shanghai')
400 g dünner grüner Spargel
1 Stück frischer Ingwer (10 g)
30 g kleine rote Thai-Zwiebeln oder Thai-Schalotten (aus dem Asialaden)
1 Knoblauchzehe • 80 g Frühlingszwiebeln • 2 kleine rote Chilischoten • 4 EL Öl
½ TL Salz • frisch gemahlener Pfeffer
grob gehacktes Koriandergrün

FÜR DEN REIS
250 g Klebreis • Salz

FÜR DIE WÜRZSAUCE
1 TL Koriandergrün • 100 ml Gemüsefond (s. Seite 518) • 3 EL helle Sojasauce • 1 EL dunkle Sojasauce • abgeriebene Schale und Saft von ½ Limette • ½ TL Speisestärke

1. Für das Gemüse den Pak Choi von den Wurzelenden befreien, die Blätter waschen und quer in 1,5 cm breite Streifen schneiden. Den Spargel waschen, das untere Drittel schälen und die Enden abschneiden. Die Stangen in 5 cm lange Stücke teilen. Ingwer, Zwiebeln und Knoblauch schälen und fein würfeln. Die Frühlingszwiebeln waschen, trocken schütteln, putzen und in feine Ringe schneiden. Die Chilischoten waschen, längs halbieren, von Stielansatz, Samen und Trennwänden befreien und in feine Streifen schneiden.

2. Für den Reis den Klebreis in einem Sieb kalt abspülen und kurz abtropfen lassen. Dann den Reis mit ½ l Salzwasser in einem Topf aufkochen und zugedeckt bei schwacher Hitze 10 Minuten garen. Wenn die Flüssigkeit vollständig aufgesogen ist, den Topf vom Herd nehmen und den Reis zugedeckt noch 10 Minuten quellen lassen.

3. Für die Würzsauce das Koriandergrün hacken und mit dem Fond, beiden Sojasaucen, Limettenschale und -saft und der Speisestärke verrühren.

4. Das Öl in einem Wok erhitzen. Ingwer, Zwiebeln und Knoblauch darin unter Rühren anschwitzen. Den Spargel zufügen und 2 Minuten unter Rühren braten. Pak Choi, Frühlingszwiebeln und Chilis zugeben und 3 Minuten pfannenrühren. Die Würzsauce dazugießen, kurz aufkochen und das Gemüse mit Salz und Pfeffer abschmecken.

5. Das Gemüse in vier Schalen anrichten und mit dem Koriandergrün bestreuen. Den Reis dazu servieren.

GEFÜLLTE SPITZPAPRIKA

ZUBEREITEN 30 Min.
BACKEN 30 Min.

FÜR DIE PAPRIKA
¼ l Orangensaft • 15 Safranfäden
1 EL scharfes Currypulver • 1 Prise Salz
125 g Couscous
3 EL Pinienkerne
frisch gemahlener Pfeffer
je 4 rote und gelbe Spitzpaprika
1 rote Zwiebel • 1 Knoblauchzehe
2 Zweige Thymian • 4 EL Olivenöl
1 Lorbeerblatt
250 g geschälte Tomaten (aus der Dose)
1 TL Tamarindenpaste
Mark von ¼ Vanilleschote • 100 ml Gemüsefond (s. Seite 518, nach Bedarf)

AUSSERDEM
Koriander- und Minzeblätter
Naturjoghurt (3,5 % Fett)

1. Für die Paprika den Orangensaft mit Safranfäden, Currypulver und Salz aufkochen und über den Couscous gießen. Den Couscous zugedeckt etwa 20 Minuten quellen lassen, anschließend mit einer Gabel auflockern. Die Pinienkerne in einer beschichteten Pfanne ohne Fett goldgelb rösten und unter den Couscous mengen. Die Mischung mit Salz und Pfeffer abschmecken.

2. Die Paprikaschoten waschen, längs halbieren und Samen und Trennwände entfernen. Die Paprikahälften mit dem Couscous füllen. Die Zwiebel schälen und in 1 cm dicke Scheiben schneiden. Den Knoblauch schälen und mit dem Messerrücken andrücken. Den Thymian waschen und trocken schütteln.

3. Den Backofen auf 150 °C (Ober-/Unterhitze) vorheizen. Das Olivenöl in einem Bräter erhitzen und die Zwiebelscheiben sowie den Knoblauch darin anbraten. Die Thymianzweige und das Lorbeerblatt zugeben. Tomaten, Tamarindenpaste und Vanillemark mit dem Pürierstab grob mixen und dazugießen.

4. Die gefüllten Paprika auf die Tomatensauce in den Bräter setzen und im Ofen (Mitte) etwa 30 Minuten garen. Bei Bedarf das Gemüse mit etwas Gemüsefond beträufeln.

5. Die Paprikahälften mit der Tomatensauce auf vier Tellern anrichten, mit Koriander- und Minzeblättern bestreuen und mit dem Joghurt servieren.

*» Alles hängt vom Geschmack ab
und von der Fähigkeit,
die Dinge anzuordnen. «*

NICOLAI WASSILJEWITSCH GOGOL

GEMÜSE- UND KARTOFFELGERICHTE

🌿 UNDERGROUND-CURRY

ZUBEREITEN 1 Std. 45 Min.

FÜR DAS CURRY
1 Stück frischer Ingwer (30 g)
1 Knoblauchzehe
½ Bund Koriandergrün mit Wurzeln
1 kleine rote Chilischote
50 g Zwiebel
50 ml Oliven- oder Sonnenblumenöl
1 TL Currypulver
½ TL gemahlene Kurkuma
Salz
½ Stange Zimt
1 Sternanis
600 ml Kokosmilch
300 ml Gemüsefond (s. Seite 518)
1–1,5 kg Wurzelgemüse (Petersilienwurzeln, Möhren, Pastinaken, Kartoffeln, Knollensellerie, Topinambur, Steckrüben, Schwarzwurzeln, Rote Bete)
½ Bund Thai-Basilikum
Zitronensaft

FÜR DEN REIS
300 g Jasminreis (geschält)

1. Für das Curry Ingwer und Knoblauch schälen und in kleine Würfel schneiden. Das Koriandergrün mit den Wurzeln waschen und trocken schütteln. Die Wurzeln in kleine Stücke schneiden, das Grün fein hacken und beiseitelegen. Die Chilischote waschen, den Stielansatz entfernen und mit den Samen fein hacken. Die Zwiebel schälen und in feine Würfel schneiden.

2. Das Olivenöl in einem Topf erhitzen und die Zwiebelwürfel darin glasig anschwitzen. Ingwer, Knoblauch, Korianderwurzeln, Chili, Currypulver, Kurkuma, Salz, Zimtstange und Sternanis zugeben. Die Kokosmilch und den Gemüsefond dazugießen und alles zugedeckt bei schwacher Hitze etwa 10 Minuten köcheln lassen. Den Topf vom Herd nehmen und die Mischung noch etwa 30 Minuten ziehen lassen.

3. In der Zwischenzeit für den Reis den Jasminreis in einen Topf geben und langsam kaltes Wasser dazugießen. Den Reis mit den Händen hin- und herbewegen und das Wasser abgießen. Diesen Vorgang wiederholen, bis das Wasser klar ist. Zuletzt den Reis in ein Sieb abgießen, zurück in den Topf füllen und 450 ml Wasser dazugießen.

4. Den Reis aufkochen und bei mittlerer Hitze köcheln lassen, bis das Wasser vollständig aufgesogen ist. Dabei nicht umrühren. Den Topf vom Herd nehmen und den Reis zugedeckt weitere 20 Minuten quellen lassen.

5. Die Zimtstange und den Sternanis aus der Currysauce entfernen und die Sauce mit dem Pürierstab cremig mixen. Das Wurzelgemüse waschen, putzen, schälen und in etwa 1 cm große Würfel schneiden. Die Würfel in Salzwasser in etwa 5 Minuten bissfest garen (Rote Beten siehe Tipp). Die Gemüsewürfel in ein Sieb abgießen, unter die Currysauce heben und alles einmal kurz aufkochen.

6. Das Thai-Basilikum waschen, trocken schütteln, die Blätter abzupfen und zum Curry geben. Das Underground-Curry mit Salz, Currypulver, Zitronensaft und Koriandergrün abschmecken, in vier Schalen anrichten und mit dem Jasminreis servieren.

> **TIPPS**
> • Die farbintensiven Roten Beten müssen Sie separat kochen, denn sie würden die anderen Gemüsearten und die Sauce rot färben. Dafür die Knollen ungeschält in einem Topf mit Wasser bedecken und in 30 bis 50 Minuten bissfest kochen, abgießen und kurz ausdampfen lassen. Die Roten Beten schälen, in Spalten schneiden, portionsweise anrichten und mit dem fertigen Curry übergießen.
> • Sie können das Curry auch nur mit Roten Beten zubereiten. Dafür die rohen Knollen schälen, grob raspeln und 5 Minuten in der Currysauce bissfest garen.

GEMÜSE- UND KARTOFFELGERICHTE

ROSENKOHL-CURRY
mit Reis-Cakes

ZUBEREITEN 2 Std. 30 Min.

FÜR DAS GEMÜSE
750 g Rosenkohl (geputzt 500 g)
100 g Möhren
50 g Zuckerschoten
150 g Süßkartoffeln
70 g Baby-Maiskolben
Salz • 2 geh. TL gemahlene Kurkuma

FÜR DIE REIS-CAKES
100 g Langkornreis
300 ml Gemüsefond (s. Seite 518)
1 EL gemahlene Kurkuma
1 EL mildes Currypulver
1 rote Chilischote
½ Bund Koriandergrün
2 Eier
20 g frisch geriebener Parmesan
40 g Panko (aus dem Asialaden, ersatzweise Semmelbrösel)
Salz • frisch gemahlener Pfeffer
4 Zweige Thymian • 2 Zweige Rosmarin
3 Knoblauchzehen • 50 ml Olivenöl

FÜR DIE CURRY-MASALA-SAUCE
10 g Koriandersamen
2–5 getrocknete rote Chilischoten
5 g Kreuzkümmel
130 g Schalotten • 5 Knoblauchzehen
1 Stück frischer Ingwer (20 g)
200 g Tomaten • 2 EL Öl
Salz • frisch gemahlener Pfeffer
Saft von 1 Zitrone
400 ml Gemüsefond (s. Seite 518)

FÜR DIE GARNITUR
180 g rote Zwiebeln • 1 EL Öl
1 Bund Koriandergrün

1. Für das Gemüse den Rosenkohl putzen und große Röschen halbieren. Die Möhren putzen, dünn schälen und in Würfel schneiden. Die Zuckerschoten waschen und putzen. Die Süßkartoffeln schälen und in Würfel schneiden. Die Maiskolben putzen und halbieren. In einem Topf Wasser aufkochen und mit Salz und Kurkuma würzen. Die einzelnen Gemüse nacheinander im kochenden Wasser bissfest blanchieren, sofort in Eiswasser abschrecken und in einem Sieb gut abtropfen lassen.

2. Für die Reis-Cakes den Reis gründlich waschen und abtropfen lassen. In einem Topf mit Gemüsefond, Kurkuma und Currypulver aufkochen und zugedeckt bei schwacher Hitze etwa 20 Minuten quellen lassen, bis die Flüssigkeit vollständig aufgesogen ist.

3. In der Zwischenzeit für die Sauce Koriandersamen, getrocknete Chilis und Kreuzkümmel in einem Mörser fein zerstoßen. Schalotten und Knoblauch schälen und in feine Würfel schneiden. Den Ingwer schälen und fein reiben. Die Tomaten 10 Sekunden in kochendem Wasser blanchieren und sofort in eiskaltem Wasser abschrecken. Die Tomaten häuten, halbieren und den Stielansatz entfernen.

4. Das Öl in einem Topf erhitzen und Schalotten, Knoblauch und Ingwer darin anschwitzen. Die Tomaten zugeben und alles cremig einkochen lassen. Die Gewürzmischung einstreuen, die Sauce mit dem Pürierstab fein mixen und mit Salz, Pfeffer sowie Zitronensaft abschmecken. Das blanchierte Gemüse unterheben und in der Sauce erwärmen.

5. Für die Reis-Cakes die Chilischote waschen, halbieren, von Stielansatz, Samen und Trennwänden befreien und die Hälften sehr fein würfeln. Das Koriandergrün waschen, trocken schütteln, die Blätter abzupfen und fein schneiden. Chili und Koriandergrün unter den Reis heben und diesen leicht abkühlen lassen.

6. Eier, Parmesan und Panko unter den warmen Reis rühren und alles mit Salz und Pfeffer abschmecken. Thymian und Rosmarin waschen und gut trocken tupfen. Den Knoblauch schälen.

7. Das Öl in einer Pfanne erhitzen und Thymian, Rosmarin und Knoblauch hineingeben. Von der Reismasse mit einem Esslöffel kleine Portionen abstechen, zu flachen Küchlein formen und im heißen Öl knusprig goldbraun braten. Die Cakes auf Küchenpapier abtropfen lassen.

8. Für die Garnitur die Zwiebeln schälen und in Ringe schneiden. Das Öl in der Pfanne erhitzen und die Zwiebelringe darin anschwitzen. Das Koriandergrün waschen, trocken schütteln und die Blätter abzupfen. Das Curry in vier Schalen anrichten und mit den gebratenen Zwiebelringen und Korianderblättern garnieren. Die Reis-Cakes dazu servieren.

🌿 MANGO-BANANEN-CURRY

ZUBEREITEN 1 Std.

FÜR DAS CURRY
100 g Zwiebeln • 1 Knoblauchzehe
10 Koriandersamen • 2 rote Chilischoten
3 EL Öl • 1 geh. TL gemahlene Kurkuma
6 frische Curryblätter (ersatzweise
12 getrocknete)
400 ml Kokosmilch
200 ml Gemüsefond (s. Seite 518)
2 grüne Mangos (800 g, unreif und hart)
500 g Kochbananen (grün und hart)
150 g grüne Paprikaschote
1 TL Salz
frisch gemahlener weißer Pfeffer

FÜR DIE GARNITUR
50 g frisch gehobeltes Kokosnussfruchtfleisch

1. Für das Curry die Zwiebeln und den Knoblauch schälen und beides in feine Würfel schneiden. Die Koriandersamen in einem Mörser zerstoßen. Die Chilischoten waschen, längs halbieren und Stielansatz, Samen und Trennwände entfernen.
2. Das Öl in einem Topf erhitzen und Zwiebeln und Knoblauch darin hell anschwitzen. Koriander, Chilihälften, Kurkuma und Curryblätter zugeben und 1 bis 2 Minuten mitbraten. Kokosmilch und Gemüsefond dazugießen und alles bei schwacher Hitze etwa 15 Minuten köcheln lassen.
3. Inzwischen die Mangos mit dem Sparschäler oder einem Obstmesser dünn schälen. Das Fruchtfleisch auf beiden Seiten der Früchte flach vom Stein schneiden und in etwa 2 cm große Würfel teilen.
4. Die Bananen schälen und schräg in etwa 1,5 cm breite Scheiben schneiden. Die Paprikaschote waschen, halbieren und Stielansatz, Samen und Trennwände entfernen. Die Hälften in etwa 1 cm große Würfel scheiden.
5. Die Paprikawürfel zur Sauce geben und 3 Minuten mitköcheln. Die Mangowürfel und Bananenscheiben unterheben, das Curry weitere 5 Minuten köcheln lassen und mit Salz und Pfeffer würzen.
6. Für die Garnitur die Kokosspäne in einer beschichteten Pfanne ohne Fett goldgelb rösten. Das Mango-Bananen-Curry in vier Schalen anrichten und mit den gerösteten Kokosspänen bestreuen. Mit Duftreis servieren.

🌿 PAPAYA-CURRY

ZUBEREITEN 1 Std. 20 Min.

FÜR DAS CURRY
50 g Zwiebel
2 Knoblauchzehen
1 Stängel Zitronengras
2 rote Chilischoten
1 Stück frischer Ingwer (20 g)
½ Bund Koriandergrün
½ TL schwarze Pfefferkörner
700 g Süßkartoffeln
600 g Gemüsepapayas (ersatzweise grüne Obstpapayas)
300 g Erbsenschoten (gepalt 150 g)
Salz • 1 EL Öl
300 ml Gemüsefond (s. Seite 518)
400 ml Kokosmilch

FÜR DIE GARNITUR
30 g frisch gehobeltes Kokosnussfruchtfleisch

1. Für das Curry die Zwiebel und den Knoblauch schälen und in feine Würfel schneiden. Vom Zitronengras die harten Außenblätter entfernen. Den Stängel waschen, trocken tupfen und in feine Ringe schneiden. Die Chilischote waschen, längs halbieren, Samen und Trennwände entfernen und sehr fein würfeln. Den Ingwer schälen und fein reiben. Das Koriandergrün waschen, trocken schütteln und die Blätter fein schneiden.
2. Zwiebel, Knoblauch, Zitronengras, Chili, Ingwer, Koriandergrün und Pfeffer in einem Mörser fein zerreiben.
3. Die Süßkartoffeln waschen, schälen und in 1,5 cm große Würfel schneiden. Die Gemüsepapayas schälen, halbieren und die Kerne herauslösen. Das Fruchtfleisch in etwa 2 cm große Würfel schneiden. Die Erbsen palen und in kochendem Salzwasser blanchieren, anschließend in eiskaltem Wasser abschrecken und abtropfen lassen.
4. Das Öl in einem großen Topf erhitzen und die Würzpaste darin unter Rühren etwa 3 Minuten anbraten. Papayas, Gemüsefond und Kokosmilch zugeben. Alles behutsam mischen und bei schwacher Hitze etwa 20 Minuten köcheln lassen. Die Süßkartoffeln zugeben und noch etwa 15 Minuten mitköcheln lassen. Die Erbsen einstreuen und 5 Minuten mitgaren. Das Curry zum Schluss mit Salz abschmecken.
5. Für die Garnitur die Kokosspäne in einer beschichteten Pfanne ohne Fett goldgelb rösten. Das Curry in vier Schalen anrichten, mit Kokosspänen bestreuen und mit Basmatireis servieren.

GEBRATENER CHINAKOHL
mit Pfirsich-Duftreis

ZUBEREITEN 45 Min.

FÜR DEN REIS
Salz • 150 g Basmatireis
1 weißer Pfirsich

FÜR DAS GEMÜSE
1 Chinakohl (700 g)
1 rote Paprikaschote
1 gelbe Paprikaschote
1 Stange Lauch
1 Knoblauchzehe
1 kleine grüne Chilischote
240 g Ananas (120 g Fruchtfleisch)
1 grüne Mango (400 g, unreif und hart)
2 EL Erdnussöl
1 EL grünes Thai-Currypulver
2 TL frisch geriebener Ingwer
¼ l Kokosmilch
100 ml frisch gepresster Orangensaft oder 50 ml Kokosmilch
2 TL Tapiokamehl (ersatzweise 1 TL Speisestärke)
2 TL fein geschnittenes Koriandergrün

FÜR DIE GARNITUR
fein geschnittenes Koriandergrün

1. Für den Reis 300 ml Wasser in einen Topf füllen, leicht salzen, den Reis einstreuen und zugedeckt aufkochen. Dann den Reis bei schwacher Hitze etwa 15 Minuten quellen lassen, bis er die gesamte Flüssigkeit aufgesogen hat.
2. In der Zwischenzeit den Pfirsich in kochendem Wasser etwa 1 Minute blanchieren und sofort in eiskaltem Wasser abschrecken. Den Pfirsich häuten, entsteinen und das Fruchtfleisch würfeln. Die Pfirsichwürfel unter den gegarten Reis heben und diesen warm halten.
3. Für das Gemüse den Chinakohl putzen und längs halbieren. Die Hälften waschen, trocken schütteln und quer in etwa 5 mm breite Streifen schneiden. Die Paprikaschoten waschen, mit einem Sparschäler dünn schälen und halbieren. Stielansatz, Samen und Trennwände entfernen und das Fruchtfleisch in Streifen schneiden.
4. Den Lauch putzen, längs halbieren und sorgfältig waschen. Die Hälften quer in feine Streifen schneiden. Den Knoblauch schälen und fein hacken. Die Chilischote waschen, halbieren, Stielansatz, Samen und Trennwände entfernen und die Hälften fein würfeln.
5. Die Ananas schälen und das Grün nach Belieben für die Garnitur beiseitelegen. Den harten Strunk entfernen und das Fruchtfleisch in 1 cm große Würfel schneiden. Die Mango schälen, das Fruchtfleisch flach vom Stein schneiden und in 1 cm große Würfel teilen.
6. Das Erdnussöl in einem Wok erhitzen und die Chinakohlstreifen darin bei starker Hitze anbraten. Paprika, Lauch, Knoblauch und Ananas zugeben und bei starker Hitze kurz unter Rühren mitbraten. Das Currypulver einstreuen, die Hitze reduzieren und den Ingwer sowie die Chiliwürfel zufügen.
7. Die Kokosmilch und den Orangensaft dazugießen und alles kurz aufkochen. Das Tapiokamehl mit etwas Wasser oder Orangensaft anrühren, dazugießen und das Gemüse damit binden. Die Mangowürfel und das Koriandergrün einrühren und das Gemüse abschmecken.
8. Den Pfirsich-Duftreis mit dem gebratenen Chinakohl auf vier Tellern anrichten, mit Koriandergrün bestreuen, nach Belieben mit dem Ananasgrün garnieren und servieren.

GEMÜSE- UND KARTOFFELGERICHTE

WOK-GEMÜSE
mit Algen

ZUBEREITEN 45 Min.
QUELLEN 30 Min.

FÜR DAS GEMÜSE
20 g Wakame-Algen (aus dem Asialaden)
1 rote Zwiebel
100 g Shiitake-Pilze
100 g weißer Rettich
1 Stück frischer Ingwer (10 g)
1 Stängel Zitronengras
50 g Zuckerschoten (nach Belieben)
2 EL Erdnussöl
1 TL rotes Tandooripulver (aus dem Asialaden)
1 TL Masala Currypulver (aus dem Asialaden)
200 ml Ananassaft
200 ml Kokosmilch
2 EL Sojasauce
20 g Erdnussbutter
2 Kaffirlimettenblätter (ersatzweise
1 TL abgeriebene Bio-Zitronenschale)
100 g Queller
Salz · Zucker
1 Pomelo (ersatzweise rosa Grapefruit)
100 g Bambussprossen (aus der Dose oder vakuumverpackt, aus dem Asialaden)
5–10 frische Liebstöckelblätter (nach Belieben)

FÜR DEN REIS
1 weiße Zwiebel
2 EL Erdnussöl
100 g Basmatireis
2 Lorbeerblätter
300 ml Maracujanektar
100 ml Sake (Reiswein)

1. Für das Gemüse die Wakame-Algen etwa 30 Minuten in lauwarmem Wasser einweichen. Die Algen gut ausdrücken und nach Belieben in Streifen schneiden oder grob hacken.

2. Für den Reis die Zwiebel schälen und in feine Würfel schneiden. Das Erdnussöl in einem Topf erhitzen und die Zwiebel und den Basmatireis darin kurz anbraten. Die Lorbeerblätter zugeben und mit Maracujanektar und Sake ablöschen. Den Reis bei schwacher Hitze etwa 10 Minuten köcheln lassen, dabei, wenn nötig, noch etwas Wasser dazugießen, damit der Reis nicht anbrennt.

3. Für das Gemüse die Zwiebel schälen, längs halbieren und in feine Streifen schneiden. Die Shiitake-Pilze putzen, die harten Stiele entfernen und die Hüte vierteln. Den Rettich schälen und in kleine Würfel schneiden.

4. Den Ingwer schälen und in feine Würfel schneiden. Vom Zitronengras die harten Außenblätter entfernen. Den Stängel waschen und mit einem Messer andrücken. Die Zuckerschoten waschen und putzen.

5. Das Erdnussöl in einer Pfanne erhitzen und Zwiebel, Pilze und Rettich darin anbraten. Mit Tandoori- und Currypulver würzen, dann Ananassaft, Kokosmilch und Sojasauce dazugießen. Die Erdnussbutter einrühren und alles noch 5 Minuten kochen lassen. Ingwer, Zitronengras, Kaffirlimettenblätter, Wakame-Algen und den Queller einrühren. Das Gemüse bei mittlerer Hitze weitere 10 Minuten köcheln lassen und mit Salz und Zucker abschmecken.

6. Die Pomelo schälen, das Fruchtfleisch auslösen und fein schneiden. Die Bambussprossen in ein Sieb abgießen, gut abtropfen lassen und in feine Scheiben schneiden. Nach Belieben die Liebstöckelblätter waschen, trocken schütteln und in feine Streifen schneiden.

7. Das Pomelofruchtfleisch, die Bambussprossen und nach Belieben den Liebstöckel unter das Gemüse heben. Das Wokgemüse in vier Schalen anrichten und mit dem Reis servieren.

GESCHMORTE SEMMELSTOPPELPILZE
mit Bayrisch Kraut und Kartoffelkugeln

1 Aus den Kartoffeln mit dem Kugelausstecher haselnussgroße Kugeln ausstechen und sofort in eine Schüssel mit Salzwasser legen.

2 Die Kartoffelkugeln aus dem Salzwasser heben und zum Abtropfen auf ein Küchentuch legen. Die Kugeln rundum sorgfältig trocken tupfen.

3 Die Kartoffelkugeln nebeneinander in die Pfanne geben, leicht salzen und bei mittlerer Hitze langsam bräunen, dabei wiederholt an der Pfanne rütteln.

ZUBEREITEN 2 Std.

FÜR DAS BAYRISCH KRAUT
800 g Weißkohl · 1 Zwiebel
40 g Butterschmalz · 1 EL Puderzucker
2 TL Kümmelsamen
⅜ l Gemüsefond (s. Seite 518)
Salz · Zucker · 2 EL Weißweinessig

FÜR DIE KARTOFFELKUGELN
1,8 kg große vorwiegend festkochende
Kartoffeln · Salz · 80 g Butterschmalz
3 EL fein geschnittene glatte Petersilie

FÜR DIE PILZE
700 g junge Semmelstoppelpilze
(geputzt 500 g; ersatzweise größere
Pfifferlinge oder Steinpilze)
2 Schalotten · 1 Knoblauchzehe
20 g Butterschmalz
Salz · frisch gemahlener Pfeffer
4 EL trockener Riesling
100 ml Gemüsefond (s. Seite 518)
1 EL Schnittlauchröllchen
1 EL fein geschnittene glatte Petersilie

AUSSERDEM
Kugelausstecher · Schnittlauchhalme

1. Für das Kraut den Weißkohl putzen, waschen, vierteln und den Strunk entfernen. Die Viertel in feine Streifen hobeln. Die Zwiebel schälen, halbieren und in feine Streifen schneiden.

2. Das Butterschmalz in einem Topf erhitzen und die Zwiebelstreifen mit dem Puderzucker darin leicht karamellisieren lassen. Kraut und Kümmel zufügen und kurz anschwitzen. Den Gemüsefond dazugießen, alles leicht salzen und bei schwacher Hitze in 30 bis 40 Minuten weich schmoren. Das Kraut mit Salz, Zucker und Essig abschmecken.

3. Für die Kartoffelkugeln die Kartoffeln waschen, schälen und weiterarbeiten, wie oben in Step 1 gezeigt. Die ausgestochenen Kartoffeln anderweitig verwenden.

4. Das Butterschmalz in einer großen Pfanne erhitzen und weiterarbeiten, wie oben in Step 2 und 3 gezeigt.

5. Die Pilze putzen, mit einem Pinsel säubern und in dicke Scheiben schneiden. Schalotten und Knoblauch schälen und fein würfeln. Das Butterschmalz in einer Pfanne erhitzen und die Pilze darin anbraten. Schalotten und Knoblauch zufügen und glasig anschwitzen. Die Pilze salzen, pfeffern und zugedeckt etwa 2 Minuten Flüssigkeit ziehen lassen. Riesling und Gemüsefond dazugießen und alles kurz kochen lassen, bis die Flüssigkeit leicht bindet. Zum Schluss Schnittlauch und Petersilie einstreuen und die Pilze abschmecken.

6. Die Kartoffelkugeln auf Küchenpapier abtropfen lassen und mit der Petersilie bestreuen. Das Bayrisch Kraut auf vier Tellern verteilen. Die Pilze darauf anrichten, die Kartoffelkugeln locker daneben setzen und mit Schnittlauchhalmen garniert servieren.

GEBACKENE JACKET POTATOES
mit Estragonschmand

ZUBEREITEN 1 Std.

FÜR DIE KARTOFFELN
4 große mehligkochende Kartoffeln
8 Zweige Rosmarin
2 Knoblauchzehen
Olivenöl
grobes Meersalz zum Bestreuen

FÜR DEN ESTRAGONSCHMAND
2 EL Estragonblätter (siehe Tipp)
100 g Feta
250 g Schmand
abgeriebene Schale von ½ Bio-Zitrone
Salz • frisch gemahlener Pfeffer
1 Spritzer Tabasco (nach Belieben)

AUSSERDEM
8 große Bögen Alufolie

1. Den Backofen auf 200 °C (Ober-/Unterhitze) vorheizen. Die Kartoffeln unter kaltem Wasser gründlich waschen und sauber abbürsten. Die Knollen anschließend halbieren. Den Rosmarin waschen und trocken schütteln. Den Knoblauch schälen und in feine Scheiben schneiden.
2. Die Alufolie auf die Arbeitsfläche legen. Die Bögen jeweils mit etwas Olivenöl bestreichen, einige Knoblauchscheiben darauf verteilen und je 1 Rosmarinzweig darauflegen. Die Kartoffelhälften mit der Schnittfläche nach unten mittig auf die Bögen setzen.
3. Die Alufolie zu Päckchen zusammenfalten und die Kartoffeln im Backofen (Mitte) 40 bis 50 Minuten backen.
4. In der Zwischenzeit für den Estragonschmand den Estragon waschen, trocken tupfen und die Blätter in feine Streifen schneiden. Den Feta zerbröseln. Beides mit dem Schmand verrühren. Den Dip mit abgeriebener Zitronenschale, Salz, Pfeffer und nach Belieben mit Tabasco abschmecken.
5. Die gebackenen Kartoffeln aus der Alufolie wickeln und auf vier vorgewärmten Tellern anrichten. Alles mit grobem Meersalz bestreuen und mit dem Estragonschmand servieren.

> **TIPP**
> Estragon ist ein beliebtes Würzkraut. Er gedeiht im Kräutergarten wie auch im Blumentopf problemlos. In der Küche verwendet man seine jungen Triebspitzen. Estragon besitzt einen markanten Geschmack. Wenn Sie noch keine Erfahrung mit diesem Küchenkraut haben, rühren Sie zuerst nur einen Teil vom geschnittenen Estragon in den Schmand. Sagt Ihnen der Geschmack zu, heben Sie auch noch den Rest unter den Dip.

GEMÜSE- UND KARTOFFELGERICHTE

PFIFFERLINGE
in knuspriger Yufka-Hülle

ZUBEREITEN 2 Std.
ERGIBT 8 STÜCK

FÜR DIE FÜLLUNG
1 kg frische Pfifferlinge
100 g Butter
80 g Schalotten
1 Knoblauchzehe
400 g festkochende Kartoffeln
1 EL Öl
250 g Tomaten
80 g Frühlingszwiebeln
2 EL gehackte Petersilie
1 EL Schnittlauchröllchen
Salz • frisch gemahlener Pfeffer

FÜR DIE SAUCE
30 g Schalotte • 20 g Butter
100 ml Weißwein • 400 g Sahne
2 EL gehackte Kräuter (Salbei, Rosmarin, Oregano, Basilikum)
Salz • frisch gemahlener weißer Pfeffer
1 TL Zitronensaft

AUSSERDEM
Butter für das Blech
4 Blätter Yufkateig (aus dem Kühlregal)
50 g zerlassene Butter
8 Schnittlauchhalme
Alufolie

1. Für die Füllung die Pfifferlinge putzen und mit einem Pinsel oder Küchenpapier sauber abreiben (nach Möglichkeit nicht waschen). Kleinere Exemplare ganz lassen, größere halbieren. Die Butter in einer Pfanne zerlassen, die Pfifferlinge darin rundum anbraten, herausnehmen und abkühlen lassen.

2. Die Schalotten und den Knoblauch schälen und in feine Würfel schneiden. Die Kartoffeln waschen, schälen und in etwa 5 mm große Würfel schneiden. Das Öl in einer Pfanne erhitzen und Schalotten und Knoblauch darin glasig anschwitzen. Die Kartoffeln zugeben und ebenfalls 5 Minuten anschwitzen. Die Pfanne vom Herd nehmen und die Kartoffeln abkühlen lassen.

3. Die Tomaten 10 Sekunden in kochendem Wasser blanchieren und sofort in eiskaltem Wasser abschrecken. Die Tomaten häuten, Stielansatz und Samen entfernen und das Fruchtfleisch in kleine Würfel schneiden. Die Frühlingszwiebeln waschen, trocken schütteln, putzen und in feine Ringe scheiden.

4. Pfifferlinge, Kartoffeln, Tomaten, Frühlingszwiebeln, Petersilie, Schnittlauch, Salz und Pfeffer in einer Schüssel gut vermischen.

5. Den Backofen auf 200 °C (Ober-/Unterhitze) vorheizen. Ein Backblech mit Butter bestreichen. Die Yufkablätter quer halbieren, mit zerlassener Butter bepinseln und die Pfifferling-Kartoffel-Masse darauf verteilen. Die Teigblätter jeweils zu einem Säckchen zusammenfassen und mit einem Schnittlauchhalm zubinden.

6. Die Säckchen auf das Blech setzen und im Backofen (Mitte) 15 bis 20 Minuten backen. Dabei nach 5 Minuten Backzeit die Spitzen mit Alufolie abdecken, damit sie nicht zu dunkel werden.

7. In der Zwischenzeit für die Sauce die Schalotte schälen und in sehr feine Würfel schneiden. Die Butter in einem Topf zerlassen, die Schalotte darin glasig anschwitzen und mit dem Weißwein ablöschen. Die Flüssigkeit auf ein Drittel einkochen lassen. Die Sahne dazugießen, alles bei schwacher Hitze unter Rühren aufkochen und sämig einkochen lassen. Die Kräuter unterheben und die Sauce mit Salz, Pfeffer und Zitronensaft abschmecken. Zuletzt die Sauce mit dem Pürierstab schaumig aufmixen.

8. Die Pfifferlingspäckchen aus dem Ofen nehmen und auf vier vorgewärmte Teller setzen. Mit der Sauce umgießen und sofort servieren.

TIPP
Statt türkischem Yufkateig können Sie auch den griechischen Filoteig verwenden. Auch Strudelteig oder dünn ausgerollter Blätterteig eignen sich für die Päckchen sehr gut.

GEMÜSE- UND KARTOFFELGERICHTE

LAUWARME WACHSBOHNEN
mit Dicken Bohnen und Zwiebeln

ZUBEREITEN 2 Std.

FÜR DIE WACHSBOHNEN
10 Rispen Langer Pfeffer (Stangenpfeffer, ersatzweise schwarze Pfefferkörner)
Salz
½ Bund Bohnenkraut
400 g gelbe Bohnen

FÜR DIE DICKEN BOHNEN
200 g Muskattrauben
500 g frische Dicke Bohnen (Saubohnen)
Salz
3 EL guter Weißweinessig (vorzugsweise aus einer Trockenbeerenauslese)
4 EL kalt gepresstes Traubenkernöl
4 EL heller Traubensaft

FÜR DIE ROTEN ZWIEBELN
2 längliche rote Zwiebeln (z. B. Tropeazwiebeln)
1 rote Chilischote
3 EL Olivenöl
4 EL Waldhonig
80 ml Weißwein • Salz

AUSSERDEM
8 geröstete Scheiben Rosmarin- oder Kräuter-Ciabatta

1. Für die Wachsbohnen den Langen Pfeffer in einer beschichteten Pfanne ohne Fett rösten, bis er zu duften beginnt. Den Pfeffer im Mörser fein zerstoßen und durch ein feines Sieb in eine Schüssel sieben.
2. In einem großen Topf Wasser mit reichlich Salz aufkochen. Das Bohnenkraut waschen und trocken schütteln. Die Hälfte davon in ein Säckchen füllen und in den Topf hängen. Die zweite Hälfte abzupfen und die Blätter hacken.
3. Die gelben Bohnen waschen, putzen und eventuell vorhandene Fäden abziehen. Die Bohnen im Salzwasser etwa 8 Minuten kochen, abgießen und eiskalt abschrecken, aber nicht auskühlen lassen. Das Bohnenkraut unterheben und die Bohnen mit Salz und zerstoßenem Langen Pfeffer abschmecken.
4. Für die Dicken Bohnen die Trauben nach Belieben häuten, halbieren und die Kerne entfernen. Die Bohnenkerne aus den Schoten lösen und die Kerne aus den Häutchen drücken. Die Bohnenkerne in reichlich Salzwasser etwa 6 Minuten kochen und in Eiswasser vollständig abkühlen lassen. Die Dicken Bohnen abgießen und abtropfen lassen.
5. Trauben, Bohnenkerne, Essig, Öl und Traubensaft in einer Schüssel vermischen. Den Salat mit Salz abschmecken und 5 Minuten durchziehen lassen. Aber nicht länger ziehen lassen, sonst verfärben sich die Dicken Bohnen durch die Säure grau.
6. Für die roten Zwiebeln die Zwiebeln schälen, dabei den Strunk belassen. Die Zwiebeln achteln. Die Chilischote waschen, längs halbieren, von Stielansatz, Samen und Trennwänden befreien und fein hacken.
7. Das Olivenöl erhitzen und die Zwiebeln darin unter Rühren scharf anbraten. Chili und Honig zugeben und unter kräftigem Rühren hell karamellisieren lassen. Die Zwiebeln mit der Hälfte vom Wein ablöschen und diesen vollständig einkochen lassen. Diesen Vorgang mit dem restlichen Wein wiederholen.
8. Wachsbohnen, Dicke Bohnen und Zwiebeln separat in Schälchen anrichten und mit den Ciabattascheiben servieren.

> **TIPP**
> Besonders lecker schmeckt dazu eine selbst gebackene Focaccia. Dafür 550 g Weizenmehl Type 405 in eine Schüssel sieben und in die Mitte eine Mulde drücken. ½ Würfel Hefe (21 g) und 2 TL Zucker hineinbröseln und in 100 ml Prosecco auflösen. Den Ansatz zugedeckt 30 Minuten an einem warmen Ort gehen lassen. 4 Zweige Rosmarin waschen, trocken schütteln und die Nadeln abzupfen. Die Hälfte davon hacken und mit 2 EL Olivenöl und 1 TL Salz unter das Mehl mischen. So viel Prosecco einrühren, bis ein mittelfester Teig entsteht. Diesen mindestens 10 Minuten verkneten, zugedeckt nochmals etwa 1 Stunde gehen lassen. Den Backofen auf 200 °C (Umluft) vorheizen, ein Backblech mit Backpapier belegen. Den Teig etwa 2 cm dick ausrollen und aufs Blech legen. Mit den Fingern Dellen in die Oberfläche drücken und erneut zugedeckt 30 Minuten gehen lassen. Den Teig mit 1 EL Olivenöl bestreichen und mit dem restlichen Rosmarin bestreuen. Im Ofen (Mitte) etwa 10 Minuten backen, wenden und 8 Minuten weiterbacken.

GEMÜSE- UND KARTOFFELGERICHTE

GESCHMORTE ROTE BETEN
mit zweierlei Polenta

ZUBEREITEN 1 Std. 30 Min.

FÜR DIE ROTEN BETEN
4 Zweige Rosmarin
2 Stängel Salbei
Olivenöl
Salz · frisch gemahlener Pfeffer
Zucker
4 mittelgroße Rote Beten (siehe Tipp)
gereifter Aceto Balsamico zum Beträufeln

FÜR DIE POLENTAWÜRFEL
⅛ l Gemüsefond (s. Seite 518)
⅛ l Milch
90 g feiner Polentagrieß
1 Ei
50 g frisch geriebener Parmesan
Salz · frisch geriebene Muskatnuss
4 EL Olivenöl
4 EL feiner Polentagrieß zum Panieren

FÜR DAS POLENTAPÜREE
1 Zweig Rosmarin
1 Knoblauchzehe
350 ml Milch
30 g Butter
60 g feiner Polentagrieß
30 g frisch geriebener Parmesan
Salz · frisch geriebene Muskatnuss

AUSSERDEM
4 Bögen Alufolie

1. Für die Roten Beten den Backofen auf 170 °C (Umluft) vorheizen. Den Rosmarin und den Salbei waschen und trocken schütteln, die Salbeiblätter abzupfen. Die Alufolie auf die Arbeitsfläche legen, jeweils mit etwas Olivenöl beträufeln und mit Salz, Pfeffer und Zucker bestreuen. Zuletzt jeweils 1 Rosmarinzweig und 1 Salbeiblatt darauflegen.

2. Die Roten Beten gründlich waschen und mit einer Gabel mehrmals einstechen. Jede Knolle auf einen Folienbogen setzen und diese zu Päckchen falten. Die Knollen im Ofen (Mitte) etwa 45 Minuten garen, anschließend auswickeln und die Schale mit einem Messer abschaben oder dünn abschälen.

3. In der Zwischenzeit für die Polentawürfel Gemüsefond und Milch in einem Topf aufkochen. Den Polentagrieß einrieseln lassen, dabei ständig rühren, damit sich keine Klümpchen bilden. Den Topf vom Herd nehmen und das Ei unterrühren. Den Parmesan unterheben und die Polenta mit Salz und Muskatnuss abschmecken.

4. Ein Backblech mit 1 EL Olivenöl bepinseln. Die Polenta gleichmäßig darauf verstreichen und im Kühlschrank 30 Minuten auskühlen lassen. Die feste Polentamasse in 1,5 cm große Würfel schneiden. Den Polentagrieß zum Panieren auf einen Teller geben und die Würfel darin wenden. Das restliche Olivenöl in einer Pfanne erhitzen und die Polentawürfel darin vorsichtig rundum goldbraun braten.

5. Für das Polentapüree den Rosmarin waschen und trocken schütteln. Den Knoblauch schälen. Die Milch mit Rosmarin, Knoblauch und Butter in einem Topf aufkochen und 15 Minuten ziehen lassen, dann durch ein Sieb gießen. Die Milch zurück in den Topf füllen, erneut aufkochen, den Polentagrieß unter Rühren einstreuen und bei schwacher Hitze ausquellen lassen. Den Parmesan einrühren und die Polenta mit Salz und Muskatnuss abschmecken.

6. Das Polentapüree als Streifen auf vier Tellern anrichten. Die gegarten Rote-Bete-Knollen in Scheiben schneiden, darauflegen und mit Aceto Balsamico beträufeln. Die Polentawürfel daneben verteilen und alles mit den restlichen Salbeiblättern bestreuen.

TIPPS
· Ziehen Sie zum Schälen der Rote-Bete-Knollen unbedingt Einmalhandschuhe an. Der austretende Saft färbt Ihre Hände im Nu leuchtend rot.
· Wer mag, streut vor dem Servieren zusätzlich noch zerkleinerten Feta oder Büffelmozzarella über die Roten Beten.

» *Das Essen soll zuerst das Auge erfreuen und dann den Magen.* «

JOHANN WOLFGANG VON GOETHE

… GEMÜSE- UND KARTOFFELGERICHTE

🌿 GEMÜSEFRIKADELLEN
mit roten Linsen

ZUBEREITEN 1 Std. 25 Min.

FÜR DIE FRIKADELLEN
1 kg festkochende Kartoffeln
250 g rote Paprikaschoten
100 g Möhren
150 g Zwiebeln
2 grüne Chilischoten
200 g Erbsenschoten (gepalt 100 g)
Salz • Öl
1 TL Garam Masala
¼ TL Asant (siehe Tipp)
1 EL Zitronensaft
100 g Semmelbrösel (vegan)

FÜR DIE LINSEN
300 g rote Linsen (Masoor Dal)
1 Stück frischer Ingwer (15 g)
100 g Zwiebeln
2 EL Öl
½ TL schwarze Senfkörner
½ TL gemahlene Kurkuma
½ TL Garam Masala • Salz
¼ TL Zucker
1 EL Zitronensaft

AUSSERDEM
Zitronenzesten zum Garnieren (nach Belieben)

1. Für die Frikadellen die Kartoffeln waschen, in einem Topf mit Wasser aufkochen und 20 Minuten garen. Die Kartoffeln abgießen, kurz ausdampfen lassen, pellen und mit einem Kartoffelstampfer zerdrücken.

2. In der Zwischenzeit die Paprikaschoten waschen, halbieren und Stielansatz, Samen und Trennwände entfernen. Die Möhren putzen und dünn schälen, die Zwiebeln schälen. Das Gemüse in kleine Würfel schneiden. Die Chilischoten waschen, längs halbieren und Stielansatz, Samen und Trennwände entfernen. Die Hälften fein hacken.

3. Die Erbsen palen, in kochendem Salzwasser blanchieren, sofort in eiskaltem Wasser abschrecken und in einem Sieb abtropfen lassen.

4. In einem Topf 3 EL Öl erhitzen und die Zwiebeln darin goldbraun anbraten. Paprika- und Möhrenwürfel einstreuen und 5 Minuten mitbraten. Chiliwürfel, Erbsen und Kartoffeln zufügen und alles gut vermischen. Das Gemüse mit Salz, Garam Masala, Asant und Zitronensaft würzen und weitere 5 Minuten garen. Den Topf vom Herd nehmen und die Masse abkühlen lassen.

5. Für die Linsen die roten Linsen waschen, mit 600 ml Wasser in einem Topf aufkochen und in 15 bis 20 Minuten weich garen. Die Linsen in ein Sieb abgießen, dabei etwa 100 ml Kochwasser auffangen.

6. Den Ingwer und die Zwiebeln schälen und in feine Würfel schneiden. Das Öl in einer Pfanne erhitzen und beides darin goldbraun anbraten. Senfkörner, Kurkuma, Garam Masala, Salz, Zucker und Zitronensaft zugeben und kurz mitbraten. Die Linsen und das aufgefangene Kochwasser untermischen und das Linsengemüse warm stellen.

7. Aus der Gemüsemasse 12 Frikadellen formen. Die Semmelbrösel auf einen Teller geben und die Frikadellen darin wenden. Etwas Öl in einer Pfanne erhitzen und die Gemüsefrikadellen darin von jeder Seite in etwa 4 Minuten goldbraun braten.

8. Die Gemüsefrikadellen mit den roten Linsen auf vier vorgewärmten Tellern anrichten, nach Belieben mit Zitronenzesten garnieren und servieren.

> **TIPP**
> Mit Asant, dem getrockneten harzigen Milchsaft aus den Wurzeln einer krautigen Pflanze aus dem Mittleren Osten, würzt man in Indien gerne Dals und Gemüse. Roh riecht das Gewürz unangenehm stark, was erklärt, warum es auch »Teufelsdreck« genannt wird. Beim Erhitzen verändert sich jedoch das Aroma von Asant und erinnert dann an Zwiebeln. Asant wird nur sparsam verwendet.

GEMÜSE- UND KARTOFFELGERICHTE

FALAFEL
mit Spitzkohlsalat und Tahini-Dip

1 Den gehackten Knoblauch leicht salzen und mit den Zinken einer Gabel zu einem feinen Mus zerdrücken.

2 Die abgetropften Kichererbsen in eine Schüssel geben. Das Weißbrot gut ausdrücken, zu den Kichererbsen geben und mit dem Pürierstab oder im Mixer fein pürieren.

3 Das Öl in einem Topf erhitzen und die Bällchen darin portionsweise goldgelb frittieren, herausnehmen und kurz auf Küchenpapier abtropfen lassen.

ZUBEREITEN 1 Std. 35 Min.
QUELLEN UND ABTROPFEN 24 Std.

FÜR DIE FALAFEL
300 g getrocknete Kichererbsen
75 g Weißbrot • 1 Schalotte
2 Knoblauchzehen • 3 EL Olivenöl
2 Prisen gemahlener Kreuzkümmel
2 Prisen Chilipulver
2 Prisen gemahlener Koriander
2 Prisen Backpulver
Salz • Cayennepfeffer
1 l Öl zum Frittieren

FÜR DEN TAHINI-DIP
250 g griechischer Joghurt (10 % Fett)
1 Knoblauchzehe • Salz
1 kleines Bund Petersilie
1 Prise gemahlener Zimt
2 EL Tahini (Sesampaste, aus dem Glas)

FÜR DEN SPITZKOHLSALAT
1 Spitzkohl (etwa 800 g) • Salz
2 Tomaten • 1 kleines Bund Petersilie
2 Prisen gemahlener Kreuzkümmel
1 TL geröstete Sesamsamen
10 Tropfen geröstetes Sesamöl
Olivenöl • Saft von 1 Limette

1. Für die Falafel die Kichererbsen in einer Schüssel mit reichlich kaltem Wasser bedecken und 24 Stunden quellen lassen. Für den Tahini-Dip den Joghurt in ein Tuch geben und 12 Stunden im Kühlschrank abtropfen lassen.
2. Für den Spitzkohlsalat die äußeren Blätter vom Spitzkohl entfernen. Den Kohl halbieren und den Strunk herausschneiden. Die Hälften waschen und auf einem Gemüsehobel in feine Streifen schneiden. Die Kohlstreifen salzen und etwa 30 Minuten ziehen lassen.
3. In der Zwischenzeit für den Tahini-Dip den Knoblauch schälen, fein hacken und weiterarbeiten, wie oben in Step 1 gezeigt. Die Petersilie waschen, trocken schütteln, die Blätter abzupfen und fein hacken. Den abgetropften Joghurt mit Knoblauchmus, Petersilie, Zimt sowie Tahin verrühren und kräftig mit Salz abschmecken.
4. Für den Spitzkohlsalat die Tomaten waschen, vierteln und die Stielansätze und Samen entfernen. Das Fruchtfleisch in Würfel schneiden. Die Petersilie waschen, trocken schütteln und grob hacken. Den Spitzkohl gut ausdrücken und mit Kreuzkümmel, Sesam, Sesamöl, Olivenöl und Limettensaft abschmecken. Zum Schluss Tomatenwürfel und gehackte Petersilie unterheben.
5. Für die Falafel die Kichererbsen in ein Sieb abgießen und gut abtropfen lassen. Das Weißbrot kurz in kaltem Wasser einweichen und weiterarbeiten, wie oben in Step 2 gezeigt.
6. Die Schalotte und den Knoblauch schälen und in feine Würfel schneiden. Das Olivenöl in einer Pfanne erhitzen, beides darin glasig anschwitzen und zu den Kichererbsen geben. Kreuzkümmel, Chilipulver, Koriander und Backpulver zufügen und das Kichererbsenpüree nochmals kräftig durchmixen, bis eine glatte Masse entsteht.
7. Die Kichererbsenmasse kräftig mit Salz und Cayennepfeffer abschmecken, zu kleinen Bällchen formen und frittieren, wie oben in Step 3 gezeigt.
8. Die Falafel mit dem Spitzkohlsalat auf vier Tellern anrichten. Den Tahini-Dip in Schälchen füllen und dazu reichen.

GEMÜSE- UND KARTOFFELGERICHTE

TOPINAMBUR-WILDREIS-PLÄTZCHEN
mit Kürbisgemüse und Schafsjoghurt-Dip

ZUBEREITEN 1 Std.

FÜR DIE WILDREISPLÄTZCHEN
100 g Topinambur • Salz
1 rote Zwiebel • 4 EL Öl
100 g Wildreis • 100 g Jasminreis
100 g Buchweizenschrot
1 Msp. Zucker
200 ml Guavensaft (ersatzweise 400 ml Agavendicksaft, Tonic Water dann weglassen)
200 ml Tonic Water
4 Eigelbe
1 kleines Bund fein geschnittene Minze (10 g)
20 g geröstete Pinienkerne
Semmelbrösel (bei Bedarf)

FÜR DAS KÜRBISGEMÜSE
¼ Butternut-Kürbis (etwa 100 g, ersatzweise Hokkaido-Kürbis)
2 EL Öl
Salz • Zucker
1 TL Senfsamen (nach Belieben)
3 TL Akazienhonig (ersatzweise 2 EL Ahornsirup)
Saft von ½ Zitrone
200 ml Orangensaft
8–14 fein geschnittene Liebstöckelblätter (nach Belieben)

FÜR DEN SCHAFSJOGHURT-DIP
100 g Schafsfrischkäse
50 g Naturjoghurt (3,5 % Fett)
2 EL kräftiges Olivenöl
Salz • Zucker
1 EL fein geschnittener Dill
1 EL Estragonsenf (ersatzweise Honigsenf)
4 Passionsfrüchte (siehe Tipp)

1. Für die Wildreisplätzchen die Topinamburknollen schälen und auf einer Gemüsereibe grob raspeln. Die Raspel mit etwas Salz bestreuen und 10 Minuten ziehen lassen.

2. Die Zwiebel schälen und in feine Würfel schneiden. In einem Topf 2 EL Öl erhitzen und Zwiebel, Wildreis, Jasminreis und Buchweizenschrot darin anbraten. Alles mit Salz und Zucker würzen und mit Guavensaft, Tonic Water und 200 ml Wasser ablöschen. Den Reis bei schwacher Hitze etwa 25 Minuten quellen lassen, bis die Flüssigkeit vollständig aufgesogen ist.

3. Anschließend die Reismischung in eine Schüssel füllen, die Topinamburraspel unterheben und alles 20 Minuten abkühlen lassen. Danach Eigelbe, Minze und Pinienkerne untermischen und aus der Reismasse 16 Bratlinge formen. Ist die Reismasse zu flüssig zum Formen, Semmelbrösel nach Bedarf unterkneten und die Masse nochmals etwa 10 Minuten quellen lassen.

4. Für das Kürbisgemüse den Butternutkürbis schälen und in 2 cm große Würfel schneiden. Das Öl in einer Pfanne erhitzen, die Kürbiswürfel darin anbraten und mit Salz, Zucker sowie nach Belieben mit Senfsamen würzen. Den Honig einrühren und alles mit Zitronen- und Orangensaft ablöschen.

5. Das Gemüse etwa 15 Minuten köcheln lassen, bis die Flüssigkeit fast vollständig verdampft ist. Das Kürbisgemüse vom Herd nehmen und nach Belieben den Liebstöckel unterheben.

6. Für den Dip Schafsfrischkäse, Joghurt, Olivenöl, Salz und Zucker mit dem Pürierstab mixen. Die Creme mit Dill und Estragonsenf abschmecken. Die Passionsfrüchte halbieren, die Kerne herausschaben und in den Dip rühren.

7. Für die Wildreisplätzchen das restliche Öl in einer Pfanne erhitzen und die Bratlinge darin von beiden Seiten goldbraun braten. Die Topinambur-Wildreis-Plätzchen auf vier vorgewärmten Tellern anrichten und das Kürbisgemüse sowie den Dip dazu servieren.

> **TIPPS**
> • Die Plätzchen können Sie vor dem Braten noch mit einer pikanten Panade umhüllen: Dafür je zur Hälfte ungesüßte Cornflakes und Wasabi-Nüsse im Mörser zerkleinern und nach Belieben etwas Parmesan und die abgeriebene Schale von 1 Bio-Limette untermischen. Dann die Plätzchen darin wenden. Auch Sesamsamen, Panko, Haferflocken oder Röstzwiebeln eignen sich für eine Panade.
> • Statt der Passionsfrüchte können Sie auch andere Früchte oder Gemüse in den Dip rühren. Sehr gut schmecken zum Beispiel Rhabarber oder Spargel. Probieren Sie das, was gerade Saison hat.

KARTOFFELGRATIN
mit Blumenkohl und Trüffel

ZUBEREITEN 30 Min.
BACKEN 40 Min.

FÜR DEN GRATIN
300 g Blumenkohl
½ TL Salz • 1 TL Zucker • 30 g Butter
600 g festkochende Kartoffeln
1 frische schwarze Trüffel (20 g)
(ersatzweise aus dem Glas oder der Dose)
350 g Sahne
2 Eigelbe
Salz • frisch gemahlener Pfeffer
frisch geriebene Muskatnuss
80 g frisch geriebener Pecorino dolce
(ersatzweise milder Bergkäse)
2 EL Trüffelöl (nach Belieben)

AUSSERDEM
1 Knoblauchzehe zum Ausreiben
4 Gratinformen (16–20 cm Ø)
Butter für die Formen

1. Den Blumenkohl waschen, putzen und in mittelgroße Röschen teilen. Die Röschen in dünne Scheiben schneiden und mit Salz und Zucker würzen. Die Butter in einer Pfanne zerlassen und die Blumenkohlscheiben darin rasch braun anbraten, herausnehmen und auf Küchenpapier abtropfen lassen.

2. Die Kartoffeln schälen und in sehr dünne Scheiben hobeln oder schneiden. Die Trüffel mit einer weichen Bürste sorgfältig von allen Erdresten befreien, tiefe Furchen knapp ausschneiden und die Hälfte der Trüffel in sehr feine Scheiben hobeln.

3. Den Backofen auf 200 °C (Ober-/Unterhitze) vorheizen. Den Knoblauch schälen und die Gratinformen damit ausreiben, anschließend mit Butter ausstreichen. Die Kartoffelscheiben dachziegelartig in die Formen schichten, dabei die Blumenkohl- und Trüffelscheiben jeweils dazwischenstecken.

4. Die Sahne mit den Eigelben verquirlen und kräftig mit Salz, Pfeffer und Muskatnuss würzen. Die Eiersahne gleichmäßig über die Kartoffeln gießen. Die Gratins mit dem Pecorino bestreuen und im Backofen (Mitte) 40 bis 45 Minuten backen.

5. Die Gratins aus dem Ofen nehmen und die restliche Trüffel darüberhobeln. Die Kartoffelgratins nach Belieben noch mit ein paar Tropfen Trüffelöl beträufeln und servieren.

HIMMEL UND ERDE
mit Räuchertofu

ZUBEREITEN 1 Std.
FÜR 2 PORTIONEN

FÜR DAS GERICHT
1 kg festkochende Kartoffeln
700 g säuerliche Äpfel
(z. B. 'Cox Orange' oder 'Boskop')
1 gestr. TL Salz
frisch gemahlener Pfeffer
1 TL Weißweinessig
100 g Zwiebeln
50 g Butter
50 ml Sonnenblumenöl
120 g Räuchertofu

1. Die Kartoffeln schälen und in 2 cm große Würfel schneiden. Die Äpfel waschen, halbieren und das Kerngehäuse entfernen. Die Hälften ebenfalls in 2 cm große Stücke schneiden.

2. Kartoffeln, Äpfel und Salz in einen Topf geben, 300 ml Wasser dazugießen und aufkochen. Die Kartoffeln zugedeckt bei schwacher Hitze in 20 bis 30 Minuten weich garen. Danach alles mit Salz, Pfeffer und Essig würzen.

3. Die Zwiebeln schälen und in Ringe schneiden. Die Butter und das Sonnenblumenöl in einer Pfanne erhitzen und die Zwiebelringe darin goldbraun rösten. Den Räuchertofu in kleine Würfel schneiden und unter die Röstzwiebeln heben.

4. Die gegarten Kartoffeln und Äpfel auf zwei Tellern anrichten, mit der Zwiebel-Tofu-Mischung bestreuen und sofort servieren.

GEMÜSE- UND KARTOFFELGERICHTE

LIGURISCHE FRITTATA
mit Spinat, Kartoffeln und getrockneten Tomaten

ZUBEREITEN 30 Min.
BACKEN 1 Std.
FÜR 2 PORTIONEN

FÜR DIE FRITTATA
1–2 festkochende Kartoffeln (150 g)
35 g Meersalz
1 rote Zwiebel
2 Frühlingszwiebeln
80 g junger Spinat
1 mittelgroßer Zucchino (120 g)
1 Zweig Rosmarin
1 Zweig Thymian
5 Basilikumblätter
30 ligurische Oliven
30 g getrocknete Tomaten
2 EL Olivenöl (vorzugsweise ligurisches)
Salz
60 g ligurischer Bauernkäse
(ersatzweise mild-würziger Bergkäse)
6 Eier
3 EL Crème fraîche

AUSSERDEM
Springform (26 cm Ø)

1. Für die Frittata zunächst den Backofen auf 180 °C (Umluft) vorheizen. Die Kartoffeln waschen und abtrocknen. Das Meersalz auf ein Backblech häufen, die Kartoffeln darausetzen und im Ofen je nach Größe etwa 45 Minuten garen. Die Kartoffeln herausnehmen, kurz abkühlen lassen, pellen und auskühlen lassen. Die Knollen in etwa 5 mm große Würfel schneiden.

2. Die Zwiebel schälen und in feine Würfel schneiden. Die Frühlingszwiebeln waschen und putzen. Den weißen und den grünen Teil getrennt in feine Ringe schneiden. Vom Spinat die Stiele entfernen, die Blätter waschen und trocken schleudern. Den Zucchino waschen, putzen, längs halbieren und in dünne Scheiben schneiden.

3. Rosmarin und Thymian waschen und trocken schütteln. Die Nadeln und Blätter von den Stielen abzupfen und fein hacken. Die Basilikumblätter waschen, trocken tupfen und in feine Streifen schneiden. Die Oliven entsteinen und klein schneiden. Die getrockneten Tomaten in kleine Stücke oder feine Streifen schneiden.

4. Das Olivenöl in einer beschichteten Pfanne erhitzen und die Kartoffelwürfel darin 3 Minuten anbraten. Die Zwiebel und den weißen Teil der Frühlingszwiebeln einstreuen und 2 Minuten mitbraten, dann leicht salzen.

5. Spinat, Zucchino, Rosmarin, Thymian, Basilikum, Oliven, Tomaten sowie den grünen Teil der Frühlingszwiebeln in die Pfanne geben und untermengen. Die Gemüsemischung in die Springform füllen.

6. Den Käse reiben und gleichmäßig über das Gemüse streuen. Die Eier mit der Crème fraîche verquirlen und leicht salzen. Die Eiermasse über die Gemüsemischung gießen und diese vollständig damit bedecken.

7. Die Frittata im heißen Backofen bei 160 °C (Umluft) in 15 Minuten goldgelb backen, herausnehmen und leicht abkühlen lassen. Die Frittata in Stücke schneiden und servieren.

> **TIPP**
> Die Frittata schmeckt direkt aus dem Ofen, aber auch kalt sehr gut. Sie können sie auch einmal mit dünnem grünen Wildspargel oder mit einer Mischung aus verschiedenen, in Streifen geschnittenen und blanchierten Frühlingsgemüsen zubereiten. In diesem Fall die Oliven und getrockneten Tomaten weglassen.

KARTOFFELGNOCCHI
mit Dill-Schmorgurken

ZUBEREITEN 50 Min.

FÜR DIE GNOCCHI
500 g mehligkochende Kartoffeln
Salz
50 g Weizenmehl Type 405
50 g Weichweizengrieß
frisch geriebene Muskatnuss
2 Eigelbe (Größe M)

FÜR DIE SCHMORGURKEN
150 ml Weißwein
1 TL Senfkörner
2 Schalotten
800 g Schmorgurken
3 EL Rapsöl
2 Msp. Senfpulver
150 ml Gemüsefond (s. Seite 518)
150 g Sahne • 50 g Crème fraîche
1 TL grober Senf
Salz
2 EL fein geschnittener Dill

AUSSERDEM
Mehl zum Arbeiten
Dillspitzen und Dill- oder Borretschblüten (nach Belieben) zum Garnieren

1. Für die Gnocchi die Kartoffeln waschen und mit Schale in Salzwasser gar kochen. Inzwischen den Backofen auf 160 °C (Ober-/Unterhitze) vorheizen. Die Kartoffeln abgießen und mindestens 5 Minuten im Backofen ausdampfen lassen. Dann die Kartoffeln pellen und zweimal durch die Kartoffelpresse in eine Schüssel drücken.
2. Mehl, Grieß, Salz, Muskatnuss und Eigelbe zur Kartoffelmasse geben und alles zu einem glatten, geschmeidigen Teig verkneten.
3. Den Teig auf der bemehlten Arbeitsfläche zu 2 cm dicken Rollen formen. Die Teigrollen schräg in 1 cm breite Stücke schneiden und mit den Zinken einer Gabel das typische Gnocchimuster eindrücken.
4. Für die Schmorgurken den Weißwein mit den Senfkörnern in einem Topf aufkochen und 2 Minuten köcheln lassen. Den Sud durch ein Sieb abgießen und abkühlen lassen. Die Schalotten schälen und in feine Würfel schneiden. Die Gurken schälen, längs vierteln und die Kerne mit einem Teelöffel herausschaben. Die Viertel in etwa 2 cm große Stücke schneiden.
5. Das Rapsöl in einem Topf erhitzen und die Schalotten darin glasig anschwitzen. Die Gurken zugeben und 2 Minuten mit anschwitzen. Das Senfpulver und die abgetropften Senfkörner einrühren. Den Weißweinsud und den Gemüsefond dazugießen und die Gurken zugedeckt bei schwacher Hitze 10 Minuten schmoren. Sahne, Crème fraîche und Senf einrühren und die Schmorgurken mit Salz und Dill abschmecken.
6. In einem weiten Topf reichlich Wasser aufkochen und salzen. Die Gnocchi hineinlegen, in 2 bis 3 Minuten gar ziehen lassen, mit der Schaumkelle herausheben und abtropfen lassen.
7. Die heißen Gnocchi mit den Schmorgurken in vier tiefen Tellern anrichten. Alles mit Dillspitzen und nach Belieben noch mit Dill- oder Borretschblüten garnieren und servieren.

> **TIPP**
> Sie können die Gnocchi auch schon garen, bevor Sie das Schmorgemüse zubereiten. Die gegarten Gnocchi dann mit einer Schaumkelle aus dem Topf heben, in eiskaltem Wasser abschrecken und in einem Sieb abtropfen lassen. Zum Servieren in den Schmorgurken schwenken, bis die Gnocchi wieder schön heiß sind.

KARTOFFEL-HAFER-PLÄTZCHEN
mit Bärlauch-Tsatsiki

ZUBEREITEN 45 Min.

FÜR DAS TSATSIKI
1 mittelgroße Salatgurke
Salz
5–10 Bärlauchblätter (ersatzweise 1 kleines Bund Schnittknoblauch)
400 g griechischer Joghurt (10 % Fett)
frisch gemahlener weißer Pfeffer
2 EL Olivenöl
100 g Oliven, entsteint

FÜR DIE PLÄTZCHEN
800 g festkochende Kartoffeln
2 Zwiebeln (100 g)
100 g Schmelzflocken (sehr feine Haferflocken)
2 TL Salz
½ TL frisch gemahlener Pfeffer
Olivenöl zum Braten

FÜR DIE GARNITUR
Bärlauchblätter
essbare Blüten (z. B. Stiefmütterchen)

1. Für das Tsatsiki die Salatgurke waschen, nach Belieben schälen und auf der Küchenreibe grob raspeln. Die Gurkenraspel in ein Sieb geben, mit 1 gestrichenen TL Salz vermischen und 10 Minuten ziehen lassen. Die Gurkenraspel mit den Händen gut ausdrücken.

2. Die Bärlauchblätter waschen, trocken tupfen und in feine Streifen schneiden. Bärlauch, Joghurt und Gurkenraspel verrühren und das Tsatsiki mit Salz und Pfeffer abschmecken. Den Dip in vier Schälchen füllen, mit Olivenöl beträufeln und mit den Oliven garnieren.

3. Für die Plätzchen die Kartoffeln waschen, schälen und in kleine Stücke schneiden. Die Zwiebeln schälen und ebenfalls kleinschneiden.

4. Kartoffeln, Zwiebeln, Schmelzflocken, Salz und Pfeffer zusammen im Blitzhacker pürieren.

5. Etwas Olivenöl in einer Pfanne erhitzen. Pro Plätzchen 1–2 EL Kartoffelmasse in die Pfanne setzen, etwas flach drücken und bei mittlerer Hitze von jeder Seite in 2–3 Minuten goldgelb braten. Die Plätzchen aus der Pfanne heben, auf Küchenpapier abtropfen lassen und warm stellen. So fortfahren, bis die gesamte Kartoffelmasse aufgebraucht ist.

6. Für die Garnitur die Bärlauchblätter waschen, trocken tupfen und fein schneiden. Den Bärlauch auf das Tsatsiki streuen und dieses mit den Blüten garnieren. Die Kartoffel-Hafer-Plätzchen auf vier Tellern anrichten und mit dem Bärlauch-Tsatsiki servieren.

> **TIPP**
> Ist die Bärlauchsaison schon vorbei? Dann bereiten Sie das Tsatsiki doch mit Schnittlauch oder mit jungen Borretschblättern zu. Die Blüten von beiden können Sie auch gleich für die Garnitur verwenden. Mit Borretsch schmeckt das Tsatsiki wesentlich milder und feiner. Der blau blühende Borretsch wird in der Sommerküche gerne mit Gurken kombiniert, was ihm den volkstümlichen Namen »Gurkenkraut« eingebracht hat.

GEMÜSE- UND KARTOFFELGERICHTE

BRATKARTOFFEL-VARIATIONEN

ZUBEREITEN je 30 Min.
FÜR JE 2 PORTIONEN

FÜR DIE BRATKARTOFFELN
MIT PHYSALIS
500 g festkochende Kartoffeln ('Nikola' oder 'Sieglinde')
2 rote Zwiebeln
10 Physalis • 2 Stängel Minze
4 Essiggurken
3 EL Öl
Salz • 1 TL Kreuzkümmelsamen (nach Belieben zerstoßen)
1 TL Tandooripulver (aus dem Asialaden)
1 EL Butter

FÜR DIE SÜSSKARTOFFELN
MIT NEKTARINEN
500 g Süßkartoffeln • 3 rote Schalotten
3 EL Öl
Salz • 1 TL Currypulver
1 EL Kürbiskerne • 2 Nektarinen
2 Stängel Salbei • 1 EL Butter
1 EL frisch geriebener Meerrettich (ersatzweise Meerrettich aus dem Glas)

FÜR DIE TOPINAMBUR MIT MELONE
500 g Topinambur • 2 rote Zwiebeln
100 g Seitan
3 EL Öl
1 EL sehr fein gehackter Ingwer
2 Stängel Estragon
½ TL gemahlener Zimt
frisch geriebene Muskatnuss • Salz
¼ Netzmelone (Galia-Melone, etwa 300 g)
1 EL fein geschnittener Estragon
1 EL Butter (ersatzweise Walnussöl)

1. Für die Bratkartoffeln mit Physalis die Kartoffeln waschen, schälen, halbieren und in etwa 3 mm dicke Scheiben schneiden. Die Zwiebeln schälen und in feine Streifen schneiden. Die Physalis aus den Hüllblättern lösen, kurz abspülen und trocken tupfen. Die Minze waschen, trocken schütteln, die Blätter abzupfen und fein schneiden. Die Essiggurken in feine Würfel schneiden.
2. Das Öl in einer Pfanne erhitzen und Kartoffeln und Zwiebeln darin braten, bis die Kartoffeln goldgelb und weich sind, dabei mehrmals wenden.
3. Die Kartoffeln mit Salz, Kreuzkümmel und Tandooripulver würzen. Physalis, Minze, Essiggurken und Butter zu den Kartoffeln geben, alles gut durchschwenken und warm servieren.
4. Für die Süßkartoffeln mit Nektarine die Süßkartoffeln waschen, schälen und in kleine Würfel schneiden. Die Schalotten schälen und in feine Streifen schneiden. Das Öl in einer Pfanne erhitzen, beides darin unter Rühren anbraten und mit Salz und Currypulver würzen. Die Kürbiskerne unterheben und die Süßkartoffeln bissfest braten.
5. In der Zwischenzeit die Nektarinen waschen, abtrocknen, vierteln und entsteinen. Die Viertel in feine Scheiben schneiden. Den Salbei waschen, trocken schütteln, die Blätter abzupfen und in feine Streifen schneiden. Nektarinen, Salbei, Butter und Meerrettich zu den Süßkartoffeln geben, alles gut durchschwenken und heiß servieren.

6. Für die Topinambur mit Melone die Topinamburknollen gründlich waschen, mit der Schale längs halbieren und quer in feine Scheiben schneiden. Die Zwiebeln schälen und ebenfalls in feine Scheiben schneiden. Den Seitan fein würfeln.
7. Das Öl in einer Pfanne erhitzen und Topinambur und Zwiebeln darin braten, bis die Topinamburscheiben goldgelb sind. Dann den Ingwer und die Seitanwürfel einstreuen und 5 Minuten mitbraten. Alles mit Zimt, Muskatnuss und Salz würzen.
8. Die Melone schälen, die Kerne entfernen und das Fruchtfleisch in kleine Würfel schneiden. Die Melonenwürfel zu den gebratenen Topinamburscheiben geben. Zuletzt Estragon und Butter zufügen, alles nochmals durchschwenken und servieren.

TIPPS
• Ersetzen Sie bei den Bratkartoffeln die Minze doch einmal durch Gartenkresse und die Physalis durch 2 gewürfelte frische Feigen.
• Tauschen Sie bei den Süßkartoffeln die Nektarinen gegen frische Ananas und den Salbei gegen Liebstöckel.
• Die Topinambur schmecken statt mit Melone auch mit Trauben und statt Seitan passt auch geräucherter Tofu oder ein Lupinenprodukt dazu.

DINKEL-KARTOFFEL-STRUDEL
mit Gurken-Meerrettich-Salat

ZUBEREITEN 1 Std. 20 Min.
FÜR 4–6 PORTIONEN

FÜR DEN STRUDELTEIG
150 g Dinkelmehl (Type 630)
4 ½ EL Olivenöl
2 Msp. Salz

FÜR DIE FÜLLUNG
800 g festkochende Kartoffeln • Salz
100 g Zwiebeln
40 g Butter
4 EL Olivenöl
frisch gemahlener Pfeffer
¼ TL frisch geriebene Muskatnuss
1 mittelgroße Rote Bete
Öl zum Bestreichen

FÜR DEN SALAT
1 große Salatgurke
1 gestr. TL Salz
1 Stück Meerrettichwurzel (fingerdick und 5 cm lang)
1 Schalotte
½ Bund Dill
3 EL Weißweinessig
8 EL Sahne
frisch gemahlener Pfeffer (nach Belieben)
8–12 Kopfsalatblätter

AUSSERDEM
Öl für das Blech
Mehl zum Arbeiten

1. Für den Teig das Mehl mit 80 ml Wasser, 2 EL Olivenöl und Salz in etwa 5 Minuten glatt verkneten. Den Teig in Frischhaltefolie wickeln und bei Raumtemperatur 30 Minuten ruhen lassen.

2. In der Zwischenzeit für die Füllung die Kartoffeln waschen, mit Schale in Salzwasser in etwa 25 Minuten weich kochen, abgießen und kurz abkühlen lassen. Die Kartoffeln pellen und in 2 cm große Würfel schneiden.

3. Die Zwiebeln schälen und klein würfeln. Butter und Olivenöl in einer Pfanne erhitzen und die Zwiebeln darin mittelbraun braten. Die Röstzwiebeln mit 1 gehäuften TL Salz, Pfeffer und Muskat unter die Kartoffelwürfel heben.

4. Den Backofen auf 200 °C (Ober-/Unterhitze) vorheizen. Ein Backblech mit Öl bestreichen. Den Teig auf der bemehlten Arbeitsfläche zu einem Rechteck flach drücken. Dann auf ein bemehltes Küchentuch legen und den Teig zu einem großen Rechteck (35 x 45 cm) ausrollen oder mit den Händen ausziehen.

5. Die Teigplatte mit 2 EL Olivenöl bestreichen, dabei rundum einen 3 cm breiten Rand frei lassen. Die Kartoffelmasse gleichmäßig auf dem Strudelteig verteilen. Die Rote Bete dünn schälen und in 1 cm dicke Stifte schneiden oder auf dem Gemüsehobel grob raspeln.

6. Die Rote-Bete-Stifte als Streifen entlang der unteren Längsseite des Strudels legen. Den Teig darüberschlagen und einmal einrollen. Dann die Seitenränder über die Füllung klappen und den oberen Teigrand mit Wasser bestreichen.

7. Den Strudel von der unteren Seite beginnend aufrollen, dabei die ersten 5 cm mit den Fingern, den Rest mithilfe des Küchentuchs aufrollen.

8. Den Strudel mithilfe des Küchentuchs mit der Nahtstelle nach unten auf das Backblech rollen. Die Oberfläche mit dem übrigen Öl bestreichen und den Strudel im Ofen (Mitte) 30 bis 40 Minuten backen.

9. In der Zwischenzeit für den Salat die Salatgurke waschen und mit Schale in dünne Scheiben hobeln. Die Scheiben mit dem Salz mischen und etwa 10 Minuten ziehen lassen. Die Gurkenscheiben gut ausdrücken und die Flüssigkeit abgießen.

10. Den Meerrettich schälen und sehr fein reiben. Die Schalotte schälen. Den Dill waschen, trocken schütteln und mit der Schalotte sehr fein hacken. Gurkenscheiben, Meerrettich, Schalotte, Dill, Essig und Sahne vermischen. Den Salat mit Salz und nach Belieben mit etwas Pfeffer abschmecken.

11. Die Kopfsalatblätter waschen und trocken schleudern. Die Salatblätter auf vier Tellern anrichten und jeweils etwas Gurken-Meerrettich-Salat daraufsetzen. Den Dinkel-Kartoffel-Strudel aus dem Ofen nehmen, in Stücke schneiden und neben dem Salat anrichten.

> **TIPP**
> Bei der Füllung können Sie Butter und Olivenöl beliebig gegeneinander austauschen. Wenn Sie die Füllung nur mit 8 EL Olivenöl zubereiten, wird der Strudel zum veganen Gericht.

KLEINE SAUERKRAUTSTRUDEL
mit Kartoffel-Espuma

ZUBEREITEN 1 Std. 40 Min.
RUHEN 1 Std.
ERGIBT 8 KLEINE STRUDEL

FÜR DEN STRUDELTEIG
150 g Weizenmehl Type 550
1 Prise Salz
2 EL Öl

FÜR DIE FÜLLUNG
300 g Sauerkraut
30 g getrocknete Aprikosen
60 g Pumpernickel
100 g Schmand • 1 Ei
10 g Aprikosen- oder Orangensenf
Salz • frisch gemahlener Pfeffer
frisch geriebene Muskatnuss
1 EL geschnittene Majoranblätter
1 EL geschnittene Petersilienblätter
70 g zerlassene Butter
2 TL Toskanisches Pastagewürz (z. B. von Ingo Holland)
8 Stängel Petersilie

FÜR DIE ESPUMA
600 g mehligkochende Kartoffeln
Salz • 300 ml Milch • 50 g Butter
frisch gemahlener Pfeffer
frisch geriebene Muskatnuss

AUSSERDEM
Mehl zum Arbeiten
30 g zerlassene Butter für das Blech
Espumaflasche (siehe Tipp)
2 Stickstoffpatronen
Petersilienöl (siehe Tipp)

1. Für den Strudelteig Mehl, Salz und Öl mit 80 ml Wasser glatt verkneten. Den Teig zu einer Kugel formen, mit Öl bepinseln, in Frischhaltefolie wickeln und mindestens 1 Stunde ruhen lassen.

2. Für die Füllung das Sauerkraut gut ausdrücken, in eine Schüssel geben und mit einer Gabel auflockern. Die Aprikosen und den Pumpernickel in feine Würfel schneiden und zum Sauerkraut geben. Den Schmand mit Ei und Aprikosensenf verrühren, mit Salz, Pfeffer und Muskatnuss abschmecken und mit dem Sauerkraut vermischen. Den Majoran und die Petersilie unterheben.

3. Den Backofen auf 180 °C (Ober-/Unterhitze) vorheizen. Den Strudelteig auf einem bemehlten Tuch ausrollen und anschließend über den Handrücken dünn ausziehen. Die Teigplatte in 8 Quadrate mit jeweils 15 cm Kantenlänge schneiden. Die Quadrate mit der Hälfte der zerlassenen Butter bestreichen und mit dem Pastagewürz bestreuen. Die Petersilie waschen, trocken schütteln und die Blättchen abzupfen. Alle Teigplatten jeweils zur Hälfte damit belegen.

4. Die Sauerkrautmischung auf die Teigplatten verteilen, dabei rundum einen etwa 1,5 cm breiten Rand frei lassen. Die Platten zu Strudeln aufrollen, dabei mit der Hälfte ohne Petersilie beginnen. Ein Backblech mit zerlassener Butter bestreichen und die Strudel daraufsetzen. Die Krautstrudel mit der zweiten Hälfte der zerlassenen Butter bestreichen und im Ofen (Mitte) 20 bis 25 Minuten backen.

5. Für die Espuma die Kartoffeln waschen, schälen, klein schneiden und in Salzwasser in 20 bis 30 Minuten weich kochen. Das Kochwasser abgießen und beiseitestellen. Die Kartoffeln zweimal durch die Kartoffelpresse drücken. Die Milch mit der Butter erhitzen und mit 100 ml Kartoffelwasser unter die Kartoffeln mischen. Das Püree sollte leicht flüssig sein, bei Bedarf noch etwas Kartoffelwasser zugeben. Das Püree mit Salz, Pfeffer und Muskat abschmecken und durch ein feines Sieb streichen. Die Masse in die Espumaflasche füllen (siehe Tipp) und den Gerätekopf aufschrauben. Eine Stickstoffpatrone in den Kapselhalter einlegen und auf die Flasche schrauben, bis der Inhalt hörbar eingeströmt ist. Den Kapselhalter abschrauben, die zweite Patrone einlegen und ebenfalls einströmen lassen.

6. Die Strudel jeweils in 3 bis 4 Stücke schneiden und auf vorgewärmten Tellern anrichten. Die Espuma (siehe Tipp) in kleine Schalen spritzen, mit Petersilienöl beträufeln und mit Pastagewürz bestreuen. Die Strudel nach Belieben mit Petersilienöl umgießen und sofort servieren.

TIPPS
• Die Espumaflasche sollte maximal zu zwei Dritteln gefüllt sein. Anschließend die Espumaflasche kräftig schütteln und zur Entnahme kopfüber halten.
• Für das Petersilienöl 3 EL fein geschnittene Petersilienblätter mit 5 EL Distelöl vermischen und 3 bis 4 Tage ziehen lassen. Danach das Öl durch ein feines Sieb abgießen und verwenden.

GERICHTE MIT TOFU, TEMPEH UND SEITAN

GERICHTE MIT TOFU, TEMPEH UND SEITAN

TOFU IN MEERRETTICHRAHM
mit Kartoffelplätzchen und Rosenkohl

ZUBEREITEN 2 Std. 10 Min.
MARINIEREN 24 Std.

FÜR DEN TOFU
5 Zwiebeln
8 Stängel Thymian
5 Knoblauchzehen • Salz
300 g Naturtofu (Block)
4 TL weiße Pfefferkörner, grob zerdrückt
4 EL Olivenöl

FÜR DIE SAUCE
80 g Lauch • 60 g Staudensellerie
50 g Butter • 6 EL Weißwein
6 EL Gemüsefond (s. Seite 518)
100 g Crème fraîche
1 Stück frischer Meerrettich (etwa 20 cm)
Meersalz • 4 TL fein geschnittene glatte Petersilie

FÜR DIE KARTOFFELPLÄTZCHEN
200 g mehligkochende Kartoffeln
Salz
2 Eier
2 EL Weizenmehl Type 405
1 TL Speisestärke
frisch geriebene Muskatnuss
1 Eiweiß
je 1 Zweig Rosmarin und Thymian
100 ml Olivenöl zum Braten
25 g Butter

FÜR DEN ROSENKOHL
20 Rosenkohlröschen
1 Schalotte
1 Tomate
40 g geräucherte Butter (siehe Tipp) oder Butter
Salz • 4 EL Gemüsefond (s. Seite 518)

1. Für den Tofu die Zwiebeln schälen und in feine Ringe schneiden. Den Thymian waschen, trocken tupfen, die Blättchen abzupfen und fein hacken. Den Knoblauch schälen, fein würfeln, mit 2 TL Salz mischen und mit einer Gabel zu Mus zerdrücken. Den Tofu der Länge nach in etwa 5 mm dünne Scheiben schneiden.
2. Jede Tofuscheibe mit etwas Knoblauchmus einreiben, noch einmal salzen, mit Pfeffer bestreuen und mit Olivenöl beträufeln. Die Tofuscheiben aufeinanderlegen, dabei jeweils eine Schicht Zwiebeln und Thymian dazwischenlegen. Alles in ein dicht schließendes Gefäß geben und 24 Stunden marinieren.
3. Für die Sauce Lauch und Staudensellerie putzen, waschen und klein schneiden. Beides in der Butter hell andünsten und mit dem Weißwein ablöschen. Die Flüssigkeit um die Hälfte reduzieren und den Gemüsefond zugeben. Die Sauce salzen und etwa 15 Minuten köcheln lassen.
4. Anschließend die Crème fraîche zugeben, alles einmal aufkochen lassen und mit einem Pürierstab fein mixen. Die Sauce durch ein feines Sieb passieren und erneut erhitzen. Den Meerrettich mit einer feinen Reibe in die Sauce reiben und diese warm halten, aber nicht mehr kochen lassen.
5. Für die Kartoffelplätzchen die Kartoffeln schälen und in gleich große Stücke schneiden. Die Kartoffeln in Salzwasser weich kochen, abgießen, ausdampfen lassen und durch eine Kartoffelpresse drücken. Den Kartoffelschnee mit Eiern, Mehl, Speisestärke, Salz und Muskatnuss glatt rühren.
6. Zuletzt das Eiweiß steif schlagen und unter die Kartoffelmasse heben. Rosmarin und Thymian waschen und trocken schütteln.
7. In einer beschichteten Pfanne etwas Olivenöl erhitzen. Jeweils 2 bis 3 EL Kartoffelmasse hineinsetzen und zu Kreisen flach drücken. Die Plätzchen von beiden Seiten goldbraun anbraten. Butter und Kräuter zugeben und die Plätzchen von jeder Seite noch 1 Minute nachbraten, herausnehmen, auf Küchenpapier abtropfen lassen und warm stellen.
8. Für das Gemüse die äußeren Blätter der Rosenkohlröschen entfernen. Den Strunk mit einem spitzen Tourniermesser herausschneiden und die einzelnen Blätter abzupfen, ohne sie zu zerreißen. Die Schalotte schälen und fein würfeln. Die Tomate vierteln, entkernen und in gleichmäßige Würfel schneiden.
9. Den Tofu aus der Marinade nehmen, anhaftende Zwiebeln und Kräuter abstreifen und die Scheiben in je 4 Streifen schneiden. Diese in heißem Öl von jeder Seite etwa 2 Minuten braten.
10. Den Rosenkohl und die Schalottenwürfel mit 20 g geräucherter Butter in einer Pfanne anschwitzen, salzen, mit dem Gemüsefond ablöschen und 2 Minuten weitergaren. Die Tomatenwürfel zugeben und alles mit der restlichen geräucherten Butter abbinden und abschmecken.
11. Den Rosenkohl auf vier Tellern anrichten, die Tofustreifen darauflegen, mit der Sauce überziehen und mit der Petersilie bestreuen. Je zwei Kartoffelplätzchen danebenlegen.

TIPP

Für die Räucherbutter einen Topf mit Alufolie auslegen und stark erhitzen. Etwa 4 EL Buchenräuchermehl auf die Alufolie geben und den Topf sofort mit einem gut schließenden Deckel zudecken. Nach etwa 30 Sekunden 250 g Butter in ein Sieb legen und dieses auf einen Ring in den Topf stellen. Den Deckel wieder auflegen und die Butter 1 Minute lang räuchern. Die Butter herausnehmen und den Topf mit aufgelegtem Deckel abkühlen lassen.

GERICHTE MIT TOFU, TEMPEH UND SEITAN

TOFU-GESCHNETZELTES
mit Topfenspätzle und Preiselbeeren

ZUBEREITEN 1 Std. 40 Min.
MARINIEREN 24 Std.
RÜHREN 2–3 Std.

FÜR DAS GESCHNETZELTE
15 Wacholderbeeren
10–15 frische Lorbeerblätter
Salz • 100 ml Öl
400 g Naturtofu (Block)
1 Bund Frühlingszwiebeln
½ Bund glatte Petersilie
5 EL Haselnussöl (gekauft oder selbst zubereitet, siehe unten)
frisch gemahlener Pfeffer
100 ml Riesling • 200 g Sahne
1 Msp. Speisestärke

FÜR DIE PREISELBEEREN
1 kg Preiselbeeren, verlesen, gewaschen und trocken getupft
900 g Zucker

FÜR DAS HASELNUSSÖL
200 ml hoch erhitzbares Öl (z. B. Rapsöl)
100 g Haselnüsse

FÜR DIE SPÄTZLE
150 g Weizenmehl Type 405
75 g trockener Topfen (Topfen bei Bedarf im Küchentuch ausdrücken)
2 Eier (Größe S)
Salz • frisch geriebene Muskatnuss
4 EL sehr fein geschnittene Petersilie

1. Für das Geschnetzelte die Wacholderbeeren in einer beschichteten Pfanne ohne Fett rösten, bis sie zu duften und zu glänzen anfangen. Etwas abkühlen lassen und die Wacholderbeeren fein hacken. Die Lorbeerblätter waschen, mit Küchenpapier trocken tupfen und bis auf vier Stück grob hacken. Wacholder, gehackte Lorbeerblätter und 2 TL Salz mit dem Öl gut verrühren. Den Tofu in 1 cm dicke Scheiben schneiden, diese mit der Ölmischung einstreichen, aufeinander stapeln und in einem dicht schließenden Gefäß 24 Stunden im Kühlschrank marinieren.

2. Für die Preiselbeeren die Beeren mit dem Zucker vermischen und mit den Knethaken der Küchenmaschine 2 bis 3 Stunden auf kleinster Stufe rühren, bis sich der Zucker aufgelöst hat. Die Preiselbeeren in saubere Schraubgläser füllen, verschließen und kühl stellen.

3. Während des Rührens der Preiselbeeren für das Haselnussöl das Öl in einem kleinen Topf auf 160 °C erhitzen, die Haselnüsse zugeben und etwa 2 Minuten rösten, bis das Öl anfängt nussig zu duften. Das Öl durch ein feines Metallsieb in ein sauberes, hitzebeständiges Schraubglas füllen und verschließen. Das Haselnussöl hält sich im Kühlschrank mindestens 2 Wochen. Die Nüsse etwas abkühlen lassen, in ein Gefäß füllen und gut verschließen.

4. Für das Geschnetzelte die Frühlingszwiebeln waschen, putzen und in feine Ringe schneiden. Die Petersilie waschen, trocken schütteln, die Blätter abzupfen und fein hacken. Den Tofu aus der Marinade nehmen und in 2 cm breite Streifen schneiden.

5. Das Haselnussöl mit den übrigen Lorbeerblättern erhitzen. Den Tofu zugeben und braten, bis er leicht Farbe annimmt, dann kräftig salzen und pfeffern. Die Frühlingszwiebeln zugeben und alles mit dem Riesling ablöschen. Die Sahne zugeben und das Geschnetzelte mit Salz und Pfeffer abschmecken, dann die Lorbeerblätter entfernen. Die Speisestärke mit wenig kaltem Wasser anrühren und in das Geschnetzelte rühren. Alles einmal aufkochen lassen und mit der gehackten Petersilie bestreuen.

6. Für die Spätzle alle Zutaten in einer Schüssel vermischen und mit der flachen Hand schlagen, bis sich Blasen im Teig bilden. In einem weiten Topf reichlich Wasser zum Kochen bringen und salzen. Die Topfenspätzle entweder mit einem Spätzlebrett in das kochende Salzwasser schaben oder mit einer Spätzlepresse in das Wasser drücken.

7. Wenn sie an die Oberfläche steigen, die Spätzle noch 1 Minute köcheln lassen. Die Spätzle mit der Schaumkelle herausheben und sofort mit dem Tofu-Geschnetzelten und den Preiselbeeren servieren.

> **TIPPS**
> • Dazu passt ein Grüner Salat mit frittierten Haselnüssen: Dafür 4 EL Haselnussöl, 1 EL Rapshonig, Salz, Pfeffer und den Saft von ½–1 Zitrone zu einem Dressing verrühren. Einen Kopfsalat putzen, waschen und trocken schleudern. Das Dressing darüberträufeln und 50 g grob gehackte, frittierte Haselnüsse (siehe Schritt 3) sowie 8 in Streifen geschnittene Melisseblätter darüberstreuen.
> • Die kalt gerührten Preiselbeeren halten sich, in saubere Gläser gefüllt, etwa 1 Jahr.

GERICHTE MIT TOFU, TEMPEH UND SEITAN

TOFU-CORDON-BLEU
mit Kohlrabigemüse

1 Die Käsescheiben passend zurecht schneiden und in die Tofutaschen stecken.

2 Die gefüllten Tofuscheiben zuerst in Mehl, dann in den verquirlten Eiern wenden.

3 Zum Schluss die Tofuscheiben in den Bröseln wenden und die Panade leicht andrücken.

4 Vier Tofu-Cordon-bleus bei mittlerer Hitze von beiden Seiten in etwa 5 Minuten goldbraun braten.

ZUBEREITEN 2 Std.
MARINIEREN 2 Std.

FÜR DAS CORDON BLEU
400 g Naturtofu (Block) • 1 Knoblauchzehe
50 ml Sojasauce • Salz
1 gestr. TL gemahlener weißer Pfeffer
120 g Appenzeller, in Scheiben
2 Eier • frisch gemahlener Pfeffer
80 g Semmelbrösel • 30 g Vollkornmehl
30 g Butter • 3 EL Olivenöl

FÜR DAS KOHLRABIGEMÜSE
600 g junge Kohlrabi • Salz
4 Pimentkörner • 1 Msp. frisch geriebene Muskatnuss • 2 Msp. frisch gemahlener weißer Pfeffer • 40 g Butter • 2 gehäufte TL Weizenmehl Type 405 • 200 g Sahne
20 g frisch geriebener Parmesan
abgeriebene Schale von ½ Bio-Zitrone
½ Bund fein geschnittene Petersilie

FÜR DIE BUNTEN KARTOFFELN
300 g lila Kartoffeln (z. B. 'Vitelotte')
300 g festkochende Kartoffeln • Salz

1. Für das Cordon bleu den Naturtofu in 8 Scheiben schneiden. Den Knoblauch schälen und fein hacken. In einem Topf Knoblauch, Sojasauce, 1 gestrichenen TL Salz und Pfeffer mit ½ l Wasser mischen. Die Tofuscheiben hineinlegen, aufkochen, vom Herd nehmen und mindestens 2 Stunden in der Marinade ziehen lassen.
2. Für das Gemüse die Kohlrabi waschen und schälen. Die Knollen in halbfingerdicke Stifte, die Schalen in kleine Stücke schneiden. Die Kohlrabischalen in einem Topf mit 600 ml Wasser, 1 gehäuften TL Salz, Pimentkörnern, Muskatnuss und Pfeffer aufkochen und bei schwacher Hitze 5 Minuten köcheln lassen.
3. Den Kohlrabifond durch ein Sieb in einen Topf abgießen. Die Kohlrabistifte darin in etwa 3 Minuten bissfest kochen. Die Kohlrabi durch ein Sieb abgießen, dabei den Fond auffangen. Die Stifte sofort in eiskaltem Wasser abschrecken.
4. Für die bunten Kartoffeln die lila Kartoffeln mit Schale in kochendem Wasser etwa 20 Minuten garen, anschließend abgießen, ausdampfen lassen und pellen. Die festkochenden Kartoffeln schälen und in Salzwasser weich garen.
5. Für das Gemüse die Butter zerlassen und das Mehl mit dem Schneebesen einrühren. 400 ml Kohlrabifond und Sahne dazugießen und bei schwacher Hitze unter Rühren in 5 Minuten cremig köcheln. Die Sauce mit Parmesan, Muskat, Salz, Pfeffer und Zitronenschale abschmecken.
6. Den Tofu aus der Marinade nehmen, abtropfen lassen und mit Küchenpapier trocken tupfen. Mit einem scharfen Messer Taschen in die Tofuscheiben einschneiden und weiterarbeiten, wie oben in Step 1 beschrieben.
7. Die Eier in einem tiefen Teller verquirlen und kräftig salzen und pfeffern. Semmelbrösel und Vollkornmehl getrennt in tiefe Teller geben und weiterarbeiten, wie oben in Step 2 und 3 gezeigt.
8. Butter und Öl in einem Topf erhitzen. Die Hälfte davon in eine Pfanne gießen und die Cordon bleus darin braten, wie oben in Step 4 gezeigt, dann herausnehmen und abtropfen lassen. Die restlichen Cordon bleus ebenso braten.
9. Die Kohlrabistifte in der Sauce wenden und mit Petersilie bestreuen. Die Cordon bleus mit dem Gemüse und den Kartoffeln auf vier Tellern anrichten.

HEILIGE KÜHE, FLEISCHLOSE KÜCHEN
Die Religionen und der Vegetarismus

Wenn es so etwas gibt wie ein gelobtes Land für Vegetarier, dann muss es in Indien liegen. Nirgends auf der Welt findet sich eine größere Auswahl vegetarischer Restaurants, eine gewisse internationale Fastfood-Kette bewirbt als »McAloo Tikki« Kartoffelbratlinge im Brötchen, und sogar der Immobilienkauf wird Vegetariern erleichtert: In Tausenden von Wohnsiedlungen in Mumbai sind Fleischesser als Bewohner ausdrücklich unerwünscht.

Fleischverzicht genießt bei vielen Indern ein hohes Ansehen. Die Gründe dafür reichen bis ins 6. Jahrhundert zurück, als mit Jainismus und Buddhismus auf dem Subkontinent gleich zwei neue Religionen entstanden. Beide übernahmen gewisse Vorstellungen von der bis dato vorherrschenden Frühform des Hinduismus: Alles Leben ist Teil einer kosmischen Ganzheit, und die individuelle Seele wird so lange wiedergeboren, bis sie Erlösung findet. In einem Punkt allerdings gingen die beiden neuen Lehren einen entscheidenden Schritt weiter. Wenn alles Leben gleich viel wert ist und die Seele auch in Tieren wiedergeboren werden kann, dann ist es falsch, für Nahrung zu töten. »Ahimsa«, Gewaltlosigkeit, wurde zu einem zentralen Prinzip.

Diese Gedanken beeinflussten in der Folge wiederum den Hinduismus. War die heilige Kuh bis dato das bevorzugte Opfertier der Hindus gewesen, so galt es bald als Frevel, ihr Fleisch zu essen – was sicherlich auch etwas mit der Erkenntnis zu tun hatte, dass der Wert ihrer Milch und Arbeitskraft den eines einmaligen Opferschmauses erheblich überstieg. Obwohl der Vegetarismus nie allgemeine religiöse Vorschrift wurde, setzte er sich vor allem bei der Priesterkaste der Brahmanen durch, was sein Prestige zusätzlich steigerte. Bis heute gilt die vegetarische Ernährung unter traditionellen Hindus als gesund, rein und Energie spendend.

SCHONUNG FÜR DAS KLEINSTE LEBEN

Die strengsten Vegetarier auf dem Subkontinent aber sind die Anhänger des Jainismus. Sie verzichten nicht nur auf Fleisch, sondern meiden auch Gemüsesorten, die unter der Erde wachsen, weil bei ihrer Ernte versehentlich Würmer oder Insekten getötet werden könnten. Ihr Speiseplan enthält weder Tomaten, deren Farbe an Blut erinnert, noch Eier, weil sie bereits den Keim zukünftigen Lebens enthalten. Frische Milch ist rein – steht sie jedoch länger, könnte sie lebendige Mikroorganismen enthalten, was sie vom Verzehr ausschließt. Strenge Jaina achten sogar darauf, ihre Mahlzeiten vor Einbruch der Dunkelheit zu beenden, damit sie nicht mit einem Bissen versehentlich einen Nachtfalter verzehren.

Eine solche Strenge ist dem Buddhismus fremd. Zwar sollen die Anhänger der Lehren Buddhas, die heute eher in Ostasien als in Indien verbreitet sind, keine Tiere töten. Es ist ihnen aber nicht verboten, Fleisch zu essen. Diese scheinbar widersprüchliche Regel bezog sich ursprünglich darauf, dass buddhistische Mönche in ihren Bettelschalen jede Art von Nahrung entgegennehmen durften. Allerdings wurde und wird sie mancherorts durchaus pragmatisch ausgelegt. In Thailand beispielsweise wandern Fisch und Meeresfrüchte häufig in die Reisschüssel, ohne dass darin eine Verletzung des »ahimsa« gesehen wird: Schließlich tötet der Fischer die Tiere nicht, sondern holt sie lediglich aus dem Wasser. Obwohl in der buddhistischen Praxis wenn überhaupt, dann fast nur Mönche und Nonnen vegetarisch leben, hat sich in vielen Ländern eine eigene pflanzliche Küche entwickelt. Der Überlieferung nach waren es findige Köche in den buddhistischen Tempeln Chinas und Japans, die Seitan, Tofu und Tempeh entdeckten, als sie Fleisch durch andere Lebensmittel zu imitieren versuchten.

»UND HERRSCHET ÜBER ALLE TIERE«

Im Gegensatz zu den östlichen Religionen tun sich Judentum, Christentum und Islam traditionell mit dem Fleischverzicht schwer. Zu fest ist in ihren Glaubensüberzeugungen verankert, Gott hätte den Menschen zum Herrn über alle Tiere eingesetzt und ihm damit gestattet,

Östliche Religionen fördern den Vegetarismus, während sich Judentum, Christentum und Islam schwer tun mit dem Fleischverzicht.

Jain-Asketen versuchen sogar das versehentliche Verschlucken von Insekten zu verhindern, indem sie einen Mundschutz tragen.

sie nach Belieben zu töten. Und dennoch waren es ausgerechnet christliche Erneuerungsbewegungen, die dem Vegetarismus in den angelsächsischen Ländern im 19. Jahrhundert neuen Schwung gaben. Bibelchristen gründeten 1847 die erste Vegetarian Society in England. Der presbyterianische Pfarrer Sylvester Graham predigte in den USA, Alkohol und Fleisch seien verantwortlich für Gewalt und sexuelle Exzesse, und empfahl eine vegetarische Kost auf Basis des nach ihm benannten Grahambrotes. Die ebenfalls amerikanischen Siebenten-Tags-Adventisten, zu denen auch Cornflakes-Erfinder John Harvey Kellogg gehörte, erklärten den menschlichen Körper zum Haus Gottes und erhoben eine gesunde, möglichst fleischlose Ernährung zur christlichen Pflicht.

In einer der jüngeren Religionen der Welt vermischen sich ebenfalls christliche Elemente mit vegetarischen Grundsätzen. Die jamaikanischen Rastafari teilen den Glauben an die Wiederkunft des Messias, sehen ihn allerdings in dem äthiopischen Kaiser Haile Selassie verkörpert. Sie befolgen die Prinzipien des »I-tal« (von englisch »vital«: lebendig) und verzichten auf Salz, Genussmittel wie Alkohol und Tabak und auf tierische Produkte, denn Gott habe den Menschen im Paradies ausdrücklich »allerlei Gewächs und alle Bäume, an welchen Früchte sind« zur Nahrung gegeben. Fleisch sei tot und reduziere dadurch die Lebensenergie.

Das ist ein radikaler Gegensatz zur traditionellen westlichen Haltung, die Fleisch mit Stärke, Macht und Männlichkeit assoziiert. Selbst Mahatma Gandhi, als streng vegetarischer Hindu erzogen, rätselte in jungen Jahren, ob womöglich ihr Fleischgenuss den Briten die Macht gäbe, Indien zu beherrschen. Er unterzog sich dem Selbsttest, probierte Fleisch – und konnte nicht schlafen, weil es ihm vorkam, als blöke in seinem Innern eine lebendige Ziege. Gandhi blieb Vegetarier, verhalf Indien trotzdem zur Unabhängigkeit von den Briten und stieg im Westen zur Symbolfigur nicht nur des gewaltfreien Widerstands, sondern auch des fleischfreien Lebens auf.

Während sich jedoch hierzulande immer mehr Menschen einer vegetarischen Lebensweise zuwenden, hat anderswo längst die umgekehrte Entwicklung eingesetzt. In Indien essen heute 60 Prozent der Bevölkerung Fleisch, und ihr Anteil wächst. Immer mehr junge Leute empfinden dort den Vegetarismus inzwischen als rückständig. Zudem können sich in ganz Asien immer mehr Menschen Fleisch leisten und tun es auch – für viele im Westen wiederum ein Argument, durch Verzicht ihrerseits den ökologischen Folgen der globalen Fleischeslust entgegenzuwirken. Es ist also nicht auszuschließen, dass es eines Tages in New York mehr vegetarische Restaurants geben wird als in Mumbai.

SABINE SCHLIMM

TOFU-MEDAILLONS
mit Cidre-Schmorgemüse und Selleriepüree

ZUBEREITEN 1 Std. 10 Min.
MARINIEREN 2–12 Std.

FÜR DIE TOFU-MEDAILLONS
400 g Naturtofu (Block) • 1 Knoblauchzehe
4 EL Sojasauce • 1 gestr. TL Salz
½ gestr. TL frisch gemahlener weißer Pfeffer
Olivenöl zum Braten

FÜR DEN WILDREIS
200 g Wildreis
Salz • 1 Lorbeerblatt

FÜR DAS SCHMORGEMÜSE
4 mittelgroße Möhren
1 mittelgroße Petersilienwurzel (ersatzweise Pastinake)
60 g Schalotten
1 süßer Apfel (120 g, 'Gala', 'Pinova' oder 'Fuji')
½ kleine rote Chilischote • 3 EL Olivenöl
Salz • frisch gemahlener Pfeffer
400 ml Cidre
400 ml Gemüsefond (s. Seite 518)
1 TL Tomatenmark
1 gehäufter EL frische Thymianblättchen
6 EL Calvados
1 gehäufter TL Akazienhonig
1 mittelgroßer Zucchino
20 rote Weintrauben
1 gestr. TL Pfeilwurzelmehl (aus dem Bioladen, ersatzweise Speisestärke)
Chilipulver, Calvados und Honig zum Abschmecken

FÜR DAS SELLERIEPÜREE
600 g Knollensellerie • 60 g Butter
250 g Sahne • 1 TL Salz
2 Msp. frisch gemahlener weißer Pfeffer
1 Msp. frisch gemahlene Muskatnuss

AUSSERDEM
Kugelausstecher (10 mm Ø) • Ausstechring mit glattem Rand (5–6 cm Ø)

1. Für die Medaillons den Tofu in 8 gleich große Scheiben schneiden. Den Knoblauch schälen und in dünne Scheiben schneiden. In einem Topf 400 ml Wasser, Knoblauch, Sojasauce, Salz und Pfeffer mischen. Die Tofuscheiben hineinlegen und kurz aufkochen. Den Topf vom Herd nehmen und den Tofu in der Marinade mindestens 2 Stunden, besser über Nacht, durchziehen lassen.

2. Für den Wildreis den Reis in einem Sieb kurz mit kaltem Wasser waschen und abtropfen lassen. Den Wildreis zusammen mit 400 ml Wasser, Salz und Lorbeerblatt in einem Topf aufkochen und zugedeckt bei schwacher Hitze etwa 45 Minuten garen.

3. Für das Schmorgemüse die Möhren und die Petersilienwurzel putzen und schälen. Mit dem Kugelausstecher etwa 100 g Möhrenkugeln und etwa 50 g Petersilienwurzelkugeln ausstechen. Das restliche Wurzelgemüse anderweitig verwenden.

4. Die Schalotten schälen und halbieren. Den Apfel waschen, halbieren und das Kerngehäuse entfernen. Die Hälften in je 6 Spalten schneiden. Die Chilischote waschen, den Stielansatz entfernen und die Schote mit Samen fein hacken.

5. Das Olivenöl in einer großen Pfanne erhitzen. Möhren- und Petersilienwurzelkugeln, Schalotten und Apfelspalten darin kurz anbraten. Alles mit Salz und Pfeffer würzen und mit Cidre und Gemüsefond ablöschen. Chili, Tomatenmark, Thymian, Calvados und Honig zugeben. Die Sauce einmal aufkochen und etwas abkühlen lassen.

6. Für das Selleriepüree den Knollensellerie schälen und in 1 cm große Würfel schneiden. Die Butter in einem Topf zerlassen und den Sellerie darin 2 Minuten anschwitzen. Die Sahne dazugießen und alles mit Salz, Pfeffer und Muskat würzen. Den Sellerie zugedeckt in etwa 10 Minuten weich kochen. Dabei häufig umrühren, denn er brennt schnell an. Den Sellerie mit dem Pürierstab cremig mixen und warm stellen.

7. Für das Schmorgemüse den Zucchino waschen und mit dem Kugelausstecher etwa 50 g Zucchinikugeln ausstechen. Die Trauben waschen. Das Pfeilwurzelmehl in die Sauce rühren, die Zucchinikugeln und die Weintrauben unterheben und alles kurz aufkochen. Das Gemüse mit Salz, Chilipulver, Calvados und Honig abschmecken.

8. Den Tofu aus der Marinade nehmen, in einem Sieb abtropfen lassen und mit Küchenpapier trocken tupfen. Aus den Tofuscheiben mit dem Ausstechring Medaillons ausstechen. Etwas Olivenöl in einer Pfanne erhitzen und die Medaillons darin von beiden Seiten in etwa 3 Minuten braun braten.

9. Die Tofu-Medaillons mit dem Cidre-Schmorgemüse auf vier Tellern anrichten. Den Wildreis und das Selleriepüree dazu servieren.

GERICHTE MIT TOFU, TEMPEH UND SEITAN

KOKOS-TOFU-ECKEN
mit Stachelbeer-Relish

ZUBEREITEN 1 Std. 30 Min.
MARINIEREN 2–12 Std.
FÜR 4–6 PORTIONEN

FÜR DIE TOFU-ECKEN
400 g Naturtofu (Block)
5 EL Sojasauce
1 gestr. TL Salz
1 gestr. TL weiße Pfefferkörner, grob zerstoßen
1 Knoblauchzehe, geschält
50 g Reismehl
120 ml Kokosmilch
2 mittelgroße Bio-Limetten
150 g Kokosnussfruchtfleisch, mittelgrob geraspelt (ersatzweise 100 g getrocknete Kokosraspel, siehe Tipp)
Erdnussöl zum Braten

FÜR DAS RELISH
400 g Stachelbeeren
½ kleine rote Chilischote
30 g Ingwer
60 g Zwiebeln
1 EL Olivenöl
150 g Akazienhonig
½ Stange Zimt • 2 Gewürznelken
1 Sternanis
1 EL Aceto balsamico
50 g Rosinen • Salz

AUSSERDEM
3 Schraubgläser (je 200 ml)
Zestenreißer

1. Für die Tofu-Ecken den Tofu in große, etwa 5 mm dicke Scheiben schneiden. In einem Topf ½ l Wasser mit Sojasauce, Salz, Pfeffer, Knoblauchzehe und den Tofuscheiben aufkochen und vom Herd nehmen. Den Tofu in der Marinade mindestens 2 Stunden, besser 12 Stunden durchziehen lassen.
2. In der Zwischenzeit für das Relish die Stachelbeeren gründlich waschen und den Stielansatz entfernen. Die Chilischote vom Stielansatz befreien und mit den Samen fein hacken. Den Ingwer schälen und fein reiben.
3. Die Zwiebeln schälen, in kleine Würfel schneiden und in einer Pfanne im Olivenöl glasig anschwitzen. Stachelbeeren, Chili, Ingwer, Honig, Zimt, Nelken, Sternanis, Aceto balsamico und Rosinen zur Zwiebelmischung geben und alles aufkochen. Die Masse bei mittlerer Hitze etwa 20 Minuten unter mehrmaligem Rühren köcheln lassen und mit Salz abschmecken.
4. Das Relish in die Gläser füllen, gut verschließen und zum Abkühlen auf den Kopf stellen.
5. Zum Panieren der Tofu-Ecken das Reismehl und die Kokosmilch in einem tiefen Teller miteinander verrühren und 10 Minuten quellen lassen. Den Tofu aus der Marinade nehmen, in einem Sieb gut abtropfen lassen und mit Küchenpapier trocken tupfen. Die Tofuscheiben jeweils in 2 Dreiecke schneiden.
6. Die Limetten heiß waschen, trocken tupfen, die Schale in dünnen Zesten abziehen und mit den Kokosraspeln vermischen. Anschließend von der Mischung etwa 3 EL abnehmen und für die Garnitur beiseitestellen.
7. Eine Tofu-Ecke in der Reismehl-Kokosmilch-Mischung wenden. Etwas von der Kokos-Limetten-Mischung in einen Teller geben und die Tofu-Ecke darin wenden. Dabei nicht zu viele Kokosraspel in den Teller füllen, da sonst die abtropfende Reismehl-Kokosmilch-Mischung die Kokosraspel verklebt. Die übrigen Tofu-Ecken ebenso panieren.
8. Das Erdnussöl in einer Pfanne erhitzen und die Tofu-Ecken darin bei mittlerer Hitze von beiden Seiten in etwa 5 Minuten goldbraun backen, herausnehmen und auf Küchenpapier abtropfen lassen. Die gebratenen Tofu-Ecken auf vier Tellern anrichten, mit der restlichen Kokos-Limetten-Mischung bestreuen und mit dem Stachelbeer-Relish servieren.

TIPPS
• Das Stachelbeer-Relish ist ungeöffnet im Glas etwa 6 Monate haltbar.
• Für die Panade eignen sich mittelgrobe Kokosraspel am besten. Sehr feine Raspel haben zu wenig Biss.

TOFU MIT ZITRONENHAUBE
auf Spargel-Cashew-Risotto

ZUBEREITEN 1 Std. 10 Min.

FÜR DEN TOFU
80 g Butter
40 g grob gehackte Erdnüsse
1 große Bio-Zitrone
10 g feines Himalaya-Salz oder Fleur de Sel
40 g Röstzwiebeln (Fertigprodukt)
40 g mittelfein geschnittene Petersilie
20 g Semmelbrösel
1 Ei (Größe L)
400 g Naturtofu (Block)

FÜR DEN RISOTTO
500 g grüner Spargel
feines Meersalz
2 Zweige Rosmarin
4 Schalotten
1 Knoblauchzehe
90 g Butter
250 g Risottoreis
60 ml Weißwein
80 ml weißer Portwein
frisch gemahlener Pfeffer
1 EL Limettensaft
50 g kalte Butterflocken
40 g reifer frisch geriebener Parmesan
2 EL geschlagene Sahne
50 g grob gehackte Cashewkerne

FÜR DIE GARNITUR
fein geschnittene Petersilie
Zesten von ½ Bio-Zitrone

1. Für den Tofu Butter und Erdnüsse in einem weiten Topf bei mittlerer Hitze braun braten. Inzwischen die Zitrone heiß waschen und abtrocknen. Die Schale grob abreiben und die Zitrone auspressen. Die Nussbutter mit dem Saft ablöschen und mit der Zitronenschale und dem Salz würzen, dann vom Herd nehmen. Röstzwiebeln, Petersilie und Semmelbrösel einrühren und die Masse abkühlen lassen. Das Ei unterheben, die Zitronenmasse 10 Minuten ziehen lassen und abschmecken.
2. Den Tofu in 4 gleich große Scheiben schneiden. Die Zitronenmasse darauf verteilen und leicht andrücken. Ein Backblech mit Backpapier belegen und die Tofuschnitten daraufsetzen.
3. Für den Risotto das untere Drittel der Spargelstangen schälen und die holzigen Enden abschneiden. Den Spargel in ein feuchtes Küchentuch wickeln und bis zur Verwendung kühlen.
4. In einem Topf 1 l Wasser mit 20 g Meersalz aufkochen. Die Spargelschalen und Endstücke hineingeben und alles einmal kurz aufkochen. Den Topf vom Herd nehmen und den Fond 20 Minuten ziehen lassen. Die Flüssigkeit durch ein Sieb abgießen, ¾ l Fond abmessen und zurück in den Topf gießen.
5. Den Spargelfond aufkochen, den Spargel hineinlegen und in etwa 5 Minuten bissfest köcheln. Die Stangen sofort in eiskaltem Wasser abschrecken, abtropfen lassen und trocken tupfen. Die Spargelköpfe abtrennen und die Stangen in mundgerechte Stücke teilen.
6. Den Rosmarin waschen, trocken schütteln, die Zweige mehrmals brechen, in den Spargelfond geben und diesen auf etwa 80 °C erhitzen.
7. Schalotten und Knoblauch schälen und fein würfeln. Die Butter in einem weiten Topf zerlassen und Schalotten und Knoblauch darin glasig anschwitzen. Den Reis einstreuen und kurz mit anschwitzen, mit Weißwein und Portwein ablöschen und die Flüssigkeit vollständig einkochen lassen. Den Reis mit Salz und Pfeffer würzen.
8. Den Backofen auf 200 °C (Ober-/Unterhitze) vorheizen. So viel heißen Spargelfond zum Reis gießen, bis er gerade bedeckt ist. Den Reis unter häufigem Rühren bei schwacher Hitze köcheln lassen, bis der Fond vollständig aufgesogen ist. Dann erneut mit Fond bedecken und diesen Vorgang wiederholen, bis der Spargelfond aufgebraucht ist.
9. Die Tofuscheiben in den Ofen (Mitte) schieben und 7 bis 10 Minuten backen.
10. In der Zwischenzeit Limettensaft, Butter, Parmesan, Sahne, Cashewkerne und Spargelstücke unter den Reis heben. Den Risotto mit Salz und Pfeffer abschmecken. Die Spargelspitzen in einer Grillpfanne grillen, bis sich ein Grillmuster zeigt, dann salzen.
11. Den Risotto mit den gegrillten Spargelspitzen und den Tofuschnitten auf vier vorgewärmten Tellern anrichten und mit Petersilie und Zitronenzesten garniert servieren.

TOFU-PICCATA
mit Tomaten-Orangen-Sauce

ZUBEREITEN 45 Min.
MARINIEREN 2–12 Std.

FÜR DIE TOFU-PICCATA
400 g Naturtofu (Block)
1 Knoblauchzehe
50 ml Sojasauce
Salz · frisch gemahlener weißer Pfeffer
120 g frisch geriebener Parmesan
2 Eier
100 g Sahne
100 g Weizenmehl Type 405
100 ml Olivenöl

FÜR DIE SAUCE
80 g Zwiebeln
500 g vollreife Tomaten (ersatzweise 400 g Tomaten aus der Dose)
1–2 Knoblauchzehen
2 EL Olivenöl
Salz · frisch gemahlener Pfeffer (ersatzweise 1 Prise Chilipulver)
1 Lorbeerblatt
1 Bio-Orange
3–4 Stängel Basilikum
1 Prise Zucker

1. Für die Piccata den Tofu in 8 gleich große Scheiben schneiden. Den Knoblauch schälen und fein hacken. In einem Topf ½ l Wasser, Sojasauce, Knoblauch, je 1 gestrichenen TL Salz und Pfeffer mischen. Die Tofuscheiben hineinlegen und aufkochen. Den Topf vom Herd nehmen und den Tofu in der Marinade mindestens 2 Stunden, besser über Nacht, ziehen lassen.

2. Für die Sauce die Zwiebeln schälen und in kleine Würfel schneiden. Die Tomaten waschen, halbieren und die Stielansätze entfernen. Die Hälften in kleine Würfel schneiden. Den Knoblauch schälen und fein hacken.

3. Das Olivenöl in einem Topf erhitzen und die Zwiebeln darin glasig anschwitzen. Die Tomatenwürfel einrühren. Knoblauch, 1 gehäuften TL Salz, 2 Messerspitzen Pfeffer und Lorbeerblatt zugeben und die Tomaten bei schwacher Hitze etwa 2 Minuten köcheln lassen. Die Orange heiß waschen, abtrocknen und die Schale abreiben. Die Orangenschale in die Sauce rühren und diese bei sehr schwacher Hitze weiterköcheln lassen.

4. Für die Piccata den Parmesan mit Eiern, Sahne, 3 EL Mehl, Salz und Pfeffer in einer Schüssel gründlich verquirlen und etwa 30 Minuten quellen lassen.

5. In der Zwischenzeit den marinierten Tofu in einem Sieb gut abtropfen lassen und mit Küchenpapier trocken tupfen. Das restliche Mehl auf einen Teller streuen. Die Tofuscheiben zuerst im Mehl, dann in der Parmesanmischung wenden. Das Olivenöl in einer Pfanne erhitzen und den Tofu darin portionsweise bei mittlerer Hitze von beiden Seiten in etwa 5 Minuten goldbraun braten. Den Tofu auf Küchenpapier abtropfen lassen und warm stellen.

6. Zuletzt für die Sauce das Basilikum waschen, trocken schütteln und die Blätter abzupfen. Die Tomaten-Orangen-Sauce mit Zucker, Salz und Pfeffer abschmecken und das Basilikum unterheben. Die Tofu-Piccata mit der Tomaten-Orangen-Sauce servieren.

🌿 PAK CHOI UND PILZE
mit Orangensauce und Tempeh-Chips

ZUBEREITEN 1 Std. 20 Min.

FÜR DIE TEMPEH-CHIPS
250 g Tempeh
Erdnussöl zum Frittieren

FÜR DIE ORANGENSAUCE
1 Knoblauchzehe, fein gewürfelt • 3 EL Öl
1 rote Zwiebel, in feinen Streifen
1 Stück frischer Ingwer (2 cm), in feinen Streifen
1 TL Palmzucker oder brauner Zucker
3 EL Tamarindenpaste • etwa 400 ml Orangensaft • 2–3 Prisen Chilipulver • 1 TL geröstete, zerstoßene Koriandersamen
Salz • 1 große Tomate • 2 Orangen, filetiert

FÜR DAS GEMÜSE
8 kleine Pak Choi • 100 g Enoki-Pilze
150 g Shiitake-Pilze • 2 EL Öl
frisch gemahlener weißer Pfeffer

1. Für die Chips den Tempeh in 5 mm dicke Scheiben schneiden. Diese portionsweise im 180 °C heißen Öl in 8 bis 10 Minuten trocken und knusprig frittieren. Herausnehmen und die Chips auf Küchenpapier abtropfen lassen.

2. Für die Sauce den Knoblauch im Öl goldbraun rösten. Die Hitze etwas reduzieren, Zwiebel und Ingwer zugeben und 1 Minute mit anschwitzen.

3. Anschließend den Palmzucker zugeben und alles leicht karamellisieren lassen. Die Tamarindenpaste einrühren und den Orangensaft dazugießen. Die Sauce mit Chili, Koriander und Salz würzen und 5 Minuten bei schwacher Hitze köcheln lassen.

4. Die Tomate blanchieren, kalt abschrecken, häuten, von Stielansatz und Samen befreien und das Fruchtfleisch in feine Würfel schneiden.

5. Für das Gemüse den Pak Choi vom Strunk befreien, waschen und die Stiele und Blätter in mundgerechte Stücke schneiden. Die Pilze nach Bedarf mit Küchenpapier abreiben. Die Stiele der Enoki-Pilze kürzen, die Pilze aber ganz lassen. Von den Shiitake-Pilzen den Stiel entfernen und die Hüte je nach Größe halbieren oder dritteln.

6. Das Öl in einem Wok erhitzen und die Pilze sowie den Pak Choi darin unter ständigem Rühren 3 bis 4 Minuten kräftig anbraten. Das Gemüse mit Salz und Pfeffer würzen.

7. Die Orangensauce darübergießen und alles einmal kurz aufkochen lassen. Dann den Wok vom Herd ziehen und die Orangenfilets und Tomatenwürfel zugeben. Das Gemüse mit den Tempeh-Chips auf vier vorgewärmten Tellern anrichten und servieren.

TOFU-MACADAMIA-PÄCKCHEN
aus dem Ofen

ZUBEREITEN 50 Min.
FÜR 2–4 PORTIONEN

FÜR DIE PÄCKCHEN
1 rote Zwiebel
50 g Macadamianüsse
2 Stängel Majoran
200 g geräucherter Tofu (Block)
Öl zum Braten
50 g Rosinen
Mark von ½ Vanilleschote
100 g Doppelrahmfrischkäse
100 g würziger Ziegenfrischkäse
4 Reisblätter • Salz

1. Die Zwiebel schälen und in feine Würfel schneiden, die Macadamianüsse fein hacken. Den Majoran waschen, trocken tupfen, die Blätter abzupfen und in feine Streifen schneiden.
2. Den Räuchertofu quer in 8 dünne Scheiben schneiden. Etwas Öl in einer Pfanne erhitzen und die Scheiben darin etwa 1 Minute von jeder Seite anbraten, dann herausnehmen. Zwiebel, Macadamianüsse und Rosinen in der Pfanne anbraten und mit dem Vanillemark sowie dem Majoran würzen. Den Frischkäse und den Ziegenkäse unterrühren.
3. Den Backofen auf 200 °C (Ober-/Unterhitze) vorheizen. Ein Backblech mit Backpapier belegen. Die Reispapierblätter etwa 3 Minuten in kaltem Wasser einweichen, herausnehmen und einzeln auf einem Küchentuch abtropfen lassen. Auf jedes Reispapier 1 Scheibe Tofu mittig auflegen, mit einem Viertel der Käsecreme bestreichen und eine zweite Tofuscheibe darauflegen.
4. Die Tofuscheiben in das Reispapier einschlagen und in einer Pfanne im heißen Öl goldgelb braten. Herausnehmen, die Päckchen auf das Blech setzen und im Ofen in 5 Minuten fertig garen. Die Tofu-Päckchen aus dem Ofen nehmen und sofort heiß servieren. Dazu passt Reis oder ein Quinoa- oder Graupen-Risotto sehr gut.

GEBRATENE AUBERGINEN
mit Tofu

ZUBEREITEN 50 Min.

FÜR DEN REIS
250 g Basmati-Vollkornreis
Salz

FÜR DAS GEMÜSE
20 g getrocknete Mu-Err-Pilze (Wolkenohr-Pilze, siehe Tipp)
300 g Naturtofu (Block)
3 EL helle Sojasauce
2 EL vegetarische Austernsauce
400 g kleine runde Auberginen (siehe Tipp)
150 g Zuckerschoten
150 g rote Paprikaschoten
50 g kleine rote Zwiebeln
4 EL Erdnussöl
1 EL fein geschnittenes Koriandergrün

FÜR DIE WÜRZSAUCE
150 ml Gemüsefond (s. Seite 518)
2 EL vegetarische Austernsauce
3 EL helle Sojasauce
1 TL Speisestärke
Salz · frisch gemahlener Pfeffer

1. Für den Reis den Vollkornreis in ein Sieb geben und unter fließendem Wasser waschen. Den Reis in einem Topf mit 600 ml Wasser aufkochen, salzen und bei schwacher Hitze etwa 40 Minuten quellen lassen.

2. Für das Gemüse die Mu-Err-Pilze etwa 30 Minuten in ⅛ l heißem Wasser einweichen. In der Zwischenzeit den Tofu in 1,5 cm große Würfel schneiden. Soja- und Austernsauce in einer Schüssel mischen, die Tofuwürfel darin wenden und etwa 15 Minuten marinieren.

3. Die Auberginen waschen, den Stielansatz entfernen und die Früchte längs halbieren. Die Zuckerschoten waschen und putzen. Die Paprikaschoten waschen, halbieren und Samen und Trennwände entfernen. Die Hälften in 1 cm große Würfel schneiden. Die Zwiebeln schälen und in feine Würfel schneiden.

4. Die Tofuwürfel aus der Marinade heben und auf Küchenpapier oder in einem Sieb gut abtropfen lassen. Die eingeweichten Pilze aus dem Wasser nehmen, leicht ausdrücken und je nach Größe zerkleinern.

5. Das Erdnussöl in einem Wok erhitzen und die Tofuwürfel darin rundum goldgelb braten, herausnehmen und beiseitestellen. Die Zwiebeln im Bratöl glasig anschwitzen, die Auberginen zugeben und 3 Minuten pfannenrühren. Zuckerschoten, Paprikawürfel und die Pilze zugeben und alles 4 Minuten unter Rühren weiterbraten. Zuletzt die gebratenen Tofuwürfel wieder unter das Gemüse mischen.

6. Für die Würzsauce Gemüsefond, Austernsauce, Sojasauce und Speisestärke verrühren. Die Mischung über das Gemüse gießen, alles einmal kurz aufkochen lassen und mit Salz und Pfeffer würzen. Das gebratene Gemüse mit dem Tofu auf vier Tellern anrichten und mit dem Koriandergrün bestreuen. Den Basmatireis dazu servieren.

TIPP
Die kleinen runden Auberginen bekommen Sie wie die Mu-Err-Pilze im Asialaden, in Feinkostgeschäften oder gelegentlich auch im gut sortierten Gemüsegeschäft. Testen Sie, ob die Auberginen bitter sind. Sollte dies der Fall sein, müssen die Früchte gesalzen werden und 30 Minuten ziehen.

GEBRATENER TOFU
mit Cashewkernen

ZUBEREITEN 50 Min.

FÜR DEN TOFU
1 EL dunkle Sojasauce
1 EL helle Sojasauce
Salz
1 TL Speisestärke
500 g Naturtofu (Block)
2 grüne Chilischoten
150 g rote Paprikaschote
1 Stück frischer Ingwer (10 g)
2 Knoblauchzehen
100 g Frühlingszwiebeln
120 g Cashewkerne

FÜR DIE WÜRZSAUCE
200 ml Gemüsefond (s. Seite 518)
1 EL dunkle Sojasauce
2 EL helle Sojasauce
1 TL weißer Reisessig
1 TL Speisestärke
½ TL Szechuan-Pfeffer

AUSSERDEM
½ l Öl zum Frittieren
1 EL fein geschnittener Schnittknoblauch

1. Für den Tofu beide Sojasaucen, Salz und Speisestärke in einer Schüssel verrühren. Den Tofu in 2 cm große Würfel schneiden, in der Marinade wenden und abgedeckt 30 Minuten ziehen lassen.

2. In der Zwischenzeit die Chilischoten und die Paprikaschote waschen, halbieren und Stielansatz, Samen und Trennwände entfernen. Die Chilis in dünne Streifen, die Paprikaschote in 5 mm große Würfel schneiden. Den Ingwer und den Knoblauch schälen und sehr fein hacken. Die Frühlingszwiebeln waschen, trocken schütteln, putzen und schräg in etwa 2 cm große Stücke schneiden. Die Cashewkerne grob hacken.

3. Für die Würzsauce Gemüsefond, beide Sojasaucen, Reisessig und Speisestärke in einer Schüssel verquirlen. Den Szechuan-Pfeffer im Mörser fein zerstoßen und in die Würzsauce rühren.

4. Das Öl zum Frittieren in einem Wok auf 180 °C erhitzen. Die Tofuwürfel aus der Marinade nehmen und auf Küchenpapier sehr gut abtropfen lassen. Die Würfel portionsweise im heißen Öl in je 2 Minuten goldbraun frittieren, herausnehmen und auf Küchenpapier kurz abtropfen lassen. Die Cashewkerne im heißen Öl 1 Minute frittieren und ebenfalls auf Küchenpapier abtropfen lassen.

5. Das Öl bis auf 2 EL aus dem Wok abgießen. Das Öl im Wok erneut erhitzen und Chilistreifen, Ingwer und Knoblauch darin unter Rühren kurz anbraten. Die Paprikawürfel und die Frühlingszwiebeln zugeben und 2 Minuten mitbraten. Die Würzsauce zugießen und alles einmal aufkochen lassen. Zum Schluss die frittierten Tofuwürfel und die Cashewkerne unterheben und alles noch 1 Minute köcheln lassen.

6. Den Tofu mit dem Gemüse und den Cashewkernen in vier vorgewärmten Schalen anrichten. Alles mit dem Schnittknoblauch bestreuen und nach Belieben mit Basmatireis servieren.

TIPP
Die marinierten Tofuwürfel müssen vor dem Frittieren wirklich ganz trocken sein, sonst besteht beim Eintauchen ins heiße Öl große Spritzgefahr.

» *Ich glaube, dass die Vegetarier mit ihrer Vorschrift, weniger und einfacher zu essen, mehr genutzt haben, als alle unsere Moralsysteme zusammengenommen.* «

FRIEDRICH WILHELM NIETZSCHE

GERICHTE MIT TOFU, TEMPEH UND SEITAN

TOFU-PÄCKCHEN
mit süß-scharfer Erdnusssauce

1 Die Wasserkastanien mit einem kleinen Messer wie einen Apfel schälen.

2 Gelbliche, schlaffe Knollen aussortieren, bei den anderen den zähen Stielansatz mit dem Messer entfernen.

3 In die Mitte der Teigblätter 2 EL Füllung setzen und die hintere Ecke darüberklappen. Die Teigränder mit Eiweiß bestreichen.

4 Zum Schluss die vordere Ecke mit Eiweiß bestreichen und die Tasche wie einen Briefumschlag verschließen.

ZUBEREITEN 1 Std. 40 Min.
QUELLEN 20 Min.

FÜR DIE FÜLLUNG
30 g getrocknete Shiitake-Pilze • 3 Knoblauchzehen • 80 g Frühlingszwiebeln
150 g Möhren • 100 g Lauch
200 g Wasserkastanien (frisch oder aus der Dose, ersatzweise 250 g gegarte Esskastanien)
3 EL Öl • 100 g Sojasprossen
Salz • frisch gemahlener Pfeffer
3 EL vegetarische Austernsauce
4 EL helle Sojasauce
350 g Naturtofu (Block) • 1 Ei

FÜR DIE SAUCE
1 rote Chilischote
100 g geröstete Erdnüsse
1 Stück frischer Ingwer (10 g)
2 EL Öl • ¼ l Kokosmilch
Saft von ½ Limette • 4 EL helle Sojasauce
½ TL Palmzucker oder brauner Zucker
Salz • frisch gemahlener Pfeffer

FÜR DIE PÄCKCHEN
12 Frühlingsrollenblätter (25 x 25 cm)
1 Eiweiß • Öl zum Frittieren

1. Für die Füllung die getrockneten Shiitake-Pilze 20 Minuten in heißem Wasser einweichen. Danach gut ausdrücken, die harten Stiele entfernen und die Hüte in Streifen schneiden. Den Knoblauch schälen und fein hacken. Die Frühlingszwiebeln waschen, trocken schütteln, putzen und in dünne Ringe schneiden.

2. Die Möhren schälen. Den Lauch putzen und waschen. Beides in feine Streifen schneiden. Die Wasserkastanien waschen, abtropfen lassen und vorbereiten, wie oben in Step 1 und 2 gezeigt. Die Wasserkastanien anschließend in kleine Würfel schneiden.

3. Das Öl in einem Wok erhitzen und Knoblauch und Frühlingszwiebeln darin hell anschwitzen. Pilze, Möhren und Lauch zugeben und 1 Minute mitbraten. Die Wasserkastanien zufügen und 2 Minuten mitbraten. Die Sojasprossen einrühren und das Gemüse mit Salz, Pfeffer, Austern- und Sojasauce würzen.

4. Das Gemüse in eine Schüssel füllen und auskühlen lassen. Den Tofu in sehr kleine Würfel schneiden, das Ei verquirlen. Beides untermischen und das Gemüse abschmecken.

5. Für die Sauce die Chilischote waschen, halbieren, Samen und Trennwände entfernen und in feine Würfel schneiden. Die Erdnüsse in einem Mörser fein zerstoßen. Den Ingwer schälen und fein reiben. Das Öl in einem Topf erhitzen und Nüsse und Ingwer darin bei mittlerer Hitze unter Rühren 2 Minuten braten. Kokosmilch, Limettensaft, Sojasauce, Zucker und Chili zufügen und alles bei schwacher Hitze unter Rühren etwa 5 Minuten köcheln lassen. Die Sauce mit Salz und Pfeffer abschmecken.

6. Für die Päckchen die Frühlingsrollenblätter mit der Spitze nach vorne auf die Arbeitsfläche legen und füllen, wie oben in Step 3 gezeigt. Anschließend die linke und die rechte Ecke zur Mitte hin einschlagen und das Päckchen verschließen, wie oben in Step 4 beschrieben.

7. Das Öl in einem Wok auf 180 °C erhitzen und die Päckchen darin portionsweise knusprig goldbraun frittieren. Herausheben, die Tofu-Päckchen kurz auf Küchenpapier abtropfen lassen und mit der Erdnusssauce servieren.

SEITAN-SATÉ
mit Erdnusssauce und gelbem Duftreis

ZUBEREITEN 1 Std. 30 Min.
MARINIEREN 1 Std.

FÜR DIE SATÉ-SPIESSE
1 Stück frischer Ingwer (30 g)
1 TL Koriandersamen
1 kleine rote Chilischote
1 TL Akazienhonig
1 TL Sojasauce
500 g Seitan (Block, aus dem Bioladen)
3 EL Sonnenblumenöl

FÜR DIE ERDNUSSSAUCE
400 ml Kokosmilch
30 g Zwiebel · 2 Knoblauchzehen
50 ml Sonnenblumenöl
3 EL Sojasauce
100 ml Gemüsefond (s. Seite 518)
125 g Erdnussmus (aus Bioladen oder Reformhaus)
1 EL Honig
1 EL Zitronensaft · Salz · Chilipulver

FÜR DEN REIS
250 g Duftreis
1 Kaffirlimettenblatt
2 Msp. gemahlene Kurkuma

FÜR DAS GEMÜSE
1 Stück frischer Ingwer (30 g)
1 Knoblauchzehe
½ kleine rote Chilischote
½ Stängel Zitronengras
20 g Zwiebel
3 EL Sonnenblumenöl
400 ml Kokosmilch
50 ml asiatischer Gemüsefond (s. Seite 518)
2 Kaffirlimettenblätter
1 TL Limettensaft
200 g Brokkoli · 200 g Zuckerschoten
200 g Zucchini · Salz
je 2 Stängel Koriandergrün und Thai-Basilikum

AUSSERDEM
12 Holzspieße

1. Für die Saté-Spieße den Ingwer schälen, fein reiben und den Saft auspressen. Den Koriander im Mörser fein zerstoßen. Die Chilischote waschen, halbieren, Stielansatz, Samen und Trennwände entfernen und eine Hälfte fein hacken. Ingwersaft, Koriander, Chili, Honig und Sojasauce verrühren.

2. Den Seitan in Stücke schneiden, mit der Marinade mischen und auf die Holzspieße stecken. Die Seitan-Spieße 1 Stunde ziehen lassen.

3. Für die Erdnusssauce von der Kokosmilch 3 EL abnehmen und beiseitestellen. Zwiebel und Knoblauch schälen und in feine Würfel schneiden. Die restliche Chilischote fein hacken. Das Öl in einem Topf erhitzen und Zwiebel und Knoblauch darin braun braten, dann mit Sojasauce und Kokosmilch ablöschen. Gemüsefond, Erdnussmus, Honig, Zitronensaft und Chili einrühren und alles einmal kurz aufkochen. Die Sauce mit dem Pürierstab cremig mixen und mit Salz, Honig, Zitronensaft und Chilipulver abschmecken.

4. Für den Reis den Duftreis dreimal in kaltem Wasser waschen und in einem Sieb gut abtropfen lassen. Den Reis mit 350 ml Wasser, den übrigen 3 EL Kokosmilch, Kaffirlimettenblatt und Kurkuma in einen Topf geben. Alles unter Rühren aufkochen und bei mittlerer Hitze etwa 10 Minuten köcheln lassen, bis das Wasser vollständig aufgesogen ist. Anschließend den Reis zugedeckt bei schwacher Hitze weitere 5 bis 10 Minuten quellen lassen, dabei gelegentlich umrühren.

5. Für das Gemüse den Ingwer schälen und fein reiben. Den Knoblauch schälen und fein hacken. Die Chilischote waschen, Stielansatz, Samen und Trennwände entfernen und das Fruchtfleisch fein würfeln. Das Zitronengras waschen, längs halbieren und in zwei Stücke schneiden.

6. Die Zwiebel schälen und in feine Würfel schneiden. Das Öl in einem Topf erhitzen und die Zwiebel darin glasig anschwitzen. Kokosmilch, Gemüsefond, Ingwer, Knoblauch, Chili, Zitronengras, Kaffirlimettenblätter und Limettensaft zugeben. Alles erhitzen und zugedeckt bei schwacher Hitze etwa 2 Minuten köcheln lassen. Die Sauce vom Herd nehmen und etwa 30 Minuten ziehen lassen.

7. Inzwischen Brokkoli, Zuckerschoten und Zucchini waschen, putzen und in mundgerechte Stücke schneiden. Das Gemüse in kochendem Salzwasser bissfest garen, abgießen und in einem Sieb gut abtropfen lassen.

8. Kaffirlimettenblätter und Zitronengras entfernen und die Sauce mit dem Pürierstab cremig aufmixen. Anschließend das blanchierte Gemüse unterheben. Koriandergrün und Thai-Basilikum waschen, trocken schütteln, die Blätter abzupfen und zum Gemüse geben.

9. Für die Saté-Spieße das Sonnenblumenöl in einer Pfanne erhitzen und die Spieße darin rundum in etwa 5 Minuten braun braten. Die Seitan-Spieße mit der Erdnusssauce, dem Duftreis und dem Gemüse anrichten und servieren.

SZEGEDINER SEITAN-GULASCH
mit zweierlei Paprika

ZUBEREITEN 50 Min.
RUHEN 12 Std.

FÜR DAS GULASCH
400 g Seitan (Block, aus dem Bioladen)
2 mittelgroße rote Paprikaschoten
2 mittelgroße grüne Paprikaschoten
5 Wacholderbeeren
1 kleine rote Chilischote
75 g Zwiebeln
50 ml Sonnenblumenöl
1 gehäufter TL Kümmelsamen
1 gehäufter TL mittelscharfes Paprikapulver
½ l Gemüsefond (s. Seite 518)
500 g Sauerkraut • 1 Lorbeerblatt
2 Knoblauchzehen
200 g Sahne
Salz • Chilipulver
mittelscharfer Senf • Zucker

1. Den Seitan in einem Sieb abtropfen lassen und in 2 cm große Würfel schneiden. Die Paprikaschoten waschen, halbieren und Stielansatz, Samen und Trennwände entfernen. Die Hälften in etwa 2 cm große Stücke schneiden.
2. Die Wacholderbeeren mit einem breiten Kochmesser andrücken. Die Chilischote waschen, halbieren und Stielansatz, Samen und Trennwände entfernen. Die Hälften in feine Würfel schneiden.
3. Die Zwiebeln schälen und in feine Würfel schneiden. Das Sonnenblumenöl in einem Topf erhitzen und die Zwiebeln darin glasig anschwitzen.
4. Seitan, Paprikastücke, Wacholderbeeren, Chili, Kümmel und Paprikapulver zu den Zwiebeln geben, bei schwacher Hitze 5 Minuten mitbraten und mit dem Gemüsefond ablöschen.
5. Das Sauerkraut und das Lorbeerblatt unterrühren. Den Knoblauch schälen, in sehr feine Würfel schneiden und zugeben. Das Gulasch zudecken und bei schwacher Hitze etwa 30 Minuten köcheln lassen.
6. Die Sahne dazugießen, alles nochmals aufkochen und 12 Stunden durchziehen lassen. Das Gulasch danach wieder erhitzen und mit Salz, Chilipulver, Senf und Zucker abschmecken.
7. Das Gulasch auf vorgewärmten Tellern anrichten und mit Petersilienkartoffeln servieren.

MAFALDINE UND SEITAN
in Zwetschgen-Portwein-Jus mit Manchego

ZUBEREITEN 35 Min.

FÜR DIE MAFALDINE
320 g Mafaldine (ersatzweise Tagliatelle)
200 g Seitan (Block, aus dem Bioladen)
200 g Zwetschgen
1 EL Zucker
150 ml roter Portwein
3 EL gereifter Aceto balsamico
80 ml Gemüsefond (s. Seite 518)
1–2 kleine getrocknete Chilischoten
Salz • frisch gemahlener Pfeffer
1 Bund Rucola
2 EL geröstete Pinienkerne
60 g Manchego

1. Die Mafaldine in reichlich kochendem Salzwasser nach Packungsangabe bissfest garen. Die Pasta in ein Sieb abgießen und abtropfen lassen.

2. In der Zwischenzeit den Seitan abtropfen lassen und in dünne Stifte schneiden. Die Zwetschgen waschen, entsteinen und vierteln. Den Zucker in einem Topf karamellisieren lassen und mit Portwein, Aceto balsamico sowie Gemüsefond ablöschen. Die getrockneten Chilischoten zugeben und die Flüssigkeit etwas einkochen lassen. Zuletzt die Chilis wieder herausnehmen.

3. Die Seitanstifte und die geviertelten Zwetschgen in die Portwein-Jus rühren und 1 Minute mitköcheln lassen. Anschließend die Nudeln vorsichtig unterheben und alles mit Salz und Pfeffer abschmecken.

4. Den Rucola waschen und trocken schütteln. Die Nudeln auf vier vorgewärmten Tellern anrichten, mit dem Rucola und den Pinienkernen bestreuen und den Manchego darüberhobeln. Die Mafaldine sofort servieren.

GERICHTE MIT TOFU, TEMPEH UND SEITAN

SEITAN IN ROSMARIN-PORTWEIN-JUS
mit Schupfnudeln und Rotkohl

ZUBEREITEN 3 Std. 45 Min.
RUHEN 3 Std.
FÜR 4–6 PORTIONEN

FÜR DIE SCHUPFNUDELN
600 g mehligkochende Kartoffeln
Salz • 100 g Weizenmehl Type 405 • 1 Ei
2 Msp. frisch geriebene Muskatnuss
50 g Mohn • 50 g Butter • 4 EL Olivenöl

FÜR DIE ROSMARIN-PORTWEIN-JUS
50 g Fenchelknolle • 50 g Lauch
120 g Zwiebeln • 50 g Knollensellerie
130 g Möhren • 50 g Petersilienwurzel
1 kleine rote Chilischote
6–7 Knoblauchzehen
100 ml Sonnenblumenöl
150 g Tomatenmark • ½ l Rotwein
350 ml Portwein (ersatzweise Cream Sherry)
3 l Gemüsefond (s. Seite 518)
2 Lorbeerblätter • 10 Wacholderbeeren
100 g Honig • ½ Bund Basilikum
1–2 Zweige Rosmarin
5 Zweige Thymian • Salz

FÜR DEN ROTKOHL
1 mittelgroßer Kopf Rotkohl (etwa 900 g)
1 säuerlicher Apfel (z. B. 'Cox Orange')
1 Stange Zimt • 6 Gewürznelken
8 Wacholderbeeren
20 schwarze Pfefferkörner
50 ml Olivenöl • 1 Lorbeerblatt
80 ml Rotweinessig
150 ml Gemüsefond (s. Seite 518)
100 g getrocknete Cranberrys
1 gehäufter TL Honig
Salz • frisch gemahlener Pfeffer

FÜR DEN SEITAN
400 g Seitan (Block, aus dem Bioladen)
25 g Butter • 4 EL Olivenöl

AUSSERDEM
Mehl zum Arbeiten
Öl zum Beträufeln

1. Für die Schupfnudeln die Kartoffeln waschen, mit Schale in kochendem Salzwasser weich garen, abgießen und 12 Stunden ruhen lassen. Die Kartoffeln pellen und durch die Kartoffelpresse drücken. Den Kartoffelschnee mit dem Mehl, Ei, Muskatnuss und 1 gestrichenen TL Salz verkneten.

2. Den Teig halbieren und auf der bemehlten Arbeitsfläche zu zwei 2 cm dicken Rollen formen. Diese in 2 cm lange Stücke schneiden und jeweils zu fingerdicken, 6 cm langen Schupfnudeln formen.

3. Die Schupfnudeln in reichlich siedendem Salzwasser ziehen lassen, bis sie an die Oberfläche steigen (dabei darf das Wasser nicht kochen!). Die Schupfnudeln mit dem Schaumlöffel herausheben, 3 Minuten in kaltes Wasser legen, herausnehmen und abtropfen lassen. Die Schupfnudeln mit Öl beträufeln und in einem gut schließenden Gefäß kühl stellen.

4. Für die Jus Fenchel und Lauch putzen und waschen. Zwiebeln, Sellerie, Möhren und Petersilienwurzel schälen. Die Gemüse in etwa 2 cm große Stücke schneiden. Die Chilischote waschen, vom Stielansatz befreien und mit den Samen fein würfeln. Den Knoblauch schälen.

5. Das Öl in einem großen Topf erhitzen und die Gemüsestücke darin bei starker Hitze unter Rühren braun braten. Das Tomatenmark zugeben und unter Rühren 5 bis 8 Minuten mit anbraten. Alles mit Rotwein und Portwein ablöschen. Gemüsefond, Lorbeerblätter, Wacholderbeeren, Honig, Chili und Knoblauch zugeben. Die Mischung aufkochen und bei starker Hitze 1 ½ bis 2 Stunden einkochen lassen.

6. Für den Rotkohl den Kohlkopf putzen, halbieren und den Strunk entfernen. Die Hälften in 7 mm dicke Streifen hobeln oder schneiden. Den Apfel waschen, halbieren, vom Kerngehäuse befreien und klein würfeln. Zimt, Nelken, Wacholderbeeren und Pfefferkörner in ein Gewürzei oder Teesäckchen füllen.

7. Das Olivenöl in einer Pfanne erhitzen und Rotkohl, Apfel und Lorbeerblatt darin 2 Minuten anschwitzen, dann alles mit Essig und Gemüsefond ablöschen. Das Gewürzei, die Cranberrys und den Honig zugeben und alles zugedeckt bei schwacher Hitze etwa 40 Minuten köcheln lassen. Den Rotkohl mit Salz und Pfeffer abschmecken.

8. Für die Jus Basilikum, Rosmarin und Thymian waschen, trocken schütteln und mit den Stängeln in 2 cm lange Stücke schneiden. Die Kräuter zur Jus geben und diese weiter auf etwa 800 ml einkochen lassen, bis sie sehr dickflüssig ist. Alles durch ein Sieb abgießen und die Jus mit Salz und Honig abschmecken.

9. Für den Seitan den Seitanblock gut abtropfen lassen und in mundgerechte Stücke schneiden. Butter und Öl in einer Pfanne erhitzen und den Seitan darin bei mittlerer Hitze in 3 bis 5 Minuten leicht braun braten.

10. Die Schupfnudeln aus dem Gefäß nehmen und mit Mohn bestreuen. Butter und Öl in einem kleinen Topf erhitzen und die Schupfnudeln darin in etwa 5 Minuten rundum goldbraun anbraten. Den Seitan auf Tellern anrichten, mit der Jus überziehen und mit dem Rotkohl und den Schupfnudeln servieren.

SÜSSE HAUPTGERICHTE UND DESSERTS

BUTTERMILCH-MOUSSE
mit Brombeer-Basilikum-Salat und Mangosauce

ZUBEREITEN 40 Min.
KÜHLEN 4 Std.
FÜR 6 PORTIONEN

FÜR DIE BUTTERMILCH-MOUSSE
¼ l Buttermilch
70 g Zucker
Mark von ½ Vanilleschote
½ Päckchen pflanzliches Geliermittel (Mischung aus Agar Agar und Johannisbrotkernmehl)
170 g Sahne

FÜR DEN BROMBEER-BASILIKUM-SALAT
250 g frische Brombeeren
4 Basilikumblätter
2 cl weißer Schokoladenlikör
Puderzucker

FÜR DIE MANGOSAUCE
1 reife Mango (etwa 400 g, für 200 g Fruchtfleisch)
Saft von ½ Zitrone
Mark von ½ Vanilleschote
Zucker

FÜR DIE GARNITUR
8 kleine Basilikumspitzen
weiße Kuvertüre

AUSSERDEM
6 Portionsförmchen (je 100 ml Inhalt, ersatzweise Tassen)

1. Für die Mousse die Buttermilch mit Zucker und Vanillemark mit dem Schneebesen glatt rühren. Davon 100 ml abnehmen und in einem kleinen Topf mit dem Geliermittel verrühren. Die Mischung unter Rühren aufkochen, etwa 1 Minute kochen und kurz abkühlen lassen. Die restliche kalte Buttermilch langsam einrühren.

2. Die Sahne steif schlagen und unter die Buttermilchmischung heben. Die Buttermilchmasse in die Portionsförmchen füllen und im Kühlschrank in etwa 4 Stunden fest werden lassen.

3. In der Zwischenzeit für den Brombeer-Basilikum-Salat die Brombeeren waschen, abtropfen lassen und mit Küchenpapier gut trocken tupfen. Die Basilikumblätter waschen, sorgfältig trocken tupfen und in sehr feine Streifen schneiden. Die Brombeeren mit Basilikum, Schokoladenlikör und Puderzucker nach Geschmack mischen und etwa 10 Minuten durchziehen lassen.

4. Für die Sauce die Mango schälen und das Fruchtfleisch flach vom Stein schneiden. Mangofruchtfleisch, Zitronensaft und Vanillemark mit dem Pürierstab fein mixen. Die Sauce je nach Süße der Mango mit Zucker abschmecken.

5. Für die Garnitur die Basilikumspitzen waschen und mit Küchenpapier trocken tupfen. Die Kuvertüre mit einem Sparschäler in Späne schaben.

6. Die Förmchen mit der Buttermilch-Mousse jeweils kurz in warmes Wasser tauchen, dann auf Teller stürzen. Den Brombeer-Basilikum-Salat rundum anrichten. Die Mousse jeweils mit etwas Mangosauce überziehen und mit den weißen Kuvertürespänen und den Basilikumspitzen garnieren.

> **TIPP**
> Es gibt gerade keine frischen Brombeeren? Dann bereiten Sie den Fruchtsalat doch ganz nach Saison mit Erdbeeren, Himbeeren oder anderem frischen, in Stücke geschnittenen Obst zu.

SÜSSE HAUPTGERICHTE UND DESSERTS

MANGO-JOGHURT-MOUSSE
im Glas mit Mango-Chili-Ragout

ZUBEREITEN 1 Std. 30 Min.
KÜHLEN 12 Std.
FÜR 8 PORTIONEN

FÜR DIE JOGHURT-ESPUMA
250 g Naturjoghurt (3,5 % Fett)
1 gestr. TL pflanzliches Geliermittel (Mischung aus Agar-Agar und Johannisbrotkernmehl)
2 EL Limettensaft
45 g Zucker (nach Geschmack)
5 g frisch geriebener Ingwer

FÜR DIE MANGO-MOUSSE
1 ½–2 gestr. TL pflanzliches Geliermittel
½ Pandanblatt (aus dem Asialaden)
130 g Mangopüree (ersatzweise das pürierte Fruchtfleisch von 1 mittelgroßen reifen Thai-Mango)
20 g Passionsfruchtfleisch ohne Kerne (von etwa 4 Passionsfrüchten)
1 Eiweiß (Größe L)
20 g Zucker
140 g Sahne

FÜR DIE JOGHURT-MOUSSE
1 Limette
2 gestr. TL pflanzliches Geliermittel
260 g Sahne
130 g griechischer Joghurt (10 % Fett)
1 Eiweiß
100 g Puderzucker

FÜR DAS MANGO-CHILI-RAGOUT
2 Mangos (etwa 300 g Fruchtfleisch)
½ rote Chilischote
50 g Zucker
2 EL Orangenlikör (z. B. Grand Marnier)
70 ml Orangensaft

AUSSERDEM
Espumaflasche
1 Stickstoffpatrone
Zesten von 2 Bio-Limetten

1. Für die Espuma 50 g Joghurt abnehmen und mit 3 bis 4 EL Wasser und dem Geliermittel verrühren. Alles 1 Minute kochen lassen, dann vom Herd nehmen und den übrigen Joghurt, Limettensaft, Zucker und Ingwer in kleinen Portionen unterrühren. Die Masse durch ein Sieb streichen und in die Espumaflasche füllen. Die Patrone einschrauben und die Flasche 12 Stunden kühlen.
2. Für die Mango-Mousse das Geliermittel mit 4 EL Wasser verrühren. Das Pandanblatt waschen, trocken tupfen und fein schneiden. Pandanblatt, Mangopüree und Passionsfruchtfleisch in einem Topf bei schwacher Hitze erwärmen, das Geliermittel einrühren und 1 Minute kochen lassen. Die Masse durch ein feines Sieb streichen und etwas abkühlen lassen. Das Eiweiß mit dem Zucker zu steifem Schnee schlagen und vorsichtig unter das Fruchtpüree heben. Die Sahne halb steif schlagen und vorsichtig unterheben. Die Mango-Mousse in acht Gläser füllen und kühl stellen.
3. Für die Joghurt-Mousse die Limette heiß waschen und abtrocknen. Die Schale dünn abreiben und die Limette auspressen. Das Geliermittel in einem kleinen Topf mit 4 EL Wasser verrühren. Anschließend 65 g Sahne dazugießen, alles 1 Minute kochen lassen, vom Herd nehmen und die Limettenschale unterrühren. Den Joghurt mit dem Limettensaft vermischen und löffelweise unterheben. Zuletzt 65 g Sahne einrühren und die Masse etwas abkühlen lassen.
4. Währenddessen das Eiweiß mit dem Puderzucker zu steifem Schnee schlagen. Die restliche Sahne halb steif schlagen. Die Joghurtmischung in ein eiskaltes Wasserbad setzen. Zuerst den Eischnee, dann die Sahne behutsam unterheben. Dabei darauf achten, dass die Luftigkeit erhalten bleibt. Die Joghurt-Mousse auf die Mango-Mousse in die Gläser füllen und im Kühlschrank in etwa 3 Stunden fest werden lassen.
5. Für das Mango-Chili-Ragout die Mangos schälen, das Fruchtfleisch vom Stein schneiden und 1,5 cm groß würfeln. Die Chilischote waschen, halbieren, von Stielansatz, Samen und Trennwänden befreien und in sehr kleine Würfel schneiden. Den Zucker in einem Topf hellbraun karamellisieren lassen, mit Likör und Orangensaft ablöschen und den Karamell wieder loskochen. Mango- und Chiliwürfel einrühren und das Ragout abgedeckt abkühlen lassen.
6. Das Mango-Chili-Ragout auf der Joghurt-Mousse verteilen, die Joghurt-Espuma aufsprühen, mit Limettenzesten garnieren und das Dessert sofort servieren.

TIPPS
• Falls beim Anrichten nur Gas aus der Espumaflasche kommt, ist die Masse zu steif geworden. Halten Sie die Flasche kurz unter warmes Wasser und schütteln Sie sie. Jetzt sollte sich der Inhalt lösen.
• Sie können die beiden Mousses natürlich auch einzeln oder zusammen mit dem Mango-Chili-Ragout oder der Joghurt-Espuma servieren.

SÜSSE KÜRBISSUPPE
mit Kaffee-Schlagsahne

ZUBEREITEN 45 Min.
ZIEHEN 12 Std.
FÜR 6–8 PORTIONEN

FÜR DIE KAFFEE-SCHLAGSAHNE
30 g geröstete Kaffeebohnen
150 g Sahne

FÜR DIE KÜRBISSUPPE
1 kg Hokkaido-Kürbis (für 700 g Fruchtfleisch)
50 g Butter
½ l Milch
150 g Akazienhonig
Mark von ½ Vanilleschote
2 Msp. gemahlener Zimt
2 Msp. frisch geriebene Muskatnuss
1 Prise Salz
1 TL Anissamen

1. Für die Kaffee-Schlagsahne die Kaffeebohnen mit der Sahne in einem geschlossenen Behälter im Kühlschrank mindestens 12 Stunden, besser noch 24 Stunden, durchziehen lassen.
2. Für die Suppe den Kürbis waschen, halbieren und entkernen. 500 g Kürbisfruchtfleisch 2 cm groß würfeln. Den übrigen Kürbis beiseitelegen.
3. Die Butter in einem Topf zerlassen und die Kürbiswürfel darin bei schwacher Hitze 2 Minuten anbraten. Milch, 120 g Honig, Vanillemark, Zimt, Muskatnuss und Salz zugeben. Aufkochen und die Würfel bei schwacher Hitze in etwa 10 Minuten weich garen. Den Kürbis mit dem Pürierstab fein mixen.
4. Den restlichen Kürbis (200 g) schälen und 1 cm groß würfeln. Die Anissamen im Mörser mittelfein zerstoßen. Den übrigen Honig in einer Pfanne erhitzen und die Kürbiswürfel darin karamellisieren, dann mit Anis bestreuen. Die aromatisierte Sahne durch ein Sieb in eine Rührschüssel gießen und mit dem Handrührgerät steif schlagen.
5. Die heiße Kürbissuppe in Tassen oder Schalen anrichten. Die Suppe jeweils mit einigen karamellisierten Kürbiswürfeln und 1 gehäuften EL Kaffee-Schlagsahne garnieren.

SÜSSKARTOFFELPUFFER
mit Stachelbeerkompott

ZUBEREITEN 45 Min.
RUHEN 30 Min.
FÜR 2–4 PORTIONEN

FÜR DIE SÜSSKARTOFFELPUFFER
400 g Süßkartoffeln
50 g brauner Zucker
3 Eigelbe
3 TL Speisestärke
1 Prise gemahlene Tonkabohne (ersatzweise Vanillemark)
Sonnenblumenöl zum Braten

FÜR DAS STACHELBEERKOMPOTT
250 g Stachelbeeren, frisch oder tiefgekühlt
2 EL Speisestärke
225 ml kalter Apfelsaft
100 g Zucker (je nach Säure der Stachelbeeren auch mehr)
⅛ l Weißwein • 1 Stange Zimt

1. Für die Puffer die Süßkartoffeln schälen und fein raspeln. Die Raspel mit braunem Zucker bestreuen, leicht kneten und etwa 30 Minuten ziehen lassen.
2. Die Süßkartoffelraspel gut ausdrücken. Eigelbe, Speisestärke und Tonkabohne dazugeben und alles gut verrühren. Etwas Öl in einer Pfanne erhitzen, die Süßkartoffelmasse esslöffelweise hineingeben und zu Puffern flach drücken. Die Puffer bei mittlerer Hitze von jeder Seite in etwa 4 Minuten goldbraun braten, herausnehmen und warm stellen. Auf diese Weise insgesamt 8 Puffer braten.
3. Für das Kompott die Stachelbeeren waschen und in einem Sieb abtropfen lassen. Die Speisestärke in 100 ml Apfelsaft auflösen. Den Zucker in einem Topf goldbraun karamellisieren lassen und mit Weißwein und dem restlichen Apfelsaft ablöschen. Die Zimtstange zugeben, die angerührte Stärke dazugießen und den Fond damit binden. Die Stachelbeeren unterheben und bei schwacher Hitze etwa 2 Minuten köcheln lassen.
4. Je zwei Süßkartoffelpuffer auf vier Tellern anrichten und mit dem warmen Stachelbeerkompott servieren.

SÜSSE HAUPTGERICHTE UND DESSERTS

CRÊPES MIT ANANAS-RAGOUT,
Kokoseis und Pistaziensauce

ZUBEREITEN 1 Std. 10 Min.
FRIEREN UND KÜHLEN 2 Std.

FÜR DAS KOKOSEIS
65 g Sahne
190 ml Kokosmilch
75 ml Maracujasaft (von 3–4 Früchten, ersatzweise Fertigprodukt)
70 g Zucker
3 Eigelbe

FÜR DIE CRÊPES
225 g Eier (4–5 Stück)
75 ml Milch
75 g Weizenmehl Type 405
20 g Zucker • 1 Prise Salz
4 EL Öl

FÜR DAS ANANAS-RAGOUT
½ Ananas extra süß
30 g Zucker
2 EL Honig

FÜR DIE PISTAZIENSAUCE
50 g ungesalzene Pistazienkerne
3 EL Sonnenblumenöl
20–30 g Puderzucker
Saft von ½ Limette

AUSSERDEM
Eismaschine
Minzeblättchen zum Garnieren

1. Für das Eis Sahne, Kokosmilch und Maracujasaft aufkochen. Zucker und Eigelbe in einer Schüssel über einem heißen Wasserbad schaumig schlagen. Die heiße Saftmischung langsam unter Rühren dazugießen und die Masse zur Rose abziehen (siehe Tipp). Die Eigelbmasse durch ein feines Sieb gießen, in die Eismaschine füllen und cremig frieren lassen.

2. Für die Crêpes Eier und Milch in einer Rührschüssel mit dem Handrührgerät schaumig schlagen. Mehl, Zucker und Salz unter Rühren einrieseln lassen. Den Teig durch ein feines Sieb streichen und mindestens 1 Stunde im Kühlschrank ruhen lassen.

3. In der Zwischenzeit für das Ragout die Ananas schälen, den harten Strunk entfernen und das Fruchtfleisch in kleine Würfel schneiden. Den Zucker und 2 EL Wasser in einem Topf mischen und bei mittlerer Hitze karamellisieren lassen. Den Honig einrühren und die Ananaswürfel unterheben. Das Ragout köcheln, bis sich der Karamell vollständig gelöst hat. Den Topf vom Herd nehmen und das Ragout abkühlen lassen.

4. Für die Sauce die Pistazien mit Öl, Puderzucker und Limettensaft im Blitzhacker fein zerkleinern. Nach und nach etwa 70 ml Wasser in das Püree rühren, bis eine cremige Sauce entsteht.

5. Den Backofen auf 80 °C (Ober-/Unterhitze) vorheizen. Den Teig nochmals mit dem Schneebesen aufschlagen. Einen Bogen Küchenpapier in das Öl tauchen und eine beschichtete Pfanne damit ausstreichen. Ein Viertel des Teiges in die Pfanne gießen, bis der Boden dünn bedeckt ist. Die Crêpe von beiden Seiten zartgelb ausbacken, auf einen Teller gleiten lassen, mit Alufolie abdecken und im Ofen warm halten. Auf diese Weise insgesamt 4 Crêpes backen.

6. Die Crêpes mit dem Ananas-Ragout füllen, zu offenen Dreiecken falten und auf vier Tellern anrichten. Je 1 Nocke Kokoseis daraufsetzen und einen Klecks Pistaziensauce dazugeben. Das Dessert mit Minze garnieren und sofort servieren.

> **TIPP**
> Der Fachbegriff »zur Rose abziehen« bezeichnet eine Garprobe. Damit lässt sich feststellen, ob eine warm gerührte Eigelbmasse die gewünschte Bindung erreicht hat oder noch nicht. Zunächst erhitzt man die Eigelbmasse 4 bis 5 Minuten unter ständigem Rühren (nicht schlagen!) mit dem Kochlöffel oder Gummispatel über einem heißen Wasserbad. Dabei wird sie langsam sämig. Die Creme hat dann die richtige Konsistenz, wenn sie auf dem Kochlöffel liegen bleibt und sich beim Daraufblasen ringförmige Linien zeigen, die an die Form einer Rose erinnern. Achtung, das Wasserbad darf nicht kochen! Wird die Eigelbmasse nämlich heißer als 80 °C, gerinnt das Eigelb. Die Temperatur der Masse kontrollieren Sie am besten mit einem Speisethermometer.

QUARKKEULCHEN
mit Pfirsichkompott und Erdbeerchips

1 Die Erdbeerscheiben auf ein Blech legen, mit Puderzucker bestäuben und 6 Stunden im warmen Ofen trocknen lassen.

2 Pro Quarkkeulchen 1 gehäuften EL Kartoffel-Quark-Masse in die Pfanne geben, leicht flach drücken und von beiden Seiten in etwa 2 Minuten goldbraun anbraten.

3 Die Butter in der Pfanne hell aufschäumen lassen und die Quarkkeulchen darin von beiden Seiten kurz nachbraten, dann herausnehmen.

ZUBEREITEN 1 Std.
ABTROPFEN 12 Std. • TROCKNEN 6 Std.

FÜR DIE QUARKKEULCHEN
150 g Magerquark (abgetropft 135 g)
300 g mehligkochende Kartoffeln (250 g gepellt) • 1 Vanilleschote • 1 Ei
2 Eigelbe • 100 g Zucker • 100 g Sahne
100 g Weizenmehl Type 405 • 1 Msp. gemahlener Zimt • abgeriebene Schale von 1 Bio-Zitrone • 6 EL Olivenöl • 3 EL Butter

FÜR DIE ERDBEERCHIPS
10 Erdbeeren • Puderzucker

FÜR DEN ZIMTZUCKER
30 g Zucker • ½ TL gemahlener Zimt

FÜR DAS PFIRSICHKOMPOTT
4 Weinbergpfirsiche (ersatzweise weiße Pfirsiche) • 1 Vanilleschote • 50 g Zucker
220 ml Weißwein • ¼ Stange Zimt
1 Scheibe frischer Ingwer
1 TL Speisestärke • 1 TL Muscovadozucker oder brauner Zucker

FÜR DIE GARNITUR
1 Stängel Minze

1. Für die Keulchen den Quark 12 Stunden in einem Sieb abtropfen lassen.

2. Für die Erdbeerchips den Backofen auf 50 °C (Ober-/Unterhitze) vorheizen. Ein Backblech mit Backpapier belegen. Die Erdbeeren waschen, trocken tupfen, entkelchen, längs in 3 mm dicke Scheiben schneiden und weiterarbeiten, wie oben in Step 1 gezeigt.

3. Den Backofen auf 180 °C (Ober-/Unterhitze) vorheizen. Die Kartoffeln für die Quarkkeulchen waschen, trocken reiben, auf ein Backblech legen und im Ofen (Mitte) etwa 1 Stunde backen. Herausnehmen, die Kartoffeln kurz abkühlen lassen, pellen und durch eine Kartoffelpresse in eine Schüssel drücken.

4. Die Vanilleschote längs aufschneiden und das Mark herausschaben. Das Vanillemark mit Ei, Eigelben und Zucker hellcremig aufschlagen. Eiercreme, Sahne, Mehl, Zimt, Zitronenschale und den abgetropften Quark unter die Kartoffelmasse rühren.

5. Etwas Olivenöl in einer Pfanne erhitzen und die Quarkkeulchen braten, wie oben in Step 2 gezeigt. Auf diese Weise insgesamt 16 Keulchen backen.

6. Die Pfanne mit Küchenpapier ausreiben und die Quarkkeulchen fertigbraten, wie oben in Step 3 gezeigt. Die Keulchen herausnehmen und auf Küchenpapier abtropfen lassen.

7. Für den Zimtzucker Zucker und Zimt in einem tiefen Teller mischen und die Keulchen darin wälzen.

8. Für das Kompott die Pfirsiche schälen, halbieren, entsteinen und in gleich große Stücke schneiden. Die Vanilleschote längs aufschneiden und das Mark herausschaben. Den Zucker in einer Pfanne karamellisieren lassen und mit 200 ml Weißwein ablöschen. Vanillemark, Zimt und Ingwer einrühren und alles 3 Minuten köcheln lassen.

9. Die Speisestärke mit dem restlichen Weißwein verrühren, in den Fond gießen und diesen 5 Minuten weiterköcheln lassen. Die Sauce mit Muscovadozucker abschmecken und durch ein Sieb über die Pfirsiche gießen.

10. Die Minze für die Garnitur waschen, trocken schütteln und die Blätter abzupfen. Die Quarkkeulchen mit dem Kompott anrichten und mit Erdbeerchips und Minze bestreuen.

SÜSSE HAUPTGERICHTE UND DESSERTS

REISAUFLAUF
mit Trockenfrüchte-Ragout

ZUBEREITEN 40 Min.
BACKEN 45 Min.
ZIEHEN 12 Std.

FÜR DAS TROCKENFRÜCHTE-RAGOUT
250–300 ml frisch gepresster Mandarinensaft (ersatzweise Orangensaft)
1 Vanilleschote
1 Stange Zimt
2 Sternanis
50 g getrocknete Feigen
50 g getrocknete Aprikosen
50 g getrocknete Birnen
25 g getrocknete Apfelringe
40 g Tannenhonig
1 EL kandierte Orangenschale
1 EL kandierte Zitronenschale
20 g Zucker
10 g Speisestärke
1 EL Quittenkonfitüre
1 cl Rum (ersatzweise Kirschwasser)

FÜR DEN REISAUFLAUF
1 Vanilleschote
1 l Milch
abgeriebene Schale von ½ Bio-Zitrone
1 Stange Zimt
60 g Zucker
250 g weißer Rundkornreis (Milchreis)
2 Eigelbe
70 g Butter
2 Eiweiße
1 Prise Salz

AUSSERDEM
Butter für die Form
Puderzucker zum Bestäuben

1. Für das Trockenfrüchte-Ragout den Mandarinensaft mit Vanilleschote, Zimtstange und Sternanis in einem Topf aufkochen. Die Mischung vom Herd nehmen und 15 Minuten ziehen lassen. In der Zwischenzeit Feigen, Aprikosen, Birnen und Apfelringe in feine Würfel schneiden.

2. Den Saft durch ein Sieb in einen zweiten Topf abgießen. Honig, Orangen- und Zitronenschale zugeben. Den Zucker und die Stärke mischen, in den Saft rühren und aufkochen. Die gewürfelten Trockenfrüchte, die Quittenkonfitüre und den Rum einrühren. Alles 12 Stunden durchziehen lassen, dabei gelegentlich umrühren.

3. Für den Reisauflauf die Vanilleschote längs aufschneiden und das Mark herausschaben. Die Milch in einem Topf mit Vanillemark, Vanilleschote, Zitronenschale, Zimtstange und 30 g Zucker aufkochen. Den Milchreis einstreuen und bei schwacher Hitze etwa 25 Minuten quellen lassen. Die Vanilleschote und die Zimtstange entfernen und den heißen Reis in eine Schüssel füllen.

4. Den Backofen auf 200 °C (Ober-/Unterhitze) vorheizen. Eine passende Auflaufform mit Butter ausstreichen. Die Eigelbe mit dem restlichen Zucker dickschaumig rühren. Die Eigelbmasse mit der Butter unter den Milchreis rühren und diesen etwas abkühlen lassen.

5. Die Eiweiße mit dem Salz steif schlagen. Den Eischnee vorsichtig unter den Reis heben. Den Milchreis in die Form füllen und im Ofen (Mitte) etwa 45 Minuten backen.

6. Den Reisauflauf herausnehmen, mit Puderzucker bestäuben und mit dem Trockenfrüchte-Ragout servieren.

> **TIPPS**
> • Sie können den Reisauflauf auch in Portionsförmchen backen. Die Backzeit verkürzt sich dann auf etwa 18 Minuten.
> • Das Früchteragout schmeckt auch mit anderen Trockenfrüchten. Wählen Sie dafür jedoch keine sehr dunklen Früchte wie Backpflaumen oder Datteln. Sie färben nämlich das Ragout dunkel. Wenn Sie das Früchteragout für den Vorrat zubereiten wollen, verwenden Sie etwas mehr Fruchtsaft, denn die geschnittenen Trockenfrüchte saugen mit der Zeit die Flüssigkeit auf.

> *Den Geschmack kann man nicht am Mittelgut bilden, sondern nur am Allervorzüglichsten.*

JOHANN WOLFGANG VON GOETHE

SÜSSE HAUPTGERICHTE UND DESSERTS

MOHN-FINGERNUDELN
mit Zwetschkenröster und Sauerrahmeis

1 Eigelbe, Mehl und Speisestärke zu der Kartoffelmasse geben und alles rasch zu einem glatten Teig verkneten.

2 Die Teigstücke einzeln zu etwa fingerdicken, an den Enden leicht spitz zulaufenden Röllchen (Fingernudeln) formen.

3 Brösel, Mohn und Zucker in der Butter rösten, bis die Semmelbrösel goldbraun sind. Dann die Fingernudeln zugeben und in der Bröselbutter wenden.

ZUBEREITEN 2 Std. 10 Min.
FRIEREN 30 Min.

FÜR DIE FINGERNUDELN
500 g mehligkochende Kartoffeln
Salz • 2 Eigelbe • 30 g Mehl
2 EL Speisestärke
Salz • frisch gemahlener Pfeffer
1 Prise frisch geriebene Muskatnuss
50 g Butter • 30 g Semmelbrösel
20 g Mohn • 50 g Zucker

FÜR DEN ZWETSCHKENRÖSTER
600 g Zwetschgen
1 Stück frischer Ingwer (30 g)
100 g brauner Zucker
4 cl Zwetschgenbrand • 100 ml Apfelsaft
1 Stange Zimt • Speisestärke zum Binden (nach Belieben)

FÜR DAS SAUERRAHMEIS
300 g saure Sahne • 100 g Puderzucker
Saft von 2 Bio-Limetten
abgeriebene Schale von 1 Bio-Limette

AUSSERDEM
Eismaschine • Mehl zum Arbeiten
Limettenzesten (nach Belieben)

1. Für die Fingernudeln die Kartoffeln waschen und in Salzwasser in etwa 20 Minuten weich kochen.
2. In der Zwischenzeit für den Zwetschkenröster die Zwetschgen waschen, halbieren und entsteinen. Den Ingwer schälen und fein reiben.
3. Den Zucker in einem Topf karamellisieren lassen. Dann sofort die Zwetschgen zugeben und mit Zwetschgenbrand und Apfelsaft ablöschen. Den Ingwer und die Zimtstange zufügen und alles bei schwacher Hitze etwa 5 Minuten köcheln lassen. Den Zwetschkenröster dann nach Belieben mit etwas in kaltem Wasser angerührter Stärke binden.
4. Für das Eis die saure Sahne und den Puderzucker gut verrühren. Den Limettensaft und die Limettenschale unterziehen, die Masse in die Eismaschine füllen und in etwa 30 Minuten cremig frieren lassen.
5. Die Kartoffeln abgießen und im Topf kurz ausdampfen lassen. Die Kartoffeln pellen und noch heiß durch die Kartoffelpresse in eine Schüssel drücken. Anschließend alles zu einem glatten Teig verarbeiten, wie oben in Step 1 gezeigt. Den Kartoffelteig mit Salz, Pfeffer und Muskatnuss abschmecken.
6. Den Kartoffelteig auf der bemehlten Arbeitsfläche zu zwei etwa 1 cm dicken Rollen formen. Diese schräg in etwa 1 cm breite Stücke schneiden und weiterarbeiten, wie oben in Step 2 gezeigt.
7. In einem Topf reichlich Salzwasser aufkochen und die Fingernudeln darin portionsweise garen, bis sie an die Oberfläche steigen. Die Fingernudeln herausheben, in eiskaltem Wasser abschrecken und auf einem Küchentuch abtropfen lassen.
8. Die Butter in einer Pfanne aufschäumen lassen und weiterarbeiten, wie oben in Step 3 gezeigt.
9. Die Zimtstange aus dem Zwetschkenröster entfernen. Die Mohn-Fingernudeln mit dem Zwetschkenröster und je einer Kugel Eis auf vier Tellern anrichten. Das Eis nach Belieben mit Limettenzesten garnieren und sofort servieren.

LIWANZEN
mit Auberginen-Vanille-Parfait und Maracujasauce

ZUBEREITEN 2 Std.
BACKEN 1 Std.
FRIEREN 2 Std.
FÜR 6 PORTIONEN

FÜR DAS PARFAIT
1 Aubergine
2 TL brauner Zucker
1 Ei (Größe L)
2 Eigelbe (Größe L)
80 g Zucker
Mark von ½ Vanilleschote
200 g Sahne

FÜR DIE MARACUJASAUCE
100 ml Maracujanektar
1 TL fein gehackter Ingwer
2 EL fruchtiges Olivenöl
4 Passionsfrüchte
1 EL fein geschnittene Minze (nach Belieben)

FÜR DIE LIWANZEN
200 ml Guavensaft (aus dem Asialaden, ersatzweise Mangosaft)
½ Würfel Hefe (20 g)
250 g Weizenmehl Type 405
150 g Sahne
50 g Zucker
1 TL Szechuan-Pfeffer
80 g Butter
2 Eier
Öl zum Braten

AUSSERDEM
Butter für das Blech
6 Portionsförmchen (je 100 ml Inhalt, ersatzweise Tassen)
Liwanzenpfanne (ersatzweise Pfanne)
Minzeblättchen und Puderzucker zum Garnieren

1. Für das Parfait den Backofen auf 160 °C (Ober-/Unterhitze) vorheizen. Ein Backblech mit Butter bestreichen. Die Aubergine waschen, putzen und längs halbieren. Die Hälften auf das Blech legen, mit braunem Zucker bestreuen und im Ofen (Mitte) in etwa 1 Stunde weich garen. Die Aubergine herausnehmen, etwas abkühlen lassen, das Fruchtfleisch mit einem Löffel von der Schale lösen und fein pürieren.

2. Ei, Eigelbe, Zucker und Vanillemark in einer Rührschüssel über einem heißen Wasserbad mit dem Handrührgerät in etwa 8 Minuten cremig rühren. Die Schüssel vom Wasserbad nehmen und das Auberginenpüree einrühren. Anschließend die Sahne steif schlagen und vorsichtig unterheben. Die Parfaitmasse in die Förmchen füllen und 2 bis 3 Stunden ins Tiefkühlfach stellen.

3. In der Zwischenzeit für die Sauce den Maracujanektar mit dem Ingwer aufkochen und 2 Minuten köcheln lassen. Den Saft durch ein feines Sieb in einen Rührbecher gießen, 10 Minuten abkühlen lassen, dann mit dem Pürierstab aufmixen. Dabei das Olivenöl einlaufen lassen, bis die Sauce leicht bindet. Die Passionsfrüchte halbieren, das Fruchtfleisch herauslöffeln und nach Belieben mit der Minze zur Sauce geben. Die Maracujasauce 20 Minuten abkühlen lassen.

4. Für die Liwanzen 100 ml Guavensaft leicht erwärmen und die Hefe darin auflösen. Mit etwas Mehl verrühren und den Vorteig abgedeckt etwa 15 Minuten gehen lassen.

5. Währenddessen den restlichen Guavensaft, Sahne, Zucker und Szechuan-Pfeffer in einem Topf erwärmen und etwa 10 Minuten ziehen lassen. Die Sahnemischung durch ein Sieb abgießen und auf Raumtemperatur abkühlen lassen. Die Butter zerlassen und lauwarm abkühlen lassen.

6. Das restliche Mehl in eine Schüssel sieben. Vorteig, aromatisierte Sahne und flüssige Butter zugeben und alles zu einem mittelfesten Teig verkneten. Die Eier trennen und die Eigelbe unterkneten. Die Eiweiße zu steifem Schnee schlagen und vorsichtig unterheben. Den Teig 20 Minuten gehen lassen.

7. Etwas Öl in der Liwanzenpfanne erhitzen. Von dem Hefeteig mit einem Esslöffel 18 gleich große Portionen abstechen und diese portionsweise in der Pfanne von jeder Seite in etwa 4 Minuten goldgelb braten.

8. Das Parfait auf sechs Teller stürzen, mit der Maracujasauce umgießen und mit Minzeblättchen garnieren. Je drei Liwanzen daneben anrichten, mit etwas Puderzucker bestäuben und das Dessert sofort servieren.

TIPPS
- Das Parfait ist nach etwa 2 Stunden im Tiefkühlfach noch nicht ganz durchgefroren und hat so die perfekte Konsistenz zum Essen. Wenn Sie das Parfait schon am Vortag zubereiten, lassen Sie es mindestens 30 Minuten vor dem Servieren im Kühlschrank antauen.
- Aromatisieren Sie das Parfait zur Abwechslung mit 1 bis 2 frisch geriebenen Tonkabohnen statt mit Vanillemark. Und für ein fruchtiges Parfait tauschen Sie das Auberginenpüree gegen pürierte Heidelbeeren.
- Als Sauce schmecken auch mit etwas Vanillemark pürierte Himbeeren fein.

SÄCHSISCHER PUDDING
mit Rosinen und weißer Mokkasauce

1 Die kalte Vanillemilch zur Butter-Mehl-Mischung geben und alles zu einer glatten Masse verrühren.

2 So viel heißes Wasser in das Blech oder in die Auflaufform gießen, dass die Förmchen zu einem Drittel darin stehen.

3 Die Eigelbmasse unter Rühren 4 bis 5 Minuten erhitzen, bis sie die gewünschte Bindung hat und leicht angedickt auf dem Kochlöffel liegen bleibt.

ZUBEREITEN 1 Std.
ZIEHEN 2 Std.
FÜR 8 PORTIONEN

FÜR DIE WEISSE MOKKASAUCE
¼ l Vollmilch
¼ l Sahne
70 g Zucker
50 g Kaffeebohnen
40 g weiße Schokolade
4 Eigelbe

FÜR DEN PUDDING
120 ml Milch
Mark von 1 Vanilleschote
20 g Mandelblättchen
60 g Butter
60 g Mehl
4 Eigelbe
6 Eiweiße
60 g Zucker
30 g Rosinen

AUSSERDEM
8 Soufflé-Förmchen (je 100 ml Inhalt oder 4 Förmchen mit je 200 ml)
Butter und Zucker für die Förmchen
Puderzucker zum Garnieren

1. Für die Mokkasauce Milch mit Sahne, Zucker und Kaffeebohnen in einem Topf aufkochen. Die Sahnemischung vom Herd nehmen und zugedeckt 2 Stunden ziehen lassen.

2. Für den Pudding die Milch mit dem Vanillemark in einem Topf aufkochen, vom Herd nehmen und die Vanillemilch etwa 1 Stunde ziehen lassen.

3. Den Backofen auf 200 °C (Ober-/Unterhitze) vorheizen. Die Mandelblättchen in einer beschichteten Pfanne ohne Fett leicht anrösten. Die Butter in einem Topf zerlassen, das Mehl dazusieben und bei schwacher Hitze unter Rühren hellgelb rösten, anschließend weiterarbeiten, wie oben in Step 1 gezeigt.

4. Die heiße Masse in eine Schüssel füllen und leicht abkühlen lassen. Anschließend die Eigelbe und 2 Eiweiße mit dem Handrührgerät in die heiße Puddingmasse rühren.

5. Die restlichen 4 Eiweiße mit dem Zucker steif schlagen. Den Eischnee mit Rosinen und Mandelblättchen vorsichtig unter die Puddingmasse heben.

6. Die Förmchen mit Butter ausstreichen und mit Zucker ausstreuen. Die Puddingmasse einfüllen und die Förmchen in ein tiefes Backblech oder eine flache Auflaufform stellen und weiterarbeiten, wie oben in Step 2 gezeigt. Das Blech oder die Form in den Ofen (Mitte) schieben und den Pudding in etwa 20 Minuten stocken lassen.

7. In der Zwischenzeit für die Mokkasauce die weiße Schokolade fein hacken. Die Kaffeebohnenmischung durch ein Sieb in einen Schlagkessel oder eine Schüssel gießen. Die Eigelbe einrühren und die Masse über einem heißen Wasserbad cremig rühren, wie oben in Step 3 beschrieben (siehe auch Tipp Seite 477). Die Mokkasauce durch ein Sieb in eine Schüssel streichen, die weiße Schokolade unterheben und darin schmelzen lassen.

8. Den Pudding auf acht Teller stürzen, mit Puderzucker bestäuben und mit der weißen Mokkasauce servieren.

SCHOKOLADEN-MILCHREIS

ZUBEREITEN 35 Min.
KÜHLEN 2 Std.
FÜR 4–6 PORTIONEN

FÜR DEN MILCHREIS
700 ml Milch • 80 g Akazienhonig
160 g weißer Rundkornreis (Milchreis)
50 g dunkle Kuvertüre
2 Msp. gemahlener Zimt
2 Msp. gemahlener Kardamom
15 g Kakaopulver • 200 g Sahne

FÜR DIE GARNITUR
3 EL weiße Schokoladenraspel (nach Belieben) • gedünstete Birnenspalten oder andere Früchte

1. Für den Milchreis die Milch und den Honig in einen Topf geben und aufkochen. Den Rundkornreis einstreuen und bei schwacher Hitze im offenen Topf etwa 20 Minuten köcheln lassen, bis er bissfest ist. Dabei häufig umrühren, damit der Reis nicht anbrennt.

2. Die Kuvertüre mit einem stabilen Messer in kleine Stücke hacken. Die gehackte Kuvertüre mit Zimt, Kardamom und Kakaopulver unter den Reis heben. Den Milchreis erneut aufkochen, vom Herd nehmen und weitere 5 bis 10 Minuten ausquellen lassen. Den Schokoladen-Milchreis in etwa 2 Stunden vollständig auskühlen lassen.

3. Die Sahne steif schlagen und vorsichtig unter den kalten Milchreis heben. Den Schokoladen-Milchreis portionsweise in Schälchen anrichten und nach Belieben mit weißen Schokoladenraspeln und gedünsteten Birnenspalten garnieren.

SCHWARZWÄLDER-KIRSCH-TÖRTCHEN

ZUBEREITEN 1 Std. • KÜHLEN 2 Std.
MARINIEREN 1 Std. • ERGIBT 24 STÜCK

FÜR DEN TEIG
125 g kalte Butter • 75 g Puderzucker
1 Eigelb • Salz • 30 g Kakao • 200 g Mehl

FÜR DIE FÜLLUNGEN
100 g Pumpernickel • 3 EL Kirschwasser
200 g Bitterschokolade (70 % Kakao)
1 TL Honig • 70 g weiche Butter • 2 EL
Crème fraîche • 2–3 EL gehackte Amarena-Kirschen (aus dem Glas) • 150 g weiße Schokolade • 150 g Doppelrahmfrischkäse
50 g saure Sahne

AUSSERDEM
Mehl • Mini-Muffinblech mit 24 Mulden
Spritzbeutel mit Loch- und Einwegspritzbeutel mit Sterntülle • Amarena-Kirschen
helle und dunkle Schokoraspel

1. Für den Teig Butter, Puderzucker, Eigelb, 1 Prise Salz, Kakao und Mehl rasch zu einem glatten Teig verkneten. Diesen in Frischhaltefolie wickeln und 1 Stunde kühl stellen.
2. Für die dunkle Füllung den Pumpernickel mit dem Kirschwasser tränken und 1 Stunde ziehen lassen.
3. Den Backofen auf 180 °C (Ober-/Unterhitze) vorheizen. Den Teig auf der leicht bemehlten Arbeitsfläche dünn ausrollen und 24 Kreise ausstechen, die etwas größer als die Mulden des Muffinblechs sind. Die Mulden mit den Teigkreisen auskleiden und die Törtchenböden im Ofen (Mitte) etwa 10 Minuten backen. Das Blech aus dem Ofen nehmen, die Böden aus der Form lösen und auf einem Kuchengitter abkühlen lassen.
4. Den Pumpernickel fein zerkleinern. Die Schokolade grob hacken, in eine Metallschüssel geben und über einem heißen Wasserbad schmelzen lassen. Flüssige Schokolade, Honig, Butter, Crème fraîche und die Amarena-Kirschen unter den Pumpernickel rühren. Die Masse 30 Minuten kühl stellen.
5. Für die helle Füllung die weiße Schokolade zerkleinern und über dem heißen Wasserbad schmelzen lassen. Die Schokolade mit Frischkäse und saurer Sahne verrühren und im Kühlschrank in 30 Minuten fest werden lassen.
6. Die dunkle Füllung in den Spritzbeutel geben, die Böden damit füllen und die Creme kurz im Kühlschrank fest werden lassen. Die helle Füllung in den Einwegspritzbeutel geben und als Häubchen aufspritzen. Die Schwarzwälder-Kirsch-Törtchen mit Amarena-Kirschen, hellen und dunklen Schokoraspeln garnieren und servieren.

BLUTORANGENTORTE
nach sizilianischer Art

1 Die Oberfläche und den Rand der Torte mithilfe einer Palette gleichmäßig mit der restlichen Sahne bestreichen.

2 Den Tortenrand ringsum mit den gerösteten Mandelblättchen verzieren.

3 Auf den Rand der Oberfläche mit dem Spritzbeutel einen 1 cm hohen Sahnering aufspritzen und 90 g Blutorangen-Konfitüre in die Mitte geben.

ZUBEREITEN 2 Std. 40 Min.
KÜHLEN 3 Std.
ERGIBT 8 STÜCKE

FÜR DIE BLUTORANGEN-KONFITÜRE
2–3 Bio-Blutorangen (ersatzweise Bio-Orangen)
60 g Honig
20 g Reismehl (aus dem Asialaden)

FÜR BISKUIT UND FÜLLUNG
25 g Mandelblättchen
1 Ei
50 g Akazienhonig
1 Msp. Vanillemark
50 g Dinkelvollkornmehl Type 1050
1 gestr. TL Backpulver
1 Prise Salz
1 Orange
250 g Sahne

AUSSERDEM
Zestenreißer
Springform (16 cm Ø; ersatzweise Tortenbackring)
Spritzbeutel mit Sterntülle

1. Für die Konfitüre 1 Blutorange heiß waschen, abtrocknen und die Schale mit dem Zestenreißer in dünnen Streifen (Zesten) abziehen. Alle Orangen großzügig schälen, dabei die weiße Innenhaut mit entfernen. Die Fruchtfilets zwischen den Trennhäutchen herausschneiden, dabei den Saft auffangen. Insgesamt 200 g Filets und Saft mit Honig und Reismehl aufkochen. Den Topf vom Herd nehmen, die Konfitüre auskühlen lassen und die Zesten unterrühren.

2. Für den Biskuit die Mandelblättchen in einer beschichteten Pfanne ohne Fett goldbraun rösten, auf einen Teller geben und auskühlen lassen.

3. Den Backofen auf 180 °C (Ober-/Unterhitze) vorheizen. Die Springform mit Backpapier auslegen. Das Ei in einer Rührschüssel mit dem Handrührgerät 30 Sekunden aufschlagen. Honig und Vanillemark zugeben und alles in etwa 10 Minuten dickcremig aufschlagen.

4. Mehl, Backpulver und Salz in eine Schüssel sieben und mischen. Die Mehlmischung mit einem Gummispatel nach und nach unter die Eimasse heben. Die Masse in die Form füllen und im Ofen (Mitte) etwa 20 Minuten backen. Den Biskuit herausnehmen und vollständig auskühlen lassen, dann erst aus der Form lösen und das Backpapier abziehen.

5. Für die Füllung die Orange großzügig schälen, dabei die weiße Innenhaut mit entfernen. Die Orangenfilets zwischen den Trennhäutchen herauslösen und beiseitestellen. Die Sahne steif schlagen und 3 gehäufte EL (50 g) Schlagsahne in den Spritzbeutel füllen.

6. Den Biskuitboden quer durchschneiden. Beide Schnittflächen mit je 70 g Konfitüre bestreichen. Auf die untere Hälfte zusätzlich 120 g Schlagsahne streichen. Die obere Hälfte mit der Konfitüreseite nach unten auflegen und leicht andrücken, sodass die Schlagsahne am Rand etwas herausquillt.

7. Die Torte mit Sahne bestreichen und weiterarbeiten, wie oben in Step 1 bis 3 gezeigt. Die Blutorangen-Konfitüre vorsichtig auf der Oberfläche verstreichen. Den Sahnering mit 8 Blutorangenfilets belegen und die Torte vor dem Servieren etwa 3 Stunden kühlen.

NEW YORK CHEESECAKE
mit Erdbeergranité

ZUBEREITEN 35 Min.
BACKEN 50 Min.
KÜHLEN UND FRIEREN 6 Std.
FÜR 6–8 PORTIONEN

FÜR DEN CHEESECAKE
30 g Butter
50 g Löffelbiskuits (ersatzweise Zwieback)
50 g fein gemahlene Mandeln (ersatzweise Haselnüsse)
110 g Zucker
1 Ei (Größe L)
200 g Frischkäse
50 g Sahne
1 Prise Salz
abgeriebene Schale von ¼ Bio-Zitrone
200 g Crème fraîche

FÜR DAS GRANITÉ
300 g Erdbeeren
50 g Puderzucker
50 ml weißer Tequila
1 Stängel Minze

AUSSERDEM
Springform (16 cm Ø; ersatzweise eine quadratische Form 20 x 20 cm)

1. Für den Cheesecake den Backofen auf 180 °C (Ober-/Unterhitze) vorheizen. Die Springform mit Backpapier auslegen. Die Butter in einem kleinen Topf zerlassen. Die Löffelbiskuits mittelfein reiben oder zerstoßen. Die Brösel in eine Schüssel geben und mit den Mandeln, der flüssigen Butter und 30 g Zucker vermischen. Die Bröselmasse gleichmäßig in der Springform verteilen und gut andrücken. Den Bröselboden im Ofen (Mitte) etwa 10 Minuten backen, herausnehmen und auskühlen lassen.

2. Den Backofen erneut auf 180 °C (Ober-/Unterhitze) vorheizen. Das Ei mit dem Handrührgerät in 5 Minuten dickschaumig aufschlagen. Frischkäse, 50 g Zucker, Sahne, Salz und Zitronenschale zugeben und alles zu einer cremigen Masse verrühren. Die Frischkäsecreme gleichmäßig auf den ausgekühlten Boden streichen. Den Kuchen im Backofen (Mitte) 30 Minuten backen, herausnehmen und etwa 3 Stunden bei Raumtemperatur abkühlen lassen.

3. Inzwischen für das Granité 200 g Erdbeeren waschen, entkelchen und in kleine Stücke schneiden. Die Erdbeeren in eine hohe Rührschüssel geben, den Puderzucker darübersieben, Tequila und 50 ml Wasser dazugießen und alles mit dem Pürierstab fein mixen.

4. Die Erdbeer-Tequila-Masse in eine flache Metallform füllen und 2 Stunden ins Tiefkühlfach stellen, bis sie am Rand der Form gefroren ist.

5. Die Form herausnehmen und die gefrorene Schicht mit einer Gabel abkratzen. Das Granité erneut etwa 2 Stunden tiefkühlen, bis es fest ist. Dabei die Masse alle 30 Minuten mit einer Gabel durchrühren und dabei die Eiskristalle vom Rand lösen.

6. Während das Granité gefriert, für den Cheesecake den Backofen auf 230 °C (Ober-/Unterhitze) vorheizen. Die Crème fraîche mit dem restlichen Zucker verrühren und gleichmäßig auf dem Kuchen verstreichen. Den Cheesecake im Ofen (Mitte) 7 bis 8 Minuten backen, herausnehmen und nochmals 3 Stunden abkühlen lassen.

7. Kurz vor dem Servieren die restlichen Erdbeeren waschen, entkelchen und in kleine Stücke schneiden. Die Minze waschen, trocken schütteln und die Blätter abzupfen. Das Granité mit den frischen Erdbeeren portionsweise in Schälchen anrichten und mit den Minzeblättchen garnieren. Den Cheesecake in Stücke schneiden und mit dem Erdbeergranité servieren.

> **TIPP**
> Abwechslung gefällig? Dann bereiten Sie das Granité doch einmal mit Himbeeren zu. Und wenn Sie ein alkoholfreies Granité servieren möchten, tauschen Sie den Tequila gegen Holunderblütensirup.

SÜSSE HAUPTGERICHTE UND DESSERTS

BUCHTELN MIT BIRNEN
und Vanille-Sternanis-Sauce

1 Auf die Teigkreise jeweils 1 Teelöffel Birnenkompott setzen.

2 Die Teigkreise über der Füllung zusammendrücken und vorsichtig zu Bällchen (Buchteln) formen. Dabei darauf achten, dass keine Füllung austritt.

3 Die gefüllten Buchteln dicht nebeneinander in die gebutterte Form setzen und nochmals 25 Minuten gehen lassen.

ZUBEREITEN 2 Std. 45 Min.
ZIEHEN 12 Std.
ERGIBT ETWA 30 STÜCK

FÜR DIE FÜLLUNG
150 g Zucker • Saft von 1 Limette • 100 ml feinherber Weißwein • 4 cl Birnengeist
300 g Birnen (z. B. 'Williams Christ')

FÜR DIE SAUCE
¼ l Vollmilch • 250 g Sahne
90 g Zucker • Mark von 1 Vanilleschote
3 ganze Sternanis • 6 Eigelbe

FÜR DIE BUCHTELN
1 Würfel Hefe (42 g)
170 ml lauwarme Milch • 500 g Weizenmehl Type 405 • 30 g Zucker
2 Eier • 2 Eigelbe • 120 g weiche Butter
abgeriebene Schale von ½ Bio-Zitrone
1 TL Salz • 1 cl brauner Rum

AUSSERDEM
25 g zerlassene Butter für die Form und zum Bestreichen
Mehl zum Arbeiten
Ausstechring mit glattem Rand (5 cm Ø)
Puderzucker zum Bestäuben

1. Für die Füllung den Zucker mit 1 EL Wasser aufkochen und karamellisieren lassen, dann mit Limettensaft, Weißwein und Birnengeist ablöschen. Die Birnen schälen, halbieren und das Kerngehäuse entfernen. Die Hälften klein würfeln und im Karamellfond etwa 25 Minuten köcheln lassen, bis die Flüssigkeit fast verkocht ist. Den Topf vom Herd nehmen und die Birnen etwa 12 Stunden durchziehen lassen.

2. Für die Sauce Milch und Sahne mit Zucker, Vanillemark und Sternanis in einem Topf aufkochen. Die Sauce vom Herd nehmen und zugedeckt 2 Stunden ziehen lassen.

3. In der Zwischenzeit für die Buchteln in einer Rührschüssel die Hefe in 80 ml lauwarmer Milch auflösen. 100 g Mehl sowie den Zucker zugeben und alles glatt rühren. Den Vorteig mit etwas Mehl bestäuben, mit einem Tuch abdecken und an einem warmen Ort etwa 30 Minuten gehen lassen.

4. Eier und Eigelbe mit der restlichen Milch verquirlen, zum Vorteig geben und alles mit den Knethaken des Handrührgeräts verkneten. Anschließend Butter, Zitronenschale, Salz und Rum zugeben und weiterkneten, bis der Teig Blasen wirft. Den Teig erneut abgedeckt 30 Minuten gehen lassen.

5. Eine große Auflaufform mit zerlassener Butter ausstreichen. Den Teig auf der bemehlten Arbeitsfläche knapp 1 cm dick ausrollen. Mit dem Ausstechring etwa 30 Teigkreise ausstechen und weiterarbeiten, wie oben in Step 1 bis 3 gezeigt.

6. Den Backofen auf 180 °C (Ober-/Unterhitze) vorheizen. Die Buchteln in der Form großzügig mit zerlassener Butter bepinseln und im Ofen (Mitte) 15 bis 20 Minuten backen.

7. Währenddessen für die Sauce die Sahnemilch durch ein Sieb in einen Schlagkessel gießen. Die Eigelbe einrühren und die Mischung über einem heißen Wasserbad unter Rühren erhitzen, bis die Sauce dickflüssig auf dem Löffel liegen bleibt (siehe Tipp Seite 477). Anschließend die Sauce durch ein feines Sieb streichen.

8. Die Buchteln aus der Form heben und portionsweise auf Tellern anrichten. Die gefüllten Buchteln leicht mit Puderzucker bestäuben und mit der heißen Sauce umgießen.

SÜSSE HAUPTGERICHTE UND DESSERTS

RHABARBER-KNUSPERSTANGEN
mit Erdbeer-Rahm-Eis

ZUBEREITEN 1 Std. 10 Min.

FÜR DAS ERDBEER-RAHM-EIS
200 g Erdbeeren
20 g Zucker
50 g Erdbeerkonfitüre
250 g Sahne
60 g Vanillezucker
2 Eigelbe

FÜR DIE KNUSPERSTANGEN
2 Stangen Rhabarber (siehe Tipp)
200 g Marzipanrohmasse
2 Blätter frischer Filoteig (etwa 125 g, siehe Tipp)
1 Eigelb zum Bestreichen
Öl zum Braten
Puderzucker zum Bestäuben

FÜR DIE GARNITUR
Erdbeeren
frische Minzeblätter

AUSSERDEM
Eismaschine

1. Für das Eis die Erdbeeren waschen, trocken tupfen, entkelchen und klein schneiden. Die Beeren mit dem Zucker bestreuen und etwa 15 Minuten ziehen lassen. Danach die Erdbeerkonfitüre dazugeben und alles mit dem Pürierstab fein mixen.
2. Die Sahne mit dem Vanillezucker in einem Topf aufkochen, dann vom Herd nehmen. Die Eigelbe zuerst mit etwas heißer Sahne verquirlen, anschließend die Mischung in die restliche Sahne rühren. Das Erdbeerpüree unterziehen, die Masse in die Eismaschine füllen und cremig frieren lassen.
3. In der Zwischenzeit für die Knusperstangen den Rhabarber waschen und die dünne Haut samt den Fäden mit einem kleinen Messer vollständig abziehen. Die Stangen in 5 cm lange und 3 mm dicke Stifte schneiden.
4. Die Marzipanrohmasse zu 3 mm dicken Rollen formen und diese in 5 cm lange Stücke schneiden. Den Filoteig auf der Arbeitsfläche ausbreiten und in Rechtecke (5 x 8 cm) schneiden. Die Teigränder mit verquirltem Eigelb bestreichen, jeweils 1 Rhabarberstift und 1 Marzipanstück auf die lange Seite legen und die Teigrechtecke zu Röllchen aufrollen.
5. Reichlich Öl in einer Pfanne erhitzen und die Teigröllchen darin bei mittlerer Hitze goldbraun ausbacken. Die Knusperstangen aus der Pfanne nehmen, auf Küchenpapier abtropfen lassen und mit Puderzucker bestäuben.
6. Für die Garnitur die Erdbeeren waschen, trocken tupfen, entkelchen und nach Belieben in Scheiben schneiden oder halbieren. Die Minze waschen und trocken tupfen. Je eine Kugel Eis in vier Schalen anrichten und mit den Erdbeeren und den Minzeblättern garnieren. Das Eis sofort mit den warmen Knusperstangen servieren.

> **TIPPS**
> • Filoteig gibt es im gut sortierten Supermarkt im Kühlregal. Als Yufkateig ist er auch in türkischen Lebensmittelgeschäften erhältlich.
> • Wählen Sie für dieses Dessert rote Rhabarberstangen aus, sie sind etwas milder als grüne.

SÜSSE HAUPTGERICHTE UND DESSERTS

BIRNEN-APPLE-PIE
mit Rosmarin

1 Die Äpfel leicht überlappend in die Form legen, die Birnen in die Mitte geben.

2 Die Zucker-Glukose-Mischung bernsteinfarben karamellisieren lassen. Anschließend vorsichtig 170 ml heißes Wasser unterrühren.

3 Den Karamell 20 Minuten bei schwacher Hitze köcheln, den Rosmarin einstreuen und den Karamell auf 60 °C abkühlen lassen.

4 Die Pie nach Belieben erneut mit Puderzucker besieben und spiralförmig mit Rosmarinkaramell beträufeln.

ZUBEREITEN 2 Std. 15 Min.

FÜR DEN TEIG
100 g kalte Butter, gewürfelt • 200 g Weizenmehl Type 405 • 65 g Puderzucker
1 Prise Salz • 1 Eigelb • 2 TL Kondensmilch

FÜR DEN APFELBELAG
700 g säuerliche Äpfel (z. B. 'Elstar')
1 EL Mehl • 50 g Waldblütenhonig
2 TL Rosmarinnadeln • 1 EL Calvados

FÜR DEN BIRNENBELAG
500 g Birnen • 1 EL Mehl • 40 g goldklarer Rübensirup (z. B. Grafschafter Karamell)
1 TL Rosmarinnadeln • 1 EL Birnenbrand

FÜR DIE STREUSEL
60 g Pekannusskerne • 60 g weiche Butter
120 g Zucker • 1 EL Waldblütenhonig
¼ TL Kakaopulver • 2 Msp. Chilipulver
60 g Weizenmehl Type 405 • 60 g Haferflocken • 2 TL gehackte Rosmarinnadeln

FÜR DEN ROSMARINKARAMELL
160 g Zucker • 35 g Glukosesirup
(z. B. von bosfood)
3 Tropfen Zitronensaft

1 Prise Maldon Sea Salt oder Fleur de Sel
10–15 g frisch gezupfte Rosmarinspitzen

AUSSERDEM
Pie- oder Tarteform (28 cm Ø) • Butter für die Form • Mehl für die Form und zum Arbeiten • Puderzucker zum Bestäuben

1. Für den Teig die Butter zügig mit dem Mehl verkneten. Puderzucker, Salz, Eigelb und Kondensmilch rasch unterkneten. Den Teig zur Kugel formen, in Frischhaltefolie wickeln und 30 Minuten kühlen.
2. Für den Belag die Äpfel schälen, vierteln und das Kerngehäuse entfernen. Die Viertel längs in 5 mm breite Spalten teilen und mit Mehl, Honig, Rosmarin und Calvados mischen.
3. Für den Birnenbelag die Birnen schälen, vierteln und das Kerngehäuse entfernen. Die Viertel in 2 cm große Stücke schneiden und mit Mehl, Rübensaft, Rosmarin und Birnenbrand mischen.
4. Die Pieform mit Butter ausstreichen und mit Mehl ausstreuen. Den Teig auf der bemehlten Arbeitsfläche 4 mm dick ausrollen, die Form damit auskleiden, den Boden mit einer Gabel mehrmals einstechen und weiterarbeiten, wie oben in Step 1 gezeigt.
5. Den Backofen auf 180 °C (Ober-/Unterhitze) vorheizen. Für die Streusel die Pekannüsse grob hacken. Butter und Zucker mit dem Handrührgerät schaumig rühren. Honig, Kakao, Chili, Mehl, Haferflocken, Nüsse und Rosmarin unterheben. Die Pie mit den Streuseln bedecken und im Ofen (Mitte) 40 Minuten backen.
6. Für den Rosmarinkaramell Zucker, Glukosesirup, Zitronensaft und 4 EL Wasser in einem Topf mit einem Holzkochlöffel verrühren und weiterarbeiten, wie oben in Step 2 gezeigt. Nach Belieben das Salz unterrühren und weiterarbeiten, wie oben in Step 3 beschrieben. Den Karamell durch ein Sieb passieren.
7. Die Pie aus dem Ofen nehmen, dünn mit Puderzucker bestäuben und in der Form auskühlen lassen.
8. Zum Schluss die Pie fertigstellen, wie oben in Step 4 gezeigt. Nach Belieben in der Form servieren oder die Pie stückweise auf Tellern anrichten.

» *Es ist besser, zu genießen und
zu bereuen, als zu bereuen,
dass man nicht genossen hat.* «

GIOVANNI BOCCACCIO

CRANBERRY-BROWNIE-TRIFLE
mit Holunderblütengelee und Oliveneis

ZUBEREITEN 1 Std. 30 Min.
RUHEN UND KÜHLEN 12 Std.
FÜR 6–8 PORTIONEN

FÜR DAS OLIVENEIS
110 g Eigelb (5–6 Eigelbe)
120 g Zucker
¼ l Milch • 50 g weiße Kuvertüre
250 g Mascarpone
100 g Olivantapenade

FÜR DIE MASCARPONECREME
50 g Puderzucker, gesiebt
Mark von ¼ Vanilleschote
2 Msp. Baharat-Gewürzmischung
(z. B. von Ingo Holland)
150 g Naturjoghurt (3,5 % Fett)
250 g Mascarpone • 4 cl italienischer
Kräuterlikör (z. B. Amaro Nonino)
150 g halbsteif geschlagene Sahne
3 EL Limettensaft

FÜR DAS HOLUNDERBLÜTENGELEE
100 ml Holunderblütensirup
1 TL pflanzliches Geliermittel
100 ml Mineralwasser ohne Kohlensäure
oder 100 ml Weißwein

FÜR DIE BROWNIES
25 g ungesalzene Erdnüsse
50 g Cashewkerne
2 EL Rum • 70 g getrocknete Cranberrys
75 g Zartbitterkuvertüre • 50 g Butter
100 g Orangenmarmelade • 2 Eier
70 g Zucker • 75 g Weizenmehl Type 405
1 Prise Salz

FÜR DIE CRANBERRYSAUCE
40 g brauner Zucker
300 ml Cranberrysaft
100 ml roter Portwein
80 g tiefgekühlte Cranberrys

AUSSERDEM
Eismaschine • Kastenform (25 cm lang)
Butter für die Form • getrocknete Cranberrys zum Garnieren

1. Für das Oliveneis Eigelb und Zucker in einer Schüssel über einem heißen Wasserbad hellschaumig schlagen. Die Milch nach und nach einrühren und die Eigelbmasse unter Rühren erhitzen, bis sie dickflüssig auf dem Kochlöffel liegen bleibt (siehe Tipp Seite 477). Die Kuvertüre klein hacken und in der heißen Eigelbcreme auflösen. Mascarpone und Olivantapenade unterziehen und die Masse etwa 12 Stunden im Kühlschrank ziehen lassen. Dann die Masse in die Eismaschine füllen und cremig frieren lassen.

2. Für die Mascarponecreme Puderzucker, Vanillemark, Baharat-Gewürz und Joghurt gut miteinander verrühren. Mascarpone sowie Kräuterlikör unterziehen und die Schlagsahne vorsichtig unterheben. Die Mascarponecreme mit Limettensaft abschmecken und mindestens 6 Stunden kühl stellen.

3. Für das Holunderblütengelee den Sirup mit dem Geliermittel in einem Topf aufkochen und 1 Minute köcheln lassen. Anschließend das Mineralwasser nach und nach einrühren und die Mischung im Kühlschrank in etwa 4 Stunden gelieren lassen.

4. Für die Brownies den Backofen auf 170 °C (Ober-/Unterhitze) vorheizen. Die Kastenform mit Butter ausstreichen. Erdnüsse und Cashewkerne grob hacken und mit dem Rum beträufeln. Die Cranberrys halbieren. Die Kuvertüre zerkleinern. Butter, Kuvertüre und Orangenmarmelade in einer Schüssel über einem heißen Wasserbad schmelzen lassen und verrühren. Eier und Zucker mit dem Handrührgerät dickschaumig aufschlagen und die flüssige Kuvertüremischung einrühren. Das Mehl darübersieben und unterheben. Zuletzt Salz, Nüsse und Cranberrys unterziehen. Die Masse in die Form füllen und im Ofen (Mitte) 25 Minuten backen, dann herausnehmen und abkühlen lassen.

5. In der Zwischenzeit für die Cranberrysauce den Zucker in einem Topf schmelzen lassen und mit dem Cranberrysaft ablöschen. Portwein und Cranberrys zugeben und die Flüssigkeit auf 100 ml einkochen lassen. Den Fond durch ein Sieb abgießen und vollständig auskühlen lassen. Anschließend die Sauce zweimal durch ein feines Sieb streichen, bis sie vollkommen klar ist.

6. Auf den Boden von sechs bis acht Dessertgläsern oder Schalen jeweils 1 Löffel Cranberrysauce geben. Den Browniekuchen in etwa 5 cm große Würfel schneiden und die Würfel quer halbieren. Die unteren Browniehälften auf die Sauce in die Gläser setzen und je 1 Löffel Mascarponecreme daraufgeben. Anschließend die oberen Hälften auflegen und wieder jeweils 1 Löffel Mascarponecreme daraufsetzen.

7. Mit einer Gabel durch das Holunderblütengelee fahren und dieses so zerteilen. Jeweils 1 EL Gelee über die Browniehälften geben und an den Seiten herunterlaufen lassen. Zum Schluss je 1 Kugel Oliveneis daraufsetzen und mit getrockneten Cranberrys garnieren. Das Trifle sofort servieren.

> **TIPP**
> Keine Eismaschine im Haus? Stellen Sie die Eisgrundmasse ins Tiefkühlfach und rühren Sie sie gelegentlich mit dem Pürierstab oder Schneebesen durch, bis die Masse zu gefrieren beginnt.

SÜSSE HAUPTGERICHTE UND DESSERTS

HOT DOMINOES
mit Chili

ZUBEREITEN 2 Std. 50 Min.
KÜHLEN 24 Std.
RUHEN 2 Std.
ERGIBT 50–75 STÜCK

FÜR DAS MARZIPAN
250 g Mandeln
30 g Bittermandeln
120 g Akazienhonig
2 EL Rosenwasser (aus dem Backregal oder der Apotheke)

FÜR DIE MARZIPAN-CHILIS
1 Rote Bete
½ rote Chilischote
25 g grüne Pistazienkerne

FÜR DEN LEBKUCHEN
60 g milder Honig
30 g Butter
½ kleine rote Chilischote
1 Ei
130 g Dinkelvollkornmehl Type 1050
½ TL Backpulver
1 TL Lebkuchengewürz
½ TL Kakaopulver
1 Prise Salz

FÜR DAS APFELGELEE
400 ml Apfelsaft
100 ml Weißwein
100 g Akazienhonig
2 Gewürznelken
2 TL Agar Agar (8 g, Packungsangabe beachten)

FÜR GUSS UND GARNITUR
600–800 g Zartbitterkuvertüre
Chiliflocken zum Bestreuen

AUSSERDEM
Backblech oder Backrahmen (25 x 20 cm)

1. Für das Marzipan Mandeln und Bittermandeln mit kochendem Wasser überbrühen und 10 Minuten einweichen. Die Mandeln in ein Sieb abgießen, aus den Häutchen drücken und mit einem Küchentuch trocken reiben. Die Mandelkerne im Blitzhacker fein mahlen, mit dem Honig und dem Rosenwasser vermischen und das Marzipan abgedeckt 24 Stunden kühl stellen.

2. Für die Marzipan-Chilis die Rote Bete mit Schale in Wasser in 30 bis 45 Minuten weich kochen, abgießen und abkühlen lassen. Die Knolle schälen und das Fruchtfleisch fein pürieren, bei Bedarf etwas Wasser zugeben.

3. Die Chilischote waschen und Stielansatz, Samen und Trennwände entfernen. Das Fruchtfleisch sehr fein würfeln. Die Würfel mit 40 g Marzipan und so viel Rote-Bete-Püree verkneten, bis eine gut formbare Masse entsteht. Die Hälfte der Pistazien sehr fein hacken und mit 10 g Marzipan mischen. Die restlichen Pistazien in Stifte schneiden. Aus dem roten Marzipan kleine Chilischoten und aus dem grünen Marzipan Stielansätze formen. Die Stielansätze auf die Schoten setzen und jeweils einen Pistazienstift als Stiel eindrücken.

4. Den Backofen auf 180 °C (Ober-/Unterhitze) vorheizen. Das Backblech mit Backpapier belegen. Für den Lebkuchen Honig und Butter erhitzen. Beides gut verrühren, vom Herd nehmen und auf Raumtemperatur abkühlen lassen.

5. Die Chilischote waschen, von Stielansatz, Samen und Trennwänden befreien und sehr fein würfeln. Das Ei leicht verquirlen. Ei, Chiliwürfel und 50 ml Wasser in den Honig rühren. Mehl, Backpulver, Lebkuchengewürz, Kakao und Salz mischen und ebenfalls unter den Honig rühren. Die Lebkuchenmasse gleichmäßig auf dem Blech verstreichen und im Ofen (Mitte) 20 bis 25 Minuten backen. Herausnehmen und den Lebkuchen auf dem Blech abkühlen lassen.

6. Für das Apfelgelee Saft, Wein, Honig, Gewürznelken und Agar Agar in einem Topf verrühren. Alles aufkochen, vom Herd nehmen und abkühlen lassen. Dabei regelmäßig umrühren, bis die Mischung zu gelieren beginnt. Die Nelken entfernen und das Apfelgelee sofort gleichmäßig auf der Lebkuchenplatte verstreichen. Diese etwa 2 Stunden ruhen lassen, bis das Gelee fest ist.

7. Das restliche Marzipan zwischen zwei Lagen Frischhaltefolie zu einem Rechteck (25 x 20 cm) ausrollen. Die Marzipanplatte auf das Gelee legen. Den Lebkuchen dann mit einem scharfen Messer in 3 cm große Würfel schneiden.

8. Für den Guss 300 g Zartbitterkuvertüre hacken und in einer Schüssel über einem heißen Wasserbad schmelzen lassen.

9. Die Dominowürfel nacheinander auf eine Gabel setzen und kurz in die flüssige Kuvertüre tauchen, bis sie rundum damit überzogen sind. Die Würfel gut abtropfen lassen, auf eine mit Pergamentpapier belegte Platte setzen und mit den Marzipan-Chilis belegen oder mit Chiliflocken bestreuen. Die Würfel trocknen lassen. Herabgetropfte Kuvertüre abschneiden und erneut schmelzen. Erst wenn diese aufgebraucht ist, die übrige Kuvertüre schmelzen und die restlichen Würfel damit überziehen.

SÜSSE HAUPTGERICHTE UND DESSERTS

MARONEN-KÄSEKUCHEN
mit Kaki-Mus

1 Den Kekskrokant in grobe Stücke brechen und auf Backpapier mit der Teigrolle mittelfein zerkrümeln.

2 Die Krokantkrümel in die acht Servierringe verteilen und leicht andrücken. Jeweils ein Achtel der gehackten Maronen daraufstreuen.

3 Das Kaki-Mus mit einem Löffel auf der Frischkäsecreme verteilen und glatt streichen. Die Törtchen abgedeckt mindestens 3 Stunden kühl stellen.

ZUBEREITEN 40 Min.
KÜHLEN 3 Std.
ERGIBT 8 STÜCK

FÜR DEN KEKS-KROKANT
9 Vollkorn-Butterkekse
6 EL Zucker
90 g Butter • 1 große Prise Salz

FÜR DIE FRISCHKÄSECREME
½ Vanilleschote
3 EL Puderzucker
200 g Frischkäse
Saft von 1 Zitrone
300 g Crème double

FÜR FÜLLUNG UND KAKI-MUS
250 g gegarte, geschälte Maronen (Esskastanien, vakuumverpackt)
2 vollreife Kakis

AUSSERDEM
8 Servierringe (7 cm Ø)

1. Für den Krokant die Kekse in einen Gefrierbeutel füllen und mit der Teigrolle mittelfein zerkrümeln. Den Zucker in einem Topf karamellisieren lassen, vom Herd nehmen, die Butter einrühren und schmelzen lassen. Kekskrümel und Salz unterrühren. Die Masse etwa 1 cm hoch auf Backpapier verstreichen und auskühlen lassen.

2. Für die Frischkäsecreme die Vanilleschote längs aufschneiden und das Mark herausschaben. Das Vanillemark mit Puderzucker, Frischkäse und Zitronensaft verrühren. Die Crème double mit dem Schneebesen oder Handrührgerät (mittlere Stufe) etwa 2 Minuten aufschlagen und mit einem Teigschaber (nicht mit dem Schneebesen!) unter die Frischkäsecreme heben.

3. Für die Füllung die Maronen grob hacken. Die Kakis halbieren, das Fruchtfleisch aus der Schale drücken und durch ein Sieb streichen.

4. Die Servierringe auf einen Bogen Backpapier stellen. Den Krokant zerkleinern und weiterarbeiten, wie oben in Step 1 und 2 gezeigt. Die Käsecreme einfüllen, glatt streichen und weiterarbeiten, wie oben in Step 3 gezeigt.

5. Die Törtchen aus dem Kühlschrank nehmen und aus den Servierringen lösen. Dafür mit einem kleinen Messer an der Innenseite des Rings senkrecht von oben bis zum Boden einstechen und den Ring einmal drehen. Die Metallringe vorsichtig abheben, die gekühlten Maronen-Käsekuchen auf acht Teller setzen und sofort servieren.

WEIHNACHTSSTOLLEN-PARFAIT
mit Hagebuttensauce

ZUBEREITEN 1 Std. 20 Min.
ZIEHEN 12 Std.
FRIEREN 12 Std.
FÜR 6–8 PORTIONEN

FÜR DAS PARFAIT
50 g Rosinen
50 g Korinthen
40 g Zitronat
40 g Orangeat
5 cl brauner Rum (z. B. Stroh Rum)
75 g Zucker
175 ml Milch
½ Stange Zimt
5 Eigelbe
250 g Sahne
50 g Puderzucker (nach Belieben)

FÜR DIE HAGEBUTTENSAUCE
75 g Zucker
200 ml halbtrockener Rotwein
100 ml Portwein
100 g getrocknete Hagebutten (ersatzweise frisches Hagebuttenmark)
abgeriebene Schale von ½ Bio-Orange
50 g Butter
75 g Crème fraîche
75 g leicht geschlagene Sahne

AUSSERDEM
Stollen- oder Kastenform (1 l Inhalt)
Orangenzesten zum Garnieren

1. Für das Parfait Rosinen, Korinthen, Zitronat und Orangeat in einer Schüssel mischen. Alles mit dem Rum beträufeln und 12 Stunden ziehen lassen.
2. Den Zucker mit 1 EL Wasser in einem kleinen Topf leicht karamellisieren lassen. Die Milch dazugießen und die Zimtstange zugeben. Alles leicht köcheln lassen, bis sich der Zucker aufgelöst hat. Die heiße Milch in einen Schlagkessel gießen und die Eigelbe unterrühren. Die Eigelbmasse über einem heißen Wasserbad unter Rühren erhitzen, bis sie leicht angedickt auf dem Gummispatel oder Kochlöffel liegen bleibt (siehe Tipp Seite 477). Die Eigelbmasse durch ein Sieb in eine Schüssel gießen.
3. Die Schüssel in ein eiskaltes Wasserbad setzen und die Creme kalt rühren. Die Sahne mit dem Handrührgerät steif schlagen. Die Schlagsahne zusammen mit den eingeweichten Rumfrüchten vorsichtig unter die Eigelbmasse heben. Die Stollenform mit Frischhaltefolie auslegen und die Parfaitmasse einfüllen. Die Masse mit der überstehenden Folie abdecken und die Form 12 Stunden ins Tiefkühlfach stellen.
4. Für die Hagebuttensauce den Zucker mit 1 EL Wasser in einem Topf karamellisieren, dann mit dem Rotwein und dem Portwein ablöschen. Die Hagebutten und die Orangenschale einstreuen und alles etwa 20 Minuten köcheln lassen. Die Sauce vom Herd nehmen und leicht abkühlen lassen.
5. Die Butter in Portionen unter die warme Sauce rühren und diese anschließend im Kühlschrank auskühlen lassen. Die Crème fraîche sowie die leicht geschlagene Sahne vorsichtig unter die Hagebuttensauce heben.
6. Das Parfait aus dem Tiefkühlfach nehmen und auf eine Platte stürzen. Die Folie abziehen und die Oberfläche nach Belieben großzügig mit Puderzucker bestäuben. Das Weihnachtsstollen-Parfait in etwa 2 cm dicke Scheiben schneiden, portionsweise auf Tellern anrichten und mit etwas Hagebuttensauce beträufeln. Alles mit Orangenzesten bestreuen und sofort servieren.

> **TIPP**
> Lieber ein alkoholfreies Dessert? Dann legen Sie die Trockenfrüchte in Orangensaft statt in Rum ein und ersetzen Sie Rotwein und Portwein durch roten Traubensaft.

CAIPIRINHA-SORBET
in der Limettenschale serviert

ZUBEREITEN 30 Min.
KÜHLEN UND FRIEREN 5 Std.

FÜR DAS SORBET
4–5 Bio-Limetten
100 g Zucker
40 g brauner Zucker
150 ml Mineralwasser mit Kohlensäure
abgeriebene Schale von ½ Bio-Limette
4 cl eiskalter Cachaça
2 TL Puderzucker

AUSSERDEM
Eismaschine
Spritzbeutel mit Sterntülle
Limettenzesten (nach Belieben)

1. Die Limetten heiß abwaschen, abtrocknen und halbieren. Die Früchte auspressen und 100 ml Saft abmessen. Die ausgepressten Schalenhälften an den Enden flach schneiden, sodass sie fest stehen, und tiefkühlen.

2. Den hellen Zucker mit 25 g braunem Zucker und 50 ml Wasser in einem Topf sirupartig einkochen (Vorsicht, der Sirup darf nicht braun werden!). Den Limettensaft dazugießen und gut unterrühren. Das Mineralwasser dazugießen, die Saftmischung abkühlen lassen und anschließend 3 bis 4 Stunden in den Kühlschrank stellen.

3. Die abgeriebene Limettenschale und den Cachaça unterrühren. Die Saftmischung in die Eismaschine füllen und cremig frieren lassen. Das fertige Sorbet aus der Eismaschine schaben und 2 bis 3 Stunden ins Tiefkühlfach stellen.

4. Das Sorbet kräftig durchrühren, in den Spritzbeutel füllen und Rosetten in die gefrorenen Limettenschalen spritzen. Alles mit Puderzucker und dem übrigen braunen Zucker bestreuen. Das Sorbet nach Belieben mit Limettenzesten bestreuen und sofort servieren.

WEISSE MOUSSE AU CHOCOLAT
mit Granatapfelsauce

ZUBEREITEN 1 Std.
KÜHLEN 3–12 Std.

FÜR DIE MOUSSE
150 g weiße Schokolade
1 TL Agar Agar (Packungsangabe beachten)
50 ml Sojamilch
1 Eigelb
2 cl brauner Rum
250 g Seidentofu

FÜR DIE GRANATAPFELSAUCE
30 g Zucker
100 g tiefgekühlte Preiselbeeren
100 ml Cranberrysaft
2 Granatäpfel
1 TL Speisestärke

1. Für die Mousse die weiße Schokolade mit einem Messer grob hacken und in einer Metallschüssel über einem heißen Wasserbad schmelzen lassen. Agar Agar und Sojamilch oder 50 ml Wasser in einem Topf mischen, aufkochen und lauwarm abkühlen lassen.
2. Das Eigelb mit dem Rum und der Agar-Agar-Mischung in eine Metallschüssel geben. Diese über das heiße Wasserbad setzen und die Eigelbmasse unter Rühren erhitzen, bis sie leicht angedickt auf dem Gummispatel oder Kochlöffel liegen bleibt (siehe Tipp Seite 477).
3. Die Schüssel in ein eiskaltes Wasserbad setzen und die Eigelbcreme kalt rühren. Die lauwarme Schokolade unterheben. Sobald die Schokoladenmasse zu stocken beginnt, den Seidentofu mit dem Handrührgerät aufschlagen und ebenfalls unterheben. Anschließend die Mousse mindestens 3 Stunden, besser über Nacht, kühl stellen.
4. Für die Granatapfelsauce den Zucker in einem Topf karamellisieren lassen. Die Preiselbeeren und den Cranberrysaft zugeben. Alles aufkochen und bei schwacher Hitze in etwa 10 Minuten auf die Hälfte einkochen lassen. Die Sauce durch ein feines Sieb in einen zweiten Topf streichen.
5. Die Granatäpfel aufbrechen und die Kerne herauslösen, dabei den austretenden Saft auffangen. Die Speisestärke mit dem Granatapfelsaft oder 1 EL kaltem Wasser vermischen und in die Sauce rühren. Diese 2 Minuten köcheln lassen, bis sie bindet. Die Granatapfelkerne unterheben und die Sauce abkühlen lassen. Jeweils eine Mousse-Nocke mit etwas Granatapfelsauce in vier Schälchen anrichten und servieren.

PEKAN-SCHOKOLADEN-EISBOMBEN
mit Zwetschgenkompott

1 Die Eiskugeln auf einen mit Frischhaltefolie belegten Teller setzen und diesen 6 Stunden ins Tiefkühlfach stellen.

2 Die gefrorenen Eiskugeln nacheinander mithilfe einer Gabel in die flüssige Kuvertüremischung tauchen und vollständig damit überziehen.

3 Die Kugeln drehen, bis sie ringsum mit Kuvertüre überzogen sind, erneut auf einen mit Folie belegten Teller setzen und nochmals 5 Minuten tiefkühlen.

ZUBEREITEN 1 Std. 15 Min.
FRIEREN 10 Std. 30 Min.
FÜR 8 PORTIONEN

FÜR DIE EISBOMBEN
¼ Vanilleschote
1 mittelgroße Bio-Orange
1 Ei • 80 g Akazienhonig
¼ l Milch • 1 Prise Salz
30 g Pekannüsse
50 g Zartbitterkuvertüre
30 g festes Palmkernfett (ersatzweise festes Kokosfett)

FÜR DAS ZWETSCHGENKOMPOTT
500 g Zwetschgen
100 g Akazienhonig
1 Stange Zimt
2 Gewürznelken
1 Sternanis
1 Msp. gemahlene Vanille
4 EL Rotwein

AUSSERDEM
Eismaschine
Eisportionierer (4 cm Ø)

1. Für die Eisbomben die Vanilleschote längs aufschneiden und das Mark herausschaben. Die Orange heiß waschen, abtrocknen und die Schale dünn abreiben. Vanillemark, Orangenschale, Ei und 50 g Honig in einen Schlagkessel geben und über einem heißen Wasserbad mit dem Schneebesen oder dem Handrührgerät cremig aufschlagen.

2. Die Milch mit dem Salz aufkochen und langsam in drei Portionen unter die Eimasse schlagen. Den Kessel in ein eiskaltes Wasserbad setzen und die Masse in etwa 20 Minuten kalt rühren, anschließend in der Eismaschine in 30 bis 40 Minuten cremig frieren lassen.

3. In der Zwischenzeit den restlichen Honig in einem Topf karamellisieren lassen. Die Pekannüsse einrühren, vom Herd nehmen und weiterrühren, bis sie rundum mit Karamell überzogen sind. Sobald der Karamell fest wird, die Masse auf einen Bogen Backpapier gießen und die Nüsse mit einer Gabel voneinander trennen. (Nicht mit den Fingern, die Nüsse sind sehr heiß!)

4. Die Karamellnüsse auskühlen lassen. Die Nussmasse mit einem Messer grob hacken und mit einem Spatel unter das Eis heben. Das Eis ins Tiefkühlfach stellen und etwa 4 Stunden durchfrieren lassen, bis es fest ist.

5. Für das Kompott die Zwetschgen waschen, halbieren und entsteinen. Den Honig in einem Topf karamellisieren lassen. Die Zwetschgen einrühren. Zimt, Gewürznelken, Sternanis, Vanille und Rotwein zugeben und alles bei schwacher Hitze etwa 2 Minuten köcheln lassen.

6. Mit dem Eisportionierer acht Eiskugeln ausstechen und weiterarbeiten, wie oben in Step 1 gezeigt.

7. Die Kuvertüre und das Palmkernfett klein hacken und in einer Schale über einem heißen Wasserbad schmelzen lassen. Anschließend weiterarbeiten, wie oben in Step 2 und 3 gezeigt.

8. Die Pekan-Schokoladen-Eisbomben mittig auf acht Tellern anrichten, das warme Zwetschgenkompott ringsum verteilen und das Dessert sofort servieren. Verbleibende Kugeln auf dem Teller im Tiefkühlfach lagern.

SÜSSE HAUPTGERICHTE UND DESSERTS

LAKRITZEIS,
Mandarinen- und Johannisbeersorbet

ZUBEREITEN 1 Std. 45 Min.
FRIEREN 3–4 Std.
FÜR 6–8 PORTIONEN

FÜR DAS LAKRITZEIS
½ l Milch
1 TL Lakritzpaste
1 Prise Salz
3 Eier
120 g Honig
5 Tropfen Anisöl (aus dem Reformhaus oder Bioladen)

FÜR DAS MANDARINENSORBET
800 g Bio-Mandarinen
3 Tropfen Mandarinenöl (aus dem Reformhaus oder Bioladen)
100 g Akazienhonig

FÜR DAS JOHANNISBEERSORBET
250 g Rote Johannisbeeren
50 ml Weißwein
1 Sternanis
1 Gewürznelke
120 g Akazienhonig
Zucker (nach Belieben, je nach Säuregehalt der Früchte)

FÜR DEN KOKOS-KROKANT
225 g Akazienhonig
50 g Kokosflocken

AUSSERDEM
Eismaschine
Schraubglas
4 Lakritzschnecken (nach Belieben)
Zesten von 1 Bio-Mandarine (nach Belieben)
Eisportionierer

1. Für das Lakritzeis Milch, Lakritzpaste und Salz in einem Topf aufkochen. Die Eier und den Honig in einem Schlagkessel über einem heißen Wasserbad mit dem Schneebesen oder dem elektrischen Handrührgerät schaumig aufschlagen. Die heiße Milch in kleinen Portionen unter die Eiermasse rühren.
2. Anschließend den Schlagkessel in ein kaltes Wasserbad stellen und die Masse kalt schlagen, dabei das Anisöl einrühren. Die Eismasse in die Eismaschine füllen und cremig frieren lassen. Das Lakritzeis in einen geeigneten Behälter füllen und ins Tiefkühlfach stellen.
3. Für das Mandarinensorbet die Mandarinen heiß abwaschen, sorgfältig abtrocknen und von einer Frucht die Schale fein abreiben. Anschließend alle Mandarinen auspressen und etwa 400 ml Saft abmessen. Mandarinensaft, Mandarinenöl, Mandarinenschale und Akazienhonig miteinander verrühren und in der Eismaschine cremig frieren lassen. Das Sorbet in einen geeigneten Behälter füllen und ins Tiefkühlfach stellen.
4. Für das Johannisbeersorbet die Johannisbeeren waschen, gut abtropfen lassen und von den Rispen streifen. Die Beeren mit Weißwein, Sternanis, Gewürznelke und Honig aufkochen und 1 Minute bei schwacher Hitze köcheln lassen.
5. Den Topf vom Herd nehmen und die Johannisbeeren auskühlen lassen. Sternanis und Gewürznelke wieder entfernen. Die Masse durch ein Sieb streichen, nach Belieben mit Zucker abschmecken und in der Eismaschine cremig frieren lassen. Das Sorbet in einen Behälter füllen und ins Tiefkühlfach stellen.
6. Für den Kokos-Krokant den Honig in einer Pfanne aufkochen. Die Kokosflocken einstreuen und bei schwacher Hitze unter Rühren goldbraun rösten. Die heiße Kokosmasse auf einen Teller geben und auskühlen lassen. Den Krokant zerkleinern und in ein Schraubglas füllen.
7. Das Lakritzeis und die beiden Sorbets mit dem Eisportionierer zu Kugeln formen und in Schälchen anrichten. Nach Belieben die Lakritzeiscreme mit einem Stück Lakritzschnecke, das Johannisbeersorbet mit Kokos-Krokant und das Mandarinensorbet mit Mandarinen-Zesten garnieren und sofort servieren.

TIPPS
• Wenn Sie keine Eismaschine besitzen, bereiten Sie das Eis und die Sorbets am Vortag zu und lassen alles im Tiefkühlfach gefrieren.
• Die Sorbets vor dem Servieren mit der Küchenmaschine kurz durchrühren.

VEGETARISCHE GRUNDREZEPTE

GEMÜSEFOND
FÜR 1,6 l
2 Möhren • 150 g Staudensellerie
3 Champignons • 50 g Fenchel
2 Gemüsezwiebeln mit Schale
½ Stange Lauch
2 Tomaten
3 EL Rapsöl • 50 g glatte Petersilie
2 Lorbeerblätter • 2 Wacholderbeeren
2 Gewürznelken • 3 Pimentkörner • Salz

1. Das Gemüse putzen, waschen und in große Stücke schneiden (die Zwiebeln nicht schälen).
2. Möhren, Sellerie, Champignons und Fenchel im Öl leicht anschwitzen und mit 2 l Wasser aufgießen. Die restlichen Zutaten und Gewürze dazugeben, alles aufkochen und bei schwacher Hitze etwa 20 Minuten ziehen lassen.
3. Den Fond durch ein Tuch passieren und mit Salz abschmecken.

GEMÜSEFOND MEDITERRAN
FÜR 1,6 l
2 Möhren • 150 g Staudensellerie
3 Champignons • 50 g Fenchel
2 Gemüsezwiebeln mit Schale
½ Stange Lauch • 2 Tomaten
3 EL Olivenöl • 1 EL Tomatenmark
2 Lorbeerblätter • 2 Wacholderbeeren
2 Gewürznelken • 1 Zweig Rosmarin
2 Zweige Thymian • 4 Stängel Oregano
3 Pimentkörner • 2 Knoblauchzehen
Salz

1. Das Gemüse putzen, waschen und in große Stücke schneiden (die Zwiebel nicht schälen).
2. Möhren, Sellerie, Champignons und Fenchel im Öl leicht anschwitzen. Das Tomatenmark zugeben, kurz mit anschwitzen und 2 l Wasser zugießen. Die restlichen Zutaten und Gewürze dazugeben, alles aufkochen und bei schwacher Hitze 20 Minuten ziehen lassen.
3. Den Fond durch ein Tuch passieren und mit Salz abschmecken.

GEMÜSEFOND ASIATISCH
FÜR 1,4 l
2 Möhren • 100 g Staudensellerie
5 Frühlingszwiebeln
2 Gemüsezwiebeln mit Schale
1 EL getrocknete Mu-Err-Pilze
3 EL Sesamöl
1 EL geröstetes Sesamöl
50 g frischer Ingwer, geschält
3 Knoblauchzehen, geschält
2 Stängel Zitronengras, in feinen Ringen
Salz • helle Sojasauce
geröstetes Sesamöl

1. Das Gemüse putzen, waschen und in große Stücke schneiden (die Zwiebeln nicht schälen).
2. Möhren und Sellerie im Sesamöl leicht anschwitzen und mit 2 l Wasser aufgießen. Die restlichen Zutaten (bis auf Salz, Sojasauce und geröstetes Sesamöl) und Gewürze dazugeben, alles aufkochen und bei schwacher Hitze 20 Minuten ziehen lassen.
3. Den Fond durch ein Tuch passieren und mit Salz, Sojasauce und geröstetem Sesamöl abschmecken.

PILZFOND
FÜR 1,7 l
60 g getrocknete Steinpilze
100 g Möhren
150 g Zwiebeln
150 g Staudensellerie
50 g Lauch
100 g Champignons
1 Knoblauchzehe • 2 EL Öl
100 g Fleischtomaten
200 ml trockener Weißwein
1 TL schwarze Pfefferkörner
4 Wacholderbeeren
2 Lorbeerblätter
5 Stängel Petersilie • Meersalz

1. Die getrockneten Steinpilze in 300 ml warmem Wasser einweichen. Möhren und Zwiebeln schälen und in Würfel schneiden. Staudensellerie und Lauch waschen und in Ringe schneiden. Die Champignons putzen, die Tomaten waschen und beides in Scheiben schneiden. Die Knoblauchzehe schälen.
2. Das Öl in einem großen Topf erhitzen und Möhren, Zwiebeln, Sellerie, Lauch, Champignons und Knoblauch kurz darin anschwitzen. Die Tomaten zufügen.
3. Die eingeweichten Steinpilze durch ein feines Sieb abgießen. Pilze und Einweichflüssigkeit sowie den Wein zum Gemüse geben und mit 1,7 l Wasser aufgießen. Pfefferkörner, Wacholderbeeren, Lorbeerblätter und die Petersilienstängel zugeben und alles etwa 1 Stunde bei schwacher Hitze kochen lassen. Den Fond durch ein Tuch passieren und mit Meersalz abschmecken.

DASHI – VEGETARISCHE VARIANTE
FÜR 1 l
3 Stück Kombu getrocknet (6 x 4 cm)
7 getrocknete Shiitake-Pilze
50 g geräucherter Tofu

1. Kombu und Shiitake-Pilze mit einer Küchenschere in kleine Streifen schneiden. Beides mit 1 l kaltem Wasser in einen Topf geben und bei mittlerer Hitze langsam aufkochen (dabei nimmt das Wasser das Aroma von Kombu und Shiitake-Pilzen an).
2. Den Fond vom Herd nehmen und durch ein feines Sieb gießen. Den Tofu in feine Würfel schneiden und in den heißen Fond geben.

MAYONNAISE
FÜR 400 ml
2 Eigelbe • 1 EL Essig oder Zitronensaft
Salz • frisch gemahlener Pfeffer
1 EL Dijon-Senf
¼ l Öl, etwa Sonnenblumenöl
oder mildes Olivenöl

1. Das Eigelb in eine Rührschüssel geben. Essig oder Zitronensaft sowie Salz,

Pfeffer und Senf zufügen. Alles mit dem Schneebesen sehr gut verrühren, bis die Masse eine cremige Konsistenz hat.
2. Ein Drittel des Öls unter ständigem Rühren tropfenweise zugießen, bis die Mischung leicht andickt. Dann das übrige Öl in dünnem Strahl einlaufen lassen, dabei ständig weiterrühren, bis die Farbe heller und die Emulsion stabil ist.
3. Zum Schluss die Mayonnaise mit Salz und Pfeffer und nach Belieben mit ein wenig Essig oder Zitronensaft abschmecken.

VEGANE NUSSMAYONNAISE
FÜR ½ l
170 g Kartoffeln (140 g geschält)
Salz • 45 g mittelscharfer Senf
3 EL Weißweinessig • 4 EL Gemüsefond
100 ml neutrales Öl • 75 ml Haselnussöl
75 ml Walnussöl • Salz • Pfeffer

1. Die Kartoffeln schälen, in gleich große Stücke schneiden, in Salzwasser weich kochen und ausdampfen lassen. Die Kartoffeln durch eine Kartoffelpresse drücken, mit Senf, Gemüsefond und Essig in eine Rührschüssel geben und salzen.
2. Unter ständigem Rühren das Öl ganz langsam nach und nach zugeben. Die Nussmayonnaise mit Salz und Pfeffer abschmecken und kalt stellen.

SAUCE HOLLANDAISE
Für 300 ml
FÜR DIE REDUKTION
1 Schalotte
je 1 Zweig Estragon und Petersilie
½ Lorbeerblatt • 4–6 weiße Pfefferkörner
2 EL Weißweinessig • ⅛ l Weißwein
ZUM AUFSCHLAGEN
180 g Butter • 3 Eigelbe • 1 Prise Salz
1 Prise Cayennepfeffer • Zitronensaft

1. Für die Reduktion die Schalotte schälen, fein würfeln und mit 2 EL Wasser sowie den übrigen Zutaten aufkochen. Die Flüssigkeit auf ein Viertel reduzieren. Die Reduktion durch ein Sieb in einen Schlagkessel gießen.
2. Die Butter zum Aufschlagen bei schwacher Hitze zerlassen und so lange köcheln, bis sich die Molke abgesetzt hat. Wenn sich hellbraune Flocken bilden, die Butter sofort vom Herd nehmen und etwas abkühlen lassen.
3. Die Eigelbe zu der Reduktion in den Schlagkessel geben und über einem heißen Wasserbad schaumig aufschlagen. Die Butter erst tropfenweise, dann in dünnem Strahl zugeben und unterschlagen.
4. Die Sauce Hollandaise mit Salz, Cayennepfeffer und etwas Zitronensaft abschmecken und sofort servieren.

TOFU IN SOJAMARINADE
500 g Tofu
50 ml Sojasauce
1 gestr. TL Salz
1 gestr. TL weiße Pfefferkörner
1 Knoblauchzehe, gepresst

1. Den Tofu in die gewünschte Form (Würfel, Stifte) schneiden, mit den übrigen Zutaten sowie ½ l Wasser vermischen, aufkochen und vom Herd nehmen.
2. Den Tofu mindestens 2 Stunden, besser 24 Stunden, in der Marinade kühl durchziehen lassen.
Der Tofu hält sich in der Marinade mindestens 1 Woche im Kühlschrank. Übrige Marinade kann für Suppen verwendet werden.

IN SÜSSWEIN EINGELEGTE TRAUBEN
500 g weiße oder rote Trauben
400 ml Süßwein
2 Schraubgläser (je 250 ml Inhalt)

1. Die Weintrauben waschen, gut trocken tupfen, abzupfen und locker in einer Porzellanform verteilen.

Dashi ist die Grundlage vieler asiatischer Suppen, hier die vegetarische Variante mit Udon-Nudeln, Tofu und Gemüse.

2. Die Trauben im Backofen bei 50 °C (Ober-/Unterhitze) etwa 6 Stunden trocknen, bis sie einen Teil ihrer Flüssigkeit verloren haben.
3. Den Süßwein auf 90 °C erhitzen. Die Trauben in die Gläser füllen, mit dem Süßwein übergießen und sofort fest verschließen.

TIPPS
• Sollen die Trauben bald verbraucht werden, kann der Süßwein kalt über die Trauben gegossen werden.
• Für eine alkoholfreie Variante können die Trauben in Zuckersirup eingelegt werden.

GLOSSAR

ABLÖSCHEN: Angebratenes wie Gemüse mit heißer oder kalter Flüssigkeit (Fond, Wasser, Wein u. a.) übergießen und Bratansatz vom Topf- oder Pfannenboden lösen.

ABSCHÄUMEN: Flüssigkeiten, wie z. B. Fonds, Saucen oder Brühen mithilfe eines Schaumlöffels von zur Oberfläche aufgestiegenem, geronnenem Eiweiß und Trübstoffen befreien.

ABSCHRECKEN: Heiße Speisen mit sehr kaltem Wasser übergießen oder darin eintauchen, um die Temperatur sehr schnell zu senken und den Garprozess sofort zu unterbrechen.

ANSCHWITZEN: In Fett leicht angehen lassen oder anbraten, ohne dass die Speise Farbe annimmt.

AUSBACKEN: Siehe »Frittieren«.

BINDEN (LEGIEREN): Andicken und Sämigmachen von Flüssigkeiten wie Suppen, Saucen, Cremes durch Einrühren eines Bindemittels (z. B. Mehl, Speisestärke, Mehlbutter, Sahne, Eigelb).

BLANCHIEREN: Lebensmittel kurz in sprudelnd kochendes Wasser tauchen oder damit übergießen, um es vorzugaren, von unerwünschten Geschmacksstoffen oder Verunreinigungen zu befreien, die appetitliche Farbe zu erhalten oder um Häute oder Schalen besser entfernen zu können.

BLINDBACKEN: Mürbteig ohne den eigentlichen Kuchenbelag (vor-)backen. Damit dabei der Teigrand nicht zusammenrutscht, wird der Teig mit Pergament-, Backpapier oder Alufolie ausgelegt und zum Backen mit getrockneten Hülsenfrüchten bedeckt.

BRATEN: Garen von Lebensmitteln (z. B. Gemüse, Tofu, Seitan) in trockener, heißer Luft, meistens unter Zugabe von etwas Fett.

BRUNOISE: Fein gewürfeltes Gemüse (meist Wurzelgemüse) als Einlage für die Zubereitung von aromatischen und farblich ansprechenden Suppen und Saucen. Siehe »Mirepoix«.

BUTTER KLÄREN: Butter zerlassen und bei geringer Hitze kochen, bis sich ihre Eiweißbestandteile am Topfboden absetzen. Die Butter darf nicht bräunen; aufsteigenden Schaum abschöpfen. Das so entstandene Butterreinfett anschließend durch ein feines Sieb abgießen.

DÄMPFEN: Garen im Wasserdampf bei etwa 100 °C im geschlossenen Topf, mit Siebeinsatz über kochender Flüssigkeit oder im Dampfkochtopf.

DÜNSTEN: Ein Lebensmittel im geschlossenen Geschirr in wenig Flüssigkeit, Fett und im eigenen Saft garen.

EINKOCHEN (LASSEN): Siehe »Reduzieren«.

EISWASSER: Mit Eiswürfeln oder auch im Kühlschrank abgekühltes Wasser.

ENTFETTEN: Überschüssiges Fett von einer Flüssigkeit mit einer Schöpfkelle oder durch Abtupfen mit Küchenpapier entfernen. Am einfachsten ist es, die erstarrte Fettschicht von der Oberfläche der erkalteten Flüssigkeit abzuheben. In Fett gegartes Lebensmittel nach dem Braten bzw. Ausbacken auf Küchenpapier legen und kurz abtropfen lassen.

ESSENZ: Stark eingekochte Brühe oder hoch konzentrierter Fond zur Würzung und Farbgebung von Suppen oder Saucen.

FOND: Flüssigkeit, die beim Kochen beispielsweise von Gemüse, Pilzen und Kräutern entsteht und das Aroma des Garguts angenommen hat; Basis für Suppen und Saucen.

FRITTIEREN: Lebensmittel mit oder ohne Teigmantel beziehungsweise Panade in reichlich heißem (140–190 °C) Fett oder Öl schwimmend goldbraun ausbacken.

GAR ZIEHEN LASSEN: Teigtäschchen, Nocken oder Knödel in reichlich Flüssigkeit (Salzwasser) bei Temperaturen knapp unter 100 °C garen, bis sie an die Oberfläche steigen (Garprobe machen!).

GEKLÄRTE BUTTER: Butterreinfett, siehe »Butter klären«.

GRATINIEREN: Ein Gericht bei Oberhitze oder unter dem Grill überbacken, sodass es eine appetitliche, knusprigbraune Kruste bekommt.

GRILLEN: Garen und Bräunen eines Lebensmittels oder einer Speise bei Strahlungshitze (ca. 350 °C) im Elektroofen (Grillstufe), über dem Gasgrill oder über Holzkohlenglut. Auch: In einer speziellen Grillpfanne braten.

JULIENNE: Sehr feine Streifen von Gemüse, Obst oder Zitrusfruchtschalen. Als Einlagen in Suppen und Saucen oder auch als Beilage bzw. Garnitur.

KARAMELLISIEREN: Zucker mit oder ohne Wasserzugabe schmelzen und leicht bräunen lassen. Auch: Ein Lebensmittel oder eine Speise mit zu Karamell gekochtem Zucker überziehen.

KLÄREN: Aus Flüssigkeiten (Fonds, Brühen) trübende Bestandteile entfernen. Durch Zugabe von rohem Eiweiß bei gleichzeitigem Erhitzen der zu klärenden Flüssigkeit werden die Trübstoffe gebunden und können abgeschöpft oder passiert werden.

KOCHEN: Bis zum Siedepunkt erhitzen, sieden; das Gargut im ca. 100 °C heißen, wallenden Wasser garen. Allgemein auch als Synonym für Garen gebräuchlich.

GLOSSAR

KÖCHELN (LASSEN): Bei schwacher Hitze gerade am Sieden halten (simmern lassen).

LÄUTERZUCKER: Klarer, gekochter Sirup aus Wasser und Zucker (im Verhältnis 2,5 : 1) zum Tränken von Gebäck, für Cremes und Eiscremes.

MARINADE: Mit Kräutern und Gewürzen versetzte Flüssigkeit zum Würzen und Haltbarmachen von Gemüse, Tofu oder Seitan. Auch als Synonym für Salatsauce (z. B. Essig-Öl-Marinade) verwendet.

MARINIEREN: In Würzflüssigkeit einlegen oder damit mischen (Salat).

MIREPOIX: Röstgemüse zum Würzen von Suppen und Saucen. Besteht aus klein geschnittenen und leicht angerösteten Möhren und Zwiebeln, eventuell auch Staudensellerie und Kräutern.

MONTIEREN: Eiskalte Butterstückchen mit dem Schneebesen oder Pürierstab in eine Sauce oder Suppe einarbeiten. Dadurch wird die Flüssigkeit leicht gebunden, sämiger und erhält zudem einen feinen Buttergeschmack.

NAPPIEREN: Mit Sauce überziehen (vollständig oder auch nur in Teilen).

NUSSBUTTER: Gebräunte Butter. Wird hergestellt durch Erhitzen von Butter.

PASSIEREN: Flüssigkeiten, Pürees oder Farcen durch ein feines Sieb oder ein mit einem Tuch ausgelegtes Sieb gießen; auch durch ein feines Sieb streichen oder drücken.

PASSIERTUCH: Spezielles Tuch aus gazeähnlichem Gewebe (Etamin), das zum Durchgießen von Flüssigkeiten dient.

POCHIEREN: Garen in reichlich Flüssigkeit unter dem Siedepunkt (70–95 °C); die Flüssigkeit darf nicht zum Wallen kommen. Besonders schonende Garmethode, insbesondere für Eier und Klöße.

PÜRIEREN: Herstellen von Püree oder Mus durch Zerdrücken oder Mixen mit einem Pürierstab, Standmixer oder mithilfe von Sieb und Löffel.

REDUKTION: Stark eingekochte Flüssigkeit, z. B. Fond.

REDUZIEREN: Flüssigkeiten wie Fonds, Suppen oder Saucen auf die gewünschte Konzentration einkochen, auch sämig kochen; verstärkt den Geschmack.

RÖSTEN: Garen und Bräunen ohne Zugabe von Fett durch unmittelbare Einwirkung von Kontakt- oder Strahlungshitze bei sehr hoher Temperatur.

SCHMOREN: Anbraten und Bräunen von Lebensmitteln in heißem Fett mit anschließender Flüssigkeitszugabe; fertig garen im geschlossenen Topf.

SIMMERN: Leise köcheln lassen.

STOCKEN: Gerinnen oder Festwerden einer in der Regel eihaltigen Masse. Auch für Eismasse verwendet.

UNTERHEBEN: Behutsames Mischen von Zutaten durch langsame und rollende Bewegungen mit dem Schneebesen, ohne dass die dabei eingeschlagene Luft wieder entweicht.

WARM- UND KALTSCHLAGEN: Eine Masse unter Hitzezufuhr (z. B. über einem heißen Wasserbad) zu größerem Volumen aufschlagen, dann ohne Hitzezufuhr (oder über kaltem Wasserbad) weiterschlagen, bis sie wieder abgekühlt ist. Eine derart zubereitete Masse (Biskuit, Baiser, Sabayon) wird besonders stabil.

WASSERBAD: Ein mit heißem Wasser gefüllter Topf oder eine mit Eiswasser gefüllte Schüssel, auf die ein Metallrührkessel mit dem zu erhitzenden oder zu kühlenden Inhalt gesetzt wird; zum Warm- und Kaltschlagen von Massen und zum behutsamen Schmelzen von Kuvertüre.

ZESTE: Dünn abgeschältes Stück Schale von Zitrusfrüchten. Wird anschließend häufig in feinste Streifen geschnitten; enthält aromatisches Zitrusöl.

ZESTENREISSER: Mit dem Zesteur oder Zestenreißer wird die Schale von Zitrusfrüchten in Zesten direkt von der Frucht abgezogen. Größere Schalenstücke werden mit dem Messer fein geschnitten.

ZUR ROSE ABZIEHEN: Eine Eigelbcreme über einem heißen Wasserbad unter Rühren erhitzen, bis die Masse beginnt sämig zu werden. Sie muss auf dem Kochlöffel angedickt liegen bleiben und beim Daraufblasen Kringel zeigen, die an die Form einer Rose erinnern. Die Creme darf dabei nicht zu heiß werden, da sonst das Eiweiß ausflockt.

Mit einem Zestenreißer können gleichmäßige Zitruszesten hergestellt werden.

# REGISTER

Das Register enthält Warenkunde (kursiv), relevante Fachbegriffe aus der Küchenpraxis sowie Rezepte (mit • gekennzeichnet).

A

Ablöschen 520
Abschäumen 520
Abschrecken 520
Adzukibohnen 39
Agar Agar 192
Agavensirup 176
Agretti 20, 21
Ahornsirup 176
Ahornzucker 176
Alba Trüffeln 73
Alblinsen 40
Alfalfasprossen 16
Algen 77–79
Algenkaviar 78, 79
Algenprodukte 78, 79
Alginate 79, 192
Altbier-Sabayon, zu Maronenstrudel 240 •
Amaranth 124
Amaranth: Kohlrabi mit Amaranth-Cashew-Füllung 336 •
Ananas 112, 113
Ananas schälen 115
Ananas-Ragout, zu Crêpes 477 •
Anis 165
Anisschmand, zu Rote-Bete-Sülzchen 199 •
Anschwitzen 520
Ao-Nori 77
Äpfel 83, 84
Apfel
 Birnen-Apple-Pie mit Rosmarin 501 •
 Fenchelsalat mit Apfel und Joghurt-Himbeer-Dressing 247 •
Apfel-Meerrettich-Mus, zu Radirolle 202 •
Apfeldicksaft 176
Apfelquitten 86, 87
Apfelsinen 105, 106
Appaloosa beans 39
Aprikosen 89
Aprikosen häuten 89
Arganöl 186
Arrow root 193
Artischocken 24, 25
Artischocken, gefüllte 223 •
Asiatische Auberginen 27

Asiatische Birnen 85, 86
Asiatische Gazpacho-Trilogie 291 •
Asiatische Kohlarten 47
Asiatische Kräuter 163
Asiatische Nudeln 131
Asiatische Pilze 74, 75
Asiatische Rettiche 53
Asiatische Würzpasten 173
Asiatische Würzsaucen 172
Asiatische Yam 67
Asiatischer Gemüsefond 518 •
Asienbirnen 85, 86
Auberginen 27
Auberginen-Ricotta-Röllchen mit Tomatenchutney 221 •
Auberginen-Vanille-Parfait, zu Liwanzen 487 •
Auberginen, gebratene, mit Tofu 454 •
Auberginen, gefüllte 382 •
Auberginen: Cannelloni mit Auberginen-Einkorn-Füllung 352 •
Augenbohnen 39
Ausbacken 520
Austernsauce, vegetarische 172
Austernseitlinge 74
Avocado-Dip, zu Gemüsetempura 231 •
Avocadomus, zu Champignon-Carpaccio mit Grapefruits 248 •
Avocadoöl 186
Avocados 32
Avocados vorbereiten 33

B

Baby-Ananas 112
Baby-Bananen 112
Backhefe 191
Backpulver 191
Balsambirnen 66
Bambussprosse 24
Bambussprosse vorbereiten 25
Bananen 112
Bananen: Mango-Bananen-Curry 396 •
Bandnudeln 130
Barba di frate 20, 21
Bärlauch-Tsatsiki, zu Kartoffel-Hafer-Plätzchen 427 •
Basilikum 161
Basmatireis 126
Bastardkirschen 93
Basterdzucker 175
Batavia-Salat 13

Baumtomaten 114
Bayrisch Kraut, zu Geschmorten Semmelstoppelpilzen 403 •
Beerenobst 94–97
Belper Knolle mit kandierten Szechuan-Pfeffer-Mandeln 205 •
Belugalinsen 40
Berberitzen 118
Bergkäse 144
Berglinsen 40
Berliner Kartoffelsuppe mit Majoran 310 •
Beten 49
Bierhefe 191
Binden (Legieren) 520
Bindesalat 13
Bio-Backhefe 191
Birkenpilze 72
Birkenzucker 177
Birnen 84, 85
Birnen
 Buchteln mit Birnen und Vanille-Sternanis-Sauce 497 •
 Crostini mit Ziegenfrischkäse, Birne und Honig-Rosmarin-Marinade 210 •
 Karamellisierter Chicorée mit Birnen und Ziegenkäse 217 •
Birnen zum Fächer schneiden 87
Birnen-Apple-Pie mit Rosmarin 501 •
Birnen, asiatische 85, 86
Birnendicksaft 176
Birnenquitten 86, 87
Bittergurken 66
Bittermandeln 102
Bitterorangen 106
Blanchieren 520
Blattgemüse 18–20
Blattmangold 19
Blattsalat mit gefüllten Aprikosen 261 •
Blattsalate 12–15
Blattsenf 47
Blaubeeren 97
Blauschimmelkäse 143
Bleichsellerie 20, 21
Blindbacken 520
Blini, zu Rote-Bete-Sülzchen 199 •
Blondorangen 105
Blumenkohl 43
Blumenkohl: Kartoffelgratin mit Blumenkohl und Trüffel 420 •
Blumenpilze 75
Blütengemüse 24, 25

Blütenhonig 177
Blutorangen 105, 106
Blutorangentorte nach sizilianischer Art 492 •
Bobbybohnen 38
Bocksdornfrüchte 117
Bockshornkleesprossen 16
Bohnen 38, 39
Bohnen, getrocknete 39
Bohnen, grüne, mit Parmesan 206 •
Bohnen: Lauwarme Wachsbohnen mit Dicken Bohnen und Zwiebeln 408 •
Bohnenkraut 161
Bohnensalat mit Oliven und Salbeitempura 270 •
Bohnensuppe, weiße, mit Korianderpesto 313 •
Borlotti-Bohnen 38, 39
Braten 520
Bratkartoffel-Variationen 428 •
Braunalgen 78, 79
Braune Bohnen 39
Braune Champignons 73
Braune Kichererbsen 41
Braune Linsen 40
Braune Zwiebeln 61
Brauner Zucker 175
Braunkappen 73
Brokkoli 43, 44
Brokkolisprossen 16
Brombeer-Basilikum-Salat, zu Buttermilch-Mousse 471 •
Brombeeren 96
Brotfrüchte 68
Brunnenkressesalat mit Cassisdressing 256 •
Brunoise 520
Bruscandoli 24
Buchteln mit Birnen und Vanille-Sternanis-Sauce 497 •
Buchweizen 124
Buchweizenknödel mit warmem Tomatensalat 358 •
Buddhas Hand 108
Bulgur 124, 125
Bulgursalat mit Zucchini, Tomaten und Koriander 282 •
Bunte Beten 49
Bunte Nudeln 130
Buntfleischige Kartoffeln 59
Burgundertrüffeln 73
Buschbohnen 38
Butter 185
Butter klären 520

REGISTER

Buttermilch 137
Buttermilch-Mousse mit Brombeer-Basilikum-Salat und Mangosauce 471 •
Butterschmalz 185

C

Caipirinha-Sorbet in der Limettenschale serviert 512 •
Cannellini-Bohnen 39
Cannelloni mit Auberginen-Einkorn-Füllung 352 •
Caprese im Reisblatt 228 •
Cardy 21
Cardy vorbereiten 21
Carpaccio
   Champignon-Carpaccio mit Grapefruits und Avocadomus 248 •
   Knollensellerie-Carpaccio mit Walnuss-Birnen-Sauce 253 •
   Roher Spitzkohl auf Wassermelonen-Carpaccio 250 •
Carrageene 79, 193
Cashewkerne 102
Cashewkerne
   Gebratener Tofu mit Cashewkernen 457 •
   Kohlrabi mit Amaranth-Cashew-Füllung 336 •
   Tofu mit Zitronenhaube auf Spargel-Cashew-Risotto 449 •
Cassisdressing, zu Brunnenkressesalat 256 •
Catalogna 14
Catalogna di Galatina 14
Catalogna di Galatina vorbereiten 15
Ceylon-Spinat 20
Champagner-Linsen 40
Champignon-Carpaccio mit Grapefruits und Avocadomus 248 •
Champignons 73
Champignons mit Mangold-Nuss-Füllung und Mangoldsalat 218 •
Champignons, marinierte 206 •
Chana dal 41
Chapatis, zu Eiercurry 371 •
Charentais-Melonen 112, 113
Château-Linsen 40
Chayoten 67
Chayoten vorbereiten 69
Cherimoyas 113
Chicorée 14

Chicorée mit Chili-Butter und gerösteten Mandeln 216 •
Chicorée vorbereiten 15
Chicorée-Trauben-Salat mit Linsen-Vinaigrette und Rucola 279 •
Chicorée, karamellisierter, mit Birnen und Ziegenkäse 217 •
Chili-Butter, zu Chicorée 216 •
Chilipulver 165
Chilis 169
Chilisaucen 170, 172
Chinakohl 47
Chinakohl, gebratener, mit Pfirsich-Duftreis 398 •
Chinesische Holzohrenpilze 75
Chinesische Morcheln 75
Chinesische Nudeln 131
Chinesische weiße Rettiche 52
Chinesische Weizenmehlnudeln 130, 131
Chinesischer Brokkoli 47
Chinesischer Senfkohl 47
Choisum 47
Chuños 58, 59
Cicorino 14
Cidre-Schmorgemüse, zu Tofu-Medaillons 445 •
Cima di Rapa 46
Cipolline 62
Citrangequats 108, 109
Clementinen 106
Couscous 125
Couscous mit Schmorgurken-Rote-Bete-Gemüse 332 •
Cranberry-Brownie-Trifle mit Holunderblütengelee und Oliveneis 505 •
Cranberrys 96, 97
Cranberrys: Rosenkohlsalat mit Thai-Ducca-Vinaigrette und Cranberrys 281 •
Crème double 138
Crème fraîche 138
Crème légère 138
Crêpes mit Ananas-Ragout, Kokoseis und Pistaziensauce 477 •
Crostini mit Ziegenfrischkäse, Birne und Honig-Rosmarin-Marinade 210 •
Crostini, knusprige, mit Linsen-Hummus und Shiitake 211 •
Curry
   Mango-Bananen-Curry 396 •
   Papaya-Curry 397 •

   Rosenkohl-Curry mit Reis-Cakes 394 •
   Underground-Curry 393 •
Curryblätter 163
Currycremesuppe süß-scharf gewürzt 318 •
Currypasten 173
Cynarin 24

D

Daikon-Rettiche 52, 53
Daikonsprossen 16
Dämpfen 520
Dashi 518 •
Datteln 111
Demerara-Zucker 175
Dicke Bohnen 38
Dicke Bohnen auspalen 38
Dill 161
Dill-Schmorgurken, zu Kartoffelgnocchi 424 •
Dinkel 123
Dinkel
   Haselnuss-Dinkel-Puffer mit Mango-Möhren-Chutney 363 •
   Pastizio mit Dinkel 355 •
Dinkel-Kartoffel-Strudel mit Gurken-Meerrettich-Salat 431 •
Dinkelvollkornmehl 125
Distelöl 186
Doppelrahm 138
Doppelrahmfrischkäse 141
Drachenfrüchte 114
Drillinge 57
Dudhis 66
Duftreis, zu Seitan-Saté 463 •
Dulse 78, 79
Dunkelstreifige Scheidlinge 75
Dunst 125
Dünsten 520
Durumweizen 123

E

Ebereschenfrüchte 117
Echte Nüsse 101, 102
Echte Pflaumen 90
Echte Sauerkirschen 93
Edelkastanien 101
Edelpflaumen 90
Edelzwiebeln 62
Egerlinge 73
Ei-Ersatzprodukte 182
Eichblattsalat 14

Eier 180–182
Eiercurry mit Chapatis 371 •
Eierfrüchte 27
Eiernudeln 129
Eierpflaumen 90
Eierschwämme 72
Eiertomaten 28
Einkochen 520
Einkorn: Cannelloni mit Auberginen-Einkorn-Füllung 352 •
Eintopf, orientalischer, mit Fladenbrot und Joghurtdip 327 •
Eis
   Cranberry-Brownie-Trifle mit Holunderblütengelee und Oliveneis 505 •
   Crêpes mit Ananas-Ragout, Kokoseis und Pistaziensauce 477 •
   Lakritzeis 516 •
   Mohn-Fingernudeln mit Zwetschkenröster und Sauerrahmeis 484 •
   Pekan-Schokoladen-Eisbomben mit Zwetschgenkompott 515 •
   Rhabarber-Knusperstangen mit Erdbeer-Rahm-Eis 498 •
Eisbergsalat 13
Eiswasser 520
Emmer-Bouletten mit Mangochutney 367 •
Emulgatoren 193
Endivien 14
Entfetten 520
Entfettetes Sojamehl 155
Erbsen 37
Erbsensprossen 16
Erdbeerchips, zu Quarkkeulchen 479 •
Erdbeeren 95
Erdbeergranité, zu New York Cheesecake 495 •
Erdnüsse 103
Erdnussöl 186, 187
Erdnusssauce, zu Glasnudelsalat 287 •
Erdnusssauce, zu Seitan-Saté 463 •
Erdnusssauce, zu Tofu-Päckchen 460 •
Eryngi 74
Escariol 14
Eschalotten 62
Eschlauch 62
ESL-Milch 137

REGISTER

Essenz 520
Essige 171
Estragon 161
Estragonschmand, zu Gebackenen Jacket Potatoes 404 •
Exoten 64-69, 110–115
Exotische Früchte 110–115
Exotisches Gemüse 64–69
Extraharte Käse 144

F

Falafel mit Spitzkohlsalat und Tahini-Dip 417 •
Fave 38
Feigen 111
Feigen: Spinatstrudel mit Feigen 379 •
Feigensenf-Sabayon, zu Gegrilltem Rhabarber 234 •
Feldsalat 13, 14
Feldsalat und Pfifferlinge mit Kartoffel-Vinaigrette 262 •
Feldsalat vorbereiten 15
Fenchel 20
Fenchel vorbereiten 20
Fenchel: Geeiste Paprika-Fenchel-Suppe 295 •
Fenchelsalat, roher, mit Apfel und Joghurt-Himbeer-Dressing 247 •
Fenchelsamen 165
Fenchelschalen, gratinierte, mit Pide und rotem Pesto 213 •
Festkochende Kartoffeln 59
Feta: Orientalischer Limetten-Bulgur mit Chorta und Fetakäse 331 •
Fette 185
Fettuccine mit Trüffeln 344 •
Feuerbohnen 38
Finger limes 108
Fingernudeln: Mohn-Fingernudeln mit Zwetschkenröster und Sauerrahmeis 484 •
Fingerzitronen 108
Fisolen 38
Fladenbrot, zu Orientalischem Eintopf 327 •
Flageolet-Bohnen 39
Flammkuchen mit Sauerkraut und Trauben 374 •
Flaschenkürbisse 66
Flaschentomaten 28
Fleischtomaten 28
Flügelbohnen 38

Flügelerbsen 37
Focaccia (Tipp) 408 •
Fond 520
Frische Würzzutaten 169, 170
Frischetests für Eier 182
Frischkäse 141
Frischmilch 137
Friséesalat 14
Frittata, Ligurische, mit Spinat, Kartoffeln und getrockneten Tomaten 423 •
Frittieren 520
Fruchtgemüse 26–33
Fruchtzucker 176
Früh-Wirsing 46
Frühäpfel 83
Frühlingsrollenblätter 131
Frühlingsspinat 19
Frühlingszwiebeln 63
Fruktose 176

G

Galgant 169
Gar ziehen lassen 520
Gartenbohnen 38, 39
Gartenerbsen 37
Gartengurken 30
Gartensalat 13
Gazpacho-Trilogie, Asiatische 291 •
Gebackene Jacket Potatoes mit Estragonschmand 404 •
Gebratene Auberginen mit Tofu 454 •
Gebratener Chinakohl mit Pfirsich-Duftreis 398 •
Gebratener Tofu mit Cashewkernen 457 •
Geeiste Paprika-Fenchel-Suppe 295 •
Gefüllte Aprikosen, zu Blattsalat 261 •
Gefüllte Artischocken 223 •
Gefüllte Auberginen 382 •
Gefüllte Spitzpaprika 389 •
Gefüllte Tomate, zu Kaltem Tomatensüppchen 296 •
Gegrillter Rhabarber mit Crottin de Chavignol und Feigensenf-Sabayon 234 •
Gehärtete Pflanzenfette 185
Geklärte Butter 520
Gelatinepulver, vegetarisches 192, 193
Gelier- und Verdickungsmittel, pflanzliche 192, 193

Gelbe Bohnen 38
Gelbe Buschbohnen 38
Gelbe Linsen 40, 41
Gelbe Obstbananen 112
Gelbe Passionsfrüchte 113
Gelbe Pitahayas 114
Gelbe Rüben 49
Gelbe Yam 67
Gelber Chicorée 14
Gelbfleischige Grapefruits 107
Gelbfleischige Nektarinen 90
Gelbfleischige Pfirsiche 90
Gelbgrüne Feigen 111
Gelbgrüner Blumenkohl 43
Gemeiner Riesenschirmling 72
Gemeiner Klapperschwamm 75
Gemüse-Exoten 64–69
Gemüsebananen 65
Gemüsefenchel 20
Gemüsefond 518 •
Gemüsefond asiatisch 518 •
Gemüsefond mediterran 518 •
Gemüsefrikadellen mit roten Linsen 415 •
Gemüsekohl 43–46
Gemüsemangos 65
Gemüsepapayas 65
Gemüsepaprika 28, 29
Gemüsesalat, Neapolitanischer 267 •
Gemüsespieße vom Grill mit grünem Tomatenketchup 224 •
Gemüsetempura mit zweierlei Saucen 231 •
Gemüsezwiebeln 61, 62
Gerste 123
Gerstengraupen 123, 124
Gerstengraupen-Risotto mit Mangold und Pecorino 334 •
Geschälte Linsen 41
Geschmorte Rote Beten mit zweierlei Polenta 410 •
Geschmorte Semmelstoppelpilze mit Bayrisch Kraut und Kartoffelkugeln 403 •
Geschmorte Zwiebeln mit Quinoafüllung 339 •
Getreide 122–127
Getreideflocken 125
Getreideprodukte 124, 125
Getreideschrot 125
Getrocknete Bohnen 39
Getrocknete Kichererbsen 41
Getrocknete Tomaten 169
Gewürze 164–167

Gewürznelken 165
Gewürzter Tofu 154, 155
Glasnudeln 131
Glasnudelsalat mit Erdnusssauce und jungem Spinat 287 •
Glasschmalz 78, 79
Glatte Endivie 14
Glattpfirsiche 90
Glukose 176
Glukosesirup 176
Gluten 157
Goabohnen 38
Goji-Beeren 117
Gorgonzola 143
Gorgonzola-Ravioli mit Marillenchutney 351 •
Granatäpfel 111
Granatapfel: Kresse-Topinambur-Salat mit Granatapfelkernen 257 •
Granatapfelsauce, zu Weißer Mousse au Chocolat 513 •
Grapefruits 107
Grapefruits schälen 109
Gratinieren 520
Gratinierte Fenchelschalen mit Pide und rotem Pesto 213 •
Gratinierter Kopfsalat mit Dillblütenrahm 215 •
Graupen 125
Graupensuppe mit Steckrüben und Räuchertofu 302 •
Grieß 125
Grillen 520
Große Kürbisse vorbereiten 31
Grün- und Schwarzkohl vorbereiten 45
Grünalgen 77–79
Grüne Bohnen 38
Grüne Bohnen mit Parmesan 206 •
Grüne Bohnen vorbereiten 41
Grüne Feigen 111
Grüne Linsen 40
Grüne Mangos 65
Grüne Papayas 65
Grüne Petersilienwurzelsuppe 307 •
Grüne Sauce, zu Gemüsetempura 231 •
Grüne Stachelbeeren 97
Grünen Spargel vorbereiten 23
Grüner Blumenkohl 43
Grüner Kardamom 166
Grüner Papaya-Kokos-Salat 264 •

Grüner Salat mit frittierten Haselnüssen (Tipp) 438 •
Grüner Spargel 23
Grünkern 123
Grünkerntaler mit Kapernsauce und Sesamkartoffeln 364 •
Grünkohl 46
Grünkohlsuppe, portugiesische, mit Kartoffeln und Pinienkernen 305 •
Grünkraut 16, 17
Grünvioletter Wirsing 44
Grütze 125
Guarkernmehl 192, 193
Guaven 113
Gummi arabicum 192, 193
Gurken 30
Gurken-Meerrettich-Salat, zu Dinkel-Kartoffel-Strudel 431 •
Gurkensalat mit Wakame und Sesam 251 •

H
H-Milch 137
Hafer 123
Haferflocken 124
Haferwurzeln 51
Hagebutten 118
Hagebutten entkernen 118
Hagebuttensauce, zu Weihnachtsstollen-Parfait 511 •
Halbblutorangen 106
Haricots de mer 78, 79
Hartkäse 144
Hartweizen 123
Hartweizennudeln 129
Haselnüsse 101
Haselnüsse
  Grüner Salat mit frittierten Haselnüssen (Tipp) 438 •
  Wirsing-Mascarpone-Tarte mit Haselnüssen 375 •
Haselnüsse rösten und häuten 103
Haselnuss-Dinkel-Puffer mit Mango-Möhren-Chutney 363 •
Hasselnussöl 187
Hefe 191
Heidelbeeren 97
Herbstäpfel 83
Herbstbirnen 85
Herbstrüben 50
Herzhafte Schafskäse-Muffins mit mariniertem Gemüse 340 •

Herzkirschen 93
Hijiki-Algen 78
Himbeeren 96
Himmel und Erde mit Räuchertofu 421 •
Hirschhornsalz 192
Hirse 124
Hoisin-Sauce 173
Hokkaido-Kürbisse 30
Hollandaise 519 •
Holunderbeeren 117
Holunderblüten 117
Holunderblütengelee, zu Cranberry-Brownie-Trifle 505 •
Holzraslinge 75
Honig 177
Honig-Rosmarin-Marinade, zu Crostini 210 •
Hopfenspargel 24
Hopfensprosse 24
Hopfentriebe 24
Horngurken 66
Hoshimeji-Pilze 75
Hot Dominoes mit Chili 506 •
Hühnereier 181
Hülsenfrüchte 36–41

I/J
Ichang-Papedas 108
Ichang-Zitronen 108
Igelstachelbart 75
Indische Linsensuppe mit Möhren, Orangen und Koriander 326 •
Ingwer 169
Inka-Gurken 66
Isomalt 177
Jacket Potatoes, gebackene, mit Estragonschmand 404 •
Jackfrucht vorbereiten 69
Jackfrüchte 68
Japanische Auberginen 27
Japanische Nudeln 131
Japanische Pflaumen 92
Japanische Rüben 50
Japanische Weinbeeren 96, 97
Japanische Yam 67
Japanische Zierquitten 86, 87
Japanischer Grundfond 518 •
Japanischer Udon-Nudel-Topf 322 •
Japankohl 47
Jasminreis 126
Joghurt 137
Joghurt selbst herstellen 137

Joghurt-Himbeer-Dressing, zu Rohem Fenchelsalat 247 •
Joghurtdip, zu Orientalischem Eintopf 327 •
Johannisbeeren 96, 97
Johannisbeersorbet 516 •
Johannisbrotkernmehl 192, 193
Jostabeeren 97
Judasohr 75
Julienne 520
Junge Artischocken vorbereiten 25

K
Kabu 50
Kabuli chana 41
Kaffirlimetten 108
Kaffirlimettenblätter 163
Kaiserlinge 71, 72
Kaiserschmarrn, pikanter, mit Quitten-Pilz-Ragout 343 •
Kakis 111
Kaktusfeigen 112, 113
Kala chana 41
Kaltes Tomatensüppchen mit gefüllter Tomate 296 •
Kaltschlagen 521
Kapern 169
Kapernsauce, zu Grünkerntalern 364 •
Kapstachelbeeren 114
Karambolen 113
Karamellisieren 520
Karamellisierter Chicorée mit Birnen und Ziegenkäse 217 •
Kardamom, grüner 166
Kardonen 21
Kardonen vorbereiten 21
Karfiol 43
Karotten 49
Kartoffel-Espuma, zu Kleinen Sauerkrautstrudeln 433 •
Kartoffel-Hafer-Plätzchen mit Bärlauch-Tsatsiki 427 •
Kartoffelgnocchi mit Dill-Schmorgurken 424 •
Kartoffelgratin mit Blumenkohl und Trüffel 420 •
Kartoffelkugeln, zu Geschmorten Semmelstoppelpilzen 403 •
Kartoffeln 56–59
Kartoffeln
  Dinkel-Kartoffel-Strudel mit Gurken-Meerrettich-Salat 431 •

  Gebackene Jacket Potatoes mit Estragonschmand 404 •
  Ligurische Frittata mit Spinat, Kartoffeln und getrockneten Tomaten 423 •
  Portugiesische Grünkohlsuppe mit Kartoffeln und Pinienkernen 305 •
Kartoffelplätzchen, zu Tofu in Meerrettichrahm 437 •
Kartoffelstärke 193
Kartoffelsuppe, Berliner, mit Majoran 310 •
Kartoffeltypen 57
Käse 140–145
Käse-Pilz-Tartelettes mit Schalotten-Confit 243 •
Käsesoufflé mit Feldsalat und Rote-Bete-Chips 233 •
Kastanien einschneiden, rösten und schälen 101
Kefen 37
Kefir 137
Kefirknollen 138
Keimgeräte 16
Keimöle 187
Kemirinüsse 102
Keniabohnen 38
Kerbel 161
Kernbohnen 38, 39
Kernobst 82–87
Kerzennüsse 102
Ketchup: Gemüsespieße vom Grill mit grünem Tomatenketchup 224 •
Kichererbsen 41
Kichererbsen, getrocknete 41
Kichererbsensprossen keimen lassen 16
Kidneybohnen 39
Kirschen 92, 93
Kirschen entsteinen 92
Kirschtomaten 28
Kiwanos 66
Kiwis 111
Kizami-Nori 77
Klare Selleriebrühe mit Kräuterpfannkuchen und Selleriegrün 300 •
Klären 520
Kleie 125
Kleine Sauerkrautstrudel mit Kartoffel-Espuma 433 •
Knoblauch 169
Knoblauchsprossen 16

REGISTER

Knollengemüse 55
Knollensellerie 51
Knollensellerie-Carpaccio mit Walnuss-Birnen-Sauce 253 •
Knollenziest 68
Knorpelkirschen 93
Knusprige Crostini mit Linsen-Hummus und Shiitake 211 •
Kochbananen 65
Kochen 520
Köcheln (lassen) 521
Kohl 42–47
Kohlrabi 44, 46
Kohlrabi mit Amaranth-Cashew-Füllung 336 •
Kohlrabigemüse, zu Tofu-Cordon-bleu 441 •
Kohlrüben 50
Kokos-Tofu-Ecken mit Stachelbeer-Relish 446 •
Kokosnuss öffnen 103
Kokosnüsse 103
Kombu 78
Kombubrühe mit Shiitake, Spitzkohl und Seidentofu 325 •
Kopfsalat 13
Kopfsalat, gratinierter, mit Dillblütenrahm 215 •
Koriander 163
Koriandersamen 166
Korilas 66
Kornelkirschen 119
Körnermais 124
Korngetreide 123, 124
Krachmandeln 102
Kranichbeeren 96
Krause Endivie 14
Kräuter 160–163
Kräuter, asiatische 163
Kräuterpfannkuchen, zu Klarer Selleriebrühe 300 •
Kräuterschmand, zu Quinoa-Trockenfrüchte-Salat 285 •
Kräuterseitlinge 74
Kressen 16, 17, 161
Kresse-Topinambur-Salat mit Granatapfelkernen 257 •
Kreuzkümmel 166
Kristallzucker 175
Kuhmilch 137
Kultur-Löwenzahn 14
Kulturträuschling 74
Kümmel 166
Kumquats 109
Kürbis mit Oliven 207 •

Kürbiscremesuppe asiatisch gewürzt 308 •
Kürbisgemüse, zu Topinambur-Wildreis-Plätzchen 418 •
Kürbiskernöl 187
Kürbiskernpesto, zu Radirolle 202 •
Kürbisse 30, 31
Kürbissuppe, süße, mit Kaffee-Schlagsahne 474 •
Kurkuma 166

L

Lab 141, 145
Labaustauschstoffe 145
Laitue de mer 78, 79
Lakritzeis, Mandarinensorbet und Johannisbersorbet 516 •
Laktose 137
Lampagioni 62
Langer Pfeffer 165
Langkornreis 126
Langpfeffer 165
Lauch 63
Lauch putzen und waschen 63
Läuterzucker 521
Lauwarme Wachsbohnen mit Dicken Bohnen und Zwiebeln 408 •
Lauwarmer Rotkohlsalat mit Ingwer und Himbeeressig 263 •
Lavendel 161
Lezithin 193
Liebstöckel 161
Ligurische Frittata mit Spinat, Kartoffeln und getrockneten Tomaten 423 •
Likörweine 171
Limabohnen 39
Limequats 108, 109
Limetten 108, 109
Limonen-Seitlinge 74
Linsen 40, 41
Linsen
  Chicorée-Trauben-Salat mit Linsen-Vinaigrette und Rucola 279 •
  Gemüsefrikadellen mit roten Linsen 415 •
  Knusprige Crostini mit Linsen-Hummus und Shiitake 211 •
  Samosas mit Linsenfüllung und Mango-Raita 237 •
  Salat von Belugalinsen mit Schwarzwurzelchips 269 •

Linsen-Hummus, zu Knusprigen Crostini 211 •
Linsensalat mit roten Zwiebeln und Orangen 273 •
Linsensuppe, indische, mit Möhren, Orangen und Koriander 326 •
Litschis 114
Litschis vorbereiten 115
Liwanzen mit Auberginen-Vanille-Parfait und Maracujasauce 487 •
Lockerungsmittel 191
Loganbeeren 96, 97
Lollo bionda 14
Lollo rossa 14
Lopino 157
Lorbeerblätter 161
Lotuswurzeln 67
Lotuswurzeln vorbereiten 69
Löwenzahn 14
Luffas 66
Lupinen 157
Lupinenprodukte 157
Lupinentofu 157

M

Macadamia: Tofu-Macadamia-Päckchen aus dem Ofen 453 •
Macadamianüsse 102
Macadamiaöl 187
Mafaldine und Seitan in Zwetschgen-Portwein-Jus mit Manchego 465 •
Mairüben 49
Mais 32, 124
Maisgrieß 125
Maiskeimöl 187
Maiskolben 32
Maiskörner lösen 32
Maismehl 125
Maisstärke 193
Maitake-Pilze 75
Majoran 161
Mandarinen 106
Mandarinensorbet 516 •
Mandeln 102
Mandeln
  Belper Knolle mit kandierten Szechuan-Pfeffer-Mandeln 205 •
  Chicorée mit Chili-Butter und gerösteten Mandeln 216 •
Mandeln blanchieren und häuten 103
Mandelöl 187

Mandoras 106
Mango-Bananen-Curry 396 •
Mango-Chili-Ragout, zu Mango-Joghurt-Mousse 472 •
Mango-Joghurt-Mousse im Glas mit Mango-Chili-Ragout 472 •
Mango-Kokos-Schaum, zu Reiscannelloni 239 •
Mango-Möhren-Chutney, zu Haselnuss-Dinkel-Puffer 363 •
Mango-Raita, zu Samosas 237 •
Mangochutney, zu Emmer-Bouletten 367 •
Mangofruchtfleisch auslösen 115
Mangold 19
Mangold
  Champignons mit Mangold-Nuss-Füllung und Mangoldsalat 218 •
  Gerstengraupen-Risotto mit Mangold und Pecorino 334 •
Mangold vorbereiten 19
Mangos 112
Mangos, grüne 65
Mangosauce, zu Buttermilch-Mousse 471 •
Mangostanen 114
Maniok 68
Maracujas 113
Maracujasauce, zu Liwanzen mit Auberginen-Vanille-Parfait 487 •
Maranthamehl 193
Margarine 185
Marillenchutney, zu Gorgonzola-Ravioli 351 •
Marinade 521
Marinieren 521
Marinierte Champignons 206 •
Markerbsen 37
Maronen 101
Maronen-Käsekuchen mit Kaki-Mus 509 •
Maronen-Risotto mit Steinpilzen 335 •
Maronenröhrlinge 72
Maronenstrudel mit Altbier-Sabayon 240 •
Mascarpone 141
Mayonnaise 518 •
Mediterran gefüllte Zucchini 384 •
Mediterrane Früchte 110–112
Mediterraner Gemüsefond 518 •
Meeresbohnen 78, 79
Meeresgemüse 76–79
Meeressalat 78, 79

Meeresspaghetti 78, 79
Meeresspargel 79
Meerkohl 46
Meerrettich 170
Mehl 125
Mehlbananen 65
Mehligkochende Kartoffeln 58
Melonen 112
Melonen
    Roher Spitzkohl auf Wassermelonen-Carpaccio 250 •
    Vichysoisse mit Melone und Minzpesto 292 •
Mian 131
Milch 136, 137
Milchprodukte 136–139
Mini-Zitrusfrüchte 109
*Mini-Zwiebel*n 62
Minneolas 106
Mirabellen 90, 91
Mirepoix 521
Miso-Pasten 173
Mispeln 119
Mittelkornreis 126
Mittelmeermandarinen 106
Mohn 166
Mohn-Fingernudeln mit Zwetschkenröster und Sauerrahmeis 484 •
Möhren 49
Möhren-Apfel-Salat (Tipp) 364 •
Möhren: Indische Linsensuppe mit Möhren, Orangen und Koriander 326 •
Mokkasauce, zu Sächsischem Pudding 489 •
Monatserdbeeren 95
Mönchsbart 20, 21
Montieren 521
Mooli 52
Moong dal 39
Morcheln 71
Moschuskürbisse 30
Mottenbohnen 39
Mousse
    Buttermilch-Mousse mit Brombeer-Basilikum-Salat und Mangosauce 471 •
    Mango-Joghurt-Mousse im Glas mit Mango-Chili-Ragout 472 •
Mousse au Chocolat, weiße, mit Granatapfelsauce 513 •
Mozzarella 141
Mu-Err-Pilze 74, 75
Mückenbohnen 39

Mungbohnen 39
Mungbohnensprossen 16
Muskatnuss 166
Muskovadozucker 175

N

Nacktgerste 123
Nacktpfirsiche 90
Nappieren 521
Nashi 85, 86
Natron 191, 192
Naturjoghurt 137
Naturreis 126
Naturtofu 153, 154
Naturtofu aufbewahren 153
Navelorangen 105
Navets 49
Neapolitanischer Gemüsesalat 267 •
Nektarinen 90
Neue Kartoffeln 57
New York Cheesecake mit Erdbeergranité 495 •
Nigiri- und Maki-Sushi mit Gurke, Rettich und Tofu 201 •
Nori 77
Noriprodukte 77
Noriblätter 77
Noriflocken 77
Noristreifen 77
Nudelformen 129, 130
Nudeln zum Füllen 130
Nudelplatten 130
Nussbutter 521
Nüsse 100–103
Nussmayonnaise, vegan 519 •
Nussöle 187

O

Obstbrände 171
Ogenmelonen 112, 113
Okraschoten 32
Okraschoten vorbereiten 33
Öle 186, 187
Oliven 169
Olivenöl 187
Orangen 105, 106
Orangen filetieren 109
Orangen: Indische Linsensuppe mit Möhren, Orangen und Koriander 326 •
Orangensauce, zu Pak Choi und Pilzen 452 •

Oregano 161
Orientalischer Eintopf mit Fladenbrot und Joghurtdip 327 •
Orientalischer Limetten-Bulgur mit Chorta und Fetakäse 331 •

P

Pak choi 47
Pak Choi und Pilze mit Orangensauce und Tempeh-Chips 452 •
Pak Choi: Spargel und Pak Choi 388 •
Palmherzen 24
Palmitos 24
Palmkohl 46
Palmöl 186, 187
Palmzucker 176
Pampelmusen 107
Papaya-Curry 397 •
Papaya-Kokos-Salat, grüner 264 •
Papayas 112
Papayas, grüne 65
Paprika 28, 29
Paprika-Fenchel-Suppe, geeiste 295 •
Paprika: Szegediner Seitan-Gulasch mit zweierlei Paprika 464 •
Paprikapulver 166
Paprikaschoten grillen und häuten 29
Paranüsse 102
Parasolpilze 71, 72
Parboiled Reis 126
Parfait
    Liwanzen mit Auberginen-Vanille-Parfait und Maracujasauce 487 •
    Weihnachtsstollen-Parfait mit Hagebuttensauce 511 •
Pariser Karotten 49
Parmesan 144
Passieren 521
Passiertuch 521
Passionsfrüchte 113
Pasta fresca 129
Pasta integrali 129
Pasta secca 129
Pastinaken 50, 51
Pastizio mit Dinkel 355 •
Patissons aushöhlen 31
Patnareis 126
Pecorino 144

Pekan-Schokoladen-Eisbomben mit Zwetschgenkompott 515 •
Pekannüsse 102
Pektin 192, 193
Périgord-Trüffeln 73
Perlbohnen 39
Perlzwiebeln 62
Pesto
    Belper Knolle mit kandierten Szechuan-Pfeffer-Mandeln 205 •
    Gratinierte Fenchelschalen mit Pide und rotem Pesto 213 •
    Radirolle mit Gurke, Apfel-Meerrettich-Mus und Kürbiskernpesto 202 •
    Vichysoisse mit Melone und Minzpesto 292 •
    Weiße Bohnensuppe mit Korianderpesto 313 •
Petersilie 161
Petersilienöl, zu Zucchini-Wurzel-Suppe 309 •
Petersilienwurzel-Tarte mit karamellisierten Walnüssen 376 •
Petersilienwurzel: Zucchini-Wurzel-Suppe mit Petersilienöl 309 •
Petersilienwurzeln 50, 51
Petersilienwurzelsuppe, grüne 307 •
Pfeffer 165
Pfefferarten, verschiedene 165
Pfefferminze 162
Pfeilwurzelmehl 193
Pfifferlinge 72
Pfifferlinge in knuspriger Yufka-Hülle 407 •
Pfifferlinge säubern 71
Pfifferlinge: Feldsalat und Pfifferlinge mit Kartoffel-Vinaigrette 262 •
Pfirsich-Duftreis, zu Gebratenem Chinakohl 398 •
Pfirsiche 89, 90
Pfirsiche häuten 89
Pfirsichkompott, zu Quarkkeulchen 479 •
Pflanzliche Gelier- und Verdickungsmittel 192, 193
Pflaumen 90–92
Pflaumen entsteinen 91
Pflaumensauce 172
Pflückerbsen 37
Pflücksalat 13

REGISTER

Phasin 16
Physalis 114
Pide, zu Gratinierten Fenchelschalen 213 •
Pikanter Kaiserschmarrn mit Quitten-Pilz-Ragout 343 •
Pilze 70–75
Pilze
   Geschmorte Semmelstoppelpilze mit Bayrisch Kraut und Kartoffelkugeln 403 •
   Pak Choi und Pilze mit Orangensauce und Tempeh-Chips 452 •
   Schrebergartensalat mit Kapuzinerkresse-Vinaigrette und Pilzen 259 •
Pilzfond 518 •
Piment 166
Pinienkerne 102
Pioppini 73
Pistazien 102
Pistazienöl 187
Pistaziensauce, zu Crêpes 477 •
Pitahayas 114
Pizza Provençale mit Ziegenkäse 373 •
Plattpfirsiche 90
Pochieren 521
Polenta, zu Geschmorte Rote Beten 410 •
Polentaschnitten mit Steinpilzfüllung 361 •
Pomelos 107
Pomeranzen 106
Porphyrtang, violetter 77
Porree 63
Portobellopilze 73
Portugiesische Grünkohlsuppe mit Kartoffeln und Pinienkernen 305 •
Pottasche 192
Preiselbeeren 97
Preiselbeeren, zu Tofu-Geschnetzeltem 438 •
Prinzessbohnen 38
Pseudogetreide 124
Pudding, Sächsischer, mit weißer Mokkasauce 489 •
Puderzucker 175
Puffmais 124
Puntarelle (Catalogna di Galatina) vorbereiten 15
Pürieren 521
Purpurgranadillas 113

Purpurspargel 23
Puy-Linsen 40

Q

Qualitätsmerkmale von Eiern 181, 182
Quark 141
Quarkkeulchen mit Pfirsichkompott und Erdbeerchips 479 •
Queller 78, 79
Quinoa 123, 124
Quinoa-Trockenfrüchte-Salat mit Bratlingen und Kräuterschmand 285 •
Quinoa: Geschmorte Zwiebeln mit Quinoafüllung 339 •
Quitten 86, 87
Quitten vorbereiten 87
Quitten-Pilz-Ragout, zu Pikantem Kaiserschmarrn 343 •

R

Radicchio 14
Radicchio vorbereiten 15
Radice amare 51
Radieschen 52
Radieschensprossen 16
Radirolle mit Gurke, Apfel-Meerrettich-Mus und Kürbiskernpesto 202 •
Raffinade 175
Rahm 138
Rahmfrischkäse 141
Rambutans 114
Ramen 131
Rapadura 175
Rapsöl 187
Rau om 163
Rau ram 163
Räucherkäse 144
Räuchertofu 154
Reduktion 521
Reduzieren 521
Register
Reherl 72
Reibkäse 144
Reis 126, 127
Reis-Cakes, zu Rosenkohl-Curry 394 •
Reisauflauf mit Trockenfrüchte-Ragout 480 •
Reisblätter 131
Reisblätter vorbereiten 130

Reiscannelloni mit Mango-Kokos-Schaum und frittiertem Basilikum 239 •
Reiskeimöl 186, 187
Reisnudeln 131
Reisnudeln mit gebratenem Gemüse 357 •
Reispapierblätter 131
Reisstrohpilze 75
Renekloden 90, 92
Rettiche 52, 53
Rettiche vorbereiten und zerkleinern 53
Rhabarber 21
Rhabarber zubereiten 21
Rhabarber-Knusperstangen mit Erdbeer-Rahm-Eis 498 •
Rhabarber, gegrillter, mit Crottin de Chavignol und Feigensenf-Sabayon 234 •
Rice vermicelli 131
Ricotta 141
Riementang 79
Riesenkürbisse 30
Riesenträuschling 73, 74
Rippenmangold 19
Risotto
   Gerstengraupen-Risotto mit Mangold und Pecorino 334 •
   Maronen-Risotto mit Steinpilzen 335 •
   Tofu mit Zitronenhaube auf Spargel-Cashew-Risotto 449 •
Roggen 123
Roggenmehl 125
Roggenvollkornflocken 124
Roher Fenchelsalat mit Apfel und Joghurt-Himbeer-Dressing 247 •
Roher Spitzkohl auf Wassermelonen-Carpaccio 250 •
Rohmilch 137
Rohzucker 175
Romanasalat 13
Romanesco 43
Römersalat 13
Roquefort 143
Rosa Pfeffer 165
Rosa Pfefferbeeren 165
Rosenkohl 44, 46
Rosenkohl vorbereiten 45
Rosenkohl-Curry mit Reis-Cakes 394 •
Rosenkohl, zu Tofu in Meerrettichrahm 437 •

Rosenkohlsalat mit Thai-Ducca-Vinaigrette und Cranberrys 281 •
Rosmarin 162
Rosmarin-Portwein-Jus, zu Seitan 467 •
Rösten 521
Rot- und Weißkohl vorbereiten 45
Rotalgen 77–79
Rote Beten 49
Rote Beten vorbereiten, garen und schälen 50
Rote Beten, geschmorte, mit zweierlei Polenta 410 •
Rote-Bete-Chips, zu Käsesoufflé 233 •
Rote-Bete-Essenz mit frittierten Shiitake-Wan-Tans 321 •
Rote-Bete-Sprossen 16
Rote-Bete-Sülzchen mit Blini und Anisschmand 199 •
Rote Grapefruits 107
Rote Johannisbeeren 96
Rote Linsen 41
Rote Obstbananen 112
Rote Pitahayas 114
Rote Rettiche 52, 53
Rote Rüben 49
Rote Shisosprossen 16
Rote Stachelbeeren 97
Rote Zwiebeln 61
Roter Chicorée 14
Roter Eichblattsalat 13
Roter Reis 126
Rotkappen 72
Rotkohl 44
Rotkohl, zu Seitan in Rosmarin-Portwein-Jus 467 •
Rotkohlsalat, lauwarmer, mit Ingwer und Himbeeressig 263 •
Rotkraut 44
Rotschmierekäse 142
Rüben 49, 50
Rübenkraut 176
Rübstiel 46
Rucola 162
Rucola: Chicorée-Trauben-Salat mit Linsen-Vinaigrette und Rucola 279 •
Rucolasprossen 16
Rundkornreis 126

S

Saccharin 177
Saccharose 175

Sächsischer Pudding mit weißer Mokkasauce 489 •
Safran 167
Sahne 138
Sahne schlagen 138
Salat 12–15
Salat von Belugalinsen mit Schwarzwurzelchips 269 •
Salat, grüner, mit frittierten Haselnüssen (Tipp) 438 •
Salatgurken 30
Salbei 162
Salbeitempura, zu Bohnensalat 270 •
Salz 165
Sambals 173
Samosas mit Linsenfüllung und Mango-Raita 237 •
Samtfußrübling 75
Samthäubchen 74
Sanddorn 118
Sanddornfrüchte 118
Sardische Tomaten 28
Satsumas 106
Sauce Hollandaise 519 •
Sauerampfer-Tarator mit Tomatensorbet 293 •
Sauerkirschen 93
Sauerkraut
    Flammkuchen mit Sauerkraut und Trauben 374 •
    Szegediner Seitan-Gulasch mit zweierlei Paprika 464 •
Sauerkrautstrudel, kleine, mit Kartoffel-Espuma 433 •
Sauerteig 191
Sauerteigextrakt 191
Saure Sahne 138
Säurefreie Orangen 105
Schafsjoghurt-Dip, zu Topinambur-Wildreis-Plätzchen 418 •
Schafskäse-Muffins, herzhafte, mit mariniertem Gemüse 340 •
Schalotten 62
Schalotten-Confit, zu Käse-Pilz-Tartelettes 243 •
Scherkohl 46
Schlagsahne 138
Schlangengurken 30, 66
Schlehen 119
Schmand 138
Schmoren 521
Schmorgurken 30

Schmorgurken-Rote-Bete-Gemüse, zu Couscous 332 •
Schnittkäse 142
Schnittkohl 46
Schnittlauch 162
Schnittmangold 19
Schnittsalat 13
Schokoladen-Milchreis 490 •
Schopftintlinge 72
Schrebergartensalat mit Kapuzinerkresse-Vinaigrette und Pilzen 259 •
Schrot 125
Schupfnudeln, zu Seitan in Rosmarin-Portwein-Jus 467 •
Schüpplinge 74
Schwammgurken 66
Schwarze Bohnen 39
Schwarze Johannisbeeren 96, 97
Schwarze Rettiche 53
Schwarze Trüffeln 73
Schwarzer Holunder 117
Schwarzer Klebreis 126
Schwarzer Mais 32
Schwarzkohl 46
Schwarzkümmel 167
Schwarzwälder-Kirsch-Törtchen 491 •
Schwarzwurzelchips, zu Salat von Belugalinsen 269 •
Schwarzwurzeln 51
Schwarzwurzeln vorbereiten 51
Seekohl 46
Seidentofu 154
Seitan 157
Seitan aus Gluten selbst herstellen 157
Seitan in Rosmarin-Portwein-Jus mit Schupfnudeln und Rotkohl 467 •
Seitan-Gulasch, Szegediner, mit zweierlei Paprika 464 •
Seitan-Saté mit Erdnusssauce und gelbem Duftreis 463 •
Seitan: Mafaldine und Seitan in Zwetschgen-Portwein-Jus mit Manchego 465 •
Seitanprodukte 157
Seitlinge 74
Sekura cress 16
Selleriebrühe, klare, mit Kräuterpfannkuchen und Selleriegrün 300 •
Semmelstoppelpilze 72

Semmelstoppelpilze, geschmorte, mit Bayrisch Kraut und Kartoffelkugeln 403 •
Senf 170, 171
Senfkohl 47
Senfkohl vorbereiten 47
Senfkörner 167
Sesam 167
Sesamkartoffeln, zu Grünkerntalern 364 •
Sesamöl 187
Shan-Fu-Pilze 75
Sharonfrüchte 111
Shiitake-Pilze 74
Shiitake-Pilze
    Knusprige Crostini mit Linsen-Hummus und Shiitake 211 •
    Rote-Bete-Essenz mit frittierten Shiitake-Wan-Tans 321 •
    Kombubrühe mit Shiitake, Spitzkohl und Seidentofu 325 •
Shimeji-Pilze 75
Shiso 163
Silberohrpilze 75
Silberzwiebeln 62
Simmern 521
Soba 131
Soja Cuisine 150
Soja Granulat 155
Soja Schnetzel 155
Soja, texturiertes 155
Soja-Drink 149
Soja-Lezithin 193
Sojabohnen 39
Sojacreme 150
Sojafleisch 155
Sojaflocken 155
Sojajoghurt 150
Sojamarinade für Tofu 519 •
Sojamehl 155
Sojamilch 149
Sojamilchprodukte 150
Sojaöl 187
Sojaprodukte 148–155
Sojaquark 153
Sojasahne 150
Sojasaucen 172
Sojaschrot 155
Somen 131
Sommerwirsing 44
Sommerbirnen 85
Sommerspinat 19
Sommertrüffeln 73
Sonnenblumenöl 187

Sorbet
    Caipirinha-Sorbet in der Limettenschale serviert 512 •
    Johannisbersorbet 516 •
    Mandarinensorbet 516 •
Spaghetti-Kürbisse 30
Spargel 23
Spargel und Pak Choi 388 •
Spargel-Cashew-Risotto, zu Tofu mit Zitronenhaube 449 •
Spargel-Wildkräuter-Salat mit pochierten Wachteleiern 274 •
Spargelbohnen 38
Spargelerbsen 37
Spargellasagne mit zweierlei Spargel 347 •
Späte Birnensorten 85, 86
Speierling 118
Speisemorcheln 71
Speiserüben 49, 50
Speisestärke 193
Speisezwiebeln 61
Spezialzucker 176
Spinat 19
Spinat
    Glasnudelsalat mit Erdnusssauce und jungem Spinat 287 •
    Ligurische Frittata mit Spinat, Kartoffeln und getrockneten Tomaten 423 •
Spinatstrudel mit Feigen 379 •
Spirituosen 171
Spitzkohl 44
Spitzkohl, roher, auf Wassermelonen-Carpaccio 250 •
Spitzkohl: Kombubrühe mit Shiitake, Spitzkohl und Seidentofu 325 •
Spitzkohlrouladen mit Weißweinsauce 387 •
Spitzkohlsalat, zu Falafel 417 •
Spitzmorcheln 71
Spitzpaprika 28
Spitzpaprika aushöhlen 29
Spitzpaprika, gefüllte 389 •
Sprossen 16, 17
Sprossen keimen lassen 16
Sprossen selber ziehen 16
Sprossgemüse 22–24
Stachelbeeren 97
Stachelbeerkompott, zu Süßkartoffelpuffer 475 •

REGISTER

Stachelbeer-Relish, zu Kokos-Tofu-Ecken 446 •
Stängelkohl 46
Stangenbohnen 38
Staudensellerie 20
Steckrüben 50
Steckrüben: Graupensuppe mit Steckrüben und Räuchertofu 302 •
Steinobst 88–93
Steinpilze 71
Steinpilze
   Maronen-Risotto mit Steinpilzen 335 •
   Polentaschnitten mit Steinpilzfüllung 361 •
Sternanis 167
Sternfrüchte 113
Stielgemüse 20, 21
Stielmangold 19
Stielmus 46
Stocken 521
Strohpilze 75
Strudel
   Dinkel-Kartoffel-Strudel mit Gurken-Meerrettich-Salat 431 •
   Kleine Sauerkrautstrudel mit Kartoffel-Espuma 433 •
   Maronenstrudel mit Altbier-Sabayon 240 •
   Spinatstrudel mit Feigen 379 •
Südfrüchte 110–112
Südlicher Ackerling 74
Suppennudeln 130
Sushi: Nigiri- und Maki-Sushi mit Gurke, Rettich und Tofu 201 •
Susinen 92
Süße Kürbissuppe mit Kaffee-Schlagsahne 474 •
Süße Mandeln 102
Süße Sahne 138
Süßkartoffel-Chili-Suppe mit Kürbiskernöl 319 •
Süßkartoffeln 55, 67
Süßkartoffelpuffer mit Stachelbeerkompott 475 •
Süßkirschen 92, 93
Süßstoffe 177
Süßungsmittel 174–177
Süßwein: Trauben in Süßwein eingelegt 519 •
Szechuan-Pfeffer 165
Szegediner Seitan-Gulasch mit zweierlei Paprika 464 •

T

Tabasco 170
Tafeltrauben 97
Tahini-Dip, zu Falafel 417 •
Tamarillos 114
Tamarillos vorbereiten 114
Tamarinde 170
Tandoori-Paste 173
Tangelos 107
Tangerinen 106
Tangors 107
Tapiokaperlen 193
Taro 67, 68
Tarte
   Petersilienwurzel-Tarte mit karamellisierten Walnüssen 376 •
   Wirsing-Mascarpone-Tarte mit Haselnüssen 375 •
Teigwaren 128–131
Tellerlinsen 40
Teltower Rüben 49
Tempeh 153, 155
Tempeh-Chips, zu Pak Choi und Pilzen 452 •
Tempura
   Bohnensalat mit Oliven und Salbeitempura 270 •
   Gemüsetempura mit zweierlei Saucen 231 •
Texturiertes Soja 155
Thai-Basilikum 163
Thailändische rote Zwiebeln 62
Thymian 162
Thymian-Semmelknödel, zu Waldpilz-Eintopf 314 •
Tofu 152–154
Tofu
   Gebratene Auberginen mit Tofu 454 •
   Graupensuppe mit Steckrüben und Räuchertofu 302 •
   Himmel und Erde mit Räuchertofu 421 •
   Kokos-Tofu-Ecken mit Stachelbeer-Relish 446 •
   Kombubrühe mit Shiitake, Spitzkohl und Seidentofu 325 •
   Nigiri- und Maki-Sushi mit Gurke, Rettich und Tofu 201 •
Tofu in Meerrettichrahm mit Kartoffelplätzchen und Rosenkohl 437 •
Tofu in Sojamarinade 519 •
Tofu mit Zitronenhaube auf Spargel-Cashew-Risotto 449 •
Tofu vorbereiten und braten 154
Tofu-Cordon-bleu mit Kohlrabigemüse 441 •
Tofu-Geschnetzeltes mit Topfenspätzle und Preiselbeeren 438 •
Tofu-Macadamia-Päckchen aus dem Ofen 453 •
Tofu-Medaillons mit Cidre-Schmorgemüse und Wildreis 445 •
Tofu-Päckchen mit süß-scharfer Erdnusssauce 460 •
Tofu-Piccata mit Tomaten-Orangen-Sauce 451 •
Tofu, gebratener, mit Cashewkernen 457 •
Tofuprodukte 153–155
Tomaten 28
Tomaten
   Bulgursalat mit Zucchini, Tomaten und Koriander 282 •
   Ligurische Frittata mit Spinat, Kartoffeln und getrockneten Tomaten 423 •
Tomaten blanchieren und häuten 29
Tomaten süß-sauer 207 •
Tomaten-Orangen-Sauce, zu Tofu-Piccata 451 •
Tomatenchutney, zu Auberginen-Ricotta-Röllchen 221 •
Tomatenketchup 170
Tomatenmark 170
Tomatenpaprika 28
Tomatensalat, zu Buchweizenknödeln 358 •
Tomatensüppchen, kaltes, mit gefüllter Tomate 296 •
Tomatillos 68
Toor dal 40
Topfenspätzle, zu Tofu-Geschnetzeltes 438 •
Topinambur 55
Topinambur häuten 55
Topinambur-Wildreis-Plätzchen mit Kürbisgemüse und Schafsjoghurt-Dip 418 •
Topinambur: Kresse-Topinambur-Salat mit Granatapfelkernen 257 •
Totentrompeten 72
Trauben
   Chicorée-Trauben-Salat mit Linsen-Vinaigrette und Rucola 279 •
   Flammkuchen mit Sauerkraut und Trauben 374 •
   Trauben, in Süßwein eingelegt 519 •
Traubenkernöl 186, 187
Traubenzucker 176
Trockenerbsen 37
Trockenfrüchte-Ragout, zu Reisauflauf 480 •
Trockenfrüchte: Quinoa-Trockenfrüchte-Salat mit Bratlingen und Kräuterschmand 285 •
Trockenhefe 191
Tropische Früchte 112–115
Tropische Kürbisgewächse 66, 67
Trüffeln 72, 73
Trüffeln
   Fettuccine mit Trüffeln 344 •
   Kartoffelgratin mit Blumenkohl und Trüffel 420 •
Trüffeln vorbereiten 72
Türkische Dolmas 28
Türmchenkohl 43

U

Udon 130, 131
Udon-Nudel-Topf, Japanischer 322 •
Underground-Curry 393 •
Unterheben 521
Urdbohnen 39
Ursüße 175

V

Vanille 167
Vanille-Sternanis-Sauce, zu Buchteln 497 •
Vegane Nussmayonnaise 519 •
Vegetarische Austernsauce 172
Vegetarische Worcestersauce 171
Vegetarisches Gelatinepulver 192
Verdickungs- und Geliermittel, pflanzliche 192, 193
Verschiedene Pfefferarten 165
Vichysoisse mit Melone und Minzpesto 292 •
Vinaigrette
   Chicorée-Trauben-Salat mit Linsen-Vinaigrette und Rucola 279 •
   Feldsalat und Pfifferlinge mit Kartoffel-Vinaigrette 262 •

Rosenkohlsalat mit Thai-Ducca-Vinaigrette und Cranberrys 281 •
Schrebergartensalat mit Kapuzinerkresse-Vinaigrette und Pilzen 259 •
Violette Bohnen 38
Violette Feigen 111
Violette Kohlrabi 44
Violetter Blumenkohl 43
Violetter Brokkoli 43
Violetter Porphyrtang 77
Violettgrüner Spargel 23
Vogelbeeren 117
Vollfettes Sojamehl 155
Vollkornmehle 125
Vollkornnudeln 129
Vollzucker 175
Vorwiegend festkochende Kartoffeln 58, 59
Vorzugsmilch 137

W

Wacholderbeeren 167
Wachsbohnen, lauwarme, mit Dicken Bohnen und Zwiebeln 408 •
Wachskürbisse 67
Wachtelbohnen 39
Wachteleier 181
Wachteleier, zu Spargel-Wildkräuter-Salat 274 •
Wakame
  Gurkensalat mit Wakame und Sesam 251 •
  Wok-Gemüse mit Algen 401 •
Wakame-Algen 78
Wakame-Algen vorbereiten 79
Walderdbeeren 95
Waldhonig 177
Waldpilz-Eintopf mit kleinen Thymian-Semmelknödeln 314 •
Waldpilze 71, 72
Walnuss-Birnen-Sauce, zu Knollensellerie-Carpaccio 253 •
Walnüsse 101
Walnüsse: Petersilienwurzel-Tarte mit karamellisierten Walnüssen 376 •
Walnussöl 187
Wan-tan-Blätter 131
Wan-Tans: Rote-Bete-Essenz mit frittierten Shiitake-Wan-Tans 321 •

Warm- und Kaltschlagen 521
Wasabi 170
Wasser-Yam 67
Wasserbad 521
Wasserkastanien 67
Wasserkastanien vorbereiten 69
Wassermelonen 112
Wassermelonen-Carpaccio, zu Roher Spitzkohl 250 •
Wasserreis 126
Wasserspinat 20
Weichkäse 142
Weichselkirschen 93
Weichweizen 123
Weichweizennudeln 129
Weihnachtsstollen-Parfait mit Hagebuttensauce 511 •
Wein 171
Weinbergpfirsiche 90
Weinbrände 171
Weinstein 191, 192
Weintrauben 97
Weintrauben häuten und entkernen 96
Weintrauben, in Süßwein eingelegt 519 •
Weißdornfrüchte 118
Weiße Bohnensuppe mit Korianderpesto 313 •
Weiße Champignons 73
Weiße Holzohrenpilze 75
Weiße Johannisbeeren 96, 97
Weiße Mousse au Chocolat mit Granatapfelsauce 513 •
Weiße Radieschen 52
Weiße Rettiche 52, 53
Weiße Trüffeln 73
Weiße Zwiebeln 61
Weißer Spargel 23
Weißer Zucker 175
Weißfleischige Nektarinen 90
Weißfleischige Pfirsiche 90
Weißkohl 44
Weißkohlblätter zum Füllen vorbereiten 45
Weißkraut 44
Weißmehle 125
Weißpunktradieschen 52
Weißschimmelkäse 142
Weißweinsauce, zu Spitzkohlrouladen 387 •
Weizen 123
Weizendunst 125
Weizeneiweiß 157
Weizenflocken 124

Weizenkeime 124, 125
Weizenmehl 123
Weizenvollkornmehl 125
Wermut 171
Wildgurken 66
Wildkräuter: Spargel-Wildkräuter-Salat mit pochierten Wachteleiern 274 •
Wildobst 116–119
Wildreis 126
Wildreis, zu Tofu-Medaillons 445 •
Wildspargel 23
Wildzwiebeln 62
Winteräpfel 83
Winterrettiche 53
Wintersalate 14
Winterspinat 19, 20
Wirsing 44, 46
Wirsing-Mascarpone-Tarte mit Haselnüssen 375 •
Wok-Gemüse mit Algen 401 •
Wolkenohrpilze 75
Worcestersauce, vegetarische 171
Wruken 50
Wurzelgemüse 48–53
Wurzelpetersilie 50, 51
Wurzelzichorien 51
Würzpasten 170, 171
Würzpasten, asiatische 173
Würzsaucen 170, 171
Würzsaucen, asisatische 172
Würzzutaten 168–173

X/Y

Xanthan 192, 193
Xylit 177
Xylitol 177
Yaki-Nori 77
Yam 67
Yamswurzeln 67
Yofu 150
Yuba 149, 150
Yuzus 108

Z

Zedrat-Zitronen 108
Zeste 521
Zestenreißer 521
Zichorien 13, 14
Ziegenkäse
  Crostini mit Ziegenfrischkäse, Birne und Honig-Rosmarin-Marinade 210 •

Gegrillter Rhabarber mit Crottin de Chavignol und Feigensenf-Sabayon 234 •
Karamellisierter Chicorée mit Birnen und Ziegenkäse 217 •
Pizza Provençale mit Ziegenkäse 373 •
Zimt 167
Zirbennüsse 102
Zitronatzitronen 108
Zitronen 108, 109
Zitronen-Seitlinge 73, 74
Zitronengelbe Seitlinge 73, 74
Zitronengras 163
Zitronenmelisse 162
Zitronenverbene 162
Zitrusaroma gewinnen 106
Zitrusfrüchte 104–109
Zitruszesten gewinnen 105
Zucchini 30
Zucchini-Wurzel-Suppe mit Petersilienöl 309 •
Zucchini, mediterran gefüllte 384 •
Zucchini: Bulgursalat mit Zucchini, Tomaten und Koriander 282 •
Zucchiniblüten vorbereiten 31
Zucchini aushöhlen 31
Zuchtpilze 73–75
Zucker 175
Zuckeraustauschstoffe 177
Zuckerbananen 112
Zuckererbsen 37
Zuckerersatzstoffe 177
Zuckermais 32
Zuckermelonen 112
Zuckerrübensirup 176
Zuckerschoten 37
Zur Rose abziehen 521
Zwetschgen 90, 91
Zwetschgen-Portwein-Jus, zu Mafaldine und Seitan 465 •
Zwetschgenkompott, zu Pekan-Schokoladen-Eisbomben 515 •
Zwetschkenröster, zu Mohn-Fingernudeln 484 •
Zwiebelgemüse 60–63
Zwiebeln 61
Zwiebeln schälen und in Ringe schneiden 63
Zwiebeln, geschmorte, mit Quinoafüllung 339 •
Zwiebeln: Lauwarme Wachsbohnen mit Dicken Bohnen und Zwiebeln 408 •

UNSERE SPITZENKÖCHE

BERND AROLD

Zu Recht wird Bernd Arold als Meister fantasievoller Gerichte bezeichnet, der mit den verschiedensten Kräutern und Gewürzen und vor allem mit Fruchtsaftaromen spannende kulinarische Kreationen schafft. Nach seiner Ausbildung zum Koch in Würzburg waren »Käfer« in München und die renommierten »Schweizer Stuben« in Bettingen Stationen seiner Kochkarriere. Zu Stefan Marquard, als dessen Schüler er sich nach wie vor versteht, kam er dann in die »3 Stuben« in Meersburg und folgte ihm anschließend nach München ins »Lenbach«. Marquards Philosophie, die keine Rezepte und vor allem keine Kompromisse kennt, nahm Bernd Arold als Küchenchef mit in das »Ess Neun« in München. Seit Juli 2008 stellt er sich mit seinem eigenen Restaurant »Gesellschaftsraum« in München neuen Herausforderungen und überrascht seine Gäste mit innovativen Aroma-Kombinationen wie Süßholzthunfisch auf Rosenkalbsvitello und in Sesam gebackener Rumfeige.
(www.der-gesellschaftsraum.de)

INGO BOCKLER

Gute Produkte in ein gutes Essen zu verwandeln – das ist das ebenso einfache wie erfolgreiche Motto, nach dem Ingo Bockler kocht. Nach seiner Ausbildung war er in den unterschiedlichsten Restaurants tätig, etwa im Hotel »Alpenhof« in Murnau oder dem Schlossrestaurant »Schöningen« (Schöningen, Niedersachsen). Als Küchenchef im Restaurant »Merlin« in Großburgwedel bei Hannover erhielt er für seine kreative Küche den begehrten Michelin-Stern. Derzeit arbeitet er im Hotel »Hohenhaus« in Herleshausen, wo er sich ebenfalls einen Michelin-Stern erkochte. Die moderne Klassik bildet in seiner Küche die Basis für seine Gerichte, die jedes für sich als individuelle Highlights aus seiner Küche kommen, wie zum Beispiel ein auf Bohnenkraut gebratenes Lammkaree mit Burgunderjus und weißem Bohnenconfit. »DER FEINSCHMECKER Hotel & Restaurant Guide 2013« ehrt Ingo Bocklers Küche mit 3 F. Sehr beliebt sind auch die Hohenhaus-Kochseminare für Feinschmecker, bei denen der Sternekoch sein Wissen gerne an interessierte Hobbyköche weitergibt.
(www.hohenhaus.de)

CHRISTOPH DUBOIS

Als ein »Koch mit hohen Ansprüchen« sammelte er seine Erfahrungen in zahlreichen renommierten Restaurants wie der »Ente« im Wiesbadener Hotel »Nassauer Hof« oder im Hotel »Stadt Hamburg« unter Chefkoch Ulrich Person. Das Fernweh und der Zufall führten ihn nach Schottland, wo ihm zwei Jahre lang als Küchenchef im »Kinnaird Estate« die frischesten Produkte aus der Region zur Verfügung standen. Als Privatkoch in London verwöhnte Christoph Dubois über viele Jahre hinweg seine anspruchsvollen Arbeitgeber, darunter eine arabische Adelsfamilie, mit ausgefallenen Kreationen. 2008 erfüllte er sich mit der Eröffnung des »Kochatelier Bonn«, gemeinsam mit Klaus Velten, einen lang gehegten Traum und lässt Hobbyköche seither hautnah an seinen exquisiten und vielseitigen Kochkünsten teilhaben, auf Wunsch auch in englischer Sprache. Das Kochatelier bietet regelmäßig Kurse für Vegetarier an, etwa »vegetarisch asiatisch«.
(www.kochatelier-bonn.de und www.christoph-dubois.de)

UNSERE SPITZENKÖCHE

Foto: Monika Hellwegen

UDO EINENKEL

GERD EIS

JAN HEEG

Udo Einenkel kann getrost als Pionier der vegetarischen Küche Deutschlands bezeichnet werden. Von 1990 bis 2005 war Einenkel, der selbst seit 30 Jahren vegetarisch lebt, Betreiber des international bekannten vegetarischen Bio-Restaurants »abendmahl« in Berlin. Während dieser Zeit beeinflusste er mit seinen Kreationen und Eventveranstaltungen, wie z. B. zum Thema »essbare Blüten« und »Wildkräuter«, nachhaltig die vegetarische Esskultur in Berlin.

Im Mittelpunkt seiner Leidenschaft zum Essen stand für Udo Einenkel schon immer der Wunsch, gesundheitliche Aspekte mit der Lust am Essen zu verbinden, weshalb er eine Ausbildung zum »ärztlich geprüften Gesundheitsberater« bei der Gesellschaft für Gesundheitsberatung (GGB) absolvierte.

Die in dieser Zeit gesammelten Einsichten über natürliches gesundes Essen und eine ganzheitliche Lebensführung lässt er in seine Rezepte einfließen und vermittelt sie in Seminaren, privaten Kochkursen und in seiner Bio-Kochschule »abendmahl«.
(www. abendmahl-berlin.de; www.udoeinenkel.de)

Nach seiner Ausbildung und Stationen wie dem Mainzer Hilton erfuhr Gerd Eis seine kreative Prägung bei Johann Lafer. In dem damals gerade mit zwei Michelin-Sternen ausgezeichneten Restaurant »Le Val d'Or« lernte er die asiatische Küche kennen. Er verbrachte sieben Jahre in führenden Häusern Asiens, wie dem »The Imperial Queen's Park Hotel« oder dem »Pacific City Club« in Bangkok, Thailand. Zuletzt war er Küchenchef im Restaurant »Plume« im Regent Hotel in Hongkong. 1998 ereilte ihn der Ruf zurück in die Heimat als Küchenchef und Restaurateur der legendären »Ente« im Hotel Nassauer Hof in Wiesbaden. Dort erkochte er sich einen Michelin-Stern sowie 17 Punkte im Gault Millau. Er machte sich mit seinen Kreationen und seiner leichten, frischen und weltoffenen Küche einen Namen. Seit 2008 vermittelt Gerd Eis sein kulinarisches Wissen in Kochkursen und seit Juni 2011 ist er für das Vorstands- und Gästekasino einer großen deutschen Bank in Frankfurt am Main tätig.

Bereits in seinen Lehr- und Wanderjahren gelang es Jan Heeg, Erfahrungen in vielen renommierten Spitzenlokalen zu sammeln, etwa im Restaurant »Zum Goldenen Anker« unter Peter Scharff, im »Schlossberg« von Jörg Sackmann und in der »Schwarzwaldstube« unter Harald Wohlfahrt. Sein Karriereweg führte ihn immer wieder zu Wohlfahrts »PALAZZO«-Restaurants in Nürnberg, Stuttgart und Amsterdam, von denen er gleich mehrere über einen Zeitraum von vier Jahren leitete. An der Seite von Jürgen Koch im Restaurant »Laurentius« erkochte sich Jan Heeg von 2008 bis 2011 einen Michelin-Stern und 16 Gault Millau-Punkte.

Seit 2012 arbeitet Jan Heeg selbstständig und in Partnerschaft mit Peter Scharff. Mit ihm verbindet ihn die Leidenschaft für Garten- und heimische Wildkräuter, die er in seiner Küche auf vielfältige Weise zum Einsatz bringt. Besonders Wert legt Jan Heeg darauf, den Eigengeschmack der Produkte hervorzuheben, weshalb es für ihn wichtig ist, dass sie von erstklassiger Qualität sind.

UNSERE SPITZENKÖCHE

MARKUS HERBICHT

In Markus Herbichts Kochkunst fließen Erfahrungen aus verschiedenen Spitzenrestaurants und ganz unterschiedlichen Ländern ein. Er arbeitete beispielsweise zwei Jahre bei Johann Lafer im »Le Val d'Or«. Auch erkundete Markus Herbicht immer wieder die asiatische Küche in Thailand. So arbeitete er unter anderem in den beiden 5-Sterne-Restaurants »Kamala Bay Terrace Resort« und »The Imperial Queens's Park Hotel« in Thailand. 1994 übernahm Herbicht als jüngster Küchenchef Deutschlands die 5-Sterne-Küche des »Radisson SAS Hotels« in Berlin und entwickelte anschließend im »Kempinski Resort Hotel Estepona« in Spanien seinen unverwechselbaren Kochstil. Zurück in Berlin war er viereinhalb Jahre lang Küchenchef des »Westin Grand Hotels«. Von 2006 bis 2011 brachte er seine Erfahrung als Küchendirektor bei der Firma »Gastart« ein, die unter anderem die Restaurants »Borchardt« und »Pan Asia« in Berlin betreibt. 2011 machte sich Herbicht mit seinem Unternehmen »Gastronativ« selbstständig, das Kochkurse, Beratung und Catering anbietet.
(www.markusherbicht.de)

MICHAEL KREILING

Schon früh begeisterte sich Michael Kreiling für den Beruf des Kochs, und nach der Lehre strebte der ehrgeizige Jungkoch bald höhere Weihen an: Er war in renommierten Häusern wie dem 2-Sterne-Restaurant »Speisemeisterei« in Stuttgart, im Sterne-Restaurant »Francais« im Frankfurter Hof und im »Rossini« an Bord der »Aida Blue«, das 2004 zum besten Schiffsrestaurant des Jahres gekürt wurde. Nach der Prüfung zum Küchenmeister widmete er sich sogleich den Herausforderungen als Küchenchef des Kölner Spitzenrestaurants »Graugans« im »Hyatt Regency«. Zur Freude seiner Gäste kreierte er hier mit viel Fingerspitzengefühl asiatisch inspirierte Köstlichkeiten. Seine Kochkunst wurde mit 16 Punkten im Gault Millau und 2,5 F des »FEINSCHMECKER Hotel & Restaurant Guides 2008« geehrt.
Seit 2010 arbeitet Michael Kreiling für den neuen Hyatt Brand, dem »Andaz« an der Liverpool Street in London. Dort ist er für fünf Restaurants, vier Bars und die Abteilung »Events« kulinarisch verantwortlich. In seinem Fine Dining Restaurant »1901«, erhielt er 3 von 5 AA-Rosetten.

MANUEL REHEIS

Manuel Reheis kann auf eine abwechslungsreiche kulinarische Karriere zurückblicken. Nach seiner Kochlehre arbeitete er zunächst als Koch für Lebensmittelfotografie im Münchner Studio Eising. Während eines einjährigen Aufenthalts in Costa Rica war er nicht nur als Koch in einem veganen Restaurant tätig, sondern auch als Bio-Obst- und Gemüsebauer. Zurück in Deutschland arbeitete er im Restaurant »Hubertus« und in »Geisel's Vinothek« im Münchener »Excelsior Hotel« unter Jörg Plake.
Seit 1995 bringt Manuel Reheis seine vielfältigen Erfahrungen als Chefkoch und Geschäftsführer im Restaurant »Broeding« in München ein. Sein Küchenstil, der traditionelle Rezepte abwandelt und verfeinert, erzielte 15 Punkte im Gault Millau. Im Fernsehen vermittelt er kulinarisches Wissen zu einzelnen Produkten wie »Quitten« oder zu umfassenderen Themen wie »Chinas Küchen«. Manuel Reheis gibt sein Know-how auch regelmäßig in Kochkursen weiter, in denen er beispielsweise die Zubereitung eines »Bayerisch-Chinesischen Freundschaftsmenüs« erläutert.
(www.broeding.de)

PETER SCHARFF

Peter Scharff ist gelernter Koch und Konditor, der sein Handwerk unter anderem bei Köchen wie Harald Wohlfahrt und Dieter Müller erlernte. Als Küchenchef der »Wartenberger Mühle« erkochte sich Scharff sechs Jahre in Folge einen Michelin-Stern. Bekanntheit erlangte er darüber hinaus als TV-Pâtissier in über 500 Folgen der SWR-Sendung »Kaffee oder Tee«.
Peter Scharffs besondere Leidenschaft gilt den Kräutern. Bei seinem Freund und Geschäftspartner Bernd Simon schöpft er aus über 200 kulinarisch interessanten Kräutern, die unter anderem zu wertvoll intensiven Küchenwürz-Ölen destilliert werden. Diese sind gerade für die vegetarische Küche eine Bereicherung. Auf der Grundlage des jahrelang angesammelten Wissens entwickelten sie die »Cuisina herba barone«, einen Küchenstil, der die Verwendung frischer saisonaler Kräuter ins Zentrum rückt.
(www.peter-scharff.de)

CLAUDIA SCHRÖTER

Claudia Schröter begab sich nach ihrer Ausbildung zur Köchin auf kulinarische Reise. Diese führte sie zum Gourmetrestaurant »Dieter Müller«, nach London, Sylt, Hamburg, Köln, Bali und Bangkok. Es folgten ein halbes Jahr in der Schweiz und ein Jahr in Südafrika. 2006 kam sie ins »Excelsior Hotel Ernst« in Köln und übernahm dort die Küchenleitung für das ostasiatische Restaurant »taku«. 14 Punkte des Gault Millau, der dritte Platz beim Aufsteiger des Jahres und eine Listung unter den »Besten 10 Köchinnen des Jahres 2009« sprechen für Claudia Schröters Kochkunst. Als leitende Küchenchefin der »Hanse Stube« des »Excelsior Hotel Ernst« kreierte sie mit ihrem Team innovative französische Küche mit kulinarischer Finesse. Kenner der Gastronomie würdigten diese Leistungen mit zahlreichen Auszeichnungen – der Gault Millau verlieh der »Hanse Stube« 15 Punkte und sie selbst war Jurymitglied beim »Koch des Jahres«. Nach einer Zwischenstation als Privatköchin in Düsseldorf im Jahr 2011 war Claudia Schröter 2012 Hotelinspektorin bei Michelin. Derzeit ist sie Projektköchin im Vorstandscasino bei ERGO Gourmet. (claudia_schroeter@gmx.de)

ANDREAS SCHWEIGER

Bereits als Kind war Andreas Schweiger entweder in der freien Natur oder in der Küche zu finden. So verwundert es nicht, dass er sich für eine Karriere in der Gastronomie entschied. Seinen beruflichen Einstieg fand er in den Sterne-Restaurants »Fallert« und in der »Wielandshöhe« von Vincent Klink in Stuttgart. Nach Stationen wie dem Londoner »Hotel Dorchester« und dem Restaurant »Krone« in Herxheim, zog es den gebürtigen Karlsruher nach München. Im »Mandarin Oriental« stand Schweiger zunächst neben Holger Stromberg am Herd. Von 2003 bis 2006 arbeitete er als Küchenchef in den angesagten Restaurants »Cocoon« und »G*Munich«. 2006 erfüllte Andreas Schweiger sich mit seiner Frau den Traum vom eigenen Restaurant, dem »Schweiger2«. In seinen Gerichten kombiniert Schweiger gekonnt traditionelle Rezepte mit unkonventionellen Zutaten. Diese kulinarische Kreativität, die er in seiner eigenen Kochschule gerne weitergibt, wird seit 2009 jährlich mit einem Michelin-Stern belohnt. Einige seiner Kreationen sind auch online zu erwerben.
(www.schweiger2.de)

UNSERE SPITZENKÖCHE

KLAUS VELTEN

»Kochen ist Kommunikation. Kochen verbindet.« Es sind Sätze wie diese, die Klaus Veltens Einstellung zum Kochen widerspiegeln und ihn zu einem ganz besonderen Koch werden lassen. Und es ist nur folgerichtig, dass sich einer wie er nicht »nur« in seiner Küche allein verkriecht, sondern als Privat- und Eventkoch oder als Kochschullehrer die Kochwelt erobert.
Neben seinen vielen Stationen in der Sternegastronomie, etwa im Bonner Restaurant »Herrenhaus Buchholz« ging es Klaus Velten immer darum, sich neue Welten zu erschließen: So arbeitete er u. a. als Privatkoch für die renommierte Adelsfamilie Graf von Bismarck oder die Milliardärin Heidi Horten.
Klaus Velten ist auch als freiberuflicher Koch seit vielen Jahren sehr erfolgreich: So arbeitet er als TV-Koch, rezeptiert für Bücher und Magazine und kocht regelmäßig für bekannte Unternehmen auf Messen. Seit 2008 führt er gemeinsam mit Christoph Dubois zwei Kochschulen in Bonn.
(www.kochatelier-bonn.de und www.klaus-velten.de)

HERZLICHEN DANK AN

... UNSERE PROBEKÖCHINNEN UND PROBEKÖCHE,

die jedes einzelne Rezept unserer Spitzenköche nachgekocht und auf Herz und Nieren geprüft haben:
Sabine Buhrs, Anna Floßmann, Anton Gerstenmayer, Rita Hofmann, Sonja Ott-Dörfer, Petra Roth, Walter Scheibenzuber, Susanne und Marcel Schellong, Käthe Schielke, Christa Schmedes, Petra Teetz, Christina Tüschen, Ulrike und Ernst Wagner, Sonja Weishaupt, Annette Würfl, Anne-Sophie Zähringer.

Unverzichtbare Standardwerke für Kenner und Könner.

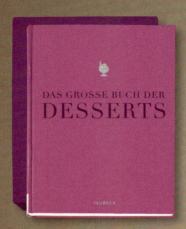

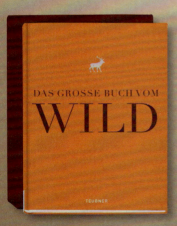

Die Bände der TEUBNER Edition bieten Ihnen die einzigartige
Kombination aus Warenkunde, Küchenpraxis
und den besten Rezepten zahlreicher Spitzenköche:
edel gestaltet, opulent bebildert, fundiert aufbereitet und alle von
der Gastronomischen Akademie Deutschlands mit Gold ausgezeichnet.

Sternstunden für alle Gourmets!

- Die Erfolgsgeschichte geht weiter – das einzigartige Standardwerk zu Pasteten ist neu geschrieben.
- Gelungene Verbindung aus Warenkunde, Küchenpraxis und über 100 innovativen Rezepten von 8 Spitzenköchen
- Texte, Layout, Fotografie und Ausstattung in absoluter TEUBNER-Premium-Qualität

Alle Bände: Format 23 × 30 cm, Hardcover im Schmuckschuber. Mehr Infos und Blick ins Buch: www.teubner-verlag.de

IMPRESSUM

Verlag	© 2013 TEUBNER Grillparzerstr. 12, D-81675 München TEUBNER ist ein Unternehmen des Verlagshauses GRÄFE UND UNZER, GANSKE VERLAGSGRUPPE leserservice@graefe-und-unzer.de www.teubner-verlag.de
Projektleitung und Redaktion	Dr. Maria Haumaier
Text und Redaktion	Katrin Wittmann
Lektorat Rezepte	Sonja Ott-Dörfer, Petra Teetz, Katrin Wittmann
Korrektorat	Ulrike Wagner, PlanW
Bildredaktion	Katrin Wittmann, Gabriele Wahl
Herstellung	Susanne Mühldorfer
Beratung	Udo Einenkel, Berlin
Rezepte	Bernd Arold, Ingo Bockler, Christoph Dubois, Udo Einenkel, Gerd Eis, Jan Heeg, Markus Herbicht, Michael Kreiling, Manuel Reheis, Peter Scharff, Claudia Schröter, Andreas Schweiger, Klaus Velten
Freie Autoren	Einleitung: Margarethe Brunner Sonderseiten: Sabine Schlimm, Katrin Wittmann
Fotografie	Fotografie, Styling, Requisite und Foodstyling bei Haupttitel, Kapitelaufmachern und Stillleben: Joerg Lehmann, Berlin Fotografie der Rezepte: Joerg Lehmann, Berlin Foodstyling der Rezepte: Anke Rabeler und Max Faber, Berlin
Titelfoto	Joerg Lehmann, Berlin
Gestaltungskonzept	independent Medien-Design (München)
Layout und Satz	Gabriele Wahl
Reproduktion	Repromayer, Reutlingen
Druck	Firmengruppe Appl, aprinta, Wemding
Buchbinderei	Firmengruppe Appl, m.appl, Wemding
Auflage	1. Auflage 2013
ISBN	978-3-8338-2848-5

Liebe Leserin und lieber Leser,

wir freuen uns, dass Sie sich für ein TEUBNER-Buch entschieden haben. Mit Ihrem Kauf setzen Sie auf die Qualität, Kompetenz und Aktualität unserer Bücher. Dafür sagen wir Danke! Ihre Meinung ist uns wichtig, daher senden Sie uns bitte Ihre Anregungen, Kritik oder Lob zu unseren Büchern. Haben Sie Fragen oder benötigen Sie weiteren Rat zum Thema? Wir freuen uns auf Ihre Nachricht!

Wir sind für Sie da!
Montag – Donnerstag:
8.00 – 18.00 Uhr
Freitag: 8.00 – 16.00 Uhr

Tel.: 08 00-7 23 73 33
Fax: 08 00-5 01 20 54
(kostenfreie Servicenummern)

E-Mail:
leserservice@graefe-und-unzer.de

P.S. Wollen Sie noch mehr Aktuelles von TEUBNER wissen, dann abonnieren Sie doch unseren kostenlosen Genuss-Newsletter.

GRÄFE UND UNZER Verlag
Leserservice
Postfach 86 03 13
81630 München

Ein Unternehmen der
GANSKE VERLAGSGRUPPE

Wir danken Manuela Ferling, Agentur Kochende Leidenschaft, für die Vermittlung der Köche (www.kochende-leidenschaft.de).

Das Zitat von Günter Graß, Seite 349, stammt aus einem »SPIEGEL«-Interview (DER SPIEGEL 14/1979, S. 224).

Bildnachweis
akg-images: S. 35 (anonym), S. 443 (R. u. S. Michaud);
Mauritius images: S. 277 (age);
StockFood: S. 99 (Ngoc Minh & Julian Wass);
Eising FoodPhotography (Martina Görlach): S. 23 unten, S. 38 unten, S. 130 oben;
Dorothee Gödert: S. 41 unten rechts (Step 2), S. 74 oben, S. 172 oben;
Matthias Hoffmann, Frauke Koops: S. 87 unten (Step 1,2), S. 186, S. 187;
KME Studios (Klaus-Maria Einwanger): S.170 oben, S. 171 unten, S. 186 unten;
Joerg Lehmann, Berlin: S. 51 oben (1, 2), S. 133, S. 141 (Ziegenfrischkäse), S. 142 oben (1);
Ulla Mayer-Raichle: S. 30 oben;
Peter von Felbert: S. 105 unten, S. 111 unten, S. 154;
Westermann + Buroh Studios GbR: S. 92 unten (Step 1, 2), S. 103 oben (Step 1, 2), S. 109 oben, S. 175 (5, 6), S. 191-193;
Teubner Foodfoto: alle weiteren Warenkunde- und Stepbilder auf S. 13-193

Syndication: www.jalag-syndication.de

Alle Rechte vorbehalten. Nachdruck, auch auszugsweise, sowie Verbreitung durch Film, Funk, Fernsehen und Internet, durch fotomechanische Wiedergabe, Tonträger und Datenverarbeitungssysteme jeder Art nur mit schriftlicher Genehmigung des Verlages.

Umwelthinweis: Dieses Buch ist auf PEFC-zertifiziertem Papier aus nachhaltiger Waldwirtschaft gedruckt.

PEFC/04-32-0928